中文社会科学引文索引（CSSCI）来源集

民间法

FOLK LAW

第28卷

主　编·谢　晖　陈金钊
执行主编·彭中礼

中南大学法学院 主办

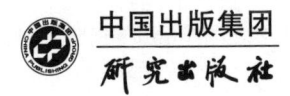

中国出版集团
研究出版社

图书在版编目(CIP)数据

民间法.第28卷/谢晖,陈金钊主编.——北京:研究出版社,2022.1
ISBN 978-7-5199-1172-0

Ⅰ.①民… Ⅱ.①谢…②陈… Ⅲ.①习惯法-中国-文集 Ⅳ.①D920.4-53

中国版本图书馆CIP数据核字(2022)第050016号

出 品 人：赵卜慧
出版统筹：张高里　丁　波
责任编辑：张立明

民间法（第28卷）

MINGJIANFA（DI 28 JUAN）

谢　晖　陈金钊　主编

研究出版社 出版发行

（100006　北京市东城区灯市口大街100号华腾商务楼）
北京中科印刷有限公司印刷　新华书店经销
2022年1月第1版　2022年1月第1次印刷
开本：787mm×1092mm　1/16　印张：32.25
字数：663千字
ISBN 978-7-5199-1172-0　定价：118.00元
电话（010）64217619　64217612（发行部）

版权所有·侵权必究
凡购买本社图书，如有印制质量问题，我社负责调换。

总　　序

在我国，从梁治平较早提出"民间法"这一概念起算，相关研究已有25年左右的历程了。这一概念甫一提出，迅即开启了我国民间法研究之序幕，并在其后日渐扎实地推开了相关研究。其中《民间法》《法人类学研究》等集刊的创办，一些刊物上"民间法栏目"的开办，"民间法文丛"及其他相关论著的出版，一年一度的"全国民间法/民族习惯法学术研讨会"、中国人类学会法律人类学专业委员会年会、中国社会学会法律社会学专业委员会年会、中国法学会民族法学专业委员会年会等的定期召开，以及国内不少省份民族法学研究会的成立及其年会的定期或不定期召开，可谓是相关研究蓬勃繁荣的明显标志和集中展示。毫无疑问，经过多年的积累和发展，我国民间法研究的学术成果，已经有了可观的量的积累。但越是这个时候，越容易出现学术研究"卡脖子"的现象。事实正是如此。一方面，"民间法"研究在量的积累上突飞猛进，但另一方面，真正有分量的相关学术研究成果却凤毛麟角。因此，借起草"《民间法》半年刊总序"之机，我愿意将自己对我国当下和未来民间法研究的几个"看点"（这些思考，我首次通过演讲发表在2020年11月7日于镇江召开的"第16届全国民间法/民族习惯法学术研讨会"上）抛出来，作为引玉之砖，供同仁们参考。

第一，民间法研究的往后看。这是指我国的民间法研究，必须关注其历史文化积淀和传承，即关注作为历史文化积淀和传承的民间法。作为文化概念的民间法，其很多分支是人们社会生活长期积累的结果，特别是人们习常调查、研究和论述的习惯法——无论民族习惯法、地方习惯法、宗族习惯法，还是社团习惯法、行业习惯法、宗教习惯法，都是一个民族、一个地方、一个宗族，或者一个社团、一种行业、一种宗教在其历史长河中不断积累的结果。凡交往相处，便有规范。即便某人因不堪交往之烦而拒绝与人交往，也需要在规范上一视同仁地规定拒绝交往的权利和保障他人拒绝交往的公共义务。当一种规范能够按照一视同仁的公正或"正义"要求，客观上给人们分配权利和义务，且当这种权利义务遭受侵害时据之予以救济时，便是习惯法。所以，民间法研究者理应有此种历史感、文化感或传统感。应当有"为往圣继绝学"的志向和气概，在历史中观察当下，预见未来。把史上积淀的民间法内容及其作用的方式、场域、功能，其对当下安排公共交往、组织公共秩序的意义等予以分门别类，疏证清理，发扬光大，是民间法研究者责无旁贷的。在这方面，我国从事民族习惯法，特别是从史学视角从事相关研究的学者，已经做了许多值得赞许的工作，但未尽之业仍任重道远。其他相关习惯法的挖掘整理，虽有零星成果，但系统地整理研究，很不尽人意。因之，往后看的使命绝没有完成，更不是过时，而是必须接续既往、奋力挖掘的民间法学术领域。

第二，民间法研究的往下看。这是指我国的民间法研究，更应关注当下性，即关注当代社会交往中新出现的民间法。民间法不仅属于传统，除了作为习惯（法）的那部分民间法之外，大多数民间法，是在人们当下的交往生活中产生并运行的。即便是习惯与习惯法的当下传承和运用，也表明这些经由历史积淀所形成的规则具有的当下性或当下意义。至于因为社会的革故鼎新而产生的社区公约、新乡规民约、企业内部规则、网络平台规则等，则无论其社会基础，还是其表现形式和规范内容，都可谓是新生的民间法。它们不但伴随鲜活的新型社会关系而产生，而且不断助力于新社会关系的生成、巩固和发展。在不少时候，这些规范还先于国家法律的存在，在国家法供给不及时，以社会规范的形式安排、规范人们的交往秩序。即便有了相关领域的国家法律，但它也不能包办、从而也无法拒绝相关新型社会规范对人们交往行为的调控。这在各类网络平台体现得分外明显。例如，尽管可以运用国家法对网络营运、交易、论辩中出现的种种纠纷进行处理，但在网络交往的日常纠纷中，人们更愿意诉诸网络平台，运用平台内部的规则予以处理。这表明，民间法这一概念，不是传统规范的代名词，也不是习惯规范的代名词，而是包括了传统规范和习惯规范在内的非正式规范的总称。就其现实作用而言，或许当下性的民间法对于人们交往行为的意义更为重要。因此，在当下性视角中调查、整理、研究新生的民间规范，是民间法研究者们更应努力的学术领域。

第三，民间法研究的往前看。这是指我国的民间法研究，不仅应关注过去、关注当下，而且对未来的社会发展及其规范构造要有所预期，发现能引领未来人们交往行为的民间法。作为"在野的"、相对而言自生自发的秩序安排和交往体系，民间法不具有国家法那种强规范的可预期性和集约性，反之，它是一种弱规范，同时也具有相当程度的弥散性。故和国家法对社会关系调整的"时滞性"相较，民间法更具有对社会关系"春江水暖鸭先知"的即时性特征。它更易圆融、自然地适应社会关系的变迁和发展，克服国家法在社会关系调整中过于机械、刚硬、甚至阻滞的特点。惟其如此，民间法与国家法相较，也具有明显地对未来社会关系及其规范秩序的预知性。越是面对一个迅速变革的社会，民间法的如上特征越容易得到发挥。而我们所处的当下，正是一个因科学的飞速发展，互联网技术的广泛运用和人工智能的不断开发而日新月异的时代。人类在未来究竟如何处理人的自然智慧和人工智能间的关系？在当下人工智慧不断替代人类体力、脑力，人们或主动亲近人工智慧，或被迫接受人工智慧的情形下，既有民间法是如何应对的？在人类生殖意愿、生殖能力明显下降的情形下，民间法又是如何因应的……参照民间法对这些人类发展可以预知的事实进行调整的蛛丝马迹，如何在国家法上安排和应对这些已然呈现、且必将成为社会发展事实的情形？民间法研究者对之不但不能熟视无睹，更要求通过其深谋远虑的研究，真正对社会发展有所担当。

第四，民间法研究的往实看。这是指我国的民间法研究，应坚持不懈地做相关实证研究，以实证方法将其做实、做透。作为实证的民间法研究，在方法上理应隶属于社会学和人类学范畴，因此，社会实证方法是民间法研究必须关注并运用的重要工具。无论社会访谈、调查问卷，还是蹲点观察、生活体验，都是研究民间法所不得不遵循的方法，否则，民间法研究就只能隔靴搔痒，不得要领。在这方面，近20年来，我国研究民间法，特别是研究民族习惯法的一些学者，已经身体力行地做了不少工作。但相较社会学、人类学界的研究，民间法研究的相关成果还远没有达到那种踏足田野、深入生活的境地。绝大多数实证研究，名为实证，但其实证的材料，大多数是二手、甚至三手的。直接以调研获得的一手材料为基础展开研究，虽非没有，但寥若晨星。这势必导致民间法的实证研究大打折扣。这种情形，既与法学学者不擅长社会实证的学术训练相关，也与学者们既没有精力，也缺乏经费深入田野调研相关，更与目前的科研评价体制相关——毕竟扎实的社会学或人类学意义上的实证，不要说十天数十天，即便调研一年半载，也未必能够成就一篇扎实的、有说服力的论文。因此，民间法研究的往实看，绝不仅仅是掌握社会学或人类学的分析方法，更需要在真正掌握一手实证材料的基础上，既运用相关分析工具进行分析，又在此分析基础上充实和完善民间法往实看的方法，甚至探索出不同于一般社会学和人类学研究方法的民间法实证研究之独有方法。

第五，民间法研究的往深看。这是指我国的民间法研究，要锲而不舍地提升其学理水平。这些年来，人们普遍感受到我国的民间法研究，无论从对象拓展、内容提升、方法运用还是成果表达等各方面，都取得了显著的成就，但与此同时，人们又存有另一种普遍印象：该研究在理论提升上尚不尽如人意，似乎这一领域，更"容易搞"，即使人们没有太多的专业训练，也可以涉足，不像法哲学、法律方法、人权研究这些领域，不经过专业训练，就几乎无从下手。这或许正是导致民间法研究的成果虽多，但学理深度不足的主要原因。这尤其需要民间法研究在理论上的创新和提升。我以为，这一提升的基点，应锚定民间法学术的跨学科特征，一方面，应普及并提升该研究的基本理念和方法——社会学和人类学的理念与方法，在研究者能够娴熟运用的同时，结合民间法研究的对象特征，予以拓展、提升、发展。另一方面，应引入并运用规范分析（或法教义学）方法和价值分析方法，以规范分析的严谨和价值分析的深刻，对民间法的内部结构和外部边界予以深入剖析，以强化民间法规范功能之内部证成和外部证成。再一方面，在前述两种理论提升的基础上，促进民间法研究成果与研究方法的多样和多元。与此同时，积极探索民间法独特的研究方法、对象、内容、范畴等，以资构建民间法研究的学术和学科体系——这一体系虽然与法社会学、法人类学、规范法学有交叉，但绝非这些学科的简单剪裁和相加。只有这样，民间法研究往深看的任务才能有所着落。

第六，民间法研究的比较（往外）看。这是指我国的民间法研究，不仅要关注作为非制度事实的本土民间法及其运行，而且要眼睛向外，关注域外作为非正式制度事实的民间法及其运行，运用比较手法，推进并提升我国的民间法研究。民间法的研究，是法律和法学发展史上的一种事实。在各国文明朝着法治这一路向发展的过程中，都必然会遭遇国家法如何对待民间法的问题，因为国家法作为人们理性的表达，其立基的直接事实基础，就是已成制度事实的非正式规范。随着不同国家越来越开放性地融入世界体系，任何一个国家的法制建设，都不得不参照、尊重其他国家的不同规范和国际社会的共同规范。因此，民间法研究的向外看、比较看，既是国家政治、经济、文化关系国际化，人民交往全球化，进而各国的制度作用力相互化（性）的必然，也是透过比较研究，提升民间法学术水平和学术参与社会之能力的必要。在内容上，比较研究既有作为非正式制度事实的民间法之比较研究，也有民间法研究思想、方法之比较研究。随着我国学者走出国门直接观察、学习、调研的机会增加和能力提升，也随着国外学术思想和学术研究方法越来越多地引入国内，从事比较研究的条件愈加成熟。把国外相关研究的学术成果高质量地、系统地迻译过来，以资国内研究者参考，积极参与国际上相关学术活动，组织学者赴国外做专门研究，成立比较研究的学术机构，专门刊发民间法比较研究的学术专栏等，是民间法研究比较看、向外看在近期尤应力促的几个方面。

当然，民间法研究的关注路向肯定不止如上六个方面，但在我心目中，这六个方面是亟须相关研究者、研究机构和研究团体尽快着手去做的；也是需要该研究领域的学者们、研究机构和研究团体精诚团结、长久攻关的事业。因此，在这个序言中，我将其罗列出来，并稍加展开，冀对以后我国的民间法研究及《民间法》半年刊之办刊、组稿能有所助益。

创刊于2002年的《民间法》集刊，从第1卷到第13卷一直以"年刊"的方式出版。为了适应作者及时刊发、读者及时阅读以及刊物评价体系之要求，自2014年起，该集刊改为半年刊。改刊后，由于原先的合作出版社——厦门大学出版社稿件拥挤，尽管责任编辑甘世恒君千方百计地提前刊物的面世时间，但结果仍不太理想。刊物每每不能按时定期出版，既影响刊物即时性的传播效果，也影响作者和读者的权利。《民间法》主编与编辑收到了不少作者和读者对此的吐槽。为此，经与原出版社厦门大学出版社及甘世恒编辑的商量，从2020年第25卷起，《民间法》将授权由在北京的研究出版社出版。借此机会，我要表达之前对《民间法》的出版给予鼎力支持的山东人民出版社及李怀德编审，济南出版社及魏治勋教授，厦门大学出版社及甘世恒编审的诚挚感谢之情；我也要表达对《民间法》未来出版计划做出周备规划、仔细安排的研究出版社及张立明主任的真诚感谢之意。期待《民间法》半年刊作为刊载民间法学术研究成果的专刊，在推进我国民间法研究上，责无旁贷地肩负起其应有的责任，也期待民间法研究者对《民间法》半年刊一如既往地予以宝贵的帮助和支持！

是为序。

陇右天水学士　谢　晖
2020年冬至序于长沙梅溪湖寓所

原　　序

　　自文明时代以来，人类秩序，既因国家正式法而成，亦藉民间非正式法而就。然法律学术所关注者每每为国家正式法。此种传统，在近代大学法学教育产生以还即为定制。被谓之人类近代高等教育始创专业之法律学，实乃国家法的法理。究其因，盖在该专业训练之宗旨，在培养所谓贯彻国家法意之工匠——法律家。

　　诚然，国家法之于人类秩序构造，居功甚伟，即使社会与国家分化日炽之如今，前者需求及依赖于后者，并未根本改观；国家法及国家主义之法理，仍旧回荡并主导法苑。奉宗分析实证之法学流派，固守国家命令之田地，立志于法学之纯粹，其坚定之志，实令人钦佩；其对法治之为形式理性之护卫，也有目共睹，无须多言。

　　在吾国，如是汲汲于国家（阶级）旨意之法理，久为法科学子所知悉。但不无遗憾者在于：过度执著于国家法，过分守持于阶级意志，终究令法律与秩序关联之理念日渐远离人心，反使该论庶几沦为解构法治秩序之刀具，排斥法律调节之由头。法治理想并未因之焕然光大，反而因之黯然神伤。此不能不令人忧思者！

　　所以然者何？吾人以为有如下两端：

　　一曰吾国之法理，专注于规范实证法学所谓法律本质之旨趣，而放弃其缜密严谨之逻辑与方法，其结果舍本逐末，最终所授予人者，不过御用工具耳（非马克斯·韦伯"工具理性"视角之工具）。以此"推进"法治，其效果若何，不说也知。

　　二曰人类秩序之达成，非惟国家法一端之功劳。国家仅藉以强制力量维持其秩序，其过分行使，必致生民往还，惶惶如也。而自生于民间之规则，更妥帖地维系人们日常交往之秩序。西洋法制传统中之普通法系和大陆法系，不论其操持的理性有如何差异，对相关地方习惯之汲取吸收，并无沟裂。国家法之坐大独霸，实赖民间法之辅佐充实。是以19世纪中叶、特别20世纪以降，社会实证观念后来居上，冲击规范实证法学之壁垒，修补国家法律调整之不足。在吾国，其影响所及，终至于国家立法之走向。民国时期，当局立法（民法）之一重大举措即深入民间，调查民、商事习惯，终成中华民、商事习惯之盛典巨录，亦成就了迄今为止中华历史上最重大之民、商事立法。

　　可见，国家法与民间法，实乃互动之存在。互动者，国家法借民间法而落其根、坐其实；民间法藉国家法而显其华、壮其声。不仅如此，两者作为各自自治的事物，自表面看，分理社会秩序之某一方面；但深究其实质，则共筑人间安全之坚固堤坝。即两者之共

原　序

同旨趣，在构织人类交往行动之秩序。自古迄今，国家法虽为江山社稷安全之必备，然与民间法相须而成也。此种情形，古今中外，概莫能外。因之，此一结论，可谓"放之四海而皆准"。凡关注当今国家秩序、黎民生计者，倘弃民间法及民间自生秩序于不顾，即令有谔谔之声，皇皇巨著，也不啻无病呻吟、纸上谈兵，终其然于事无补。

近数年来，吾国法学界重社会实证之风日盛，其中不乏关注民间法问题者。此外，社会学界及其他学界也自觉介入该问题，致使民间法研究蔚然成风。纵使坚守国家法一元论者，亦在认真对待民间法。可以肯定，此不惟预示吾国盛行日久之传统法学将转型，亦且表明其法治资源选取之多元。为使民间法研究者之辛勤耕耘成果得一展示田地，鄙人经与合作既久之山东人民出版社洽商，决定出版《民间法》年刊。

本刊宗旨，大致如下：

一为团结有志于民间法调查、整理与研究之全体同仁，共创民间法之法理，以为中国法学现代化之参照；

二为通过研究，促进民间法与官方法之比照交流，俾使两者构造秩序之功能互补，以为中国法制现代化之支持；

三为挖掘、整理中外民间法之材料，尤其于当代特定主体生活仍不可或缺、鲜活有效之规范，以为促进、繁荣民间法学术研究之根据；

四为推进民间法及其研究之中外交流，比较、推知相异法律制度的不同文化基础，以为中国法律学术独辟蹊径之视窗。

凡此四者，皆须相关同仁协力共进，始成正果。故鄙人不揣冒昧，吁请天下有志于此道者，精诚团结、互为支持，以辟法学之新路、开法制之坦途。倘果真如此，则不惟遂本刊之宗旨，亦能致事功之实效。此乃编者所翘首以待者。

是为序。

陇右天水学士　谢　晖
序于公元 2002 年春

目 录　　民间法（第28卷）

总序/原序　　　　　　　　　　　　　　　　　　　　　　　　　　　　谢　晖 / Ⅰ

法人类学专题

法人类学专题导言：基础工作与现实关照
　　——共同体建设与法人类学　　　　　　　　　　　　　　　　　谢　晖 / 3
法律人类学的嚆矢
　　——以巴顿的伊富高法研究为考察中心　　　　　　　　　　　刘顺峰 / 6
非洲习惯法学的开创者：评沙佩拉的法律人类学　　　　　　　　　王伟臣 / 21
"夏安之路"：卢埃林的法律人类学思想　　　　　　　　　　　　　郭　婧 / 35

网络民间法专题

网络空间中民间规则的司法认定问题研究
　　——以"点赞"为例　　　　　　　　　　　　　　　　　　　汪全军 / 53
网络交易平台纠纷解决规则研究　　　　　　　　　　　　　　　　王菲菲 / 70
论网络社交平台在线纠纷解决制度　　　　　　　　　　　　　　　王　鑫 / 87

学理探讨

蒙古传统习俗中的"无讼"观
　　——以《蒙古风俗鉴》为载体　　　　　　　　　　　　于语和　许欣宇 / 107
论法律渊源与法律之间的结构性关联　　　　　　　　　　　　　　张洪新 / 121

律师事务所分裂的权威因素研究　　　　　　　　　　　　　　　魏小强 / 138
《摩西五经》中的性禁忌研究　　　　　　　　　　　　　　　　张玉梅 / 156
国家空间外"山地社会"的生存策略与现代意义　　　　　　　　胡敬阳 / 175
少数民族传统习惯法治化归导的法理证成　　　　　　　　　　　龚卫东 / 188
风险防控视角下的民间借贷司法信息供给路径　　　　　王煜宇　张　霞 / 199
公共体育服务的双重面向：伦理与法治的双重糅合　　　　匡梨飞　李先雄 / 214
跨国民间法解释的特殊性初探
　　——以《世界反兴奋剂条例》2.5条的解释为例　　　　　　　孔　蕊 / 228
孝道、赡养与代际交换：一个补充解释　　　　　　　　　　　　陈婧怡 / 240

经验解释

"摹仿"与"套用"：清代黔东南文斗寨的契式与契约书写　　　　瞿　见 / 253
唐代西州灌溉用水官民共治机制研究　　　　　　　　　　　　　江钦辉 / 268
礼法时代的民间法律规则体系抉微　　　　　　　　　　　张　伟　张　颖 / 284
辈分的法理　　　　　　　　　　　　　　　　　　　　　　　　周盼盼 / 298

制度分析

法治政府建设年度报告发布制度的变迁：历程、困境与策略
　　——基于324份样本的实践展开　　　　　　　　　　方学勇　龙飘飘 / 313
论非正式规则在信用惩戒中的应用及限制　　　　　　　　　　　贺译莛 / 334
民间习惯之房屋租赁押金规则研究
　　——以承租人权益保护为视角　　　　　　　　　　　丁亚琦　邓　涵 / 346
区分原则视角下借名购房法律效力认定研究　　　　　　　　　　陈小珍 / 360
高校教职"准聘—长聘制"改革及其前景　　　　　　　　　　　杨名跨 / 373
河南"社会法庭"制度：构造、功能与解纷技术　　　　　　　　胡宗亮 / 393

社会调研

传统习惯法传承方式探析
　　——聚焦台湾地区祭祀公业　　　　　　　　　　　　　　　杜伟伟 / 411
村规民约中的罚则问题研究
　　——基于浙江省14个样本的调研　　　　　　　　　　　　　应　雁 / 423

域外视窗

对抗性法制的概念解构　　［美］杰布·巴恩斯、托马斯·伯克 著　丁文睿 译 / 437

孟德斯鸠论贸易、征服、战争与和平　　［美］罗伯特·豪斯 著　李丽辉 译 / 455

大陆法系国家地方立法与民间规范关系考察研究
　　——以德国、比利时、日本为例　　黄琦翔　李 杰 / 470

学术评论

法律学说司法运用研究的新境界
　　——评《论法律学说的司法运用》一文　　赵天宝 / 485

第十七届全国民间法·民族习惯法学术研讨会会议综述　　施海智　翁茹月 / 494

法人类学专题

法人类学专题导言：
基础工作与现实关照
——共同体建设与法人类学

谢 晖[*]

改革开放以来，伴随着我国法学之初创和发展，法人类学这一在西方国家，特别是英美世界很受人关注的学问，也逐渐进入我国学者的视界。无论对西方法人类学理论之介绍（法学界如严存生、朱勇、邓正来、石泰峰、张晓辉、田成友、王启梁，人类学界如王铭铭、朱晓阳、赵旭东等都有相关重要的译介与研究），还是田野之调研（如吴大华、徐晓光、高其才、张冠梓、王学辉、龙大轩、周相卿、周世忠、牛绿花、常丽霞、吕志祥、韩雪梅、雷伟红等一批研究民族习惯法的学者），都为之付出了艰巨的、值得喝彩的努力。在一定程度上，该研究已经在我国形成了不附主流、卓尔不群、令人瞩目的法学学术"流派"。

尽管如此，但不得不说的是，我国学者在相关领域的研究基础，还相当薄弱。对这一在西方国家，特别是英美世界大放异彩的法学流派，其代表人物、主要论著、学术脉络、研究方法、基本观点以及其内部的流派化展开等，我们所知甚少。不少相关研究者，在谈及其中重要代表人物时，每每一脸茫然、闻所未闻。这与法哲学、规范法学、法社会学、法经济学、法政治学等领域译介、研究的热闹景象相比，明显逊色且落寞。这并不符合深化我国法人类学研究之要求，也无法以通过法人类学的深入研究，贡献于我国所倡导的"中华民族共同体""人类命运共同体"建设。因此，完全可以用成绩斐然，但问题不少的套话来总结相关研究。

令人欣喜的是，在法人类学的基础理论介绍和研究方面，近些年涌现出了一批年轻学者，他们基础扎实、视野开阔、甘于寂寞、勇于探索，系统挖掘、研究和传播英美国家法人类学的代表人物、发展脉络、学术争点，发表和出版了颇值关注的一系列学术成果。如

---

[*] 谢晖，广州大学人权研究院教授。

李婉琳对穆尔（S. F. Moore）的研究、刘顺峰对格拉克曼（M. Gluckman）的研究、王伟臣对格卢克曼和博安南（P. J. Bohannan）之争的研究、王静宜对劳拉·纳德（L. Nader）的研究等。

不但如此，王伟臣、刘顺峰、曾令健、郭婧等学术热情极高、组织能力极强的一些青年学者，自去年以来，还通过微信公众号、云端会议、读书报告、学术演讲、学术论著等方式，积极团结这一研究领域的相关学者，笃力使法人类学研究能够形成一个学术共同体。我对他们这种积极有为、且卓有成效的工作，不但乐观其成，而且寄以厚望。也充分相信通过这一代人的不懈努力，我国法人类学研究，在理论和田野两方面将会更加成熟、更有成就。

本卷《民间法》刊出的王伟臣的《非洲习惯法学的开创者：评沙佩拉的法人类学》、刘顺峰的《法人类学的嚆矢——以巴顿的伊富高法研究为考察中心》、郭婧的《"夏安之路"：卢埃林的法人类学思想》，就是这些年轻学者在其组织的云端读书报告会上所宣讲的研究成果。三文所研究的学者或者其学术贡献，不但在我国法学界，甚至在我国法人类学界都是十分陌生的。值得一提的是，由于该系列读书会每每在线上举行，因此，吸引了国内法学界、人类学界和社会学界不少青年学者和学生的关注。不难预料，这将对我国法人类学之人才培养、学术研究以及法治实践可能产生的长远影响。

或以为，人类学以及法人类学，奠基于殖民时期全球因贸易的需要和交通、通讯、信息沟通之不便而导致的区域分割、族群隔绝、文化差异这一巨大矛盾，从而要求殖民者探寻以"他者"的语言、视角、立场、自然环境、交往方式、生活生产特征等来"同情了解"异文化，以突破贸易和交流的藩篱。而如今，我们在国际上明显面临着因主权平等和全球化诉求而导致的"人类命运共同体"建设要求；在国内也明显面临着因平等、团结诉求而导致的"中华民族共同体"建设要求。因之，法律也显著地表现出于"移植"、全球化或国际化等"趋同"倾向。既然如此，再强调以个案（例）研究、"他者"立场、异文化观察、结构式考量、功能性探究、情境化描述等为主要特征的法人类学，还有什么意义？

诚然，无论"人类命运共同体"，还是"中华民族共同体"，这两个重要概念，高屋建瓴、也切中肯綮地表达了我们的国际胸怀、视野和格局以及民族理想、雄心和担当。由此带来的交往全球化和利益相互依赖等事实，使得这两个概念格外具有意义。不过不少人只望文生义地关注了"共同体"之字面意义，关注其中的"共"与"同"，而对其背后更深刻的原由——"分"与"异"及之于共同体的意义，或一带而过，或不假思索。这很容易导致"压制的团结"，而非"合作的团结"。

事实上，所有的共同体都是以多样性为前提的，因之，多样性为共同体奠基。以"中华民族共同体"为例，当人们强调民族平等和民族团结这两者在"中华民族共同体"建设中不可或缺时，前者即指民族存在的多样性事实，它也是"中华民族共同体"的奠基和前提；后者则指多元主体合作的方式，团结即合作，无论是政治的合作、经济的合作还是文化的合作，合作才迈向"共同体"。因之，只有各民族团结合作，才能真正建设和呈现"中华民族共同体"。这种分析，照例可适用于"人类命运共同体"所直面的两个看上去张力明显的问题：国家平等与国际和平。前者意味着多元且政治、经济、文化迥异的主权国家存在之事实，后者意味着只有在差异明显的国与国之间，经由合作通往和平，才能建构和实现休戚与共的"人类命运共同体"。对此，在古贤有关"人不独亲其亲，不独子其子"的"大同理想"描画中，我们不难悟知。

基于这样的思考，笔者认为站在同一性立场上，寻求所谓放之四海而皆准的"普适性真理"，是远远不够的，并且事实上它往往会导致压制和扭曲的"统一体"，而非合作与共享的"共同体"。因此，更应当站在多样性立场上，寻求笔者一再强调过的另一种普适性，即"多样性的普适性"或"地方性的普适性"。对此种普适性，我们的祖先已经提供了足够多的智虑："入国问禁，入乡随俗""百里不同风，千里不同俗""因俗而治，因地制宜""君子和而不同，小人同而不和"等，它与格尔茨"法律是地方性知识"的著名论断何其相似乃尔！显然，"多样性的普适性"或"地方性的普适性"，所强调的不是"一律如此"的压制普适，而是尊重不同、差异，迈向合作、一体的契约普适。所以，"中华民族共同体"也罢，"人类命运共同体"也罢，只有在充分了解不同地方、不同族群、不同国家各自的"性格""个性""特质"之后，才可能在相互尊重基础上，更好地合作、交流、分享，实现契约合作下的共同体，防止并摒弃压制服从的"统一体"。

如上原理，已明显蕴含着法人类学研究的社会需要。可以说，越是追求共同体建设，就越需要自法人类学视角观察共同体各成员内部的交往沟通原理、生活生产秩序、社会结构形式、族群组织架构、纠纷解决机制、对外贸易态度等极其现实的日常之维。只有如此，才能资助实现共同体建设中的如下要求：首先，在不同族群、地方、国家的种种不同中寻求其可接受、可沟通的共同处；其次，在立法中充分尊重因为差异而形成的不同族群、地方和国家的应有（习惯或自然）权利；再次，通过差异性事实，使得刚性的、统一的法律之具体实施，有能够更为柔滑地运行的通道；最后，借助法律的权利空间、许可机制和义务红线、强制机制，确保共同体不害多样性，多样性也增益共同体。

恰因如此，法人类学基础问题的研究，绝非学者们自娱自乐地欣赏"茶壶里的风波"，反之，它必将在增益于相关学人法人类学训练和研究的基础上，指导其田野调研中的现实关照，并进而发现、夯实共同体建设的个体性基础，为"各美其美、美美与共"的共同体理想，铺就通往直达的康庄大道。

因本期刊出的这三篇文章，伟臣来信让我写个导言，我只好恭敬不如从命，也很荣幸撰写这么个导言。虽然我并非亦步亦趋于三位学者的论文本身，但相信，我在文中所论及的话题，当能勾起三位很有情怀的作者之共鸣，也期望读者诸君能经此更深地领会法人类学研究和共同体建设的关系。同时，也期待更多的学者关注并支持《民间法》的相关栏目。

法律人类学的嚆矢

——以巴顿的伊富高法研究为考察中心[*]

刘顺峰[**]

摘　要　学界传统观点认为，马林诺夫斯基于1926年发表的《野蛮社会的犯罪与习俗》，标志着法律人类学的诞生。在对20世纪法律人类学学术史梳理后发现，巴顿早在1919年发表的《伊富高法》中就表现出了强烈的法律人类学叙事风格。巴顿之所以从事伊富高法研究，很有可能源自其将伊富高法视为伊富高文化的组成部分，以及伊富高法本身的特色。围绕伊富高部落的家庭法、财产法、刑法、程序法等内容，巴顿展开了细致探究，并大致厘清了伊富高法的内容轮廓。由于没有受过系统的法学与人类学知识训练，巴顿的伊富高法研究，无论是在研究思路与研究内容，还是在研究方法与研究目的等方面均存在着明显瑕疵，但不容忽视的是，它却突破了实证分析法学对"法的概念"与"法的构成"的传统认知，诉说了原始法律文明的现实样态与运作逻辑，为人类学与法学的理论"互渗"提供了经验样本。巴顿的伊富高法研究，是法律人类学的嚆矢。

关键词　法律人类学　伊富高法　巴顿

一、问题的提出

按照法律人类学的学术通说，马林诺夫斯基的《野蛮社会的犯罪与习俗》（*Crime and Custom in Savage Society*）的出版，标志着法律人类学的诞生。[①]的确，马氏在此书中提倡的"学习被调查地区的语言""加入被调查对象的生活实践""以被调查对象的思维来思

---

[*]　国家社科基金后期资助项目"法律史人类学研究范式的建构（项目编号：18FFX043）"。
[**]　刘顺峰，法学博士，湖南师范大学法学院副教授。
[①]　James M. Donovan, *Legal Anthropology: An Introduction*, Altamira Press, 2008, p.69.

考问题"等方法，为法学家分析原始/部落社会的文化现象，以及人类学家探究部落/原始社会的矛盾纠纷提供了框架。① 然而，近些年来，随着国内外学界有关法律人类学研究的纵深推进，一些既有的观点开始受到了新的挑战，其中就包括"学术史意义上的法律人类学的诞生时间与标志"问题。不容否认，马林诺夫斯基对特罗布里恩德群岛部落法的研究，固然有着重要的范式意义。但是，巴顿（R. F. Barton）对菲律宾伊富高部落法的研究同样不容忽视。只是，略显遗憾的是，不论国内法学界与人类学界，还是英美法学界与人类学界，对巴顿有关伊富高法的研究都关注不多。有基于此，在本文中，笔者拟以巴顿的伊富高法研究为考察中心，围绕"巴顿为什么会从事伊富高法研究""巴顿的伊富高法研究关涉哪些内容""如何评价巴顿的伊富高法研究"三个方面展开全面探究。通过本文研究，笔者意欲论证的是，巴顿的伊富高法研究，是法律人类学的嚆矢。

二、巴顿为什么会从事伊富高法研究？

在对巴顿公开发表的学术著作的梳理过程中，笔者并没有找到巴顿从事伊富高法研究的直接动因。不仅如此，在其他学者对巴顿著作展开的各种评论中，笔者也未见到有关巴顿从事伊富高法研究动因的相关记录。换言之，根据现有保留下来的各种资料，几乎难以获得这一问题的答案。基于此，笔者只能从巴顿的生活经历与实践经验中寻求可能性答案。

（一）文化人类学观察的"副产品"

1883年，巴顿出生于美国伊利诺伊州中西部地区，他的父亲是一名医生。关于巴顿的求学经历，保留下来的有限资料未有记录。极有可能的是，他的大学是在北伊利诺伊渡过的。1906年，23岁的巴顿前往菲律宾担任公务员培训教师，一开始他住在基督教低地，很快便被要求转移至伊富高人中间。② 1919年，巴顿有关伊富高部落法研究的专著《伊富高法》出版。

在与伊富高人朝夕相处的8年时光里，巴顿除了本职工作之外，就是将其对伊富高部落社会的观察完整记录下来，而《伊富高法》只是他所记录的一个部分。或者，更明确地说，只是他对伊富高部落社会文化人类学观察的一个"侧面"。因为，早在《伊富高法》发表之前，巴顿就已经围绕伊富高基昂岸（the Kiangan）族群的丰收盛宴、伊富高人的葬礼等进行了观察记录，并最终将这些观察记录以文字形式公开发表在《菲律宾科学杂志》上。如此理解巴顿从事伊富高法研究的原因，虽然感觉像是没有原因的原因，但也较为契合巴顿个人经历所衍生出来的一般逻辑。毕竟，巴顿没有受过专门的法学知识或人类学知

---

① 刘顺峰：《民间法的人类学范式研究》，载《江苏社会科学》2021年第2期。
② A. L. Kroeber, *Roy Franklin Barton*, 1883–1917, 51 *American Anthropologist*, 91 (1949).

识训练。对此,纳德尔(Laura Nader)曾指出,巴顿对人类学的知识完全是自学的。[①] 或许,正是对伊富高部落社会文化整体性的关注,让巴顿对其中最能体现文化人类学特质的部落社会法律产生了兴趣,并展开了研究。

(二)伊富高法本身的特色

巴顿作为出生在美国的公民,当以公务员培训教师身份来到远在亚洲南部的菲律宾伊富高部落时,并未带有任何专业学术性目的。不过,当他与伊富高部落族群接触后,却有了一些让他觉得有意义或者有趣的发现,其中很可能就包括法律。比如,巴顿曾指出,伊富高部落没有体系化的政治组织,但却有极为发达的法律体系。[②] 在伊富高,法充满了"特殊性":一方面,法与禁忌、习惯之间存在着千丝万缕的联系,以至于若不以部落法学思维去审视伊富高的禁忌与习惯,就无法洞悉禁忌、习惯、法三者之间的区别与联系;另一方面,伊富高法也循沿"进化论"逻辑,亦即从早期的"以眼还眼,以牙还牙",到完全由受害人个人或亲属来实施对犯罪者的处罚,到由部落或酋长来确定惩罚标准,再到由国王或国家来确定是否构成犯罪行为。[③] 只是,它的法的发展过程与美国法的发展过程并不遵循完全一致的模式。此外,伊富高的法还充满了"神秘性"。比如,巴顿指出,他经多次观察后发现,神判在伊富高部落的纠纷裁决过程中不仅被普遍适用,而且还有一套较为完整的适用程序。[④] 作为原始法"遗留物"的神判,主要是在伊富高刑事案件以及田地纠纷裁决过程中适用。它之所以能够被承认并适用,源于伊富高人对大自然的敬畏、对由自然而衍生出来的各种不可知力和不可抗力的恐惧。凡此一切,与美国法的具体事实或者美国人对美国法的观念印象存在着本质差异。或许,这种差异正是吸引巴顿关注伊富高法,并对伊富高法展开研究的重要原因。因为,呈现一个不同于"自我"文化的"他者"文化,并对"他者"文化予以系统论证,既有重要性也有趣味性。

相较于对"巴顿为什么从事伊富高法研究"原因的分析,充满了"臆测"的"味道",关于"巴顿研究了哪些伊富高法"的探究,则是以具体可见的文本为基础而展开的。只是,很有可能的是,巴顿对伊富高法内容的研究,远远超过了其在文本中的有限表达。

三、巴顿研究了伊富高法的哪些内容?

通过对巴顿有关伊富高部落社会法研究的代表性作品——《伊富高法》的全面分析,可以看出,虽然巴顿没有受过系统的法学或人类学知识训练,但他还是竭力以教科书式的

[①] Laura Nader, *Ifugao Law by R. F. Barton*, 72 *American Anthropologist*, 1526 (1970).
[②] R. F. Barton, *Ifugao Law*, University of California Press, 1919, p. 9.
[③] R. F. Barton, *Ifugao Law*, University of California Press, 1919, p. 16.
[④] R. F. Barton, *Ifugao Law*, University of California Press, 1919, pp. 96–99.

体例来全面呈现伊富高法的内容。总地来看,巴顿大致研究了伊富高部落的家庭法、财产法、刑法、程序法等内容。接下来,笔者将重点围绕巴顿所梳理的伊富高法的各个部分来展开分析。

(一)家庭法

家庭法是伊富高法中最基本,也是内容最为丰富的法。巴顿对伊富高家庭法的探究,主要集中在婚姻、寡妇再婚、离婚、家庭法中非独立生活的人等领域。

关于婚姻,巴顿首先谈的就是伊富高部落社会的"一夫多妻制"。为什么要先谈"一夫多妻制"?巴顿解释道,在伊富高部落社会,一般情况下都是"一夫一妻",亦即一个男人只能娶一个妻子。但是这种常规法学意义上的"婚姻规范"却受到一些特殊情况的约束,这些情况包括男人极其富有或者地位极高,且在娶新的妻子之前/之后,能够获得原配妻子及其家属的理解与同意。① 对此,巴顿举了一个例子:

> 家住在 M 部落的 G,是一个非常富有的男子,在娶了第一个妻子并让其为他生了很多小孩之后,便经常习惯性地在外面拈花惹草。对此,G 的妻子的家属得知后,便要求 G 支付一大笔精神损失费。在支付了这笔巨额费用后,G 又娶了另一个女人作为自己的第二个妻子。由于支付了一大笔费用,因此,第一个妻子及其亲属,没有任何人反对 G 的这种行动。G 得到了当地部落很多人的羡慕。但是,可以确信的是,他的这种行动之所以可以实践的最根本原因在于经济因素。②

巴顿将"一夫一妻"与"一夫多妻"置于伊富高部落的整体文化体系中予以审视,并强调"一夫一妻"与"一夫多妻"之间并不存在着规范法学意义上的严格界限,超越了同时代法学界有关法的规范性的一般性认知。

关于寡妇再婚,巴顿是从一个伊富高部落社会的专门术语——"*gibu*(终结婚姻)"开始分析的。巴顿指出,虽然婚姻会因为各种原因而无效,但在伊富高部落社会,任何死亡的事实都不能终止婚姻。如果一个男子想要娶寡妇为妻,他需要的不仅仅是获得寡妇基于其自由意志而表达的承诺,还要向寡妇的逝去的丈夫的亲属赔偿一笔"*gibu*"费用。③ 在伊富高部落,各个等级之间的经济差距很大,由此而衍生出来的是,不同社会阶层的人需要履行不同等级的经济义务。一般情况下,越富有的人,需要向寡妇的丈夫的亲人所支付的"*gibu*"的费用会更多。如果拟要娶寡妇的人,拒绝履行此项义务,那么寡妇的去世

---

① R. F. Barton, *Ifugao Law*, University of California Press, 1919, p. 17.
② R. F. Barton, *Ifugao Law*, University of California Press, 1919, p. 17.
③ R. F. Barton, *Ifugao Law*, University of California Press, 1919, p. 27.

的丈夫的亲属就可以通过"自力救济"方式来保护自己的权利。有关于此,巴顿说:

> P娶了一个寡妇,但并未按照伊富高部落习惯向她的过世的丈夫T的亲属支付一笔"gibu"费用。纵然T的亲属再三催促P应按照当地习惯来履行义务,但P就是置若罔闻。一天,P牵着一头水牛前往部落附近的一个小镇,路上恰巧被T的几位亲属碰见了。T的亲属便当着P的面,将水牛给杀了,并分掉了水牛的肉。T的亲属的这种行为,在伊富高部落普遍被认为是合法的。①

巴顿对"寡妇再婚"过程中权利受侵害一方所开展的"自力救济"的描述,很容易让人联想到部落社会独特的"权力—权利"模型,即权力中包含着权利,权利与权力之间并不存在明显的界限。当然,"自力救济"并不是每次都能够得以成功实现,它需要当事人双方对救济方式、方法、目的与价值等存在较为一致的认知。

关于离婚,巴顿主要探究了伊富高部落基于合意的离婚、基于相互利益的离婚、基于一方提起离婚请求的离婚等。在对每种类型的离婚缘由的分析过程中,巴顿采用的均是经济学视角。他将每种类型的离婚的原因、罚款主体与对象细致地予以了呈现,其间可以感受到部落社会朴素的经济理性。纵观巴顿对部落社会离婚的整体性描述,有一个值得注意的地方是,巴顿对离婚仪式问题的分析。巴顿强调,只有在离婚双方当事人均是出于自愿的情况下,才有可能或者说才可以举办离婚仪式。② 遗憾的是,对于离婚仪式究竟包括哪些程序,离婚仪式有何象征意义等问题,巴顿并没有展开进一步探究。

关于家庭法中非独立生活的人,巴顿首先就养子、仆人、奴隶、私生子等概念进行了分析,在此基础上,他重点讨论了"出生决定论"问题。需要注意的是,伊富高部落社会的"出生决定论",不同于孟德斯鸠意义上的"地理环境决定论"。它所关切的是,一个孩子出生之后,如果不能确定谁是他的父亲,应该怎么办?对此,巴顿指出,一般而言,解决这种认识论与技术论意义上的"谁是孩子的生父"问题,主要靠的是神判。比如,同时向可能是孩子生父的人扔鸡蛋,又或者,让可能是孩子生父的人接受热水审等。③

(二)财产法

巴顿对伊富高财产法的研究,主要集中在财产的分类、伊富高人对待财产的态度、引起财产转移的原因、灌溉法等方面。

关于财产的分类,巴顿指出,伊富高人将财产分为两类:家庭财产与个人财产。④ 不

---

① R. F. Barton, *Ifugao Law*, University of California Press, 1919, p. 29.
② R. F. Barton, *Ifugao Law*, University of California Press, 1919, p. 33.
③ R. F. Barton, *Ifugao Law*, University of California Press, 1919, p. 37.
④ R. F. Barton, *Ifugao Law*, University of California Press, 1919, p. 39.

过，巴顿对伊富高部落社会家庭财产的讨论明显甚于个人财产。或许，这可在一定程度上说明，伊富高部落社会的生产力水平较低，个人本位还没有或者说不可能替代家庭本位。家庭本位表达的是，个人是家庭的组成部分，个人必须要服从家庭的整体义务要求。任何个人决不能因为自己的利益需求，影响到家庭成员对家庭财产的集体占有、使用、收益与处分。巴顿强调，伊富高人对家庭财产的态度，与家庭财产的类别及属性是密不可分的。家族财产包括稻田、林地和传家宝等三类，它们在事实层面都可被视为物，但更多践行地还是文化意义上的传承属性。① 换言之，在伊富高人的观念中，这三类财产的主要意义和价值不在于使用，而在于传给后人。因此，它们不能为任何个人所拥有。巴顿对伊富高财产的分类是极为细致的，它的目的在于为进一步探究伊富高财产的转移方式、方法及目的等做铺垫。对于伊富高部落社会财产的转移，巴顿并没有围绕家庭财产与个人财产的转移予以分别讨论，而是仅就财产转移的方式与方法做了总体论述。从巴顿关于伊富高部落社会财产转移方式与方法的论述中，我们会发现两个值得关注的问题：一是个人财产转移与巫术的关联；二是财产转移过程中"中间人"的合理报酬。

关于问题一。在伊富高部落社会，个人财产主要是一些动产，比如，牲畜、红薯、首饰、农具等。对于这些财产的转移，虽然并不要求履行一定的仪式，但却对当事人的权利与义务有着一些特殊要求。巴顿说：

> 在伊富高部落，如果A（出卖人）与B（买受人）之间就一只动物的买卖达成了协议，A便获得了对这只动物的所有权。但是，如果这只动物在一年内突然死亡的话，B还有权要求A返还购买这只动物所支付的钱款。这种对出卖人较为严格的义务要求的制度设计，体现的是伊富高人对待财产的态度。他们认为，任何一项财产转移，尤其是动物买卖都与动物身体中蕴藏着的咒语有关。如果出卖人不愿返还买受人支付的钱款，将会受到由买受人及其亲属施加的诅咒。②

虽然巴顿强调在动产转移过程中，咒语的存在会制约出卖人与买受人的关系结构，亦即它会让出卖人在财产转移之后的一年内，经常有意或无意观察其所转移的财产的完好程度，并通过财产的完好与否来判断部落内外可能存在的"敌人"。如果财产转移一年后，买受人并未表达出对财产的不满，且财产也并未受到任何毁损，那么，实质意义上的财产转移过程才全部完成。

关于问题二。"中间人"是伊富高部落社会特有的"角色"，他所发挥的作用不仅在于为买卖双方提供彼此所需要的各类信息，还在于为买受人以最优惠的价格购得其所心仪

---

① R. F. Barton, *Ifugao Law*, University of California Press, 1919, p. 39.
② R. F. Barton, *Ifugao Law*, University of California Press, 1919, p. 50.

的物品。当然,"中间人"为买卖双方"牵线搭桥"并不是义务性的,他可以获得一些报酬,但报酬数额却没有固定标准,一般是根据买卖双方交易数额,以及社会地位来确定。巴顿说:

> A派遣B去邻近部落买一只水牛,按照通常的交易习惯,中间人可以从中获得10比索的佣金,不过,如果在回程路上,这只水牛死亡了,中间人便要对水牛死亡承担赔偿责任。A将80比索交给B,让B帮其购买水牛。B将水牛带到了A面前,并告诉A这只水牛的价格是70比索,事实上,这只牛的价格是60比索。那么,多出来的10比索,就算是B所获得的"砍价费"。如果A发现B只用了60比索而不是70比索购买了那只牛,那么,A所能做的仅仅是,厘清A所实际支付的与A所说的支付的数额之间的差异。①

让"中间人"赚取一定的佣金和"砍价费",能够增加"中间人"的工作积极性,同时也有利于买受人,它会让买受人以比其所期待的更低价格获得货物。所以,在伊富高部落,"中间人"的存在是必要的,他可以拉进交易当事人之间的关系距离,同时让自己也获得一定的报酬。但巴顿也强调指出,如果动物在途中被敌人拿走,"中间人"是可以减轻责任的。尤其是"中间人"有足够证据证明,敌人非常强大,仅凭其一己之力根本无法与敌人对抗,在此情况下,"中间人"甚至可以免于承担责任。②

从形式上看,将灌溉法列入财产法知识体系之内,着实有点难以理解。不过,巴顿对灌溉法的讨论却是围绕新的田地以及水的法律展开的。巴顿指出,在伊富高部落,如果所有的土地都在泉水或溪流之下(位于无主土地旁边),那么,此土地上的稻田的先占者,就有权自由使用这块土地旁边的泉水或溪流里的水。③ 当然,这只是一种理想意义上的规则。在伊富高部落社会的生产实践中,这种规则虽然广受认可,却缺乏一定的约束力。但是,不容忽视的是,在伊富高部落社会,水权是一项重要的权利,它允许水权所有人自由地出售他的水给任何他所愿意出售的人。有关于此,巴顿说:

> 如果一个伊富高人的土地旁边有一口泉水,那么,根据伊富高部落习惯法,他就对这口泉水拥有所有权。而且,泉水所有权是永久的。泉水所有权人,通常会将其除耕种所需以外的水以一定的价格予以出售。但是,土地在出售之时,并不意味着必然就会出售泉水。比如,A的玉米地旁边有一口泉水,他将水卖给了B,而B的玉米地在A的玉米地的另一头。C的玉米地,位于A的玉米地的下

---

① R. F. Barton, *Ifugao Law*, University of California Press, 1919, p. 58.
② R. F. Barton, *Ifugao Law*, University of California Press, 1919, p. 58.
③ R. F. Barton, *Ifugao Law*, University of California Press, 1919, p. 59.

边。C购买了A的玉米地，同时将其与自己的玉米地连成一片。需要注意的是，虽然C购买A的玉米地，拥有了对A的玉米地的所有权，但是，C并未获得对A的玉米地旁边的泉水的所有权，因为那口泉水，A已经将其单独卖给B了。总之，一个人拥有了某块地，他便可以自然地获得位于该地旁边的泉水，但是，一旦这个人将其土地出售之时，泉水则与土地"分离"了，买受人若想得到泉水，就得额外支付一笔购买泉水的钱款。①

巴顿所举的这个例子，如果运用西方法学意义上的所有权转移思维确实难以理解。但是，如果运用人类学意义上的"情境"思维，② 站在伊富高部落社会生产与生活实践的立场上，则不能理解。土地与泉水，在所有权的结构内部，既是分立的，又是关联的。它之所以关联在一起，源于伊富高部落社会成员对先占概念的认知。在他们看来，先占是一项神圣且重要的权利，这项权利理应且确实比其他权利更为重要。所以，通过先占获得了某块土地的伊富高人，通常会被视为获得了上天的眷顾，其对土地的所有权是神的旨意。在伊富高部落，先占与转移的区别在于，前者被植入了神的意志，后者则主要体现交易人的自由意志。两种不同的意志，在不同的情境下，或是合作，或是对立，但都是为伊富高部落族群秩序的整体理性的实现而服务的。

（三）刑法

巴顿对伊富高刑法的探究，是从有关伊富高刑罚类型的梳理开始的。巴顿指出，伊富高人的犯罪主要有两种惩罚方式：一是死刑；一是罚款。这两种刑罚均有受害者本人或者其亲属来执行。③ 为什么在伊富高部落，其所设置的两种刑罚之间的"跨度"如此之大，以至于一旦构成犯罪，就或是被判死刑，或是被判罚款？巴顿并没有给出他的答案。当然，由于缺乏一定的直接证据，我们也无法对此种刑罚类型的设置缘由进行臆测。不过，关于罚款，巴顿强调，伊富高部落社会的罚款有一定的特殊性，即或是以"十"为尾数，或是以"六"为尾数。而且，不同社会等级的人，犯了相同的罪，却处以不同的罚款。一般而言，社会等级越高、经济条件越好的伊富高人，会被处以更多的罚款。④ 这种"同罪不同罚"的逻辑，不仅体现在罚款的具体实践中，还体现在责任承担方面。有关于此，巴顿说：

---

① R. F. Barton, *Ifugao Law*, University of California Press, 1919, p. 60.
② "情境"是人类学知识谱系中的重要概念，它对人类学乃至法学的方法论更新均发挥了重要作用，有关此问题的详细讨论，可参见刘顺峰：《从社会情境分析到扩展案例分析——格拉克曼法律人类学方法论思想研究》，载《民族研究》2016年第1期。
③ R. F. Barton, *Ifugao Law*, University of California Press, 1919, p. 61.
④ R. F. Barton, *Ifugao Law*, University of California Press, 1919, pp. 61 - 62.

一起由多人共同实施的犯罪行为，其间必然包括了主犯、从犯、胁从犯、教唆犯等，他们所接受的处罚轻重，是与他们的等级密切相关的。一般而言，社会地位最高、势力最大的人会被视为主犯，纵然他并没有直接参与犯罪的预谋与实施，他却要承担最重的刑事责任。比如，A 决定为一个亲属的死去复仇。于是，他便召集了许多他的亲属，并提议发动一场战争来取 Z 的项上人头。Z 居住在另一个镇子，被认为与 A 的亲属的死有直接关联。在准备发动战争之前，A 邀请了几位占卜师来到了他的家里，让他们举行一个常规的宗教仪式来为出征做准备。仪式顺利举行了，其间占卜也显示是吉兆。但是，就在出征之前，A 却发生了一些意外，而占卜师却将这些意外归因于敌人的巫术。A 因此就没有与其亲属们一起出征，但是，如果要涉及责任的承担，那么，A 应该承担主要责任。虽然他没有参与出征，但却是出征的召集人。①

主要责任与次要责任的划分，体现了伊富高人具体问题具体对待的理性主义思维。然而，影响责任的要素却极为多元，除了犯罪者的社会等级之外，外镇人、坦白、亲属关系等都会影响到最终的"定罪量刑"。在探究了伊富高人犯罪的处罚方式之后，巴顿又分析了一些罪名，包括巫术罪、通奸罪、盗窃罪、谋杀罪、纵火罪、乱伦罪等，其中最能体现伊富高部落特色的是巫术罪。

在伊富高部落社会，巴顿通过观察发现，"叫魂"是一种最为常见的巫术。它要履行一系列宗教仪式，其间巫师通过宴会来召回亡者的灵魂。仪式履行完毕后，亡者的灵魂会以红头丽蝇、蜻蜓、蜜蜂等样态出现。如果一个敌人被"叫魂"了，就意味着他的心已被偷走，因此，他很快就会死去。② 巫术犯罪的实施通常具有隐秘性的特点，但是，在伊富高人的观念里，巫术犯罪的前提是，实施巫术犯罪的人必须得知道巫术实施对象的姓名，否则巫术就难以发挥作用。实践中，巫术犯罪很难获得可信性证据。实施巫术犯罪的人，通常会受到巫术实施对象的亲属的报复，这种报复在伊富高部落被认为是合法的。有关于此，巴顿举了一个例子：

在西班牙人入侵之前，A 获得了巫师的头号。有人证明他杀了他在镇子上的几个亲属。不仅如此，他在另一个镇子的几个亲戚，也极力承认他是个巫师。他们亲属认为，他迟早一天会被杀害。果然，一天，G 带着几个同伴前往 A 所在的镇子，当他们到达 A 家门口时，便说是特地过来拜访 A 的。A 于是打开门，放下梯子，以让他们进门，G 及其几个同伙于是便迅速顺着梯子爬了上去，然后用

---

① R. F. Barton, *Ifugao Law*, University of California Press, 1919, pp. 63–64.
② R. F. Barton, *Ifugao Law*, University of California Press, 1919, p. 70.

利刃结束了A的生命。A的妻子在保护A的过程中也受了伤。虽然A被杀，A的妻子受伤，但G及其同伙的行为在伊富高部落却并不认为是非法的。①

巴顿对伊富高部落巫术罪的描述，很容易让我们联想到中国古代有关巫术的理论与实践。与伊富高部落不同的是，中国古代人的巫术观，始终是将"罪"与"责"关联在一起的。由此，巫术犯罪的结果与行为之间便存在着一条隐形的纽带：它要求巫术犯罪行为的实施，以及结果的判定，均由在当地普遍认可的"权威"来确定。一旦某个行为被"权威"确定为巫术犯罪，实施巫术的人就得承担相应的责任。在统治者看来，虽然巫术犯罪的行为一般针对的都是具体的人，但却容易产生较大的社会影响。因此，在中国古代国家的治理实践中，对巫术犯罪的打击力度远远超过一般犯罪。比如，《唐律疏议》便将以巫术方式杀人的行为视为"不道"，它不同于一般的杀人罪，它是"十恶"之一，犯有"不道罪"的行为人皆处死刑，且不能被赦免。无论是伊富高部落的巫术犯罪，还是中国古代的巫术犯罪，其间呈现出来的均是巫术犯罪与社会秩序之间的内在关系。但是，从"辩证主义"视角来看，在社会发展的早期，巫术曾在一定意义上对于社会秩序的维持发挥过积极作用。人们之所以不去犯罪、不敢犯罪，便是害怕会受到巫术本身，或者说以巫术为表象的自然所给予的"处罚"。② 因为，巫术就是能做出自然所做不出之事的秘密。③ 伊富高人对巫术有所惧怕甚至厌恶是可以理解的，但是否真地相信巫术的效力，巴顿并没有给出明确答案。

（四）程序法

伊富高部落以家庭为本位，因此，任何纠纷发生之后，当事人都习惯于寻求家庭成员的帮助。换言之，从程序法意义上来说，当事人双方就纠纷的可能后果向各自的家庭成员请教与咨询，是伊富高部落法在实践过程中的首要的必经程序。纵观巴顿对伊富高部落程序法的探究，我们似乎难以发现任何新意。不仅如此，或许是缺乏系统法学知识训练的缘故，巴顿对伊富高程序法的梳理与分析，基本是围绕实体法而展开的，纯粹对程序法的讨论不仅较少，且充满了"混乱"。难怪霍贝尔会感言，难以看到伊富高司法程序的一丝曙光。④ 但是，一定要梳理出巴顿对伊富高程序法研究的内容，大致有如下两个方面较为值得关注：证据与热水审。

关于证据。从巴顿对伊富高部落社会证据问题的分析中，我们可以发现，伊富高人似乎并没有明确的证据的观念。这一点不同于格拉克曼所探究的巴罗策洛兹部落。格拉克曼

---

① R. F. Barton, *Ifugao Law*, University of California Press, 1919, p. 72.
② 瞿同祖：《中国法律与中国社会》，中华书局出版社1981年版，第264页。
③ ［法］伏尔泰：《风俗论（上）》，梁守锵译，商务印书馆2017年版，第148页。
④ ［美］霍贝尔：《初民的法律》，周勇译、罗致平校，中国社会科学出版社1993年版，第139页。

通过细致观察指出，洛兹人有着清晰的证据的观念，不仅如此，他们还按照证据的可信程度，将其分为直接证据、间接证据、道听途说的证据等三种类型。① 虽然伊富高人没有明确的证据的观念，但却在实践中运用证据，并将证据提交给第三方的专业人士予以评估，由第三方的专业人士做出的评估结果具有法律的效力。有关于此，巴顿说：

> 一旦纠纷当事人双方进入敌对状态，一系列禁忌与习惯都阻止着他们之间的进一步接触。当事人双方之间的所有交流与沟通瞬间被打破，所有关涉纠纷的事务都被转移至第三方，这个第三方有个专业名称 monkalun。monkalun 听取纠纷当事人各自呈现的用来支持自己观点的证据。monkalun 要求，每一项证据都要接受质证。monkalun 喜欢借由调解的方式来处理当事人之间的纠纷。一方面，调解可以让 monkalun 收到一大笔钱；另一方面，成功的调解又能让他收获信誉。所以，monkalun 在伊富高部落社会的"出镜率"是很高的。为了达到彻底解决纠纷的目的，monkalun 会向当事人各方报告彼此证据中最可信、最有效部分，同时也以此来作为支持其中一方或反对其中一方的重要理由。②

可以看出，伊富高部落社会中的证据，与其说是当事人自己确定的，不如说是 monkalun 确定的。monkalun 需要辨识当事人提供的证据的真伪，需要根据情境来厘清当事人纠纷的争议焦点，需要通过当事人基本都可接受的证据来作出裁决。因此，monkalun 是伊富高程序法实践过程中的"关键角色"。

关于热水审。水审并不为伊富高部落所特有，在早期日耳曼蛮族部落的纠纷裁决过程中，水审就是较为常用的审判方式，③ 但伊富高部落却是热水审。按照巴顿的描述，伊富高部落的热水审是这样展开的：首先，人们会在一个较为空旷的地方，放置一口大概一英尺深的锅，给锅加满水后，再用大火烧至水沸腾；接着，一位与案件无关的第三人会仍一颗鹅卵石至锅里，被指控为犯罪的人必须将手伸到水中，取出鹅卵石；最后，第三人及在现场旁观的人会根据被指控为犯罪的人的"伸手速度"来判断是否有罪。如果是"不急不忙"，则被视为无罪；如果是"极为匆忙"则被视为有罪。④ 从巴顿的描述中不难看出，伊富高部落的热水审，作为一种事实或者说一种现象，其背后所蕴藏着的观念逻辑——自认为站在正义一方的当事人，相信一定会有神灵的力量护佑他。所以，他可以且能够从容不迫地面对沸腾的热水。而内心深处惴惴不安的当事人，由于他知道是自己理亏，所以，

---

① Max Gluckman, *The Judicial Process among the Barotse of Northern Rhodesia*, Manchester University Press, 1967, pp. 82 – 83.
② R. F. Barton, *Ifugao Law*, University of California Press, 1919, pp. 95 – 96.
③ 郭华、殷宪龙、李继刚：《证据法学》，山东人民出版社 2009 年版，第 48 页。
④ R. F. Barton, *Ifugao Law*, University of California Press, 1919, p. 96.

他在准备取鹅卵石之前，就清楚得不到神灵的护佑，留给他的唯有侥幸。这种侥幸，很容易以"极为匆忙"的方式呈现出来。

巴顿对伊富高部落法的探究，主要集中于家庭法、财产法、刑法、程序法等四个领域。在对每种类型的伊富高法进行分析的过程中，巴顿都会涉及对伊富高人有关此种类型的法的观念的考量。的确，作为社会生产力水平较低，缺乏体系化的政治机构的部落社会，伊富高人的法观念，以及由此观念而衍生出来的法的理论与实践，均与巴顿的母国法——美国法存在明显不同。在伊富高部落社会，法律、禁忌、习惯之间的关系是模糊的，以至于仅仅借由巴顿的描述，我们无法辨识它们三者之间的关系。不仅如此，神话还在伊富高法的实践中扮演着重要角色。因为，神话是伊富高部落族群的生活经验的文化总结，之所以神话会被创造出来，在伊富高人看来，主要是因为神话所具有的"现实主义功能"，它能解决伊富高人生活中的各种困难，为维续伊富高部落社会的整体秩序提供合理性解释框架。

同样是对部落社会法的研究，巴顿有关伊富高法研究的专著——《伊富高法》的发表时间，比马林诺夫斯基的《原始社会的犯罪与习俗》早了7年。然而，《伊富高法》在发表后，并未受到学界的广泛关注。为什么都是对部落社会法的研究，两部著作却有着不同的"命运"？对此问题的探究，便涉及对巴顿的伊富高法研究的整体性评价。

四、如何评价巴顿的伊富高法研究？

通过对巴顿有关伊富高法研究的历史主义观察，笔者认为，可从研究思路与研究内容、研究方法与研究目的两个层面来对其予以评价：

一是研究思路与研究内容。巴顿在20世纪初叶所开展的伊富高法研究，大致是循沿文化人类学思路展开的，亦即他是从观察伊富高法的一般现象，到总结伊富高法的基本理论，再到建构伊富高法的知识体系。这样一种研究思路，固然有着极为显著的优点，比如，它可以让作为"他者"的学界，清晰地看到巴顿对伊富高法的"研究路线图"，并对连接各条线路的"连接点"之间的关系也能有所洞察；它还可以让作为"他者"的殖民政府官员，洞悉同样作为"他者"的巴顿，对伊富高法乃至伊富高部落文化的理解与阐释模式，并从中发现"自我"与"他者"之间的区别及联系。然而，这种研究思路，也存在着一些现实缺陷，其中最明显的是，由于巴顿是将伊富高法按照家庭法、财产法、刑法、程序法等四种类型来分别呈现，且在呈现每种类型的法的过程中，忽略了对伊富高法与伊富高历史、社会、文化、政治之间的关联的分析，因此，仅仅透过巴顿有关伊富高部落社会家庭法、财产法、刑法、程序法的体系化揭示，我们还是无法厘清伊富高人的法律观念与伊富高的历史、社会、文化、政治之间的现实关联。

从研究内容方面来说，巴顿对伊富高法的内容呈现是较为丰富的，既有实体法，也有程序法，但这无法遮蔽巴顿对伊富高法"选择性"揭示的缺陷。按照部落社会"理性人"

的思维来审视，伊富高法的内容不应该或者说定然不止巴顿所揭示的四个部分。那么，问题的关键在于，为什么巴顿只是向学界呈现了伊富高的家庭法、财产法、刑法与程序法？在他对研究内容进行"选择性"揭示的"背后"，又隐藏着怎样的学术目的？的确，由于缺乏对巴顿学术思想的深刻剖析，笔者难以回答。不过，仅仅从巴顿所揭示的伊富高法的四大块内容来看，他也是有所偏向的，即较为注重实体法内容的研究，不太注重或者说对程序法内容的研究较少。可以想象，如果巴顿将其伊富高法研究的"受众"确定为伊富高族群、统治伊富高部落的殖民政府官员，那么，它并不会给他们带来任何"不适"。或许，在他们的观念中，这就是真正的伊富高法。但是，如果巴顿将其伊富高法研究的"受众"确定为英美法系国家的学者，那么，它所带来的冲击则是巨大的。众所周知，"程序先于权利"是普通法的特色所在，① 诚如英国法律史学家梅特兰所言："虽然我们已经埋藏了诉讼形式，但它仍然在坟墓里统治着我们"。② 所以，让英美法系国家的学者，尤其是法学学者，带着"程序优于权利"的"先验认知"来审视巴顿所梳理的伊富高法，并肯定他所呈现的内容是科学合理的，需要的是"认识范式"的转变。

综上，从研究思路与研究内容来看，巴顿的伊富高法研究固然有着诸多不可否认的亮点，但同样也存在诸多不足。只是，这些不足是由不同法律类型/传统之下生活的人们所秉持的不同的"认识范式"引起的，建立"认识范式"需要一个漫长的过程，改变业已确立的"认识范式"同样需要一个漫长的过程。因此，巴顿的伊富高法研究难以获得英美学界的高度认可就有了合理的解释。

二是研究方法与研究目的。巴顿在对伊富高法的研究过程中，并没有清晰呈现他的研究方法。虽然他在对伊富高法理论进行阐释的过程中，也会援引一些案例，并极力说明那些案例或是观察到的，或是历史上的记录。但他并没有具体交代他是在何时、何地观察到那些案例，以及究竟是在哪个历史文献里找到的记录。如果一定要将巴顿有关伊富高法的研究予以方法论层面的归纳与总结，笔者以为，巴顿对伊富高法的研究方法是典型的"描述法"，亦即巴顿不仅描述了他所观察到的、听到的案例，也描述了他搜集到的历史上的案例。与马林诺夫斯基所开创的"参与观察"方法较为类似的是，"描述法"也以客观性为根本追求，但它与"参与观察"方法的不同之处在于，"参与观察"要求研究者以"自我"的身份来观察与思考，且尽量避免在研究过程中掺入过多的情感。③ 与此同时，为了研究结论的科学性，马林诺夫斯基还给其所创设的"参与观察"方法设置了一定的时间与语言要求，即观察时间不少于一年、能够与当地人自由地用方言进行交流。而巴顿所使用的"描述法"所展现的则是一种"他者"的视角，纵然巴顿表示，其对伊富高法的研究，

---

① 王泽鉴：《民法学说与判例研究·第8册（修订版）》，中国政法大学出版社2005年版，第18页。
② ［英］梅特兰：《普通法的诉讼形式》，王云霞、马海峰、彭蕾译，商务印书馆2009年版，第34页。
③ 刘顺峰：《法律人类学知识传统的建构——格拉克曼对法律概念与术语本体论问题的探究》，载《民族研究》2017年第1期。

是以他在伊富高地区的八年生活经验为基础而展开的有关伊富高法律的全面而又细致的观察。只是，观察的全面性与细致性，无法替代视角的外在性。由于是"他者"的视角，注定了巴顿对伊富高部落法的梳理只能是"粗线条式"的。它会遮蔽掉诸多伊富高法律现象背后所蕴藏着的法律逻辑、法律观念与法律经验，它所极力呈现的只能是一幅静态的"部落社会法律图谱"，"图谱"中所有的人、物，甚至生活本身都缺乏"鲜活感"。

就研究目的而言，巴顿有关伊富高法的研究意在表达：一个没有体系化的权威机构或政府的族群，亦即处于无政府状态中的族群，可不经法律治理便实现相对和平与惬意的生活。之所以能够实现这种效果，一方面源自伊富高部落族群本身的同质性；另一方面则因为伊富高部落社会的法完全是由习惯与禁忌构成。[1] 围绕这一目的，巴顿将自己设想为一位熟悉菲律宾人种学与民族学的"他者"，从伊富高的人口数量、族群分布、生活环境、文化形式，以及伊富高的家庭法、财产法、刑法、程序法等多个向度，体系化地呈现他所观察与了解到的伊富高人与伊富高法。通过对巴顿有关伊富高法研究的整体观察，我们似乎很难说他的研究目的达到了。比如，从巴顿对伊富高部落刑法的探究过程中，我们可以清晰地感受到：伊富高部落虽然是个"同质社会"，但也与其他"异质社会"一样，存在着盗窃、通奸、乱伦、纵火、绑架等各类犯罪现象，而对于这些犯罪的处理则是运用了伊富高法，只是这些法律主要以禁忌与习惯为表现形式。申言之，巴顿的研究目虽然意在呈现"伊富高部落社会的矛盾纠纷，不需法律介入即可化解"，但是，我们看到的却是由 monkalun 运用自己的知识、经验、地位来化解一系列矛盾纠纷的"实践"，其中的"知识、经验、地位"又可改为"法律知识、法律经验、法律地位"。当然，由于未受过系统的专业人类学与法学知识训练，巴顿不会也不可能像马林诺夫斯基、格拉克曼、霍贝尔等法律人类学家那样，对伊富高部落法展开深入的学理论证，继而通过这种论证来表达自己的研究目的。

虽然巴顿的伊富高法研究存在着诸多缺陷，但从法律人类学学术发展史视角来看，却具有重要意义：一方面，巴顿按照英美法系的类型学框架，对伊富高部落家庭法、财产法、刑法与程序法的内容所进行的梳理与分析，突破了实证分析法学对"法的概念"与"法的构成"的传统认知，将"政府机构""权威"等因素剔除出"法的概念"与"法的构成"的框架之外，诉说了原始法律文明的现实样态与运作逻辑；另一方面，巴顿通过一系列现实观察、道听途说、历史记录的案例，来证成其所提出的伊富高部落法理论，为人类学与法学的理论"互渗"提供了经验样本。巴顿之后的专业法律人类学家，在从事部落法学研究过程中，无论承认与否，都有意无意地借鉴、吸收与消化了巴顿的伊富高法研究成果。

---

[1] R. F. Barton, *Ifugao Law*, University of California Press, 1919, p.6.

结 语

20世纪初叶,作为牙医的巴顿,出于自己的业余爱好,对伊富高部落社会的法展开了全景式探究。虽然巴顿没有受过专业法学与人类学知识训练,也没有借鉴法学界与人类学界有关部落法的基本理论,但是其所呈现出的伊富高部落法,还是在一定程度上表达了伊富高文化体系中的法制"侧面"。巴顿的伊富高法研究启示我们,不应也不能忽略部落社会法的客观存在,阐释部落社会法需要的不只是纯粹的理论,还需要大量现实而又真切的经验。巴顿对部落社会法的梳理与分类,固然存在着诸多瑕疵,特别是对实体法与程序法的界限的模糊定位,阻却了人们有关部落社会实体法与程序法的关系认知。与此同时,它还提醒我们,法学与人类学是天生的"搭档",研究部落社会的法学,必然离不开人类学的方法与技术;阐释部落社会的人类学,同样也离不开对法学理论的借鉴。巴顿的伊富高法研究是不容忽视的,它是法律人类学的嚆矢。

The Birth of Legal Anthropology
——Centered on the Study of Baton's Ifugao Law

Liu Shunfeng

Abstract: According to the traditional academic views, the publication of Malinowski's *Crime and Custom in Savage Society* in 1926, marked the birth of the legal anthropology. By exploring the academic history during the 20th century of legal anthropology, we found that Barton showed a typical narrative style of legal anthropology in his *Ifugao Law*, which first published in 1919. It is likely that Barton's interest in the study of Ifugao law came from his cognition that Ifugao law is a part of Ifugao culture and the characteristic of Ifugao law itself. By studying the family law, the property law, the penal law, and the procedure law of the Ifugao tribes, Barton presented the main content of the Ifugao law. Because of lacking systematic training on law and anthropology, there existed some defects on his research. Nonetheless, it's worth noting that Baton's research broke through the traditional cognition of the concept and the composition of "law" which advocated by the legal school of analytical positivism. It told the realistic condition and operation logic of the primitive legal civilization and provided an example for the "mutual infiltration" of the theory of anthropology and law. Barton's research on Ifugao law marked the birth of the legal anthropology.

Keywords: legal anthropology, Ifugao law, R. F. Barton

(编辑:田炀秋)

非洲习惯法学的开创者：
评沙佩拉的法律人类学

王伟臣[*]

摘　要　艾萨克·沙佩拉出生于南非的犹太家庭，师从于英国人类学功能主义学派，先后任教于南非金山大学、开普敦大学以及英国伦敦政治经济学院。由于偶然的原因，他开启了对贝专纳保护国境内的茨瓦纳人的田野调查，并持续了数年的时间。在法律人类学领域，他出版了两部专著以及近二十篇关涉茨瓦纳人习惯法的论文。在代表作《茨瓦纳人法律与习惯手册》中，他主张大而全的行文结构，区分法律与习惯，呈现习惯法的复杂性，并超越了功能主义视角。沙佩拉全面开创了法律人类学的非洲研究，其作品对于今天的博茨瓦纳依然有着重要影响，他是法律人类学领域一位承前启后的重要学者。

关键词　沙佩拉　茨瓦纳　习惯法　法律人类学　非洲

艾萨克·沙佩拉（Isaac Schapera）被誉为"南非人类学之父"，曾担任英国皇家人类学会（Royal Anthropology Institute）主席、英国社会人类学研究会会长（Association of Social Anthropology）等职务，以对博茨瓦纳和南非境内的土著民族的研究而闻名于世。本文主要就其在法律人类学领域的研究进行一番简要的回顾和评述。

一、学术背景与人生境遇

沙佩拉1905年6月23日出生于开普殖民地小纳马夸兰地区（今南非北开普省卡米斯贝赫）的一个名叫"加里斯"（Garies）的小镇。其父母都是犹太人，20世纪初从白俄罗斯移民到此地。小的时候，沙佩拉就和当地的霍屯督人（Hottentot）和布须曼人

---

[*] 王伟臣，法学博士，上海外国语大学法学院副教授。

（Bushman）有着亲密的接触。他的保姆就是一位霍屯督人，用其自己的话说："霍屯督人和布须曼人把我养大"。① 这种朴素的跨文化经验也为其此后从事人类学研究埋下了伏笔。

1911 年，沙佩拉一家搬到开普敦。1921 年，16 岁的沙佩拉进入开普敦大学攻读法律专业。之所以学习法律，是因为"犹太家庭传统，（沙佩拉的）大哥是医生，二哥学的是法律……"。② 按照这种规划，沙佩拉未来从事的职业就是律师。但大二的一门选修课彻底改变了他的人生。这门名为《社会人类学》的课程是当时整个大英帝国所开设的第一门社会人类学讲习课程。授课人正是当时因出版《安达曼岛民》（The Andaman Islanders）而名声大噪的英国人类学家拉德克里夫 – 布朗（Radcliffe – Brown）。据沙佩拉的回忆，布朗的讲授有板有眼，条理非常清晰，所以他关于这门课程的笔记做的也颇为精致，以至于在布朗离职后，新的授课教师直接用沙佩拉的笔记来备课。③ 此外，在沙佩拉看来，布朗相比于马林诺夫斯基（Malinowski），是一位非常冷静的人，不轻易显露感情。但不管怎样，通过布朗的言传身教，沙佩拉完成了人类学的学术启蒙。

1925 年，沙佩拉从开普敦大学硕士毕业。布朗也于当年离职，准备前往悉尼大学工作。在临行前，布朗对沙佩拉表示："如果你想进一步深造，要不然就去伦敦找马林诺夫斯基，要不然就去加利福尼亚找罗维（Lowie）"。④ 笔者认为，布朗推荐沙佩拉去读马氏的博士，的确是独具慧眼。当时英国有好几所人类学重镇。牛津大学的人类学教授是 60 岁的罗伯特·马雷特（Robert Marett），作为泰勒的继承人，继续坚持进化论；在剑桥大学，里弗斯（Rivers）已于 1922 年去世，70 岁的阿尔弗雷德·哈登（Alfred Haddon）继位，尽管他主持过托雷斯海峡的探险，但毕竟年事已高；而伦敦大学学院的人类学教授则是传播派的代表人物格拉夫顿·史密斯（Grafton Smith）。在布朗看来，上述的几位教授显然代表了"过时"的研究范式。而当时 39 岁的马氏则代表了英国人类学先进的发展方向。

不过，马氏却以带的研究生太多为由将沙佩拉推荐至以非洲研究见长的查尔斯·塞利格曼（Charles Seligman）的门下。⑤ 虽未能如愿，但沙佩拉毕竟进入了伦敦政治经济学院，且成为马氏开设的研究生研讨课的第一批学生。当时研讨班的同学还有埃文思 – 普理查德（Evans – Pritchard）、雷蒙德·弗斯（Raymond Firth）、迈耶·福蒂斯（Meyer

---

① Jean Comaroff, John L. Comaroff, Isaac Schapera, On the Founding Fathers, Fieldwork and Functionalism: A Conversation with Isaac Schapera, 15 *American Ethnologist*, 554（1988）.

② Adam Kuper, *Isaac Schapera* 1905 – 2003, 130 *Proceedings of the British Academy*, 179（2005）.

③ Jean Comaroff, John L. Comaroff, Isaac Schapera, On the Founding Fathers, Fieldwork and Functionalism: A Conversation with Isaac Schapera, 15 *American Ethnologist*, 555（1988）. 值得一提的是，沙佩拉的"布朗开普敦大学社会人类学笔记"现藏于伦敦政治经济学院图书馆.

④ Adam Kuper, Isaac Schapera 1905 – 2003, 130 *Proceedings of the British Academy*, 181（2005）.

⑤ Jean Comaroff, John L. Comaroff, Isaac Schapera, On the Founding Fathers, Fieldwork and Functionalism: A Conversation with Isaac Schapera, 15 *American Ethnologist*, 556（1988）.

Fortes）等后来英国人类学界的中流砥柱，这些同学也成为他一生的挚友。相比于布朗，马氏更喜欢提问和讨论。研讨课的讨论对沙佩拉的阅读和思考提出了更高的要求。此外，他还曾两次担任马氏的科研助手，从而深入了解了后者的学术生产过程和方法。尽管因性格的关系，两人多次有过不愉快的经历，但沙佩拉还是承认，其受到马氏的影响远远超过了布朗和塞利格曼。①

1929 年，沙佩拉获得伦敦政治经济学院人类学博士学位，旋即返回南非。这里还要提到一个细节：布朗在开普敦大学任教期间，曾有一位名叫威妮弗雷德·赫恩勒（Winifred Hoernlé）的助教。后来这位赫恩勒老师随丈夫前往约翰内斯堡的金山大学任教。1930 年，赫恩勒夫人申请学术休假，有一门《社会人类学》的课程需要寻找临时的授课教师。于是乎，她就找到了沙佩拉，而后者也由此开启了自己的教学生涯。值得一提的是，当时的班级里还有马克斯·格拉克曼（Max Gluckman）、希尔达·库珀（Hilda Kuper）等此后著名的人类学家。② 1 年后，沙佩拉回到了母校开普敦大学，4 年后，获聘为人类学教授，时年 30 岁。1929 年至 1950 年间，沙佩拉多次深入茨瓦纳人（Tswana）的部落社会，就其亲属、婚姻、性关系、土地、占有制、立法、酋邦组织、劳动力流动等问题做了广泛而深入的田野调查，发表了一系列的研究成果。③

1950 年，沙佩拉接受马氏研讨班的同学雷蒙德·弗斯的邀请入主伦敦政治经济学院。由此，伦敦政治经济学院与埃文思-普理查德、迈耶·福蒂斯所在的牛津大学、埃德蒙·利奇（Edmund Leach）所在的剑桥大学以及马克斯·格拉克曼所在的曼城大学终成四足鼎立之势。需要指出的是，福蒂斯与格拉克曼同沙佩拉一样，都是出生于南非的犹太人。进一步讲，福蒂斯是沙佩拉的高中学弟，格拉克曼是沙佩拉临时授课班的学生。埃文思-普理查德尽管是英国人，但却娶了一位南非妻子，算是南非的女婿。由此，当时的英国人类学界似乎形成了一个"南非帮"。④ 而其中的核心人物就是沙佩拉。据一份采访中的报道，几乎每个周末福蒂斯与格拉克曼都会聚集到沙佩拉的家里。而埃文思-普理查德来伦敦的时候也喜欢住在沙佩拉的家里。⑤

在伦敦政治经济学院，沙佩拉工作到 1969 年。晚年，他的学术工作除了继续发表关于茨瓦纳人的研究以外，主要的精力都用于整理著名的英国探险家戴维·利文斯通（David Livingstone）的书信。沙佩拉 2003 年死于伦敦，终年 98 岁。他生于南非，在南非接受

---

① Adam Kuper, Isaac Schapera 1905 – 2003, 130 *Proceedings of the British Academy*, 183 – 184（2005）。
② 据希尔达·库珀回忆：初登讲坛的沙佩拉没有教学经验，上课往往让人昏昏欲睡，但是关于法律的内容确实很有趣，比较了布朗和马林关于法律的不同理论。Adam Kuper, Isaac Schapera 1905 – 2003, 130 *Proceedings of the British Academy*, 179（2005）。
③ Heald Suzette, The Legacy of Isaac Schapera（1905 – 2003）, 19 *Anthropology Today*, 18（2003）。
④ Jean Comaroff, John L. Comaroff, Isaac Schapera, On the Founding Fathers, Fieldwork and Functionalism: A Conversation with Isaac Schapera, 15 *American Ethnologist*, 557 – 558（1988）。
⑤ Adam Kuper, Isaac Schapera 1905 – 2003, 130 *Proceedings of the British Academy*, 199（2005）。据说，沙佩拉的床头摆放的唯一一部民族志就是由埃文思-普理查德所撰写的《阿赞德人的巫术》。

的本科教育，但是由于偶然原因，师从布朗之后，由此进入了英国人类学的核心网络。他自己的学术生涯也始终与英国人类学的兴衰有着密切的关联。此外，从法律人类学的角度来讲，以沙佩拉的高龄，不仅见证了此项研究的黄金时代，也目睹了其最近几十年来的失势、衰败和复兴。

二、田野实践与研究方法

沙佩拉的田野实践和研究方法与他当年博士毕业返回南非的决定有着密切的关联。尽管马林诺夫斯基凭借着1922年出版的《西太平洋的航海者》（Argonauts of the Western Pacific）创造了田野调查的研究方法，但据沙佩拉回忆："当时，田野调查还不是主流。当我在伦敦政治经济学院学习时（1925年），只有埃文思－普理查德在做田野研究。①弗斯关于毛利人经济的研究主要靠的是档案资料（当时两人并肩泡在博物馆的资料室），其他所有人做的都是（博物馆/图书馆）博士论文。"②沙佩拉非常诚实，他的博士论文《南非的科伊桑人》（The Khoisan Peoples of South Africa）的确是在博物馆里完成的。③不过，他的这篇博士论文绝非传统意义上的"摇椅之作"。题目中的"科伊桑人"其实就是霍屯督人和布须曼人。沙佩拉从小生活在他们中间，对于这两个民族都有着实践的体验。这种实践的记忆也让沙佩拉明白了一个道理：待在伦敦博物馆里的人类学是没有生命力的。所以，在博士毕业之后，他选择回到故乡南非。

沙佩拉一生主要的田野调查对象是茨瓦纳人。作为一个民族的茨瓦纳人，主要生活在南部非洲。在20世纪30－40年代，其60%的人口（约50万人）生活在南非，30%的人口（约26万人）生活在贝专纳保护国（Bechuanaland Protectorate），即，今天的博茨瓦纳共和国的前身。但沙佩拉主要调查并不是其祖国南非境内的茨瓦纳人，而是生活在贝专纳保护国的茨瓦纳人。为什么他要舍近求远？和马林诺夫斯基一样，沙佩拉田野调查的切入过程也是一个偶然。④上文提到，在沙佩拉从英国回到南非时，曾担任过布朗助教的赫恩勒夫人任教于金山大学。这所大学位于南非中北部的约翰内斯堡，而约翰内斯堡旁边的西北省（North West）一直都是南非境内最大的茨瓦纳人聚居地。这就为沙佩拉后来的研究埋下了伏笔。

赫恩勒夫人当时从南非联邦政府那里获得了一笔经费用于田野研究。在设计研究方案时，有人提醒她：在离约翰内斯堡不远的卡格拉（Kgatla）部落仍然保留着带有极强人类学特征的割礼仪式。这个卡格拉部落尽管是贝专纳保护国境内茨瓦纳人的八大部落之一，

---

① 这里可以看出，在20世纪上半叶的新一代的学者中，为什么埃文思－普理查德率先脱颖而出。
② Jean Comaroff, John L. Comaroff, Isaac Schapera, On the Founding Fathers, Fieldwork and Functionalism: A Conversation with Isaac Schapera, 15 *American Ethnologist*, 556 (1988).
③ 徐薇：《南非人类学的传统与贡献》，载《中国社会科学报》2018年9月7日。
④ Adam Kuper, Isaac Schapera 1905 – 2003, 130 *Proceedings of the British Academy*, 184 (2005).

但是部落中的不少部族其实都生活在南非境内的德兰士瓦省（Transvaal）。这个时候，沙佩拉刚刚回到南非，赫恩勒夫人就问他，是否愿意去研究德兰士瓦省内的卡格拉人的割礼，沙佩拉立刻答应了。但就在他尚未动身之时，赫恩勒夫人又得到消息说，在贝专纳保护国的卡特伦区（Kgatleng）的莫丘迪（Mochudi）马上会举行新任摄政酋长（regent）的交接仪式。而这个酋长据说又是整个卡格拉部落的最高酋长。于是，赫恩勒夫人建议沙佩拉前往观摩。沙佩拉认为，这是一个颇为难得的机会，如果他先见证了卡格拉部落最高酋长的就任仪式，再前往下级部落调查割礼时也有了可以炫耀的资本。可是，当沙佩拉按照报道人的指示抵达莫丘迪之后却扑了个空，传统的就职典礼已经在清晨结束了。所以，沙佩拉打算立刻返回，按照原计划去研究下级部族的割礼。就在此时，刚刚退休的摄政酋长伊桑·彼兰（Isang Pilane）劝说沙佩拉不要离开，应该留在莫丘迪直接做调查。① 这位懂英语的老酋长自告奋勇的担任沙佩拉的翻译，并表示会知无不言言无不尽。后来，沙佩拉才知道，原来大家都搞错了。莫丘迪的卡格拉人并不是整个部落的最高级，而是位于南非德兰士瓦境内的卡格拉部落的下级。② 换言之，原计划想要研究其割礼的那个部落才是卡格拉人的最高级。而刚刚退休的伊桑·彼兰（Isang Pilane）只是一个地方上的小酋长。但沙佩拉接受了因误解带来的偶然性，决定留在这个下级部落做调查。莫丘迪也成为了沙佩拉在田野调查期间最熟悉也最有感情的一个调查点。

贝专纳保护国境内的茨瓦纳人分为八大部落，按照人口的多寡，依次为：恩瓦托（Ngwato）、塔瓦纳（Tawana）、昆纳（Kewna）、恩瓦凯策（Ngwaketse）、卡特拉、莱特（Malete）、罗龙（Rolong）、特罗夸（Tlōkwa）。每个部落的生活区域大体集中，形成了一个个独立的政治单位。每个部落在一个世袭酋长的统治下，分成若干地区，由地区酋长管辖。对于这八个部落，沙佩拉曾于1929年深入研究过卡特拉，后来又花了四个月的时间集中研究过恩瓦托，也曾短暂到访过昆纳、莱特和特罗夸，但是从没有具体接触过罗龙、恩瓦凯策和塔瓦纳。③ 从比例上讲，沙佩拉深入做过田野调查的占44.36%；走马观花的占13%；没有亲自到访过的占43%。（见图1）

---

① Adam Kuper, Isaac Schapera 1905 – 2003, 130 *Proceedings of the British Academy*, 184（2005）.
② Adam Kuper, Isaac Schapera：A Conversation. Part 1：South African Beginnings, 17*Anthropology Today*, 6（2001）.
③ Isaac Schapera, *Handbook of Tswana Law and Custom*, Oxford University Press, 1955, p. xxvi.

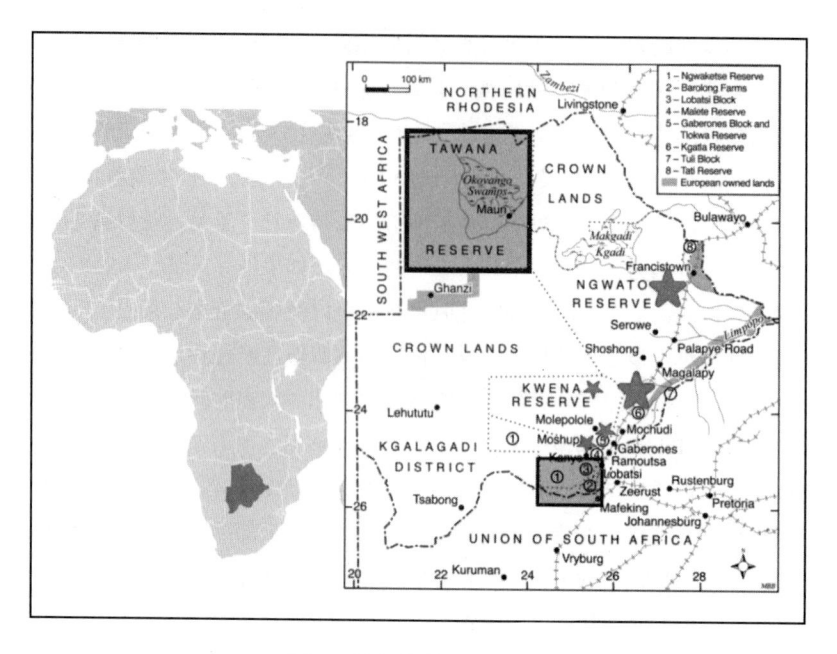

图 1　沙佩拉的田野区域

其中，五角星为他亲自调查过的地点，五角星越大，说明他调研的时间越长。灰色方形为他从未调查过的地点。

根据调查重点的不同，沙佩拉的田野调查又分为两个阶段。第一阶段是 1934 年以前。这一阶段，沙佩拉的视野较为广泛，对于茨瓦纳人的经济、政治、文化、风土人情都有所涉及。当然，由于他本科曾学习过法律，所以也专门记录了一些习惯法。第二个阶段即 1934 年以后，沙佩拉开始专门关注茨瓦纳人的法律问题。这一转变与 20 世纪 30 年代初英国殖民当局的政策调整有着直接的关系。

在 20 世纪初，法律人类学的研究中心在印度尼西亚、菲律宾、巴布亚新几内亚等东南亚、大洋洲地区。关于非洲地区，仅有《贝都因人的正义》（Bedouin Justice）[1]《阿散蒂人的法律和政体》（Ashanti Law and Constitution）[2] 等少数作品，且缺乏影响力。1929 年，马氏在期刊《非洲》（Africa）上发表了《实践人类学》（Practical Anthropology）一文，呼吁对非洲土著社会变迁的人类学研究。与此相关，非洲的英国殖民当局开始调整传统的间接统治的政策。1933 年，殖民政府与第一大部落恩瓦托的摄政酋长切凯迪·卡玛（Tshekedi Khama）发生了严重的矛盾。前者认为，以卡玛为代表的部分酋长任意妄为，随意地施加处罚、征收税赋。为此，贝专纳政府于 1934 年发布了两项改革法案，即《土

---

[1] Kennett Austin, *Bedouin Justice: Laws and Customs Among the Egyptian Bedouin*, Cambridge University Press, 1925.

[2] R. S. Rattray, *Ashanti Law and Constitution*, the Clarendon Press, 1929.

著法庭公告》(Natives Tribunal Proclamation) 与《土著行政公告》(Natives Administration Proclamation)。在同年召开的"土著顾问委员"(native advisory council) 会议上，政府官员与年轻酋长们一致认为，为了防止习惯法的滥用，有必要收集、制作一部茨瓦纳的法律手册。本来政府打算招募三位官员从事这项工作。沙佩拉知道后，自告奋勇承担了这项任务。

为此，沙佩拉又专门就法律问题对卡特拉、恩瓦托等部落做了田野调查，并很快完成了政府交待的任务。之所以这么迅速，是因为在调查方法上，沙佩拉几乎完全依赖于报道人。据其学生兼助手希尔达·库珀的观察："沙佩拉一般住在村里的商人家里。他喜欢坐在椅子上，一边晒太阳，一边向他的主要报道人了解情况……他很擅长提问，有时也去法庭旁听，但是与马林诺夫斯基的方式有着显著的差异。"① 沙佩拉主要有两位报道人，一位是伊桑·彼兰，另一位是切凯迪·卡玛。这两位部落酋长不仅担任了他的报道人，而且协助了调研，利用权力，鼓励其臣民向沙佩拉提供信息。此外，根据希尔达·库珀的观察，沙佩拉的田野笔记做的很好，条理清晰。这里也可以看出布朗对他的影响。沙佩拉的笔记本，每项记录都会注明报道人的姓名以及与报道人交谈的日期。比较罕见的是"o. o."，表示"本人观察"(own observation)。他的记录一开始都是用铅笔速记，而后会按照内容分门别类地重新抄写在表格里。这些表格是他撰写论文和著作的主要资料。②

三、代表成果与主要观点

1938 年，沙佩拉出版了由政府资助的专项研究成果：《茨瓦纳人法律与习惯手册》(Handbook of Tswana Law and Custom) （以下简称"手册"）。贝专纳政府对此书较为满意，要求沙佩拉接着研究茨瓦纳人的劳工流动和土地占有制。后一项研究也有专著出版，即 1943 年的《贝专纳保护国土著人的土地占有制》(Native Land Tenure in the Bechuanaland Protectorate)。③ 除了这两部专著之外，沙佩拉从 1956 年到 1987 年，根据早年的调查资料，陆续发表了《贝专纳保护国习惯法的发展》(The Development of Customary Law in the Bechuanaland Protectorate)④《茨瓦纳部落法庭的法律渊源：立法和先例》(The Sources of Law in Tswana Tribal Courts: Legislation and Precedent)⑤《茨瓦纳案例法中的契约》(Contract in Tswana Case Law)⑥《酋长立法的延续与变迁》(Uniformity and Variation in

---

① Hilda Kuper, *Function, History, Biography*, in George W. Stocking, ed., *Functionalism Historicized*, Madison, 1984, p. 196.
② Adam Kuper, Isaac Schapera 1905 – 2003, 130 *Proceedings of the British Academy*, 186 (2005).
③ Isaac Schapera, *Native Land Tenure in the Bechuanaland Protectorate*. Lovedale Press, Alice, 1943.
④ Isaac Schapera, *The Development of Customary Law in the Bechuanaland Protectorate*, in *The Future of Customary Law in Africa, a Symposium*, Universitaire Pers, 1956.
⑤ Isaac Schapera, The Sources of Law in Tswana Tribal Courts: Legislation and Precedent, 1 *Journal of African Law*, 150 – 162 (1957).
⑥ Isaac Schapera, Contract in Tswana Case Law, 9 *Journal of African Law*, 142 – 153 (1965).

Chief – Made Law：A Tswana Case Study)①《论巫术犯罪》(The Crime of Sorcery)②《关于"犯罪"的人类学概念》(Some Anthropological Concepts of 'Crime')③《茨瓦纳法中的藐视法庭》(Contempt of Court in Tswana Law)④《茨瓦纳人关于习惯与法律的概念》(Tswana Concepts of Custom and Law)⑤《早期欧洲对茨瓦纳法的影响》(Early European Influences on Tswana Law)⑥ 等近二十篇讨论茨瓦纳人的法律以及法律人类学基本问题的学术论文。限于篇幅的原因，本文主要介绍其代表作《手册》。

沙佩拉在《手册》的导言中开宗明义地表示：

"这本书的首要目的是为了记录贝专纳保护国茨瓦纳部落的传统与现代的法律规范以及相关的习惯，以便能够为政府官员以及茨瓦纳人自己提供一份信息手册和操作指南。在准备材料的过程中，我把自己限定在完成官方分配的任务。因此，本书并不打算完整记录茨瓦纳人的生活，而只是讨论能够归属于部落法范围内的那些问题。本书也不打算参与此前人类学或其他学科关于原始法的讨论。本书也尽量避免去讨论关于法律的"实质"和"形式"上的区分——这样的问题，比如，各种各样的法律得到实际执行或遵守的程度；用来规避法律的诡计；专制、偏心、贪赃枉法的酋长或头人偶尔违反公认的法庭程序和正义原则；现在已被政府认定为非法的关于权力和权利的秘密适用。我希望在以后的作品中能够有机会讨论这些问题。"⑦

由此可以看出，沙佩拉试图较为"纯粹地"记录茨瓦纳人的法律，不做过多的"主观的"理论分析。但实际上，从此书的结构、内容以及特点上看，至少在以下四个方面均典型地体现了沙佩拉关于法律人类学研究的学术观点。

第一，大而全的结构。全书共分十六章，分别为：一、茨瓦纳部落的社会结构；二、茨瓦纳法律的性质和渊源；三、部落宪法（constitution）第一部分—中央政府；四、部落宪法第二部分—地方行政；五、部落宪法第三部分—团体组织；六、部落宪法第四部分—公民（citizenship）；七、家庭法（family law）第一部分—婚姻；八、家庭法第二部分—丈夫与妻子；九、家庭法第三部分—亲子；十、家庭法第四部分—亲属义务；

---

① Isaac Schapera, Uniformity and Variation in Chief – Made Law：A Tswana Case Study, in Laura Nader ed., *Law in Culture and Society*, Aldine, 1969.
② Isaac Schapera, The Crime of Sorcery, 1969 *Proceeding of the Royal Anthropolgy Institute*, 381 – 394 (1969).
③ Isaac Schapera, Some Anthropological Concepts of 'Crime', 23 *The British Journal of Sociology*, 381 – 394 (1972).
④ Isaac Schapera, Contempt of Court in Tswana Law, 21 *Journal of African Law*, 139 – 152 (1977).
⑤ Isaac Schapera, Tswana Concepts of Custom and Law, 27 *Journal of African Law*, 141 – 149 (1983).
⑥ Isaac Schapera, Early European Influences on Tswana Law, 31 *Journal of African Law*, 151 – 160 (1987).
⑦ Isaac Schapera, *Handbook of Tswana Law and Custom*, Oxford University Press, 1955, p. xxv.

十一、财产法（law of property）第一部分—土地占有（land tenure）；十二、财产法第二部分—牲畜和其他财产；十三、财产法第三部分—继承（Inheritance）；十四、契约法（law of contract）；十五、违法行为；十六、程序。我们可以发现，沙佩拉依次讨论了"宪法""家庭法""财产法""契约法""违法行为（侵权与犯罪）"以及"程序法"，构建了一个较为完整的关于茨瓦纳人的法律体系，是一部名副其实的"手册"（handbook）。这首先说明，沙佩拉认为部落社会的法律并不是分散、独立的，而是成体系的。其次，这种结构体系与"宪法（constitution）""家庭法（family law）""财产法（law of property）""契约法（law of contract）"等部门法名称以及"公民（citizenship）""土地占有（land tenure）""继承（Inheritance）"等法律概念都来自英美法系，这说明沙佩拉认为茨瓦纳法律与英美法律相比共性远大于差异。

第二，区分法律与习惯。沙佩拉发现，茨瓦纳人有两个相关的概念，分别是"莫格瓦"（Mokgwa）和"莫劳"（Molao）。前者相当于英语中的"方式（manner）、风格（fashion）、习惯（habit）、用法（usage）、习俗（custom）、传统做法（traditional usage）"；后者相当于英语中的"法令"（law of ordinance）。[1] 之所以做出这种判断，是因为他主要参考了布朗关于部落社会习惯与法律的区分。布朗在1933年发表的《原始法》（Primitive Law）一文中指出：

"一个社区成员冒犯社会道德观念的行为通常会受到三种制裁：（1）一般的、广泛的道德制裁。它常常使犯罪者受到同伴们的谴责。（2）仪式制裁。它使有罪者处于宗教仪式性的不洁状态，这种状态使他以及与他接触的人面临一种危险，在这种情况下，他必须经受仪式净化或进行仪式性赎罪。人们相信，如果不这样做，他就会因为其罪孽而患病甚至死去。（3）惩罚制裁。社区提供一些人组成的合法的司法当局来惩罚罪犯。"[2]

沙佩拉发现，布朗关于三种制裁的划分完全可以适用至茨瓦纳社会：如果有人违反了某种规范，那么首先会丧失社会尊重，会受到嘲笑或蔑视。如果此人没有履行亲属间的义务，那么其亲属也会拒绝向他履行这种类似的义务。再者，如果有人冒犯了某些禁忌，那么，会被认为染病，或者会遭受厄运；最后，法庭会强迫当事人履行应尽的义务，做出赔偿，或承担处罚。这里的"规范"和"禁忌"一般都归属于"莫格瓦"，而与法庭有关的"义务"则被称为"莫劳"。由此，沙佩拉把"莫格瓦"翻译为"习惯"，把"莫劳"翻译为"法律"。当然，沙佩拉也承认，由于缺乏成文法典和案件卷宗，因此，"把法律规

---

[1] Isaac Schapera, *Handbook of Tswana Law and Custom*, Oxford University Press, 1955, p. 36.
[2] ［英］A. R. 拉德克里夫 - 布朗：《原始社会的结构与功能》，潘蛟、王贤海、刘文远、知寒译，中央民族大学出版社1999年版，第239 - 240页。

则从其他习惯规则中彻底地区分开来是不可能的"。①

第三,呈现出习惯法的复杂性。沙佩拉认为,过去的传教士、探险家或殖民官员对于当地社会某些习惯法理解地太过肤浅,没有站在当地人的角度客观地呈现出习惯法的完整样貌。我们以其关于"博嘎迪"(Bogadi)的描写为例。按照习惯法的规定,茨瓦纳人婚姻缔结的完整性取决于新郎一方有没有向新娘一方交付博嘎迪。这里的博嘎迪一般是牛。过去的传教士认为,这种交付行为是一种买卖,是夫家把新娘买过去。但是在沙佩拉看来,这种理解是完全错误的。关于交付的内容,比如,在牛的数量上并没有讨价还价,夫家想给多少就给多少,或者能给多少就给多少。所以,这并不是简单的买卖婚姻。

作为一种法律规则的博嘎迪是非常复杂的。是否交付博嘎迪,决定了很多方面的不同。一方面,在博嘎迪婚姻中,妻子受到丈夫控制的程度远远高于非博嘎迪婚姻。如果妻子离家出走,那么其父母还会把她送回夫家;但是另一方面,如果妻子受到丈夫的虐待,或者有正当理由对丈夫表示不满,那么夫家的长辈会对妻子提供保护。如果是非博嘎迪婚姻,妻子则无权获得这种保护。②

茨瓦纳人把博嘎迪理解为一种"感恩",毕竟妻子的父母养育女儿多年,博嘎迪被当作对岳父岳母的一种感激或感谢。但在沙佩拉看来,博嘎迪的主要功能在于,它的交付标志着妻子的生育权(reproductive power)的转移,即从妻家转移至夫家。在非博嘎迪婚姻的情况下,丈夫无法宣称妻子为其生育的孩子是夫家的孩子。而只有交付了博嘎迪之后,这个孩子才是丈夫的合法的孩子,才构成法律意义上的亲子关系。③(见图2-1)如果没有交付博嘎迪,妻家一般也不会抗议,而是耐心等待。但只要没有交付,这个婚姻就是不完整的,且孩子始终都不是丈夫合法的孩子。这个时候,孩子也不属于母亲,而是属于舅舅。所以舅舅有权主张夫家履行博嘎迪的交付。(见图2-2)

沙佩拉后来又发现,交付博嘎迪与父亲对孩子的合法主张之间的关系并没有绝对化。在没有博嘎迪的情况下,如果婚姻得到两个家族的认可,那么父亲关于孩子的主张一般也会成立。当他的第一个女儿结婚的时候,就可以获得完全的亲子权利。但是其女婿交付的博嘎迪只能由妻家占有。用茨瓦纳人的话说,这相当于"这些牛让我母亲结婚了"。(见图2-3)如果丈夫没有来得及交付博嘎迪就去世了,那么这个交付义务便转移至他的儿子。有朝一日,儿子把牛送到外婆家的时候就会表示,"这些牛让我母亲结婚了"。如果儿子也没有能力交付博嘎迪,那就要等到妹妹(如有)出嫁,用其妹夫交付的博嘎迪来完成对外婆家的交付。如果没有妹妹,那么这个儿子就一定要找到一头牛,否则未来他就要过继给外婆家。(见图2-4)

---

① Isaac Schapera, *Handbook of Tswana Law and Custom*, Oxford University Press, 1955, p. 37.
② Isaac Schapera, *Handbook of Tswana Law and Custom*, Oxford University Press, 1955, p. 138.
③ Isaac Schapera, *Handbook of Tswana Law and Custom*, Oxford University Press, 1955, p. 139.

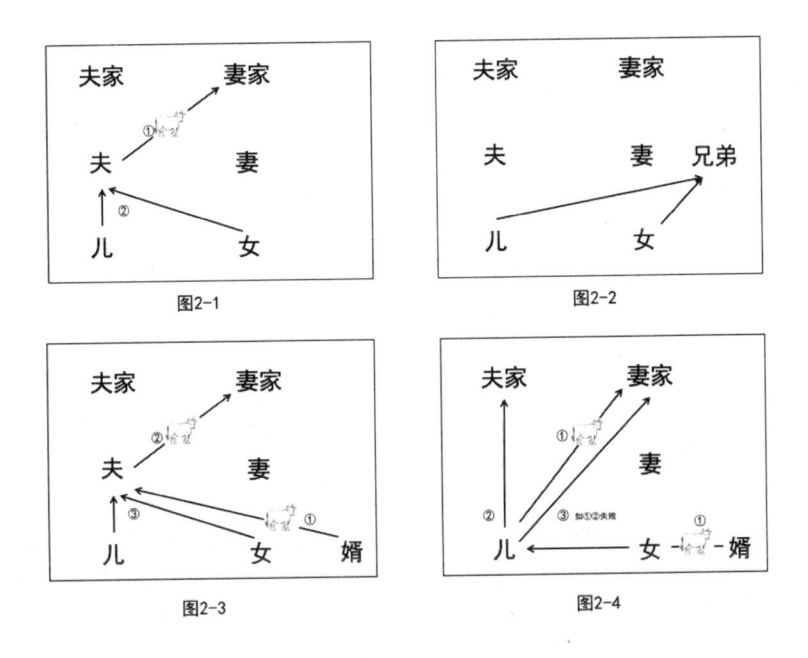

图2　博嘎迪与婚姻、亲属关系

第四，超越功能主义的视角。尽管沙佩拉师从于马氏和布朗两位功能主义大师，但他却试图超越功能主义的视角，关注社会变迁。就法律研究而言，《手册》关于茨瓦纳人法律的描写，并没有刻意地营造出一个传统、封闭的形象。它不是法律历史书，也不是过去茨瓦纳人法律的总结和回忆，而是现行有效的法律规则。在沙佩拉看来，茨瓦纳人已经强烈地受到了殖民的影响。由于和欧洲人的接触，茨瓦纳的传统法律发生了显著的变化。①至1870年时，来自欧洲的基督教已经遍布所有大型部落。1885年建立贝专纳政府以后，当局又开始不断地削减部落领导人的权力。而教会学校的推广以及劳动力的流动也促使着传统法律发生了变革。②

法律的变迁意味着旧法的废止与新法的确定。此书关于茨瓦纳立法的讨论也成了一大亮点。沙佩拉敏锐地发现，报道人向他描述的那些法律规则并非源于"传统的法律和习惯"，而是新的"地方性的部落法"。因为每个部落的酋长都有权废除、修改现有的法律，或者确立新的规则。这种适应社会变迁的酋长立法活动开始于19世纪末，甚至还留下了成文的记录。比如，1898年，恩瓦凯策的酋长巴瑟恩一世（Bathoen I）确立了"六条必须要遵守的"法律（用英语记录），他的儿子和继承人后来扩充至60条。此外，塔瓦纳部落在1920年也编纂过"12条法"。③沙佩拉进一步发现，酋长并没有绝对的立法权。酋长有权发布新的法令，或者废除之前的习惯做法。但他必须阐明新法令的目的，还要与他的

---

① Isaac Schapera, *Handbook of Tswana Law and Custom*, Oxford University Press, 1955, p. xiii.
② Isaac Schapera, *Handbook of Tswana Law and Custom*, Oxford University Press, 1955, p. xiv.
③ Isaac Schapera, *Handbook of Tswana Law and Custom*, Oxford University Press, 1955, p. xiv.

顾问和部落长老商议，然后在部落大会上进行讨论，最后才能变成法律。这些新的立法在很大程度上受到了殖民者所带来了所谓"进步思潮"的影响。

四、点评与总结

接下来，笔者拟从学术贡献、实践影响以及学术地位等三个方面对沙佩拉的法律人类学研究做简要总结。

首先，学术贡献。在沙佩拉的学术生涯中，对茨瓦纳人的法律研究占据了重要篇幅。上文已述，在此之前，关于非洲习惯法只有少数几部缺乏影响力的研究。所以沙佩拉是第一位将非洲习惯法研究纳入法律人类学主流视角的学者。他的《手册》也是第一部关于南部非洲习惯法的研究作品。著名法律人类学家萨利·福尔克·穆尔（Sally Falk Moore）将这部著作称之为继马氏之后的"法律人类学这一领域又一里程碑式的作品。"[1] 沙佩拉也凭借着其在英国人类学界的影响力，全面开创了法律人类学的非洲研究。他主张实事求是地客观描绘部落社会的法律规则，重视法律的发展与变迁，尤其关注部落社会的立法问题，从而超越了其前辈学者所主张的功能主义认识论。他自己也强调，更为"关注现实，而不是理论"，所以"他是民族志学家，而不是人类学家"。此外，他提倡"法庭标准"来区分法律与习惯，这种以司法审判为切入点收集习惯法的方式可能也影响了霍贝尔（E. A. Hoebel）等人所创造的纠纷案例研究法（trouble‐case method）。

不过，从今天的角度来说，沙佩拉的法律人类学研究还是有着若干缺陷，比如：他关于习惯与法律的这种区分，让他实际上扮演了"立法者"的角色；[2] 他眼中的法律也并没有超出霍姆斯（Holmes）、庞德（Pound）等美国法学家为法律所下的定义；他关于茨瓦纳人的法律认识主要基于英美法的体系和范畴。当然，一代学者有一代学者的使命和担当，不能用后来的学术进步来苛责前辈学者。实际上，他的这些缺陷后来通过争论和反思同样促进了学科的发展。

其次，实践影响。法律人类学是面向实践的学术研究。《手册》本就是应殖民政府的要求所做。在殖民官员查尔斯·雷（Charles Rey）为该书所写的导论中，特别提到"这本书绝不是要编纂一部法典"[3]。但现实情况是，在20世纪40年代，此书甫一出版，就立刻成了茨瓦纳部落法庭和政治纠纷解决的重要依据。[4] 如此一来，沙佩拉果真成了立法者。究其原因，还在于发展变迁。20世纪上半叶的南部非洲早已不是传统意义上的封闭社会，来自欧洲殖民者的制度和文化促使部落社会在方方面面都发生着程度不一的变革。据沙佩

---

[1] Sally Falk Moore, Law and Anthropology, 6 *Biennial Review of Anthropology*, 261 (1969).

[2] Adam Kuper, Isaac Schapera 1905－2003, 130 *Proceedings of the British Academy*, 194 (2005).

[3] C. F. Rey, *Introduction*, in Isaac Schapera, *Handbook of Tswana Law and Custom*, Oxford University Press, 1955, p. viii.

[4] Diana Wylie, *A Little God*, *The Twilight of Patriarchy in a Southern African Chiefdom*, Wesleyan University Press, 1990, p. 172.

拉的回忆，不少摄政酋长也都愿意学习西方的法律。① 所以，在当年的"土著顾问委员"会议上，大多数年轻酋长都支持殖民政府关于制作一份习惯法手册的提议。

到了今天，博茨瓦纳的地方法庭还会引用这部几十年前的《手册》。2000 年，博茨瓦纳的习惯法庭发生了一起引发轰动的案件。一位妇女因丈夫通奸申请离婚后又向第三者索取赔偿，酋长判决第三者须支付 8 头牛作为赔偿。但后来习惯法庭却推翻了酋长的判决。助理法官引用了《手册》的记载，并表示：按照茨瓦纳人的习惯法，只有男性才可以提出通奸的补偿，女性没有这样的权利。② 我们可以发现，对于 2000 年的博茨瓦纳的习惯法庭而言，这部由法律人类学家用英语所完成的作品竟然变成了具有传统意义和地方文化特征的权威依据。这一现象告诉我们，法律人类学与殖民政府以及部落社会的关系是极为复杂的。它一定存在着对习惯法的误解和破坏，但与此同时也为当地人民记录了传统文化。③ 因而，沙佩拉本人也受到了独立后的博茨瓦纳人的尊敬。博茨瓦纳大学向他授予了荣誉博士学位，首都哈博罗内甚至有条道路直接以"沙佩拉"来命名。④

最后，学术地位。实事求是地讲，沙佩拉在文化、社会人类学领域的影响力不及马氏和布朗，可能也不如与他同辈的埃文思－普理查德，但在法律人类学领域，他堪称是自马氏开创了现代法律人类学以后第一位承上启下的重要学者。在 1957 年出版的，由弗斯主编的纪念文集《人与文化：对马林诺夫斯基作品的评价》中，刊载了沙佩拉的论文《马林诺夫斯基的法律理论》（Malinowski's Theories of Law）⑤。这充分说明，在当时的英国人类学界，只有沙佩拉有"资格"评价马氏的法律人类学研究。当然，沙佩拉对自己的学术定位和贡献也主要集中于法律人类学领域。上文第三部分所列举的《论巫术犯罪》与《关于"犯罪"的人类学概念》两篇论文分别是沙佩拉就任英国皇家人类学会主席和社会人类学研究会会长所做的演讲。

沙佩拉在金山大学替赫恩勒夫人代课时，曾指导过格拉克曼⑥和希尔达·库伯，所以他也是这两位学者在法律人类学方面的启蒙老师。任教于开普敦大学期间，在他的指导下，荷兰学者汉斯·霍勒曼（Hans Holleman）完成了博士论文并在此基础上出版了《修

---

① Adam Kuper, Isaac Schapera：A Conversation. Part2：The London Years, 18 *Anthropology Today*, 16 (2002).
② Heald Suzette, The Legacy of Isaac Schapera (1905－2003), 19 *Anthropology Today*, 18 (2003).
③ 在博茨瓦纳做过调研的浙江师范大学的徐薇老师曾向笔者介绍："（这种现象）我是跟当地酋长聊天时了解到的，而且沙佩拉这本书当地书店里卖得很好，我还专门买了送给酋长，酋长特别高兴"。
④ Jean Comaroff, John L. Comaroff, Isaac Schapera, On the Founding Fathers, Fieldwork and Functionalism：A Conversation with Isaac Schapera, 15 *American Ethnologist*, 554 (1988).
⑤ Isaac Schapera, Malinowski's Theories of Law, in R. Firth ed., *Man and Culture：An Evaluation of the Work of Malinowski*, Routledge and Kegan Paul, 1957.
⑥ 1930 年，格拉克曼跟随沙佩拉整整学习了一年的时间，这还包括格拉克曼首次的田野调查。Raymond Firth, Max Gluckman, 1911－1975, 61 *Proceedings of the British Academy*, 480 (1975).

纳人的习惯法》。① 此书是罗兹-利文斯顿研究院（Rhodes—Livingston Institute）出版的第一部专门研究非洲习惯法的作品，比研究院的院长、曼城学派的创始人格拉克曼的代表作《北罗得西亚巴罗策人的司法程序》（The Judicial Process among the Barotse of Northern Rhodesia）② 还要早三年。当然，此书的出版还有一个重要意义，它沟通了此前各自独立发展的英美法律人类学与荷兰阿达特（Adatrecht）学派的关联。在退休以后，沙佩拉还指导了约翰·科马罗夫（John Comarff）完成了博士论文，后者是当代法律人类学关于非洲研究的权威专家。除了培养学生以外，沙佩拉还凭借其在法律人类学以及非洲习惯法研究领域的影响力，与其他学者一道创立了《非洲法律杂志》（Journal of African Law）。

The Pioneer of African Customary Law：
Review of Schapera's Legal Anthropology

Wang Weichen

Abstract：Isaac Schapera was born in a Jewish family in South Africa, then studied under the functionalist school of anthropology in the United Kingdom, and taught successively at University of the Witwatersrand, the University of Cape Town in South Africa, and the London School of Economics and Political Science in the United Kingdom. Due to accidental reasons, he started a field survey of the Tswanas in the Bechuanaland Protectorate, which lasted for several years. In the field of legal anthropology, he has published two monographs and nearly twenty papers on the customary law of the Tswana. In his masterpiece *Handbook of Tswana Law and Custom*, he advocated a large and comprehensive structure, distinguish between law and custom, presenting the complexity of customary law, and transcending the perspective of functionalism. Schapera pioneered the African study of legal anthropology in an all–round way, and his works still have an important influence on Botswana today. He is an important scholar in the field of legal anthropology.

Key Words：Schapera; Tswana; Customary Law; Legal Anthropology; Africa

（编辑：张雪寒）

---

① Johan Frederik Holleman, *Shona Customary Law, With reference to Kinship, Marriage, the Family and the Estate*, Oxford University Press, 1952.
② Max Gluckman, *The Judicial Process among the Barotse of Northern Rhodesia*, Manchester University Press, 1955.

"夏安之路"：卢埃林的法律人类学思想

郭 婧

摘 要 美国现实主义法学家卢埃林与美国人类学学家霍贝尔合作成果——《夏安人的方式：原始法学中的冲突与判例法》获得西方人类学界的广泛认同，被认为是开启了法律人类学研究方法的新纪元。"夏安之路"不仅是记录夏安部落传统规范体系的法律民族志，也可视为卢埃林法律人类学思想实践之路的隐喻。本文运用社会科学法学的综合视野与立场，再现卢埃林法律人类学产生和发展的时空背景，以及思想来源与主要思想，以重现卢埃林法律人类学思想的法学贡献与时代价值。

关键词 卢埃林 The Cheyenne Way 法律人类学 法律思想 夏安人

"Way"在英语世界既可指代"方式""方法"，还可以作"道路""方向""路径""习俗"等理解。① 1941年美国俄克拉何马大学出版社出版了美洲印第安文明系列书籍的第12卷——《夏安人②的方式：原始法学中的冲突与判例法》（The Cheyenne Way: Con-

---

* 法治建设与法学理论研究部级科研项目（项目编号：20SFB4003）。
** 郭婧，法学博士，贵州民族大学法学院副教授，硕士生导师。
① ［美］A. S. 霍恩比：《牛津高阶英汉双解词典》（第七版），商务印书馆2009年版，第2273页。
② "The Cheyenne"在国内文献中有"夏延人""夏安人""晒延人""晒安人""塞延人"等译名，二者涵义实则无异。在同目前正在做此书中译版工作的胡昌明教授商议之后，拟采用"夏安人"的译名。参见王伟臣：《从规则到过程：法律人类学纠纷研究的理论进路与现实启示》，载《中央民族大学学报（哲学社会科学版）》2020年第1期，第119页；王伟臣：《法律人类学个案研究的历史困境与突破》，载《民族研究》2017年第1期，第61页；李杰：《方法论视野下的卢埃林》，载《民间法》2016年第2期，第416页；严文强：《原始的法与现代的法》，李杰译，载《民间法》2016年第1期，第386-397页；［美］卢埃林、霍贝尔：《从案例到疑难案例，再到扩展案例——论法人类学的案例分析法》，载《江汉论坛》，2009年第5期，第125页；［美］霍贝尔著：《原始人法：法律的动态比较研究》，严存生等译，法律出版社2006年版，第127-163页；刘剑：《卡尔·卢埃林法律职能理论研究》，吉林大学2006年博士学位论文；［美］博西格诺等：《法律之门》，邓子滨译，华夏出版社2002年版，第160页等。

flict and Case Law in Primitive Jurisprudence，以下简称为"《夏安人的方式》")①，由此拉开西方法律人类学发展的新阶段。该书是卡尔·卢埃林（Karl Llewellyn）与亚当森·霍贝尔（Edward Adamson Hoebel）合作出版的法律人类学著作，受到了被西方人类学界认为是继《原始社会的犯罪与习俗》之后另一部具有开创性法律人类学作品。② 然而，卢埃林的这部作品及其在其中展现的法律人类学思想却没有引起国内外法学界太多关注。③ 事实上，卢埃林法学思想的研究者们指出，卢埃尔林对法律人类学的兴趣是其法律现实主义法学思想的重要组成部分，而夏安法文化的研究项目正是卢埃林的"现实主义实验室"，是卢埃林的"法律现实主义进入法律人类学"的契机。④"The Cheyenne Way"不仅是夏安人规范体系，也是卢埃林的法律人类学思想的体现。"夏安之路"是卢埃林将其"法学与诸社会科学"⑤ 思想置于经验的法律人类学之路，更可视为其法学成就的思想来源。目前国内法学界对卢埃林在《夏安人之路》中的法律人类学思想尚未太多反响，国内学者们提及卢埃林的法律人类学思想以及《夏安人的方式》时多以概括式描述为主，尚未见到专项

---

① Karl Llewellyn，E. Adamson Hoebel，*The Cheyenne Way*：*Conflict and Case Law in Primitive Jurisprudence*，University of Oklahoma Press，1941.

② 参见 Ajay K. Mehrotra，Law and the "Other"：Karl N. Llewellyn，Cultural Anthropology，and the Legacy of The Cheyenne Way，*Law & Social Inquiry*，Vol. 26，No. 3（Summer，2001），p. 742；Daniel Kroslak，The Idea of Legal Pluralism（with Regard to the Conception of Leopold Pospisil），*SSRN Electronic Journal*，2011，https：//papers. ssrn. com/sol3/papers. cfm？abstract_id=1784804，登陆时间 2021－9－2。

③ 国内学者认为："卢埃林在法理学方面的工作，主要有三条主线：第一，他通过参与教授关于社会中的法这样的研究生课程，保持着在人类学和社会学方面的兴趣。第二，从1927年开始，他开始对于上诉审司法过程和判例法的性质发生了持续的兴趣。第三，他在各学科之间合作、现实主义以及法律教育这三方面的观念相互作用，并且试图要将这些观念适用于一个他已经通过长期的努力而掌握了的实体法领域。"刘剑：《现实主义法学家：卡尔·卢埃林》，载《社会科学论坛》2006年第3期，第149页；另参见沈宗灵：《现代西方法理学》，北京大学出版社1992年版，第244－245页；刘剑：《卡尔·卢埃林法律职能理论研究》，吉林大学2006年博士学位论文；张娟：《弗兰克与卢埃林法律思想比较研究》，山东大学2011年博士学位论文；武暾：《20世纪美国法学家法律与习惯观念初探》，载《原生态民族文化学刊》2017年第1期，第58－65页；陈皓：《卢埃林：规则之治的怀疑与确信》，载《人民法院报》2018年1月19日，第006版；[美]劳拉·纳德：《法律的人类学研究》，王伟臣译，载《法理——法哲学、法学方法论与人工智能》2020年第1期，第3－30页等。（当然该学者的搜索方式也被质疑为不一定正确，但其结果在一定层面上能够表现出《夏安人的方式》这本书的关注度并不高。）参见 John M. Conley and William M. O'Barr，A Classic in Spite of Itself：The Cheyenne Way and the Case Method in Legal Anthropology，*Law & Social Inquiry*，（Jan.，2004），p. 215. 国外关于卢埃林法律思想的评论性文章可参见 William A. Schnader. Karl N. Llewellyn. *The University of Chicago Law Review*，Vol. 29，No. 4（Summer，1962），pp. 617－618；William O. Douglas. Karl N. Llewellyn . *The University of Chicago Law Review*，Vol. 29，No. 4（Summer，1962），pp. 611－613；Arthur L. Corbin. A Tribute to Karl Llewellyn. *The Yale Law Journal*，Vol. 71，No. 5（Apr.，1962），pp. 805－812；Grant Gilmore. In Memoriam：Karl Llewellyn . *The Yale Law Journal*，Vol. 71，No. 5（Apr.，1962），pp. 813－815；C. J. Friedrich：Review：Karl Llewellyn's Legal Realism in Retrospect，*Ethics*，Vol. 74，No. 3（Apr.，1964），pp. 201－207；Kenneth M. Casebeer. Escape from Liberalism：Fact and Value in Karl Llewellyn. *Duke Law Journal*，Vol. 1977，No. 3（Aug.，1977），pp. 671－703 等。

④ 参见 Ajay K. Mehrotra，Law and the "Other"：Karl N. Llewellyn，Cultural Anthropology，and the Legacy of The Cheyenne Way，*Law & Social Inquiry*，Vol. 26，No. 3（Summer，2001），p. 742。

⑤ Karl N. Llewellyn，Law and the Social Sciences－－Especially Sociology，*American Sociological Review*，Vol. 14，No. 4（Aug.，1949），pp. 451－462；[美]卡尔·N. 卢埃林：《法律与诸社会科学（尤其是与社会学）》，王进文、周林刚译，载许章润组编译：《哈佛法律评论：法理学精粹》，法律出版社2011年版，第123－148页。

研究①，因而有必要重新认识卢埃林法律人类学思想及其价值。本文拟借用卢埃林主张的社会科学综合法学视野，从不同维度再现其"夏安之路"。

一、形成之维

（一）个体之维

1893 年 5 月，卢埃林出生在华盛顿州西雅图市的一个商人家庭，家庭环境塑造了他宽泛且浪漫的求知视野②。他的母亲珍妮特·乔治（Janet George）是新英格兰布鲁斯特长老的后裔。长大后的卢埃林热衷追求真理与母亲的影响有很大关系。《卢埃林与现实主义运动》一书中这样详细描述了卢埃林的母亲"珍妮特·卢埃林是一名清教徒，她自律的教养、充沛的精力和聪明的头脑使她在许多方面都塑造了强大的人格……她热心福音派公理会主义，曾经带着年幼的卢埃林参加以女权主义游行。"③

让人意想不到的是，这位推动美国现实主义法学发展和法学教育改革的法学家，并非是一个保守无趣之人，相反却是一位喜爱诗歌、绘画和作曲等人文艺术，博学多才的"浪漫主义者"。④尽管特文宁没有表明卢埃林广泛的兴趣爱好和浪漫主义的性格是来自于哪里，但是从其对卢埃林的父亲——威廉·亨利·卢埃林（William Henry Llewellyn）的描述中可以猜测，父亲的乐观性格⑤与卢埃林广泛的兴趣爱好，乃至宽泛的研究视野有极大关系。卢埃林的父亲是具有威尔士血统的第一代美国人。父亲的商人职业为幼时的卢埃林提供了良好的教育环境。卢埃林像当时大多数中产阶级家庭的孩子一样，在青少年时期就前往德国和法国留学。卢埃林兴趣广泛且注重追求精神需求。他热爱艺术与文学。"知识在于解放思维"⑥。"解放思维"需要"保持一颗对生活和社会永不知疲惫的好奇心"。人文艺术思维中洞察能力对卢埃林形成"法律之外"⑦的法律人类学视角具有积极作用。人

---

① 参见孙新强：《卢埃林现实主义法理学思想》，载《法制与社会发展》2009 年第 4 期，第 4 - 5 页；张娟：《卢埃林关于法学研究的思想》，载《中南大学学报（社会科学版）》2010 年第 5 期，第 67 页；王伟臣：《法律人类学的身份困境——英美与荷兰两条路径的对比》，载《法学家》2013 年第 5 期，第 167 页；李杰：《方法论视野下的卢埃林》，载《民间法》2016 年第 2 卷，第 414 - 423 页；

② 为后世之人所熟知的卢埃林不仅是美国现实主义法学的代表，同时也是一名热衷教育改革的法学教育家。即便在大学毕业以后，从事了两年短暂的律师职业，也是为了从实务角度更好地进行法学研究。此外，回顾卢埃林的法学贡献，他对商法、经济法和法社会学、法人类学（或应称为社会科学法学）投入了大量的热情，但显然对涉足宪法领域保持了一定距离。参见 William Twining. *Karl Llewellyn and the Realist Movement*, Cambridge University Press, 2012, pp. 286 - 288。

③ William Twining. *Karl Llewellyn and the Realist Movement*, Cambridge University Press, 2012, pp. 88 - 93.

④ N. E. H. Hull. The Romantic Realist: Art, Literature and the Enduring Legacy of Karl Llewellyn's 'Jurisprudence', *The American Journal of Legal History*, Vol. 40, No. 2 (Apr., 1996), pp. 115 - 145.

⑤ 卢埃林的父亲在经历了不止一次的经济危机之后，仍然能保持乐观的性格。参见 William Twining. *Karl Llewellyn and the Realist Movement*, Cambridge University Press, 2012, p. 88。

⑥ 贺雪峰：《在野之学》，北京大学出版社 2020 版，第 1 页。

⑦ [美] 卡尔·卢埃林：《荆棘丛：我们的法律与法学》，王绍喜译，中国民主法制出版社 2020 年版，第 59 页。

文理想主义是卢埃林"法律与诸社会科学"思维的心理来源。

国际化的成长和教育环境让卢埃林在青少年的时候就接触了各种各样的文化和社区，并练就了其从社会现实和日常中认知法律问题的方法。因为留学生活与跨文化的日常接触，多元文化的生活学习经历就是卢埃林早期非专业地训练社会学、人类学研究方法的场域。甚至在其法学生涯的初期，卢埃林曾宣称自己是人文社会科学的学生。[1]"在早期的手稿中，卢埃林为自己贴上'半法律人、半社会学家'的标签。几十年来，他一直使用文化人类学家的方法注重收集他身边团体（Group）的第一手研究资料。这些团体包括'夏令营中的男孩团体''德国的德国人团体''纽约的德裔美国人团体''纽约的犹太人团体''法国的法语系团体'等……"[2]

（二）时空之维

卢埃林主要法学思想的形成时期正是世界经济、政治与文化极具颠覆性的变革时代。卢埃林出生的 19 世纪末期正值 20 世纪思潮"弗洛伊德时代"开始之时。西格蒙德·弗洛伊德（Sigmund Freud）在心理学领域的建树成为西方人文科学的理论支柱之一。从那时起，人们开始将认知转向自身和内心世界，社会科学也走上了重视个体内在的现代主义道路。1904 年至 1905 年，针对西方中心主义和单线进化论的质疑思想在美国兴起。人类学家弗朗兹·博厄斯（Franz Boas）已经研究了太平洋沿岸印度安人、温哥华的夸扣特尔人等数个美国印第安族群，推动了"文化相对主义"（Cultural Relativism）——20 世纪思想领域的又一具有重大影响力思想的发展。"文化相对主义认为，所谓的初民社会的群体是存在法律的，即便部落的人们不能理性与清晰地进行解释。"[3] 实用主义思想也此期间广泛传播，先后出现了查尔斯·桑德斯·皮尔士（Charles Sanders Peirce）、威廉·詹姆斯（William James）、约翰·杜威（John Dewey）等实用主义哲学家。尤其是美国实用主义的代表——杜威所提出的"工具主义"被认为是卢埃林"法律职能"[4]（The Law-Jobs）的理论来源。[5] 在现实主义遭受批判的 1914 至 1918 年间，耶鲁大学是受到关注的中心。这正好是卢埃林在耶鲁大学求学期间。1922 年至 1933 年是美国现实主义运动的重要时期，

---

[1] 参见 Ajay K. Mehrotra, Law and the "Other"：Karl N. Llewellyn, Cultural Anthropology, and the Legacy of The Cheyenne Way, *Law & Social Inquiry*, Vol. 26, No. 3 (Summer, 2001), p. 745。

[2] Ajay K. Mehrotra, Law and the "Other"：Karl N. Llewellyn, Cultural Anthropology, and the Legacy of The Cheyenne Way, *Law & Social Inquiry*, Vol. 26, No. 3 (Summer, 2001), p. 745。

[3] Livia Holden, Cultural Expertise and Law：An Historical Overview, *Law and History Review February* 2020, Vol. 38, No. 1, p. 31。

[4] 具体体现在《夏安人的方式》第十一章 The Law-Jobs。Karl Llewellyn, E. Adamson Hoebel, *The Cheyenne Way*：Conflict and Case Law in Primitive Jurisprudence, University of Oklahoma Press, 1941, p. 29。

[5] C. E. Ayres, The Cheyenne Way：Conflict and Case Law in Primitive Jurisprudenceby K. N. Llewellyn；E. Adamson Hoebel, *The Yale Law Journal*, Vol. 51, No. 5 (Mar., 1942), p. 882。

哥伦比亚大学替代了耶鲁大学成为现实主义运动的中心。①

1909 年，中学毕业后的卢埃林在德国梅克伦堡省的一所文实中学学习。在留学期间，卢埃林受到当时在德国极具影响力的马克思·韦伯（Max Weber）、尤根·埃利希（Eugen Ehrlich）等人思想的影响，由此产生社会学、人类学等诸社会科学学科的初期认识。这一思想在《夏安人的方式》中体现得淋漓尽致。卢埃林选择德国留学无非是顺应了当时社会的主流。德国大学在 19 世纪后期取得了西方世界瞩目的卓越成就，并在英美国家教育领域造成变革性影响。1806 年的耶拿战役结束之后，德国学者就开始在哲学、语言学、物理学等领域不断超越与领先欧洲的同行们。伊曼努尔·康德（Immanuel Kant）、弗里德里希·沃尔夫（Friedrich Wolf）和约翰·戈特利布·费希特（Johann Gottlieb Fichte）等德国籍知名学者的魅力吸引了无数美国和英国的学者到访。作为当时欧洲中产阶级家庭为孩子选择留学的热门之地的德国，不仅是因为其盛产思想大家，还因为其拥有英国和美国没有却向往与推崇的大学教育体制。20 世纪初，在融合了德国和英国两国模式的基础上，发动系列教育改革之后的美国大学教育体制成功培养了一大批社会科学领域的知名学者。②

21 岁时第一次世界大战爆发了，那时卢埃林正好作为耶鲁大学的学生在巴黎的索邦大学学习法学、法语和拉丁文。"由于对德国文化的喜爱，他应征加入了第 78 普鲁士步兵团，但拒绝向德国皇帝宣誓"③。因为这段经历，他在第二年返回耶鲁大学后，被禁止参加美国陆军，只得留在学校继续学业。1919 年卢埃林以助教的身份在耶鲁大学讲授法理学和商法学，直至完成法学博士学位的学习。在此期间，被"滞留"在学校里学习的卢埃林反倒获得与教授们频繁接触的机会，并受到社会学家和民俗学家威廉·格雷厄姆·萨姆纳（William Graham Sumner）的社会民俗理论（Folkways）影响。早在 1874 年，萨姆纳就在耶鲁大学开设了第一门社会学课程，这是美国大学首次开设社会学课程。④ 那段时间"卢埃林被威廉·格雷厄姆·萨姆纳迷住了"。⑤ 这使卢埃林在学习法律阶段形成了一种学术倾向——在社会文化中观察法律。萨姆纳的《民俗论》（Folkways）是卢埃林最常引用的作品。⑥《夏安人的方式》中"法律方式"（Law-ways）也是来源于萨姆纳思想的启发。此外，法学家科宾（Arthur Linton Corbin）、霍菲尔德（Wesley Newcomb Hohfeld）和库克（W. W. Cook）的思想加深了卢埃林关于法律需要适应环境的认识。尤根·埃利希（Eugen Ehrlich）、马克思·韦伯（Max Weber）和庞德的社会学法学理论是卢埃林的思想

---

① 参见刘剑：《现实主义法学家：卡尔·卢埃林》，载《社会科学论坛》2006 年第 3 期，第 148 页。
② 参见［英］彼得·沃森：《20 世纪思想史：从弗洛伊德到互联网（上）》，张凤、杨阳译，译林出版社 2019 版，第 109 页。
③ John M. Conley and William M. O'Barr, A Classic in Spite of Itself: The Cheyenne Way and the Case Method in Legal Anthropology, *Law & Social Inquiry*, (Jan., 2004), p. 183.
④ 魏章玲：《美国社会学发展的趋势》，载《国外社会科学》1979 年第 3 期，第 29 页。
⑤ William Twining. *Karl Llewellyn and the Realist Movement*, Cambridge University Press, 2012, p. 92.
⑥ 参见 William Twining. *Karl Llewellyn and the Realist Movement*, Cambridge University Press, 2012, p. 92.

基础。

20世纪20年代至30年代是西方人类学学科发展史上前所未有的黄金时期。在此期间，人类学脱离了历史学学科实现了独立发展。1940年代美国政府的新政倡议和战时计划使美国人类学研究获得了比以往更多的政府资助。[①] 除了博厄斯和马林诺夫斯之外，玛格丽特·米德（Margaret Mead）、鲁思·本尼迪克特（Ruth Benedict）和詹姆斯·乔治·弗雷泽（James George Frazer等人类学家丰富了人类学研究成果，改变了人们看世界的方式，"文化"被视为决定人类行为的重要作用。1920年至1923年，卢埃林度过了短暂的法律实务生涯[②]。1923年卢埃林回到耶鲁大学法学院担任教职，任教的第一门课程是为人类学和社会学系研究生开设的法社会学课程。1925年卢埃林离开耶鲁大学，到哥伦比亚大学法学院担任法理学的授课教师。至此之后，卢埃林正式将实用主义、人类学、社会学的社会科学思想带入法学思想，进入学术生涯的巅峰时期。

纵观卢埃林整个人生正好经历了两次世界大战、美国股灾、经济危机、资本主义社会矛盾激化、罗斯福新政、种族民权运动产生。[③] 可以说，卢埃林所在时空社会是一个新旧思想快速交替、权威与大众共存的时代。矛盾凸显与激化不得不让人们跨越专业，从更开阔与更多重的智识中寻找问题的解答。加上民俗学、人类学、社会学、哲学等其他学科在卢埃林学习法学初期就已经形成影响，卢埃林跨越了法学和人类学的边界可以说是一种时代的必然。

二、跨界之合

《夏安人的方式》是卢埃林法律人类学思想的具体体现，也是法律人类学发展史首部由两位专业背景不同的法学家与人类学家共同完成的法律民族志。"在西方人类学界，这本书被公认为"英美学术史上法学家与人类学家合作最为成功的例子"[④]。早在两人会见之前，卢埃林就读过马林诺夫斯基的著作《原始社会中的犯罪与习俗》。卢埃林对马林诺夫斯基创造的参与式观察者方法印象深刻。然而，对于法学学科背景的卢埃林来说，马林诺夫斯基在这本书中提及的案例数量不够，内容也不够详细。[⑤] 因为"根据马林诺夫斯基

---

① 参见 George W. Stocking Jr. *American Anthropology 1921 – 1945：Papers from the American Anthropologist*, University of Wisconsin Press, 2002, p. 66。

② 期间，卢埃林在美国纽约的花旗银行担任法律顾问。

③ 卢埃林也经历了美国现实主义运动的艰难时期与重要发展时期。卢埃林被其研究者认为是唯一一位身临其境的先后在这两所大学里经历了这一过程并获得了第一手材料的现实主义运动的领导人。参见刘剑：《现实主义法学家：卡尔·卢埃林》，载《社会科学论坛》2006年第3期，第148页。

④ William Twining. Law and Anthropology: A Case Study in Inter – Disciplinary Collaboration, *Law & Society Review*, Vol. 7, No. 4 (Summer, 1973), p. 561.

⑤ 参见 William Twining. *Karl Llewellyn and the Realist Movement*, Cambridge University Press, 2012, p. 154。

的描述，很难判断哪种纠纷最常见，谁参与了和解的过程，以及和解是如何达成的。"[1] 卢埃林意识到要回答这些问题就需要一名人类学学者的支持。与此同时，在哥伦比亚大学的博士生霍贝尔正为完成关于科曼契人的法律的博士论文发愁。20 世纪 30 年代的美国主流学界并不认同土著族群社会是否存在"法""原始法"的概念。霍贝尔想改变这一观点，却困于没有找到研究路径。博厄斯向他引荐了同在哥伦比亚大学任教的法学教授——卢埃林。二人一拍即合。卢埃林并没有因为霍贝尔的学生身份而轻视他的专业能力。卢埃林将霍贝尔视为"受过博厄斯训练的人类学家"[2]。霍贝尔当时还是一名尚未毕业的博士研究生，而比霍贝尔大 13 岁的卢埃林已经成了具有一定学术影响力的法学教授。对霍贝尔来说，卢埃林的法学思想无疑是具有指引性的。

专业上彼此依赖和个人志趣相投共同成就了天作之合。此次跨界合作的目的是突破学科屏障，探寻丰富美国法学理论的研究路径和理论思想。卢埃林比较法的研究思维和教学成就为这项任务的完成带来了辉煌的经验。霍贝尔是一位人类学家，他在观察印第安部落以及描绘西欧文化浪潮席卷当地土著文化之前，就已经具备了田野调查的丰富的经验。卢埃林与霍贝尔皆具有交叉学科的研究思维和人文主义思想，具备发现法律制度美学意义的敏感性和想象力。在二人的分工方面，霍贝尔几乎完成了大部分的实地工作和案例收集，并编写了本书中部分描述性的初稿；卢埃林担任对案例纠纷、一般理论和法理学的分析和矩阵。二人的合作关系一直持续到其中卢埃林去世才结束。[3] 法社会学家蒂马舍夫（N. S. Timasheff）曾对二人的合作这样评论："这项工作是一名法学家和一名人类学家合作的重要里程碑。他们对一个原始且复杂的社会制度进行重要研究。"[4] "假设如果霍贝尔反对马林诺夫斯基的功能主义；再或者，如果卢埃林是一个更传统的法学学者，合作就会更难，也不会有成果。"[5]

将夏安部落作为卢埃林和霍贝尔的田野之地，是因为夏安部落属于北美印第安人部落中较早建立具有强制权力的组织机构。这让卢埃林和霍贝尔相信，夏安人解决部落争端和维护内部秩序的方式可能比肖尼人的法律规范更加制度化。夏安部落是美国大平原上著名的传统族群。他们是密西西比河上游山谷的林地湖地区的原住民。夏安文化属于平原部落文化，以游牧、半游牧和狩猎为传统的生计方式。1700 年以前，夏安人居住在明尼苏达中部地区，从事耕作、狩猎、采集野生稻谷、制陶等。1775 年之后，夏安人开始驯养马

---

[1] John M. Conley and William M. O'Barr, A Classic in Spite of Itself: The Cheyenne Way and the Case Method in Legal Anthropology, *Law & Social Inquiry*, (Jan., 2004), p. 185.

[2] William Twining. *Karl Llewellyn and the Realist Movement*, Cambridge University Press, 2012, p. 486.

[3] 参见 N. S. Timasheff'S, The Cheyenne Way: Conflict and Case Law in Primitive Jurisprudenceby K. N. Llewellyn; E. Adamson Hoebel, *American Sociological Review*, Vol. 7, No. 1 (Feb., 1942), p. 131。

[4] N. S. Timasheff'S, The Cheyenne Way: Conflict and Case Law in Primitive Jurisprudenceby K. N. Llewellyn; E. Adamson Hoebel, *American Sociological Review*, Vol. 7, No. 1 (Feb., 1942), p. 130.

[5] N. S. Timasheff'S, The Cheyenne Way: Conflict and Case Law in Primitive Jurisprudenceby K. N. Llewellyn; E. Adamson Hoebel, *American Sociological Review*, Vol. 7, No. 1 (Feb., 1942), p. 130.

匹，开始狩猎和贸易野牛。大多数部落婚姻都是一夫一妻制；具有自己的原始宗教和传统的仪式。烟草是部落重要的互惠礼物和仪式符号。18世纪末，马匹与枪支普遍流行于东北平原地带，外族入侵再加上天花肆虐，夏安人的村庄几乎荡然无存。他们再度西迁，到达布拉克山（Black Hills）地区，放弃了农业及制陶，发展了具有独特风格的圆锥帐篷和游牧平原文化。① 19世纪早期，夏安人又迁移到普拉特河河源一带。1833年，夏延部落的大部居民在阿肯色河沿岸定居，由是该部落分为南、北两支，北部的分支以蒙大拿东南部和怀俄明州东部的高原为居住中心，南部的分支以俄克拉荷马西部和科罗拉多州东部为居住中心。② 关于夏安部落文化，两位作者还在《夏安人的方式》的前言部分向渴望了解夏安人迁徙史的读者们推荐了乔治·伯德·格林内尔（George Bird Grinnell）撰写的《夏安族印第安人》（The Cheyenne Indians）；为对夏安族战争中所有惊心动魄的英雄事迹感兴趣的读者们推荐里格林内尔的另一本书——《战斗的夏安人》（The Fighting Cheyennes），③ 以此表明《夏安人的方式》不是像民族史作品，旨在提出记录和解释夏安人法律方式的社会科学工具。④

三、"夏安之路"：卢埃林法律人类学思想的表现

卢埃林的法律人类学思想是其法律职能理论和法律现实主义主张的雏形。在《夏安人的方式》中，卢埃林主张通过案例对法律进行经验分析，而不是纠缠于传统教义法学的概念演绎，强调群体性利益在社会矛盾纠纷解决系统中的重要功能。之所以称为卢埃林的主张，是因为在是否对"法律"做概念分析这一问题上，卢埃林和霍贝尔认识不同。《夏安人的方式》不对"法律"进行概念界定是卢埃林的主张，霍贝尔虽然提出质疑，但还是听从了卢埃林的意见。但是霍贝尔之后写作《初民社会的法》（或译为《原始人的法》）时仍然坚持在不同部落文化中寻找法律的定义。根据夏安部落长者的回忆，卢埃林和霍贝尔仔细筛选了夏安部落在1820年至1880年发生的53个如何处理社会矛盾纠纷的案例。在杀人、盗窃、通奸等部落失范事件中，法律在引导行为和维护秩序时表现出一种聚凝的作用。在卢埃林看来，夏安人解决失范问题的独特能力是将法律的一般概念与正义的特殊要求相协调，这对美国当时的法律制度具有启发意义。夏安部落的习惯法律体系可以从全书的章节名称中看出：（1）第一部分"初民社会法律研究"，包括："五个案例""调查方法的理论""初民法与现代法"；（2）第二部分"夏安人的法律体系"："四十四人议会"

---

① 参见 George Bird Grinnell, *The Cheyenne Indians*: *Their History and Lifeways*, World Wisdom, 2008, p. 23。
② 参见 Karl Llewellyn, E. Adamson Hoebel, *The Cheyenne Way*: *Conflict and Case Law in Primitive Jurisprudence*, University of Oklahoma Press, 1941, p. vii。
③ 参见 Karl Llewellyn, E. Adamson Hoebel, *The Cheyenne Way*: *Conflict and Case Law in Primitive Jurisprudence*, University of Oklahoma Press, 1941, p. vii。
④ 参见 Karl Llewellyn, E. Adamson Hoebel, *The Cheyenne Way*: *Conflict and Case Law in Primitive Jurisprudence*, University of Oklahoma Press, 1941, p. v。

"军事社团""杀人罪与超自然交感""婚姻和性""财产与继承""非正式压力与个体融合";(3)第三部分"法律职能与司法体系":"索赔与法律体系""法律职能""夏安人的方式"。具体来说,"夏安之路"主要体现在以下几个方面:

(一) The Cheyenne Way:在行使法律职能过程中产生的法律制度

卢埃林和霍贝尔认为夏安人的法律虽然不能被当地人清晰且理性地总结出来,却在实施(从事法律)的过程中永远存在。卢埃林和霍贝尔在《夏安人的方式》中,不愿意像传统法学做得那样为夏安人的法律下定义,将法律放在法律与整个社会科学的互动关系中去观察。卢埃林和霍贝尔通过"法律要素"(Law – stuff)来描述法律所包括的各种结构。卢埃林在其1940年发表的《规范,法律和法律工作:法学方法的问题》(The Normative, the Legal, and the Law – Jobs: The Problem of Juristic Method)中详细解释了何为法律要素:"法律要素是一个具有广泛包容性的术语。它意指可以被感知的,与法律事务有关的法律现象。这些法律现象在任何文化中都存在。它具体包括:各种法律规则、法律习俗与制度,法学家、法官、狱吏等职业主体及其行为,法庭,被遵守的习俗和联邦体系等。初民社会的法律文化可通过研究初以丰富和充实美国现代法学。"① 如何体现"法律要素"的包容性?那就是选择体现文化与个人之间的互动关系,以及选择体现文化结构之间互动关系的纠纷案例(trouble – cases)作为观察法律的文本。② 纠纷是一种能充分反映个体与他人、个体与集体以及个人和社会文化之间互动关系的现象。纠纷之所以"trouble",正是因为它打乱了关系的平衡,让关系面临失衡的危机。在一个个失衡情景中观察法律的真实状态比反复纠缠"法律"定义更实用得多。

尽管拒绝定义"法律",但卢埃林和霍贝尔十分强调运用"制度"③(Institution④)来表达夏安人在纠纷案例(trouble – cases)中形成的"法律之美"(juristic beauty),并由此寻求法律的普适性和一般性规律。夏安法是一套隐性且真实有效的制度,而"制度"是社会科学最核心和最重要的概念。夏安人的"规则、制度和权威正是在纠纷、麻烦处理的过

---

① Karl Llewellyn, E. Adamson Hoebel, *The Cheyenne Way: Conflict and Case Law in Primitive Jurisprudence*, University of Oklahoma Press, 1941, p. ix.
② 参见 Karl Llewellyn, E. Adamson Hoebel, T*he Cheyenne Way: Conflict and Case Law in Primitive Jurisprudence*, University of Oklahoma Press, 1941, p. 28。
③ 卢埃林关于制度的概念来源于所采纳的是沃尔顿·汉密尔顿(Walton Hamilton)的制度理论。沃尔顿·汉密尔顿是战时美国制度主义的主要推动者之一。除了他自己的著作——他在1918年的一篇会议论文中将"制度经济学"一词引入文献中——汉密尔顿还与创建具有明显体制主义倾向的教育项目密切相关。1916年至1923年在阿默斯特学院,1923年至1928年在罗伯特·布鲁金斯研究生院,汉密尔顿和他的同事们在经济学教育方面进行了有趣的实验,并培养了相当杰出的毕业生。按照沃尔顿·汉密尔顿的理解,制度是描述族群的社会习惯的符号。
④ "Institution"除了"制度"之意,也有"惯例""习俗"(an established law, practice, or custom)的意思,与"way"是同义词。参见[美]A. S. 霍恩比:《牛津高阶英汉双解词典》(第七版),商务印书馆2009年版,第793页。

程中得以产生,或被破坏、扭曲,或被直接建构。"①这就是"夏安人的方式",即"The Cheyenne Way"。夏安人的法律是没有确切概念的,它是一种"感觉";它是一种夏安人所拥有的,以不成文为形式,以追究与维护纯净的现实生活为目标的法律制度。这种法律制度的存在方式为我们提供了很多可以借鉴的东西。②

夏安人的法律并不缺乏形态、形式主义或法律主义,因为夏安人不了解这些东西及其用途。因此很难不得出这样的结论:那些持滥用法律形式观念而产生于个别诉讼的人缺乏的是对日常生活的持续性欣赏。如果一种确定的法律方法发现并回避了它会导致错误的答案,那么它就无法模糊根本的法律任务,即用手边的工具得到正确答案了。③

在研究夏安部落材料时,卢埃林和霍贝尔发现夏安人的法律体系存在类似"法律职能"的现象,也存在像"律师",甚至像"伟大的法官"这样的职业。夏安人的法律可以通过直觉和理性进行建构,并让理性充分发挥其作用。虽然这些规则、制度很少有当地人能清楚地将之表达出来,但是这些可视为法律制度的规则以它们自己特有的方式发挥着效力。④ 在夏安人法的基础上,卢埃林和霍贝尔认为产生法律的因素有三个:(1)法律产生于整体或群体的意识。整体或群体意味着两个或两个以上的人从事某种明显的联合和持续的活动,并以某种方式承认自己是整体的一部分。在共识性概念中,法律表现为某种具有确定性的行为模式。⑤ (2)法律是在群体成员之间因不同的冲动或愿望导致冲突和不团结时产生的。"就像生活本身可能扰乱群体秩序一样,生活中的冲突本来就是法律的基础组成部分。"⑥ (3)法律反映一个或多个集体成员对其他成员的利益诉求,以及这些诉求与秩序之间的关系。⑦ 卢埃林欣赏并强调法律在法院以外的许多地方的定位方式,以及法律影响公民、行政和执法官员的决定的方式埃林所有成果中首次提到"法律职能"理论的著作。⑧

---

① Karl Llewellyn, E. Adamson Hoebel, *The Cheyenne Way*: *Conflict and Case Law in Primitive Jurisprudence*, University of Oklahoma Press, 1941, p. 29.

② Karl Llewellyn, E. Adamson Hoebel, *The Cheyenne Way*: *Conflict and Case Law in Primitive Jurisprudence*, University of Oklahoma Press, 1941, p. 333.

③ Karl Llewellyn, E. Adamson Hoebel, The Cheyenne Way: Conflict and Case Law in Primitive Jurisprudence, University of Oklahoma Press, 1941, p. 289.

④ 参见 Karl Llewellyn, E. Adamson Hoebel, *The Cheyenne Way*: *Conflict and Case Law in Primitive Jurisprudence*, University of Oklahoma Press, 1941, p. 312; 334。

⑤ 参见 Karl Llewellyn, E. Adamson Hoebel, *The Cheyenne Way*: *Conflict and Case Law in Primitive Jurisprudence*, University of Oklahoma Press, 1941, p. 274。

⑥ Karl Llewellyn, E. Adamson Hoebel, *The Cheyenne Way*: *Conflict and Case Law in Primitive Jurisprudence*, University of Oklahoma Press, 1941, p. 274.

⑦ Karl Llewellyn, E. Adamson Hoebel, The Cheyenne Way: Conflict and Case Law in Primitive Jurisprudence, University of Oklahoma Press, 1941, p. 274.

⑧ 参见 William Twining. *Karl Llewellyn and the Realist Movement*, Cambridge University Press, 2012, pp. 402 – 403. 伦敦大学学院法学教授威廉·特文宁(William Twining)是卢埃林的学生及好友。1962 年,卢埃林去世以后,特文宁为其良师益友撰写了的自传体著作——《卢埃林与现实主义运动》(Karl Llewellyn and the Realist Movement)。

(二) The law ways: 案例分析方法

案例分析方法是卢埃林对霍贝尔研究科曼契人法律之困提出的建议，也是卢埃林对法律人类学，乃至人类学最大的贡献。卢埃林对美国判例法研究方法的基础之上，而且对其进行了补充和相互的阐释。在开始夏安部落的研究前，案例分析研究方法已经在卢埃林和霍贝尔各自之前的研究中得到初步验证，如在1933年霍贝尔作为拉尔夫·林顿（Ralph Linton）领导的民族学田野小组成员参加的田野工作，以及霍贝尔于1934年在对肖肖尼人进行的研究。卢埃林在夏安调研开始之前进行的小型现代组织法律程序的研究中也尝试使用过案例分析法。① 因此，在开展夏安法的研究时，案例研究分析法已经走向成熟。1935年夏天，两位作者联手进行了田野调查。1936年，为了将材料补充完整，霍贝尔又回到夏安部落工作了一个夏天。二人对案例材料的筛选与分析是经历了三年的困惑期之后才理出头绪。《夏安人的方式》一书的写作目的"正是为了发展一种社会科学研究方法，以便记录和解释原始民族的法律；同时为夏安人习惯法提供主题材料。"② 事实证明，《夏安人的方式》很好地实现了其写作目的。"'案例研究法'后来成为人类学的一种常见研究路径，并且在其之后的关于初民部落的法律民族志中也成为惯常使用的研究范式。"③。

案例的分析路径是通过一连串生动的案例建构出深嵌在夏安部落日常政治生活中的习惯法体系。这些案例是丈量夏安文化之"道"。这一分析径路也可视为过程研究。它将法律人类学的研究视角从逻辑和语义转向对过程的关注。对于普通人而言，抽象思维并不是一种通常的思考方式。即便人们能够克服意识与实践之间的裂缝，但这一裂缝也较难完全实现融合。卢埃林将案例分析方法解释为"那些异常行为破坏了社会结构的案例"④。其阐释方法借用了美国律师的诉讼技巧，但在分析上采用整体论和关系论的视角。

通过案例分析阐释，夏安人法律体系的特征是：（1）集体性的秩序；（2）具有强制力的制裁；（3）除了秩序之外，还包括涉及礼仪、道德、体面等规范。这些规范在发生冲突时甚至可以上升为重要意义的社区规则；（4）法律所维护的是社会公共领域的利益和对生活秩序的渴望。公共权益是夏安人的法益之首，危害行为自然配以最为严苛的刑罚。"无论是"法律职能"还是"法律方式"都是为适用于各种群体的共同利益而存在的。"⑤

---

① 参见 Karl Llewellyn, E. Adamson Hoebel, *The Cheyenne Way: Conflict and Case Law in Primitive Jurisprudence*, University of Oklahoma Press, 1941, p. x。

② Karl Llewellyn, E. Adamson Hoebel, *The Cheyenne Way: Conflict and Case Law in Primitive Jurisprudence*, University of Oklahoma Press, 1941, p. x.

③ William Twining. Law and Anthropology: A Case Study in Inter-Disciplinary Collaboration, *Law & Society Review*, Vol. 7, No. 4 (Summer, 1973), pp. 561.

④ Karl Llewellyn, E. Adamson Hoebel, *The Cheyenne Way: Conflict and Case Law in Primitive Jurisprudence*, University of Oklahoma Press, 1941, p. 29.

⑤ Karl Llewellyn, E. Adamson Hoebel, *The Cheyenne Way: Conflict and Case Law in Primitive Jurisprudence*, University of Oklahoma Press, 1941, p. 292.

若习惯法对某一侵害集体利益的行为处罚过轻,不能平复具体情景中公众的愤怒,那么公众将被允许以维护公共利益之名对越轨之人处于刑罚,发泄情绪,但采用处刑的方式用不能致人死亡。在这种情况下,公众用私刑的行为是不会被习惯法作为犯罪追究。"部落对凶手进行体罚是不恰当的,但如果体罚行为不导致罪犯死亡,公众可以对该特定罪行表达出自发的愤慨,而且表达愤慨的行为本身并不构成罪行。"① 但若将公共权力与军事权力比较,军事权力便高于公共权力。卢埃林和霍贝尔高度评价了夏安部落对待法律的态度:"成功解决问题而不是进一步纠缠不清。夏安人的方式不仅缓解了对司法资源的过度依赖和诉讼过程中的紧张局势,还表现出一种只有法律天赋的人才会有的开放的思维。"② 例如案例3③,一名叫"刺猎"(Sticks Everything Under His Belt)的夏安人宣布他故意无视法律而独自狩猎水牛。在此之前,夏安部落从未出现过这类事件。部落首领们通过长屋会议决定对刺猎处以驱逐出部落的刑罚。倘若部落中的人违背这一处罚,帮助刺猎助或者为其讲话,违背这个规定的族人就要被处以跳太阳舞④的惩罚。一般抢夺别人的孩子、抛弃妻子和谋杀这些行为遭受逐寨的刑罚才具有合理性和合法性。对于刺猎的行为施与此刑罚,是因为该行为的首次出现并且让部落的秩序突然陷入危险之中。无论是部落的族人还是外族人,都无法完全理解这一"先例"的处罚结果。只要这个处罚决定一旦宣布,就具有不可改变的强制力。⑤

---

① Karl Llewellyn, E. Adamson Hoebel, *The Cheyenne Way: Conflict and Case Law in Primitive Jurisprudence*, University of Oklahoma Press, 1941, p. 166.
② Karl Llewellyn, E. Adamson Hoebel, *The Cheyenne Way: Conflict and Case Law in Primitive Jurisprudence*, University of Oklahoma Press, 1941, p. 324..
③ 参见 Karl Llewellyn, E. Adamson Hoebel, *The Cheyenne Way: Conflict and Case Law in Primitive Jurisprudence*, University of Oklahoma Press, 1941, p. 9 – 12..该案例的中译版可参见[美]博西格诺等:《法律之门》,邓子滨译,华夏出版社2002年版,第220 – 222页。
④ 苏族人和夏安族人等印第安部族的太阳舞的高潮部分是自愿进行肉体惩罚。太阳舞一般都伴随着复杂的祭祀仪式。以一棵特殊的树来作中心柱,舞者就围绕这根树立的柱子起舞。入口面向东方,一些部落在舞蹈期间每天破晓都要举行日出仪式。在仪式上,要建造一个祭坛,通常以一个装饰的野牛颅骨为主要部分。舞者在仪式举行的三、四天期间禁食禁水。在仪式会所入口附近的鼓手唱着特殊的圣歌,每当此时,每位参加者都会从会所外围向中心的柱子有节奏地前后移动。高潮阶段,舞者要用长杆刺入乳房或肩膀的肌肉,长杆另一头钉在中心柱上。然后他们向后撤步舞蹈,直到他们的肉被扯破。有时,插在受害者身体上的杆子另一头连接的是若干个野牛颅骨。舞者同时不停地吹着鹰骨做的笛子,注视着中心柱的分杈处,那儿被象征地视作雷鸟或鹰的巢穴。舞蹈的周期取决于舞蹈的间歇。太阳舞结尾时,举行净化仪式,参加者可以喝水,开戒吃饭。太阳舞参加者通过他们的献祭,以努力获得超自然力的帮助和个人能力,献祭不仅能够确保预想结果的实现,而且能给人们带来作为其社会一员更富有和更有意义的生活。正如案例中的刺猎成功申请取消隔离惩戒是源于其做首领的妹夫自愿献祭了太阳舞。太阳舞习俗可参见[美]伊丽莎白·阿特伍德·劳伦斯:《平原印第安人太阳舞动物角色的象征意义》,冯莉译,王建民审校,载《民族艺术》2006年第2期,第41 – 42页;George Bird Grinnell, *The Cheyenne Indians: Their History and Lifeways*, World Wisdom, 2008, p. 228.
⑤ 参见 Karl Llewellyn, E. Adamson Hoebel, *The Cheyenne Way: Conflict and Case Law in Primitive Jurisprudence*, University of Oklahoma Press, 1941, p. 314。

（三）夏安法的美：法律运用的灵活性

在卢埃林和霍贝尔看来，夏安部落的法文化最大的优点就在其灵活性。而灵活性的核心在于部落整体利益的维护和整个社会秩序的和谐，这即是"美"。"美"是在个人权利和整体的顺利运行之间，法律的确定性和司法适应性之间，力量和柔和之间实现了极其愉快的平衡。这也是卢埃林追求的法律美学理想。"在夏安族文化中，维持平衡的动力和紧张关系并不是贫穷和软弱的事情，白人入侵的持续轰炸也不能缓解这个问题。"① 夏安法的魅力在于以"公"为美。公共利益是纠纷调解与刑罚的一切宗旨。甚至为了维护这一宗旨，在疑难案件中，规范的边界可以依整体利益的目的进行修改和调整。也就是说，夏安法的"美"的内涵实际上是卢埃林工具主义思想的隐射。规范或者法律对夏安人来说就是维护集体利益的工具。

案例5是一个叫走兔（Walking Rabbit）的夏安人利用参加出征部队的机会实现他与情人私奔目的的案例（Case 5②）。这个案例并没有像其他普通案例一样，通过部落首领举行长屋会议来裁判，只是通过一个军队长官和走兔的父亲两人无预谋的合作就解决了麻烦。夏安部落有一个既定规定：军队首领不得干涉或者打算干涉士兵的离婚和再婚行为，但是走兔的案例打破了这一先例。走兔带着现在已为人妻的前女友外出战斗挑战了军队首领不干涉士兵婚姻自由的习惯规定。首领不得不让走兔带着情人回去处理好二人与情人丈夫之间的关系后才能重新返回部队。同时，其他士兵提出愿意在战斗结束后，将自己的马和武器送给走兔，帮助他修复这段关系。而这时走兔的父亲已经与走兔情人的丈夫妥善处理完毕。军队战斗结束归来后仍然信守承诺，送给了之前答应走兔的马以及新捕获的马。这些礼物并不用于情人丈夫的赔偿，而是作为走兔再婚的聘礼。这对夏安部落来说是件前无古人、后无来者的违背先例的大事。先例和习惯法之所以为此案例破例是因为走兔情人与其丈夫原本就感情不和，她的丈夫也愿意给她自由。③ 虽然没有遵从习惯法的规定，但打破先例反而能成就两全其美。在夏安人看来，部落的集体秩序和人与人之间关系和谐是最大的利益，而法律只是现实这一最大法益的工具。这一在当时美国学者们眼里不存在"文明"法律的夏安"原始"部落对待不固守常规，灵活适用法律的方式，美国直到在1933年宪法修改后才出现类似的做法。"能够让偶然出现的特殊个案解脱传统法律意识固

---

① Karl Llewellyn, E. Adamson Hoebel, *The Cheyenne Way: Conflict and Case Law in Primitive Jurisprudence*, University of Oklahoma Press, 1941, p. 338.

② 参见 Karl Llewellyn, E. Adamson Hoebel, *The Cheyenne Way: Conflict and Case Law in Primitive Jurisprudence*, University of Oklahoma Press, 1941, p. 13 – 15. 该案例的中译版可参见［美］博西格诺等：《法律之门》，邓子滨译，华夏出版社2002年版，第223 – 224页。

③ 参见 Karl Llewellyn, E. Adamson Hoebel, *The Cheyenne Way: Conflict and Case Law in Primitive Jurisprudence*, University of Oklahoma Press, 1941, p. 14.

守，从而灵活地处理不同案件，是一项不小的法律成就。"①

四、关于卢埃林法律人类学思想的思考

《夏安人的方法》寄托了卢埃林希望能充实美国法理学界关于前现代社会法律文化研究的美好愿景，但为什么卢埃林的法律人类学思想在法学界没有像在人类学界那样掀起浪潮呢？"（传统）法学研究者们并没有对《夏安人的方式》带来的范式变革予以关注。"②著名的现实主义法官杰罗姆·弗兰克（Jerome Frank）曾当众发表这样的言论："卢埃林·沃尔特应该把时间花在研究坦慕尼·霍尔（Tammany Hall）勇士③的法律方法上，而不应像其作品呈现的那样，是把关注点放在研究夏安部落上。"④ 法律历史学家赫尔（N. E. H. Hull）认为，"卢埃林和罗斯科·庞德（Roscoe Pound）一样，是一个综合者或'拼凑者'，他将现有理论的零零碎碎拼凑在一起，以创新一种新的美国法律思维方式'"。⑤国外学者曾在 1942 年至 1999 年的法律评论文献中搜索《夏安人的方式》这本书名，结果发现该书名被引用了 144 次，且大多数都是仅作为参考文献出现在讨论美洲原住民问题的专题讨论会和专题期刊中。⑥ 芝加哥大学美国历史博士阿杰·K. 梅赫罗特拉（Ajay K. Mehrotra）认为，造成这一局面的主要原因在于大多数法律学者，甚至是思想进步的人都认为，"由于'原始'社会与现代世界几乎没有相似之处，人类学几乎无法提供法律研究……即使是卢埃林的一些思想进步的同事，如费利克斯·科恩（Felix Cohen）和杰罗

---

① Karl Llewellyn, E. Adamson Hoebel, *The Cheyenne Way: Conflict and Case Law in Primitive Jurisprudence*, University of Oklahoma Press, 1941, p. 314.

② William Twining. *Karl Llewellyn and the Realist Movement*, Cambridge University Press, 2012, p. 367.

③ 坦慕尼·霍尔（Tammany Hall）是美国民主党的政治机器。1790 年代到 1960 年代期间，它在控制纽约市政治方面发挥了重要作用。从 1854 年费尔南多·伍德的市长选举到 1934 年菲奥雷罗·拉瓜迪亚的选举，坦慕尼·霍尔组织控制了民主党在曼哈顿的提名和赞助。坦慕尼·霍尔组织成立于 1780 年代。"Tammany"这个名字来自一个莱纳佩美洲名叫"Tammany"原住民酋长的名字。该酋长以热爱和平而出名。费城市在建立美洲原住民和英国定居者之间的和平关系时，他发挥了突出作用。坦慕尼协会常常采用许多美洲原住民的词语和习俗，以至于称其大厅（Hall）被人们称为"假发厅"。实际上坦慕尼大厅与印第安人简陋的圆顶形帐篷完全相去甚远。"Tammany Hall"，https://www.newworldencyclopedia.org/entry/Tammany_Hall，登录时间 2021 年 8 月 5 日。

④ John M. Conley and William M. O'Barr, A Classic in Spite of Itself: The Cheyenne Way and the Case Method in Legal Anthropology, *Law & Social Inquiry*, (Jan., 2004), p. 215.

⑤ 转引自 Ajay K. Mehrotra, Law and the "Other": *Karl N. Llewellyn, Cultural Anthropology, and the Legacy of The Cheyenne Way*, *Law & Social Inquiry*, Vol. 26, No. 3 (Summer, 2001), p. 743。

⑥ 当然该学者的搜索方式也被质疑为不一定正确，但其结果在一定层面上能够表现出《夏安人的方式》这本书的关注度并不高。参见 John M. Conley and William M. O'Barr, A Classic in Spite of Itself: The Cheyenne Way and the Case Method in Legal Anthropology, *Law & Social Inquiry*, (Jan., 2004), p. 215. . 国外关于卢埃林法律思想的评论性文章可参见 William A. Schnader. Karl N. Llewellyn. *The University of Chicago Law Review*, Vol. 29, No. 4 (Summer, 1962), pp. 617 – 618; William O. Douglas. Karl N. Llewellyn. *The University of Chicago Law Review*, Vol. 29, No. 4 (Summer, 1962), pp. 611 – 613; Arthur L. Corbin. A Tribute to Karl Llewellyn. *The Yale Law Journal*, Vol. 71, No. 5 (Apr., 1962), pp. 805 – 812; Grant Gilmore. In Memoriam: Karl Llewellyn. *The Yale Law Journal*, Vol. 71, No. 5 (Apr., 1962), pp. 813 – 815; C. J. Friedrich: Review: Karl Llewellyn's Legal Realism in Retrospect, *Ethics*, Vol. 74, No. 3 (Apr., 1964), pp. 201 – 207; Kenneth M. Casebeer. Escape from Liberalism: Fact and Value in Karl Llewellyn. *Duke Law Journal*, Vol. 1977, No. 3 (Aug., 1977), pp. 671 – 703 等。

姆·弗兰克（Jerome Frankz）等人虽然也喜欢人类学，但仍将其边缘化。因为人们认为人类学在理解一个复杂的现代社会的运作方面价值有限。"[1] 卢埃林的法律人类学研究在法学界产生了脱节式反应，体现了法学与其他人文社会科学学科的跨学科研究在面对学科壁垒时的困境，也更加说明了面对社会结构多元复杂叠加化发展，案例分析的法律民族志在研究法律和社会规范方面的特殊重要性。

不可忽视的是，现代法治思想是携带着西方中心主义向全球推广与发展的。无论在卢埃林所在20世纪上半叶还是今天，单线进化论和文化中心主义渗透在生活和思想各个层面。而这些将意识与制度等级化与差异化的思想正是人类学自兴起至今一直反抗的对象。然而法律人类学进入中国已40多年。尽管"他域"与"地方"已经逐渐在信息化时代中消散，但当年卢埃林反抗的法学研究的"中心与边缘"格局仍然存在。法律人类学研究在"效率当先"的学术研究风气中举步维艰；人文社会科学的"域外的法律视野"在以自然科学为主流思维逻辑的研究环境中仍属"离经叛道"。更有甚者，在人类学、法律人类学究竟是什么都没有弄明白的情况下，就暗叹法律人类学命不久矣！然而，社会文化发展变化的速度和现实问题对交叉学科的需求早已超越了"摇椅"上的认知。

回顾卢埃林法律人类学思想产生与发展的时代，以及卢埃林"夏安之路"实践、改革和创新的过程与贡献，卢埃林的法律人类学思想不再仅是研究方法的贡献，更应该是对构建中国法律人类学本土话语体系的鼓舞与激励。80多年前的卢埃林在他的时空之维追求自己学术梦想时未见其顺从与狭隘，即便遭受非议与挑战。在《荆棘丛》里，卢埃林谈到："我主动增加学习所谓的法律之外的知识，却被认为在搞乱学院的课程，还受到了怨恨或挖苦。"[2]《卢埃林与现实主义运动》也指出，1928年，卢埃林在哥伦比亚大学法学院任教期间与一些青年老师一起发动教学改革，被一些保守派称为"假正经"（The prudents）[3]。或许人类学自带的有容乃大潜移默化地感染了青睐者们。尽管法律人类学的最初产生带着殖民主义的印记，但是在科学在产生之时就是以"人"为观察的对象和关心的问题。即便学科发展在不断推陈出新，但"人"的问题是法律人类学最关心与最核心的问题。具体来说，它就是从人的生活中去理解、去解惑，而人的生活就是法律人类学常常提到的"文化"。"人"的问题不仅是他者问题，也是我者的问题；不仅过去存在，现在也有。它看起来好像没有法律社会学、法律经济学那么"有用"，但是却在"无用"之间回应了对"人"最初的关怀。人类学的终极目标是建构普适的人性抽象理论。若将传统法学给人印象看作是精英式的、严肃的、保守的以及冰冷的，那么"混血"之后的法律人类学

---

[1] Ajay K. Mehrotra, Law and the "Other": Karl N. Llewellyn, Cultural Anthropology, and the Legacy of The Cheyenne Way, *Law & Social Inquiry*, Vol. 26, No. 3 (Summer, 2001), p. 742.

[2] [美] 卡尔·卢埃林：《荆棘丛：我们的法律与法学》，王绍喜译，中国民主法制出版社2020年版，第59页。

[3] William Twining. *Karl Llewellyn and the Realist Movement*, Cambridge University Press, 2012, pp. 90–93.

是世俗的、日常的、开放的以及温暖的。相反,法学也能为人类学带来更具有应用性的功能。当然,不同于概念法学、规范法学的抽象性研究进路,法律人类学与其他社会科学领域法学研究一样强调经验路径和过程观察。但是构建与发展当前中国法律人类学本土话语体系,一方面应回到学科基础理论中去发问与反思,另一方面突破传统方法局限与视野边界,不能在传统人类学同样关注的社区传统制度和同质结构中的纠纷解决等"他域"知识上深挖,还需要问题对象扩展到"非地方""常态化"上深耕,同时包容与拥抱一切可以相互碰撞出火花的智识。每一个怀抱理想之人都一定是名革新者;每一位革新者都一定是名勇士;而每一位勇士都一定怀有一颗仁爱之心。或许,这才是卢埃林"夏安之路"的今世意义与价值。

"The Cheyenne Way": Llewellyn's Legal Anthropology Thought

Guo Jing

Abstract: The result of the collaboration between American realist jurist Llewellyn and American anthropologist Hobel – "The Cheyenne Man's Way: Conflicts and Case Law in Primitive Jurisprudence" has been widely recognized by Western anthropology circles and is considered to have opened up the legal mankind. A new era of learning research methods. "The Road to Xia'an" is not only a legal ethnography that records the traditional normative system of the Xia'an tribe, but also a metaphor for the road to the practice of Llewellyn's legal anthropology. This article uses the comprehensive vision and standpoint of social science jurisprudence to reproduce the time and space background of the emergence and development of Llewellyn's legal anthropology, as well as the source of thought and main ideas, so as to reproduce the legal contribution and era value of Llewellyn's legal anthropology thought. .

Key Words: Keywords: Llewellyn; The Cheyenne Way ; Legal anthropology; Legal thought; Cheyenne

(编辑:张雪寒)

网络民间法专题

网络空间中民间规则的司法认定问题研究

——以"点赞"为例

汪全军[*]

> **摘 要** 随着互联网技术的不断创新,网络空间中出现了许多传统法律体系尚无法从容因应的新行为,"点赞"便是其中之一。在网络空间中,"点赞"行为具有特定的语义规则。从主观意图来说,网络用户眼中的"点赞"具有认同、赞赏、恶搞等多种语义;从社会效果来说,"点赞"将会在公共领域内产生一定的传播效应。正是基于其主观意图与社会效果,"点赞"必然被纳入法律规范的调整范围之内。从司法实践来看,中美两国司法机关在调整"点赞"时所采取的进路是不同的。在布兰德诉罗伯茨案中,美国法院从"点赞"行为人的主观意图出发进行论证,展现了一种"重主观意图、轻社会效果"的司法观;而通过对我国法院相关判决书的统计分析,可知我国法院主要考虑的是"点赞"的社会效果,体现了一种"重社会效果、轻主观意图"的司法观。然而,在评价"点赞"等新型网络行为时,主观意图与社会效果不可偏废。司法机关应当坚持主客观相统一的互联网司法观。
>
> **关键词** 点赞 主观意图 社会效果

一、问题的提出

2017年5月29日,瑞士苏黎世地方法院(Bezirksgericht Zürich)对一起因网络"点赞"("gefällt mir")而引起的诽谤案件做出判决(Geschäfts – Nr. GG160246)。在该案中,被告对Facebook上数篇指责原告具有反犹太主义(Antisemiten)、种族歧视(Rassisten)

---

[*] 汪全军,法学博士,湖南大学法学院助理教授,浙江大学光华法学院博士后研究人员,研究方向为法哲学、法治理论。感谢李婧嵘博士对本文所涉德文文献的译介,李婧嵘博士系德国汉堡大学汉学博士。

以及法西斯主义（Faschisten）倾向的文章进行了点赞操作。该法院认为，被告的点赞行为不仅表明其赞同这些文章的内容（befürwortete der Beschuldigte die ehrverletzenden Inhalte klar），还使得这些文章得以在更大范围内传播（auf Facebook weiterverbreitet, also einer Vielzahl von Personen zugänglich gemacht）。被告在无法证明文章内容真实性（wahr）的基础上自愿点赞，已经构成了对原告的诽谤，故判决其承担4000瑞士法郎的罚金。① 该案虽然发生在瑞士，但却折射出了一个世界性互联网治理难题。即随着互联网技术的不断创新，网络空间中出现了许多新概念和新行为（如上述案件中的"点赞"），并形成了一套新的话语体系和行为规则。面对这些新概念、新行为，传统法律体系应当如何因应呢？从目前的情况来看，世界各国都还处于探索阶段，尚未形成一套成熟的应对机制。而作为互联网时代的新贵，我国也面临着同样的互联网治理难题。鉴于此，本文试图以"点赞"为例，在厘清网络空间中"点赞"的语义规则基础上，通过对国内外司法实践的比较分析，进一步反思在面对新型网络行为时传统法律体系的因应之道。

二、网络空间中的"点赞"

诚如马克思所言，"对于法律来说，除了我的行为以外，我是根本不存在的"。② 不过，人的行为要进入法律的调整范围（即成为"法律行为"）还必须符合一定的条件。实际上，法律行为是由主观方面和客观方面构成的。其中，主观方面主要是指行为人的主观意图，即行为是行为人自由意志的外在表现；而客观方面则是指行为所产生的社会效果。③ 行为的主观意图和社会效果是立法者、司法者决定是否将该行为纳入法律的调整范围并给予一定法律评价的主要考量因素。作为一种新型网络行为，"点赞"是否能够成为一种法律行为，也必须从这两个方面进行分析。

（一）"点赞"的主观意图

1. 开发者眼中的"点赞"

"赞"（"like"）按钮是国内外主流网络社交平台上十分常见的一款组件，而"点赞"

---

① 本案尚在上诉期内，判决还未生效，判决书亦未公开。但本案的大致案情以及法院的核心观点可以从该院发布的官方新闻稿中管窥一二。参见：《Verurteilung wegen "Facebook - Like" bei ehrverletzenden Beiträgen》，http://www.gerichte - zh.ch/fileadmin/user_ upload/Medien/Medienmitteilungen/Bezirksgericht_ Zuerich/GG160246.pdf，2017年6月3日访问。

② 《马克思恩格斯全集》（第一卷），人民出版社1995年版，第121页。

③ 关于法律行为的构成，学界虽然存在许多争议，但各方的观点基本上都是围绕主观意图和社会效果两方面展开的。参见［美］庞德：《法理学》（第四卷），王保民、王玉译，法律出版社2007年版，第329-392页；张文显：《法哲学范畴研究》（修订版），中国政法大学出版社2001年版，第60-93页；夏锦文主编：《法哲学关键词》，江苏人民出版社2012年版，第257-281页。不过，值得注意的是，我国民法学界特别强调民事法律行为的合法性，其往往参照《民法通则》第五十四条的规定，将民事法律行为界定为"公民或者法人设立、变更、终止民事权利和民事义务的合法性行为。"参见王利明：《法律行为制度的若干问题探讨》，载《中国法学》2003年第5期，第75-76页。

即是指网络社交平台的用户点击"赞"按钮的行为。一般而言，网络社交平台的开发者在设置"赞"按钮时便会赋予"点赞"特定的涵义。而这些由开发者赋予的涵义则构成了"点赞"的原初意涵。通过对微博、微信朋友圈、QQ空间、知乎、Facebook、Twitter等六种国内外主流网络社交平台的官方使用规则进行分析，可以归纳出开发者对"点赞"的理解（见表一）。

表一：开发者眼中的"点赞"

网络社交平台	开发者的陈述	"赞"按钮图形	关键词
微博	"用户浏览网页，发现喜欢的内容，通过'赞'按钮只需轻松点击一下，即可表达心情，方便快捷"①	👍	喜欢
微信朋友圈	"微信朋友圈中的心形图标是好友们对照片的评价，如果觉得照片好看，可点击心形图标表示赞美"②	♥	赞美
QQ空间	"QQ空间'赞'的意思是您对某信息动态作出肯定的一种表达"③	👍	肯定
知乎	"赞同和反对，是对你阅读到的答案进行投票。每个人的回答的左侧都有两个蓝色上下箭头，「向上箭头」表示赞同该答案，「向下箭头」表示反对该答案"④	▲	赞同
Facebook	"Clicking Like below a post on Facebook is an easy way to let people know that you enjoy it without leaving a comment"⑤ "If you want to show support for a Page and be able to see updates from it in News Feed, you should like it"⑥	👍	Enjoy 喜欢/Support 支持

---

① 《使用微博"赞"按钮有什么好处?》，http：//open.weibo.com/widget/like.php，2017年6月8日14：35访问。

② 《在朋友圈里怎么给好友点赞?》，https：//kf.qq.com/touch/sappfaq/160115JJNnu6160115vMZFjU.html?platform＝14&scene_id＝kf3504&pass_ticket＝FiKHJajjlkGctyEfCif6ZyRrgoBHm4ut9VUrJC7cdfw%3D，2017年6月8日14：40访问。

③ 《QQ空间个人中心对动态"赞"的功能介绍》，http：//kf.qq.com/faq/161220zINRFN161220bu6FNz.html，2017年6月8日14：38访问。

④ 知乎小管家：《如何正确使用知乎的「赞同、反对、感谢、没有帮助」功能?》，https：//www.zhihu.com/question/19581512，2017年6月8日14：30访问。

⑤ 《Like and React to Posts》，https：//www.facebook.com/help/1624177224568554/?helpref＝hc_fnav，2017年6月8日14：45访问。

⑥ 《Like and Interact with Pages》，https：//www.facebook.com/help/1771297453117418/?helpref＝hc_fnav，2017年6月8日14：48访问。

续表

网络社交平台	开发者的陈述	"赞"按钮图形	关键词
Twitter	"Likes are represented by a small heart and are used to show appreciation for a Tweet or a Moment"①	♥	Appreciation 欣赏

从表一中可以看出,开发者设置"赞"按钮的意图在于为用户提供一种比"评论"更加简便的意见表达渠道。而对"点赞"的理解,上述六种网络社交平台的开发者有着几乎一致的看法。一方面,开发者使用了"喜欢""赞美""肯定""赞同""支持"以及"欣赏"等带有强烈褒义情感的词汇描述"点赞"的涵义;另一方面,开发者还使用了"大拇指""爱心"以及"向上箭头"等具有极强积极心理暗示功能的图形来充当"赞"按钮。可以说,在开发者眼中,"点赞"意味着用户对被点赞的内容持积极的态度,或者说用户认同被点赞的内容。

2. 用户眼中的"点赞"

在日常生活中,"赞"("like")通常表达称美、喜欢之意。② 这一层涵义构成了用户眼中"点赞"的底色。不过,"任何单一词汇的涵义在很大程度上都取决于其所处的语境（the meaning of any single word is to a high degree dependent on its context）"。③ 同样的,网络用户对"点赞"的理解也离不开具体的网络生活语境。实际上,传播学早已对"点赞"进行了大量的实证研究。④ 归纳起来,可以从如下两个方面理解网络用户眼中的"点赞":

其一,点"赞"。在这种情况下,用户为了对被"点赞"的内容表达某种态度从而进行了"点赞"操作。至于用户所表达的态度则有如下几种可能:一是对被"点赞"内容的认同。当用户认为被"点赞"的内容与自己的观点不谋而合时,其可以通过"点赞"表达认可。此时,被"点赞"的内容往往是评论性文字。二是对被"点赞"内容的欣赏。

---

① 《Liking a Tweet or Moment》, https://support.twitter.com/articles/20169874, 2017年6月8日14:42访问。

② 在汉语中,"赞"有引见、司仪、佐助、告知、称美等意涵,其中,"称美"是现代日常生活中最常见的一种用法。而在英语中,"like"有类似、比如、愿意、喜欢等意涵,其中,"喜欢"之意契合网络社交平台上"like"的用法。参见夏征农、陈至立主编:《辞海》(第六版缩印本),上海辞书出版社2010年版,2370页;霍恩比著:《牛津高阶英汉双解词典》(第七版缩印本),王玉章等译,商务印书馆2009年版,第1171-1172页。

③ Bronislaw Malinowski, The Problem of Meaning in Primitive Languages. In C. K. Ogden and I. A. Richards, The Meaning of Meaning. New York: Harcourt, Brace & World, Inc. 1923: 306.

④ 比如,国外有学者从行为动机的角度将"点赞"划分为六种类型:社会责任型点赞(socially responsible liking)、情绪型点赞(emotional liking)、信息型点赞(informational liking)、社交型点赞(social performative liking)、低成本型点赞(low-cost liking)、习惯型点赞(routing liking)。See P. B. Brandzaeg and I. M. Haugstveit, Facebook Likes: A Study of Liking Practices for Humanitarian Causes. International Journal of Web Based Communities, 2014 Vol. 10, No. 3, pp258-279. 国内有学者认为,"点赞"具有"表意性""参与性"以及"情感性"等功能。参见王斌:《"点赞":青年网络互动新方式的社会学解读》,载《中国青年研究》2014年第7期。还有学者认为,"点赞"暗含了"提高社会资本的隐性期待"。参见周懿瑾、魏佳纯:《"点赞"还是"评论"?社交媒体使用行为对个人社会资本的影响》,载《新闻大学》2016年第1期。

当用户从审美的角度欣赏被"点赞"的内容时，其可以通过"点赞"予以表达。此时，被"点赞"的内容往往以"岁月静好"类图片或"心灵鸡汤"类文字为主。三是恶搞。部分用户会基于挖苦或调侃的目的，对其他用户的悲惨遭遇"点赞"。这是一种流行于青年网络用户群体中的恶搞文化，其实并无恶意。

其二，"点"赞。在有些情况下，用户"点赞"的动机与被"点赞"的内容之间并无多大关系，其仅仅是看中了"点"的效果。这种效果包括如下几种可能：一是社交。有些用户希望通过"点赞"来表达自己对其他用户的关注。此时，用户往往是基于一定的社交压力，为了维持与其他用户之间的必要联系而点赞。二是标识。有些用户"点赞"完全是为了表明"朕已阅"。或是提醒自己，或是提醒他人。三是习惯。有些用户会对其浏览到了大部分甚至全部内容习惯性"点赞"，这类用户被称为"点赞党"。四是营销。在网络营销中，有些商家会开展"集赞送礼"活动。此时，用户的"点赞"行为只是参与这种营销活动的一种方式。

从上述分析可知，网络用户眼中的"点赞"具有多种意涵。从语用学的角度来说，"点赞"的意涵并非开发者所赋予的，而是在网络话语实践过程中由众多用户共同参与而达成的动态共识。而由于网络话语体系正处在一个逐步形成且快速流变的阶段，网络话语的内涵是极不稳定的。在上述众多情形中，仅仅在"表达对被'点赞'内容的认可"这一种情形下，用户的"点赞"行为可以将他人的观点转化为自己的观点，并产生了类似于原创的效果。而在其他情形下，均无法基于"点赞"行为确定被"点赞"内容与用户观点之间的一致性。

（二）"点赞"的客观效果

作为一款社交工具，微博等网络平台上所搭载的几乎每一项功能都是围绕"社交"设计的。"点赞"亦是如此。基于此，"点赞"并非用户的一种私密活动，而是会在一定范围内公开传播。同时，为了追求点击率或者流量，平台的管理者也乐见"点赞"的广泛传播。从传播效果而言，"点赞"行为的传播同时意味着被"点赞"内容的传播。但是，不同的人获知"点赞"行为的情况是不一样的。

其一，就内容发布者而言，其将在第一时间获知"点赞"。当行为人"点赞"之后，网络社交平台将会向内容发布者同步发送提示信息。微博、微信朋友圈、QQ 空间、知乎、Facebook 以及 Twitter 等平台均有这种设计。

其二，就亲密用户而言，其不仅可以直接进入"点赞"行为人的主页获知行为人的所有"点赞"行为，而且还有很大的概率在浏览新信息的过程中得知"点赞"行为。在微信朋友圈中，当用户与"点赞"行为人、内容发布者之间均有好友关系时，其在浏览到被"点赞"内容时将获知行为人的"点赞"行为；在 QQ 空间中，内容发布者的所有好友在浏览被"点赞"内容时都将能够获知行为人的"点赞"行为；在知乎和 Facebook 中，被关注人所"点赞"的内容将构成用户浏览的主要内容；在微博和 Twitter 中，"点赞"行为将有可能被推送给"点赞"行为人的好友。

其三，就其他用户而言，其也有可能获知"点赞"行为。当被"点赞"内容获得的点赞、转发或评论量达到热门级别，或者平台基于推广的考量主动推送时，其他用户也将获知被"点赞"的内容。不过，此时除了 QQ 空间、知乎、Facebook 之外，其他平台并不会显示"点赞"行为人的信息。

其四，就社会大众而言，只有当被"点赞"内容已经在网络社交平台上产生极大的影响力时，该内容才会以社会热点事件的形式被其他媒体广泛报道，进而为社会大众所知悉。此时，"点赞"行为将仅仅具有数字意义，而不再具有身份意义。

综上所述，"点赞"确实会产生一定的社会效果。"点赞"虽然不是直接"转发"，但也会产生传播效应。这种传播效应依附于"点赞"行为人的社交圈，并有可能突破"点赞"行为人的社交圈。同时，随着与"点赞"行为人社交关系亲密程度的减弱，"点赞"的传播效应呈现递减的趋势（见图一）。总之，"点赞"所产生的社会效果已经跨越了私人领域，并进入到公共领域的范畴。

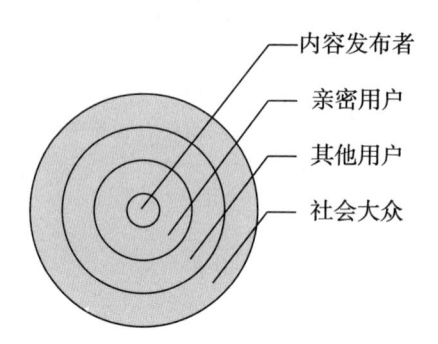

图一："点赞"的传播效应（由内而外呈递减趋势）

三、域外司法实践中的"点赞"
——以布兰德诉罗伯茨案（Bland v. Roberts）为例[①]

（一）案情回顾

布兰德（Bland）、卡特（Carter）等六名原告是美国弗吉尼亚州汉普顿警长办公室（the Hampton sheriff's Office）的雇员。在 2009 年 11 月举行的汉普顿警长竞选活动中，原告布兰德等人分别通过不同的形式表达了其对被告罗伯茨（Roberts）的竞选对手亚当斯

[①] See Bland v. Roberts, 857 F. Supp. 2d 599, 2012 U. S. Dist. LEXIS 57530 (E. D. Va., 2012); Bland v. Roberts, 2013 U. S. App. LEXIS 19268 (4th Cir. Va., Sept. 18, 2013).

(Adams)的支持。其中,原告卡特给亚当斯的竞选页面(Jim Adam's Campaign Facebook Page)点了赞("liked")。在被告罗伯茨赢得竞选之后,其分别以削减文职雇员、工作表现不佳以及影响办公室的和谐和效率等理由解聘了包括本案六名原告在内的十二名雇员。布兰德等六人认为罗伯茨的解聘行为侵犯了美国宪法第一修正案所赋予的言论自由和结社自由权利(First Amendment rights to freedom of speech and freedom of association),遂向弗吉尼亚东区联邦地区法院纽波特纽斯法庭(United States District Court for the Eastern District of Virginia, Newport News Division)(以下简称"地区法院")提起诉讼。后该案被上诉至联邦第四巡回上诉法院(United States Court of Appeals for the Fourth Circuit)(以下简称"上诉法院"),并被部分改判。其中,在审理原告卡特的诉讼请求时,法院就"点赞"行为是否构成美国宪法第一修正案所保护的言论自由展开了讨论,这也是美国法院第一次阐释其对"点赞"行为的司法意见。

(二)地区法院:"点赞"并非"言论"[1]

一审中,地区法院指出"言论"的真实存在是讨论言论自由原则的基本前提,而"点赞"并不足以构成美国宪法第一修正案所保护的"言论"。

首先,地区法院承认Facebook上的贴文(posts)可以获得宪法保护,但该贴文中必须存在"真实表达"(actual statements)。为了明确宪法保护的边界,地区法院对马丁利诉米利根案(Mattingly v. Milligan)[2]和格雷沙姆诉亚特兰大市案(Gresham v. City of Atlanta)[3]等相关判例进行了比较分析。在这些案例中,法院支持给予宪法保护的Facebook贴文具有两个共同的特征:一是明确(specific),即以文字的形式呈现,一目了然;二是充分(enough),即不论采取陈述句还是疑问句的形式,其所要表达的意涵都能够被读者充分感知。所以说,这些贴文构成了"真实表达",进而可以被认定为美国宪法第一修正案所保护的"言论"。

其次,地区法院认为"点赞"并不能构成"真实表达"。该院认为,仅仅是对Facebook页面上的一个按钮进行点击操作,其所要表达的意涵是不明确、不充分的,而法院也不宜在没有证据的前提下推测"点赞"的真实意涵。因此,地区法院认为"点赞"并非宪法第一修正案所保护的"言论",并驳回了原告卡特的相关诉讼请求。

从地区法院的判决理由可以看出,其对"点赞"的理解是肤浅的。诚然,从行为表象来看,"点赞"仅仅是对Facebook页面上的一个按钮进行点击操作。但是,被点击的按钮并非一个毫无意义的组件,而是具有特定含义的"赞"按钮。地区法院不仅无视了开发者赋予"赞"按钮的原初意涵,而且全然未考虑"点赞"在网络社交中所形成的社会意涵。

---

[1] See Bland v. Roberts, 857 F. Supp. 2d 599, 2012 U. S. Dist. LEXIS 57530 (E. D. Va., 2012).
[2] See Mattingly v. Milligan, 2011 U. S. Dist. LEXIS 126665 (E. D. Ark. Nov. 1, 2011).
[3] See Gresham v. City of Atlanta, 2011 U. S. Dist. LEXIS 116812 (N. D. Ga. Aug. 29, 2011).

至于"点赞"可能带来的社会影响地区法院则更是完全没有涉及。所以,地区法院仅依据行为表象就认定"点赞"并非"言论",这显然是过于武断且不适当的。

(三)上诉法院:"点赞"是一种表达支持的"言论"[1]

本案被上诉至美国联邦第四巡回上诉法院之后,上诉法院推翻了地区法院对"点赞"的认定,并详细阐释了自己的观点。在厘清"Facebook""Facebook 页面(Facebook Page)""动态消息(News Feed)"以及"点赞(Liking)"等基本概念之后,上诉法院从如下几个方面展开了分析:

1. 社会效果

针对卡特在亚当斯竞选页面上"点赞"的行为,上诉法院从技术角度列举了由此将产生的效果:一是亚当斯竞选页面的名称和头像将会被添加至卡特的个人主页。这样,所有 Facebook 用户都可以在卡特的个人主页上浏览到亚当斯竞选页面的名称和头像,并通过该名称上所附带的链接进入亚当斯的竞选页面。二是"卡特点赞亚当斯竞选页面(Carter Liked the Campaign Page)"的信息将会出现在卡特好友的 Facebook 动态消息之中。三是卡特的姓名和头像将会被添加至亚当斯竞选页面的"喜欢本页面的人(People Who Like This)"列表之中。从上诉法院的技术分析可以看出,"点赞"这一讯息将通过行为人的个人主页、行为人好友的动态信息以及被"点赞"的页面三个平台同步传播,使得浏览行为人个人主页的用户、行为人的好友以及浏览被"点赞"页面的用户都能够及时获知。也就是说,"点赞"将会产生"广泛传播"的社会效果。

2. 实质意涵

上诉法院认为,卡特"点赞"亚当斯竞选页面的行为至少体现了如下三个层次的意涵:首先,在最基本的字面含义上,"点赞"表明卡特"喜欢"亚当斯的竞选页面;其次,从政治选举的语境来看,"点赞"毫无疑问的表明卡特对候选人亚当斯的"支持";最后,从宪法意义上来说,倘若行为人试图表达的意涵是相同的,那么是采取单击鼠标的方式还是采取多次敲击键盘的方式则并没有什么区别。上诉法院对"点赞"意涵的理解不仅坚持了开发者赋予的原初含义,还结合具体的语境进行了合理解释,即将"喜欢"延伸解释为"支持"。那么,按照同样的逻辑,在不同的语境之下,"喜欢"还有可能被解释为其他正向、积极的意涵。另外,上诉法院不从形式上区分"点赞"和"文字"的态度表明,判断一种表达是否构成美国宪法第一修正案所保护的"言论",其关键不在于表达的形式,而在于表达的内容。可以说,上诉法院对"点赞"实质意涵的理解实际上否定了地区法院的观点。

---

[1] Bland v. Roberts, 2013 U. S. App. LEXIS 19268 (4th Cir. Va., Sept. 18, 2013).

3. 象征意涵

同时，上诉法院还注意到了"点赞"按钮的形状，即"向上的大拇指"（thumbs up）。上诉法院认为，"向上的大拇指"所象征的意涵与"点赞"相同，即表达了卡特对亚当斯的支持。从上诉法院对"点赞"按钮的解读再一次表明，美国宪法第一修正案所保护的"言论"可以有多种不同的呈现形式。除了文字和"点赞"之外，图形也是一种有效的表达形式。

4. 类比分析

为了进一步阐明其对"点赞"的理解，上诉法院将"点赞"类比为"在自家前院展示政治标语（displaying a political sign in one's front yard）"。[①] 上诉法院认为，正如卡特在自家前院树立一块写有"亚当斯当选警长（Adams for Sheriff）"的政治标语能够向路过他家的人传递"卡特支持亚当斯"的信息一样，卡特在亚当斯的竞选页面上点赞也能向浏览卡特个人主页或亚当斯竞选页面的人传递同样的信息。而这一点也已经被麦考伊（McCoy）以及警长办公室其他雇员的证言所证实。上诉法院的类比分析不仅让"点赞"的法律意涵更加清晰，而且也使得其对"点赞"的理解获得了更加坚定的法律依据。

总的来说，通过上诉法院的论证分析，"点赞"在美国司法实践中所具有的法律意涵已经十分清晰了。从主观意图来说，"点赞"无疑表达了行为人对被点赞内容的支持；从社会效果来说，"点赞"则将使"点赞"行为与被点赞内容广泛传播。也正是基于"点赞"的主观意图与社会效果，上诉法院将"点赞"纳入了传统法律体系之中，并将其认定为美国宪法第一修正案所保护的"言论"。

四、我国司法实践中的"点赞"

（一）样本分析

在"中国裁判文书网"上以"点赞"为关键词进行全文检索，初步获得385份判决书。[②] 而通过对这些判决书的阅读分析，可以进一步剔除277份不符合要求的判决书。[③]

[①] "在自家前院展示政治标语"已经被美国联邦最高法院认定为言论自由。See City of Ladue v. Gilleo, 512 U. S. 43, 54–56, 114 S. Ct. 2038, 129 L. Ed. 2d 36 (1994).

[②] 参见中国裁判文书网：http://wenshu.court.gov.cn/，2017年7月11日检索。本次检索使用了中国裁判文书网的"高级检索"功能，在"全文检索"一栏输入"点赞"一词，同时将"文书类型"一栏设定为"判决书"，进而检索获得判决书385份。由于裁定书等其他文书类型主要涉及程序性事项，与本文所探讨的"点赞"关系不大，因而未统计在内。

[③] 这277份不符合要求的判决书包括如下几种：①因某律所名称中含有"点赞"一词而被错误检索的判决书233份，如"安徽点赞律师事务所"，参见（2016）皖01民终3445号民事判决书；②因当事人名称中含有"点赞"一词而被错误检索的判决书6份，如"佛山点赞网络科技有限公司"，参见（2015）佛山法沥民二初字第158号民事判决书；③因重复录入系统导致被多次检索判决书的8份，参见（2015）成民终字第2947号民事判决书等；④"点赞"的含义与本文所研究的互联网社交平台上的"点赞"无关的判决书30份，如口语表达中表示赞扬、作为网吧等的名称、作为一种商业活动等等，参见（2016）冀09民终2601号民事判决书、（2017）粤1972刑初414号刑事判决书、（2014）衢柯刑初字第480号刑事判决书等。

那么，剩余的 108 份判决书就构成了分析我国司法实践中"点赞"意涵的样本。

通过对样本的分析，可以发现与"点赞"有关的案例呈现出如下一些特征：一是案例出现的时间较晚，相对新颖。"中国裁判文书网"所收录案例的时间跨度是从 1996 年至 2017 年，而与"点赞"相关的案例则是 2015 年之后才出现的，这与我国互联网（特别是移动互联网）社交平台的发展进程是大致同步的。① 二是案例发生的地点集中在北京、上海、广东等经济相对发达的地区。在 108 个样本中，北京有 51 个（占比约 47.22%），上海有 12 个（占比约 11.11%），广东有 10 个（占比约 9.26%），其余各省绝大部分都不足 3 个。这种分布状态不仅与经济发展水平一致，也与各地信息化发展状况成正相关。② 三是案例主要存在于民事诉讼领域。在所有样本中，民事诉讼案例有 95 个（占比近 87.96%），刑事诉讼案例只有 13 个（占比约 12.04%），而行政诉讼案例则为 0。四是案例主要是基层人民法院审理的一审案件，且上诉比例较高。在 108 个样本中，仅有 3 个案例是由中级人民法院（包括知识产权法院）直接受理的一审案件，其余一审案件均由基层人民法院受理。③ 而且，在所有样本中，一审案例 89 个，二审案例 19 个，上诉率约为 21.35%，高于全国平均水平。④（见表二）

表二："点赞"相关案例的基本情况

分类		案件数量（个）	所占比例（%）
按时间统计	2015 年	40	37.04
	2016 年	57	52.78
	2017 年（部分数据）	11	10.19
按地域统计	北京	51	47.22
	上海	12	11.11
	广东	10	9.26
	其他	35	32.41

---

① 在主流网络社交平台中，QQ 空间、微博、知乎以及微信朋友圈先后于 2005 年、2009 年、2010 年和 2012 年上线。而网络社交平台真正迎来爆发式增长则是在 2010 年之后，其与智能手机的普及以及手机网民的增长密不可分。参见中国互联网络信息中心：《中国互联网络发展状况统计报告（2011 年 1 月）》，第 37 页，http://www.cnnic.net.cn/hlwfzyj/hlwxzbg/201101/P020120709345289031187.pdf，2017 年 7 月 14 日访问。

② 据统计，北京、上海、广东是我国信息化发展水平最高的三个地区。参见中国互联网络信息中心：《国家信息化发展评价报告（2016）》，第 12 页，http://www.cnnic.net.cn/hlwfzyj/hlwxzbg/hlwtjbg/201611/P020161118599094936045.pdf，2017 年 7 月 14 日访问。

③ 这三个案例分别是（2016）吉 01 民初 338 号民事判决书、（2015）京知民初字第 2266 号民事判决书、（2015）沪知民初字第 725 号民事判决书。

④ 2013–2015 年全国的上诉率分别为 8.94%、9.85%、10.48%。参见中国法律年鉴编辑部：《中国法律年鉴 2014》，中国法律年鉴社 2014 年版，第 127 页；中国法律年鉴编辑部：《中国法律年鉴 2015》，中国法律年鉴社 2015 年版，第 124 页；中国法律年鉴编辑部：《中国法律年鉴 2016》，中国法律年鉴社 2016 年版，第 137 页。

续表

分类		案件数量（个）	所占比例（%）
按诉讼类型统计	民事	95	87.96
	刑事	13	12.04
	行政	0	0
按法院层级统计	最高人民法院	0	0
	高级人民法院	0	0
	中级人民法院	22	20.37
	基层人民法院	86	79.63
按审理程序统计	一审	89	82.41
	二审	19	17.59

（二）样本中的"点赞"

从语用学的角度来看，话语的意义与其所处的特定语境密不可分。一般来说，话语的语境可以从领域（field）、风格（tenor）/参与者（participants）以及形式（mode）三个方面分析。[①] 同样的，在理解判决书中"点赞"的意涵时，也可以结合特定的语境，从领域、风格/参与者和形式三个方面进行分析。在具体的判决书中，领域是指案件类型或者案由；风格/参与者是指庭审中表达意见的各方主体，其在判决书中常以"原告诉称""被告辩称""审理查明"以及"法院认为"等语句标识；形式是指"点赞"所在语句的具体的表达方式。

1. 民事判决书

根据"点赞"在民事判决书中所发挥的不同功能，可以将其划分为两种类型：

其一，作为案件事实的"点赞"。通过对样本的分析，可知在不正当竞争、合同纠纷、劳动争议以及离婚纠纷等案件的判决书中，"点赞"往往出现在当事人或者法院对案件事实的描述部分。在这种情况下，"点赞"并非认定民事责任的要件之一，其仅仅作为一个非关键性的案件事实而存在，对民事责任的认定或者判决结果没有决定性的影响。此时，"点赞"所具有的法律意涵仅仅是其字面含义，即一种互联网社交平台上的赞赏行为。（见表三）

---

① See M. A. K. Halliday, *Cohesion in English*, Longman Group Ltd, London, 1976. p. 22.

表三：作为案件事实的"点赞"

案由（数量）	位置	例句	功能
不正当竞争（1）	审理查明	"该条评论有648人转发、766人留言、2099人点赞"①	事实描述
合同纠纷（6）	被告辩称 审理查明	"由神州家教公司为评选提供后台技术支持和活动线上运营，并提供点赞数据统计和反馈"②	事实描述
劳动争议（2）	原告诉称	"在杂志社提供的本人工资表证据中，可以看到有因不发微博、不给微博点赞评论而克扣工资的理由……"③	事实描述
离婚纠纷（3）	被告辩称 审理查明	"被告辛苦工作后下班回来，还要做饭、洗碗、照顾原告，而原告则上网、看碟、点赞朋友圈……"④	事实描述

其二，作为论证理由的"点赞"。在人格权（包含名誉权、生命权、肖像权）和著作权侵权纠纷案件的判决书中，"点赞"不仅出现在当事人或法院对案件事实的描述部分，而且还常常作为论据用以论证当事人的主张或法院的判决结果。就名誉权、肖像权、著作权侵权纠纷而言，"点赞"数量反映了侵权行为的传播范围。"点赞"数量越多，侵权行为传播的范围就越广，进而所造成的侵权后果也就越严重；反之亦然。就生命权侵权纠纷而言，"点赞"意味着行为人知晓被点赞的内容。因而，"点赞"就被用来证明侵权人的主观错过程度。可以说，在上述案件中，"点赞"数量是确定民事侵权责任大小的重要因素之一，其对判决结果具有十分重要的影响。此时，"点赞"不仅具有字面上的含义，还具有"知晓"、"传播"等法律意涵。（见表四）

表四：作为论证理由的"点赞"

案由（数量）	位置	例句	功能
名誉权（38）	原告诉称 被告辩称 被上诉人辩称 审理查明 本院认为	"微博发出后，当天转发量达到8000多次，点赞4000多次，评论3000多次"⑤ "涉案微博的点赞量和阅读量很高，由此可以看出因涉案微博的不良影响造成了自己的社会评价降低"⑥ "并在文字说明中，恶语中伤、侮辱、诽谤原告，并肆意让微信朋友点赞和转发"⑦	事实描述 论证理由

① （2016）吉01民初338号民事判决书。
② （2017）京01民终1819号民事判决书。
③ （2015）丰民初字第18431号民事判决书。
④ （2015）西民一初字第3767号民事判决书。
⑤ （2014）锦江民初字第2620号民事判决书。
⑥ （2016）京03民终2764号民事判决书。
⑦ （2017）陕0523民初265号民事判决书。

续表

案由（数量）	位置	例句	功能
生命权（1）	审理查明	"张守安对陈维亮所发微信<u>点赞</u>，说明其知道陈维亮喝酒的状况"①	事实描述 论证理由
肖像权（5）	上诉人诉称 审理查明	"涉案文章的浏览量是206人次左右且没有人<u>点赞</u>，扩散并不大"②	论证理由 事实描述
著作权（39）	原告诉称 被告辩称 上诉人诉称 审理查明	"该条博文几乎没有<u>点赞</u>和转发，也没有宣传被告公司产品，影响力小"③ "截至2014年12月29日，阅读数达100000+，<u>点赞</u>数达819"④	论证理由 事实描述

2. 刑事判决书

通过对样本中刑事判决书的分析，可以将其中的"点赞"分为两种类型：一是作为一般事实的"点赞"。例如，在诽谤罪判决书中出现的"点赞"就仅仅是被告人对案件相关事实的陈述，其并非犯罪构成要件之一。在这种情况下，"点赞"仅仅具有其字面含义。二是作为犯罪构成要件之客观方面的"点赞"。例如，在故意传播虚假信息罪、利用邪教组织破坏法律实施罪、诬告陷害罪、寻衅滋事罪以及煽动民族仇恨、民族歧视罪等案例中，"点赞"数量被视为判断危害结果严重程度的重要标准；而在合同诈骗罪、诈骗罪等案例中，"点赞"则被当作一种危害行为。在这些情况下，"点赞"不仅具有字面含义，而且还具有"传播"的法律意涵。（见表五）

表五：刑事判决书中的"点赞"

案由（数量）	位置	例句	功能
诽谤罪（1）	被告人诉称	"其他网站上也有很多人跟帖，有很多人<u>点赞</u>，对我表示支持和赞同"⑤	事实描述
故意传播虚假信息罪（1）	审理查明	"该帖的阅读量为100000+，<u>点赞</u>106的事实"⑥	事实描述 论证理由

---

① （2015）日民一终字第1142号民事判决书。
② （2016）京03民终12530号民事判决书。
③ （2016）沪0104民初7446号民事判决书。
④ （2015）东民（知）初字第01915号民事判决书。
⑤ （2015）双刑初字第159号刑事判决书。
⑥ （2016）湘0821刑初150号刑事判决书。

续表

案由（数量）	位置	例句	功能
利用邪教组织破坏法律实施罪（1）	审理查明	"其转载的……被1334人浏览，其中698人转发，636人点赞"①	事实描述论证理由
煽动民族仇恨、民族歧视罪（1）	审理查明	"发现7月12日22时12分该微信发了一张×图案的图片，有2名好友点赞"②	事实描述论证理由
诬告陷害罪（1）	检察院指控审理查明	"视频上传后短短两日内……点赞数达到796余次"③	事实描述论证理由
寻衅滋事罪（5）	本院认为审理查明	"……转发到自己的QQ空间，并有网友浏览、点赞及评论……具有相当的社会危害性……"④	事实描述论证理由
合同诈骗罪（1）	本院认为	"被告人利用微信手机点赞宣传……"⑤	事实描述论证理由
诈骗罪（2）	审理查明	"……发布虚构买卖信息、评论、点赞等方式，推高发布有虚假销售信息的QQ的人气……"⑥	事实描述论证理由

从上述分析可以看出，在我国的司法实践中，不论是民事判决书还是刑事判决书中的"点赞"往往出现在两种情形之中：一是"点赞"仅仅是一个与民事责任认定或者犯罪构成无关的非关键性案件事实。此时，"点赞"并不具有特定的法律意涵。二是"点赞"直接关涉民事责任的认定或者"点赞"本身就是犯罪构成要件之一。在这种情形下，"点赞"所产生的传播效果是法院认定民事责任或者判断是否构成犯罪的重要考量因素。可以说，在我国司法实践中，"点赞"所产生的社会效果是其成为法律行为的关键。

五、网络民间规则的司法认定之道

（一）主观意图抑或社会效果：两种不同的互联网司法观

从世界范围来看，"点赞"无疑是一种新型互联网行为。在既有法律体系之中，几乎

---

① （2016）新2702刑初1号刑事判决书。
② （2015）朝刑初字第1769号刑事判决书。
③ （2016）黑1282刑初359号刑事判决书。
④ （2016）冀0183刑初251号刑事判决书。
⑤ （2016）晋0824刑初116号刑事判决书。
⑥ （2015）玉区法刑初字第434号刑事判决书。

没有直接规定"点赞"行为的法律规范。但是,"点赞"却并非一种超脱于法律之外、可以不受法律规范调整的行为。鉴于其主观意图与社会效果,"点赞"必然将被纳入法律规范的调整范围之内。不过,从司法实践来看,中美两国司法机关在调整"点赞"行为时所采取的进路是不同的。总的来说,美国法院主要考虑的是"点赞"行为人的主观意图,而我国法院则主要考虑的是"点赞"行为的社会效果。

从美国的判例来看,"点赞"行为人就是案件的当事人,其"点赞"行为的表意性是整个案件的焦点。在面对"点赞"行为时,法院首先需要判断的是该行为到底具有何种意涵。也就是说,"点赞"是否构成行为人的"言论"。在布兰德诉罗伯茨案中,地区法院认为"点赞"不具有明确性和充分性,因而不构成"真实表达";而上诉法院则认为,不论是从"点赞"的字面含义还是"赞"按钮的图形来看,"点赞"都明确而充分地表达了行为人的"支持"之意。对于"点赞"主观意图的不同理解是本案中地区法院与上诉法院最根本的冲突所在,这也最终导致地区法院与上诉法院作出了完全不同的判决。那么,在厘清"点赞"的主观意图并将之认定为"言论"之后,上诉法院关于"点赞"的讨论自然而然地就上升到了美国宪法第一修正案中所规定的言论自由原则这一层面。从而,法院就将"点赞"行为纳入了既有法律体系之中,并使法院的判决获得了宪法上的依据。

在我国的司法实践中,被"点赞"内容的发布者才是案件的当事人,而"点赞"行为人则几乎不会参与到案件之中。我国法院所关注的是"点赞"行为所带来的社会效果,即通过"点赞"数量的多少来证明被"点赞"内容的传播范围以及影响大小,至于"点赞"所表达的意涵则不在法院的考虑范围之内。因为在法院看来,不论"点赞"具有何种意涵,"点赞"这一行为足以表明被"点赞"的内容已经被阅读和传播。也就是说,可能涉及违法问题的是被"点赞"的内容,而非"点赞"行为。在这种情况下,法院实际上并未对"点赞"行为表态。我国司法机关的这种态度亦可从其对"点击""浏览"以及"转发"等网络行为的司法解释中得到验证。在《最高人民法院、最高人民检察院关于办理利用信息网络实施诽谤等刑事案件适用法律若干问题的解释》(法释〔2013〕21号)中,司法机关将"被点击、浏览次数达到五千次以上"或者"被转发次数达到五百次以上"解释为"情节严重",进而作为诽谤罪的定罪标准之一。此时,司法机关也没有对"点击""浏览"以及"转发"等网络行为表态,而只是关注到了这些行为所带来的传播效应。

实际上,中美两国司法机关对待"点赞"的不同态度反映了两种不同的互联网司法观。就美国法院而言,其秉持了一种"重主观意图、轻社会效果"的互联网司法观。美国法院关于"点赞"的讨论遵循了"'点赞'行为人——主观意图——言论自由"的进路。这种做法符合美国法院一贯以来的司法风格,即在面对没有具体法律规则或判例可供依循的新情况时,法院往往会直接从宪法中寻找依据。这样既维护了现有法律体系的整全性和融贯性,又为新问题的解决创造了符合宪法精神的判例。就我国法院而言,其坚持的是一种"重社会效果、轻主观意图"的互联网司法观。在涉及"点赞"的司法实践中,我国法院遵循了"被'点赞'内容——被'点赞'数量——社会效果"的讨论进路。法院试图通过"点赞"来证明被"点赞"内容的传播范围和影响大小,进而确定被"点赞"内容发布者的法律责任。至于"点赞"行为本身所表达的主观意图则并不在法院的考虑范围之内。

(二) 主客观相统一的互联网司法观

作为一种方兴未艾的网络行为,司法实践中与"点赞"相关的案例还比较少。仅就已有的案例来说,尚不能明确判断"重主观意图、轻社会效果"与"重社会效果、轻主观意图"两种互联网司法观的优劣。但从理论上来说,主观意图与社会效果应当是司法机关评价"点赞"等新型网络行为时的必须考虑的两个因素,且不可偏废。一般而言,倘若只重视对行为人意志自由的保护而忽视其行为可能带来的社会效果,那么就有可能产生行为人滥用自由并损害行为相对人权益的情形;倘若将注意力完全集中在行为可能带来的社会效果而不顾行为人的主观意图,那么就可能导致行为人的缺位。而行为人的缺位或将使行为人不用为自己的行为负责,如我国司法实践中的"点赞"行为人;或将使行为人的网络活动空间受到很大的限制,如我国司法实践中"被转发次数达到五百次以上"的内容发布者。

所以说,在评价新型网络行为时,司法机关应当坚持主客观相统一的互联网司法观。以"点赞"为例,司法机关应当综合考虑"点赞"行为人的主观意图与"点赞"行为所产生的社会效果,并在此基础之上做出判断。一方面,在确定"点赞"行为人的主观意图时,应当坚持以"认同"为原则。虽然网络生活中的"点赞"具有多种意涵,但是开发者赋予的原初意涵与"点赞"的字面意涵共同构成了网络生活中"点赞"的基本意涵,即"认同"。对于这一基本意涵,"点赞"行为人应当是有明确认知的,而且"点赞"的其他意涵亦是在基本意涵的基础上衍生而来的。因此,"点赞"可以被默认为"认同"之意,且以"点赞"的方式表达"认同"与以直接发布文字的方式表达"认同"之间并无二致。当然,在"点赞"行为人有证据证明其主观意图并非"认同"时,则可以将其"点赞"行为认定为其他意涵。另一方面,在认定"点赞"行为所产生的社会效果时,应当参照"转发"等网络行为。从技术的角度来看,"点赞"所产生的传播效应是远小于"转发"的。因此,在认定"点赞"行为本身或者被"点赞"内容所造成的社会影响时,应当确定一个高于"转发"的标准。以诽谤罪为例,我国司法机关将诽谤信息"被转发次数达五百次以上"作为"情节严重"的认定标准之一。那么,若将"点赞"次数也作为"情节严重"的认定标准,则应当确定一个远高于五百次的标准。总的来说,司法机关在评价"点赞"行为时,应当综合判断"点赞"是否表达了"认同"之意以及"点赞"是否达到了一定的次数。

六、结语

实际上，世界各主要国家的法律体系均形成于互联网迅猛发展之前。这些法律体系是以现实世界为背景而建立的，其所调整的对象是人的现实行为。可以说，在既有法律体系的形成过程中，互联网以及互联网行为是缺位的。但是，随着互联网的快速发展，其所形塑的互联网虚拟世界和互联网行为已经成为人类社会不可或缺的一部分。互联网行为也是一种人类行为，其需要被纳入法律体系的调整范围之内；互联网社会也属于人类社会，其秩序也应当通过法治方式予以规范。在互联网时代，立法者和司法者应当主动将互联网和互联网行为纳入立法和司法之中，从而逐步将既有法律体系改造为适应互联网时代的新法律体系。

Research on judicial Recognition of Folk Rules in Cyberspace
——Take "likes" for example

Wang Quanjun

Abstract: With the continuous innovation of Internet technology, there are many new behaviors in the network space that the traditional legal system cannot cope with calmly, "like" is one of them. In cyberspace, "like" behavior has specific semantic rules. In terms of subjective intention, "like" in the eyes of network users has various semantics such as identification, appreciation and parody. In terms of social effects, "thumbs up" will produce certain communication effects in the public domain. It is based on its subjective intention and social effect that "thumbs up" is bound to be included in the adjustment scope of legal norms. From the perspective of judicial practice, the judicial organs of China and the United States take different approaches when adjusting "thumbs up". In The case of Brand v. Roberts, the American court demonstrated the subjective intention of the doer of "liking", showing a judicial view of "emphasizing subjective intention and neglecting social effect". Through the statistical analysis of relevant judgments of Chinese courts, it can be seen that Chinese courts mainly consider the social effect of "praise", which reflects a judicial view of "valuing social effect and ignoring subjective intention". However, subjective intention and social effect should not be taken into account when evaluating new online behaviors such as "like". Judicial organs should adhere to the Internet judicial view of the unity of subjective and objective.

Key words: Praise; Subjective intention; Social effect

（编辑：曹瀚哲）

网络交易平台纠纷解决规则研究

王菲菲[*]

摘　要　网络交易平台基于提高平台竞争力、规避诉讼风险以及降低运营成本的需要，依托平台的技术优势和保证金制度制定了纠纷解决规则。实践中，公示程序是规则适用的实践前提，纠纷主体的选择是规则适用的效力来源，纠纷解决程序是规则适用的实践基础。在网络交易平台纠纷解决规则的制定和适用过程中，存在网络交易纠纷主体的选择权形式化、网络交易平台借助纠纷解决规则进行自我免责以及网络交易纠纷解决规则的司法审查缺失等问题。通过提高网络交易平台纠纷解决规则制定过程中平台用户的参与程度，完善规纠纷解决则的程序性规定以及明确平台的法律责任在一定程度上能够帮助解决上述问题。

关键词　网络交易　纠纷解决规则　平台利益　自治与监督

一、引言

伴随着淘宝、京东、亚马逊等网络交易平台的崛起，网络交易[①]服务已经成为一种新的商业运营模式：由掌握技术的平台方建成网络交易平台，并引进商品或服务销售者，在平台中展示商品或服务。消费者通过互联网络可以在平台上浏览、订购所需商品，并生成线上订购单。最后由物流方承揽商品的运送服务，将商品从销售者所在地配送至消费者手中。因此，通俗地说，平台并不具备生产的手段，而是创造连接的手段。线性企业通过生产产品或服务创造价值，平台通过创建连接并使用这些连接"制造"交易，从而实现价值

---

[*]　王菲菲，中南大学法学院硕士研究生。
[①]　由于网络交易分为 B2C、C2C 等模式，本文中网络交易特指 C2C，即个人与个人之间的网络交易。如淘宝网是典型 C2C 交易平台，此外京东也涉及 C2C 交易业务，美团更是典型的 C2C 交易平台。C2C 纠纷是指在 C2C 交易中因一方不履行或不完全履行义务，导致另一方获得的感知价值低于预期或权益受损而引发的冲突。See Ian Macinnes, Cause of Disputes in Online Auctions. *Electronic Markets*, 2005, 15 (2), pp. 146–157.

的创造。① 这一新型商业运营模式下,消费者不仅要面临传统消费模式中存在的虚假宣传、商品质量隐患等问题,还要面临实际商品与交易网页描述不符以及商品运输环节中商品破损、灭失等风险,这些风险一旦化为现实就容易引发交易纠纷。因此,只要有网络交易,就存在上述交易纠纷风险,而网络交易越繁荣,网络交易纠纷数量就越多。根据国家统计局的数据,2016-2020年,全国电子商务交易额从26.10万亿元增长到37.21万亿元,年均增长率为9.3%。中国网购用户规模已达7.82亿,连续多年保持全球规模最大、最具活力的网络零售市场。② 与此同时,国内网络交易纠纷的数量也越来越多。这一背景下,淘宝、京东等国内网络交易平台巨头纷纷出台《淘宝平台争议处理规则》《京东争议处理》等纠纷解决规则。

与网络交易平台的其他规则相比,网络交易平台纠纷解决规则是平台针对网络交易纠纷问题设置的规则。在网络交易高速增长以及网络交易纠纷总量越来越多的情况下,研究网络交易平台纠纷解决规则制定的主要成因,分析纠纷解决规则的适用,有助于我们深入了解网络交易平台纠纷解决规则的作用和意义。而且,与法律规则相比,网络交易平台纠纷解决规则不仅是由私主体—网络平台企业制定的平台规则,还是一种"裁判性规则"。因此,从外部监管的角度来看,该如何评价和看待这一"裁判性规则",并对其进行再"裁判",从而实现平台自治与外部监管的完美融合,也是本文的研究内容。

二、网络交易平台纠纷解决规则制定的主要成因

网络交易平台纠纷解决规则是平台主导制定的,在平台处理交易纠纷时各方所遵循的规则。与服务协议及其他平台交易规则相比较,网络交易平台纠纷解决规则具有突出的特点。首先,网络交易平台纠纷解决规则指向网络交易纠纷的现实作用场域。规则通过提前明确交易纠纷中各方的权利义务、风险承担等内容,便于平台在纠纷发生后根据交易事实裁判损失的分担。这似乎并不是大众认知中传统交易平台的营业范围。就裁判纠纷而言,社会中有各类专业的纠纷裁判机关,如人民调解委员会、仲裁委员会、法院等。传统交易平台如集市、大型商场、拍卖行等虽然有维护交易秩序的义务,但交易纠纷裁判从未成为其主营业务,也没有形成独立、完整的交易纠纷处理规则。相反,交易平台的核心服务一般围绕平台建设和维护展开,是市场交易平台的提供者而非市场交易的裁判者。其次,制定交易规则意味着平台需要组建并维持一个纠纷处理团队的运转,这会增加平台管理的成本支出,可能也是传统交易平台未涉足交易争议处理,而是由交易主体向专业的纠纷处理机关申请处理纠纷的重要原因之一。最后,网络交易平台纠纷处理规则的制定总体上落后于平台其他规则,但随着网络交易规模的逐年增长,大型网络交易平台都

---

① 郑立军、江翔宇:《平台自治规则之法律地位与合法性研究》,载《上海法学研究》2019年第13卷。
② 见商务部官网:《中国电子商务报告2020》,中国商务出版社第1页,《中国电子商务报告(2020)》(mofcom.gov.cn)。

配置了纠纷处理规则。上述分析都指向了同一个问题：网络交易平台制定纠纷处理规则的原因是什么？

（一）平台完善服务、提高竞争力的利益需求

在现实生活中，网络平台如果要维持基本的运转，离不开平台的自我治理，这已经成为网络平台研究的基本共识。以电子商务平台为例，这一领域没有金融领域的较高牌照准入门槛，一般不需要获得行业的行政许可即可进入，对电子商务平台来说，"连接"是一个向所有互联网平台开放的技术，技术的变革可能带来更加高效低成本的"连接"方式；特有的"核心交易模式"很重要，但是先发的优秀商业模式在互联网时代也很容易被合法复制模仿。在一个相对长期的阶段，对于一个既定的大型平台，平台治理是极重要的"护城河"，即使没有法律的规定和政府监管，大型电商平台亦需要围绕平台核心交易的环境进行相应的治理。[①] 网络交易平台纠纷解决规则毫无疑问也是平台治理的产物。

在网络交易中，虽然交易的便捷性加速了商品流通，并且释放了消费需求，但同时也扩大了交易风险。因为，网络交易的特殊性在于支付与商品/服务交付的非同步性。在一场典型的网络交易中，从价格支付到商品交付的环节如下：买家支付－卖家发货－物流交付－买家最终支付，任何一个环节出现问题即会引发交易纠纷。并且，在网络交易中，消费者通常难以事前控制交易风险，导致平台内经营者可借助一次性交易来中饱私囊。[②] 这些交易纠纷提高了平台经营者与用户之间的交易成本，而交易成本的提高会降低平台的活跃用户和交易繁荣，这对以提供交易服务为运营模式的网络交易平台是致命打击。为了应对这一问题，平台制定一系列规则明确平台运营者、用户的权利义务，设置平台准入门槛及各类交易规则等预防交易风险，降低交易纠纷。平台私人秩序的确立，可以使买家与卖家相互信任并从交易中获益，最终成就一个安全、高效、诚信的网络交易场所。[③] 但现实中，即便有以上规则的存在，仍然无法杜绝交易纠纷的发生。而一旦发生网络交易纠纷，按照客户关系管理理论，快速解决客户举报及投诉的问题是满足客户的最好方法。有效地处理客户投诉能使客户享受更好的服务，有利于提高企业信誉，对保持现有的客户关系也起着重要的促进作用，易趣、阿里巴巴等的交易纠纷解决完全模式帮助它们赢得并保持现有客户。来自阿里巴巴中国站的数据，2011年1-3季度处理交易纠纷月平均5000多起，投诉方损失挽回率92%，买家满意度91%，可以说此完全模式在纠纷处理上卓有成效的。[④] 因此一个事前有效控制交易风险，事后高效解决交易纠纷的网络交易平台相较于其他交易平台当然更具竞争力。

[①] 郏立军、江翔宇：《平台自治规则之法律地位与合法性研究》，载《上海法学研究》2019年第13卷。
[②] 郑称德等：《平台治理的国外研究综述》，载《南京邮电大学学报（社会科学版）》2016年第3期。
[③] 林建宗：《平台型电子商务中的私人秩序研究》，经济管理出版社2019年版，第96页。
[④] 谢媛：《第三方电子商务平台交易纠/纷解决模式研究》，载《商业研究》2013年第9期。

实践中，大型网络交易平台都将纠纷解决纳入平台基本服务中。以淘宝平台为例，2012年成立9年的淘宝网，颁布《淘宝争议处理规则》①，条款旗帜鲜明地指出交易争议处理是淘宝平台服务内容之一。2017年京东颁布《京东开放平台交易纠纷处理总则》，规定"为促进开放、透明、分享、责任的新商业文明，为规范合同纠纷调解工作，及时解决合同纠纷，保护交易双方当事人的合法权益，根据国家法律法规规范，以及《京东用户注册协议》《"京东JD. COM"开放平台总则》等相关协议和规则制定本规则。"限于篇幅，其他平台的具体规则在此不再赘述。

因此为了提高平台竞争力，纠纷解决已经成为大型网络交易平台治理的共识。

（二）平台避免法律诉讼风险的成本控制需要

在网络交易平台积极扩大平台优势，提高平台竞争力的同时，平台经营的诉讼风险也渐渐浮出水面。据统计，在网购合同纠纷中浙江天猫网络有限公司（天猫商城）、浙江淘宝网络有限公司（淘宝网）、北京京东叁佰陆拾度电子商务有限公司（京东商城）被诉案件数量最多，在前十被告被诉案件中占比83.1%。②

面对因网络交易纠纷发生的法律诉讼风险，网络交易平台一方面选择设置免责条款，免除平台对平台内商品的审查责任；另一方面积极制定平台纠纷解决规则，促使纠纷在平台内化解，避免纠纷进入诉讼程序，以降低平台运营成本。根据《消费者权益保护法》《电子商务法》等相关法律规定，平台应当为平台消费者提供安全保障等服务，当交易双方一方权利受损时，平台根据自身过错情况承担连带责任是平台、平台经营者以及用户三方达成合作的应有之义。但在网络交易平台的经营中，平台多以设置免责条款的方式逃避法律义务。如淘宝在《淘宝用户注册协议》规定"淘宝仅向您提供淘宝平台服务，您了解淘宝平台上的信息系用户自行发布，且可能存在风险和瑕疵。鉴于淘宝平台具备存在海量信息及信息网络环境下信息与实物相分离的特点，淘宝无法逐一审查商品及/或服务的信息，无法逐一审查交易所涉及的商品及/或服务的质量、安全以及合法性、真实性、准确性，对此您应谨慎判断。"

虽然平台与用户约定了免责条款，但法律义务属于强制性规范，当事人不能以约定免责的方式免除法定义务。因此，网络交易诉讼中平台仍常常作为共同被告被起诉至法院。这一背景下，平台制定纠纷解决规则也是平台寻求角色转变的努力。因为平台不仅主导制定交易规则，也制定纠纷解决规则，这给了了平台主动权，促使平台在交易纠纷中从潜在、被动的共同被告转变为积极主动地纠纷解决规则制定者与实施者。如果平台依据纠纷

---

① 《淘宝用户服务协议》规定："您有权在淘宝平台上享受店铺管理、商品及/或服务的销售与推广、商品及/或服务的购买与评价、交易争议处理等服务。淘宝提供的服务内容众多，具体您可登录淘宝平台浏览。"

② 见最高人民法院网：《司法大数据专题报告之网购合同纠纷》，权威发布 – 中华人民共和国最高人民法院（court. gov. cn），2021年10月6日最后访问。

解决规则成功化解交易纠纷，促使纠纷双方达成协议或者承认平台判定的责任划分，平台因交易纠纷被诉的法律风险和诉讼成本也将大大降低。

（三）平台的技术和制度优势使然

在互联网知识产权侵权案件中，网络平台的"通知—删除"义务时平台应对互联网知识产权侵权行为时技术优势的典型体现。因为，网络服务商恰好处在能够通过最小成本实现防范风险之功能的位置。就电商平台而言，其作为第三方服务提供者，对经营者的信息最为了解，可以用低成本、高效率的手段（如删除、屏蔽、断开链接等措施）阻止违法行为，相较于政府部门的规制拥有极大的优势。[1] 这一技术优势在网络交易平台纠纷解决规则的制定中也扮演了重要角色。

网络交易平台因为掌握网络信息技术引发的技术优势地位，是平台制定纠纷解决规则的现实基础。拥有技术优势地位，意味着平台拥有是否允许平台内经营者及用户进入平台的决定权，以及平台在经营者、用户违反平台规则时停止提供技术服务或限制经营者、用户权限的权力。因此网络交易平台对信息技术的掌握使其具有天然的惩处权，在面对交易纠纷时，对于违法违约的一方无需付出巨大成本即可确保争议双方执行平台裁判的交易纠纷结果。

保证金、违约金等保障交易对方履行合同义务的制度，是网络交易平台裁判交易纠纷的制度基础。虽然平台可以直接对平台经营者以及用户实施技术限制措施，但技术措施不能直接对争议标的发生效力，即平台可以对相关账户扣分、限制参加营销活动、中止提供部分或全部服务，但无权直接将争议标的划至对方账户。而在实际交易中，交易双方的争议核心主要围绕交易标的物以及货款展开。考虑到这种情况，网络交易平台首先与平台内经营者签订合同，约定违约责任，并向平台内经营者收取或者由平台内经营者向第三方存管账户支付保证金及违约金。网络交易平台、平台内经营者以及用户三方共同约定特定情况下平台可以划拨保证金及违约金。如《淘宝平台服务协议》约定"您在淘宝平台上实施的行为，或虽未在淘宝平台上实施但对淘宝平台及其用户产生影响的行为构成违约的，淘宝可依据相应规则对您执行账户扣分、限制参加营销活动、中止向您提供部分或全部服务、划扣违约金等处理措施。如您的行为构成根本违约的，淘宝可查封您的账户，终止向您提供服务。"通过约定取得违约金、保证金的划拨权，保障了平台纠纷解决结果的执行。因此保证金及违约金制度是平台制定纠纷解决规则重要的制度基础。

综上，网络交易平台制定纠纷解决规则既有扩大经营规模提高竞争力的利益需求，又是规避诉讼风险降低运营成本的目的，在技术优势以及保证金、违约金制度的保障下，网络交易平台执行纠纷解决规则具有现实可行性。这些共同构成网络交易平台制定纠纷解决规则的原因。

---

[1] 祝珺：《电商平台知识产权保护问题研究》，载《知识产权》2020年第4期。

三、网络交易平台纠纷解决规则适用的实践展现

虽然平台是以盈利为目的的自治主体，但由于平台经营模式的特殊性及其规模效益，网络交易平台纠纷解决规则不仅是平台自治性规则，还具有"准法律"的性质。网络交易平台纠纷解决规则规模庞大的适用主体以及对适用主体产生的效力都使得网络交易平台纠纷解决规则实际上发挥了一种法律替代性规范的作用。因此，依据法律规定，网络交易平台纠纷解决规则必须进行公示才能适用。而且，作为一种民间规则，网络交易平台纠纷解决规则的制定依据、制定主体、制定程序决定了规则对纠纷当事人不具有强制适用的法律效力，除非纠纷当事人选择适用平台纠纷解决规则。因此，网络交易平台纠纷解决规则除了符合平台利益表达还需要考虑交易纠纷主体的需求，尽可能促使纠纷主体同意适用纠纷解决规则。最后，网络交易平台纠纷解决规则在具备以上要素之后，还需要转化为切实可行的纠纷解决机制，才能真正落实纠纷解决规则。因此，网络交易平台结合网络交易纠纷的特点，构建的网络交易纠纷解决机制，是网络交易纠纷解决规则适用的实践基础。

（一）网络交易平台纠纷解决规则适用的实践前提：规则公示

网络交易平台公示平台纠纷解决规则是平台的法定义务。2014年颁布的《网络零售第三方平台交易规则制定程序规定（试行）》[①] 2018年颁布的《电子商务法》[②] 均要求网络交易平台应当以合理方式公示纠纷解决规则。为进一步明确平台的规则公示义务，2020年司法部发布《电子商务信息公示管理办法（征求意见稿）》[③]规定电子商务平台建立纠纷解决机制的必须持续公开平台纠纷解决规则。因此，实践中，网络交易平台在平台内部设立单独的平台规则公示界面，公布网络交易平台纠纷解决规则等平台规则。如淘宝设置"规则词典"界面公示《淘宝争议处理规则》等淘宝平台规则，京东设置"规则中心"公示包括《京东纠纷处理规则》等京东平台规则，美团在"美团规则中心"公示《大众点评争议调解处理规则》等平台规则，等等。而平台用户及平台经营者均可通过点击进入的方式，浏览网络交易平台纠纷解决规则。

网络交易平台公示纠纷解决规则的法定义务来源于网络交易平台的公共性。从某种意义上讲，当今平台企业已经超越了古典主义经济学所定义的企业边界，承担了部分市场规

---

① 商务部令2014年第7号《网络零售第三方平台交易规则制定程序规定（试行）》第六条："网络零售第三方平台经营者制定、修改、实施的下列交易规则应按照本规定公示并备案：……（八）交易纠纷解决规则，指网络零售第三方平台经营者解决与网络零售经营者、消费者之间争议的机制及规则……"

② 《电子商务法》第三十三条："电子商务平台经营者应当在其首页显著位置持续公示平台服务协议和交易规则信息或者上述信息的链接标识，并保证经营者和消费者能够便利、完整地阅览和下载。"

③ 《电子商务信息公示管理办法（征求意见稿）》：第二十五条争议解决规则"电子商务平台经营者建立争议在线解决制度的，在从事经营活动期间内应当在专门区域持续公示争议解决规则。修改、废止争议解决规则参照本办法第十七条、第十八条之规定。"

则的制定权力，甚至在某种意义上"取代了市场"。这也使得平台企业具有了双重身份：一重是作为市场中的商事主体，这是一种"私主体"的身份；另一重则是作为"市场"的建构者与运营者，具有了"准公主体"的身份。平台企业一方面是作为政府管理的对象，另一方面又承担着平台用户的管理责任。① 因此，从平台的公共性主体性质出发，有学者也将网络交易平台纠纷解决服务视为平台行使"准司法权"。此时，平台纠纷解决规则作为平台针对用户交易纠纷的管理性规则，具有"准法律"的性质。当然，"准法律"之"准"字也揭示了平台纠纷解决规则不等同于具有法律效力的法律规则，而只是具备了某些法律特征的自治规则。对平台用户而言，其选择适用平台纠纷解决规则的行为，构成了有效的法律授权或有效合意，平台纠纷解决规则因此对其具有强制适用力。由于大型网络交易平台用户规模的超大数量，平台纠纷解决规则的覆盖范围越来越广，因此平台及监管方都必须慎重对待平台规则，未经公布的规则或者内容保密的规则缺乏规则适用的公开要素，其适用对象有权拒绝适用该规则。法律规定平台纠纷解决规则的公示义务也是对平台纠纷解决规则公平正义适用的确认。

因此，网络交易平台以合理方式向平台用户和平台内经营者公布网络交易平台纠纷解决规则，是网络交易平台纠纷解决规则适用的实践前提。

（二）网络交易纠纷解决规则适用的效力来源：纠纷主体的选择

实践中，网络交易纠纷解决规则的适用取决于交易双方的选择，这一点在各大交易平台纠纷解决规则或平台协议中都被明确规定。《大众点评网争议调解处理规范》规定"双方就订单产生交易纠纷的，买卖双方可以选择自行协商，如自买家发起交易纠纷申请后1个工作日内，买卖双方协商未果的，则可以申请大众点评网客服介入处理。由大众点评网客服介入的，大众点评网客服即有权根据本规则对纠纷进行处理。"《淘宝平台服务协议》也明确用户及平台经营者有权选择纠纷解决方式。② 另一电商巨头京东在《京东纠纷处理规则（买家版）》中规定："买卖双方就订单产生交易纠纷的，买卖双方可以选择自行协商，买卖双方协商未果的，则可以申请京东介入处理；同时买卖双方也可以通过司法途径等其他方式解决相应纠纷，由京东介入的，京东客服即有权根据纠纷规则对纠纷进行处理。"因此，实践中，网络交易平台纠纷解决规则的适用依赖纠纷主体的选择。那么纠纷主体缘何会选择网络交易平台纠纷解决规则而非直接诉诸法律？

有学者指出，商品价格、搜集证据的难度和第三方处理纠纷的效率等因素是影响买方

---

① 王坤，周鲁耀：《平台企业的自治与共治》，载《浙江学刊》2021年第1期。
② 《淘宝用户服务协议》"您在淘宝平台交易过程中与其他用户发生争议的，您或其他用户中任何一方均有权选择以下途径解决：（一）与争议相对方自主协商；（二）使用淘宝平台提供的争议调处服务；（三）请求消费者协会或者其他依法成立的调解组织调解；（四）向有关行政部门投诉；（五）根据与争议相对方达成的仲裁协议（如有）提请仲裁机构仲裁；（六）向人民法院提起诉讼。"

最终选择纠纷处理方式的主要因素①。此时，网络交易平台纠纷解决规则对纠纷主体权利救济的及时性与有效性优势便凸显出来。首先，网络购物类型大多是以生活消费为目的交易，而非以再生产为目的的交易。②而生活类消费的网络交易多呈现争议金额小，但维权成本高昂的特点。因此，除了商品涉案金额较高或者交易纠纷涉及侵害消费者人身安全等特殊情况外，纠纷主体更愿意选择高效迅速、即时赔付的纠纷处理模式，这一需求与平台纠纷解决的优势相契合。仅就规则制定而言，网络交易平台制定的纠纷解决规则相较于《消费者权益保护法》《电子商务法》等相关法律，呈现出内容细致、实操性强等特点。以运费争议为例，《淘宝平台争议处理规则》第五节"运费规范"规定了各种情景下运费的承担原则③。因此，当纠纷主体发生上述场景的交易纠纷时，平台可以迅速依据平台纠纷处理规则判定双方责任，弥补了法律规定宏观但不易实操的缺点，有利于交易纠纷的迅速处理。

其次，网络交易平台纠纷解决规则确定了平台纠纷处理结果的执行权，这大大提高了纠纷处理的有效性。作为国内最大的C2C交易平台，淘宝平台作为中立第三方介入买卖双方的交易纠纷，如何确保其纠纷裁判结果的执行率是平台纠纷处理规则的重中之重。

面对这一难题，淘宝平台选择将平台争议处理结果的执行权编入《淘宝平台服务协议》。《淘宝平台服务协议》中规定："在淘宝平台调处决定作出前，您可选择上述（三）（四）（五）（六）途径（下称"其他争议处理途径"）解决争议以中止淘宝平台的争议调处服务。如您对调处决定不满意，您仍有权采取其他争议处理途径解决争议，但通过其他争议处理途径未取得终局决定前，您仍应先履行调处决定。"因此，当用户为了使用淘宝服务，点击同意《淘宝平台服务协议》时，也同意了"一旦选择淘宝对其交易纠纷作出调处决定，在其他争议处理途径未做出最终决定前，先行履行淘宝的调处结果"。这大大提高了交易主体对淘宝纠纷处理规则执行力的信心。

最后，交易纠纷双方是基于特定的交易场景即网络交易产生交易纠纷，作为网络交易平台的搭建者、交易规则的制定者以及交易秩序的维护者，网络交易平台显然熟知或者应当熟知交易场景以及交易习惯。据此，交易平台制定的纠纷处理规则更容易获得交易双方的认可。

---

① 李为人、彭惠等：《我国C2C电子商务平台纠纷处理机制有效性及其改进》，载《中国社会科学院研究生院学报》2013年第2期。

② 中国司法大数据研究院发布《网络购物合同纠纷案件特点和趋势（2017.1—2020.6）司法大数据专题报告》（以下简称《报告》）提出："从商品类型来看，在网络购物合同纠纷案件中，食品类纠纷占比接近半数，为45.65%；其他依次是数码电器类（17.20%）、保健医药类（7.80%）、家具家装类（7.76%）、服饰鞋包类（4.66%）、美妆个护类（4.53%）、家居百货类（4.51%）。约11.37%的纠纷案件涉及海淘或进口商品。"见最高人民法院网：《司法大数据专题报告之网购合同纠纷》，权威发布—中华人民共和国最高人民法院（court.gov.cn），2021年10月6日最后访问。

③ 《淘宝平台争议处理规则》第五节"运费规范"下包含六条规则，囊括了七天无理由退货运费承担、退货运费差额承担等常见运费争议情景下运费承担规则。详见《淘宝争议处理规则》。

因此交易主体作为市场中的理性主体，即使是有限理性人假设，网络交易平台纠纷解决规则对权利救济的及时性、有效性，以及平台争议处理结果的高执行率等，都符合交易主体的利益需要。网络交易纠纷解决规则更容易引发交易主体的青睐，从而焕发实践生机。

（三）网络平台纠纷解决规则适用的实践基础：具体纠纷解决程序

网络交易平台纠纷解决程序如何展开？一般来说网络交易平台纠纷处理分为：纠纷介入发起、纠纷受理、纠纷双方举证、平台裁判及执行几个步骤。实际的纠纷处理中，上述步骤可能会出现重复，但不会打破这一纠纷处理逻辑。

以淘宝 APP 纠纷解决程序为例，当交易双方发生纠纷（大多由买家发起），买家可以在"我的订单"界面选定争议商品。争议商品订单页有"退换"选项，买家点击"退换"选择，会出现退款、退货退款、换货以及价保四个选项。买家可以根据自己的需求进行选择，与此同时，也向平台发起了纠纷介入的申请。随后，以"退款"为例，买家选择退款选项后会自动跳出退款商品以及需要买家填写的退款信息，具体包括"货物状态""退款原因""退款金额"以及"补充描述和凭证"。这表明，在纠纷发起过程中，平台会初步收集证据以决定是否要受理纠纷。实践中，一般只要纠纷主体能够完整填写上述要求，平台系统会自动受理该纠纷，并将上述纠纷申请内容发送至商家。卖家端在处理期限内会得到"同意退款或退货申请"的系统提示。如需一步处理，系统还会提示卖家"在此期间，请根据'我该如何处理'的建议与买家协商解决"，对协商要点给予指导。并提示："如果核实买家反馈问题属实……交易会做退款处理，建议联系买家协商解决，避免对纠纷退款率和处罚产生不利影响。"① 若商家同意退款，钱款自动退回原账户。若商家不同意退款或者双方对退款存在争议，买家可以进一步在商品详情页选择"咨询小蜜"申请淘宝人工客服介入。人工客服通过请求买家填写纠纷相关信息，判定纠纷成立与否，并决定是否将该信息反馈给淘宝维权客服。如果确认将纠纷转至淘宝维权客服，维权客服会进一步联系买家，做出裁定，将淘宝判定结果告知双方后进行执行。

这套自动处理与人工介入处理相结合的纠纷处理程序，大大提高了淘宝平台纠纷处理的效率，将平台纠纷解决规则有效转化为平台纠纷解决实践。首先，在纠纷受理阶段，买家可以自主在订单页找到退换货的选项，并只需要填写少量信息进行初步举证，即可发起维权。申请程序的便捷性，有助于促进纠纷主体向平台发起维权，提高了平台纠纷解决规则的适用率。在纠纷受理后，平台通过对商家进行纠纷处理指导，并辅以不当处理带来的

---

① 陈之岳：《电子商务平台依附性 ODR 研究——以淘宝在线解决机制为例》，上海师范大学 2021 年硕士学位论文。

退款率违规处罚的威慑,推动卖家主动寻求自行解决①。倒逼平台内经营者主动向消费者寻求协商,有效转化了《淘宝争议处理规则》中"买卖双方就交易商品或服务有约定的,优先从约定;未约定或约定不明的,双方可协议补充;无法达成补充协议的,淘宝将按照本规则进行处理……"这一规定。当交易双方无法协商一致时,可以由淘宝维权客服依据纠纷解决规则做出判定并执行。这套高效又尊重交易纠纷主体意思自治的纠纷处理机制在平台纠纷处理规则的适用实践中发挥着重要的作用。因此,网络交易中平台的纠纷解决机制是纠纷解决规则适用的实践基础。

四、网络交易平台纠纷解决规则适用的主要问题

网络交易平台纠纷解决规则的制定和适用大大减少了网络交易纠纷流向司法程序的数量,因此平台制定和适用网络交易纠纷解决规则的逻辑值得肯定。但是,从网络交易平台纠纷解决规则的规则设置、实践效果以及法律监管来看,网络交易纠纷解决规则仍然存在很多问题以及可以改善的空间。这些问题阻碍了网络交易平台纠纷解决规则发挥更公正和高效的作用。

(一)从纠纷主体权利来看:网络交易纠纷主体选择权形式化

网络交易平台纠纷解决规则规定作为平台自治规则中的一环,平台或将纠纷解决规则打包在用户注册协议中,用户点击同意注册协议的内容即包括同意适用平台纠纷解决协议内容;或未对平台纠纷解决协议作特别说明,而是将用户接受平台纠纷解决服务视为同意适用纠纷解决规则内容。② 虽然两种方式不尽相同,但以上两种方式的目的,都是以协议约定的方式取得用户对平台纠纷解决规则适用的授权,或是用户同意遵守平台纠纷解决规则的承诺,该授权或承诺因符合法定条件而具备法律效力。

以上用户同意适用平台纠纷解决规则的模式会引发下面两个问题:1. 第一种同意模

---

① 陈之岳:《电子商务平台依附性 ODR 研究——以淘宝在线解决机制为例》,上海师范大学 2021 年硕士学位论文。
② 如《淘宝平台服务协议》中规定"由于互联网高速发展,您与淘宝签署的本协议列明的条款并不能完整罗列并覆盖您与淘宝所有权利与义务,现有的约定也不能保证完全符合未来发展的需求。因此,淘宝平台法律声明及隐私权政策、淘宝平台规则均为本协议的补充协议,与本协议不可分割且具有同等法律效力。如您使用淘宝平台服务,视为您同意上述补充协议。"即用户如果选择注册即同时同意淘宝平台现有的及将来发布的所有法律声明、隐私政策和淘宝平台规则内容。其中,"淘宝平台规则"的解释为:"淘宝平台规则:包括在所有淘宝平台规则频道内已经发布及后续发布的全部规则、解读、公告等内容以及各平台在帮派、论坛、帮助中心内发布的各类规则、实施细则、产品流程说明、公告等。"又将淘宝平台规则扩大解释为淘宝平台的所有规则,包括淘宝平台纠纷处理规则。因此用户一旦使用淘宝平台服务,勾选同意《淘宝平台服务协议》,在上述条款设置下即视为同意淘宝平台纠纷处理规则内容。与淘宝不同,《京东用户注册协议》规定:"您在使用本网站某一特定服务时,该服务可能会另有单独的协议、相关业务规则等(以下统称为"单独协议"),您在使用该项服务前请阅读并同意相关的单独协议;您使用前述特定服务,即视为您已阅读并同意接受相关单独协议。"因此,京东采取的为第二种方式。其他平台在此不再列举。

式下，用户同意适用纠纷解决规则的条款设置过于复杂以及条款对关键内容的省略，导致用户无法充分行使选择权。当条款内容庞杂且需要通过联系上下文解释才能推理出条款的真实含义时，平台用户能否清晰的认知到其勾选同意的行为与遵守平台纠纷解决规则之间的因果关系有一个显而易见的答案。可以推定，大部分普通用户在同意平台服务协议时对这种因果关系是一种不清楚、不了解的认知状态。这种状态下，用户选择同意平台服务协议从而同意适用平台纠纷解决规则，很难认定是其客观真实的想法和意愿。因此，打包同意模式下，网络交易平台用户不能充分行使其对平台纠纷解决规则的选择权。2. 两种同意模式下平台纠纷解决规则内容的不可协商性，引发了用户选择权形式化。无论是第一种方式或是第二种方式，用户都只有同意或者拒绝平台纠纷解决规则两种选择。第一种同意模式下，用户拒绝遵守该规则等同于一并拒绝平台提供的其他所有服务，无法注册为平台用户；第二种同意模式下，用户拒绝该规则则不能享有平台纠纷解决服务。因此，对于想要进入平台，获取平台服务的用户来说，同意是合法进入平台获取服务的唯一方式。换而言之，无论是第一种方式或第二种方式，用户都无法通过协商，与平台约定网络交易平台纠纷解决规则的内容。因此两种模式下，用户对平台纠纷解决规则同意与否的选择权都被形式化。

而根据《民法典》等相关法律规定，网络交易平台纠纷解决规则需要取得用户的同意或授权才能对用户发生拘束力。但平台通过规则同意的前置程序限制用户的选择权，导致用户选择权流于形式化，侵害了平台用户的权利。

（二）从平台自治来看：网络交易平台借助纠纷解决规则进行自我免责

根据《电子商务法》相关规定，平台在有过错的情形下应当承担平台责任。[①] 因此网络交易纠纷在涉及人身、财产安全或者其他保障义务纠纷时，交易平台也可能是纠纷主体之一。

但是，在大致浏览各大网络交易平台的纠纷解决规则后，我们发现这些交易纠纷解决规则没有涉及平台在交易纠纷中的责任内容。因此，现有的纠纷解决规则逻辑无法覆盖平台作为纠纷主体的纠纷处理。这不禁引起我们的思考，这一现象究竟是无意之举，还是平台作为纠纷解决规则制定主体的必然结果？换而言之，真正的问题在于平台能否进行自我管理、自我裁判？

目前，学界倾向于将互联网平台交易规则等一系列平台规则称之为"互联网平台自治规则"。如果平台无法实现自我管理，则这些规则的适用对象仅针对平台内经营者和用户，那么在形式意义上，互联网平台自治规则仅仅是无国家强制力参与制定的规则。而在实质意义上，这些规则仍然是平台对平台内经营者、用户的管理性规范，无论其是以协议或者

---

① 《电子商务法》第三十八条规定："电子商务平台经营者知道或者应当知道平台内经营者销售的商品或者提供的服务不符合保障人身、财产安全的要求，或者有其他侵害消费者合法权益行为，未采取必要措施的，依法与该平台内经营者承担连带责任。对关系消费者生命健康的商品或者服务，电子商务平台经营者对平台内经营者的资质资格未尽到审核义务，或者对消费者未尽到安全保障义务，造成消费者损害的，依法承担相应的责任。"

其他的形式签署、实施。如果平台有自我管理的能力，则平台自治不限于平台的单方管理还应该及于平台权力的自我限制，那么平台的赔偿责任就是平台纠纷解决规则的应有之义。事实上，从交易平台借助纠纷解决规则逃避裁判责任之条款，已经反映了平台明知自己可能承担之责任。《大众点评网争议调解处理规范》规定："大众点评网作为独立第三方，依据本规范的具体规定对双方之间出现的争议做出处理。大众点评网并非司法机关，对凭证/证据的鉴别能力及对争议的处理能力有限，大众点评网不保证争议处理结果符合用户或商户的期望，也不对依据本规范做出的争议处理结果承担任何责任，除非法律法规另有规定。用户、商户均声明放弃因大众点评网的争议调解处理行为而向大众点评网提起诉讼、索赔、投诉的权利（如有）。"无独有偶，《淘宝争议处理规则》以及京东等也有此类规定，在此不再一一列举。

当平台纠纷裁判责任存在法律规定漏洞时，网络交易平台已经意识到了这一责任所在，并以协议的方式规避此类责任。暂不论这些免除责任的条款是否发生实际法律效力，这还取决于具体案件法官裁判的结果。仅从规则内容出发，我们可以确认平台自治理性之存在，只是这一理性以趋利避害的方式体现。因此如何看待并解决平台在纠纷解决规则中逃避平台责任的现象，是网络交易纠纷规则蜕变为真正意义上自治规则的关键。

（三）从法律监管来看：网络交易平台纠纷解决规则的司法审查缺失

目前，我国法院对网络平台私权力的司法审查严重不足，无论是广度还是深度都有待商榷[1]。根据统计数据，2016至2017年，新收案件数量排名前十被告中，仅提供平台服务的企业被判决承担损害赔偿责任的占比较低，即使涉诉案件数量排名第一、第二的浙江天猫网络有限公司（天猫商城）、浙江淘宝网络有限公司（淘宝网），在一审中被判决承担损害赔偿责任的比例仅0.43%、0.74%，多由平台第三方商家承担损害赔偿责任[2]。

以蔡振文诉淘宝网络有限公司及浙江北斗智架物联科技有限公司网络服务合同纠纷案为例[3]，本案经过一审、二审以及再审。其中，一审法院经审理认为，淘宝对蔡振文淘宝账号的管控措施未经合理方式提醒，判处淘宝公司解除对其账号的管控措施。而在二审及

---

[1] 刘泉：《网络平台的公共性及其实现——以电商平台的法律规制为视角》，载《法学研究》2020年第2期。

[2] 见最高人民法院网：《司法大数据专题报告至网购合同纠纷》，权威发布-中华人民共和国最高人民法院（court.gov.cn），2021年10月6日最后访问。

[3] 案情简介：2014年12月7日，蔡振文在淘宝网址以账户"小猪2933_77"的身份，购买浙江北斗智驾物联科技有限公司网店杭州车之宝车品专卖店所售百适通汽车冷却系统清洗剂2瓶及退货运费保险，共计人民币136.70元。蔡振文收货后，发现货物生产日期模糊不清且卖方亦无法提供准确生产日期，故以商品质量问题为由要求退货，卖方对此表示同意卖方确认收到寄回的产品，但以发票和赠品未退回为由拒绝退款，淘宝公司介入后支持买方并做退款处理。此后，卖方向淘宝公司举报买方蔡振文诈骗，淘宝公司查证后认为蔡振文确实存在不当注册行为，违反淘宝规则，遂采取相应管控措施。故，蔡振文提起诉讼，请求判令浙江北斗智驾物联有限公司和浙江淘宝网络有限公司赔偿人民币10000元，并判令淘宝公司解除对其淘宝账户的管控措施。见阚梓冰、李秀红：《网络交易服务协议的效力》，载《人民司法》2017年第32卷。

再审程序中，二审法院持不同意见。首先，二审法院经审理认为"本案的争议焦点在于对蔡振文提出的要求淘宝公司解除对其淘宝账户"小猪2833_ 77"登录、购物、支付的限制措施，恢复账户的诉讼请求是否应予支持。"对此，二审法院认为，依据服务协议约定，淘宝公司有权对蔡振文的淘宝账户"小猪2833_ 77"采取管控措施，至于双方所争议的规则设立是否合理、采取的具体管控措施是否过于严厉等，均不属本案审查范围。故作出终审判决：撤销一审判决并驳回被上诉人蔡振文的全部诉讼请求。[①] 再审法院采纳了二审法院的意见。也就是说，对于平台纠纷解决规则是否合理，法官认为其合理性不属司法审查的范围，因为平台依据平台协议做出的处理结果是当事人意思自治的体现，应予支持。

上述裁判了体现了司法尊重平台自治规则的精神，因此只对平台协议进行合法性审查，当其没有明显违法的情况下允许平台依据纠纷解决规则以及平台服务协议处理交易双方纠纷。而另一方面，这一裁判思路也使交易主体丧失司法审查的再救济。法院完全将合理性的裁判尺度交予平台自我决定，忽略了平台自治理性的有限性。虽然就本案结果来讲，法院判决结果也许并无不妥当之处，但其判决逻辑仍然有待商榷。由于平台纠纷解决规则的内容也需要符合且依据平台服务协议、平台交易规则展开，当这些规则的制定、适用、裁判都指向同一主体，司法裁判作为外部监督主体及纠纷处理结果的救济程序，仅通过形式审查是否足以实现平台纠纷解决规则的外部监督仍存疑问。

五、网络交易平台纠纷解决规则适用问题的解决方法

针对上述问题，笔者分为两个方面，三个层次提出对策。首先，从平台内部自治来讲，网络交易平台纠纷解决规则必须在制定过程中更加注重平台用户的参与，充分发挥用户对网络交易纠纷解决规则修改的参与和建议权，从而保障用户权利；并且，在制定内容上，完善平台纠纷解决规则的程序性规定，以透明化的程序有效防止平台在规则适用过程中转移风险逃避平台责任；其次，从外部监督来看，需要立法明确平台责任。通过立法，在法律制度上明确网络交易平台纠纷裁判的责任，有利于防止平台借助纠纷解决规则逃避责任，填补司法审查的漏洞。

（一）从制定过程来看：提高平台用户的参与力量

网络交易平台纠纷处理规则在制定过程中，不仅要依靠于平台自治理性，还要关注平台内经营者以及平台用户的需求表达。虽然用户在注册过程中或使用纠纷处理服务时可能因为种种原因放弃了一部分选择权，但就网络交易纠纷解决规则而言，用户可以通过参与网络交易平台纠纷解决规则的修改，提出修改建议，表达其利益需求，维护自身权益。

实践中，网络交易平台纠纷解决规则及其他平台规则制定主体的单一化是一个普遍存

---

① 阙梓冰、李秀红：《网络交易服务协议的效力》，载《人民司法·案例》2017年第32卷。

在的现象。为此，2019年生效的《电子商务法》第三十四条第一款规定："电子商务平台经营者修改平台服务协议和交易规则，应当在其首页显著位置公开征求意见，采取合理措施确保有关各方能够及时充分表达意见。修改内容应当至少在实施前七日予以公示。"淘宝、京东等电商巨头根据法律合规的要求，设立规则众议院，面向平台会员征集待修改规则或者新起草规则的意见，并将意见结果进行公示。

从形式上来看，平台规则修改过程中用户参与这一问题得到了初步的解决，但实践中，真正落实平台纠纷解决规则修改用户参与，仍然任重而道远。就目前平台规则起草或修改的意见征集过程来看，存在意见征集程序流于形式化、会员参与规则制定或修改的积极性不高、会员意见质量参差不齐等问题。以淘宝网现的规则众议院为例，笔者点击规则众议院，发现分为页面分为"全部""即将开始""投票中""等待结果公示"和"已公示"几个部分。选择任意一个"投票中"的规则进入，即可浏览规则具体内容。浏览完毕后，在页面底页用户可以选择"针对此次调整，您认为A支持；B可再评估"两个选项。若点击"可再评估"，则可以进一步填写具体意见。从以上程序来看，淘宝会员都可以对规则提出自己的意见。但在实际操作中，若非笔者特意点击进入"规则众议院"，普通的淘宝会员用户大都不知道这一平台规则制定或修改的意见征集页面。或者，即使知道积极参与的热情也并不高涨。究其原因，与平台规则制定或修改潜在的专业性要求有很大关系。不具备相关知识的会员，很难会注意并且有兴趣投身于此。另外，普通会员大多不愿付出时间成本提出与自身利益并没紧密相连的规则修改意见。而且，当其提出修改意见后，意见反馈的结果也不容乐观。例如，在淘宝网发布的《规则公开征集意见结果反馈》中，所有征集意见的规则最终都以直接通过告终。并且，对于公示通过的规则，大多数没有披露规则制定或修改的意见总数、同意和反对的投票数量等细节。即便有几部规则的意见反馈结果，提及了投票通过率，其通过标准也是从百分之六十到百分之八十不等，反映了淘宝没有一个明确的规则投票通过率标准。以上种种问题都表明，现在的平台规则包括平台纠纷解决规则制定以及修改过程中用户参与程序流于形式。

为了解决上述问题，一方面需要平台要切实重视规则意见征集过程，对有效的规则意见合理吸收，并切实反映至规则内容中。具体来讲，平台可以采取激励措施提高大众会员的参与热度，同时重视专家会员中立意见的引入。此外，有针对性地细化结果反馈的内容，并制定公布规则通过的标准等也是有效措施。另一方面，各大交易平台会员用户应当意识到规则意见征集的价值所在，有能力的会员更应该积极参与规则意见的反馈。其他更为具体的制度设置在此不再详细展开，但是在用户选择权受限的前提下，坚持提高平台用户的参与度是平台纠纷解决规则修改的重要原则之一。

（二）从制定内容来看：完善规则程序性规定

目前来看，网络交易平台纠纷解决规则仍处于初步阶段。因为，现有平台纠纷处理规定多集中于实体性权利义务规则内容,忽略了程序性规定。为了避免平台权力无限扩张的非正义后果,我们必须从正当法律程序的角度对平台纠纷解决规则予以关注。

以《淘宝争议处理规则》为例,淘宝争议处理规则分为"总则、争议受理、争议处理、撤销和中止以及附则"五大部分。其中,争议受理以及撤销和终止两个部分,规定了淘宝平台受理交易纠纷的期限、范围、争议受理撤销和终止等要件,属于纠纷处理程序性要件。其余内容均为处理争议双方实体性权利义务的裁判规则。交易双方实体性权利义务内容是平台纠纷解决规则内容的应有之义,但程序性规定的缺失不利于实体法内容的有效践行。以现代社会最经典的纠纷解决规则——法律规则来看,法律规则按照内容和目的可分为实体法和程序法两大类。实体法规定行为人的行为准则和法律后果,程序法规定纠纷的受理条件和程序、受理主体构成等,目的是为了确保实体法得到最大程度的落实。随着法律体系的日渐成熟,程序法的地位和作用越来越被学界所重视。程序法学者提出法律正义除了实体正义应当包括程序正义。严格按照程序法的规定,以合法合理的程序进行实体审判,也是法律正义的内容。在司法实践中,违反程序法要求的法律行为会影响案件的实体审判结果,例如美国辛普森案就是程序正义影响实体判决结果的典型案例。

对平台纠纷解决规则而言,要求其达到法律规则程序正义的标准也许过于严苛,但完整的平台纠纷处理程序规则是确保网络交易平台纠纷解决规则得到落实的基础。目前,就淘宝争议纠纷解决而言,当交易主体向淘宝发出介入申请后,淘宝对接客服的信息以及其处理争议的标准、具体程序等仍属于淘宝平台内部管理规则,没有向用户公布。此类程序性规则的缺乏,一方面,增加了淘宝平台违规裁判的可能性;另一方面,当交易主体对裁判结果不满时,其无法判断平台纠纷处理程序是否存在不妥之处。毕竟正义除了结果正义,还包括"看得见的正义",这些都需要在平台纠纷解决程序性规则加以规定。因此完善网络交易纠纷解决规则中程序性规则内容是网络交易平台纠纷解决规则的应有之义,这不仅仅是对交易双方当事人的保护,也是降低平台纠纷裁判风险,保护平台自身利益的需要。

(三) 从责任承担来看:明确平台的法律责任

网络交易纠纷中,平台滥用纠纷裁判是否应承担责任?立法对这一问题尚未明确规定,这也导致司法裁判中对平台纠纷解决规则中免除平台裁判责任的规定无从下手。

首先,平台规则责任这一问题在立法上无法律明确规定。《电子商务法》"电子商务争议解决"并未涉及平台纠纷解决规则相关内容,在"电子商务平台经营者"这一章节也未就平台纠纷解决规则提出特殊的规定,仅仅规定了一些原则性的平台规则制定和运行规范等,这也为平台纠纷裁判规则的司法审查带来了很大的障碍。与其他的平台规则不同,平台纠纷解决规则直接规定交易双方的争议裁判内容,因此当交易双方对平台依据争议解决规则做出的裁决不满,并诉诸司法裁判时,平台纠纷解决规则自然进入司法裁判的视野。在理论上，这一过程是一个自然发生的过程，但在司法裁判中，由于法律规定缺失，当事人往往只能以交易合同纠纷为由提起诉讼，不能就平台纠纷裁判结果直接提起诉讼。

其次，即使一部分当事人在交易合同诉请中请求平台基于错误裁判承担连带责任，大多不被法院支持。例如，在李可与秦佳玉、浙江淘宝网络有限公司买卖合同纠纷二审判决书中，上诉人提出"淘宝公司网络平台内设'小法庭'，在处理涉案交易纠纷中，淘宝网维权客服（即'小法庭法官'）根据双方提供的证据，先后两次判买家败诉（一审证据①②），支持卖家完成交易。如果淘宝公司网络平台与交易无关，就无法解释为何要设置极为严肃而又权威的'小法庭'。而'小法庭'的'判决'又直接影响了交易的结果。淘宝公司网络平台既然拥有判决交易结果的权力，如果判决错误，那也应该承担起改变交易结果的责任和义务。"①，从而请求二审法院认定平台错误裁决的责任。法院从现行法律规定出发，判定由于淘宝公司在本案中不存在法定义务未履行的责任而无需承担责任，直接回避了这一问题。"②

因此，实践中，立法无明确规定平台纠纷裁判法律责任的前提下，网络平台纠纷解决规则进入司法审查的视野几乎不可能实现，这也导致对网络平台纠纷解决规则的司法监督近乎完全丧失。虽然《电子商务法》的颁布推动电子商务平台法律责任的发展，但是关于平台责任特别是平台纠纷裁判责任等方面仍有很多问题需要讨论，立法仅仅规定平台规则制定和运行的程序性、原则性限制已经无法解决现有问题，对平台规则的立法仍需进一步细化。

六、结语

网络交易平台纠纷解决规则是平台提高竞争力，降低经营成本的产物。实践中，网络交易平台以合法方式公示平台纠纷解决规则是规则适用的前提，纠纷主体的选择是规则的效力来源，合理的纠纷解决程序是规则的实践基础。在这一过程中，网络交易平台纠纷处理规则也爆发出很多问题，例如：平台逃避自我责任、平台纠纷解决规则司法监督的缺失等。因此，需要采取完善平台纠纷处理程序性规则、提高规则制定过程中平台用户的参与等措施，解决上述问题，推动网络交易平台纠纷处理规则的良性发展。总的来说，网络交易平台纠纷解决规则是提高社会治理效率、化解纠纷矛盾的重要工具。它极大缓解了司法机关处理网络交易纠纷的压力，因此，虽然网络平台交易纠纷解决规则仍处于初步发展阶

---

① 山东省济南市中级人民法院（2021）鲁01民终2873号判决书
② 裁判文书载明"根据本案现有证据无法认定淘宝公司在涉案交易发生前或发生过程中存在明知或应知销售者利用其平台侵害消费者合法权益而未采取必要措施的情形。故对李可要求淘宝公司承担连带赔偿责任的请求，无事实和法律依据，本院不予支持。"《李可与秦佳玉、浙江淘宝网络有限公司买卖合同纠纷二审判决书》参见：山东省济南市中级人民法院（2021）鲁01民终2873号判决书。

段，但探寻网络平台交易纠纷解决规则的潜力、激发网络交易平台纠纷解决规则的活力是交易主体、交易平台、政府机关及司法机关的共同目标。本文研究主要从法律规定以及网络交易纠纷解决规则内容等出发进行研究，理论研究稍显不足。而关于网络交易平台纠纷解决规则，仍有许多实践和理论问题有待进一步研究。

Study on Dispute Resolution Rules of Online Trading Platform

Wang Feifei

Abstract: Based on the needs of improving the competitiveness of the platform, avoiding litigation risks and reducing operating costs, the online trading platform has formulated dispute resolution rules based on the technical advantages and margin of the platform system. In practice, the publicity procedure is the practical premise for the application of the rules, the choice of the dispute subject is the effective source of the application of the rules, and the dispute resolution procedure is the practical basis for the application of the rules. In the process of formulation and application of dispute resolution rules on online trading platforms, there are problems such as the choice of choice of online trading disputes, self – exemption with the help of dispute resolution rules and lack of judicial review of online trading dispute resolution rules. By improving the participation degree of the platform users in the process of formulating the dispute settlement rules of the online trading platforms, improving the procedural provisions of the rules and clarifying the legal responsibilities of the platform can help to solve the above problems to a certain extent.

Key words: network trading; dispute resolution rules; platform interests; autonomy and supervision

（编辑：张雪寒）

论网络社交平台在线纠纷解决制度

王 鑫

摘 要 网络社交平台在线纠纷解决制度是我国多元化纠纷解决机制的重要组成部分，其由"纠纷裁断主体""解纷规则""纠纷解决方式""实施机制"四项基本结构要素构成。这四项基本结构要素的相互作用从应然层面阐明了在线纠纷解决制度的运行机理。制度的运行实效则是衡量在线纠纷解决制度在实然层面被执行或被适用的指标，其由行为有效和制裁有效构成。基于该项制度的运行原理及运行实效分析，该项制度的"裁断程序"和"解纷功能"存在缺陷。裁断程序价值缺陷导致裁断结果的公正性受到质疑，解纷功能的有限性则限制了平台用户的权利保护需求。完善制度缺陷则需要从以下两方面切入：一是增强裁断程序的公开性与规制自由裁量权的能力；二是扩大解纷范围为平台用户提供多样化的权利保护需求和救济方式。在线纠纷解决制度的完善不仅会提高制度运行实效，以实现平台良好治理与和谐秩序，而且能极大地缓解我国诉讼制度压力，以提高国家治理体系与治理能力现代化。

关键词 网络社交平台 在线纠纷解决 裁断程序 运行实效

一、引言

人类交往活动的领域是世界。波普尔将人类的世界划分为三个类型：世界一、世界二和世界三。[1] 世界一是指客观真实的物质世界；世界二是指人类的意识世界；世界三是

---

* 本文系广州市哲学社会科学发展"十四五"规划基金项目"著作权领域知识图谱的构建及应用"（2021GZGJ236）阶段性成果之一。

** 王鑫，中南大学法学院2018级法律硕士。

[1] 参见［英］波普尔：《科学知识进化论——波普尔科学哲学选集》，纪树立编译，生活·读书·新知三联书店1987年版，第309页。

"思想的客观内容或者客观知识"的世界,有学者又将其称为"符号意象世界"——属于卡西尔提出的"符号世界"。① 网络社交平台则属于世界三,即"符号意象世界。"在这个世界三,知识与信息以代码符号的形式在平台内快速传播。

截至 2020 年 12 月,我国网民规模达 9.89 亿。② 将近 10 亿的网民进入网络社交平台构建的世界展开交流、学习、工作等一系列社会交往活动。在人类交往活动中,纠纷的产生是不可避免的。产生于"世界三"内的纠纷已经蔓延到世界一与世界二,对人类生活的世界秩序造成了严重的负面影响。人们开始探寻纠纷解决的制度。网络社交平台在线纠纷解决制度便是人类对"符号意象世界"的纠纷解决做出的一种非正式的制度安排。"纠纷解决,维护秩序"是该项制度的基本功能。目前,网络社交平台在线纠纷解决制度已经成为我国多元化纠纷解决制度不可或缺的组成部分。笔者拟详细探究网络社交平台在线纠纷解决制度的运行原理、作用实现路径及实效,但是,在此之前,笔者还需深入现实的人类交往活动中,剖析纠纷与在线纠纷解决制度的定义及其基本结构要素。

(一) 纠纷的定义及基本要素

纠纷是纠纷解决的对象,纠纷解决是网络社交平台在线纠纷解决制度的基本功能。那么,何谓纠纷?诸多学者众说纷纭。顾培东从纠纷对秩序的影响方面探究纠纷的定义,其认为,纠纷是主体的行为与社会既定秩序和制度以及主流道德的不协调或对之的反叛。③ 范愉则从纠纷产生的原因方面界定纠纷,其认为,纠纷是特定的主体基于利益冲突而产生的一种双边的对抗行为。④ 千叶正士认为,纠纷的法学本质是一定范围的社会主体相互之间丧失均衡关系的状态。⑤ 综合上述三位学者对纠纷的不同定义,笔者认为纠纷是社会主体相互之间因利益冲突而形成的一种与既定秩序相违背的失衡(失范)状态。这种状态反映了不同社会主体之间具有抵触性的社会关系。换言之,现实生活中与既定秩序相违背的失衡状态一经形成,就意味着纠纷的产生。社会主体则不仅仅局限于自然人和法人,也包括国家和社会。纠纷的基本结构要素则包括纠纷当事人、纠纷客体和纠纷事实三部分。

纠纷当事人。纠纷当事人是指因利益冲突而实施相应行为的社会主体。对不同的网络社交平台而言,其纠纷解决制度的调整对象仅仅局限于该平台内部的注册用户。即,纠纷当事人双方必须同时是同一个网络社交平台的注册用户。网络社交平台在线纠纷解决制度不能实现"跨平台纠纷解决"功能。

纠纷客体。纠纷客体是纠纷当事人的行为直接指向的对象。该对象通常受到社会规范

---

① 姚礼明和郭斌都认为,世界三属于符号意象世界。
② 国家互联网信息办公室:《第 47 次《中国互联网络发展状况统计报告》》,http://www.cac.gov.cn/2021 - 02/03/c_ 1613923423079314. htm,访问日期:2021 - 09 - 17。
③ 参见顾培东:《社会冲突与诉讼机制》,法律出版社 2004 年版,第 4 页。
④ 参见范愉:《多元化纠纷解决机制》,厦门大学出版社 2006 年版,第 48 页。
⑤ 参见[日]千叶正士:《法与纠纷》,三省堂 1980 年版,第 45 - 50 页。

与法律规范的双重约束①，本质上是一种利益。在网络社交平台内部，其具体表现为：人格利益、知识成果利益、财产利益等。

纠纷事实。纠纷事实是指与特定纠纷相关的客观事实，其包括纠纷产生的原因或动机、纠纷行为、纠纷主张、纠纷影响等诸多涉及纠纷案例的客观事实。

（二）在线纠纷解决制度的结构要素

网络社交平台在线纠纷解决制度是一项由网络社交平台基于平台用户一致共识，以规范平台用户交往行为、解决平台内部纠纷为目的而设立的非正式制度。该制度运行在正式诉讼制度之外，其最基本的功能就是"解决纠纷"，最终目的为"维护秩序"。虽然网络社交平台形式纷繁复杂，功能琳琅满目，但是，它们各自所设立的在线纠纷解决制度在逻辑结构方面具有共同性。一般而言，网络社交平台在线纠纷解决制度包括四个基本的结构性要素：

（1）纠纷裁断主体：网络社交平台。网络社交平台作为中立的第三方社会组织，在纠纷解决过程中扮演纠纷裁断主体的角色。它依据网络社交平台自治规范享有自治规则具体条文的解释权及修改权、裁断权以及裁断结果执行权等一系列社会自治权利。其实，网络社交平台设立在线纠纷解决制度实际上是社会组织行使社会自治权利的正当行为。

（2）纠纷解决的规则：网络社交平台自治规范。网络社交平台自治规范是网络社交平台进行纠纷处理与解决的主要规则或依据。纠纷解决是一个动态的过程，裁断主体如何适用自治规范。从"实体与程序"的二分视野来看，网络社交平台自治规范可以分为"实体规范"和"程序规范"。纠纷解决语境下的实体规范是指具体规定纠纷解决的规范，程序规范是指保障实体规范实现的步骤、方式的规范。二者的功能在于规范裁断主体在纠纷解决过程中的裁断行为。

（3）纠纷解决的方式。网络社交平台在线纠纷解决制度主要采用裁断型纠纷解决方式，辅以谈判、协商、仲裁或者调解等其他类型的纠纷解决方式。裁断型纠纷解决方式是指由社会或民间的第三方组织以纠纷事实为依据，运用相应的规则和科学推理方式对当事人的纠纷进行裁断，裁断结果对纠纷当事人具有约束力的方式。此种纠纷解决方式的特点在于以对抗性辩论为基础，纠纷当事人需要提供相应的证据支撑自己的主张或者反驳对方的主张。

（4）实施机制。网络社交平台在线纠纷解决制度的运行需要配套的实施机制以执行纠纷裁断的结果。实施机制可以分为两类：一类是算法自动进行纠纷裁断、自动执行纠纷裁断结果。另一类是由网络社交平台的相关机构及人员执行纠纷裁断结果。

---

① 参见刘荣军：《程序保障的理论视角》，法律出版社1999年版，第13页。

二、网络社交平台在线纠纷解决制度的运行机理及实效——以"微博"社交平台为例

(一)在线纠纷解决制度的运行机理

所谓"运行机理"是指一项制度为实现其某一特定功能的内在运行方式,即制度体系中诸要素互相作用的方式。笔者拟以"微博"社交平台的"纠纷裁断"这一专门性的解纷活动入手进行详细探究。"微博"社交平台的"纠纷裁断"活动需要受到程序规范与实体规范的约束与调整,故笔者将从"纠纷制度的裁断程序"以及"裁断主体的裁断活动"两个角度来探讨"微博"社交平台在线纠纷解决制度各要素之间是如何相互作用,以实现"纠纷解决,维护秩序"的功能。

1. "微博"社交平台的裁断程序

此处的裁断程序是指网络社交平台作为独立的第三方裁断主体,解决平台纠纷的过程、方式或步骤。裁断程序有广义与狭义之分。狭义的裁断程序是指网络平台纠纷的裁断与判定过程,不包括裁断结果的执行与公示程序。广义的裁断程序既包括网络平台纠纷的裁断与判定过程,也包括裁断结果的执行与公示程序。笔者拟认为"微博"社交平台在线纠纷解决制度的裁断程序属于后者。

裁断程序的制度性设置在于为纠纷当事人、其他参与者及裁断者提供论辩、交涉的平台。在纠纷当事人、纠纷当事人与其他参与者(国家利益、公共利益)之间,存在着不同的利益诉求与冲突,利益诉求的解决需要一个程序性的装置。以"微博"社交平台为例,"微博"社交平台自治规范对纠纷裁断过程的制度性设计,一共分为六个阶段:

(1)用户投诉纠纷。裁断程序的开启直接源于纠纷当事人的"投诉"行为,这是平台自治规范赋予平台用户的"请求救济权"。平台用户既可以出于维护私人利益,也可以出于维护公共利益或者国家利益的目的行使"请求救济权"。

(2)系统通知举报人和被举报人。

(3)举报人举证,被举报人自辩,举证与论辩的时长为24小时。

(4)系统依据用户提交的纠纷类型,选择不同的裁断主体。"微博"社交平台设置了普通委员会和专家委员会两种裁断组织。普通委员会由21人构成,裁断纠纷的类型以涉及用户的具体纠纷为主,裁断方式为投票,裁断时限为3小时。专家委员会人数为9人,负责判定不实信息和复审。裁断组织依据简单多数制规则形成裁断结果。

(5)裁断主体以投票的方式对具体的纠纷个案进行裁断。在裁断过程中,采取双盲制度,即裁断主体无法知晓纠纷当事人的用户昵称等隐私信息,只能依据系统提供的纠纷事实来裁断。同理,纠纷当事人也无法知晓裁断主体的具体身份信息。

(6)"微博"社区管理中心依据《微博投诉操作细则》等规范公示并执行纠纷处理结果。裁断结果的执行时间为自裁断结果公布之后1小时。败诉方则可以在收到裁决结果的

24小时内提出复审，复审程序的启动条件为支持败诉方的用户人数达到100人。

2. "微博"社交平台的裁断活动

"微博"社交平台的裁断活动是指裁断主体运用相关的逻辑推理等方式，将纠纷解决规则适用于具体的纠纷事实，并推出裁断结果的具体过程。从个体的裁断主体视角而言，裁断活动主要分为两个部分：其一，纠纷事实的认定。其二，纠纷解决规则的适用。此处的"纠纷解决规则"应做广义理解，不仅包括网络社交平台自治规则，而且包括公众朴素的道德规则、个人价值偏好、个人理性等多元化的非正式规则。系统随机选择的裁断主体在纠纷事实认定与规则适用方面享有不受制约的自由裁量权。从裁断活动的整体视角而言，"微博"社交平台的裁断活动由两部分构成：一部分是具体的裁断主体的个别裁断活动，另一部分是算法规则①对裁断组织成员的裁断结果进行最终判定的活动。笔者选取了一则受理编号为K1CeJ6Qte7K0k的纠纷案例（见图1）来详细探究"微博"社交平台的裁断活动。

首先，从图1的裁断结果与举报内容的文本表述可知，"微博"社交平台完整的纠纷裁断结果由四项要素构成：（1）查明的纠纷事实：被举报用户的内容。（2）纠纷解决的规则：《微博投诉操作细则》第33条。（3）裁断结果：关闭账号。（4）执行措施的时间：裁断结果公布之后60分钟内执行生效。笔者另查阅了"微博"社交平台诸多公示的纠纷案例，其裁断文本的表述格式都包括这四项基本构成要素。

其次，具体的裁断主体在认定纠纷事实、适用纠纷解决规则的过程中享有极大的自由裁量权，情况千差万别，难以具体分析。但是，从裁断结果的一致性文本表述中可以推知"算法规则"作为隐性的裁断主体，其裁断活动在简单多数制达成结果的基础上进行的。"算法规则"的裁断活动符合经典的"演绎推理三段论"模型。演绎推理的"三段论"推理形式可以表述为：①大前提 T，T = M1 + M2 + M3，M 表示构成大前提 T 的要件特征。在"微博"社交平台的具体纠纷案例中，裁断主体的大前提为网络社交平台自治规范。②小前提 S，S = M1 + M2 + M3。S 该当于 T 的构成要件。从图1中可以得知，举报内容构成了特定的纠纷事实，即小前提。③结论（裁断结果）为 S→R，表明特定的纠纷事实 S，适用于 R 规范。"算法规则"预设的"演绎推理"方式贯穿了"微博"社交平台裁断纠纷的全过程，是在简单多数制基础上得出合理且公正的裁断结果的工具。

最后，裁断活动是网络社交平台在线纠纷解决制度实现"纠纷解决，维护秩序"目的的核心手段，从不同视角厘清裁断主体的裁断活动有助于理解整个在线纠纷解决制度的运行原理。

---

① 算法是按照设定程序运行以期获得理想结果的一套指令，其包括"输入、输出、明确性、有限性、有效性"五个特征。

举报类型	受理编号	举报人数	举报内容	裁断结果	访问次数
冒充他人	K1CeJ6Qte7K0k	1	xx电子竞技俱乐部投诉被举报人冒充其俱乐部著名选手昵称，并且以该账号发布恶意辱骂信息	经查，被投诉人冒用投诉人的名义发布相关信息，意图使他人产生混淆，被投诉人的行为构成"冒充"，且情节恶劣。现根据《微博投诉操作细则》第33条，对被投诉人处理如下：关闭账号。上述处理在公布后60分钟内生效。	3

图1：@滔搏电子竞技俱乐部投诉@滔搏 – Knight9 冒充案例①

（二）在线纠纷解决制度的运行实效

在线纠纷解决制度形成之后，需要被执行或运用，方能实现制度本身所具有的功能。制度的运行实效便是用来衡量在线纠纷解决制度中制度规则预设的目的在实然层面所产生的实际效果的指标，即该项制度被适用或被执行的具体状况。任意一个网络社交平台在线纠纷解决制度的运行效果可以分为两部分：第一部分是制度被遵守的实际程度，即行为有效。柯武刚认为，制度是人类相互交往规则的集合体。② 因此，对制度运行实效的考察可以观测个别规则的效力发挥。从规则的内在视角而言，人们对制度的遵守是出于内心对制度规则的承认，外化表现为其行为符合制度预设的目标。从规则的外在视角而言，制度相关人会出于畏惧强制性惩罚措施而遵守制度。无论人们遵守制度的动机如何，其外在表现均为"行为遵守制度"。制度在人们的遵守中实现其效果。第二部分是纠纷解决的实际效果，即制裁有效或者制裁实效。制度运行的理想状态是得到制度相关人的普遍遵守，但是，并非所有的制度相关人都会自愿地遵守制度，违反制度的行为时有发生。对违反制度的行为进行制裁，制度的实效便通过制裁而实现，此即制裁有效。对于前者，笔者拟从定性维度进行分析；对于后者，笔者拟从定量维度来分析网络社交平台在线纠纷解决制度运行实效。

1. 定性维度

从定性的维度进行分析，制度被遵守的实际程度可以反映网络社交平台在线纠纷解决制度的运行实效，其亦被称之为行为有效。制度被遵守的实际程度受到"制度相关人对制度的承认度"与"制度惩罚强制性"二因素的影响。

其一，制度相关人对制度的承认度。制度相关人是指在制度产生、运作、变迁过程中利益相关人，它包括制度的制定者、执行者以及制度的约束对象。③ 从规则的内部视角而

---

① 微博社区管理中心：《@滔搏电子竞技俱乐部 投诉@滔搏 – Knight9 冒充我》，https：//service.account.weibo.com/show？rid = K1CeJ6Qte7K0k，访问日期：2021 – 09 – 17。

② 参见［澳］柯武刚、［德］史漫飞：《制度经济学：财产、竞争、政策》，柏克译，商务印书馆2000年版，第6页。

③ 参见蒯正明：《新制度主义政治学关于制度有效性的三维解读》，载《理论与改革》2012年第1期。

言，获得制度相关人承认的制度规则的生成过程需具备"一致同意"的基础。网络社交平台自治规则属于非正式规则，其自"符号意象世界"诞生，并经过人们长期地修正与调整，最终以文字形式固定下来。然而，随着国家权力介入私法自治领域，网络社交平台在线纠纷解决制度的生成过程需合乎国家法的规定。换言之，作为网络社交平台在线纠纷解决制度的相关人亦具有国家公民的政治身份，他们的"一致同意"需遵循"法无禁止即自由"与"法律强制性规定不得违反"的原则。违背国家法规定的网络社交平台自治规则，势必丧失人们"一致同意"的基础。卢梭的社会契约论认为，国家是人们通过原始契约而建立的，国家法具有"正当性"。人们享有国家法赋予的权利，也有服从国家法的义务。故，"微博"社交平台在《微博社区公约》协议的开篇语中宣称："微博依据并贯彻《中华人民共和国民法典》《中华人民共和国网络安全法》《中华人民共和国未成年人保护法》《中华人民共和国预防未成年人犯罪法》《网络信息内容生态治理规定》等相关法律法规及主管部门的管理政策，与用户共同制定本公约。"① 诸如此类的法律规范也出现在其他网络社交平台的自治规范中。例如，《斗鱼视频内容管理规定》附则中提及"斗鱼直播平台将根据平台发展并结合相关法律、法规、政策和监管部门的指令，更新本管理规定。"② 因此，网络社交平台在线纠纷解决制度合乎国家法规定，会提升制度相关人对制度的认可度，从而提升该制度的运行实效。

其二，制度惩罚强制性。并非所有人都发自内心认可并信任制度规则，从而自觉地遵守制度。从制度规则的外在视角分析，有一部分人遵守制度是畏惧制度的强制性惩罚所带来的利益损失。人的"言行"都是基于利益的理性衡量而为之，当这部分人发现违背制度不仅需要受到惩戒，而且他们所遭受的利益损失会远远大于遵守制度所获得的利益时，哪怕他们的内心并不认可制度规则，他们也会出于利益的衡量而遵守制度。目前，网络社交平台在线纠纷解决制度规定的惩罚在形式上较为丰富，但实质上都是一种限制"言论自由"的惩罚。一旦平台用户被限制"言论自由"，则会遭受封号、禁止发布评论、内容被删除等利益损失。故，网络社交平台在线纠纷解决制度的强制性惩罚措施能够在一定程度上塑造人们的行为，使得人们的行为符合制度的预设目标。

2. 定量维度

网络社交平台在线纠纷解决制度的功能之一是运用解纷规则成功地解决纠纷。在每一个纠纷案例中，具体解纷规则得到适用与执行，网络社交平台在线纠纷解决制度才被视为具有制裁实效。从定量的维度进行分析，网络社交平台在线纠纷解决制度的运行实效之制裁有效率可以用符号 G 表示。该制裁实效用公式来表示为：制裁实效（G）＝完成判定纠纷案件数量（N）/总受理举报数量（M）。

---

① 微博平台：《微博社区公约》，https：//service.account.weibo.com/roles/gongyue，访问日期：2021 - 09 - 17。
② 斗鱼平台：《斗鱼视频内容管理规定》，https：//www.douyu.com/cms/ptgz/202008/06/16147.shtml，访问日期：2021 - 10 - 22。

笔者仍以"微博"社交平台为例，从"微博社区管理中心"选取了大量数据以分析"微博"社交平台在线纠纷解决制度运行实效之制裁实效 G，如图 2 所示。

其一，对"微博"社交平台的纠纷进行分类，逐类分析不同类型纠纷的制裁实效。"微博"社交平台的纠纷主要可以分为：不实信息、泄露他人隐私、人身攻击、内容抄袭、冒充他人、违规有奖活动六类。从图 2 中的数据可以得知，"内容抄袭类"的纠纷制裁实效最低，数值为 40.64%。对于此类纠纷的低制裁实效，笔者稍后详述。纠纷制裁实效最高的为"冒充他人纠纷"，此类纠纷制裁实效高达 99.91%。"微博"社交平台在线纠纷解决制度的制裁实效为 97.30%，制裁无效率为 2.7%。

其二，为了实现定量的可视化，使得图表数据之间的差异性更明显，便于进行数据分析。对"受理举报数"和"完成判定数"取以 e 为底的自然对数，结果如图 3 所示。该图的数据更为直观，"微博"社交平台在线纠纷解决制度的"人身攻击"受理举报数量和"微博"社交平台总举报受理量的数值明显大于 14，具体占比为 81.1%。这说明，"人身攻击"类纠纷是"微博"社交平台内部最常见的纠纷类型。

图 2：微博社区管理中心纠纷的制裁实效①

举报类型	受理举报数	完成判定数	制裁实效
不实信息	40630	40379	99.38%
泄露他人隐私	9028	9007	99.76%
内容抄袭	2218662	2186265	98.53%
冒充他人	195886	195722	99.91%
违规有奖活动	5822	5529	94.96%
其他	40209	39074	97.17%
受理举报总数	2735169	2661419	97.30%

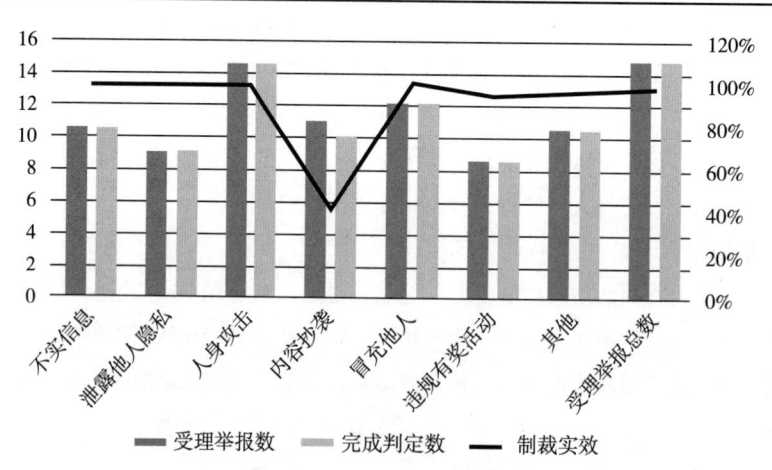

图 3：微博社区管理中心纠纷的制裁实效②

---

① 数据截止至 2021 年 9 月 17 日。
② 数据截止至 2021 年 9 月 17 日。

综上所述，笔者以"微博"社交平台为例，从"裁断程序"和"裁断活动"两个方面具体描述了在线纠纷解决制度基本结构要素相互作用的全过程，揭示了网络社交平台在线纠纷解决制度的运行机理。除"微博"社交平台以外，知乎、抖音、斗鱼、B站等社交平台的在线纠纷解决制度皆具备"纠纷裁断主体""解纷规则""纠纷解决方式""实施机制"四项基本结构要素。虽然各大网络社交平台在"解纷规则"的具体程序设计和裁断活动规范、实施机制等方面有细微差异，例如，对于人身攻击类纠纷，知乎平台对平台用户的处罚较为严厉。但是，网络社交平台在线纠纷解决制度的运行机理在本质上是一致的。此外，笔者给出了计算网络社交平台在线纠纷解决制度制裁实效的公式。虽然其他网络社交平台暂未公开相关数据，但是，该公式依然适合于计算各大网络社交平台在线纠纷解决制度的制裁实效。

三、网络社交平台在线纠纷解决制度的缺陷

网络社交平台在线纠纷解决制度的功能实现需要通过运行才能从应然层面走向实然层面。在探究网络社交平台在线纠纷解决制度的基本结构、运行机理与实效之后，笔者发现了其存在两处缺陷：其一，裁断程序的价值缺陷。其二，解纷功能的有限性。

（一）裁断程序的价值缺陷

网络社交平台在线纠纷解决制度设计的裁断程序，始于"举报行为"，终于"裁断结果的形成"。整个裁断程序的最终目的是为形成公正的"裁断结果"而服务。然而，目前，裁断程序的每一环节与每一程序角色所具有的价值却是不完备的。这种价值缺陷最终导致公正的"裁断结果"的形成具有瑕疵。裁断结果的瑕疵势必影响网络社交平台在线纠纷解决制度的整体运行实效，丧失其"化解纠纷，维护秩序"的制度功能。现阶段，网络社交平台在线纠纷解决制度裁断程序具有如下两大价值缺陷：一是裁断程序缺乏公开性。二是裁断程序无法约束裁断主体的自由裁量权。

1. 裁断程序缺乏公开性

裁断程序的公开性是裁断程序正义的价值体现，要求"程序正义以看得见的方式实现"。故，裁断程序的公开性意指裁断程序的每一阶段、每一步骤都应当以社会外界看得见的方式进行。[①] 然而，网络社交平台在线纠纷解决制度的裁断程序却忽视了裁断程序的公开性。以"微博"社交平台为例，其纠纷裁断程序共有六大环节。然而，这六大程序环节在具体纠纷案例的运行过程中对当事人以及社会公众而言却犹如"黑箱"。在实际情况中，纠纷当事人只能被动地等待系统通知。平台用户无法寻求"举报"不被受理的救济措施、无从知晓纠纷处理的具体进度、无法得知21位普通委员会成员或者9位专家委员会

---

① 参见江必新、程琥：《司法程序公开研究》，载《法律适用》2014年第1期。

成员的投票情况、无法知晓作为隐性的裁断主体（算法规则）的运行原理与过程。

平台用户最常遭遇的两种极端情况便是：其一，"被举报的纠纷"石沉大海，杳无音讯。其二，平台用户直接等到一份系统送达的纠纷裁断处理结果。送达纠纷当事人手中的裁断文本是由隐性的裁断主体（算法规则）根据裁断组织成员的投票结果结合其他参数自动生成的。在输入的数据和输出的裁断结果之间，存在着人们无法洞悉的"隐层"，被称之为"算法黑箱"。[①] 因此，算法的不透明、不公开导致平台用户往往忽视了隐性的裁断主体（算法规则）的存在。而且，他们甚至没有意识到自己有权利知晓裁断算法设计的原理、基本规则和因素权重。但是，他们会对系统直接送达的纠纷裁断结果表示不满。更何况，现阶段的网络社交平台账号的背后承载着巨大的社会价值和经济价值，一旦平台未经公开地裁断纠纷，便对这些账号进行"永久封闭"的处罚措施，势必会导致平台用户及社会公众对裁断结果的愤懑与恐慌。因此，裁断程序缺乏公开性，剥夺了平台用户的知情权，使得纠纷裁断的过程缺乏当事人和社会公众的监督，最终导致裁断结果的公正性受到质疑。

2. 裁断程序无法制约裁断主体滥用自由裁量权

制约权力是程序的工具价值之一，网络社交平台在线纠纷解决制度的裁断程序将裁决权力与执行权力分散到具体的程序角色中。这些程序角色主要包括：举报人、被举报人、普通委员会成员、专家委员会成员、微博社区管理中心执行组织。具体言之，裁决权力分散到系统随机选择的21位普通委员会成员或者9位专家委员会成员，采用简单多数制达成裁断结果。而且，裁断主体与纠纷当事人不知晓彼此的身份信息。执行权力则被赋予"微博"社区管理中心执行组织。故，该程序装置在一定程度上既限制了裁决权力的恣意妄为，又避免了裁断权力与执行权力一体化集中于"微博"社交平台。

然而，裁断程序的简单多数决策机制与随机选择机制无法约束裁断组织成员的自由裁量权。裁断主体的自由裁量权是指裁断主体在裁断活动过程中享有的一种能动性地做出决定的权力。裁断过程包括纠纷事实的认定、纠纷规则的适用、作出裁断结果等三个环节，每一个环节中都存在着自由裁量权的行使问题。而且，裁断纠纷是一个需要裁断主体拥有专业的知识水准和极强的理性推理能力的活动。

但是，系统随机选择的裁断主体，他们的工作性质、身份背景、专业知识水平、认识能力、推理能力、道德价值偏好、个人经验、个人理性等都是具有差异化的。每个裁断主体的专业知识水平、推理能力和认识能力的高低都是参差不齐的。因此，缺乏必要的程序规范来减少这种差异化的外在因素对裁断结果公正性的影响。此外，在简单多数决策机制基础上，这些差异化的外在因素极有可能导致网络空间中"多数人的暴政"。多数人的同意并不必然意味着纠纷事实认定和解纷规则适用的正确性以及裁断结果的公正性。因此，

[①] 参见徐凤：《人工智能算法黑箱的法律规制——以智能投顾为例展开》，载《东方法学》2019年第6期。

网络社交平台在线纠纷解决制度的程序设计需要警惕"多数暴政"风险，保护少数人的权利。

另外，系统随机选择的裁断主体并不对错误或者不公正的裁断结果承担任何责任。因此，归责机制的缺乏亦会导致裁断主体滥用自由裁量权，增加裁断结果的随意性。

综上所述，裁断主体差异化外在因素是客观存在的，系统随机选择机制又加剧了这种差异化外在因素。现有的简单多数决策机制不仅不能有效规制裁断主体对自由裁量权的滥用，反而加剧了网络社交空间中"多数暴政"的风险。归责机制的缺乏又提高了裁断主体滥用自由裁量权的概率。

(二) 解纷功能的有限性

解纷功能是网络社交平台在线纠纷解决制度的核心功能。然而，从"微博"社交平台在线纠纷解决制度运行实效的结果来看，解纷功能的有限性缺点较为突出。其主要表现在以下两个方面：一是解纷范围的有限性；二是救济方式的有限性。

1. 解纷范围的有限性

网络社交平台内部的纠纷类型纷繁复杂，本质上都是利益冲突。解纷的目的就是对被侵害的利益进行救济。耶林认为，权利是人们交往行为中的利益结构关系的表现。① 归根结底，纠纷解决是为了实现对权利的救济。谢晖又将权利分为习惯权利和法（国家法）定权利。② 因此，解纷范围的有限性意指网络社交平台在线纠纷解决制度无法对平台用户所享有的习惯权利和法定权利进行有效的非司法救济。

其一，"其他"类纠纷的范围模糊不清。以"微博"社交平台为例，"泄露他人隐私""人身攻击""冒充他人""违规有奖活动""内容抄袭"分别涉及对平台用户隐私权、名誉权、姓名权、财产权和知识产权的保护。"不实信息"与"其他"则规定了平台用户应享有保护的其他权利。至于其他权利具体指哪些权利，网络社交平台没有作更为详细的规定。无权利即无救济，没有详细的规定，平台用户就没有办法寻求在线纠纷解决制度进行权利救济。而且，"其他"类纠纷的举报受理量只有40209件。因此，网络社交平台在线纠纷解决制度所规定的含糊不清的"其他类纠纷"限制了权利救济的范围，也限制了纠纷解决的范围。

其二，侵权行为呈现多样化形态，解纷规则未作详细规定，限制了权利救济范围。例如，"内容抄袭类"纠纷的制裁有效率仅仅为40.64%。这一数据表明裁断主体无法有效地裁断与用户生成内容③著作权相关的纠纷。"微博"社交平台只规定了一种侵犯用户生成内容著作权的行为，即"内容抄袭"行为，具体条文规定如下："抄袭是指发布他人原

---

① 参见［德］鲁道夫·冯·耶林：《为权利而斗争》，刘权译，法律出版社2019年版，第10页。
② 参见谢晖：《民间规范与习惯权利》，载《现代法学》2005年第2期。
③ 用户生成内容主要指由非专业从事作品创作的用户生成、以网络为主要传播媒介的作品。

创内容而不注明原作者或不注明转载的。"① 这一规定过于狭隘，无法适应网络社交平台内部多样化的"著作权侵权"形态，亦无法满足平台用户对著作权救济的迫切需要。面对日益猖獗且多样化的侵权行为，例如，"歪曲、篡改他人作品""利用技术未经许可复制他人作品""侵犯表演者权"等侵权行为，"微博"社交平台解纷规范未作出及时回应。一方面，平台用户存在对著作权保护的迫切现实需要，另一方面，在线纠纷解决制度并未给平台用户提供更精细化的"举报类型"选择。因此，针对其他侵犯著作权的行为，平台用户也只能通过"内容抄袭类"纠纷渠道寻求著作权救济。然而，平台规则未对侵犯著作权的其他行为作明确规定，系统随机选择的裁断主体又不具备处理有关"著作权"纠纷的专业知识，自然无法裁断"内容抄袭类"纠纷。除了"内容抄袭类"纠纷，其他财产权、人身权等法定权利纠纷也呈现多样化的侵权样态。这些都是各大网络社交平台所共同面临的困境。因此，解纷规则未对现实侵权形态作出详尽规定，既限制了在线纠纷解决制度的权利救济范围，也限制了解纷范围。最终，解纷范围的有限性缺陷导致该项制度未能有效分担我国诉讼制度的压力。

2. 救济方式的有限性

法经济学认为，救济方式指的是违反相关法律规则而应该承担的"法律责任"或者"不利后果"。② 网络社交平台自治规范属于"民间法"的范畴，其主要提供了两类救济方式：一类是限制违规平台用户的言论自由权。这一类型的救济措施主要指对用户账号的内容，进行"删除、屏蔽、禁止被转发、禁止被评论、限制展示、标注"等处置。另一类是永久或者一定时期内取消违规用户的成员资格。这一类型的救济方式是针对"用户账号"进行处置，例如，禁止该账号发布信息和评论、禁止该账号被关注、禁止修改账号信息；限制账号主页访问；永久关闭或者注销账号。随着平台纠纷涉及的权益日益复杂，在线纠纷解决制度所规定的两类救济方式的有限性同救济对象的多元化之间产生了矛盾。

以"限制言论自由"这种救济方式为例，一方面，这两种救济措施实施不当可能违反宪法对公民基本权利的保护；另一方面，对于诸如"财产权纠纷""知识产权纠纷""名誉权纠纷""隐私权纠纷"等涉及多种权益保护的纠纷而言，限制违规一方纠纷当事人的言论自由，并不必然等同于对另一方纠纷当事人的有效救济。而且，面对平台用户多元化的权益保护诉求，网络社交平台只能给予"限制违规用户的言论自由"或者"取消违规用户的成员资格"这两种救济方式。然而，这两类救济措施对被侵权人而言，其救济力度与救济方式都是极为有限的。因此，网络社交平台在线纠纷解决制度应当为多元化的救济对象提供类型多样化且适当的救济方式，且需具备一定的救济力度。

---

① 微博平台：《微博投诉操作细则》，https://service.account.weibo.com/roles/xize，访问日期：2021-09-17。

② 参见凌斌：《法律救济的规则选择：财产规则、责任规则与卡梅框架的法律经济学重构》，载《中国法学》2012年第6期。

四、网络社交平台在线纠纷解决制度的完善路径

网络社交平台在线纠纷解决制度是解决世界一、世界二和世界三互相交织的那部分纠纷而建构的制度安排,是我国多元化纠纷解决制度中不可或缺的组成部分,亦是提高互联网时代国家治理体系与治理能力现代化的重要力量。网络社交平台在线纠纷解决制度虽属于世界三的构成部分,但是其中的交往主体"人"既是世界一的客观存在,又是世界二的意识主体。因此,网络社交平台的良性治理与秩序维护不仅关系到客观的物质世界,而且与主观的精神世界相互作用,故,进一步完善网络社交平台在线纠纷解决制度刻不容缓。

(一) 裁断程序的完善

网络社交平台在线纠纷解决制度裁断程序的设计与完善应当不断地趋近现代"正当程序"的理念。程序的公开性是现代"正当程序"极其重要的内在独立价值,制约裁断主体的自由裁量权亦是正当程序的工具性价值之一。故,裁断程序的完善需要从"增强裁断程序的公开性"和"增强裁断程序对自由裁量权的合理规制"两个方面切入。

1. 增强裁断程序的公开性

其一,明确裁断程序的公开范围。裁断程序的公开涉及裁断活动的过程公开和裁断结果公开两部分。裁断程序的公开并非是无限制地将与案例有关的事项与内容毫无保留地向纠纷当事人与社会公众公开。当网络社交平台在线纠纷解决制度需要裁断交织复杂利益冲突的纠纷时,还存在一些其他的价值准则需要维护。[1] 例如,在涉及他人"隐私泄露""商业秘密"或者"双方当事人经合意不愿意公开"等复杂情况时,裁断程序的无限制公开反而会阻碍纠纷的顺利解决,不利于实现和谐稳定的平台秩序。因此,网络社交平台应当制定相关程序性规范,合理明确裁断程序的公开范围。具体言之,第一,合意性的不公开。网络社交平台应当给予平台用户选择权,由平台用户选择是否公开裁断活动的全部过程或者裁断结果。只有当纠纷当事人一致选择不公开时,裁断活动的过程与裁断结果才应当不公开。第二,绝对的不公开。当一些纠纷案例涉及当事人的"隐私权""商业秘密"或者与"妨碍公共秩序或善良风俗"相关的利益时,裁断过程与裁断结果应当不对社会公众公开。除了上述两种特殊情况之外,其余的网络社交平台纠纷的裁断过程与裁断结果都应当对纠纷当事人和社会公众公开。

其二,公开裁断活动的过程。裁断活动的过程公开包括裁断主体裁断过程的公开和算法规则裁断过程的公开。对于前者,除了前述的特殊情况外,网络社交平台在线纠纷解决制度应当公开"裁断主体的信息、裁断组织的投票结果、裁断主体的裁断理由"等其他与

---

[1] 参见刘敏:《论司法公开的扩张与限制》,载《法学评论》2001年第5期。

纠纷案例密切相关的信息。裁断主体的信息公开主要包括对裁断主体的资格审查、工作领域、判决数量、投诉率等信息的公开。裁断主体裁断活动过程的可视化与透明化能够显著提高纠纷当事人及利害关系人对裁断结果的认可度。对于后者，裁断算法的种类、逻辑、设计原理、源代码、算法设计者等信息都应当公开在网络社交平台自治规则的专门章程中，以便纠纷当事人和社会公众查阅与监督。一方面，算法规则等信息的公开能够促使算法的设计者和开发者在设计算法时就确保算法的公平性与准确性，提高算法裁断结果的说理性与正当性。另一方面，算法规则裁断过程的公开有助于提高人们参与平台自治的积极性。算法"黑箱"的存在侵占了平台用户进行"自主管理与自我实现"的自由空间。作为平台自治的主体与客体，他们不知道，甚至没有意识到其有权利应当知道算法规则的设计原理和裁断结果的形成过程，并拥有提出质疑的权利。只有打开算法"黑箱"，平台用户才会积极地在平台自治活动中融入自身的价值判断、利益需求和权利主张。

2. 增强裁断程序对自由裁量权的合理规制

裁断组织成员拥有的自由裁量权力是一种普遍的客观存在，但是在实践中裁断程序又对自由裁量权的行使缺乏必要的规制。增强裁断程序对自由裁量权的合理规制应当是建构一系列完整的程序制度体系。

其一，建立裁断组织成员资格审查机制以规范自由裁量权的行使。网络社交平台在线纠纷解决制度追求裁断活动的高效性与低成本性，忽视了裁断组织成员的资格审查，忽视了裁断结果的正义性。随着互联网经济的蓬勃兴起，平台用户与社会公众日益重视裁断结果的公正性。资格审查机制能够在一定程度上减少差异化外在因素对自由裁量权的影响，促进裁断结果的公正性。网络社交平台应该制定相应的裁断主体招募准则，不仅要审查申请人的学历、专业、年龄、职业、在线时间和个人能力证书等基本信息，而且要重视申请人的伦理道德素养、账号信誉情况等综合素质。此外，从整体上提高裁断组织成员的专业与道德素养，还能减少系统随机选择机制的负面影响，预防"多数暴政"的风险。

其二，建立归责机制以规制自由裁量权的行使。依据社会契约论，裁断主体的自由裁量权力来源于平台成员以契约形式让渡的权利。契约赋予了裁断主体自由裁量的权力，也需要赋予其相应的责任。否则，自由裁量权力脱离责任而单独存在，必将导致腐败。故，网络社交平台在线纠纷解决制度建立归责机制以制约裁断主体自由裁量权力的滥用迫在眉睫。所谓归责机制是指在裁断结果出现错误的情况下，对存在过错的裁断主体予以责任追究的制度模式。归责机制应当以个别裁断主体的"裁断理由和裁断结果"作为责任判断与承担的依据。裁断理由是裁断主体将行使自由裁量权的内在心理活动与理由予以成文的外在化展示。相关的平台组织将依据裁断结果，结合裁断理由，对裁断主体的过错、过错程度和责任承担方式进行判断与归结。因此，归责机制的压力将会迫使裁断主体审慎地运用自由裁量权力，降低以权谋私的概率。

(二) 解纷功能的完善

网络社交平台内部时刻翻涌着"纠纷"的骇浪,解纷功能的完善势必有助于缓解我国诉讼制度的压力,节约有限的司法资源,实现平台和谐秩序。笔者认为解纷功能的完善路径如下:一是扩大解纷范围,二是提供多样化的救济方式。

1. 扩大解纷范围

扩大解纷范围实质上是要求网络社交平台解纷规则扩大对平台用户权利的保护范围。网络社交空间是人类交往活动的拓展领域,权利则习惯地生成于其间,或成为习惯权利,或经相关渠道成为法定权利。

其一,从混沌的习惯状态中提取出习惯权利以扩大网络社交平台自治规范对权利的保护范围。人们在网络社交空间的社会交往中不断地形成诸多新习惯,但是,这些新习惯最初都只是一种自发的、零散的权利意识,并不是习惯权利本身。习惯权利则是对新习惯进行加工的规范成果,如若网络社交平台自治规则不能从混沌的习惯状态中提取出明确的习惯权利,则所谓纠纷解决不过类似于秋菊主张的"讨个说法"。例如,平台用户使用自己的账号已经成为一种日常习惯。他们认为自己不仅拥有账号的所有权,而且对账号内的信息与数据也享有财产权。然而,诸多网络社交平台自治规范并没有规定平台账号的所有权属于用户,对于账号信息与数据的财产权也未作规定。此类规则的缺位极大地限制了网络社交平台自治规范对权利的保护范围。一旦产生相关纠纷,平台用户却寻找不到权利救济的根据与渠道。因此,网络社交平台自治规范需要以成文的方式将习惯权利固定下来,以扩大解纷范围。

其二,扩大法(国家法)定权利的保护范围。相关国家法与平台自治规范的调整对象是网络社交空间内部千姿百态的社会事实,但是,国家法本身所具有的滞后性和相对稳定性导致其无法及时回应社会需求。因此,网络社交平台自治规范扩大对法(国家法)定权利的保护范围并非越俎代庖,而是补充国家法对法定权利的救济不足。譬如,网络社交平台内部出现了利用信息技术或者虚假抽奖侵犯公民财产权的行为,亦出现了针对公民人身权的网络暴力行为。面对这些新型的、多样化的侵犯法定权利的行为,在国家法未细化相关权利的保护规则之前,网络社交平台自治规范能够凭借其灵活性及时回应平台用户对权利保护的迫切需要。此外,由于司法资源的稀缺性、诉讼金钱成本高昂、诉讼过程漫长、救济不及时、可诉性标准高等缺点,权利人往往不愿意寻求司法救济、行政救济等公力救济方式。在线纠纷解决制度则凭借其高效性和低成本的优势,获得了平台用户的青睐。故,网络社交平台自治规范应当针对平台内部多样化、隐蔽性的侵犯法定权利的行为制定详细的权利保护规则,以进一步扩大解纷范围,及时回应平台用户的权利保护需求。

2. 提供多样化的救济方式

网络社交平台在线纠纷解决制度的救济方式以"限制言论自由权"为核心,以"剥夺平台成员资格"为辅。救济对象（权益）的多元化与救济方式有限性之间产生了尖锐的矛盾，无法满足平台成员日益迫切的权益保护需求。例如，网络社交空间内部的纠纷直接或者间接地涉及财产权纠纷，对侵犯他人财产权的行为施加限制言论自由或者关闭账号的"惩罚性"救济措施是无济于事的。此类救济措施远远不能弥补受害者的财产损失，侵权人反而只以牺牲一个账号的代价便轻易获得了他人财产。再如，网络社交空间侵犯人身权的行为日益猖獗，导致诸多普通公民遭受"网络暴力"。"网络暴力"导致公民的社会评价、声誉、心理健康等精神利益受到影响。如果仅仅只对被举报人施加限制言论自由或者剥夺平台成员资格的处罚，此种救济措施也只是隔靴搔痒。除此之外，网络社交空间存在其他复杂的侵权纠纷。因此，在线纠纷解决制度以"限制言论自由权"为核心的惩罚性救济体系需要针对救济对象多元化，制定相应的、合理的救济措施。例如，针对财产权纠纷，设置合理的返还财产或者赔偿损失的救济方式。针对人身权益纠纷，设计相应的赔礼道歉或者恢复名誉的救济措施。否则，平台用户所享有的正当权益无法得到具体落实，在线纠纷解决制度则丧失了其存在基础。

五、结语

网络社交平台在线纠纷解决制度由纠纷裁断主体、纠纷解决规则、纠纷解决方式和实施机制构成，这四个基本要素的相互作用从应然层面揭示了"纠纷解决，维护秩序"这一制度功能的具体实现过程，即制度运行原理。应然层面的制度构建需要在实践中被执行或被适用，制度规则预设的秩序才能真正形成。制度运行实效则是衡量在线纠纷解决制度功能实现程度及效果的指标。基于对该项制度的运行原理与运行实效的分析，结果表明：裁断程序存在的价值缺陷与解纷功能的有限性极大地限制了"纠纷解决"核心功能的有效实现，从而阻碍了平台自治。针对该项制度的前述缺陷，可以从"增强裁断程序公开性及自由裁量权的规制"以及"扩大解纷范围与提供多样化的救济方式"两大方面对其制度设计进行完善。网络社交平台在线纠纷解决制度是我国多元化纠纷解决机制的重要组成部分，进一步完善制度设计能够有效地提高制度解纷水平与运行实效，从而节约我国珍贵的司法资源，缓解诉讼制度的压力。最后需要注意的是，限于"微博"平台数据的难以获得性和数据样本量不足，其制度运行的制裁实效可能存在稍许误差。另，网络社交平台以限制公民的"基本言论自由权利"作为惩戒性处罚是否具有法理上的正当性，这些问题有待后续深入探究。网络社交平台在线纠纷解决制度作为民间法规则体系，其将长期存在并影响我国的社会治理格局，完善该项制度的构建可提高互联网时代国家治理体系与治理能力现代化水平。

The Research on Online Dispute Resolution System of Network Social Networking Platform

Wang Xin

Abstract: The online dispute resolution system of social network platforms is an important part of China's diversified dispute resolution mechanism, which is composed of four basic structural elements: "the subject of dispute adjudication", "the rules of dispute resolution", "the way of dispute resolution" and "the implementation mechanism". The interaction of these four basic structural elements illustrates the operation mechanism of online dispute resolution system from the perspective of necessity. The operational effectiveness of the system is an indicator to measure the implementation or application of the online dispute resolution system in reality, which consists of effective behavior and effective sanction. Based on the analysis of the operating principle and actual effect of the system, the "adjudication procedure" and "function of resolving disputes" of the system have defects. The value defect of the adjudication procedure leads to the doubt of the fairness of the adjudication result, and the limitation of the function of resolving disputes limits the demand of the platform users for protecting their rights. To perfect the defects of the system, we need to start from the following two aspects: one is to enhance the openness of the adjudication procedure and the ability of regulatory discretion; Second, expand the scope of dispute resolution to provide diversified rights protection needs and remedies for platform users. The improvement of the online dispute resolution system will not only improve the effectiveness of the system, so as to achieve good governance and harmonious order of the platform, but also greatly relieve the pressure of China's litigation system, so as to improve the modernization of national governance system and governance capacity.

Keyword: Social networking platform, Online dispute resolution, Adjudication procedure, Running results

学理探讨

蒙古传统习俗中的"无讼"观

——以《蒙古风俗鉴》为载体

于语和 许欣宇[**]

摘 要 "无讼"思想作为中国传统法律文化的重要构成部分,已在中国历史上绵延了数千年,潜移默化地对古代社会治理体系产生重要影响。它不仅是中原儒家法律文化的内涵要件,也是以草原游牧民族文化为主的蒙古地区的重要体现,在数千年的民族交流与融合中,革故鼎新,因酌损益,不断被丰富、发展、完善。以罗布桑却丹的《蒙古风俗鉴》一书为载体,深度剖析蒙古族传统习俗,从其总结的自清末至民国百余年间的蒙古文化渊源与流布中依然能够找寻"无讼"观的历史痕迹。虽然蒙古族的"无讼"观尚待系统性、理论性的思想体系建构,"无讼"这一词汇也是借用自儒家经典,但是通过或巨或细的各种风俗习惯、族群内部衣食住行用的日常生活,依然可以做到由客观到主观的提炼、总结和概括。当前,这种"无讼"观被当地居民、政府以及司法界所关注,并有意识地运用在社会实践中,此外,还在民族地方的纠纷解决中发挥着的独树一帜的作用。可以说,它对于当今民族自治地方立法建设、《民法典》的适用与民族习惯的有效衔接、民族自治地方的多元化纠纷解决机制的建立健全,具有借古鉴今的重要意义。

关键词 "无讼"思想 蒙古风俗习惯 纠纷解决

一、蒙古传统习俗中"无讼"观的主要体现

少数民族传统的风俗习惯所映射的"无讼"观是几千年以来传统文化中的精髓,促进了民族地区的社会和谐,进一步厘清构建和谐社会与少数民族风俗习惯发挥内在的联系。

---

[*] 本文系 2019 年国家社会基金一般项目:依法治国的中国传统法律文化溯源研究(19BFX21)阶段成果。
[**] 于语和,南开大学法学院教授,博士研究生导师,法学博士后;许欣宇,南开大学法学院法律史博士。

探究蒙古传统和现代视角下的"无讼"观是探索适应于蒙古当今社会及文化真实状态的纠纷解决机制方式,实现其地域和谐发展。

(一)基层治理者的参与解纷作为前置程序

蒙古族作为游牧民族之一,其政权组织的主要形式是以血缘为纽带的氏族部落制,社会治理的基本载体为逐水草群居而生的自然聚落,即使在其封建化开始后,这种历史基因也长期贯穿在其发展流变之中。古时蒙古部落虽习俗不一,但在其基层组织内部,自上至下分别设有不同级别的治理首领,依据部落(蒙语"爱马各")体量的或大或小,统领达数个部落的首领称之为"伯"或者"汗",某个部落的事务由汗选定的诺彦负责,所谓"诺彦",又称"那演""诺演",泛指蒙古贵族官员,有时单指某一类官员。诺彦管理的部落又设若干努图克,"努图克"的汉译为领地,它是一级社会组织,其首领为努图克长,或称"努图克沁",与其同时并存的基层单位还包括爱里,汉译为"村落",村长称之为"爱里大"。蒙古地区依照在部落诺颜、努图克诺颜中,比丁诺颜管辖众部落努图克,汗诺颜管辖比丁诺颜的规则次序进行管辖。根据人口多少,努图克长可以任命十户长、五十户长、百户长和千户长[①]等,长官们皆谨守各自管辖职责。其中的十户长是最接近民众的一线管理者,也是权力最为细微的基层执法者,康熙六年(1667),清政府出台的《蒙古律书》第五十四条规定:"十户设长一名。不设者,若王等罚马十;扎萨克诺颜、固山台吉、公等罚马七;台吉等罚马五。"[②] 后来,这一条文同样出现在乾隆五十四年(1789)编纂的《蒙古律例》之中。[③] 可见,这一身份职能的划定是蒙古传统的民族风俗,亦是国家律法的硬性要求。

根据罗布桑却丹的记载,十户长、五十户长、百户长和千户长,以及努图克长、爱里大等基层治理者,享有调处、解决民间纠纷的权力,根据事件复杂程度和影响范围,一般小事由百户长报努图克处理,大事要报伯处理。[④] 关于民户告状的规定是:双方发生纠纷时,先报爱里大知道(译者注,爱里大:村长),如果爱里大解决不了,就告到苏木扎兰那里,扎兰管的民户纠纷就由扎兰解决。[⑤] 成吉思汗被推选为首领后,先行将蒙古部落统一并确立了户丁皆为兵勇的制度,根据兵营之况设立旗、苏木,将每个努图克根据大小之规格设立创制军事单位——旗。所谓"苏木",即"佐领",是指清政府在盟旗之下设立

[①] 百户、千户的身份划分承袭自成吉思汗时代,泰和六年(1206),铁木真在斡难河畔称汗建国,随即颁布的法令中则有:"当初立国的人,合做万户、千户、百户的,都委付赏赐了。"这种建制同样也见于同时期的宋人记载:"其民户,体统十人谓之排子头,自十而百,百而千,千而万,各有长。"乌兰校注:《元朝秘史》第224节,中华书局出版社2012年版,第292页。

[②] 中国第一历史档案馆:《康熙六年〈蒙古律书〉》,载《历史档案》,2002年第4期,第3-11页。

[③] 《蒙古律例》规定:"十家设一长。"参见《蒙古律例》卷二《户口差徭》,载《中国方志丛书》塞北地方第三八号,成文出版社1968年版,第37页。

[④] 罗布桑却丹:《蒙古风俗鉴》,赵景阳译,管文华校订,辽宁民族出版社1988年版,第38页。

[⑤] 罗布桑却丹:《蒙古风俗鉴》,第44页。

军、政、法三权合一的最基层权力单位,至今在我国内蒙古自治区内为乡级行政单位。"扎兰"即为"参领",是苏木的上一级单位。由此可见,民户想要启动国家诉讼机器、进入司法程序的前置要件,应是先行上报给以爱里大为代表的基层一线治理者处理。究其原因,最为接近民众生活的是基层一线治理者,并且群居的蒙古族民众受蒙古高原独特的地理地貌影响形成了兼容并蓄、自由豪爽的民族性格,且整个地区社会形态是一个互帮互助的良好状态,其相互之间因亲属、邻佑、朋友的关系而发生利益关联。同时,许多纠纷仅是钱债、口角、析产等细故,并不值得大费周章以兴词讼。因此,让基层一线治理者去处理纠纷,能够充分了解案情,厘清双方纠纷,对纠纷施以斡旋、调解。只有当这批治理者不能妥善处理,或是处理之后双方依然不能平息讼怨,方才允许双方行使诉讼权利。蒙古传统习俗产生的经济基础大多源于游牧民族的生产条件的自然限制,在日常的生产生活中为适应其部落社会的发展而产生了规制性的行为实践,这是具有浓厚民族特性的实践。与中原地区不同的是,中原地区有比蒙古地区更为发达的司法系统,因此人们在经济发展加速的情况下,会明显提升争诉的客观诉求,而蒙古地区司法体系发挥这一前置程序的设计能够使许多细小的矛盾得到迅速的化解,在诉讼环节开始前便被有效处理在萌芽初始阶段,从而起到平息纠纷的目的。

(二) 家法族规成为定分止争的重要依据

蒙古族解决纠纷的依据并不单一,多元化的纠纷解决依据不仅包含国家律法、地方法规,还包括家族内部的族规、条令。蒙古族很崇尚长者的权威,将长者的教育和训诫视为金科玉律,所谓"如阳光般的,老人的经验。"蒙古族长者的话逐渐成了蒙古族传统的风俗习惯得以如社会规范代代相传,家族长者制定的家规族规广为后代继承成为蒙古族居民重要的行为规范。罗氏描述道:"虽有衙门和官府,但处理事情仍按家法,和汉族衙门不同。"[1] 这一点的确和古代汉地的法律适用规则截然不同,后者只有在未经见官的情况下,家族、宗族的规定才可以被有条件地加以实施,否则一旦进入司法领域,在国家律例和司法权力的强大施压下,家法族规几乎没有可能的发挥空间。再者,蒙古族人内部的家法族规很严格,其惩罚措施、惩罚力度丝毫不逊于国家律例的定罪科刑。在蒙古族人心中,撒谎、做贼是最为严重的罪行,其中做贼并不等同于简单的偷盗行为,而是指故意杀人、抢劫、盗窃等一系列犯罪;撒谎应理解为在行为中不守信用的表现,而非仅指欺骗或更严重的欺诈行为。有时这组词汇就概指违法犯罪,南宋彭大雅描述道:"其法说谎者死,故莫敢诈伪。"[2] 它在元代的公文和法律之中十分常见,例如至大三年(1310)七月,御史台上奏称:"监察、廉访司官人每,是拏做贼说谎的衙门有,歹人每不爱的多有也者。"[3]

---

[1] 罗布桑却丹:《蒙古风俗鉴》,第40页。
[2] 彭大雅、徐霆:《黑鞑事略》,王云五主编:《丛书集成初编》,商务印书馆1936年版,第6页。
[3] 方龄贵:《通制条格校注》卷二十七《杂令》,中华书局2001年版,第610页。

时至清末，对犯罪行为的打击内化在族规之中，一旦家族中某人存在做贼、撒谎行为，族长就要主持召开全族会议，若情况不实，就加以释放；若罪行属实，则应当场向族众公布此人罪状，根据情节轻重来处罚。处罚方式主要是针对犯罪人的财产和人身自由，轻则罚没、赔偿牲畜、物品，重则处以鞭刑、拘禁、驱逐出境甚至是偿命。

之所以能产生这一现象，与以下两个方面有关：第一，氏族部落制的社会结构框架发挥着关键性作用，蒙古族家庭中派生自同一始祖的男性后裔属于同一氏族集团，故称之为族人。族中的长者——特别是族长——具有高度的权威性和话语权，罗氏谈到："从古代处理问题的情况看，都是通过老年人去辨别是非"，"每次集会或者宴席上，老年人都要对年轻人进行祖祖辈辈流传下来的教导。"① 其训诫和教导之语通常获得族人的认可和遵循，这也就为家法族规的施行提供了主体捍卫。在此基础上进言之，蒙古族人视长者之诫为金科玉律，这也就决定了其对家庭教育的重视程度。第二，通常来讲在家庭教育中，蒙古族女性也是主导力量，由女性把持推行：家庭卫生、生活习惯、待客礼仪、亲属会面以及行为禁忌各方面都有细致入微的约束。例如"见到长者应先下马，见到官员应早些让路，打猎时不要从官员前骑马通过，遇到争吵之事不要骂人家的父母"。② 各家都根据各自的家族习惯，由母亲对儿女从小进行教育，非常重视家庭教育的优劣，人们对教导良好的家庭非常敬重。蒙古族人的家法族规更多体现的是善的概念，更具有天然性。笔者认为，把日常的行为准则融入家庭教育中，强有力的起到约束、修身之作用，从而产生"禁恶于未然"的预防效果，主体素质的培养减少了人际关系中不必要的冲突。简言之，正是由于家法族规的存在，国家律例在很多时候不得不让位于此，相当数量的案件发生之后，并未流入国家的司法系统，而是在家族内部就被迅速化解，即使进入了公府衙门，家法族规仍然是审理案件的重要依据，如果二者能够实现等量齐观的规制效果，那么在蒙古人心中，家法族规的处置未尝不是一种妥善的解纷方式。

（三）集会制度作为消解诉讼的关键选择

由于特殊的地理环境因素以及政府形态，蒙古族宏观上的政权运行以及日常微观上的部族事务，致使蒙古族人需要以定期或不定期的集会形式处理大小事务，因此集会制度在蒙古族人的生产生活中不可或缺。在成吉思汗时代，忽里勒台大会便是大政国是的最高决策机制，"忽里勒台"的汉译为"大聚会"，诸子分封、行军出征、王位继承等事都需要上层贵族的集会而决定，例如元太祖十四年（1219 年）征讨花剌子模前夕，铁木真便"召集了会议，举行了忽里勒台，在他们中间对（自己的）领导规则（ain）、律令（yasa）和古代习惯（yusun）重新作了规定后，便向花剌子模王国出征了"。③ 宋代的孟珙描述

---

① 罗布桑却丹：《蒙古风俗鉴》，第 41 页，第 167 页。
② 罗布桑却丹：《蒙古风俗鉴》，第 169 页。
③ ［波斯］拉施特：《史集》第一卷第二分册，商务印书馆 1983 年版，第 272 页。

道："凡有征伐谋议，先定于三四月间，行于诸国，又于重五宴会共议今秋所向，各归其国避暑牧养，至八月，咸集于燕都，而后启行。"① 后续的数百年间，忽里勒台的形式一直得以保存。清代推行的盟旗制度来自传统的会盟，后来逐渐发展为社会组织制度，变为颁布清朝法令、处理蒙古事务的一种形式。②

自上而下的每一级集会，不仅仅是简单的人群聚集商讨，还逐渐成为行政、司法、军事会议，其自身被赋予了国家公权力的性质，即使是最底层的部族事务，也要经过集会的形式加以解决。罗氏举例道："如果谁人在敖包附近损坏什么东西，村中管事的人们就开会，给他定损坏敖包罪。"③ 这种集体性协商的决策模式能够使每一级部落族众最大限度地参与进来，决策者能够广泛地听取意见，前文提到的基层治理者，如爱里大、族长等，可以充分利用自身在部落中的威望和权力，成为集会的召集者和主持者，也是大小事务的最终裁决者。集会的功能也并不限于公共事务的处理，还包括娱乐、宴会——这其中就蕴含着蒙古族人难以割舍的情怀，借助宴会的形式以期促进族众内部感情交流，而琐事纠纷也就随之处理、淡化，无太大可能、也实无必要将矛盾升级、扩大。此处需要注意的是，虽然罗氏在《蒙古风俗鉴》中谈到集会上处理官司和军务，但是此处所称的"官司"也好，"诉讼"也罢，可能并非指狭义的司法诉讼，而是指最为广泛的族众纠纷，大多数纠纷虽然表面上也是经过盟旗集会等国家权力机关的处理，但是这种处理方式可能连诉讼的基本要件都不具备，实质上可能依旧是一种调解、协商或是仲裁，这一特征在基层治理中尤为明显，在客观上也进一步凸显了蒙古族人"无讼"的习惯表征。

二、蒙古传统习俗中"无讼"观形成之原因探析

蒙古传统习俗产生的经济基础大多源于游牧民族自身生产条件的自然限制，在日常的生产生活中为适应其部落的发展而产生了规制性的行为实践，这是具有浓厚民族特性的实践。由于蒙古地区特属的地理环境和民族特性，产生矛盾纠纷后尽量用风俗习惯、部族规定、道德约束、宗教意旨等进行规范和化解。以此来防止矛盾的发酵、升级，有利于形成和谐稳定的社会关系。

（一）游牧式经济模式决定了诉讼成本的相对高昂

蒙古高原的温带大陆性气候冬季冷而漫长，夏季热而干燥，导致了无论是部落时代还是近800年的民族时期，其游牧式经济模式逐水草而居的显著特点。司马迁的《史记》描述道："随畜牧而转移……逐水草迁徙，毋城郭常处耕田之业。"④ 长期以游牧为主要生活

---

① [宋]孟珙:《蒙鞑备录》，王云五主编:《丛书集成初编》，商务印书馆1936年版，第5页。
② 穆鉴臣:《试论清朝治理东蒙古的政策和措施》，载《内蒙古社会科学》2005年第3期。
③ 罗布桑却丹:《蒙古风俗鉴》，第141页。
④ 《史记》卷一一〇《匈奴传》。

的蒙古族人，游牧既是生产方式亦是生活方式。这种以游牧生产方式为基础的文化形态，是一种人与自然、人与牧畜和谐互动的文化。蒙古族人在经营牧业时，于春秋两季寻找水草丰美的地区而迁往，以满足畜养牛羊之生存需要，客观自然环境对生产生活发挥着主导作用，"人随地走"导致了其并无常居，这一点在穹庐旄帐（也即"蒙古包"）的建筑特点就可以证明。粗放的生产方式对土地界分重视程度不高，罗氏言："因为不种地，所以边界的意义不大"，"古时部落中产生官员，各自管辖自己的部族，大体认定自己的住址范围，但无明确的边界。"① 在土地权利的意识观念尚未形成的时代，只要能满足各自之间的畜牧生存需求，土地的划分意义并不大，这在源头上就避免了许多因土地产生的纠纷。此外，广袤无垠的草原之内，部落之间、牧区之间，甚至是民户之间都存在数里至数十里远的距离，往来的交通方式仅有马匹，在路途中要消耗大量时间，人们必然要暂时搁置手中的生产，这对于处理纠纷来说，双方之间的沟通成本无疑增加了许多。最重要的一点是，罗氏谈道："审理人员如果办不了这个案子，分不清谁是谁非，回府另来别人审理太麻烦，这个案子就要送政府给扎兰，扎兰责成章京，把双方集中到政府，原告和被告都要自备盘缠。"② 遥远的路途再次叠加，又要自备口粮、路费和司法费用——这还只是诉讼的起点，后续过程还要自担败诉风险和因诉讼导致牧事耽误的风险，有时诉讼成本可能已经超出了纠纷本身所涉及的标的成本，那么诉讼本身的意义就已失去大半，这更加促使民众对于司法的接受程度不高。

（二）复杂繁琐的诉讼程序造成了拖沓严重

一旦涉诉，不仅是成本高昂，复杂繁琐的诉讼程序也是蒙古族人所面对的难题。清初统治者设立盟旗制度，外藩蒙古的司法审判分为"旗—盟—院"三级，各旗为一审机关，其首脑札萨克负责案件的一审，王公、台吉、塔布囊协同审理；若札萨克不能决断，则要上报给盟长审理；若盟长不决，则须上报理藩院。词讼均须本人参加，若旁人代控，则本人和旁人均罚马一匹给原审人。若是诬告，则原告和见证人均罚三九。③ 三级审判界限严明，严禁越级上告，"如未在王、贝勒处伸告，越次赴院者，一概发回"。④ 已审结的案件如果称冤，仍要向理藩院伸告，再称冤枉，可以向通政使司鼓厅告理。拟定死罪犯人也须层层上报，由理藩院会同三法司会审处理，应被秋后问斩的罪犯，还须九卿议奏。若是内属蒙古民众与汉民纠纷，还需直属各司会同审理。从地方到中央，不止牵涉正常的三审机

---

① 罗布桑却丹：《蒙古风俗鉴》，第 129–130 页。
② 罗布桑却丹：《蒙古风俗鉴》，第 44 页。
③ 三九中的"九"是指罚九头（匹）指定类型的牲畜，"凡罚以九论者，马二，犍牛二，乳牛二，ナ牛（二岁牛）二，犍牛（三岁牛）一。凡罚以五论者，犍牛一，乳牛一，ヂ牛（二岁牛）一，ナ牛（三岁牛）二。"三九即罚三倍数量的"九"。[清] 会典馆：《理藩院则例》之《理刑清吏司·名例》，中国藏学出版社 2006 年版，第 153 页。
④ [清] 会典馆：《理藩院则例》之《理刑清吏司·审断》，第 169 页。

构，还可能包括地方按察使、督抚以及中央刑部、大理寺、都察院和通政使司等部门。以此来看，即使是民事案件或轻微刑事案件，也至少要数月至半年审结，重大、疑难案件可能累年不决。这还属于正常情形，如果牵涉蒙汉互讼、双方纠缠上告或是审理不公，其花费的时间和精力更是无法想象。就一审来看，从基层部落至旗治所的空间、时间跨度和财力成本已经让当事人捉襟见肘了，更毋论不远千里奔赴中央上告，若是没有相当的赀财和人力，如此繁重的诉讼拖累对于一般蒙古民众是无法承担的。非讼途径的低成本性、低风险性和高效性成了解决纠纷的首选，甚至部分刑事案件中，当事人也会顶住清廷再三禁止"两造私和"的律法压力而进行和解，这是蒙古传统习俗中"无讼"观又一催化因素。

（三）佛教的传播与传统风俗形成的民族性格特点

蒙古族人现存的思想观点，彻底相信、默祷而活的内心想法是全然对佛陀信奉崇拜。公元十三世纪中叶，藏传佛教进入蒙古统治上层，1247年，蒙古大汗王子阔端在甘肃凉州会见萨迦派教主萨迦班智达·贡葛坚赞大师。这是一次具有深远意义的历史会晤，拉开了藏传佛教进入蒙古地区的序幕，在后世的五六百年间，佛教对蒙古族民众的影响一直是持续深入的。这一点在《蒙古风俗鉴》中得到了印证，罗布桑却丹谈到："蒙古地方喇嘛增多，大力兴建寺庙……蒙古额颜还从达赖喇嘛那里请来他们信奉的佛和佛教经典。"[①] 蒙古族人将佛教的经典故事翻译成文，当作家庭教育的重要内容。佛教伦理中的五戒，十善有利于息刑的发展，是维护社会秩序，改善民风的有效手段之一；其慈悲观丰富了恤刑实践，促进了对生命的重视，提供了一条劝化息讼的途径和心理支持。蒙古族民众对于佛教的信仰已经占据了精神世界的重要地位，佛教所提倡的"万法皆空"的观念，以及"只问自己过，莫管他人非。他非我不非，我非即有过"的处世态度，还有讲究"来世论"和"报应观"等思想，都对蒙古族人的社会关系产生重要影响，这对于人际交往的改善和纠纷的迅速化解来说，在一定程度上有正面的、积极的效果。这种影响至今也"随风潜入夜，润物细无声。""有的人，在自己活着的时候就把财产分配给儿子们，避免了死后的财产纠纷。"[②]

同时，蒙古族人本身的性格特点也是产生"无讼"观的重要主观基础。部分观点认为，蒙古族人天性喜胜好斗，民风崇武，但是通过观察分析来看，实际状况可能恰恰相反，"在恶劣的自然环境和跌宕起伏的民族发展的历史过程，频繁的与外文化交流，形成了热烈奔放的精神、自由豪爽的性格、兼容并蓄的博大胸怀和自由开放的文化心态"。[③] 此外，由于独特的生产生活方式，蒙古族人在日常生活交往中，人们需要实现彼此的互助

---

① 罗布桑却丹：《蒙古风俗鉴》，第79–80页。
② 罗布桑却丹：《蒙古风俗鉴》，第67页。
③ 张文香：《蒙古族习惯法与多元纠纷解决机制——基于鄂尔多斯地区的调查》，中央民族大学博士学位论文，2011年4月。

与人际的和谐。有研究者认为:"蒙古族的正义观为,诚实信用,各得其所,不得侵犯他人权利。"历史上,蒙古地区生产力水平相当低下,他们获取食物、抵御自然界袭击和危险的能力很低,因而必须结成群体,共同劳动、相互协作,才能在恶劣的自然环境中生存与发展。人们之间必然形成了团结友好、平等坦诚、互助合作的人际关系的风俗习惯。蒙古谚语的"湖消停,鸭子也消停",表现出渴望整体的和谐与宁静的心态。他们的关于"善、恶、是、非"的观念,也可以由"绣吃的是铁,奸诈吃的是自己"这一则谚语来体现。而"即使锦衣官爷不审,也会有握镜子的阎王来审"这一谚语直接反映了善恶报应的解决纠纷的"无讼"观。在一般情况下,除非关系到自身生死攸关的大事,传统牧人对那些侵犯自己利益的事情都不至于大动干戈。就罗氏记载来看,蒙古族人性格特点一般为心态宽和,不拘小节,对待他人和善有礼。清末李廷玉考察蒙古时提到:"若就蒙民大概而论,寔则有形骸而无思虑,少勇敢而多犹疑,故无论男女,多享大年,不事争斗。"[①] 蒙古人的游牧式经济模式产生了人与自然和谐相生的民族性格,在自然环境面前十分重视集体主义的内部团结,强调个体与集体的友爱、互利、相互统一。通常来讲,对于细微之事,暂时予以宽容忍让、协商和解或者第三方力量的介入都是优先考虑的方式,国家司法反倒退居成为万不得已的最后途径。即使放弃自己的部分利益,也是出于维持人际关系的友善往来,加之信仰佛教的宗教影响,此处之失必为彼处之得,过分对于纠纷之事喋喋不休只会导致更大的损失,这也是为何蒙古族人的许多纠纷是以和解、调解的方式而告终,也是"无讼"观能在蒙古族人心中扎下深根的主观原因所在。

三、蒙古传统习俗中"无讼"观与儒家"无讼"思想之比较

对于蒙古草原地区自古沿袭的法律,罗布桑却丹也做了详细介绍,其中提到了:"但由于蒙古地方没有那么多犯法的人,按法律处理人的事并不多,虽有盟首,处理人的事很少。"[②] 强调了当时整个蒙古地区少诉的现实情况。其实,产生这一现象并非是简单地因为犯法者数量上的减少,透过形式上的表象,更深层次的原因在于"无讼"观念一直持续发挥着作用,这种"无讼"观内化于心,外化于行,已经深深融入了蒙古族人的生产生活之中。游牧式经济模式不仅决定了蒙古族人不喜诉讼的客观习惯,还对其"重利"的主观心理产生了关键性影响。由于游牧式经济的流动性和不完全性,对土地和定居化生产的依赖性并不强烈,蒙古族人便十分重视产品交换,以己所需,易人所余,对于利益有一种天然的、切合实际的正当需求和重视,这一主观心态便导致了其对商业贸易的重视。札奇斯钦对此有准确的总结:"贸易以有易无,无论其方式为何,都是所有游牧民族最感兴趣的一件事","畜牧与狩猎所生产的家畜、皮毛及其他副产品,除供自己消费使用外,还要用

---

① 李廷玉:《游蒙日记(中)》,韩敬山校注,载《西藏民族大学学报(哲学社会科学版)》2019年第5期,第74-80页。
② 罗布桑却丹:《蒙古风俗鉴》,第40页。

它来向农业社会换取农产品和农业加工品。"① 因此,商业交换成为蒙古族人赖以生存发展的必需途径,和谐稳定的人际关系自然是保护该途径的外部环境重要因素。然而,纠纷的产生必然会导致双方乃至于多方利益的损害,破坏各自之间互利合作、互惠共赢的交易往来和平衡格局;在"重利"观和"和谐"观主导下的蒙古族人对于纠纷的产生是有趋避心理的,即使在自身利益受损害的情形下,出于朴素的价值观念,其自身会理性的选择物质和时间成本最为低廉,最为快捷高效的途径,因而其解决纠纷的首要选择必然不是诉讼。

自西周以来,一代又一代的思想家都在思考如何营造"谋闭而不兴,盗窃乱贼而不作","外户而不闭"的和谐、安定、平静、秩序的社会环境。因此与蒙古传统习俗中"无讼"观不同,儒家"无讼"思想的出发点在于"礼",所谓"礼之用,和为贵"。② 礼作为约束各个阶层的根本行为准则,其最终的要旨是为了打造和谐的人际关系,其实现进路则是要消除矛盾与争端,在尊重个体差异性的前提下维持平衡不紊、协同不乱的格局。作为儒家创设人的孔子,亦是"无讼"观的奠基者和推崇者。孔子曰:"听讼,吾犹人也,必也,使无讼乎?"③ 儒家的"无讼"思想包含两层内含:其一是创设传统的调解制度,力图通过各种方式化解已有的纠纷,使其不正式进入诉讼的轨道,这可以称之为"无讼"之形式要义;其二是以道德训导、思想教化引导人们和睦相处,无争无讼,强调伦理道德的作用,使任何纠纷都得以及时化解,使讼无以发生,防患于未然,此即为"无讼"的实质要义。相对于第一层含义来讲,第二层含义境界更高,立意更为高远。相同意义上来讲,传统"无讼"思想其立足基础在于儒家"义"的思想,关于义与利二者的辩证关系如何把握,孔子自身界定为非义则不取,其春秋无义战的论断是最好的体现。孔子强调:"不义而富且贵,于我如浮云。"④ 这就要求人们在追逐利益时,衡量的标准应为行为是否符合义,有时甚至为了义而放弃利。纠纷的本质就是冲突双方利益的纠葛,即使是自身的利益受到损害,但是基于邻里关系、公共秩序的考量,以及双方之间未来的长足发展,通过协商做出让步妥协则是最佳途径,过分强调自身的细微利益而涉诉则可能被视为狭隘心理,由此也发展出"贱讼"和"息讼"的心态。并且,在儒家"无讼"思想的指导下,官府断案主要运用调解的方式处理纠纷,纠纷的处理结果更容易被接纳,对矛盾的化解能够起到积极的作用。⑤ "无讼"化的纠纷处理更有利于提高民众的思想道德水准,"以和为贵"的和谐社会运行同样也有益于国家的综合治理。"无讼"观作为一种价值取向和理想追求,其反映了民众对秩序和稳定的追求,时至二十一世纪的今日,"人不独亲

---

① 札奇斯钦:《蒙古文化与社会》,台湾商务印书馆1987年版,第288页。
② 《论语·学而第一》
③ 《论语·颜渊第十二》
④ 《论语·述而第七》
⑤ 游志强:《"无讼"思想对中国古代法制的影响与当代启示》,载《华侨大学学报(哲学社会科学版)》2019年第4期,第129–138页。

其亲,不独子其子,使老有所终,壮有所用,幼有所长,矜寡孤独废疾者皆有所养"仍是人们所向往和不断追求的美好境界。做个形象的比喻,如果说蒙古传统习俗中的"无讼"观是基于现实主义的理性考量,那么儒家的"无讼"思想则充满了浪漫主义的情怀。

值得注意的是,二者之间并非背道而驰,理论脉络中也存在许多共通之处。中原的农耕经济模式同样也面临高昂的诉讼成本,以及复杂的诉讼程序拖累,一旦涉诉,可能会消耗大量的人力、物力、财力,所谓"健讼者,破家之本"。① "无讼"对于诉讼成本的节省是现代司法所追求的,同理,古代统治者亦最不愿意民众为了争端而耽误农事生产,因此在诉前处理、诉讼程序、审理级别等方面会加以严格地限制,目的就是在于让民众将主要精力投入生产生活之中。例如元代基层社会中,社长对于民间纠纷享有调解和仲裁的权力。"诸论诉婚姻、家财、田宅、债负,若不系违法重事,并听社长以理谕解,免使妨废农务,烦扰官司。"② 社长一般是社中德高望重的耆老、乡绅,深谙乡村人情和习惯,具有较高的公信力和广泛的人脉关系,能够受到社众的尊敬和爱戴,③ 这一制度设计的确和蒙古传统习俗的老人、族长、爱里大解纷有相似之处。儒家的"无讼"思想同样也蕴含在家族法规之中,"无讼"传统与家法族规的协同共进产生了和睦宗亲、友好邻佑、安靖地方和契合国法等积极功效。④ 可以说,儒家"无讼"思想和蒙古传统习俗中的"无讼"观虽然出发点不同,但是落脚点却是殊途同归,即都是为了节约社会资源,维护集体主义的稳定秩序,共同致力于经济生产,打造和谐相生的社会关系。

四、蒙古传统习俗中"无讼"观对当今法治建设之借鉴意义

"一切真历史都是当代史",真历史是解释现实的"凭证"。⑤ 范忠信教授指出:"纠纷解决是社会和谐的第一要义,中国法律传统始终贯穿着注重和谐这一主线。中国传统法律文化在构建和谐社会方面的许多构思与实践,特别是中国传统社会的纠纷解决机制与社会治理模式,在今天仍有重要的借鉴意义。"⑥

(一)注重多元化纠纷解决机制的建立健全

法律作用于社会共同体的直接表现方式不仅在规定各个主体的权利义务,还在于定分止争,消除相互之间的利益纠纷。解纷方式如果单纯理解成为国家司法的权力干涉和诉讼

---

① [元]王恽:《秋涧集》卷六十二《教谕百姓文》,四部丛刊本,第76页。
② 方龄贵:《通制条格校注》卷十六《户令》,第452页。
③ 谭天枢:《元代乡村基层治理中社长的职能探微》,载《古今农业》2019年第3期,第69—81页。
④ 参见于语和、秦启迪:《家法族规中的"无讼"法律传统》,载《江苏社会科学》2018年第3期,第195—204页。
⑤ [意]贝奈戴托·克罗齐著,[英]道格拉斯·安斯利英译,傅任敢汉译:《历史学的理论与实践》,商务印书馆2005年版,第2页。
⑥ 范忠信:"健全的纠纷解决机制决定和谐社会",载《北方法学》2007年第2期。

的程序推动,显然过于片面,因为在解纷过程中,着力点不应仅仅放置于司法的权威性,还要考虑解决纠纷的成本性和最终目的性。法律虽是保持社会有序的控制手段之一,然而放眼观之,许多非讼途径也可以发挥解纷的作用,同时具备自身独有的制度优势,司法万能主义正在让位于多元化纠纷解决机制。法律作为若干社会调控手段之一,与其他调控手段一起发挥着协调社会的功能。习近平总书记强调:"要把非诉讼纠纷解决机制挺在前面,从源头上减少诉讼增量,推进案件繁简分流、轻重分离、快慢分道。"当前,以内蒙古自治区为代表的少数民族自治地方,正在深入推进多元化纠纷解决机制改革,探索建立"一站式"调处化解社会矛盾纠纷的综合系统。首先,应该充分吸收和发扬蒙古传统习俗的基层治理者解纷的优势,加强源头治理,有效组织和整合各类一线党政干部,寻找最为贴近矛盾源头、直面纠纷初端的基层群众力量,深入开展党员干部进驻嘎查村、进驻学校、进驻企业,倾听群众的诉求,将矛盾和纠纷化解在萌芽阶段,持续降低群众的纠纷解决成本。其次,重视第三方力量的参与角色,巩固和完善"大调解"体系,优化调整村居委会调解、人民调解、行业调解、行政调解和司法调解等多方面力量,构建"充分调动第三方主持调解,努力争取当事人自行和解"的解纷格局,在处理社会矛盾的同时要注意切勿留有"积怨",兼顾问题解决的效率要求和符合情理的公平保障,此处应深入学习和借鉴蒙古传统习俗中"无讼"观对于共同体内聚力的目标追求,打造互惠互利、和谐相生的人际关系。最后,坚持和完善非讼机制与司法审判机制的调和与衔接,既要发挥当事人协商、第三方斡旋调解的成本、情理优势,也要强调司法公权力的权威性和执行力,对于民事案件和轻微的刑事案件,则要重点强调非讼机制的作用,而一般乃至重大的刑事案件,则必须纳入国家的司法程序中。稳步打造诉调对接平台,加强各领域的优势互补与工作联动,推动建设多元化解纷生态系统和综合治理格局。

(二) 国家法律的适用要与民族自治地方的风俗习惯有效衔接

瞿同祖认为:"社会现实与法律条文之间,往往存在一定的差距。如果只注重条文,而不注意实施情况,只能说是条文的、形式的、表面的研究,而不是活动的、功能的研究。我们应该知道法律在社会上的实施情况,是否有效,推行的程度如何,对人民的生活有什么影响,等等。"[①] 在国家法律和民间规则都调整的社会关系中,国家法律从宏观层面对社会关系进行调整、控制和约束,但其并非面面俱到,纷繁复杂的社会现实与简明应然的法律条文之间确实存在隔空和偏差,并非严丝合缝的完整对接。更为明确、具体,更贴近少数民族的日常生产生活的民间规则作为弥补国家法律的缝隙,以期增强二者之间的黏合力度。作为民间规则的当然组成部分,民族自治地方的风俗习惯的形成是一个自上而下的过程,长期以来形成的文化风俗、伦理道德是对本民族已有知识经验的总结。在现代

---

① 《瞿同祖法学论著集》,中国政法大学出版社1998年版,第5页。

社会，仍蕴含着十分宝贵的法律文化价值，值得继续深度挖掘和持续保护，蒙古地区的传统习俗的内容实质上是本民族传统道德观的体现，是无需理性思考和权衡利弊只需听从良心和道德命令、是根深蒂固而又潜移默化，其蕴含的"无讼"观对于民族自治地方法治建设来说是因地制宜的关键法宝。最新出台的《民法典》第十条就深切地表达了这一理论逻辑，"处理民事纠纷，应当依照法律；法律没有规定的，可以适用习惯，但是不得违背公序良俗"。其中内含简言之，法律适用要符合立法与习惯相统一的原则，在不损害、不违背国家法律正常运行以及不违背公序良俗的基础上，充分保障传统民族习惯和家法族规的适用空间，后者正是维护公共秩序和善良风俗的"私治"基因和民间土壤。同时，《民法典》第十条还须结合《宪法》第一百一十六条和《立法法》关于民族自治地方的自治条例、单行条例的规定，作为一个有机联系、优化整合的法律系统，突出国家法律与地方风俗习惯的配适性且更加因地制宜。梁启超强调："华夏民族，非一族所成。太古以来，诸族错居，接触交通，各去小异而大同，渐化合以成一族之形，后世所谓诸夏是也。"[1] 作为中华民族的重要构成，蒙古族沿袭至今的风俗习惯具备自身独有的地方优势，作为重要的约束纽带，能够准确把握蒙古族民众之间的交际脉络，能够深度切中纠纷解决的逻辑肌理，对于及时化解纠纷、维护和谐互利的人际关系、推进民族自治地方的法治建设，以及实现趋近于"无讼"这一终极法律目标，至关重要。

（三）构建少数民族地区基层"自治—法治—德治"治理格局

传统"无讼"孕育于礼治秩序，以依服制定罪量刑、亲亲相隐等法制原则维护的封建等级秩序为底色。如今，"无讼"思想应立足于现代法治社会，蒙古传统习俗中的"无讼"观也是推动少数民族基层治理的可靠动力。现代"无讼"应以"法律是治国之重器，传统风俗习惯是善治之前提"为底线，党的十九大以来，基层善治成为我国基层治理的重要命题和主攻方向，在自治、法治、德治三治融合前提下，达到文明和谐、产业发展、生态良好、充满人文情怀的有序格局，发掘其中具有先进性可持续性的纠纷解决方法。首先，坚持少数民族的区域自治是必要前提，尊重和保护少数民族的善良风俗习惯是区域自治的深刻体现，如蒙古族传统的"长者解纷"、集会制度等优秀的民间规则，因势利导，顺俗而治，打造乡贤主体和乡贤文化，坚持把矛盾纠纷的"提前预防"和"及时化解"统一起来，发扬民族风俗习惯的时代价值，充实少数民族自治地方自我管理、自我服务的自治内含。其次，树立国家的司法权威和公信力，民族习惯也好，善良风俗也罢，都需建立在国家健全的法治平台上，方才能平稳、有效、持续地进行，国家法律的制定是民间规则发挥强大生命力的重要支撑，因此，国家立法不仅要树之庙堂，更要走入基层，与民间规则实现稳步对接，特别需要加强法律在少数民族地区的宣传力度，推动民间法的民族性

---

[1] 梁启超：《饮冰室专集》，中华书局1989年版，第14页。

和国家法的国家性之间、风俗习惯的内在约束力和国家外在强制性之间的契合与互动,实现全面意义上的民族自治、地方法治建设。最后,德治是基层治理的精神根基,做好德治宣传教育将我们的社会文明标准与民族地区的传统风俗习惯以及传统道德思想甚至与其宗教思想传统文化有机结合。蒙古族群众对于家法族规的适用和家庭教育的重视值得学习和深入借鉴,其中"尊重长者""礼貌待客""团结邻佑"等内容,不仅是无讼解纷的强大思想武器,也对当今的基层社会"德治"建构有着重大意义。以"无讼"观为精神内核的家法族规和家庭教育,符合社会主义精神文明建设的现代标准,对于打造文明有序的家庭关系、邻里关系、基层乡里关系,推动和谐家风、邻风和乡风的培养,具有超越古今的内在价值。概言之,以少数民族传统习俗中的"无讼"观为出发点,构建自治地方基层"自治—法治—德治"三位一体的综合治理格局,在基层自治的视域内,充分调动村规民约、现代乡贤、人民调解、家风家法对道德资源的整合作用,发挥以德育人、以文化人的功能,可以消解社会变迁带来的裂变、迷茫和困扰,真正发挥基层社会在现代化进程中稳定器和蓄水池的功用。①

The Concept of "Non–Litigation" in Mongolian Traditiional Customs
——Taking "Mongolian Customs" as the Carrier

Yu Yuhe Xu Xinyu

Absrtact: As an important part of Chinese traditional legal culture, the thought of "Non–litigation" has lasted for thousands of years in Chinese history, and has had an important influence on the ancient social governance system. It is not only an essential element of the Confucian legal culture in Central Plain, but also an important embodiment of the Mongolian region, which is dominated by the nomadic culture of the grassland, and it has been transformed into a new one through thousands of years of ethnic exchanges and integration to make constant enrichment, development and improvement. Through Robson Chaudan's "Mongolian Customs" as the carrier and in deep analysis of the traditional customs of Mongolian, we can still find the historical traces of the concept of "Non–litigation" from the summary of the Mongolian cultural origins and spreads from the end of Qing Dynasty to the Republic og China for more than 100 years. Although Mongols's concept of "Non–litigation" has yet to be constructed in a systematic and theoretical ideological system, the term "Non–litigation" is also borrowed from the Confu-

---

① 于语和、雷园园:《村民自治视域下的乡村德治论纲》,载《山东大学学报(哲学社会科学版)》2020年第1期。

cian classics, it can still be refined, summarized and generalized from objective to subjective through various customs as well as the basic necessities within the ethnic group. At present, the concept of "Non – litigation" is concerned by the local residents, the government and the judicial circles, and has been consciously used in social practice. In additional, i also plays unique role in the settlement of disputes in ethnic areas. It can be said that it has made a significant contribution to the legislative construction in ethnic autonomous areas, the effective connection of the application of the "Civil Code" and ethnic customs, and the establishment and improvement of the diversified dispute resolution mechanism in ethnic autonomous areas, which is of great significance to take the last as a lesson and serve the present.

Key Words: "Non – litigation" thought; Mongolian Customs; Dispute Settlement

(编辑：张雪寒)

论法律渊源与法律之间的结构性关联*

张洪新**

摘　要　"法律渊源是否法律"是个重要的法理论问题，然而当前作为问题的法律渊源并没有得到学者的充分重视。仅从语词上分析，"法律渊源"即便不是法律，也必然与法律存在着某种关联，而将所有的法律渊源视为法律则忽视了现实中法律渊源概念存在和运作的复杂性。作为一项以渊源为本位的事业，法律对自身界限问题有着自我规定性，法律的这种自我规定性为探究法律渊源与法律关系之间复杂结构性关联方式提供了切入点，其中可以发现法律渊源与法律既存在着区分上关联，也存在着品质性关联。有些法律渊源是法律，有些渊源不仅是法律，更表征着法律的品质。

关键词　法律渊源　法律　有效性　法律适用

一、问题的提出

"法律渊源"是法理论中的一个重要概念。[①] 有关法律渊源首要问题是："法律渊源"是法律吗？对此，存在着两种简单而直接的回答，即法律渊源与法律的一元论和二元论。在一元论看来，法律渊源"是"法律，如纯粹法学代表者凯尔森认为，"法律的'渊源'并不像这一词语可能示意的那样，是一个不同于并且独立于法律之外的本体；法律的'渊

---

* 作者主持国家社科基金后期资助项目"司法权力的丰富性研究"（项目编号：19FFXB029）的阶段性成果；河南省软科学项目"新媒体时代高校禁毒教育现状及效果提升策略——基于'两微一端'的探究"（项目编号：202400410152）阶段性成果。

** 张洪新，法学博士（后），周口师范学院新时代乡村建设研究院研究人员。

① 在我国，"法律渊源"通常被理解为法律的效力来源及其外部表现形式，将之等同于法律。有关法律渊源各种观点的整理和评论，详细分析参见彭中礼：《当代中国法律渊源理论研究重述》，载陈金钊、谢晖主编：《法律方法》（第11卷），山东人民出版社2011年，第336-350页。

源'始终是法律本身。"① 依据这种观点，法律渊源被界定为法律的表现形式，或者说法律的效力来源。在二元论看来，法律渊源"不是"法律。如法现实主义代表格雷指出，"一个国家或组织化团体的法律由其法院遵循的行为规则所构成，而且法院认定自己已经准备实施这些规则；法院拒绝遵守的规则绝不是法律，法院遵守的所有规则，乃至法院强制人们遵守的规则都是法律。"② 依据二元论，所有法律"渊源"毋宁是形成法律的素材和材料，而不是法律本身。③ 虽然存在着各种类型的渊源，但只有匹配和符合法律某种界定性特征的法律渊源才构成法律。

在笔者看来，仅从语词上分析，对"法律渊源是法律吗？"问题，无论作出肯定回答还是否定回答，都无法令人满意和信服。这是因为如果法律渊源是法律的话，为什么不将"法律渊源"直接表述为"法律自身"；如果法律"渊源"仅是法律自身的"表现形式"或者"效力来源"，那么法律自身的表现方式就应当是确定和唯一的，然而现实却是：法律渊源在不同法系和国家中表现不同、存有差异，在概念上便存在着这些不同法系中的不同法律渊源何者是"真正的法律"的疑难。④ 问题的复杂之处在于，如果法律渊源不是法律，那么"渊源"前面为什么还要用"法律"予以修饰？"法律"与"渊源"的语词组合意味着即便法律"渊源"不是法律，"法律渊源"也必然与法律存在着某种密切的关联。清楚地阐释"法律渊源"和"法律"这种概念上关联以及具体的关联方式便是法理论必须提出和回答的问题。

从方法论的角度，若想深入地分析和理解法律渊源与法律之间适当关系这个极其具有价值的法理学问题，分析者不能事先凭借法律概念的某种界定，无论诉诸法实证主义、法现实主义还是自然法理论，然后说某种或者某些法律渊源是或者不是法律。这是没有理论意义与实践重要性的。因为演绎式的思考方式并不能深化对法的概念性体认，而且不能把握不同种类的法律渊源在法律体系中真实的运作方式。诉诸某种先在的法律概念界定来识别法律渊源的种类，这不过等同于事先将袋子里装好的东西倒出来之后，重新又拾回袋子里。

在笔者看来，一种可取的研究思路是将法律概念的某种界定看作是初步的（prima fa-

---

① ［奥］凯尔森：《法与国家的一般理论》，沈宗灵译，中国大百科出版社1996年版，第149页。
② ［美］约翰·奇普曼·格雷：《法律的性质与渊源》（第二版），马驰译，中国政法大学出版社2012年版，第265页。
③ See Fábio Perin Shecaira, Sources of Law Are not Legal Norms, 28 *Ratio Juris*, 15 (2015).
④ 对法的渊源的追求就是对法律性质的一种追问，即究竟是什么使法律成为其为法而非其他东西。尽管在法哲学上，法律和一个制度化的规范体系之间关联很深，而且是核心性的，但那种认为从法的本质上说，法就是有着制度化渊源的规范的说法，分析起来太简单了。在传统的普通法渊源中，习惯和衡平法在本质上是非制度化的。通常考察这些非制度化渊源，可以更多地认识到法的制度化渊源的概念，从而更深入地了解法的渊源的概念本身。如果这些非制度化渊源被定义为法的渊源，那么追问这些渊源何以被视为法的渊源就很重要。参见［加］罗杰·赛勒：《法律制度与法律渊源》，项焱译，武汉大学出版社2010年版，第3页。

cie），一种可修正的理论假说。① 经由检视诸种法律渊源与法律不同的关联方式，法概念得到渐次修正和完善，由此法的概念性体认得以增进。如肖尔指出，"法律是一项以渊源为本位的事业。相应地，理解法律的性质需要理解何种渊源构成法律，何种渊源不构成法律。"② 关于法律的渊源进而法律的性质问题，某种意义上就是一个关于解释框架的问题，也是一个关于复杂社会实在的整体意义和自我理解的问题。在一个组织化的政治社会，法律对自身界限问题有自身的处理方式。就此而言，凯尔森对法律特质的判断就是正确的。法律至关重要的方面不是"自我证成"或者"自我澄明"，而是"自我规定"，即法律规定了自身的创设和适用。换言之，法律有其处理自身问题的方式，法律在不断地反思自身、探究自身以及建构自身。

当然，怀疑论者可能对法律处置自身问题的独特性存在疑问。但从理论的角度，分析者仍然能对法律处理自身问题的方式予以描述，这两者并不矛盾。正如世界上虽然并不存在"独角兽"，但很多人依然能够描述。基于此，就理解法律渊源与法律之间适当关系而言，笔者将做出论证法律渊源与法律存在着复杂的结构性关联方式：有些渊源本身就是法律，而有些渊源虽然有法律予以修饰，但绝非法律，毋宁是与法律比肩而立的社会规范，有些渊源不仅是法律，而且表征着法律的品质。在获得此种结论之前，首先从法律渊源概念的通常理解所存在的问题开始。

二、适用视角下法律渊源概念的批判性审视

要想分析法律渊源与法律之间复杂关联的方式，如果这种关联不是单独和唯一的，即法律渊源就是法律，那么就应当首先就法律渊源概念有着清晰的理解。分析者必须明确在何种意义上法律渊源概念被适用，作为一种独立而存在的概念的语境是什么。此外，分析者还必须进一步理解法律渊源包括或者说应当包括哪些种类。

虽然"法律渊源"经常出现在法律人话语中，但"渊源"却是一个比喻性并且极端模糊不明的说法。③ 在理论研究中，法律"渊源"经常用来指创造法律的方法，特别是被用来说明法律效力的理由以及法律的最终理由。在这个意义上，无论哈特的"承认规则"，

---

① 逻辑上，要想回答某种事物 A 是否为另外一种事物 B，必须在逻辑上对 B 有着某种界定性理解。如要想回答"西红柿是否属于蔬菜"，必须逻辑上知道"蔬菜是什么"。如果一个人对"蔬菜是什么"没有任何知识，那么他也无力回答"西红柿"是否属于蔬菜的问题。就此而言，判定法律渊源是否为法律，必须就法律的一般界定性特征有着某种理解。然而，就分析法律渊源与法律之间适当关系而言，事先选择某种法律概念，然后说存在何种关联则有循环论证的嫌疑。正确的做法是任何一种法律概念都应当看作是初步的，可修正的理论假说。定义不能代替更不能遮蔽实质问题的分析。
② See Frederick Schauer, Law's Boundaries, 130 *Harvard Law Review*, 2434（2017）.
③ 《牛津法律大辞典》列举了法律渊源的含义：法的历史来源，即影响法律、促进立法及推动法律变革的一些理论或哲学原则；法律的形式渊源，如议会以立法形式发布宣告；文件渊源，即对法律规则做出权威性说明的文件；文字渊源，即法律文献，从中找到有关法律的信息。参见［英］戴维·M. 沃克：《牛津法律大辞典》，李双元等译，法律出版社 2003 年版，第 1048 – 1050 页。

还是凯尔森的"基础规范"都是"渊源",某种社会规则只有符合或者通过"承认规则"或"基础规范"的测试标准,才能够定性为法律规范,成为某种法律体系家族中的成员,"法律渊源是指那些鉴别法律有效及内容的事实"。① 因而,传统理解中"法律渊源"通常是在立法的意义上予以理解,将法律的渊源等同于法律的形式,只有立法者通过法定程序有意制定出来的东西才有资格称之为法律。然而,正如很多学者所批评的,如果仅从立法的意义上理解"法律渊源",这并不能解决实践中的法律发现的问题。而实践中法律发现的问题,特别是法官在个案裁判中寻找适合裁判规范的过程,则是法学之为法学的关键所在。如拉伦茨指出,"假使法学不想转变成一种或者以自然法,或者以历史哲学,或者以社会哲学为根据的社会理论,而想维持其法学的角色,它就必须假定现行法秩序大体看来是合理的。……在具体的细节上,以逐步进行的工作来实现'更多的正义'。谁如果认为可以忽略这部分的工作,事实上他就不该与法学打交道。"② 这意味着法律渊源要想具有法学上的意义,特别是具有方法论的意义,"法律渊源"不应当仅从立法的视角,更应当从司法的视角理解,从法律适用的角度理解和界定"法律"渊源的概念。更为准确地说,有关法的渊源理论,旨在致力于在法律论证的场域内,寻找和证成对司法裁判具有法律约束力的规范基础。③

从适用角度理解法律渊源概念,也符合该概念的历史。从词源学上分析,英语"source of law"对应于罗马法中实践中的"fons juris",即法官由以选取和发现纠纷解决依据的场所。④ 在这里,某种程度上正是现代法现实主义者将法律渊源概念从法律形式概念中拯救出来,使其成为一个独立的具有方法论意义的概念。如格雷指出,法律是确定主体间权利与义务的一般性规范,然而如果不经由裁判,无法先验地确定主体享有何种权利与承担何种义务,"无论是谁,只要他拥有解释成文法或口头法的绝对权威,就所有的意图和目标而言,这个人而不是写下或说出法律的人才是真正的造法者(law-giver)。"⑤ 因而,在格雷那里,所谓制定法仅是法律的渊源,而非法律本身。此外,由于在司法裁判的现实过程中,除了制定法,像司法先例、习惯法、衡平法、专家意见、正义标准、公共政策、道德信念等其他可资适用的渊源都可以成为裁判的输入因素,从性质上讲,它们与制定法一样,都是法律的渊源,而非本身。由此可见,正是格雷为代表的法现实主义者挖掘出了法律渊源概念的方法论含义,将法律渊源概念从法律形式中分离出来。

然而,格雷没有注意到的是,由于存在着各种类型可资适用的法律渊源,格雷有关法律渊源的观点却没有告知法律的适用者即法官在哪里、如何发现案件裁判所需要的法律。

---

① [英]约瑟夫·拉兹:《法律的权威》,朱峰译,法律出版社2005年版,第42页。
② [德]卡尔·拉伦茨:《法学方法论》,陈爱娥译,商务印书馆2003年版,第77页。
③ 参见雷磊:《法的渊源理论:视角、性质与任务》,载《清华法学》2021年第4期。
④ 参见彭中礼:《法律渊源词义考》,载《法学研究》2012年第6期。
⑤ [美]约翰·奇普曼·格雷:《法律的性质与渊源》(第二版),马驰译,中国政法大学出版社2012年版,第87页。

法律渊源的方法论含义仍然是不完全的，格雷的法律渊源概念受到学者的诸多批评。首要的问题是，这众多法律渊源中，格雷并没有区分具有法律拘束力的渊源和并没有这种拘束力的渊源。如德国学者魏德士指出，法律渊源学说涉及法律约束力，更多地是一个宪法问题。① 由于没有这种区分，格雷就不明白这些在法律上有拘束力的"法律渊源"，典型的如制定法，就是法律规范，就是法律本身。经由如此修正，即需要在有法律约束力的渊源与没有约束力的渊源之间予以区分，现代学者普遍认为只有那些对于法律适用者具有约束力的规范，才是法律渊源。

在这基础之上，佩策尼克（Aleksander Peczenik）进一步将法律渊源分为约束性、指引性以及允许性的三种法律渊源。② 就这三种具有法律约束力的渊源具体适用而言，佩策尼克强调法官进行法律推理时，需要遵循以下适用顺序：法官必须（must）运用任何可适用的制定法以及其他条例作为权威性理由；应当（should）运用任何可适用的先例以及立法准备材料作为权威性理由，此外还应当运用那些作为国内立法基础的国际公约、准备性材料以及关于公约解释的其他数据；法官尤为可能（may）运用已经确立的习惯、私人间的准法律规范、专业法律文献以及其他构成有效评价的证据性材料。从法律论证的视角，我国学者雷磊将"法的渊源"区分为效力渊源和认知渊源两种类型，前者在司法裁判活动中具有主导地位，后者须获得效力渊源的认可并与之相结合才能起作用。③ 至此，法律渊源不仅有着独立的含义，更有着方法论上的重要意义。

可以说，依据有关法律渊源观念的当前观点，作为独立的法律渊源概念要想存在，并进一步开放和理解其可能蕴含的法理论和实践上的含义，就必须从司法适用而非立法的角度界定法律渊源概念。法律适用是法律渊源概念区别于法律形式得以存在和运作的语境。然而，基于以下的原因，特别是就探究法律渊源与法律之间复杂关联方式而言，适用视角仍然是不充分的。

首先，以格雷为代表的法现实主义成功地将法律渊源概念从法律形式中分离出来，聚焦于司法适用过程，而非立法制定过程来开放进而理解法律渊源的方法论含义，显然是一个值得肯定和努力的方向。但，倘若由此认为立法者所制定的各种规范性文件都是法律的渊源而非法律本身，只有司法裁判才是真正的法律，真正确定法律主体的具体权利和义务，显然是有所偏狭的。实际上，虽然法院有权创制法律，但法院创制法律也仅仅是法律创制过程中的一个层次而已，更多的是法律的体现之一。④ 即便后来的学者在诸多法律渊源中区分出有法律约束力的法律渊源以及没有法律约束力的渊源，并由此认为前者是法律，而后者不是法律，也不能够解决问题。因为这仍然是借助于法律概念的某种理解（约

---

① 参见［德］伯恩·魏德士：《法理学》，丁晓春、吴越译，法律出版社2013年版，第99页。
② See Aleksander Peczenik, *On Law and Reason*, Dordrecht: Springer, 2009, pp. 267-269.
③ 参见雷磊：《重构"法的渊源"范畴》，载《中国社会科学》2021年第6期。
④ 参见［奥］凯尔森：《法与国家的一般理论》，沈宗灵译，中国大百科出版社1996年版，第173页。

束力构成法律的本质特征）来区分何种法律渊源是法律，何种法律渊源不是法律，存在着循环论证的问题。法律渊源不仅有方法论的含义，分析者更应该开放其本体论上的含义。

从本体论的角度，独立于效力的法概念，在逻辑上仍然是可能的。在这里，如阿列克西所强调的，必须予以区分的是独立于效力的法概念与非独立于效力的法概念。前者是一种不包含效力概念的法概念，后者则不包括效力的法概念。[①] 一个人可以无矛盾地说："N 是一条法律规范，但 N 并非有效/不再有效/尚未有效。"更有可能想象一个理想的法律体系，然后毫无矛盾地评论说："这个法律体系永远不会有效。"相反的，诉诸有效的法律的人未必要谈到效力，而可以直接说："法律要求这么做。"由此可以清楚地看出，包含效力概念与不包含效力概念的法概念都是可能的。这意味着不能以效力为标准将法律渊源区分为正式法律渊源与非正式法律渊源，并由此判定它们与法律之间的关联。

另一方面，即便将效力作为法概念的界定性特征是可取的，分析者也必须认识到效力概念自身的复杂性。"效力"既可以在描述的层面上使用，指的是它所表达的是个体规则与法律体系之间的特定关联关系，"有效性"等同于"成员资格"；也可以在规范的层面上使用，这意味着该项法律规则旨在向服从于它的对象设立一项义务，"有效性"等同于"有强制力"。就此而言，构建法律规则之有效性的时候，人们必须思考另一个更为深层次的问题：被认为是有效力的规则，并不意味着它总是可适用的。例如，刑法中以犯罪竞合为例，法律规则中的某一项，尽管表面上同样可以适用，实际上却并不适用；在欧共体法律管辖的地域内，尽管国内竞争法在原则上可以适用的，却也是被忽略的，因为《欧洲共同体理事会条例》的地位优先于国内法。在这些例子当中，国内法规则并没有丧失其效力——然而，它们却并未被适用。这意味着"可适用性"并不必然等同于"有效性"，也没有必要将它与成员资格扯上关系。[②] 广义上讲，构成法律渊源家族可以是任何一种内含规范性命题的事实，但是这些渊源性事实和所嵌入的规范性命题之间的关联可能存在着不同方式。[③] 这些可能的关联方式正是法理论借法律渊源概念旨在开放和回答的问题。

因而，尽管适用视角具有丰富的方法论含义，"适用"并非是探究法律渊源与法律之间关系的适当视角。倘若不能在一个更加抽象的理论立场上，对法律适用加以界定，单纯地在适用语境中认为法律渊源与法律之间存在或者不存在关联是没有意义的，更无法深入解释这种关联是怎样建立起来的。在这里，显然需要一种新的构想法律渊源概念的视角，这种新的视角一方面能够维持法律渊源概念本身的存在，另一方面分析诸种法律渊源与法律之间的具体关联。对此视角的探究，便是接下来旨在分析的问题。

---

① 参见［德］罗伯特·阿列克西：《法概念与法效力》，王鹏翔译，商务印书馆 2015 年版，第 23 - 24 页。
② "可适用的"规则根源于三种不同的来源，即国内规范体系、国际组织机构或超国家组织机构授予的立法权以及其他国家的有效法律。参见［瑞典］宾德瑞特：《为何是基础规范——凯尔森学说的内涵》，李佳译，知识产权出版社 2016 年版，第 8 页。
③ 参见［意］乔瓦尼·萨尔托尔：《法律推理：法律的认知路径》，汪习根译，武汉大学出版社 2011 年版，第 734 - 736 页。

三、创造语境中的法律渊源及其类别

（一）适用与创造区分的相对性

适用视角揭示了法律渊源概念存在的语境，然而，宽泛地来说，所谓法律适用，如凯尔森指出，仅是法律创造过程中的一个环节而已。法律的适用与法律的创造仅存在相对的区别，法律的创造始终是法律的适用。"一个法律规范的创造通常就是调整该规范的创造的那个高级规范的适用，而一个高级规范的适用通常就是由该高级规范决定的一个低级规范的创造。"① 行为是否为法律创造或适用的问题，并不以行为机关受法律秩序约束的程度为转移。在凯尔森看来，除了具体案件中的执行制裁与基础规范本身，其他任何一种法律适用同时也是建立规范的行为。② 如果凯尔森的这种论述可以成立，那么，要想既保留法律渊源概念，又探究其与法律之间的复杂关联方式，创造而非适用似乎是更为合适的视角。对此至关重要的是，凯尔森为代表的欧洲大陆法学认为任何一种法律体系，其至关重要的方面是"自我规定"，即法律规定了自身的创设和适用，而无需诉诸外在于法律的自然、道德、政治或其他任何东西。换言之，法律处置自身的界限问题，判定何种渊源构成法律、何种渊源不构成法律，有着自身的方式，即便这种方式是不完美的，法律人也应该设身处地揭示并理解这种方式是什么。法律在探究自身，而在探究自身的过程中，法律也在反思和修正自身的运作方式。创造而非适用，显然是探究诸种法律渊源与法律关系的适当视角。

因而，"法律渊源"对于适用和结果似乎不是很合理的称呼，它更适合创造或者方法。通过一系列方法和实然原因，法律得以产生。在这里，事实结果和应然结果的区别是必要的。在以凯尔森为代表的大陆法国家法律学说传统中，法律属于应然现实。通过程序的实施以及其他事实和行为等实然事件，法律由此在应然现实中产生、变更或者消灭。一个立法程序有效事实的实然结果是法律文本，而这种实施的应然结果是法律规范成立、变更或者消灭。"法律渊源可以说在实然现实和应然现实之间漂移不定。作为原因，它是发生在实然现实中的实然事件。作为结果，它是发生在应然现实中的应然事件。"③

此处需要注意，上文指出以凯尔森为代表的大陆法学认为，法律的"渊源"并非是法律之外的东西，毋宁始终是法律本身。既然坚持法律渊源与法律的一元论，那么，又怎么能够就法律渊源与法律之间的关联做出更深入的探究呢？在笔者看来，对凯尔森的观点不能产生错误的理解至关重要。凯尔森原意是，"法律的渊源"这一用语的模糊不明使得这

---

① ［奥］凯尔森：《法与国家的一般理论》，沈宗灵译，中国大百科出版社1996年版，第150页。
② 如何理解凯尔森基础规范存在严重分歧，学者通常将之视作一种概念上的预设，对法律进行逻辑分析的是由法律思想所预定的。参见［瑞典］宾德瑞特：《为何是基础规范——凯尔森学说的内涵》，李佳译，知识产权出版社2016年版，第37-42页。
③ ［意］恩里科·帕塔罗：《法律与权利》，腾锐等译，武汉大学出版社2012年版，第52页。

一用语近乎毫无用处。人们应当采用一个明确地且直接说明其想法的用语,以替代这一令人误解的比喻。可见,对于凯尔森而言,他并不反对"法律渊源"所指代的法律现象的存在及其法律自身的处置方式,而是主张应该用更具有法学意义的词语,即"法律创造"来描述同样的法律现象。如就法现实主义者所主张的司法裁判的造法性质而言,凯尔森强调只有在因具备了规范其自身创制的法律的特殊性时,一种法的"渊源"形式方可成为"法律",所谓的司法判决是法律创制过程的延续而非开始。现实的情形是,"法院始终适用着既存的法律,但它所适用的法律可能不是实体法,而是程序法。法院可能适用只是那些决定其本身的存在和程序的一般规范、授予某些人以作为某个州的法院而行为的法律资格的一般规范。……那些人只有在适用这种既存的程序法规范时,才起着一个'法院'的作用并且使他们的判决具有法律的拘束力。"①

凯尔森之所以建议取消"法律渊源"这术语,并主张用"法律创造"用语予以替代,也是由分析法学或者其主张的纯粹法学的特质所决定的。以凯尔森为代表的纯粹法学认为,对法学所讨论的问题、给出的回答都应该尽量使用清晰、明确的语词,不能人为地添加容易引起混淆和模糊的因素和用语。当然,这里应该强调的是,凯尔森所旨在分析的法律创造仅仅在纯粹法学的范围内,以基础规范之内的法律规范之间在结构、效力、结构等方面的问题。然而,问题在于基础规范内的这些"法律"渊源是否为法律"渊源"的全部?如果除了基础规范内的"法律"渊源,还存在着其他种类的法律渊源,那么应该以何种标准对这些法律渊源予以识别,又如何对所识别的法律渊源种类进行进一步的划分。如果这些问题都是开放的和可回答的,那么,就可以保留凯尔森对基础规范内的法律渊源的处置方式,同时探究法律渊源与法律之间的其他更为复杂的关联。这意味着必须探究法律渊源的一种更为科学的划分方式。

(二)法律渊源的三种类别

传统观点将法律渊源划分为有法律约束力的渊源与没有法律约束力的渊源,并不能由此分析法律渊源与法律之间的关联方式,因为存在着循环论证的困难。假如任何一种组织化的政治社会都存在着各种具有法律意义和可能性的渊源(实际上,法律要想继续生存和发展,就必须拓展自身的界限,将非法律的转变为法律的),那么应该如何界定不同种类的"法律"渊源?在笔者看来,通常所理解的法律,无论表现为法典条文、法律主张和法律辩驳、司法判决或行政条例还是其他,其本质特点在于,它们都宣布了某种具体意志。就此而言,"除非法的概念能够把握人类意志的特定方式,并为之提供标准,否则,法的概念就没有什么意义。"②形式性的法概念是一切制定法和判决的逻辑预设,作为逻辑先

---

① [奥]凯尔森:《法与国家的一般理论》,沈宗灵译,中国大百科全书出版社1996年版,第171页.
② [德]施塔穆勒:《现代法学之根本趋势》,姚远译,商务印书馆2016年版,第130–131页。

决条件的方式，各种各样的素材和渊源据之得到整理。

可见，选择某种法律概念（如有效性）由此划分法律渊源的种类本身并没有错，关键在于这种法概念的选择应该是科学的，在逻辑上是周延的，能够涵盖法律现象的全部或者大部分。定义虽然不能代替实质问题的分析，但却能为实质问题的分析提供方向和思路。因而，应该选择何种法律概念？在笔者看来，当代德国著名法理论学者阿列克西对于法概念的分析值得参考。阿列克西指出，虽然不同法学流派对于法律概念都有着各自的界定，但任何一种适当的法律概念界定都必须考量权威的制定性、社会的实效性以及内容的正确性这三种要素，而这三种要素在不同法理论中的安排和比重决定了该理论对法概念的界定。① 遵循阿列克西的法律概念架构，以权威、实效与内容三种要素的取向和比重，这里可以将法律渊源分为主要取向于权威的法律渊源、主要取向于社会实效的法律渊源与主要取向于内容正确性的法律渊源三种类别。

首先，主要取向于权威的法律渊源，典型的如立法、先例、合同。虽然原则上可以构想出一个没有权威的社会，据此所有法律事项的处置都仅依赖于实质性理由。但在这种社会中，人们无法认为法律规范是有约束力的。所以从定义上说，某种有效的法律规范必定具有权威，权威的重要特质在于权威具有的效力来自它们的地位，并非来自它们的合理性，学理上将权威的这种特质称为独立于内容（content-independence）的。② 在此，权威性法律渊源事关那些可将法律"渊源"变成有效法的最后因素。在此意义上，立法是权威性法源，因为它使得法律草案变成了制定法。合同也通常是一种权威性法律渊源，如标准合同、团体协议，劳工法院的实践尤其如此，其本身就可以比作小型法律秩序。③

所存在争议的是先例是否为一种权威性法律渊源？众所周知，在普通法国家，先例在最高法院以下的所有法院都具有法律上的约束力，不遵循先例将被认为是法律上的错误，可以通过上诉予以撤销。④ 相反，在大陆法系国家，先例没有正式的约束力，但在实践中却不时为法院所遵循，先例具有所谓事实上的约束力。"事实上的约束力"的表述似乎暗示着先例缺少规范效力，即使它被广泛地遵循。

---

① 参见 [德] 罗伯特·阿列克西：《法概念与法效力》，王鹏翔译，商务印书馆2015年版，第13页。
② See P. Markwick, Independent of Content, 9 *Legal Theory*, 43 (2000).
③ See Aleksander Peczenik, *On Law and Reason*, Dordrecht: Springer, 2009, pp. 272–276.
④ 应该承认的是，在普通法系中，先例的法律渊源地位要复杂和精致地多。虽然先例具有法律上的约束力，但是在普通法传统中孕育了一种被称作区分先例的方法论，其目的在于揭示为什么某个先例在被考量的案件中不具有约束力。这意味着，有时候某先例所蕴含的"本案的法律"只是律师和下级法院法官们提出的一套关于上级法院行为恒常性的假设而已。参见 [美] 理查德·A. 波斯纳：《法理学问题》，苏力译，中国政法大学出版社2002年版，第283页。尽管先例在英美法系可能存在着这种情形，但由于遵守先例更多地是作为原则和制度，因而先例就其性质而言，仍然是以权威为主要取向的。由于这里关注的是先例的一般法律渊源地位问题，所存在的疑问便是这种主要以权威为取向的法律渊源地位是否同样适用于大陆法系中的案件，关键在于约束力的界定和理解。

然而，有关先例的这种观点，在理论上是幼稚的，所采取的是一种外在观察者的视角，应该为一种更为精致的理论所表达。实际上，任何对"事实性约束力"的非规范性解释，都与大多数国家中法律人对法律实践的内在理解背道而驰。因为"约束力"这个词本身具有一种规范性内涵，它不能被化约为或还原为非规范性事实。更好的出路是将约束力和规范性强力所涉及的各种规范性表述为：具有正式的或者法律上的约束力的先例必须（must）被视为法律论证中的权威理由。不具有正式的约束力，但具有规范性强力的先例应当（should）看作法律论证中的权威理由。① 这种"应当"是有权威性质的，虽然不是严格意义上的法律上的约束力。就此而言，在一般意义上说先例是一种主要取向于权威的法律渊源，就是可以成立的。

其次，主要取向于实效的法律渊源，如习惯。诚然，学者可以构想出仅存在一种法律渊源的法律体系，如法律体系只包括权威性的制定法。但经典法社会学家的论述告诉我们，立法机关依据一定政治社会的宪法要求有意识地制定法律，并不是制定法律的最初方法，甚至在经济发达的现代社会，往往也不是通常的方法。在韦伯看来，起先根本就没有这种观念，即行为规则具有"法律"的特征，即由"法律强制力"保障的规则可以作为"规则"有意识地创造出来，法律判决最初同样也没有任何规范性，其合法性建立在某种习惯的神圣性质之上。在理论上，这种规范作为传统是不会改变的。人们必须依据已有的习惯通常由巫师、先知或者牧师来正确地理解和解释它，但不能创设它。② 在社会学的意义上，法律（特别是国家法）并不是维持社会秩序所必需的，甚至不是主要的。相反，更可能存在的情形是，若要发挥作用，法律必需依赖于其他的社会秩序渊源。③ 如果没有一个既存的、稳定而有效的基本秩序，国家法律制度就不可能存在，也不可能被建构。这种基本秩序是由那些共同的习俗、工具性的行为，以及人们的同意等因素维系的。法律并不是社会秩序得以产生的原因，相反，法律预设了秩序的存在。这种更大范围的社会秩序的实际维系显然主要依赖习惯，这种习惯是指在社会中已然存在，良好维系着社会秩序的各种习俗、惯例和传统。这些习俗、惯例和传统是内容不涉的，只要在实践中发挥实效，不论其涉及义务和禁止还是许可和权力（事实上，许多习惯性规则确实不表达义务，而是许

---

① 参见［瑞典］亚历山大·佩岑尼克：《法律科学：作为法律知识和法律渊源的法律学说》，桂晓伟译，武汉大学出版社2009年版，第43页。
② 韦伯指出，新规范得以产生的唯一途径便是新的启示。其中包括两种形式：一种较早的形式是说明在某一类案件中什么是正确的；另一种是可能指出某项对未来类似案件均适用的一般规则。这种法律的启示构成了最初的革命因素，动摇了传统的稳定性，因而是一切法律"制定"之母。参见［德］马克思·韦伯：《论经济与社会中的法律》，张乃根译，中国大百科全书出版社1998年版，第71–74页。
③ 参见［美］布赖恩·Z.塔玛纳哈：《一般法理学：以法律与社会的关系为视》，郑海平译，中国政法大学出版社2012年版，第274页。

可或权力),① 如果共同体的大多数成员拥有共同的信念并且经常依此信念行事,那么,相应地习惯便主要是一种以实效为取向的法律渊源。尽管这些实效性的法律材料并没有权威性的约束力,但它们迟早会获得权威性。

作为一种主要以实效为取向的法律渊源,习惯在法律体系中的作用和地位,显然同法院和权威机构的实践具有密切和复杂的联系。② 在这里,为了理解习惯主要作为实效性法律渊源与法律之间的关系,必须做出一个基本区分,即作为制定法组成部分的习惯与并没有被权威性法律体系承认的习惯,前者所指涉的习惯通常合理且获以良好确立或者表达一般性法律原则,进而被法院和权威机构认可为权威性法律理由,此时习惯并非以实效为取向的法律渊源,毋宁是主要以权威为取向的习惯法,是法律,而非具有实效的习惯本身。而作为实效性法律渊源的习惯,依然存在于民众之间,仍然为一种规范性实践在其各自领域存在作用,尽管这种规范性实践未必与法律这种权威性的规范实践完全匹配。③ 但是,由于已经得到遵守并发挥实效的习惯是提高实践结论固定性和维持社会秩序的最传统手段,作为社会秩序组成部分的权威性法律必须考量习惯在法律概念界定上的作用,以适当方式对实效性的习惯作出某种处置和安排。因而,即便不是以权威性法律渊源方式,以实效为主要取向的习惯构成法律渊源家族的一员。

最后,除了权威性、实效性法律渊源,法律渊源所存在的第三种类别便是主要以内容正确性为取向,典型的内容性法律渊源,如道德、法律学说。"法律"渊源之所以必然包括以内容正确性为主要取向的法律"渊源",根本的原因在于无论个别的法律规范、法院判决还是整个法律体系都必然提出并实现阿列克西所谓的正确性宣称。④ 众所周知,启蒙运动以降的古典自然法学派持有的一个立场便是任何实在法如果违背正确的道德、政治原则或理性标准,就并非法律。古典自然法学派对正确性宣称显然是刚性的,无法取得普遍的赞同,然而主张一种柔性的正确性宣称,却仍然是可能的。设想司法实践中存在如下情形,即法院一致认为有良好的法律理由(如保护当事人的正当预期、避免极其荒谬的结果)不去适用某种法律条文,而是选择做出抵触该文义的判决,这时如果法院说该法律条文是法律,那就不恰当了。既然法院是基于法律理由而判决,判决结果显然也是法律,而这却与实在法律条文存在明显矛盾。因而,为了避免矛盾,裁判者不仅可以说它终究不是法律,他也必须这么做。当然,是否存在这种良好的法律理由,却是一个实质问题,构成

---

① 传统理解中习惯更多地与禁止、义务相关,但事实上许多习惯性规则不仅不表达义务,而是涉及许可或权力。参见[意]乔瓦尼·萨尔托尔:《法律推理:法律的认知路径》,汪习根译,武汉大学出版社2011年版,第732－733页。
② See Grant Lamond, Legal Sources, the Rule of Recognition and Customary Law, 59 *The American Journal of Jurisprudence*, 25 (2014).
③ 参见陈景辉:《"习惯法"是法律吗?》,载《法学》2018年第1期。
④ 参见[德]罗伯特·阿列克西:《法概念与法效力》,王鹏翔译,商务印书馆2015年版,第83－85页。

现代法理论学者所强调的疑难案件。① 在疑难案件中，相关实质问题显然无法通过法律语言的适当使用来解决，语言使用必须要跟进，更不能预断实质论据。相反，法律语言必须相容于不同的实质命题，由此去解决一个无法从给定的权威素材中确切地给出答案的实践问题。"在法律领域要解决实践问题，就是去主张什么是应该做的。"② 然而，由于什么是应该做的又无法将其答案完全依赖于权威的决定，那么任何一种法律实践要想满足合法性，除了适用某些程序性规则以外，就必须提出并实现正确性宣称，就必须考量一些内容正确性的素材和因素，考量相关的道德原则、法律学说等内容正确性的法律渊源。正如德沃金强调，除非诉诸由诸多相互支持和联结的原则和价值所构成的贯穿全局的理论系统进行思考，否则裁判者就没法对法律问题的正确答案进行思考。③

应该指出的是，道德作为内容正确性的法律渊源，这些道德原则并不需要必然像人性尊严、自由、平等尊重与平等关怀、法治国、民主国或者社会国原则那么抽象，它们经常是像任何人都不能从自己不利的行为中获益、信赖保护、适当注意和谨慎或者自然环境保护这种比较具体的道德原则。同样，人们关注法律学说，特别是经典作家的法学著作中的法律学说，不仅是因为这些法学家们所具有的权威性地位，也源于它们所提供的理由的品质。众所周知，法律学说中不同历史时期具有不同重要性的法律渊源。作为一种法律渊源的法律学说，不仅对法律进行了理性表述和提炼，还有时候告诉我们什么是真正的法律，是法律本身的最佳表征。实际上有些内容正确的道德原则，通常就是经典作家所发现或者提出来的。从内容正确性角度，法律学说之所以能够作为一种法律渊源，更深刻的答案是因为其具有较高的认知度，发布着理性的证据，以及具有融贯性与公正性。④

无论内容正确性的法律渊源呈现为何种方式，这里的重点是作为法律自身对正确性宣称所蕴含的一个必然实践后果是，法律在处置自身界限的时候，这些内容正确性的法律渊源必须得到尽可能广泛地考量和实现，它们共同要求趋近地实现法律的理想。如阿列克西指出，将正确的道德理念联结于法律，就意味着"属于法律的不只是法律论证的特别规则，还包括了道德论证的一般规则，因为凡是在道德领域有可能正确者，乃是根据这些规则才成为可能。这些规则排除了显著的不理性与不正义。除此之外，正确道德的理论作为一个必须追求的目标，它具有规整性理念的特色。"⑤ 就司法实践而言，即传统的法律适用领域，当这些内容正确的法律渊源在疑难案件中是相关的，那么，法官就有法律上的义

---

① See Ronald Dworkin, *Law's Empire*, Cambridge, MA: Harvard University Press, 1986, pp. 50 – 54.
② 参见［德］罗伯特·阿列克西：《法概念与法效力》，王鹏翔译，商务印书馆2015年版，第82页。
③ 参见［美］罗纳德·德沃金：《身披法袍的正义》，周林刚、翟志勇译，北京大学出版社2014年版，第58页。
④ 参见［瑞典］亚历山大·佩岑尼克：《法律科学：作为法律知识和法律渊源的法学学说》，桂晓伟译，武汉大学出版社2009年版，第29页。
⑤ ［德］罗伯特·阿列克西：《法概念与法效力》，王鹏翔译，商务印书馆2015年版，第87–88页。

务针对具体个案最佳地实现这些原则。① 法官在此虽然回答的是一个法律问题,但这个问题依其内容也是政治道德的问题。因而,内容正确性的法律渊源理应构成法律渊源家族的一个成员。

四、法律渊源与法律之间关联的具体方式

由于诉诸法概念界定的不同面相将法律渊源分为三种不同的类别,法律渊源与法律之间的关系就并非线性的。对此,不能简单以"是"和"否"作为回答,而应该深入到诸种法律渊源的内部,从法律创造视角予以批判性地审视。在此,为了理解法律渊源与法律之间可能存在的复杂关联方式,在两种不同关联方式予以区分,即区分性的关联与品质性的关联,就是十分有必要的。

概括而言,所谓区分性的关联,涉及法律之所以为法律的界定性特征,是定性的。实际上,任何概念都应当"是其自身"得到界定和理解,法的概念也如此。区分性的关联意味着,如果将法律作为一种实在、社会现象,那么,基于概念性或规范性的理由,就必须推定它是一种特殊类型的事实,具有能够使其区别于其他事实的可界定的品质。与区分性关联不同,"品质的"关联涉及法律所应当具有的品格和德性,品格和德性的大小和多少直接影响着实在法律的法治化程度和水平,是衡量法治的重要指数。针对品质关联的论据立基于以下这个前提,即实在的法律不仅是法律,还应该具有理想的面相。如富勒指出,法律作为一项有目的事业,即使人类行为服从于一般性规则的指导和控制,其成功取决于那些从事这项事业的人的能量、见识、智力和良知,由于这种依赖性,法律注定永远无法完全实现其目标。② 在法律中,品质的关联则反映在以下这种主张:没有满足特定标准的规范或规范体系虽然可能是法律规范或法律体系,但基于概念性或规范性的理由,它们是有瑕疵的法律规范或法律体系。但需要注意的是,这里所主张的瑕疵是法律上有瑕疵而不只是道德上的瑕疵。

对区分性的关联与品质性的关联做如此区分之后,依照凯尔森法律创造的分析框架,对任何一种法律"渊源",由于作为整体的法律体系都有着自身的处置方式,在笔者看来,法律渊源与法律概念之间依次存在着以下三种具体的关联方式。

首先,就权威性的法律渊源而言,典型的如立法、先例,这种主要取向于权威的法律渊源与法律概念之间存在着区分上的关联,而没有品质上的关联。权威性法律渊源之所以是法律,是因为面对着诸多渊源,法律用以处理自身、发现自身的首要方式就是承认法律对权威性的主张(law's claim to authority)。施塔穆勒指出,"在概念上得到规定的法,意

---

① See Ronald Dworkin, *Justice for Hedgehogs*, Cambridge, MA: Harvard University Press, 2011, pp. 120 – 122.

② 参见[美]富勒:《法律的道德性》,郑戈译,商务印书馆2011年版,第169 – 171页。

味着权力。……无权力的法终究没有意义,没有法的权力则始终欠缺正当性。"① 法能够区别于道德、约定俗成的规则、专断的意志而得到精确规定,某种程度上首要原因在于法的概念完全隐含在每一部实定法的内容中,即便这种隐含是初步性的。作为法概念的形式上的规定性,权威性的法律渊源实现并维护着法律的形式特征,这意味着不具有权威形式和要求的某种社会规范就不是法律。就此而言,权威性的法律渊源就是法律本身,权威构成法律概念的界定性特征,而非表征着某种法律体系的品质。

虽然权威性法律渊源与法律存在着区分性关联,但此处需要强调的是,告诉我们什么是法律的那个确定权威本身也是法律的产物,受到法律本身的规制。例如在现代社会,作为一种典型权威性的法律渊源,制定法通常是由立法机关这种团体经由某种行动所创制。但立法机关所进行的这种团体的行动只有借助采纳和遵循一系列规制法律创造的规则才有可能进行,如授权规则、程序规则、限定权力范围的规则、权限保留规则、合宪性规则,正是这些规则使得一群人能够得以合法地发出一种声音,进而将其所制定出来的东西称之为法律。②

同样,就先例这种权威性法律渊源而言,其所以是法律,这是因为寻找先例的冲动存在于任何法官的行为当中,不论是否想要,也不论是否认识到先例已经存在。"遵循先例本身就是一项重大至重的原则。对于任何司法体系的形成和成熟而言,遵循先例原则都是绝对必须的。没有遵循先例原则就没有法律,这样说并不为过。"③ 因而,即便做出某个先例的先前法官慵懒、无知、愚蠢而有偏见,但先例仍然提供一个基点,使人们由此预测法院的行为,事先调整自己的预期和事态。只不过,在现实实践中,先例的拘束力可依据其强制力程度的不同得以表现,先例可能具有以下五种含义:(1)强大约束力,这些先例应被适用而无例外;(2)形式约束力,这些先例应被适用,除非特定例外情况发生;(3)可撤销的约束力,这些先例应被适用,除非实质理由的发生排斥其适用;(4)无约束力但支持性的,这些先例被适用于主张特定案件的解决应与过去判决一致;(5)仅说明性的,这些先例为未来案件的解决提供启发式的理由,但该理由必须与相反论证保持平衡。④ 作为对司法过程(无论英美法系还是大陆法系)的一种客观描述,显然先例约束力的第三种含义最为接近。这种可撤销意义上的先例正符合法律的权威性特质,因而先例与法律之间存在着概念上的必然关联,先例是法律,法院应当予以遵守和适用,除非存在着实质性理由。

其次,就主要取向于实效的法律渊源而言,如习惯,并非法律。由于实效性法律渊源其存在与否更多的是事实问题,而依据对法律渊源的界定,判定法律渊源是否为法律并不

---

① [德]施塔穆勒:《现代法学之根本趋势》,姚远译,商务印书馆2016年版,第141页。
② See Riccardo Guastini, Fragments of a Theory Legal Sources, 9 *Ratio Juris*, 364 (1996).
③ [美]彼得·德恩里科:《法的门前》,邓子滨译,北京大学出版社2012年版,第34页。
④ 参见[加]罗杰·赛勒:《法律制度与法律渊源》,项焱译,武汉大学出版社2010年版,第226页。

是一个事实问题,而是一个规范性问题,因而实效性的法律渊源与法律之间并不存在区分上的关联,实效性的法律渊源并非法律。虽然习惯并非法律本身,但由于存在着的习惯在法律中有着自身的存在领域和运行方式,发挥着实实在在的作用,与权威性法律一样,能够调整社会行为和社会关系,维系着社会秩序。在秩序也是任何一种法律体系旨在追求和实现的一项重要价值的意义上,实效意义上的法律渊源与法律虽然不存在概念区分上的关联,却存在着品质上的关联。这意味着能够更大程度上蕴含、包容、尊重习惯的法律体系,将具有更大程度的正当性。

此外,虽然习惯并非法律,并不表示这种实效性的法律渊源无法进入到法律适用过程中,这里法律适用仅指狭义上的司法适用,而非更广泛意义上的法律创造。实际上,习惯在法律实践中有着独自的运作方式。假定某种习惯是存在的,如艾伦所说的那样,"当一个法院接受并且适用一个习惯的时候,它这样做不是说它认为它正给法律引入一个新的规则,而是认为它正在宣告以及适用法律。"① 因而,习惯能够像权威性法律渊源一样发挥其效用,习惯有其自身存在和运作的方式,分析者应该设身处地的理解。如在美国联邦法院的司法实践中,在没有权威性法律渊源即法律得以直接适用的情况下,法官通常会将社会生活中存在的习惯视之为法律,只不过,将不适用的举证责任转移到否定习惯存在的对方当事人。当然,如果此时法院对适用该习惯所形成的先例地位并不十分确信,法院通常会在裁判中运用"请勿引证"或"无先例效果"规则,来限制该习惯在未来案件的适用。

最后,就主要取决于内容正确性的法律渊源而言,如道德、法律学说,这些内容正确性的法律渊源与法律不仅存在着概念的区分关联,而且存在着品质上的关联。之所以内容正确性的法律渊源与法律之间存在着这种复杂的关联,主要原因在于法律的正确性宣称可以在不同层面上得到主张和实现。一方面,由于正确性宣称构成法律概念的一个面相,如果某种内容性法律渊源并没有提出或者包含某种道德、法律学说,不论这种道德、法律学说的正确与否,那么,该种内容性的法律渊源就并非法律,此处存在着区分上的关联;另一方面,如果某种内容性的法律渊源将某种道德、法律学说包含其中,如果这种道德、法律学说并没有达到拉德布鲁赫所谓极端不正义的界限,② 如包含领袖原则、种族原则、恶意歧视原则、最低人性原则,那么,该种内容性法律渊源就是法律,就是内容上正确的,即便该种内容正确性的法律渊源在现实实践中并没有得到完全的实现,即便这种内容上的正确含义究竟是什么存在分歧,此处涉及与法律之间的品质上关联。这意味着法律虽然与内容正确性法律渊源存在着区分上的关联,即法律始终是道德上正确的,但这并不意味着凡是道德上不正确的都不是法律。此处混淆了区分关联与品质关联这两种不同关联

---

① C. K. Allen, *Law in the Making*, 7th ed., Oxford: Clarendon, 1964, p. 153.
② 参见雷磊:《拉德布鲁赫公式》,中国政法大学出版社 2015 年版,第 10 – 21 页。

方式，因为只有越过极端不正义的界限，以内容正确性为主要取向的法律渊源才不是法律。

换言之，由于包含了内容正确性宣称，将某种道德、法律学说纳入法律渊源家族，某种内容性法律渊源即便违反了正确的道德，只要没有达到极端不正义的程度，也不至于使其丧失法律性质，而仅导致法律上的瑕疵。因为在此处，在法律人共同体内部经常发生的是对于何谓正确的道德存在着"合理分歧"，① 但此种价值多元化语境中的合理分歧是有益的，因为它能够使得法律将更多内容正确性法律渊源纳入法律家族之中，即将更多的道德、政治、社会问题转化成具有法律意义和性质的问题，延展法律的界限（尽管这未必一定可欲），用理性的法律话语解决相应的问题。

五、结语

表面上看，法律渊源与法律两者之间似乎没有本质上的不同。然而，通过分析法律渊源概念的语境，可以发现问题并非像表面上的那样简单和直接。法律渊源与法律之间的关系需要一种更为精致地法理论上的探究，在笔者看来，探究法律渊源与法律之间的关联方式，并非是纯粹的语词训练的问题，在其中涉及对法律自身性质的反思和追问。虽然法律渊源呈现的方式是多样的，但法律对于自身界限问题有着自身的处置方式，探究不同种类的法律渊源，能够借此深入理解法律在不同领域、不同语境中的运作方式。作为一项以渊源为本位的事业，法律始终也需要不停地探究、反思以及追问自身。这是一项未竟的事业，由此一般意义上的法律科学能够得以发生、成长与渐次成熟。

On theStructural Connection Between the Source of Law and the Law

Zhang Hongxin

Abstract："Is legal source the law" is a important issue of legal theory, however current scholars have paid little attention to a subtle distinction between legal source and the law, ignoring the issue of legal source. Only from the perspective of lexical analysis, "legal source" is bound to have some relationship with law, even if it is not the law itself, while to regard all legal origins as the law itself ignores legal source's complex existence and operation in reality. Law is a source‐based enterprise, and understanding its nature accordingly requires understanding which

---

① 所谓"合理分歧"必然假定了某种共识性原则，因为没有共同依据的地方，存在的仅是赤裸裸的对抗和争吵，没有一方能使他的论点真正成为可理解的，一种真正论争需要某种彼此理解。参见［英］奥诺拉·奥尼尔：《理性的建构：康德实践哲学探究》，林晖、吴树博译，复旦大学出版社2013年版，第53－55页。

sources constitute the law and which do not, and law' boundary is handled by the self-creation of law, which provides a starting point to explore the complex structural relationship between source of law and the law. Two different kinds of associations should be in mind, namely differentiated association and quality association. Some sources of law are law, and some sources are not only law, but also reflect the quality of law.

Key words: legal source; law; valid; legal application

(编辑: 彭娟)

律师事务所分裂的权威因素研究

魏小强[*]

> **摘　要**　本文基于法律多元的立场和古典社会学的权威类型理论，采用个案研究的方法分析了一家普通合伙律师事务所分裂的权威因素。研究发现律所作为特定的社会组织，以法律及其他正式制度为依据的法理型权威和以律师的道德品质、业务能力及社会资源等非正式制度为依据的魅力型权威并存于其中，构成了支撑律所内部秩序的权威基础。两类权威的功能指向和位阶不一，之间也存在着竞争和冲突。权威冲突的通常结果是法理型权威的消解，但是在法理型权威的功能不能有效发挥的情况下，魅力型权威却不足以维系一体化的内部秩序。在事务所的经济基础和制度条件没有发生根本改变的情况下，贸然扩大魅力型权威的秩序功能，只会破坏既有内部秩序导致分裂的发生。
>
> **关键词**　律师　律师事务所　律师事务所分裂　权威　法律多元

一、问题的提出

截至 2018 年底，我国共有律师 42.3 万人，律师事务所 3 万多家，其中合伙律师事务所 2 万多家。[①] 在律师行业高速发展的过程中，人们发现律师事务所的发展存在分多合少甚至数年一分裂的规律现象。[②] 笔者 2016 年在南省大川律师事务所（以下简称大川所）

---

[*] 魏小强，法学博士，江苏大学法学院副教授。
[①] 司法部：《2018 年度律师、基层法律服务工作统计分析》，http：//www.moj.gov.cn/Department/content/2019 - 03/07/613_ 229828. html，访问日期：2019 - 11 - 23。
[②] 潘跃新：《规模化律师事务所民主管理的制度设计》，载《中国律师》2003 年第 1 期。

做田野调查期间，就经历了这家普通合伙律师事务所的分裂。① 经了解发现大川所的这次分裂并非突然发生，而是经历了一个长期酝酿的过程，而且这不是大川所在其十年发展过程中所经历的第一次分裂，类似的分裂事件在 2011 年就发生过。② 大川所本身也是 2006 年从另一家合伙律师事务所分裂而来的，溯及更早，该律师事务所又是脱胎于一家国家投资设立的律师事务所。放眼南省乃至全国律师行业，像大川所这样的分裂情况并不鲜见。为什么律师事务所发展到一定阶段就会发生分裂，乃至难以走出"发展—分裂"的循环？

律师是为当事人提供法律服务的执业人员，律师事务所是律师的执业机构。在我国众多社会组织中，律师事务所作为专业服务机构，是一类依法设立的非法人组织。③ 作为律师执业的基本管理单元，律师事务所是律师履行职责、服务社会的组织者，也是律师服务功能的承担者和体现者；而作为律师自我管理的最小单元，律师事务所还是律师自我教育、自我约束的实现方式。④ 尽管依法受司法行政机关和律师协会的监督管理，但是律师事务所的存续和运转主要依靠自律自治。只有在自治的前提下，律师才能更好地实现伸张社会正义的使命。⑤ 就此而言，律师事务所作为一类社会组织，是社会组织体系的有机部分，其内部秩序是法治秩序在社会层面的具体体现。

在法律意义上，分裂通常是一个公法概念。⑥ 在私法中，则通常用"分立"一词来指称分裂所描述的一些现象。⑦ 就此而言，律所分裂就是主体意义上的律所分立，是指一家律师事务所分立为两家或两家以上的律师事务所。但是法律意义上的分立概念重在描述这类组织现象的客观后果，并不反映当事人的主观态度，因而用于描述律师事务所的分裂现象并不是一个准确的概念。因为律师事务所尤其合伙律师事务所是建立在"人合"基础上

---

① 南省大川律师事务所是一家由梁维珍、朱予理、李剑锋、佟继扬四位律师设立于 2006 年的普通合伙律师事务所，由梁维珍担任负责人。截至 2016 年 10 月，该所共有一个总所和六个分所，有律师和其他工作人员一百多人。2016 年 11 月，创始合伙人佟继扬带领该所近一半的人员辞职离开，另设了若干家新所。对于大川所而言，依照律师的行话，这是一次比较严重的分裂事件，给事务所的发展造成了较大的消极影响。关于南省大川律师事务所的基本情况及分裂情形的介绍，参见魏小强：《律所分裂的制度因素——基于活法理论的个案研究》，载谢晖、陈金钊、蒋传光主编：《民间法》（第 19 卷），厦门大学出版社 2017 年版，第 228-251 页。

② 当时高级合伙人朱予理退伙，并带领数名律师辞职离开大川所另设立了一家个人律师事务所。当时由于离开的人员少，该次内部分裂对事务所没有造成大的影响。

③ 《中华人民共和国律师法》只对律师事务所做了描述性的规定，即"律师事务所是律师的执业机构"，但并未对其主体的法律性质做出明确界定。直到《中华人民共和国民法总则》对非法人组织做出明确的界定后，律师事务所的主体性质才得以明确。依照该法第 102 条的规定，非法人组织是不具有法人资格，但是能够依法以自己的名义从事民事活动的组织，具体包括个人独资企业、合伙企业、不具有法人资格的专业服务机构等。作为专业服务机构，律师事务所显然属于《民法总则》所规定的非法人组织。

④ 陈宜：《律师执业组织形式和律师管理体制研究》，中国政法大学出版社 2014 年版，第 1 页。

⑤ 冀祥德：《律师法学的新发展》，中国社会科学出版社 2016 年版，第 89 页。

⑥ 如《中华人民共和国宪法》对破坏民族团结和制造民族分裂行为的禁止，《中华人民共和国反分裂国家法》为维护国家主权和领土完整而反对分裂国家的行为，以及《中华人民共和国刑法》将组织、策划、实施分裂国家、破坏国家统一的行为认定为犯罪等。

⑦ 如《中华人民共和国公司法》对公司分立的规定，《中华人民共和国全民所有制企业法》对企业分立的规定，以及《律师事务所管理办法》比照公司、企业的分立办法对律师事务所分立的规定。再如《社会团体登记管理条例》和《民办非企业单位登记管理暂行条例》也分别对社会团体和民办非企业单位的分立有相应规定。

的社会组织,其分裂具有合伙人之间的意见冲突和组织秩序变化的双重意象。相较之下,使用分裂这一概念就比分立具有更大的涵摄性,也符合人们对这一类律师行业现象的认知习惯。其既可以形象地表达合伙人之间不再"志同道合",而是"离心离德"并因而"分道扬镳"的主观态度,同时也意味着律所内部秩序发生重大变化乃至解体的客观结果。

以法律多元的立场视之,律所分裂也是一种具有丰富内涵的法律现象。① 埃利希认为:"法的概念的本质特征既不在于它来自国家,也不在于它充当法院或其他国家机关判决的基础,或者构成此种判决之后的法律强制的基础……法乃是一种秩序。"② 对于社会组织而言,"法是一种组织结构,它是一种为合作社的每一个成员分配其在共同体中的地位、其在上和在下的顺序及其职责的规则"。③ 依照埃利希观点,律师事务所作为社会组织,其分裂既然意味着合伙人之间信任关系的终结和组织机构的分化,也就意味着提供及维持这种秩序的法的效力失灵。需要进一步的追问是,是哪些因素导致了律所内部法的失灵以及内部秩序的重大变化?

复杂的问题没有简单的答案,律所分裂的原因显然不是个简单问题。在之前的研究中,笔者采用个案研究的方法,分别探讨了导致律所分裂的制度因素,④ 以及律师的习惯权利对律师流动及律所分裂的影响。⑤ 从合伙律师事务所作为一种为当事人提供法律服务的专业组织来讲,其分裂还意味维系其内部秩序的权威的失灵。权威是一种令人信从的力量和威望,任何一个社会组织内部秩序的构建和维系都需要有一定的权威基础。对于合伙律师事务所而言,包括合伙人在内的部分律师从原来的律所脱离另建新所,意味着他们不再信从原有的秩序权威,而是依据新的权威重建组织秩序。为此,在既有研究的基础上,本文仍然以南省大川律师事务所为个案对象,探究导致律所分裂的权威因素。根据学术惯例,对文中所涉及的地名、律所名称及人名做了必要的化名处理。

二、律师事务所权威的类型

古典社会学的创始人之一马克斯·韦伯认为,合法的统治有 3 种纯粹的类型:"在依照章程进行统治的情况下,服从有合法章程的、事务的、非个人的制度和由他所确定的上

---

① 在法律一元论者看来,法仅指出自国家的社会规范,但是法律多元论者认为法的来源是多元的,法既包括国家法,也包括非国家法。在法律理论上,法的渊源既包括体现为国家制定的规范性法律文件中的明确条文形式的法,如宪法、法律、法规等,即法的正式渊源;又包括尚未在国家正式法律中得到权威性的明文体现的具有法律意义的准则和观念,如正义标准、理性原则、公共政策、道德信念、社会思潮、习惯、生活管理等,即法的非正式渊源。参见张文显:《法理学(第三版)》,高等教育出版社、北京大学出版社 2007 年版,第 2 页;高其才:《法理学(第三版)》,清华大学出版社 2015 年版,第 77 页。
② [奥]欧根·埃利希:《法社会学原理》,舒国滢译,中国大百科全书出版社 2009 年版,第 25 页。
③ [奥]欧根·埃利希:《法社会学原理》,舒国滢译,中国大百科全书出版社 2009 年版,第 25 页。
④ 魏小强:《律所分裂的制度因素——基于活法理论的个案研究》,谢晖、陈金钊、蒋传光主编:《民间法》(第 19 卷),厦门大学出版社 2017 年版,第 228 - 251 页。
⑤ 魏小强:《法律阴影下的习惯权利——律师劳动者的内部权利及其秩序功能》,载谢晖、陈金钊、蒋传光主编:《民间法》(第 22 卷),厦门大学出版社 2018 年版,第 307 - 316 页。

司——根据他的指令的正式合法性和在他的指令范围内服从他。在依据传统进行统治的情况下，在习惯的范围内，由于尊敬而服从传统所授命进行统治并受传统（在其范围内）约束的统治者个人。在魅力型的统治情况下，服从具有魅力素质的领袖本人，在相信他的这种魅力的适用范围内，由于个人信赖默示、英雄主义和楷模榜样而服从他。"① 这里的非个人的制度和由它所确定的上司、授命于传统的统治者个人、具有魅力素质的领袖本人，就是所谓的法理型权威、传统型权威和魅力型权威。

正像韦伯自己所说的，上述三种权威类型"在历史上没有任何一个真正以'纯粹'的形式出现过，这当然并不影响以尽可能纯粹的形式来确定概念"。② 理论上，一个社会组织内部只能有一个最高权威，否则权威多元会导致权威的竞争与冲突。但是在实践中，社会组织所赖以构建和维系其内部秩序的通常是多元一体的综合权威；而同一个社会组织中的权威主体也往往不止一个。倘若一旦出现原有权威衰退，新生权威的认同尚未完成时，就会出现一定程度的社会组织秩序结构混乱的情况。③

具体到律师事务所，其中通常并不存在绝对的最高权威，不同的权威类型之间，以及同一类型的新旧权威主体之间往往存在着不以当事人意志为转移的竞争。常言道，一山不容二虎。这种权威竞争所导致的权威消解及秩序结构混乱就成了导致事务所分裂的主体因素。像大川所这样的普通合伙律师事务所，作为律师的执业机构，是依法成立的以合伙人之间的信任为基础的非法人组织。由于设立及存续的时间相对较短，缺乏传统习惯的积淀，其内部秩序的构建和维系主要取决于两个方面的因素，一是以相关法律和内部规范为依据的制度的作用，二是以合伙人为主的人的作用。由此产生了构建和维系律所秩序的两类权威，即韦伯意义上的法理型权威和魅力型权威，④ 或者类似于美国政治学家阿尔蒙德所说的政治共同体中的政权的权威和权威人物的权威。⑤

（一）法理型权威

律所的法理型权威依据相关法律、规章以及律所的内部规范等正式制度而产生，人们对权威主体的信从来自于其在制度的地位和作用。换言之，人们信从相应的权威主体是因为其拥有制度所赋予的身份和权责，制度本身的权威让其具体执行者有成为权威的可能。

---

① ［德］马克斯·韦伯：《经济与社会（上卷）》，林荣远译，商务印书馆1997年版，第241页。
② ［德］马克斯·韦伯：《经济与社会（上卷）》，林荣远译，商务印书馆1997年版，第242页。
③ 董磊明：《宋村的调解：巨变时代的权威与秩序》，法律出版社2008年版，第202－203页。
④ 根据韦伯关于法理型权威、传统型权威和魅力型权威的权威类型划分，在我国当下的律师事务所中，不存在传统型权威。因为历史原因，我国的律师制度曾长期被废弃，直到改革开放以后才得以重建并几经改革，很大程度上是"摸着石头过河"。律师行业积淀薄弱，加之大部分律所本身的历史短暂，所以在一家律师事务所乃至全行业都没有什么值得律师信从的传统权威。故而能够对事务所进行"合法统治"的，理论上只有依据法律和内部制度所的法理型权威和具有人格魅力的职业领袖。
⑤ ［美］加布里埃尔·A. 阿尔蒙德，小 G. 宾厄姆·鲍威尔：《比较政治学——体系、过程和政策》，曹沛霖等译，东方出版社2007年版，第36页。

法理型权威的首要主体是事务所的合伙人。依照《中华人民共和国律师法》（以下简称《律师法》）及《律师事务所管理办法》（以下简称《管理办法》）等的规定，合伙律师事务所可以采用普通合伙或者特殊的普通合伙形式设立，合伙人按照合伙形式对该律师事务所的债务依法承担责任。其中普通合伙律师事务所的合伙人需要对事务所的债务依法承担无限连带责任。因此，合伙人的变更被列为事务所应当向原审核部门备案的法定事项，合伙律师事务所的合伙协议和章程中应当载明合伙人的姓名、出资额及出资方式、权利义务等具体内容。具体到各个律所，其内部规章制度也会对合伙人的权责地位进行规定。依照上述法律、规章及内部制度，在律师事务所的各类人员中，合伙人是事务所中最重要的人，其地位最高、权利最多、责任最大。在韦伯所谓"依照章程进行统治的情况下"，合伙人是事务所当然的法理型权威。

其次，律所负责人是事务所的另一类法理型权威。负责人是律所的法定代表人，一般由律所的主任担任。但是主任不一定是合伙人，尤其是分所的负责人，其被任命为负责人通常是看其是否有较强的管理能力和业务能力，而不是看其是否具有合伙人身份。依照《律师法》和《管理办法》的规定，律所的负责人负责对律师事务所的业务活动和内部事务进行管理，对外代表律师事务所，依法承担对律师事务所违法行为的管理责任。这是其作为法理型权威的制度依据。

再则，律所的其他管理人员也能成为事务所的法理型权威。除了负责人之外，律师事务所的其他管理人员也被赋予法律权利和义务。依照《律师法》的规定，律师事务所应当建立健全执业管理、利益冲突审查、收费与财务管理、投诉查处、年度考核、档案管理等制度，对律师在执业活动中遵守职业道德、执业纪律的情况进行监督。律师事务所根据本所章程可以设立相关管理机构或者配备专职管理人员，协助本所负责人开展日常管理工作。因此，律所的管理人员同样属于"依照章程进行统治的人"，人们对他们作为律所秩序维护者的管理行为的服从，就是对作为构建事务所秩序基础的法律、规章及内部制度的服从。所以他们也有可能成为维系事务所内部制度的法理型权威。

在事务所实际运转的过程中，上述三种法理型权威主体既可能是不同的人，也可能是同一人。比如律师事务所主任，一般来说既是合伙人、也是律所负责人，同时也是律所最重要的管理人员。当然，也有合伙人不担任管理职务、不参与事务所管理而只以律师身份办理业务的情况。另外还有一些人是单纯的行政管理人员，他们既不是合伙人，也不是律师，但是这不妨碍他们在职责范围内行使管理权，并成为法理意义上的权威主体。

（二）魅力型权威

一般来说，魅力型权威都具有公认的进取精神和道德品质。比如梁维珍律师是大川所的负责人，也是公认的精神领袖，"老大"或"梁老大"是众人对她的专有称呼。早在2006年大川所创立之时，梁维珍就已经是南省甲市"最厉害的女律师"之一了。其率众从原来的律所辞职并创办新所的行为不仅奠定了其在大川所的领袖地位，也在同事中树立了其创新进取的精神形象，这是其能够服众的精神因素之一。笔者在调查中发现，梁维珍有着很强的事业心，在推动事务所的发展方面不遗余力。简单地说，凡是对树立事务所的品牌、推动事务所发展、增加事务所的业务有利的事情，她就会尽力争取；反之，她就会极力反对。大川所之所以能以管理规范、声誉良好而闻名南省，梁维珍居功至首。在很大程度上，是梁维珍的创新进取带动了大川所的发展，而大川所的发展又增加了其个人魅力。

所谓"其身正，不令而行；身不正，虽令不行"。梁维珍在率众从之前任职的律所辞职时，曾与众人约法三章：不做勾兑律师，不做苟且之事，坚守法律道德底线。她一再强调律师要清清白白、正正派派做人。正因为如此，笔者发现虽然一些律师对梁维珍的业务水平、管理能力等不乏微词，但是从来没有听到对其个人品行的负面评价。除了努力在众人面前树立一个以身作则、形象良好的精神领袖的形象外，梁维珍还是事务所内部制度的坚定维护者。对此，梁维珍业务团队的合伙人高琪律师说："梁主任要求别人做的事情，她自己首先会做到。比如她要求大家积极参加集体学习，而她自己几乎每次都来，我就从来没有看到过她迟到过；她动员大家搞研究、写论文，结果她写作、发表的论文是最多的。你不服不行。"

在对笔者谈及如何及与他人合作时，梁维珍有一个"取长避短"的理论：你要全面看待他人，能取其长处、优点，宽容其短处、缺点，就能与他人合作共处。在合作者之间，要处理好利益关系，宁可自己少拿一点，也不要让他人吃亏。尤其是合伙人要注意这一点，你不要以为给聘用律师案子做就是给他们恩惠，要反过来想，正是他们帮你解决了业务上的琐碎问题，你才有时间精力去开拓更多的案源，做你该做的更多事情。团队里的每个人都取长补短，做最适合自己做的事情，这样合作才能长久。

再如高级合伙人佟继扬律师，他在业务营销和开拓创新方面能力很强，因为在大川所三位高级合伙人的分工中负责文化创新而被称为"大川的引擎"。他因为经常有一些与众不同的思想行为，近年来对大川品牌的梳理同样贡献良多。同时，其本人在对待他人方面也有着类似于梁维珍的宽容大度，所以在其身边也是笼聚了一批拥趸。

当然，对于律师这样的专业人士而言，如果仅有良好的精神品质而没有过硬的业务能力，那么其便很难在同行中树立权威。这类业务能力包括两方面的内容，即业务开拓能力和业务办理能力。在一定程度上，律师个人的权威与其业务能力成正比。能够成为"案源人"，是一个律师业务独立的重要标志。就其个人而言，随着案源的不断丰富，除了满足自己业务办理的需要外，还会有一定程度的业务溢出。这就成为其寻求与他人和合作的基础。一位律师所掌握的案源越丰富、所能溢出的业务量越大，其对其他律所和所在律所的意义便越大，所能获得的肯定评价便越高。在一个强调"业务为王"的职业群体中，这样的业务能力本身就意味着职业魅力。

对于律师而言，除了能拉业务，还要能办好案，因而在办理案件的过程中，就产生了律师的另一种职业魅力。如果说开拓案源很大程度上靠的是社会资源的话，那么"搞定"案件，"摆平"当事人，则需要靠过硬的专业能力。这种专业能力是以专业知识为基础的业务综合能力。在大川的诸多律师中，就有一些律师便因为在办案方面的"硬功夫"而受到了同行的尊重。这些人通常是解决疑难业务问题的专家，是难办案件最终办理意见的给出者，自然也是他人学习信服的榜样。

无论是给他人提供案源，还是给他人的业务办理以帮助，都是把个人的权威落到实处的具体方式。尽管利益的给予并非一定会产生让人服从的结果，但是只有建立在利益输出基础上的权威，才能够让人心服口服。比如李剑锋业务能力强的一个具体结果就是他用自己的案源和业务技能直接支撑了一个十多个人的业务团队。这个团队被认为是大川总所的核心团队，其业务总量占到了该总所业务总量的一半以上。该团队的成员都是效忠于李剑锋的，团队的事情自然都是他说了算。这种家长式权威的基础就是利益资源的掌控和输出。对于接受其利益输出的律师而言，这种业务大佬们的职业魅力是他们所无法企及的，因此他们服从也往往是发自内心的。

为了进一步增加自身的魅力，律师不仅需要从个人的德行、业务能力、利益输出等内在方面增加自身的魅力，还要从获得事务所的职位等外在方面增加自身的魅力。在律所之中，某个律师虽然因为业务量大、专业能力强而赢得了人们的尊重，但是如果其在律所没有一定的职位，那么充其量只能是影响力有限的"民间权威"，对律所内部秩序的影响力有限。只有占据了内部职位的权威，才能对事务所的秩序产生较大的、直接的影响。所以那些具有全所影响力的权威人士都具有重要的身份。比如梁维珍是大川所的首席合伙人以及事务所主任，李剑锋是高级合伙人、事务所副主任，佟继扬也是高级合伙人、事务所副主任。在大川各分所，那些具有影响力的律师，也都担任分所主任、副主任的职务，最不济也要有一个业务部部长之类的头衔。担任律所的职务客观上增加了其权威的合法性基础，并借助法理型权威的身份进一步增加其魅力。

除了从律所内部的职位方面给自己的脸上"贴金"外，律师们也都尽力从律师行业、政府部门以及其他方面提升自己的社会地位和影响。比如律师们一般都会设法在律师协会中谋求职位，以获得同行的地位认可。同时律师们还特别在意担任政府的法律顾问，因为在我国行政主导的社会管理体制之下，政府法律顾问的头衔意味着律师的社会地位。律师们还会通过各种途径和方式有意展示自己所担任国有大中型企业以及外资企业法律顾问的身份，或者为这些企业提供服务的业绩，其道理同担任政府法律顾问是一样的。

再则，获得各类职业奖励是律师们增加自身魅力的另一个重要渠道。比如各级各类的优秀律师、十佳律师等行业荣誉；论文、论著获奖的专业荣誉；十佳青年、劳动模范等社会奖励；法律援助先进个人、社会工作先进个人等公益奖励。这些奖励从不同角度和层面展示了律师的社会影响。另外，律师们还会展示自己的学历、学位、受培训的经历，所获得的专业资格以及其他能够展示其能力水平的凭证等。这些客观外在的职位、身份、奖励、资格、凭证等是自身魅力的综合展示。通常来说，其在这些方面所取得的成绩越多，则说明其自身的魅力越大。

三、律师事务所权威的秩序功能

法理型权威和魅力型权威共同构成了支撑律所内部秩序的权威基础，两类权威由于各自的权威来源和生成机理不一样，其功能也有所区别。其中法理型权威的作用的着力点主要在律所人员的日常行为方面，维持着律所的日常工作秩序；而魅力型权威则主要影响律所人员的思想观念，具有凝聚共识、发展决策及定分止争等功能。

（一）法理型权威对律所工作秩序的维持

在律师事务所，就其"事务"的内容而言，主要有两方面，一是法律业务，二是行政事务。其中法律业务由律师们来完成，行政事务则由专门的行政人员和兼有管理职责的律师来完成。像律师事务所的主任依法都由律师担任，他们同时也负有管理事务所行政事务的职责。

具体到大川所，从其《大川制度》中的"业务展开编""业务管理编""行政管理编""财务管理编""文化建设编"等内容结构中可以看出，事务所日常运转的各个方面基本做到了"有法可依"，加之一些单行规范，大川所就是一个依照严密的规章制度进行日常运转和管理的社会组织。经过十多年的制度建设与实践后，大川所的工作人员已经适应了这种规范的日常管理。

比如依照《大川制度》第1条："律师承办律师业务，必须遵循本所统一收案、统一分案的原则，认真填写案件呈批表，由合伙人会议确定的批办人统一批准办理。批办人对委托人的指名办理要求，应当尽量满足。禁止未经本所批准私自办理各项律师业务。"这是对《律师法》关于事务所统一接案、办案制度的具体落实。笔者在调查中发现，相比于一些基本上没有管理的"摊位制"律所而言，大川所在接案审批方面相当规范，由执业多年、具有丰富办案经验的资深律师负责案件审批工作。对此，案件审批人之一罗菲律师的看法是："案件审批主要看是否冲突、列举的事实梗概是否清楚，承办律师打算怎么办，以及收费量等。案子批给谁办？一般是谁申请审批就批给谁，这个是案源人和承办人事先沟通好了的。一般我都会批准接受承办，但也有少数不予批准的。具体是谁记不清了，但似乎是收费有问题，偏少。有明显的费用不受，我就问为什么？其无正当理由，那我就不批准了。在审批过程中是要就相关案件的情况同呈批人沟通的，有疑问要弄清楚。尽管这种审批有形式、程序的成分在里面，但是你把自己的名字签上去了，就有一份责任在。"

再如，《律师法》规定律师不得在同一案件中为双方当事人担任代理人，不得代理与本人或者其近亲属有利益冲突的法律事务。因此，对拟承接的案件在全所范围内进行利益审查就是避免法律风险发生的必要举措。《大川制度》专门规定了本所的利益审查制度，购买了具有利益审查功能的工作软件，由专人负责相关法律业务的利益审查。根据《大川制度》第2条："本所在承办律师业务前，应由业务秘书进行利益冲突审查，并在呈批表上注明利益冲突审查结果。涉及利益冲突的案件，原则上禁止办理。接案律师有异议的，应报请合伙人会议或其指定的机构讨论决定。"笔者发现，利益冲突审查制度在大川所被严格执行，多年来从来没有发生过本所律师在同一案件中为双方当事人担任代理人的情况。

除了业务秩序，大川所在律师的日常行为管理方面也比较严格。在同大川总所的行政部长交谈中，这位在大川工作近10年的资深员工告诉笔者："有一次，我的一位要好的朋友，她在别的律师工作，想跳槽来我们所。面试之后我们觉得不错，准备通知录用她。结果她倒先打电话来告诉我们她不来了，理由是我们的规矩太多，管得太严，说自己以前散漫惯了，受不了。很多外所的人都觉得我们管得严，大川这么多年就是这么过的，这就是我们的特色吧。"

诚如这位行政工作负责人所说的，《大川制度》中有专编规定了事务所的行政管理制度。其中有些要求相当严格，比如："本所工作时间为每工作日的8：30—11：30、13：00—18：00；严禁非工作原因迟到、早退""接听电话要规范用语、言简意赅，禁止因私使用本所电话。受话人暂时无法联系的，行政人员应做好记录并及时通知受话人""全所人员工作时间应统一着装，保持仪表仪容大方、得体""本所人员对知悉的本规章制度第九十一条规定的内容负有保密义务"。

可以看出，大川所的行政管理制度中很大程度上是对员工义务的规定，其更多的是"管理"而非"服务"的功能。这一制度尤其体现在其"奖惩制度"章的内容中，该章共有17条，除两条关于对被评为先进的奖励办法和另一条关于奖惩的异议办法外，其余14条全是为违反义务的员工的惩罚措施。如："本所人员违反规章制度的，由合伙人会议视情节给予惩戒。本所惩戒方式包括下列各种：扣薪、警告、记过、留所察看、解聘""未经本所批准，擅自代理案件的，一律予以解聘"等。

这些行政管理制度涉及事务所日常运转的方方面面，其专门的"执法人员"是律所的管理人员，包括专门的行政人员和事务所主任、副主任等负有管理职责的律师。可以肯定的是，实践中并不是每一项制度都得到了严格的执行，但对于大川所而言，正是这种严密的内部规章制度，让事务所的内部管理做到了"有法可依"，为其"制度立所"提供了前提条件。成立十年来，大川所没有发生过因为业务问题被当事人索赔的事件，也没有律师因为违反《大川制度》而被解聘，说明这种严格的制度规定对其中的每个人而言，都是具有一定的威慑力的。这种威慑力，正是法理型权威的功能依据。

（二）魅力型权威对律所思想观念的引领

合伙律师事务所是一个人合性的社会组织，其立足的基础不是资本而是人与人之间的信任。因此，规章制度固然为这一组织的存续发展所必不可少，但是单靠制度是不够的，甚至可以说，对于合伙律师事务所的发展而言，人的因素更重要一些。

魅力型权威是律所内部治理的精神象征和价值代表。以大川所主任、首席合伙人梁维珍为例，她不仅是这家律所的法定代表人，也是该所的精神领袖。诚如该所副主任、高级合伙人佟继扬曾经所说的，即便有一天梁老大退休了，我们也要把她作为宝贝供起来。即便她不从事具体的业务工作，但是其作为行业象征和精神代表的感召力是不会即刻消失的。在事务所发展的过程中，梁维珍作为老大的地位并非一日竟成，而是她不断努力上进和在对事务所的贡献中逐渐形成的。

大川所当年曾有四位高级合伙人，在其中的一位于2011年离开大川后，有人问为什么不增补一位高级合伙人时，梁维珍回答说人可以增补，但作用未必补得上。她的意思是，像高级合伙人这样的魅力型权威是一个逐渐形成的过程，是多种因素综合作用的结果，并非像管理人员一样可以通过"选举"或"任命"的方式产生。因为前者的基础是资历、业绩、胆识、贡献等所综合的精神力量，后者则是基于人们对法律和规章制度的理性认同。那么，这样的魅力型权威在事务所的内部秩序维系中到底具有何种功能、发挥何种作用呢？

其一，凝聚价值共识。一个事务所要从何处去，要打什么旗，走什么路，这在很大程度上取决于决策者的价值共识。大川所有一系列表达其价值理念的口号，比如合伙人之间"相知相伴、共同成长"的合作理念；"党建领所、制度立所、人才兴所、文化强所"的发展理念；"大川是军队、大川是学校、大川是家庭"的工作理念；甚至"大川的女人当男人用，大川的男人当牲口用"的拼搏精神。这些理念精神，正是魅力型权威所凝聚并身体力行的价值共识。可以说大川所之所以能够在较短的时间内发展为南省著名、并在全国有一定影响的全国优秀律师事务所，其高级合伙人的价值引领起了重要作用。

其二，笼聚人心。大川所强调"人才强所"，但是如何吸引"人才"则不仅是待遇的问题，更是一个价值认同的问题。笔者在访谈大川所近年来引进的一些骨干律师时发现，谈及来大川所的原因是，几乎都有一个共同点，那就是对大川高级合伙人所秉持的发展理念的认同。比如2015底到大川所工作的郑一同律师拥有律师执业证和专利代理人执业证，这样拥有"双证"的专业人才不说在甲市，即便在整个南省也是比较稀缺的。谈及自己离开原来的律所而加入大川的原因，他说："我是工科背景，很早就有了"双证"，在原来的律所也是业务骨干，不愁案源，日子过得很滋润。但是我总觉得这样的日子过于平淡了。直到一个偶然的机会，我碰到了李剑锋主任，同他一交谈就觉得相见恨晚。大川律师的这种精神状态和价值理念正是我所希望的，我希望自己能够干一番事业，而不是把过去的小日子继续过下去。李主任说大川可以为我打造事业的平台，并且兑现了他的承诺。在我们的共同努力下，现在大川所已经获得了专利代理机构资质，我是这方面的业务负责人。"

被大川所的价值理念所吸引的还有其上海分所的于婧律师，在来大川所之前是南省某基层法院民事庭的副庭长。笔者观察发现，她几乎是梁维珍的"铁杆粉丝"，对梁维珍所作所为有着近乎崇拜般的认同。同样，高级合伙人佟继扬也有很强的"吸粉"魅力。2015年7月，我在大川乙市分所做调查期间，问一位抱怨自己干了很多活却拿不到多少钱的律师为什么不选择离开时，他的回答说对佟继扬这个人的价值认同还在，即便目前的自己的处境有些不理想。

其三，定分止争，化解律所内部矛盾。大川戊市分所主任薛清河讲述了这么一件事："李剑锋和王东良两人向来面和心不和，彼此都对对方有意见。有一年年底全所聚餐，王东良所在的团队那年的业务很好，人逢喜事精神爽嘛，他喝了不少酒。可王东良在给李剑锋敬酒时，对方不但不喝，还把一杯酒浇到了他的头上。这是明显的侮辱和挑衅，王东良当然不干，双方就吵起来了。李剑锋和王东良分属两个承包集团，他们一吵，双方的人都不干啦，眼看事情就要失控。这时梁维珍突然发飙，把酒杯往地上一摔，大声呵斥两人：'你们这样是不想在大川干了吧，不想干就滚蛋！'于是两人诺诺而退，一场冲突就被梁维珍的一声呵斥终止了。"

可见，即便是高级合伙人，在梁维珍的"老大"权威面前，也必须服从。类似的情况还有不少，对于发生在律所内部的大部分矛盾纠纷，梁维珍、佟继扬等大都能够凭借自己的个人权威予以有效化解。这正是魅力型权威定分止争的功能所在。

四、律师事务所权威间的互补与冲突

马克斯·韦伯认为："习俗或利害关系，如同结合的纯粹情绪的动机或纯粹价值合乎理性的动机一样，不可能构成一个统治的可靠基础。除了这些因素外，一般还要加上另一个因素：对合法性的信仰。"[①] 从"合法性"的角度视之，结合律所运作的实际，就可以发现以法律制度和内部制度为依据的法理型权威更多的是一种寻求"外部合法性"的权威，而魅力型权威更多的是一种寻求"内部合法性"的权威。外部合法性的影响对象是国家和社会，目的是为了获得外部认同；内部合法性的影响对象则是律所的工作人员，目的是为了获得内部认同。前者是为了让大川所这样的社会组织获得存在的合法性依据，获得国家（法律）的认可；从社会的向度，则是一种宣传效应，为的是符合人们所认同的理想律所的形象，从而赢得更多的客户，获得更多的业务。后者则是为了让属下"听话"以维系律所的内部秩序；只有"听话"的下属，才能更好地服从和贯彻权威主体的意志，效率和效益是其最终的落脚点。

即便可以依照韦伯关于"理想类型"的方法做法理型权威和魅力型权威的划分，但是在律师事务所秩序的构建和维系中，并不存在单纯的法理型权威或者魅力型权威。因为对

---

① ［德］马克斯·韦伯：《经济与社会（上卷）》，林荣远译，商务印书馆1997年版，第239页。

同一位律师而言，其所具有的法理型权威的身份往往同魅力型权威的身份合二为一。比如大川所的负责人梁维珍，其除了具有律所主任、合伙人的法律身份外，还具有精神领袖、道德模范、业务能手以及社会贤达等其他促生其个人魅力的多元身份。这就意味着律所的权威是集多种权威身份于一体的综合型权威，具有多元一体的特征。依照韦伯的观点，可以把律所的权威主体尽可能多地获取权威身份的行为，理解为是增加其统治的合法性的行为，目的是获得他人对其合法性的信仰。因为从实践的角度看，任何一种权威都具有其功能上的局限性，彼此互补是必要的。

（一）权威功能上的相辅相成

由于每个人的权威身份不一样，其权威的来源也就不一样。比如虽然都是魅力型权威，但是不同的人所展现出来的具体权威形象不一样。有的人以案源开拓见长，有的人是办案专家，有的人是行业领袖，有的人是社会贤达，更多人的则是综合性权威，亦即各方面的权威因素都有一些，最终以综合型权威的形象产生其对他人的影响。法理型权威更是因为其所依据的法律制度的不同、每个人在律所中的身份地位的不同而呈现出权威大小的科层制特点。权威与秩序的关系，也便在这种不同形象的权威中得以具体体现了。因此，权威的多元一体可以具有更大的适应性，以确保权威主体在需要时有可用的权威身份和资源。

从功能上来看，法理型权威和魅力型权威在构建及维系律所秩序方面可以说是相辅相成的。律师事务所是依法成立的具有民事主体资格的非法人组织，从其内部机构的设置到人员的行为，相关法律、规章、行业规范等对其都有要求。对于像大川所这样内部制度完备、管理规范的律师事务所而言，其内部秩序的构建及维系都是依"法"进行的。这就为法理型权威的作用发挥奠定了基础。换言之，内部制度建设越是规范、完整的律师事务所，其制度的重要性便越大。所以，至少从事务所的组织形式和日常运转的规范依据来看，合伙人、负责人及管理人员的地位是毋庸置疑的，即便在律所位高权重的"大佬"们，其行为也不可随意逾越律所的制度规定。他们的话语权的大小与他们在律所的地位的职权成正比。职是之故，魅力型权威往往与法理型权威的身份是合二为一的，因为前者要借助后者的身份为其行为提供合法性依据；后者则要借助前者的力量以推动律所规章制度的贯彻执行，以构建和维系律所的内部秩序，确保律所的正常运转。

对于律所的一些基本制度，如业务收费分配制度，即便是大权独揽的高级合伙人们也不能不遵守，更不能轻易改变。任何对现状的改变必须建立在改变的内容符合人们的利益需要，并且在权利和义务相对等的情况下。除非一项提议是单纯有利于他人的，否则任何具有利弊两面的改变都可能遭遇不同的意见。在这种情况下，魅力型权威的推动可以比较好地促进一些改革措施的落实，但是其无法就一些没有现实基础的制度强行推进。在大川所建立的初期，热情高涨的律师们曾实行过一段时间的计点年薪制，在薄弱的经济基础之上建立了一个发达的上层建筑,其后果不言而喻。最终,热情的理想之火被无情的现实之水浇灭,又不得不回到了提成制的老路上,只不过根据实际需要做了一些改进和调整。其最大的改进就是事务所内部产生了若干个实行"捆绑"合作的业务团队,这一灵活的业务体制在很大程度上满足了事务所简单业务向复杂业务过渡过程中需要集中业务力量的现实要求。

(二)权威位阶上的主次关系

在律所的运转中,虽然包括高级合伙人在内的管理者们几乎都是依据某种法定身份、职位在发号施令,但是真正让他人信服的,主要不是其职权,而是领袖人物的魅力所发挥的支配作用。单纯基于权利义务关系的合作、管理行为并不是权威作用的结果,这里所谓权威的作用,仅仅指的是"被统治者"因为对某个权威的信从而发生的自觉自愿的行为。比如在大川乙市分所,笔者观察到了这样的情况:一些日常管理事务,如案件归档、集体学习等,即便作为分所主任的于锦秀律师经常批评、强调,但是总有一些律师做不到位;但是倘若高级合伙人暨乙市分所承包人佟继扬律师发话,无论什么事,其他人都会保质保量地完成好。问询其中的原因,律师的回答几乎是一致的:因为大川乙市分所最终还是佟继扬说了算。再如在大川丙市分所,王东良是注册主任,李威律师是执行主任,后者的法律地位不如前者高,但是由于其在丙市分所的个人权威大于前者,众人虽然对王东良很尊重,但是丙市分所却是按照李威的意愿来运转的。

就此而言,法理型权威很大程度上只是名义上的权威。除非其同时具有魅力型权威的身份地位,否则其很难单靠在事务所的某个职位便让他人产生心甘情愿的服从。因此,律所的内部秩序,表面上是依照法律、规章和内部制度在运转,但是其实际支配作用的则是律所领袖的个人意志。规章制度很大程度上是被作为手段而不是目的的,高级合伙人、律所负责人等对规章制度的维护、利用,只是为了更好地贯彻他们的个人意志。笔者曾多次列席大川所的合伙人会议,发现在议事时,一些高级合伙人在自己的意见得不到别人的认可甚至遭到了反对,他们就会搬出事务所的规章制度。但是如果自己的意见被别人认可,即便其并不符合事务所的规章制度,这些意见仍然能够被做成决议付诸执行。

这样一来,事务所的不少规章制度就被虚置了,起不到构建和维系事务所内部秩序的应有作用。正是在此意义上,在前文中列举有关法律权威的类型即合伙人、负责人以及管理人员时,只是认为其"有成为权威的可能"而不是必然的权威。他们成为权威的必要条件是相关制度得到了人们的充分尊重和遵守,但是实际上律师们很难仅仅因为规章制度的规定而服从管理者的意志。他们常态化地遵守律所的规章制度一定是有利益的驱动或者其他因素的激励,而这利益或其他激励因素通常是法律上的管理者所无法提供的,往往由管理者以其他身份提供了相关资源,比如案源人、办案专家以及社会贤达等。

(三) 权威间冲突及其后果

尽管两种权威之间具有一定的交互性和同构性，但是它们各自的功能指向是不一样的。正因为如此，两种权威之间就存在一定的竞争关系，即所谓权威竞争。① 前已述及，法理型权威可以在律所日常工作秩序的构建和维护中发挥一定的作用，但却不足以在律所内部形成"法治秩序"。从根本上说，这些被虚置的规章制度并不是用以解决律所的深层问题和利益关系的，很大程度上其形式意义大于实质意义。② 规章制度的尴尬同时也是立基于其上的法理型权威的尴尬。在律师事务所，人们几乎不会仅仅因为某个人具有某个内部职务乃至外部职务而对其信从。倘若他能让人信从的话，一定是因为他同时还是事务所中的魅力型权威，具有值得信从的内部逻辑。既然虚置了法理型权威，魅力型权威按理就应当支撑起事务所内部的治理秩序。但是律所的魅力型权威是一种分散的、控制力较弱的权威，其局限性也是非常明显的。虽然说魅力型权威在对内关系中是起决定作用的，但并不是说魅力型权威就可以解决一切有关内部秩序的问题。

具体到大川所，这样的魅力型权威主要是高级合伙人、专家型律师、律所的实际掌控人（如承包人）等。这些人在不同向度、不同层面上拥有能够让他人信从的力量，但是这些力量往往是分散并立的，相关的权威因而也只能是相对的。比如大川所三位高级合伙人的身份、地位、执业特长各不一样，他们的权威来源就不一样，各自权威的影响面自然也有不同。梁维珍具有综合型权威的特点，立足于其所掌握的丰富的社会资源；李剑锋属于技术性权威，他所仰仗的主要是其在专业方面的能力；而佟继扬的权威则来自其在业务营销和开拓创新的能力。这种分散并立还体现在各个分所也可能形成自身相对独立的魅力型权威。比如大川乙市分所的主任于锦秀、大川丙市分所的主任李威等，这些人虽然不是大川的创始人，但是他们在分所管理中也逐渐树立了各自的权威，具有"说了算"的效果。

概言之，大川所的魅力型权威是并不是一元的，而是分散并立的权威。不同的权威具有不同的特点，他们可以在事务所并立，彼此不能取代，但可以相互竞争。如果彼此的关系处理得当，则这种权威的差异性可以带来互补共赢的结果。倘若彼此之间的关系处理不当，出现了矛盾冲突，那么这种差异与并立中就包含着分裂的隐患，尤其当新兴权威的成长对既有权威构成挑战的时候。

所有这一切都指向了一个最终的后果，那就是魅力型权威在构建和维系规模较大的事务所内部秩序中的弱控制力，或者说律所中的魅力型权威是一种弱性权威。这种分散并立

---

① 有政治学学者用"权威竞争"的描述性概念来解释制度体系内部正式制度与非正式制度的博弈。参见谷宇：《资本积累与权威竞争——中国传统官僚制度体系内的制度博弈》，上海人民出版社2015年版，第11-35页。

② 比如一些规章制度主要是作为法律所要求的"规范管理"的标志，用于律所考评、评奖评优等，而不是用于内部管理。

的、有限的、彼此间同样存在竞争的权威可以维持一种相对松散的、各自自治的内部秩序，但是却难以构建和维系一种紧密的、强有力的所谓"一体化管理"的内部秩序。也就是说，大川所的律师之间以及各个分支机构之间很难仅仅因为对某个或某些权威的服从而形成"一体化管理"的共事关系。大川所长期以来所形成的品牌、组织上统一但经营管理上却相对分散、独立的管理格局，就是因为无法用一种强大的权威来构建统一的管理秩序。倘若罔顾这样的现实而想依托这种分散而脆弱的权威建立理想中的一体化管理的内部秩序，则会引发内部秩序的动荡，并发生分裂的风险。大川所的实践证明，这种不切实际的冲动的不利后果是可能发生的。早在大川所成立的初期，律师们曾有过建立"一体化管理"的尝试，但实践的结果证明缺乏经济基础和强大权威的热情并不会产生预期的结果。而大川所在其成立十周年之际的再次分裂，固然有一个矛盾积累的过程，但是其导火索却是合伙人之间关于是否建立"一体化管理"分歧。①

五、权威冲突与律师事务所分裂的因果机制

在组织社会学上，"机制是指两个事物间可能存在的因果关系。这种关系是'经常发生的、易于识别的因果关系'。但这种因果关系诱发的条件或后果却是不明朗的，所以这不是一种决定性的、必然的因果关系，但是我们知道这种关系会经常发生"。② 这里所说的因果机制是对事物间关系的一种解释方法，是研究问题的一个分析角度："从具体可察的因果关系着眼去分析问题、解释问题，而不是去建一个庞大完整的逻辑体系，去寻找具有普遍意义的因果规律。"③ 运用这一"因果机制"的分析方法，我们可以分析律所的权威冲突与律所的分裂之间的关系。

尽管大川所正式的分裂发生在2016年11月，但是分裂的迹象早在一年多以前就已经显现。大川所合伙人、乙市分所主任于锦秀认为，2015年5月发生在事务所战略发展研讨会上的梁维珍和佟继扬之间的意见分歧具有标志意义："在那次会议上，佟继扬三次当众否定了梁老大的意见。这种情况以前从来没有发生过。我们认为佟继扬是有些不淡定了，以致不惜冒犯老大的权威。老大当时虽然没有表现出明显的不满，但心里肯定是不痛快的。老佟当时那么做可能是因为他那段时间的激进性的投资让他的压力很大。而老大是要他刹车的。两人的意见是不合的。佟继扬顶撞老大不过是把两人的矛盾给表面化了而已。从那次会议以后，所里的气氛就不大对了，经常传出一些影响众人团结的言论。一些原本处于中间观望状态的人，也开始选边站队，为自己考虑后路了。"

如果说佟继扬在合伙人扩大会议这样的场合不给梁维珍面子被认为是两人矛盾表面化

---

① 参见魏小强：《律所分裂的制度因素——基于活法理论的个案研究》，载谢晖、陈金钊、蒋传光主编：《民间法》（第19卷），厦门大学出版社2017年版，第228-251页。
② 周雪光：《组织社会学十讲》，社会科学文献出版社2003年版，第16页。
③ 周雪光：《组织社会学十讲》，社会科学文献出版社2003年版，第16页。

的开始的话,那么当 2016 年年初梁维珍提出废除承包制、实行特殊的普通合伙的时候,佟继扬及其团队便开始了激烈的反对。这就不仅仅是矛盾的表面化,而是公开对抗了。对于这件事,王东良是这么说的:"2015 年年底,梁老大便开始到处吹风,说要对事务所进行改革,改革的主题是统一,包括财务统一和行政统一。这样一来,由梁老大控制的总所和行政总监就接管了整个事务所。把原本的承包制变成了统一管理。这样干老佟哪能同意哪。后来为这事专门开合伙人会议,梁老大团队的人都站在一边,支持老大的改革主张。而佟继扬团队的人都不同意这样的改革方案,随后大家便开始以各种方式进行抵制。梁老大的改革方案自然无法落实,由于 2016 年是大川十周年,为了搞好庆典,双方一致妥协忍让。庆典终于结束了,面子的问题解决了,就该解决里子的问题了,于是就摊牌了。"

如果说仅仅是不给梁维珍面子,至少说明她的权威还是被认可和维护的,那么当佟继扬们选择了公开反对梁维珍的改革主张,并采取切实的行动予以抵制的时候,梁维珍的权威在佟继扬这里已经消失殆尽了。由于他对梁维珍权威的不认可,其团队也选择了对梁维珍权威的不认可。梁维珍的个人权威在维护事务所的内部统一上已经无能为力了。剩下的只有合伙人之间的利益分割和律所的分裂了。

从大川所的实际情况来看,在相当长的一段时间里,尽管梁维珍、李剑锋团队和佟继扬团队之间矛盾不断,但是由于通过承包制实行了利益切割和权力分配,总体上还能维持一种相对的平衡与稳定,各个分支机构还能在大川的名义下维持组织的完整和统一。但是当梁维珍方面要求废除承包制并实行"一体化管理"时,就直接触及了佟继扬承包集团的利益而招致反对。① 倘若梁维珍的权威足够高、力量足够大,那么她就可以据此让佟继扬服从她的主张。但显然情况不是这样,佟继扬作为掌握多个分所控制权的、在很大程度上与梁维珍具有同等权威的高级合伙人,不会信从她的这种权威。或者说,梁维珍的权威对佟继扬的所思所为基本上没有影响。虽然后者曾经说将来要把梁维珍像宝贝一样供起来,内心有对梁维珍的尊重,但是却不像其他普通律师般的信从。佟继扬的反对梁维珍的主要,就将两者间的矛盾公开化了,这也意味着梁维珍的权威在佟继扬团队中彻底失效。

律所的分裂,是离开一方对律所由魅力型权威所主导秩序的合法性的否定。大川所规矩多、管理严格,在一些人看来是"受不了"的负担,但是在另一些人看来则正是其意义所在。在佟继扬们离开之前,即便在形式上,他们对法律、规章和内部制度所包含的价值目标仍然是认同的,对作为负责人的梁维珍的代表地位和权威也是维护的。但是当摊牌的时刻最终来临时,之前的价值认同便消失了,梁维珍作为"统治者"的合法性也就不存在了。他们不再认可她的权威地位,既然道不同,那就不相为谋,更不会听她的了。

这种魅力型权威间的分道扬镳所带来的后果是致命的。倘若只是高级合伙人之间存在

---

① 参见魏小强:《律所分裂的制度因素——基于活法理论的个案研究》,载谢晖、陈金钊、蒋传光主编:《民间法》(第 19 卷),厦门大学出版社 2017 年版,第 228–251 页。

理念分歧倒也没什么，问题在于他们各自代表了不同的权威类型。每一类权威的背后是由不同的人所汇集起来的观念和利益的集合体。他们不是一个个的人，而是一群人，这群人只听他们这个群体的权威领袖的话。因为这个最高权威的魅力使得他们相信他是正确的，他们把自己的判断交给了他负责，他做出的判断、决策为他们所不假思索地接受了。当权威领袖之间发生了价值冲突和理念分歧的时候，其各自的追随者并不是去分辨这些价值理念本身的好坏，以及其是否能够实现，而是看其各自的领头人的态度如何。如果梁维珍和佟继扬之间出现了理念分歧，那也就意味着他们各自背后的团队之间出现了分歧。这才是真正致命的地方。

基于以上的分析，可以发现，大川所的内部治理，是魅力型权威借助法理型权威的形式贯彻个人意志的活动，其名为"法治"，实为"人治"。律所的分裂是法律、规章及内部制度所维系的秩序在个人权威的破坏下发生了解体的结果。但是由于律所的魅力型权威是分散并立的、有限的、彼此间同样存在相互竞争的弱性权威，其可以维持一种相对松散的、各自自治的内部秩序，但却无法维持一种紧密的、强有力的"一体化"的秩序。倘若在事务所的经济基础和权威所赖以存在社会环境没有发生根本改变的情况下，贸然扩大魅力型权威的秩序功能，则会破坏既有的秩序，从而导致分裂的发生。这就是权威冲突与律所分裂之间的因果机制。

六、结语

本文的研究发现，律所内部的权威冲突与律所分裂之间具有一定的因果关系。律所作为一类特定的社会组织，法理型权威和魅力性权威并存于其中，构成了构建和维系律所秩序的权威基础。其中以法律和内部制度为依据的法理型权威是一类寻求外部合法性的权威，以律师的精神品质、个人能力以及社会资源等为依据的魅力型权威则是一种寻求内部合法性的权威。尽管两类权威之间具有一定的互补性，以致律所的权威具有多元一体的特点，但是由于它们各自的功能指向和位阶不一样，两者之间也存在着一定的竞争和冲突。权威冲突的结果通常是法理型权威被消解和虚置，律所的内部秩序按照魅力型权威的意志运行。但是分散的、有限的、彼此间同样存在竞争的魅力型权威是弱性的权威，其在法理型权威的功能不能有效发挥的情况下，不足以支撑一种强力的、一体化的内部秩序。只有当魅力型权威和法理型权威之间以及魅力型权威主体之间的竞争关系达到了一种相对的平衡时，律所组织上的统一性才能得以维系。由于每一类魅力型权威的背后都是由不同的人所汇集起来的理念和利益的集合体，在事务所的经济基础和各类权威赖以存在的制度条件没有发生根本改变的情况下，贸然扩大权威的秩序功能，就会破坏既有内部秩序的平衡，从而导致分裂的发生。

需要说明的是，如同寻找律所内部制度的功能局限与律所分裂之间的因果关系一样，本文研究律所内部的权威冲突与律所分裂的关系，只是分析和解释律所何以分裂这一问题的一个角度。本文通过对相关事实的分析和解释,只是在权威冲突与律所分裂之间建立了一种"具体可察的因果关系",而不是在其间寻找具有普遍意义的因果规律。职是而言,可以说律所分裂与其中的权威冲突有关,却并不能因此预测凡是存在权威冲突的律所必然会发生分裂。律所分裂的因果关系内容复杂,其间的因果机制需要从不同角度、综合多种因素来分析和解释。因此,本文的研究发现,只是律所分裂因果机制体系的一个部分,只有当更多的因果关系被揭示出来时,才能对这一问题有更加全面而深入的认知。

Research on the Authoritative Factorsof the Division of Law Firms

Wei Xiaoqiang

Abstract: Based on the position of legal pluralism and the authoritative type theory of classical sociology, a case study method was used to analyze the authoritative factors of the division of a general partnership law firm. The study found that as a specific social organization, the legal authority based on the law and other formal systems, the charismatic authority based on the informal system of lawyers' moral quality, business ability and social resources, together constitute the authoritative basis for supporting the internal order of the law firm. The functions and ranks of the two types of authority are different, and there are also competitions and conflicts between them. The usual result of authoritarian conflict is the dissolution of legal authority, but in the case that the function of legal authority cannot be effectively played, the charismatic authority is not enough to maintain the internal order of integration. Under the circumstances that the economic foundation and institutional conditions of the firm have not changed fundamentally, the gradual expansion of the order function of the charismatic authority will only destroy the existing internal order and lead to the split.

Key words: lawyer, law firm, law firm division, authority, legal pluralism

(编辑:郑志泽)

《摩西五经》中的性禁忌研究

张玉梅[*]

摘 要 《摩西五经》中的性禁忌，兼具文本与主题的独特性。特殊的文本提供了无二的宗教视角，将独一神信仰浇铸在性的身上，勾勒出专属犹太人的性道德和性秩序图谱，大到民族小到家庭，无不在这种性控制的张力结构中安身立命。而主题的特殊性又补足一种隐秘的观察视角，将包裹在性禁忌里的性别、婚姻、权力、权利等因素拉扯出来，窥见个体在这种性控制下所遭受的不自由与不平等。性的社会性使得它不得不被发展成某种制度以便规范人的社会交往，但性的个体性又要求正视人的性权利与性自由。性的双重属性之交织与对抗是常态，辩证综合地看待二者的关系，有助于深入理解性禁忌的本质，它实则是囊括了权力建构、社会控制等的价值体系的投射，基于此，性禁忌研究具有超越时空的现实意义。

关键词 摩西五经 性禁忌 性权利 社会控制

在正式进入《摩西五经》中的性禁忌研究之前，不得不先回答两个问题：为什么是《摩西五经》？又为什么是《摩西五经》中的性禁忌？第一个问题的答案，藏在整个圣经体系中。五经指圣经起首的五卷书，即《创世记》《出埃及记》《利未记》《民数记》《申命记》。传统上，人们认为摩西是五经的作者，故称其为"摩西五经"。在犹太教中，五经又被总称为"妥拉"（Torah，意译为"律法书"），来源于动词词根"教导"（teach），因此它是关于正当生活的教导，既包括理论上的宇宙论和伦理实践上的法则，也包括族群的起源记忆和对理想人格的描述等。如果将圣经称为规范信仰、规范群体之书，那么一切规范的规范即在五经之中，五经在犹太—基督教传统中享有基础与源头的地位。[①] 对第二

---

[*] 张玉梅，中南大学法学院硕士研究生。
[①] 游斌：《希伯来圣经导论》，上海三联书店2015年版，第67-69页。

个问题的解答，涉及更深层的东西。首先，性与性别、婚姻状况、族群等，都是重要的宗教认同标记。通过管制人类的性，宗教赞成并巩固这些神圣的范畴。如果违背宗教的性禁忌或禁令，就等同于拒绝一切身份。其次，宗教背景下的性是流动变幻的，它可以作为肯定和巩固性别角色或社会边界的手段，将各种社会行为及其选择精确地纳入一个价值系统；① 它也可以作为在历史维度下反思性控制合理性的重要标本，对性别、婚姻、权利、自由、秩序等的思考，最终将提供从社会结构中获得全面解放的想象空间和动力。

一、《摩西五经》中性禁忌的主要内容

巴塔耶曾说："从人类在某种意义上开始向动物性靠拢开始，我们就进入了僭越的世界，同时在禁忌的支持下形成了动物性和人性的合成体，我们进入了神（神圣）的世界。"② 性禁忌是人类群体和个人对某种不合时宜的性行为或性符号的禁制和厌弃，③ 它被铺设在生存与毁灭之间，隔离的效果表现为可容许的"性"范围带来的安全感。五经各记存在数量不等、内容不尽相同的性禁忌，对"性"出现的时间、场合、方式以及涉及对象等予以严格限制，迎合了人们促进繁衍、维系信仰、构建秩序的堆叠式需求。

（一）《创世记》中的性禁忌

该记以故事的形式引出关于裸露的禁忌。一是亚当夏娃偷食禁果后，眼就开了，为自己的赤身裸体感到羞耻，遂用无花果叶编成腰布遮住私处。二是挪亚醉酒后赤身，被儿子含看见，含将此事告诉两个哥哥，哥哥们拿了件长袍背脸给父亲盖上，挪亚酒醒后得知含的无礼行为，诅咒含及其后代将来做哥哥们的奴隶。赤身裸体或只是裸体的暗示，在任何宗教里都代表着一种很强的性意味。④ 因此亚当夏娃的故事实则解释了人们穿衣蔽体的心理、道德依据，即人们具备善恶美丑好坏的判断基准伊始，赤身裸体就不再是自然的、无碍的，由它引发的羞耻、罪咎的感觉需要通过某种隔绝方式予以阻断和平复。而挪亚对含的作为无比愤怒则表明人们不仅要穿衣蔽体，还不能窥探他人的裸体。身体是私密的，窥探意味着对明显超出自己所属范畴的侵犯，无论这份打量的目光里承载了何种成分，都很难绝对刨除性意味的因素。在此，裸体的展示被划定了特定的空间和对象，当它作为生活而非艺术的方面时，它只能是秘密的、隔绝的、有限的，人与人之间的亲密关系据此呈现中心递减趋势，不可避免的，诸如权力、控制、等级这些强硬结构被有意无意地搭建起来。

---

① ［挪］恩德斯鸠：《性与宗教》，周云水、李旺旺、何小荣译，中国社会科学出版社2014年版，第3—4页。
② ［法］乔治·巴塔耶：《色情》，张璐译，南京大学出版社2019年版，第127页。
③ 参见张祥龙：《家与孝：从中西间视野看》，生活·读书·新知三联书店2017年，第139页。
④ ［挪］恩德斯鸠：《性与宗教》，周云水、李旺旺、何小荣译，中国社会科学出版社2014年版，第15页。

（二）《出埃及记》中的性禁忌

1. 圣事期间忌行房事

这条性禁忌出自摩西率领族人初定居西奈荒野时，命人们在迎接耶和华期间不可亲近女人。对此进行解读，可作两层意义解释。一是与耶和华信仰密切联系的"洁净观"。举行庄严仪式期间，人们须保持身体和心灵的洁净，将自身完全沉浸在感知"圣化"的氛围中，言行举止都遵从耶和华的指示和教诲，过一种有道德的生活。二是还可引申出对"神圣时间"的思考。神圣时间最重要的特质是可逆性，[1] 即它可以无限次循环，每一个周期内要求做的事或禁止付诸的行为在这种轮回中被精炼、被固定，被当然地镀上一层神圣的光环。这不仅是一种纪念或警戒，更是通过仪式或仪轨将人们一次次笼罩在庄严肃穆的氛围中，震颤的体验化为灵魂深处的记忆，每一次的重复参与都将唤醒、滋养和壮大记忆，发展为信仰群体的集体精神财富。

2. 不可奸淫

作为"十诫"之一，上帝的话语，它理所当然地具有不可变动的特殊地位。上帝的"言"划定出符合立约身份的行为范畴，以对应的人的"行"作为回应，[2] 这一伸一接，约成，但如果做出与此悖逆的举动，就会招致严重的后果。就"不可奸淫"而言，人们一旦违背该条诫命，就意味着：一是踏出了立约关系的范围，自动脱离了受庇护的认证圈，归入邪恶或不洁的阵营，此即身份的失却、转换；二是行为的悖反具有"传染性"，不仅亵渎人承自上帝的"灵"，还将引起人的人格、与他人和社会之关系的裂变。对"约"的遵从构成了犹太民族与上帝独特的关系，内化为规范行为的伦理精神。

3. 不可踩着台阶登祭坛

这条禁忌主要缘于起初的献祭者仅围一条腰布，故有抬腿露出下体之嫌。之后对祭司行祭礼的着装有明确规定，要求必须穿上裤子，否则将招致死罪。在犹太教中，祭司是从利未族中拣选出来的，在身体、智识、性情等方面被认为是应该达到"完满"程度的人。从被拣选出来伊始，他们就从世俗的个体转变为上帝"神圣"的部分。而在宗教仪式或典礼上露出下体是极其严重的错误，因为这暗示祭司处于松懈、放纵、不敬、污秽的状态，将"圣的、俗的、洁净的、不洁净的"混在一起，违背对上帝的职责和忠诚，扰乱正确的定义、界限、区别与秩序。

4. 兽交者一律处死

上帝创世的第六日，曾说："我要人做海里的鱼、空中的鸟以及一切牲畜野兽爬虫的主宰！"[3] 这意味着在上帝创制的世界规则中，人、动物、植物等都有自己明确且相互区

---

[1] 参见金泽：《宗教禁忌》，社会科学文献出版社1998年版，第158页。
[2] 参见［英］莱特：《基督教旧约伦理学》，黄龙光译，中央编译出版社2014年版，第15页。
[3] 冯象译注：《摩西五经：希伯来法文化经典之一》，生活·读书·新知三联书店2013年版，第4页。

别的位置,更重要的是人类被置于高于动植物的存在地位,这种设定构成了既定的当然秩序。但人兽之间的性结合显然颠覆了这种自然法令,人类越过了放荡本身的界限,演化出非正常的淫欲,怪异的淫乐让整个世界的结构紊乱错位,陷入坍塌的危险。入目皆是荒淫,入耳皆是靡靡,人性神圣的部分被邪恶勾引,蠢蠢欲动,是以必须被压制、纠正和净化,让人类回归和守护本该存在的位置。人是特别的存在,只有人摆正了自己在宇宙中的位置,他才能明确生活的意义,才能使一切尘埃落定、秩序井然。

(三)《利未记》中的性禁忌

1. 禁止近亲乱伦

近亲的范围包括血亲和姻亲,一男子不可与亲姐妹、母亲(含继母)、(外)孙女、姑母、姨母、叔伯母、儿媳、兄嫂、弟媳、女儿(含继女)、妻子的姐妹同床。此禁忌主要出于对家族内部成员关系的协调和维护,因为族内混乱的性交往不仅会让人抛弃在整个体系中的位置,导致身份的错乱,还会掀起成员之间嫉恨的狂潮,彼此相争的局面将带来暴力、灾祸和不安宁。当然,这还事关人之尊严,与父亲的妻妾同床,是对父亲的冒犯;与(外)孙女同床,是对自己人性的否定。站在人类文明的角度,尊严是进化过程中获得的至上情感,涉及自我和他人的双重评价,直接影响社会交往关系,基于这种考虑,珍视尊严会自然发展出对欲望的自制,以便维持家庭乃至氏族的正常次序结构。

2. 禁止经期同房

斐洛认为女性行经期间,男性不可与她同房,因为要尊重自然之法。他打了个比方,行经的女性好比被淹没的田地,男性好比农夫。自然每个月让这块田地内涝几天,好的农夫应该等候适当的时机,即待田地里多余的水分排尽后再播种。否则,当田地湿洼一片时就丢下种子,种子就会被水流冲走,归于徒劳。① 在犹太教的观念里,血和精液都是生命的源泉,被神所喜,外溢不洁,应当通过守洁等仪式慎重对待,而不是为了粗鄙、不合时宜的享乐将这些神圣的生命力浪费或玷污。神出于爱,为人类尽心提供了保存种类延续的条件,那些设计出阴谋破坏落下来种子之生命的人,则被揭露为自然的敌人。

3. 禁止通奸

通奸就像一场由暗地里掷下的火种引发的火灾,邪恶又猖獗的火舌舔舐好几个家庭,广泛的家庭关系遭到大规模破坏,夫妻和睦、儿女喜乐、家庭幸福都化为泡影,取而代之的是争吵、羞辱和诅咒。此外,通奸就是"不洁",是对神的不敬。因为通奸者任由罪恶的欲望摆布,而这正是神所厌弃的,神赐予的"灵"中有指引他拒绝和抵抗的力量,而他辜负了神,也背叛了整个族群。神全知、全能,所有人的行为都处于神的监视之下,一人触罪可能累及全体,所以必须禁止以免全体遭报复。对神灵惩罚的恐惧是人追求现世安

---

① 参见〔古罗马〕斐洛:《论律法》,石敏敏译,中国社会科学出版社2017年版,第162页。

4. 禁止男男性交

《利未记》中不止一次地表达对男子共寝的强烈排斥，主要有两方面的原因。一是在犹太教中，性与丰收密切相连。如果一个人认为自己的后裔是从神那获得的奖赏，那么弃绝与异性的性交就等同于向神说不。① 男子共寝破坏了性行为最重要的生殖功能，与犹太民族扩充人口、发展壮大的整体规划相左。二是斐洛认为此种性行为使得处于被动方的男子女性化（视为一种"疾病"），为了追求逆性之乐，甘愿放弃自己的纯正本性和男子气概，这不仅是他个人的耻辱，也是他的家庭、民族和整个人类的耻辱。②

5. 禁止卖淫

该条禁忌对应两种情况：一是平常人家不可逼迫自己的女儿卖淫，二是祭司之女卖淫会被烧死。第一种情形是为了防止家园变成淫窝，乱伦当道。第二种情形因涉及祭司，因此视为较第一种情形更严重的罪行，直接规定了会适用的刑罚手段。祭司之女卖淫，玷污自身等同于玷污身为祭司的父亲，因为整个《摩西五经》都贯彻祭司是神圣的存在这个观念，他代表全体子民侍奉上帝，因此无论是他的身体、服饰、饮食、居所、婚姻等各方面都有严格的要求，不能有一丝一毫的不纯洁，否则就是渎神。祭司之女卖淫，她的身体和灵魂都是不洁的，这直接影响到作为祭司的父亲无法履行独特的义务，即从生到死都遵循一种无可指摘的生活方式，所以卖淫女性被烧死就成为祛除祭司污点和告诫所有人切勿僭越的平息方式。

（四）《民数记》中的性禁忌

该记有禁止女性发生婚外性关系的禁忌。丈夫若怀疑妻子有婚外情，但无实证，应把妻子带到祭司面前，求一碗记罪愆的素祭。祭司将写了咒文的纸条浸在装了圣水和圣土的瓦盆里，妻子发誓后喝掉。如果她确实对丈夫不忠，就会肚皮肿胀，大腿萎缩；反之，则会怀上子实。③ 此为疑忌之法。采用神判法作为验证女性有无婚外性关系的方式，因为人们相信人可以裁决公开的事，而神还要论断隐匿的事，唯有神能清晰地看见灵魂。这对有宗教信仰的人来说是一场关乎性命、名誉甚至是一切的决定性评判，但对于真相本身而言，因神判的偶然因素过多，它并不具有太多的合理性，反而可能在丈夫滥用对该程序的启动下，剥夺妻子的申诉权。更糟糕的是，这个程序一开始就对妻子进行了有罪推定。

---

① [挪]恩德斯鸠：《性与宗教》，周云水、李旺旺、何小荣译，中国社会科学出版社2014年版，第69页。
② 参见[古罗马]斐洛：《论律法》，石敏敏译，中国社会科学出版社2017年版，第163页。
③ 参见冯象译注：《摩西五经：希伯来法文化经典之一》，生活·读书·新知三联书店2013年版，第258页。

(五)《申命记》中的性禁忌

1. 禁止女性发生婚前性行为

夫妻首次同房后,丈夫认为妻子不是处女,则女方父母应带上相应证据(新婚之夜的染血床单)请本城长老检视,若属实则男方被鞭打并赔偿女方父亲一百块银子。如果女方没有证据证明是处女,那么她将被领到父亲家门口,被本城男子扔石头砸死。[①] 这类纠纷越出了夫妻私生活的领域,作为可供公共审查的部分被审理,按照证据规则由长老进行裁决,涉事双方根据审理结果承担相应责任。这种处理模式与现代的法庭制度有相似之处,比如三角设置、证据规则,但由于时代局限,还未发展出较为精准的私法管辖范围、更公平的举证责任和刑罚责任。

2. 禁止性侵犯

分为两种情况:一是男子性侵犯已订婚女子。若此情形发生在城内,则因女子未呼救而排出强奸的可能,按照通奸男女处死刑处理;若此情形发生在野外,女子呼喊并无获救可能,则只有男子应被处死。二是男子性侵犯未订婚女子,则男子须赔偿女子父亲五十块银子,并娶该女子为妻,终身不得休弃;若女方父亲拒绝嫁女,则男子应赔偿与聘礼相当的银钱。[②] 对性侵犯有无婚约女子的分别处置,可以看出犹太人对婚姻范围内的性的坚决捍卫;按照性侵地点差异对女子给予不同处置,虽然考虑到女子的主观意愿,但并未穷尽所有合理可能;对性侵无婚约女子的差异处理,可见婚姻最初是家庭安排的一项商业贸易,婚配权不属于个人,而属于男性家长。

3. 禁止与异族通婚

前有《创世记》中以撒祝福雅各时明令不许娶迦南或赫梯人的女儿为妻,而应该在舅舅拉班的女儿中择一位与之成婚。后有《申命记》中摩西叮嘱子民万不可与赫梯人、亚摩利人、耶布斯人、迦南人等耶路撒冷土著通婚。这背后的缘由在于保持血统的纯正才符合犹太民族"特选子民"的身份,必须和周围的民族有明显的区分,这个特性被傅有德先生称之为"尚异性",体现在犹太人的宗教信仰、生活方式、思维模式、历史和现实中。[③] 另外,与异族通婚,极有可能引入异教崇拜,动摇对耶和华的独一信仰,丧失对上帝的信守。

二、《摩西五经》中性禁忌产生的基础

涂尔干曾说:"每一种带有强制性的事物都有其社会根源。每一种义务都暗含着一种

---

① 冯象译注:《摩西五经:希伯来法文化经典之一》,生活·读书·新知三联书店2013年版,第369页。
② 冯象译注:《摩西五经:希伯来法文化经典之一》,生活·读书·新知三联书店2013年版,第370页。
③ 参见傅有德:《论犹太人的尚异性》,载《世界宗教文化》2010年第2期。

命令以及发出命令的权威。"① 性禁忌作为一种带有强烈否定性质的强制性社会规范，是经历了相当长时间的尝试、选择和修正，才得以最终确立的。前文对五经中性禁忌的梳理，或多或少凸显了推动性禁忌产生的某些重要力量，如宗教信仰、生育目标、道德观念等，将其与人类史、犹太史相联系，我们能够比较全面地整合影响性禁忌产生的主客观基础。

（一）主观基础

1. 心理基础：性羞怯

《创世记》中亚当和夏娃在蛇的诱惑怂恿下，偷食了智慧树上的果子，这使得他们道德觉醒，萌生智慧。当意识到自己浑身赤裸时，他们油然而生一股羞耻感，遂用无花果树叶编成腰布遮住自己的私处。上帝发现后，对涉事三者发出愤怒的诅咒，亚当和夏娃被逐出伊甸园，在尘世中艰苦谋生，并孕育人类。

这则神话是已然进入文明时代的人类对道德起源的想象，其隐喻显示了人类对身处的"文明"的一种宏大叙事和精巧构思。人类生死繁衍的秘密隐藏在智慧果里，偷吃智慧果象征着人类摆脱蒙昧、开启文明的历史。文明一经开启，就以前所未有的体验塑造着人类，窘迫、羞涩、害怕、不知所措，这些心理和情绪进入性的领域，则转变为性羞怯。一方面，人类性意识常存，当与异性接触时，就会在潜意识里把对方当作自己可能的性对象来审视；另一方面，人类自恃高于动物，与动物不论时间、地点、对象公开地进行性活动相比，人类在这方面发展出尊严感。这两股力量相碰撞，就促使人类在满足性欲而又不直露和放纵之间，找到了一个很好的中间表达，即性羞怯。

"康德认为，羞怯是大自然的某种秘密，用以抑制放纵的欲望，它永远同善和德行和谐一致。"② 羞怯的"怯"字包含了畏惧的成分，对是否损害自尊、破坏交往、违背社会规范、伤害他人等的疑虑，发展出针对人类性行为的自我限制。个体性羞怯经由社会交往扩大为群体性禁忌，这是一个个体的心理知觉被制度化的过程，并随着社会环境和观念的变化，呈现辐射范围限缩或扩张的效果。以时间为轴，将这些变动的点连成一片，就可以看到特定人群或特定社会对性的态度变化趋势。

2. 情感基础：敬畏神灵

《摩西五经》中有一个非常重要的观念，认为人是上帝依据自己的形象创造的，人不仅外貌如神，而且分享神的品性，即"灵"。上帝晓谕犹太民族"要成为一个祭司之国，圣洁之邦"，因此，人们须时时刻刻保持自己的"灵"免遭污秽，这不仅是对"约"的实践，而且表达了人对上帝至死不渝的追随和至高无上的敬意。对混乱的性关系的追求，出

---

① ［法］爱弥尔·涂尔干：《乱伦禁忌及其起源》，汲喆、付德根、渠东译，上海人民出版社2006年版，第83页。
② 余和祥：《中国传统性风俗及其文化本质》，商务印书馆2014年版，第77页。

于不正常的迷狂，以及不可救药的放荡不羁，是怂恿、刺激人走向邪恶的幻剂。如果人放任自己在其中沉沦，完全像猪、羊一样交媾，他们的名要记入与神为敌的不敬者名单中。① 因为他们的行为背离了上帝的训示和期望，不守洁即不忠，必遭上帝抛弃和惩罚。

进一步来说，犹太教中人与上帝的特殊关系由一系列约见证，它们设定了权利与义务，预言了灾祸与祝福，形成了服从与控制的强制性结构。人与上帝的关系又直接影响人与人的关系，而人和人的最亲密见于性，因此性从一开始就不可避免地进入宗教规范的视野。宗教强调做"正确"的事，《摩西五经》将正确的性行为锁定在生育层面，而这似乎还不够，为了更好地控制人的性生活，将特定的性行为定义为反常的、野蛮的、不敬的，是一种沿袭至今的策略。性禁忌借助人对上帝的敬畏快速转化为生活的伦常，并通过一套完整有效的评价机制保障它的运行。

(二) 客观基础

1. 生物基础：自然选择

韦德认为："因遗传形成的神经线路是宗教行为的基础，这在狩猎采集时期以来一直保持不变。比起不信超自然力量的人和群体，愿意相信这种力量的人民就会形成更为和谐的社会，留下更多的后代。对超自然信仰的倾向就会为自然选择所偏爱。"② 韦德从进化论的角度说明宗教行为与本能相联系，无论是梦境、恐惧、恍惚的心智状态，还是原始舞蹈和音乐，这些极具仪式感、神秘感和神圣感的状态与形式，都与人的生存意愿息息相关，透露出人类努力参悟超自然力量的激情，尝试提高生存质量的勇气和智慧。

宗教中的性禁忌受自然选择的支配。人类在漫长的进化过程中，最初表现为性杂乱，即没有血缘禁忌，没有固定性伴侣，性交的地点和场所也不受限制，这对人类的生存发展造成了两方面的消极影响。一是乱伦的持续带来生物学上的人种退化。后代智障和低能概率增高，患有先天性遗传疾病的几率也增加，从而削弱了原始人群的数量和质量，导致种群衰落。③ 二是混乱的性关系无法维持一个相对稳固的社会秩序结构。社会由家庭构成，家庭由人构成，人与人之间杂乱的性关系使得没有尊卑老幼的划分，还可能引发嫉妒情绪，那么我们所说的"家庭"便成为一个空洞的概念，人类社会发展需要依存的信任、团结和秩序在这里没有立锥之地。人类惊恐于这种倒退与混乱，当无法理解这种状况时，便将其归因于神灵的惩罚，并为避免之，配备一套相应的性禁忌，推立起一个有利于人种生存繁衍的秩序模式。当然，这个模式的取得并不如文字描述得这般轻巧，而是在人类有意无意的长期实践中慢慢被掌握的，当个体偶然继承了这种适应，并在实践中发觉它能帮助

---

① 参见 [古罗马] 斐洛：《论律法》，石敏敏译，中国社会科学出版社2017年版，第163页。
② [美] 尼古拉斯·韦德：《信仰的本能：人类宗教进化史》，陈华译，电子工业出版社2017年版，第58页、76页。
③ 参见余和祥：《中国传统性风俗及其文化本质》，商务印书馆2014年版，第71页。

人类更好地生存和繁衍，遗传就成为可能，最后变成和婴儿避免失足落崖一样的、镌刻在人类基因中的本能。

2. 经济基础：社会生产力的需要

当人们完全按照"弱肉强食"的生物法则处理性关系时，强壮的男性势必占有更多的性资源。但无论强壮与否，人人都有生理需要，有限的性资源和无限的欲望值之间的张力如果持续下去，就会成长为割裂人类群体的弯刀。夸张点来讲，强者的时间和精力一半用于应对争夺，一半用于消费性资源；弱者则被日益增长的嫉恨裹挟，陷入无休无止的争斗中。无需某种外力介入，人与人之间的彼此消耗就能瓦解掉整个社会生活存在的基础。

人类的实践证明，不予控制和规范性关系的族群在残酷的竞争环境中，纵使不灭亡也会始终处于弱势地位，而能够通过各种形式对性关系予以规范协调的族群，则会激发个体间的团结信任，引导人们将大部分时间和精力投放到生产领域，既提升了生活质量，又不至于全然压制正常的性欲释放。

3. 政治基础：扩张人口与建立身份秩序的需求

人口一直是犹太民族尤为关注的重点，它与领土、民族、国家等重大概念相联，是关乎国计民生的大事。《创世记》中上帝为挪亚父子祝福："多多生育吧，让子孙占据四方。"[①]《申命记》中摩西致训全体："上帝耶和华必使你事事顺达：你的子宫所育，牛羊所生，土地所产。"[②] 一个借上帝之口表达犹太人口扩张的野心，另一个则借摩西之言强调性与丰收密切相连。因此，不应将五经中的性禁忌解读为绝对禁止性欲，而应理解为肯定性的生育价值。拒绝在错误的时间或地点实施性行为，以错误的方式或与错误的对象发生性关系，才能让性在生育的维度上发挥最大效用。在这个层面上，性是政治的，也是经济的，它借助个体间的私密行为，实现整体的宏大目标。

社会的长久发展仅靠人口繁衍是单薄的，需要配以人口管理，建立身份秩序。一个人的身份根据所处场景差异有不同定位，可以是男女的性别身份，也可以是父母子女的家庭分工，还可以是祭司信众的社会角色等等。这些身份可能单独存在，也可能交叠共生，当它们在某个当口踏入性的领域时，身份秩序的建立与维持表现为对性的分层管理，例如控制性符号的显露、性行为的实施、性对象的选择、性权利的归属等。围绕性的分层管理，不同身份的人之间竖起行为的藩篱，比起可供选择的宽泛的性容许，被排除在选项之外的性禁忌因其快准狠的特点更能加固和凸显人群内部身份等级的划分。由身份划分建立起的秩序结构，实际上也只是被继承的社会价值观的一种再现罢了，但这又恰恰是社会存在必不可少的轴心部分。

---

① 冯象译注：《摩西五经：希伯来法文化经典之一》，生活·读书·新知三联书店2013年版，第17页。
② 冯象译注：《摩西五经：希伯来法文化经典之一》，生活·读书·新知三联书店2013年版，第384页。

三、《摩西五经》中性禁忌的作用机制

里克尔曾言:"存在的意义只能实现于解释活动甚至互为冲突的解释活动之中;包括象征在内的人的种种外化表现,是间接表达意义的语言的一部分,通过对其意向性的解释,可得以理解人自身的存在。"[1] 虽然在前两个部分的阐述中,对《摩西五经》中性禁忌的作用机制已有所触及,但要么停留在心理解释的层面,要么超越个人体验将话题引入群体、社会。散在的非系统性论述只能留给我们一种模糊的浅层印象,而无法提供一个综观的深入的分析视角将重要的理解点抽取出来,并给予这些点相互识别和自由组合的动力。因此,在这一部分将试图以有别于前两部分的叙述方式,从权力运作、社会控制、民族身份建构三个不同切入点来阐述《摩西五经》中性禁忌在人们生活中发挥规范作用的背后逻辑。

(一) 权力运作机制

福柯认为,权力产生于话语的机制,它在话语的运行中运作,体现于一切关系中,或者说权力本身就是多重的力量关系。[2] 通常情况下,我们习惯性追踪"话语"由谁发出,执著于找出那个静态的"掌权者",而福柯告诉我们纠结权力的归属是徒劳,因为权力不属于任何个体或群体,"掌权"只是权力运作给人的幻觉。将目光聚焦于权力针对的对象以及权力的运作,才能在动态的多重力量关系中感受权力本身。《摩西五经》中的性禁忌只是权力运作的产出物,而被权力真正瞄准、攀附、诱逗、拉扯的却是其中的神人关系和人人关系。

1. 神人关系中的权力运作

《摩西五经》中的神人关系是什么样的呢?是造物主与被造物的关系,为了理解这层关系,需要引入一个概念——"被造感"。奥托认为,"这是一个被造物的感受——与那个高踞于万物之上的造物主相比,被造物完全被自己的虚无感所遮蔽和压制着。"这种混合了依赖、敬畏、神秘的复杂心灵体验,使得造物主以一种客观、现时和外在于自我的方式存在于时空之内。[3]

当我们再回顾《摩西五经》中的性禁忌时,就不难发现但凡有上帝(即造物主)出场,就有涉及"被造感"的言语表达。亚当夏娃的故事、割礼之约定、祭祀的仪礼等等,人类始终扮演着跟随的角色。即使亚当夏娃受蛇诱惑偷食了禁果,也并不意味着他们脱离了被控的地位。在这个事件中,他们虽分有了造物主的智慧,但必须承载世世轮回、永不

---

[1] [法]保罗·里克尔:《恶的象征》,公车译,上海人民出版社 2005 年版,第 1 页。
[2] 参见[法]米歇尔·福柯:《性史(第一、二卷)》,张廷琛、林莉、范千红等译,上海科学技术文献出版社 1989 年版,第 90 页。
[3] [德]鲁道夫·奥托:《神圣者的观念》,丁建波译,九州出版社 2007 年版,第 25-27 页。

得更改的苦痛。这些言语把每一个接触它们的人拉入一个特定的时空情境中,以被造物的立场去感受人的渺小,经验造物主的伟大,自甘成为在那个绝对力量面前保持战栗和谦卑的随从。另,"被造感"也表达了一种永恒的对善的追求,这里的"善"是"神性"的代名词,"神性"这里指神所具有的一切美好的品性。具体来说,人类对造物主的服从和跟随从来都不是盲目的,而是带有一个一以贯之的目的,就是从不朽者身上找到不朽的秘密并为己所用。然则,每个个体都将经历从尘埃里来回尘埃里去的命运,因此这个不朽的秘密绝不着眼于肉身,而是集结在精神层面——将前人的信仰和经验传承下去。性禁忌中包含的对人本身的定位,对上帝的虔信,对爱、智、义的追求等等,构成上述精神的实质内容。它们引导人将关注点切回自身,切回身处的人世,不是不再爱上帝,而是明白了爱上帝的真谛是爱自己,爱旁人,爱人世。换句话说,这绝不是信仰的旁落,而是信仰和遵行的有效联结,人对自身和世界的认识由此从虚空走向实质。

围绕神人关系的权力运作,其核心是"被造感"。一方面,与性禁忌有关的传说、仪礼、规矩将神人感应的绳索高高绷起,人对上帝是既敬又怕,崇敬他的全能,更畏惧他的全知,这种情感将"虚无感"推向极致。另一方面,涉及性禁忌的诸多表达展现了"被造感"被遮蔽的一面,即人能正视所拥有的智识并将其创造性转化为切实的存在,因为敬上帝,爱上帝,所以尽力用自己的所作所为践行所思所想,怀着向那个伟大神灵靠近的愿望不懈努力。人的一退一靠搭建起权力运作的通道,神人关系拂去了绝对压制的表层印象,在权力穿梭的每一个故事里,每一条诫命中,人的创造性通过欲望输出和自我规制被释放和表达。

2. 人人关系中的权力运作

对人与人之间不恰当的性行为的强烈排斥,人类学界的主流观点一直认为这是文化施加于人的生物性需求之上的社会制约。但张祥龙认为:"人乃至生命界的性别天性本身就含有'制度'制约或繁殖结构,它们在人类这里被升格成了乱伦禁忌和外婚制……而更古老的同性繁殖并没有完全消失……甚至在人类的性爱关系和家庭关系上也还有边缘存在。"① 也就是说,人的天性是由两种互相对立且有主次之分的部分构成,主导天性是向正的,次天性是偏邪的,而本身就含有的"制度"制约—规范主次天性的—是家,健全、自然的亲子关系和亲属关系是这个制度引导的主导天性的实现。

在《创世记》中,上帝抽下亚当的一根肋骨,造了夏娃,如果将此看作是"无性生殖",即亚当与自己"相交"产生后代,那么这是一种比亲子相交更畸近的乱伦。按照这个思路,夏娃同时拥有亚当的后代和妻子的双重身份,她之后与亚当结合生下后代,其实也是近亲乱伦。所以这是否意味着在有关"性"的问题上,人类天性中就含有对乱伦冲动的保存或在某种状态下被无性生殖所吸引?但《利未记》集中几个篇幅对各种乱伦、奸淫予

---

① 张祥龙:《家与孝:从中西间视野看》,生活·读书·新知三联书店 2017 年版,第 144 页。

以严令禁止，是否也是对前面几记中出现的不恰当的性关系的一种刻意压制、反思性制度选择？极有可能在长期的生存过程中，人类基因比人的意识更早作出反应：近亲以外的两性结合更能培育出适应性强、生存性高的后代。这种基因的刻意选择被人类后知后觉认识并强化，顺应主导天性，人类社会自然而然地构建起维护它的社会规范，例如各种性禁忌、宗教教义、法律条文等。

个体内部天性的相互对抗以及人与人之间的性选择排斥所展现的多重力量关系，如生存的长期需要与肉欲的暂时性满足，社会的稳定有序和家庭的混乱撕裂等，促使人类较早就产生敏锐的"性禁忌"意识。或许可以说，这些力量关系对抗得越激烈，"性禁忌"的意识才会越突出，对有关"性"的行为予以规范才越显得必要和迫切。最终，某些拥有一致目标的力量占了上风，相应的规范制度被推及人前也就是顺理成章的事情。

（二）社会控制机制

"社会控制是研究对社会活动的主体（个人或群体）采用约束和限制，以维持社会秩序和稳定的一种社会学理论。"[1] 从现有的社会控制划分来看，有法律、大众舆论这类的外部控制，也有宗教信仰、道德等内部控制。按照这种理解，《摩西五经》中的性禁忌既可以因其是犹太教经典教义而被视为宗教控制，也可以因其具有成熟的律法形态而被看作法律控制。

1. 宗教控制

宗教控制的最显著特征是："借助神的名义，实现自上而下的绝对控制，达到自下而上的绝对服从，这种伦理秩序自始就具有神圣不可侵犯性。"[2]《创世记》中，人类始祖亚当夏娃的结合繁衍源于神那句"生儿育女吧"，[3] 此神话叙事昭示着：无论是人类性结合的方式还是家庭的构成都来自神的安排，人类的所有作为只是在遵从着神所欢喜的一切，既定的秩序不可被破坏，否则就是对信仰的背叛；亚伯拉罕与神的割礼之约，也是为了世世代代保存和纪念作为"上帝的特选子民"这种独特的荣耀的身份象征；《出埃及记》中禁止圣事期间行房，不可踩着台阶登祭坛，这些仪礼传统表达了人对神人关系的某种理解和想象，在庄严肃穆的宗教氛围中，每个信仰者的心灵深处都会升起一股浓烈的奉献感……

围绕性禁忌的神话叙事、宗教仪式、教义教规，其核心是对惟一神的绝对信仰，该信仰力量将个体纳入群体的范畴，通过各种意义解释塑造统一且共有的认同感和归属感，即价值体系。[4] 社会成员分享共同的价值体系，朝着一致的目标前进，在此过程中，还将进

---

[1] 邱高兴：《社会控制视角下的宗教功能刍议》，载《苏州大学学报（哲学社会科学版）》2013年第3期。
[2] 胡春风：《宗教与社会》，上海科学普及出版社2004年版，第87页。
[3] 冯象译注：《摩西五经：希伯来法文化经典之一》，生活·读书·新知三联书店2013年版，第5页。
[4] 参见孙尚扬：《宗教社会学》，北京大学出版社2015年版，第121页。

一步引起价值的内化。尤其是当宗教赋予这些价值规范以神圣性，社会成员的外在行为就体现为对共同价值规范的主动恪守，高度组织化能让群体内部的凝聚力和战斗力长期维持稳定状态，而且为自我与他者划定了清晰的、严格的边界线。这种内在化的控制形式渗透到社会生活的方方面面，为每个个体提供符合预期的角色形象，夫妻、子女、兄弟姐妹、普通信徒、圣职人员等等。小到家庭，大到社会，每个人自动获得角色意识，并以适当的社会行为扮演相应的角色。

2. 法律控制

《出埃及记》中规定兽交者一律处死；《利未记》中规定祭司之女卖淫必须烧死，通奸者、乱伦者、同性性交者皆处极刑；《申命记》中规定强奸已订婚少女，强奸者处死刑，强奸未订婚少女，强奸者需赔少女父亲五十块银子并娶该少女为妻，终身不得休弃。[①] 这些条文有完整的行为模式和法律后果，提供了决定行为取舍的客观标准。人们对自我以及他人的行为评价不再是模糊的、犹疑的、隐藏的，交付给神来作判断，而是由肯定或否定的裁决结果作出直观的即时回应。

客观的法律标准能够在一定程度上排除受神灵支配的心理干扰，将客观的行为事实交给客观的标准来评判，为人间秩序注入一股真实可靠的力量。说到底，人类社会的一切制度规范为的都是人更好地生存发展，在人类能力限度内能解决的问题就尽量不要祈求借助上帝的力量，否则只会掩盖人类本身的潜力和创造性。上述条文设计无疑展现了人类在处理两性关系和维护家庭及社会秩序方面的重要智慧，把内在的约束部分转化为外在的实质规范，以更稳定的状态被适用和保存，这体现了法制观念。此外，《摩西五经》中的性禁忌除极个别有明显的身份指向外，其他基本都以全体犹太人为对象进行规制，而且涉及祭司的性禁忌采用更严格的要求和惩处，也是基于祭司身份的特殊性：享有更多权利，就应履行更重的义务和责任，体现了平等和权责相适应的观念。

（三）身份建构机制

通常认为，身份是个体所独有的区别性标识或群体所拥有的同一性特征。[②] 个体间的差异性使得相互可区分，个体间的同一性又吸引个体进入特定的群体，这两个特性共同合成一个完整的身份概念。在《摩西五经》中，性禁忌涉及的身份问题可分为三大类：一是种群身份，二是性别身份，三是民族身份。这三重身份均通过话语被建构，身披自然化的外衣，融入社会意识的洪流中。

1. 种群身份的建构

上文在分析"兽交者一律处死"时，将上帝在创世第六日赋予人类尘世管理者的身份

[①] 冯象译注：《摩西五经：希伯来法文化经典之一》，生活·读书·新知三联书店2013年版，第370页。
[②] 苗兴伟：《后现代语境下性别身份的话语建构》，载《南京师大学报（社会科学版）》2017年第5期。

作为理解该条性禁忌的前提。也就是说，借上帝之口，证实人与其他生命体存在无法跨越的区隔，人生来就带有高于其他生命的"胎记"，这种身份经由绝对力量被合理化和固定化，又通过心理机制与行为模式进一步被强化。一方面，从想要达到的效果推导出合适的原因，即欲长久安定地生活在多物种并存的世界，支配和利用其他生命体，人类必定需要尽早找到能满足虚荣和利于行动的身份设定；另一方面，预设的原因将紧紧束缚过程和结果，高低有别的身份前提预设了一套完整的行动指南，它严格要求人的一切行为在已确立的身份框架内进行，因此禁止兽交就是种群身份建构的必然结果。

2. 性别身份的建构

《创世记》中，上帝抽下亚当一根肋骨造了夏娃，亚当说："她该叫作'女人'，因为她出自男人！"之后上帝为惩罚夏娃偷食禁果，诅咒道："然而你却要依恋丈夫，要丈夫做你的主人。"①《利未记》中规定："若有祭司之女卖淫，玷污己身即是玷污父亲，必须烧死。"②《申命记》中亦有遗孀不得嫁与外人的表述。可见，这里塑造的性别身份不是按照基因和性器官差异而定的生理性别，而是由文化赋予每一性别的特征和个体自我安排的与性有关的特质而定的社会性别。③ 一方面，亚当夏娃的故事表明"女人"是一个衍生的身份，它的界定是透过男人的目光获得首肯的结果；另一方面，祭司之女和遗孀的事件意味着"女人"一生都是某个男人或者男性群体的附属物，婚前是父亲的所有物，婚后是丈夫的财产，自觉的气息被剥夺得一干二净。

最古老的象征秩序把两性一分为二，对立起来。给男性以创造、特权、观念、合法性、才华，给女性的是生育、原罪、不合法性、歧视。④ 由话语书写的神话故事、诫律条规自然又坚固地筑起一座夯实性别身份的堡垒，它把男人放置在控制、独立的高位上，相应地，将女人悬置在被控、依赖的低阶。尽管这含有大量不平等的因素，值得我们反思，但它也确实为当时的人们确立了与之物质条件、认知水平、所处政治文化阶段相适应的身份秩序，有利于形成严密规范的命令体系，实现便捷高效的社会控制。

3. 民族身份的建构

种群身份和性别身份尚不足以支撑起犹太人身份建构的稳固形态，因为这两个身份的普适性太强，标识性不够。但这绝不是说它们可以被忽略，因为从"人"到"男人女人"再到"犹太人"，是一个自然过渡且不可割裂的过程，一层层递进直抵身份建构的核心。

犹太民族身份的建构主要通过以下几个层面来实现：第一，割礼之约、不可与异族通婚集中表达了"特选子民观"，它是被神话和传统装饰而成的、迎合了现实需要的观念，

---

① 冯象译注：《摩西五经：希伯来法文化经典之一》，生活·读书·新知三联书店2013年版，第6-8页。
② 冯象译注：《摩西五经：希伯来法文化经典之一》，生活·读书·新知三联书店2013年版，第229页。
③ 方刚、罗蔚主编：《社会性别与生态研究》，中央编译出版社2009年版，第8-9页。
④ 参见［法］安托瓦内特·福克：《两性：女性学论集》，黄荭译，华东师范大学出版社2019年版，第27页。

自确立起就不断得到仪式、文书、口头等全方位强化，是犹太人确立民族的独特性的观念基础；第二，不可奸淫作为"十诫"之一，被视为上帝直接发出的命令，要求人们以相匹配的行为予以回应，这构成"遵行"的传统、对"约"的履行，是犹太人确立民族独特性的实践基础；第三，圣事期间忌行房事，引入神圣时间概念，人们重复性经验某个特定的具有重大意义的时刻，例如节期、祭祀，使得这些时刻不光停留在感官体验上，更沉淀成以记忆为依托的集体人格，超越时空限制引起群体共鸣，这是犹太人确立民族独特性的精神支柱。正是通过一代代人的诵读、记忆、遵行，这个独特群体的边界得以不断凸显。民族身份建构的核心在于达成心理和文化的高度认同，跨出了地域、肤色、国籍的范畴，导向信仰、生活方式的层面，使得人与人之间产生由内而外的同质吸引力，维持了犹太群体的鲜明特征和永不枯竭的生命力。

四、对《摩西五经》中性禁忌的反思

性禁忌对犹太人的生存与发展贡献了极其重要的价值。性深度融入宗教，禁忌确立起人们对爱、智、义、仁等德性操守的认识和执行；肯定性的生育价值，将其与民族、国家的前程命运紧密相连，使犹太民族保持高度的凝聚力；严格的禁忌建立起一套极具渗透性的规范体系，使得整个社会的管理呈现结构紧密、简洁高效的优势特征。但是，性禁忌作为一种规范制度，它始终代表的是一种强制干预客体的力量，无论是对于人的身体还是行为，它的强势介入都会产生限制作用，甚至作为一种潜移默化的社会意识影响人对自我的认知，对多重价值的判断。因此，须辩证地看待《摩西五经》中性禁忌的意义，既看到它对犹太社会的强大塑造作用，也反思性控制对人身体与精神的压迫。

（一）性价值的单一化

将性行为作为手段，认为只有以生育为目的的性行为才是道德的，纯粹追求感官愉悦的性行为是自私、不负责任、不可取的。性行为的结果远比过程来得重要，人口红利、社会发展高居于个体感受之上。这种性观念不止存在于古犹太教，时至今日依然作为一种强有力的社会意识支配或影响着犹太人的生活。近现代以来，虽然在性解放运动思潮的冲击下，发展出"性是性的目的"这般认识，[①] 但犹太民族对性的保守看法依旧占上风——将生育与民族主义挂钩。建国前颠沛流离的生活经历过于沉痛，加上地缘格局下阿以之争形成的区域安全问题，再混合维持国家内部主体性民族优势的政治考量，促使犹太人肩负着政治和历史使命去繁衍后代。

长期以来，以色列人口年增长率都保持在2%左右，远超"经济合作与发展组织"成员国平均0.6%的年增长率。据以色列统计局数据显示，以色列犹太妇女的生育率

[①] 参见王健：《中西方性文化的差异》，载《社会》1992年第3期。

(3.05) 在 2018 年首次超越了该国阿拉伯妇女的生育率 (3.04)。高速的人口增长得益于国家高度重视生育技术：以色列的国家医疗保险，资助所有形式的生殖技术研发应用；立法机构放宽政策使以色列成为全球领先的实施代孕协议合法化的国家；单身女性接受人工授精更为常见，非婚生育的社会接受度相对较高。① 性与生育相连固然有众多好处，但局限了性价值在个体经验层面的发展。性被拉扯进公共议题中，倾向于作为一种政治工具参与到保卫国家安全和维护民族主体权益的"战争"中，而这个道德制高点必将带来对个体性诉求的忽视和剥夺。

（二）父权视角下的性权力扩张

《利未记》中关于禁止乱伦的表述："父亲妻妾的羞处也不可裸露，那是你父亲的羞处……不可裸露姑母的羞处，她是你父亲的嫡亲……不可裸露儿媳的羞处，她是你儿子之妻……不可裸露兄嫂、弟媳的羞处，那是你兄弟的羞处……"。② 关于禁止祭司之女卖淫的表述："玷污己身即是玷污父亲。"③ 这些禁令中提到的女性都有定语修饰，作为家族男性成员的附属物被标记和表达。只要她们生活在一个由男性家长掌管的共同体内，就失去了认识和把握个人性权利的可能，因为她们接收的关于两性、尊卑的知识都直接来自父权体制下的强制灌输。她们不得不透过男性的视角去观察自己的身体、认定自己的身份、压抑自己的想法，不怀疑自己的处境，也不抗争落到身上的不公，只在设定好的生活格子里扮演被期望呈现的角色。

但父权体制下的性权力扩张远远不止于此。《民数记》中，如果丈夫怀疑妻子不贞，就可以启动疑忌之法。《申命记》中，如果丈夫发现新婚妻子不是处女，则有权质问，女方有义务提供证据证明处女身份。很明显，婚姻领域内的性是丈夫的专有物，甚至为了某个男性在未来享有这份性专有权，女性从出生至首次同房前都负有坚守童贞的性义务，男性则没有同等义务要求。而且在这些质问声中，女性没有拒绝的权利，没有为自己争辩的出口，只能被动接受不那么公平准确的检验。一旦检验未通过，女性承担的就是死亡的终极惩罚。男性性权力的强势介入直接指向生命的剥夺，他们以这种残酷方式告诫所有女性：性只是暂居于你们体内，等待我们的随时摘取。可以说，性禁忌的落脚点从来没在女性性权利的保护上逗留过，而是直奔对男性权力与尊严的维护上去了。

（三）女性以及性少数群体的性权利缺失

在涉及女性的性禁忌表述中，首先进入观察视野的是女性对身体控制权的丧失。性与

---

① 南风窗：《以色列女人，为啥这么能生》，https://mp.weixin.qq.com/s/6qsC4YCuw - dWn9K1czMrtw/15/05/2021，访问日期：2021 - 06 - 02。
② 冯象译注：《摩西五经：希伯来法文化经典之一》，生活·读书·新知三联书店 2013 年版，第 222 页。
③ 冯象译注：《摩西五经：希伯来法文化经典之一》，生活·读书·新知三联书店 2013 年版，第 229 页。

生育的强劲关联，把女性推向繁衍的高地，子宫被寄予厚望，女性实体掩盖在生殖器官之下，变得模糊且不重要。经血不洁的观念是现代月经羞耻的母版，女性很少坦诚地接受自己的身体，更不要说控制了。其次，女性没有自主的婚配权。《申命记》中未订婚女子被性侵，她是否嫁与实施性侵的男子取决于父亲的决定，而非该女子的个人意愿，缘由早在十诫之一"不可贪求邻人的妻子、奴婢、牛驴或他的任何东西"里就言明了，[①] 即女性是作为男性的财产而被诉说的，包办婚姻是父权制社会的必然产物。最后，丧失身体控制权和自主婚配权必然紧接着生育选择权的落空。宗教义务、民族情结、社会共识等把女性困在一个没有选择或不敢选择的牢笼里，迎合和妥协成为绝大多数人的命运。身体因社会价值取向脱离个人掌控实在不是鲜见的事，女性在这种境遇下独自承受性压迫与性歧视，却很难形成一股强有力的声音去唤醒更多人的性自由意识。

《摩西五经》中的性少数群体主要指的是同性恋。首先，对同性性交的绝对禁止和不宽容，与婚姻不变特性有着直接关联。婚姻作为一种延续了数千年的制度，在人们的信仰结构中处于核心地位。亚当夏娃的故事被作为证据来说明哪些性结合形式是可接受的，哪些是反常的，应该弃绝的。因此，同性性结合因缺乏神学依据而长期躲藏在社会边缘，被打压和驱逐，尊重和接受更是遥遥无期。其次，犹太教中格外排斥男性之间的性交，并不是对女同性恋更宽容，而是长期以来，女性之间的性都被宗教所忽视，其基本原则是不把它作为性。比如拉比文献中经常提及的"摩擦的妇女"，按照宗教权威人士的说法，这并不意味着妇女不再是处女，因为他们认为性与处女膜的突破有关。[②] 犹太教口传律法集《密示拿》还指出"就繁衍的责任而言，是男人而不是女人受控制"，[③] 性是男人对生育的义务，躲避这个义务，无疑是对神和种族的背叛。最后，斐洛将男同性恋视作一种疾病，是男性女性化的危险，这种看法代表了西方伦理世界好几个世纪的主流意识，也造成了有同性倾向的男性对自我确认的长久怀疑和不安。直到 1990 年世卫组织正式把"同性恋"从精神疾病的名单上去除，从此，"同性恋"在《国际疾病分类》里就不再算是一种精神障碍，也不是一种需要治疗的疾病。[④] 由于以色列实行教派分权制，由各个宗教教会管理各自教会内的结婚事宜，因此以色列所有教派均否认同性婚姻的合法性。但 2006 年以色列高等法院以司法判例的形式承认国外合法缔结的同性婚姻的效力，这反映出以色列对同性婚姻有所放开的事实。[⑤] 尽管同性恋群体已经不再那么容易被主流所漠视，但他们在复杂的社会环境中依旧面临被正当理解、被宽容接纳、被实际保护的难题，允许每个人自由

[①] 冯象译注：《摩西五经：希伯来法文化经典之一》，生活·读书·新知三联书店 2013 年版，第 150 页。
[②] ［挪］恩德斯鸠：《性与宗教》，周云水、李旺旺、何小荣译，中国社会科学出版社 2014 年版，第 38 页。
[③] ［挪］恩德斯鸠：《性与宗教》，周云水、李旺旺、何小荣译，中国社会科学出版社 2014 年版，第 70 页。
[④] 看理想：《"如果我们是异性，爱彼此，会简单许多吧"》，https://mp.weixin.qq.com/s/EyKgrrDK2CuoCcn4ttyBqw/17/05/2021，访问日期：2021 - 06 - 02。
[⑤] 何阳：《公共秩序保留原则下涉外同性婚姻的效力认定问题研究》，华南理工大学硕士学位论文，2018 年，第 21 页。

选择性伴侣并享受与异性恋同等的权益，仍然是一场需要推进的社会革命。

结　语

虽然《摩西五经》中的性禁忌所占篇幅不多，但揭示了人类在"性"主题上所共同背负的历史和难题。某些性禁忌内容至今还被人类社会所共同遵守，如禁止乱伦、兽交等，证明它们具有某种共通的道德观念以及可供延续的现实意义，这些被绝大多数群体承认的认知和规范捍卫着家庭结构和社会秩序的根基。就《摩西五经》中性禁忌的积极方面来说，有几个突出的作用因素：其一，宗教信仰贯穿始终，它赋予性禁忌以神圣性，为严密的性控制提供不容辩驳的神学依据，达到直接高效的社会管理效果；其二，神人关系以及人人关系中的权力运作，让我们观察到禁忌条文背后交织的复杂力量对抗，艰难而不可逆转的制度取舍；其三，同时拥有信仰控制和法律控制功能的性禁忌，以信仰作为力量源泉发挥社会震慑作用，又辅以具有成熟律法形态的条文设置稳定客观的社会规范，内外两种社会控制机制的大胆尝试和相互磨合使得性禁忌规避了堕入虚无的命运，展现出更多与现实需要契合的方面。其四，种群、性别、民族身份的建构触及最普遍也是最核心的问题，从"人"到"男人女人"再到"犹太人"，其实是把性禁忌置放进原初的宇宙状态，从这个宇宙观中衍生出的犹太社会观念，几乎都围绕人的自我确认。在人与人的交往中，包含在自我确认中的某种区分因素会自动浮现出来，伴随着社会交往范围的逐渐扩大，区分因素将逐渐转变为一种支撑社会秩序的等级结构和凸显民族特征的边界标志，深刻并长久地影响一代又一代的犹太人。

此外，对宗教经典内容进行分析，既要在联系当时情境的基础上去理解制度的出现和运用，也需要在当代知识文化背景下反思制度的局限性。就《摩西五经》中的性禁忌而言，首先，将性与生育捆绑，极度限缩性行为的价值范围，生育作为宗教或政治义务的观念深入人心，个体被透明化。其次，宗教与父权的联合使得男性的性权力极度扩张，体现在父亲对女儿婚配的全力掌控，丈夫对妻子贞洁与生育的恐怖控制等等，这些都以制度的形式被予以确认和维持，女性始终困于被俯视的状态中。最后，女性以及性少数群体性权利的缺失，始于身体性权利并必然延伸到精神性权利，随着犹太人生活的世俗化趋势，弱势群体争取性权益拥有了更多可能的途径，但要获取精神层面的理解和认同并非易事，而争取实质性的法律确认和保护更是任重而道远。

综上，研究《摩西五经》中的性禁忌，就是研究性的社会性与性的个体性之间存在的冲突。性的社会性意味着性被管制不可避免，其限度取决于所处的社会经济政治条件，而性的个体性又表明性本身贮存着一股自我觉醒的潜力，在某些时刻被激发出来，成为审视当下制度合理性的重要依据。性的双重属性是人类社会共同面临的处理难题，其中牵涉权力与权利，秩序与自由等经典命题。虽然各国国情不同，但以性禁忌为切入点不仅为理解犹太人社会价值体系提供双观察视角，或许也可为反思我国的婚姻家庭制度提供思路。

Research on Sexual Taboos in the "Pentateuch of Moses"

Zhang Yumei

Abstract: The sexual taboos in the Pentateuch are unique in both the text and the theme. The special text provides a unique religious perspective, casts the belief in the only god on sex, and outlines a map of sexual morality and sexual order exclusively for Jews, ranging from ethnic minorities to families, and this tension structure of sexual control. Stay in peace and live up to your fate. And the particularity of the subject complements a hidden perspective of observation, pulling out factors such as gender, marriage, power, and rights that are wrapped in sexual taboos, and glimpsing the unfreedom and inequality suffered by individuals under such sexual control. The social nature of sex has forced it to be developed into a certain system in order to regulate people's social interactions, but the individual nature of sex requires that people's sexual rights and freedoms be squarely addressed. To study the sexual taboos in the Pentateuch is to study the conflict between sexual sociality and sexual individuality, as well as their respective rationality and limitations in different time and space situations.

Key words: Pentateuch; sexual taboos; sexual rights; social control

（编辑：彭娟）

国家空间外"山地社会"的生存策略与现代意义

胡敬阳

摘　要　斯科特的山地研究展示了赞米亚山地社会通过精心设计以逃避统治的生存策略和高超的生存美学，揭示出国家空间外"山地社会"存在的可能性与正当性，重新思考了文明与野蛮、中心与边缘、主流与非主流的关系，为日益困于国家标准化行政空间中的现代人开出了一剂良方。国家空间永远不可能完全统治社会的每一个角落，"山地社会"伴随着国家建设而产生并相互作用，边缘和非主流等非国家空间一直生产着自己的文明和历史，并在与国家的对话中共生。"山地社会"的存在历史和当代实践告诉我们，尊重、维系和守护不同社会和群体的自主性、差异性和多样性，是文明得以存续和国家永葆活力的关键密码。

关键词　斯科特　逃避统治　国家空间　山地社会　生存策略

一、提出问题

如果将社会发展看成是一条直线进化路径的话，[①] 那么山地社会就一直被描述为落后、幼稚和野蛮的。因为伴随着民族国家的崛起和现代化的通信、全天候公路等缩短距离技术的进步，居于统治地位的民族国家将权力伸展到最远的边界，山地社会也被统合到先进、高级、繁荣的社会和文化中。国家垄断了"文明"的定义，正如恩格斯所说："国家

---

[*] 国家社会科学基金专项重大项目"社会主义核心价值观融入基层社会治理研究"（项目编号：17VHJ006）。

[**] 胡敬阳，西南政法大学行政法学院法学理论专业博士研究生。

[①] "在19世纪工业化、殖民主义和民族主义的潮流中，一种直线进化的时间意识及其支撑之下的进步意识占据了支配性的位置。"参见汪晖：《现代中国思想的兴起》（上卷·第一部），生活·读书·新知三联书店2015年版，第1页。

是文明社会的概况。"①

对于山地社会游离于"文明"之外的情况，布罗代尔认为，"山通常是远离文明的世界……在横的方向，这些潮流能扩展到很远的地方，但在纵的方向，面对一道数百米高的障碍，它们就无能为力了。"② 受到布罗代尔山地研究认识论的启发，斯科特突破了以民族国家为"历史研究单位"和线性文明进化论的偏狭，在《逃避统治的艺术》一书中，提出了"国家之外有无文明"的问题，从而构筑了其地点、生存方式、社会结构都适于逃避国家统治的"山地社会"，揭示了在国家不断扩张和书写文明史的同时，国家空间外的"山地社会"也一直生产着自己的文明和历史。在斯科特的论述中，我们看到那些没有历史、居于完全不同地点，并采用完全不同实践和形式的人群的能动性。

我们将在分享这一知识洞见的基础上，沿着斯科特的学术脉络，探讨其"山地研究"对于现代的学术意义和现实关怀。我们要意识到，对于身处"后赞米亚时代"的我们，斯科特所描述的"山地社会"对于现代人已经非常遥远，正如斯科特所说："在当今世界，我们的自由依赖于驯化利维坦式国家，而非逃避它……（我们）生活在一个被完全控制、一个具有日益标准化制度模块的世界。"③ 但即便如此，我们还是不禁要问，在这样一个"国家空间"无处不在的时代，"山地社会"还有存在的可能性么？身处在日益标准化模块下的文明社会的我们，该如何看待边缘和非主流？追求多样性和差异性的山地式生存美学有何现代意义？

二、"赞米亚"："山地社会"逃避统治的生存策略

在交通不畅的古代，山地往往会阻隔政治、文化、风俗乃至于文明的前进道路。黑格尔也指出了山、水差异地理学的政治效应："结合一切的，再也没有比水更为重要的了，因为国家不过是河川流注的区域……只有山脉才是分隔的。"④ 在二战前，"赞米亚"⑤ 就是这样一个被山地所隔绝于"国家空间"外的碎片化的"非国家空间"⑥，地理上也被称为东南亚大陆山地，处于9个国家或地区的边缘，却不在任何一个中心上。在历史上有很

---

① ［德］恩格斯：《马克思恩格斯选集》（第四卷），人民出版社2012年版，第193页。
② ［法］布罗代尔：《菲利普二世时代的地中海与地中海世界》（第一卷），唐家龙等译，商务印书馆2017年版，第31页。
③ ［美］詹姆士·斯科特：《逃避统治的艺术》，王晓毅译，生活·读书·新知三联书店2016年版，第404页。
④ ［德］黑格尔：《历史哲学》，王造时译，商务印书馆2001年版，第92页。
⑤ "赞米亚"是斯科特从荷兰学者申德尔那里借用的概念，它包括了从越南中部高地到印度东北部地区的所有海拔300以上的地方，横括了东南亚的5个国家（越南、柬埔寨、老挝、泰国和缅甸），以及中国的4个省（云南、贵州、广西和部分四川），其面积有250万平方公里，居住着1亿少数群人口，他们的族群错综复杂，语言多种多样。
⑥ "国家空间"可以被理解为顺从于国家控制和征用的地域，"非国家空间"是反抗国家控制和征用的地域，也可以说是国家权力和行政管理尚未达到的地域。

长时间这里的人们尚未被完全纳入民族国家中,可以选择在国家之内或之外生活。① 他们被文明的"谷地国家"② 描述为落后和野蛮的,但事实上,"山地社会"为了保持与国家的相对位置,选择自我野蛮化和自我边缘化,其谋生方式、社会结构、认同模式都是主动地精心设计来远离国家的控制,从而形成了一套逃避统治的生存策略。

(一)景观建造的多样化:"逃避农业"

在过去以谷物种植为基础的农业文明国家中,统治者关心的是如何以最小的代价得到大量和稳定的人力和粮食剩余,为此,国家为了"容易征收"而鼓励定居农业,形成了稻田这样的"国家景观","居住于国家之中意味着赋税、征募、徭役,以及多数情况下的被奴役状态"③。国家的作用在于征收赋税和徭役,所以国家与人民是对立的,是统治和被统治的关系,这种统治与被统治的关系是逃避的理由。④ 斯科特指出,山地为这种逃避提供了地理条件,"山地人"⑤ 是"做了政治选择来保持与国家的距离"。首要的就是放弃固定的谷物种植,而采取提高流动性的谋生方式将自己置于国家的控制范围之外。对于人口分散的山地社会,他们选择不容易被国家捕获的游耕作为自身的谋生方式,同时种植玉米、栗、块根作物、荞麦等多种高地作物,建造差异性和多样性的"山地景观"。各种作物成熟期不同,可以在地下保留很长时间而无须立即收获。同时山地居民还在山地寻找可以在谷地和沿海市场进行贸易的商品(稀有的木材、药物、乳胶等),这些产品都是重量轻、体积小而价值高的。⑥ 这种"山地景观"代表了一种更具流动性的隐蔽的谋生方式,也被斯科特称为"逃避农业",它内在地抵制被国家渗透和垄断。"选择了游耕,或者基于同样的理由选择了采集或游牧,就是选择了停留在国家空间之外。"⑦ 反抗国家的农业技术和作物结构,建造了多样化的山地景观,代表了抵制监督和从属的社会政治组织模式。

(二)权力支配的分散化:裂变的社会结构

不同的社会结构意味着不同的权力支配方式。斯科特认为,社会结构不应该被看作特

---

① 参见[美]詹姆士·斯科特:《逃避统治的艺术》,王晓毅译,生活·读书·新知三联书店2016年版,第8页。
② 在平原谷地种植水稻,谷物是方便国家监测、征收和掌握赋税的,也就是意味着接受国家的管理和统治,"谷地国家"象征着国家的权力所能到达的"国家空间"。
③ [美]詹姆士·斯科特:《逃避统治的艺术》,王晓毅译,生活·读书·新知三联书店2016年版,第9页。
④ 参见王晓毅:《作为一种生存状态的逃避——〈逃避统治的艺术〉的理论价值探析》,载《云南社会科学》2019年第3期。
⑤ 在国家的作用下,选择离开国家,保持在国家控制之外的山地居民。
⑥ 参见[美]詹姆士·斯科特:《逃避统治的艺术》,王晓毅译,生活·读书·新知三联书店2016年版,第125、236页。
⑦ [美]詹姆士·斯科特:《逃避统治的艺术》,王晓毅译,生活·读书·新知三联书店2016年版,第233页。

定社区的持久社会特点，而应看作一个变量，其目的是调整与周边权力区域的关系。① 谷地国家需要固定的和集中的人口，种植景观清晰的灌溉水稻，以便于随时被国家监控、评价和征收（粮食、赋税和人口），这个社会的标志是清晰的土地产权和它所带来的权力及财富分化。谷地国家种植水稻的社会结构，就是适应国家的特性以通过社会工程而进入国家空间。当山地社会选择逃避被统合或被征收的时候，它就会变成更简单、更小和更分散的社会单元，从而生产出了非国家空间。因为国家很难对流动的人群进行统治，当一个社会的人群总是处于流动中，没有稳定的组织进行行政管理，更没有习惯于严格服从上级命令的行政官僚，那么国家的权力就难以渗透进入这样没有稳定权力支配结构的社会，"统治者和国家制度需要稳定、可靠、等级森严和可以把握的社会结构，通过这样的社会结构，他们可以进行协商和统治"②。在国家的作用下，非国家空间的群体选择裂变的社会结构和逃避的生存策略，以此避免被国家权力捕获，他们把社会解体为小的社会单位，规避任何集体的居住和公认的领袖，强调平等，避免产生等级制度，这样国家"面对的就是一个无组织和无结构的人群，在这样的人群中没有一个可以进入或起到支撑作用的点，也就难以进行有效的统治了"③。社会结构和日常生存策略既是国家的作用，也是处于非国家空间的群体深思熟虑的政治选择。当一个群体在和国家的交互作用中被精心设计以处于国家空间之外，就会选择反抗国家的社会结构，使得权力支配分散化，这种裂变的社会结构可以给"山地社会"带来更多的政治和经济利益，这种"不确定性"就是他们的生存资本和行动策略。

（三）认同模式的多元化：情境主义的族群认同

人如何从个体走入群体以及个体与群体的关系，这是社会学经久不衰的研究课题，其中"认同"就扮演着关键的角色。泰勒认为"当人进入社会关系范畴，在与他人的对照之中，才会产生认同的需要。并且，每个人认同的全面的定义，通常不仅与他的道德和精神事务的立场有关，而且也与确定的社团有某种关系"。④ 在鲍曼对共同体的研究中，他认为认同问题实际上源于确定性和自由的对立统一，人不能离开任何一方而生活，只能在不同阶段寻求不同的确定与自主的平衡。⑤ 马克思也认为人类群体不只是客观化的社会范畴，而是心理实体。为了在强大的谷地国家的夹缝中生存，山地社会建构起了具有渗透性

---

① 参见［美］詹姆士·斯科特：《逃避统治的艺术》，王晓毅译，生活·读书·新知三联书店2016年版，第254页。
② ［美］詹姆士·斯科特：《逃避统治的艺术》，王晓毅译，生活·读书·新知三联书店2016年版，第255页。
③ ［美］詹姆士·斯科特：《逃避统治的艺术》，王晓毅译，生活·读书·新知三联书店2016年版，第256页。
④ ［加拿大］查尔斯·泰勒：《自我的根源：现代认同的形成》，韩震等译，译林出版社2001年版，第51页。
⑤ ［英］鲍曼：《流动的现代性》，欧阳景根译，生活·读书·新知三联书店2002年版，第126页。

和多重性、情境主义的族群认同,"这多重认同集合中的不同部分能被特定的社会情境所诱发"①,像变色龙那样随着背景变化而改变颜色,也即群体间的界限可以相互渗透。这种模糊和可变的认同具有很大的保护价值,可以防御国家找到制度上的进入口,也防止自身内部发展出等级化的社会结构。"山地的民族认同是一种精心设计的政治手段来保证自己的族群在对权力和资源的竞争中占据有利地位。"② 他们还选择口述文化,为认同系谱的制作提供了可操作的空间,从而排斥了某个权威的、作为最标准和最正统的谱系或历史。"他们放弃文本和文字的世界是主动的或出于策略性考虑……没有文字和文本也使他们可以自由操纵历史、谱系和清晰性,从而挫败国家贯彻其制度。"③ 山地社会形式的不确定性、历史和宗谱的可变性、纷繁复杂的语言和人口,不仅是山地社会的重要构成特征,也重组了自身多元化的认同模式,形成了一种被斯科特称之为"反国家的民族主义"。

三、国家"上山":现代国家标准化的行政空间

"英国和法国殖民地的官员在证明向其属民征收的苛捐杂税的合理性的时候,经常将纳税解释为生活在'文明社会'中必须支付的价格。"④ 19 世纪后,国家权力迅速扩张,民族国家⑤崛起。民族国家的扩张被视为世界历史的高级阶段和目的,民族国家模式正在成为一种支配性的政治形式,历史开始以民族国家这一政治结构为主体和前提。随着现代通信技术和交通的发展,山地社会建构跨时空的赞米亚文明生产法不再生效了,⑥ 国家带着对"文明"的垄断,横扫它面前的一切山地。"他们都不自觉地把自己设计成秩序、进步、启蒙和文明的承载者,他们都希望伴随着国家和有组织的宗教,将行政管理的益处推广到原来不曾被统治的区域"⑦,山地社会逐渐"变平"了,高山深谷里"无政府主义的社会政治景观"⑧再难看到,整个世界都是现代国家标准化的"行政空间"。这一标准化

---

① [美]詹姆士·斯科特:《逃避统治的艺术》,王晓毅译,生活·读书·新知三联书店 2016 年版,第 316 页。

② [美]詹姆士·斯科特:《逃避统治的艺术》,王晓毅译,生活·读书·新知三联书店 2016 年版,第 302 页。

③ [美]詹姆士·斯科特:《逃避统治的艺术》,王晓毅译,生活·读书·新知三联书店 2016 年版,第 271 页。

④ [美]詹姆士·斯科特:《逃避统治的艺术》,王晓毅译,生活·读书·新知三联书店 2016 年版,第 418 页。

⑤ "19 世纪的新的潮流是将民族界定为一种以语言、种族、宗教、信仰、文化和历史等'自然属性'为特征的自然的存在,而民族这一自然的存在也就拥有建立自己的主权的国家和政府的权力。"参见汪晖:《现代中国思想的兴起》(上卷·第一部),生活·读书·新知三联书店 2015 年版,第 29 页。

⑥ 参见谷家荣:《"文明不上山":"赞米亚"人自有的高地生存策略——读詹姆斯·C. 斯科特〈逃避统治的艺术〉》,载《北方民族大学学报》(哲学社会科学版)2018 年第 2 期,第 95 页。

⑦ [美]詹姆士·斯科特:《逃避统治的艺术》,王晓毅译,生活·读书·新知三联书店 2016 年版,第 3 页。

⑧ 郑少雄:《把寺庙搬下山:在直接互动中获得社会空间——对斯科特的一个补足性反思》,载《云南社会科学》2019 年第 3 期,第 102 页。

的行政空间，意味着国家期望把每一个人都绘制成同样的画作。标准化的景观建造，构成了画作的底板。人们都生活在相似的、模块化的时空背景中，每天面对着差不多的景观，日积月累地塑造了模块化的思维方式，个体的大脑也被改造成了国家和集体的大脑。这会无时无刻提醒人们，要按照国家和社会规定好的模式行事；标准化的权力支配，是国家事实上取代个人，由国家和集体握住画笔进行绘制。个人意志服从集体意志、个人利益服从集体利益具有天然的正当性；标准化的认同模式构成了选定好的涂料，人们不但无法自己握住画笔，而且涂料也是相似的。人们的生活方式、快乐、幸福和意义世界都无法自我定义和赋予，而是笼罩在国家统一的教育和文化系统中。现代国家标准化的行政空间，披上了非人格化和理性化的外衣，契合了现代社会高效、精准运转的要求，但却压抑了人性深处对个性和自由的追寻，让人们无处藏身，难以找到规避标准化和权威的自我治理的逃避空间。"在这个时代，边疆仅仅在传说中存在。"[1]

（一）标准化的景观建造——国家捕获"逃避农业"

景观，不仅仅是供人观看的物体或阅读的文本，还象征着权力，更是权力的运作方式，它是创建国家和社会认同的核心工具。景观制作由国家创造或引导，构成了人民日常生产与生活的基础和背景。本尼迪克特·安德森指出，国家鼓励创造出一种在其控制下清晰可见的人类景观。[2]

斯科特将稻田称为"国家景观"，这是易于国家控制和征收的。与采集、游耕、山地作物所构成的多样化的山地景观相比，"被适当组织起来的臣民和他们的产品所形成的文明景观"[3]，是一种标准化的景观建造。在国家权力的扩张和国家文化[4]的推动下，山地社会中那种四处流动而不易监管的、多样化的"逃避农业"被捕获，现代国家建造了标准化的政治景观，如政府办公大楼、标准格式的政府公文和布告、统一涂装的行政执法车辆与统一制服的执法人员，他们往往转换成一束政治符号，将国家秩序弥散在整个人口中；现代国家还制造了标准化的日常生产生活景观，如现代化的都市和乡村、文化体育设施、交通基础设施、宗教场所、医院、工厂、公园、商场、教育机构等，它们虽然没有政治景观具有明显的权力支配感和浓厚的仪式性，但它们具有隐蔽的政治性。它们嵌入人民的日常生产生活中，"作为日常活动的基础设施或规范性背景，禁闭着景观所辐射空间内的社会，

---

[1] ［美］詹姆士·斯科特：《逃避统治的艺术》，王晓毅译，生活·读书·新知三联书店2016年版，第405页。

[2] Anderson Benedict, *Imagined Communities: Reflections on the Origin and Spread of Nationalism*, New York: Verso, 1991, pp. 184–185.

[3] 郑鹏：《陶令不知何处去——评述斯科特的赞米亚研究》，载《云南社会科学》2019年第3期，第116页。

[4] 王迪认为国家文化包含三个要素：第一，是由国家权力来提倡和推动的；第二，有利于中央集权的；第三，有一个全国的统一模式。参见王迪：《茶馆——成都的公共生活和微观世界，1900–1950》，社会科学文献出版社2010年版，中文版序，第3页。

守卫着秩序的边界,再生产着国家偏好的可见性"①。

随着景观建造被国家渗透和垄断,"逃避农业"因不适合被征收和监管而被捕获,差异性和多样性的"山地景观"逐渐消失。结构分散裂变、强调平等和差异的山地单元(小村寨、分裂的宗族、游耕团体)因不符合国家建设的内在逻辑而被排除在国家空间之外。它们内在地抵制国家的渗透,没有统一的规划,总是变动不居,孕育出更加灵活、更加具有自主性的生计方式。标准化的景观建造展示了国家对社会、国家文化对地方文化的优势地位②,反映出统一的意识形态、统一的民族文化和宏大的国家叙事在建构强势的国家空间中所扮演的积极角色。

（二）标准化的权力支配——社会结构稳定化

山地社会是一个等级平等、没有稳定权力结构的社会,并且总是避免产生首领,也就是避免产生权力——即"将个人之意志加诸他人之行动的可能性"③,它是一种去国家化和非国家化的历史。山地社会的无首领结构就是一种没有标准化权力支配的逃避的社会结构,这里没有人对其他人负责,没有稳定的组织进行行政管理,更没有习惯于严格服从上级命令的行政官僚。而"在共同体行动（国家的历史）的任一领域里,毫无例外皆深受支配结构的影响"④。当国家"上山",把曾经那些自我治理、无国家的社会变成一个有组织和有结构的社会,这种社会等级森严、稳定、可靠,时刻处于行政管理当中。任何行政管理都需要支配,因为在行政里,永远有必要将某种命令权力置于某人手中。由于文明的日渐复杂所引起的对行政的需求,所有的国家无一例外都选择了标准化的权力支配结构——官僚科层制,因为"官僚化提供了贯彻行政职务专业化（根据纯粹切事化的考量）之原则的最佳可能性"⑤。伴随官僚制行政的,是政党制的发展。政党成为重要的社会组织方式和权力支配模式,"政党的存在乃是为了争逐支配此一目的,因此它必然会倾向采取一种层级支配关系的结构"⑥。现代社会几乎无处不在地笼罩在标准化的权力支配结构中,国家可以通过这一结构将权力渗透到社会的最基层,因为国家随时面对的都是有组织和有结构的人群,在这样的人群中可以方便进入或找到支撑作用的点,并进行有效的统治,这样社会结构就变得稳定化。

---

① 郑鹏、陈光金:《国家景观的制作——以明清时期荆襄山林为中心》,载《南京农业大学学报（社会科学版）》2018 年第 2 期。
② 参见王迪:《茶馆——成都的公共生活和微观世界,1900 – 1950》,社会科学文献出版社 2010 年版,中文版序,第 3 – 6 页。
③ ［德］马克思·韦伯:《支配社会学》,康乐、简惠美译,上海三联书店 2020 版,第 3 页。
④ ［德］马克思·韦伯:《支配社会学》,康乐、简惠美译,上海三联书店 2020 版,第 2 页。
⑤ ［德］马克思·韦伯:《支配社会学》,康乐、简惠美译,上海三联书店 2020 版,第 48 页。
⑥ ［德］马克思·韦伯:《支配社会学》,康乐、简惠美译,上海三联书店 2020 版,第 16 页。

（三）标准化的认同模式——确定的族群认同

认同是"对自己归属于何种社会范畴或者组织的思考"[①]。东南亚大陆的多数山地人没有我们所认为的"适当"的族群认同，他们的许多名字都是含糊且处于具体关系中，并且绝大多数山民有多重认同，在不同的环境中使用。[②] 不同于山地社会情境主义的多元化认同模式，现代国家通过政党、民族、法律规则、文化教育（标准化的语言文字）以及正统谱系的记录等，提供了一个标准化的、固定的认同模式，每个人都清晰地知道自己归属于何种社会范畴或组织，并且作为自己的社会生活意义和行为准则，从而形成了确定的、非情境主义的族群认同。这一认同模式建构所运用的材料，来自历史、地理、自然，来自生产和再生产的制度，来自集体记忆和个人的情感，也来自权力机器和宗教。现代国家中的人不再像"山地人"那样如此看重无视权威和无须奉承领袖的野性的自由了，很难再找到逃避国家的上山路径，变成了福柯所说的"驯顺的肉体"[③]。每个人都是追求经济利益最大化的理性人，每个人都在社会结构中被固定下来，每个人都清楚地知道自己的社会身份和角色，每个人都愿意让自己处在规则化的组织中，并以此作为自己的认同模式。国家对山地社会的统合，意味着文明取代了野性，也意味着带去了标准化的认同模式。

四、"后赞米亚时代"中"山地社会"存在的可能性与社会意义

被称为赞米亚的山地社会逐渐消失了，那些离奇的风俗和异域的山地部落只有在博物馆里才能看到，并且被利维坦式的国家想象为"社会进化早期阶段的产物、一个野蛮的未经驯化的国家的对应物"[④]。我们身处在"后赞米亚时代"中，一个"被完全控制、一个日益标准化制度模块的世界"[⑤]。对于"后赞米亚时代"中的我们，"山地社会"还有存在的可能性么，还是仅仅是高山上那个曾经的乌托邦社会里野蛮的自由遐想；当国家距离每个现代人的日常生活近在咫尺，现代人更需要重新思考自己的生活，那种逃避统治的艺术和生存智慧真的在现代社会里消失了么；在标准化、模块化的国家和社会框架下，我们更加需要思考该如何守护多样性和自主性，如何维持差异，如何对待边缘和非主流，这些正是斯科特的"山地研究"对于当下的意义。

[①] 李友梅、肖英、黄晓春：《社会认同：一种结构视野的分析》，上海人民出版社2007年版，第1–10页。
[②] 参见［美］詹姆士·斯科特：《逃避统治的艺术》，王晓毅译，生活·读书·新知三联书店2016年版，第314页。
[③] ［法］米歇尔·福柯：《规训与惩罚》，刘北成、杨远婴译，生活·读书·新知三联书店2012年版，第153页。
[④] ［美］詹姆士·斯科特：《逃避统治的艺术》，王晓毅译，生活·读书·新知三联书店2016年版，第418、420页。
[⑤] ［美］詹姆士·斯科特：《逃避统治的艺术》，王晓毅译，生活·读书·新知三联书店2016年版，第404页。

(一) 国家的"镜中我": 山地与国家的对话共生

山地,阻隔了地理和交通,对于古代国家来说,总是难以逾越的屏障,山地成为文明社会外国家的"边陲"。古代国家的统治者,忧虑国家的权力难以翻越重重高山,更担心山地像海绵一样吸纳着谷地的人口和那些不服从统治而逃亡的人。国家作为迈克尔·曼提出的"具有地域中央集权化的命令式组织"[①],山地社会最终注定要被国家空间所统合。在历史上,人们不断地"上山"(逃离国家)和"下山"(进入国家),也就是国家空间和非国家空间持续性地相互对话与共生,山地社会成为了国家的"镜中我"。山地象征着去国家化的历史,是国家"垂直维度扩张"[②] 的对象。斯科特指出,剖析山地社会的形成史,就是在透视国家建设的内在逻辑。

斯科特所描述的赞米亚山地社会,与谷地国家之间一直是对话共生的。因为赞米亚是国家建设和国家扩张的结果,难民的破碎地带和破碎区域不可避免地成为谷地国家建设的"黑暗双生子"[③]。国家与受其影响而产生的山地,"每一方都处于另外一方的阴影下,因为有了对方才有自己的文化特征"[④]。谷地国家的精英正是通过与山地人的比较来定义自身的文明,山地社会在国家的作用下运行(其产生就是国家作用的结果)。山地人选择游耕和细小分散、群龙无首般的社会结构,让自己处于偏僻遥远的位置和流动中,这些逃避国家的生存策略同样是在与国家的对话中产生的。同时,国家和山地也一直保持着互利互惠的经济关系,在国家空间和山地的非国家空间之间,人员、物资、技术的流动也是畅通的。只不过,山地社会杂乱无章的社会景观、裂变分散的社会结构和情境主义的族群认同,被国家排除在文明体系之外;山地社会作为社会直线进化路径的低级阶段,也被排除在民族国家形成的历史书写系统中。

赞米亚现在虽然已经消失,但国家空间外的"山地社会"作为国家的"黑暗双生子"事实上一直隐蔽地存在。任何处于中心的国家空间周围,都有不被书写和不被人注意的"非国家空间"。那些在城市街头打"游击战"、游离于政府有效管制之外的小商小贩[⑤];

[①] [英]迈克尔·曼:《社会权力的来源》(第一卷),刘北成、李少军译,上海人民出版社2007年版,第98页。
[②] 郑鹏、陈光金:《禁山后国家缘何上山:明代荆襄流民的治理史》,载《社会发展研究》2018年第3期。
[③] [美]詹姆士·斯科特:《逃避统治的艺术》,王晓毅译,生活·读书·新知三联书店2016年版,第407页。
[④] [美]詹姆士·斯科特:《逃避统治的艺术》,王晓毅译,生活·读书·新知三联书店2016年版,第407页。
[⑤] 在冯筱才的研究中,早在1955年底开始的对私营工商业的"社会主义改造"运动中,小商小贩群体实质上游离于"社会主义经济体系"之外,主要原因是商贩经济的改造成本甚高,政府无力承担,同时全部纳入"合营"也造成了商品和消费市场的混乱,导致最后只能鼓励他们以"代销""经销"及自由商贩身份谋求生存,尽管名义上仍属于"公私合营"范围。进入市场经济体制后,无证商贩事实上也一直存在。参见冯筱才:《"社会主义"的边缘人:1956年前后的小商小贩改造问题》,载华东师范大学中国当代史研究中心编:《中国当代史研究(三)》,九州出版社2011年版,第3–45页。

那些采取各种策略、利用法律漏洞逃避纳税和监管的个人和企业；那些背离主流婚姻家庭模式、逃避承担婚育责任的独居群体；那些过着"低欲望生活"、未追随主流社会认同的年轻人，其实都是在继续书写现代社会里逃避统治的山地故事，展示着现代社会里采用完全不同实践和形式的人群的能动性。山地与国家的对话共生意味着，只要国家存在，"山地社会"就必然会存在。

（二）边缘和非主流：现代人逃避统治的实践智慧

斯科特的赞米亚研究，其实也是在讨论中心与边缘、主流与非主流的关系。在国家的建设和扩张进程中，不断生产着文明、中心和主流，同样也生产出了国家建设的反身物：野蛮、边缘和非主流。在中心和主流中，运行着国家的权力，体现着国家的偏好，界定着行为的边界，象征着统治性的秩序。中心和主流在不断扩张其统治，而边缘和非主流则成了逃避的空间，成为现代国家里的"山地社会"。

苏贾认为，在任何区域范围内，都存在着"中心—边缘"（主流—非主流）的二元结构，比如"核心"国是工业生产和资本积累的主要中心，而"边缘"国是从属的、依附的，而且受到极大的剥削。[①] 边缘是那些远离社会生活重心的区域，它不仅在现实空间中有着特定的位置，而且总是对应着特定的社会阶层，契合着一定的社会结构和社会运作机制。米歇尔·福柯通过全景敞视建筑来论述现代社会的规训机制和权力运作模式，这种全景敞视建筑其实就可以看成中心—边缘（观看—被观看）的二元统一体的机制。在环形边缘，人彻底被观看，但不能观看别人；在中心瞭望塔，人能观看一切，但不会被观看到。[②] 由此可见，现代国家通过不断生产中心与边缘、主流与非主流，"编制了一个被规训机制彻底渗透的社会"。[③]

在现代社会中，中心和主流无疑是国家建设和社会发展的主角，是建构国家和社会认同的核心工具，从而具有文明的话语权。但边缘和非主流的人群，采取完全不同的实践和生存形式，他们抵制中心，逃避主流，如过去的赞米亚山地社会一样，未必就是野蛮和不文明的。与谷地王国的臣民相似，主流社会是成功的、文明的、进步的，也是集中和均质的，带来了巨大的吸引力，大多数人会进入主流社会。但未必所有人都喜欢这种"成功和进步"，主流社会那种一元化的空间和规训会让一部分社会成员感到压抑和不满。总有人像曾经的山地人那样更喜欢自由和野蛮，想与国家保持适当的距离。他们通过自我"边缘化和野蛮化"，采取流动、逃避、非主流等策略来抵制周围的权力，形成了现代国家空间

---

① 参见［美］苏贾：《后现代地理学——重申批判社会理论中的空间》，王文斌译，商务印书馆2004年版，第166页。
② 参见［法］米歇尔·福柯：《规训与惩罚》，刘北成、杨远婴译，生活·读书·新知三联书店2012年版，第226页。
③ ［法］米歇尔·福柯：《规训与惩罚》，刘北成、杨远婴译，生活·读书·新知三联书店2012年版，第235页。

里分散和异质的"山地社会"(如多种多样的亚文化群体)。现代社会的逃避空间既可能是物理的,也可能是社会的。一些逃避主流的人聚集在一起,就构成了一个物理的空间;但是更多时候,逃避的空间是社会的,那些选择非主流生存的人将逃避作为生存方式,在主流社会之外建构新的亚文化认同。①边缘和非主流,不但构成了现代国家空间外的"山地社会",也体现出一部分现代人逃避统治、追求精神自由的实践智慧。

(三)差异性与多样性:山地式生存美学的现代意义

当谷地国家忙于构建整齐划一的社会景观时,山地社会则不断生产着差异性和多样性:多样性的景观建造、差异性的社会结构和认同模式。这种整齐划一的谷地和令人眼花缭乱的山地间显著的差别不是人口迁移的结果,而是不同制度带来的不同社会后果。谷地是一种向心和等级封闭的制度,而山地是一种离心和等级开放的制度。斯科特的赞米亚研究,向我们展示了在整齐划一的国家空间外,差异性和多样性的非国家空间具有可能性和正当性。山地族群被污名化的根本原因不过是他们运用逃避国家的生存策略和实践智慧,坚持身处国家空间之外而已。福柯曾言,古希腊以来一直存在着生存美学,"一种努力使生活艺术化"的实践智慧。②赞米亚山地社会居民的生存策略何尝不是这种"努力使生活艺术化"的生存美学,他们不追求权力的支配和整齐划一的社会景观,也不追求普遍性的历史主体地位,而是关怀自身族群的自主性,追求真正的自由和生活的多样性,与自然融为一体。

但是在19世纪后,在国家空间外的生活越来越不切实际,国家的一元性权力开始弥散在社会的每一个角落。斯科特在《逃避统治的艺术》中表达了自己的担忧和价值关怀:在一元化的国家空间外,多样性和差异性的非国家空间(山地社会)依然具有意义,在国家之外的生活选择和历史不应被遗忘。"斯科特提供的崭新视角是后人理解人类生活多样性和历史可能性不可多得的一种思想资源。"③斯科特的理论关怀也被现代一些学者所继承。庄孔韶的《银翅》展示了20世纪20至80年代末中国闽东乡镇社会文化变迁的绚丽画面,作者通过边缘与地方的田野调研,显示了在崇化导民、以国统族的持续性过程中,地方性与小传统的民族认同、个性及自主性的相对存在;④王迪通过研究成都的茶馆,探讨了在整个20世纪不断强化国家机器的过程中,国家逐步深入和干涉人们的日常生活,茶馆作为地方文化强烈表达的公共空间和人们日常生活自治的窗口,是如何顽强的存在下

---

① 参见王晓毅:《作为一种生存状态的逃避——〈逃避统治的艺术〉的理论价值探析》,载《云南社会科学》2019年第3期。
② 参见高宣扬:《福柯的生存美学》,中国人民大学出版社2010年版,第344页。
③ 郑少雄:《把寺庙搬下山:在直接互动中获得社会空间——对斯科特的一个补足性反思》,载《云南社会科学》2019年第3期。
④ 参见庄孔韶:《银翅:中国的地方社会与文化变迁(1920-1990)》,生活·读书·新知三联书店2016年版,第465、466页。

去的。王迪的茶馆研究发现，国家并没有很好地填补社会自治被国家削弱后留下的真空；[1] 在更高的高度，王铭铭提出"超社会体系"，中国社会从来就是开放的、多元的、杂糅的，没有封闭的文明。那种认为中国的民族地区是封闭社会的观念是错误的，一直存在着跨文明的互动。[2]

斯科特和现代一些学者的研究，揭示出在愈来愈强调一元化的现代社会中，保持多样性和差异性的意义。在某种意义上，国家空间的扩张永远不可能彻底消除非国家空间，非国家空间就像国家空间的影子一般如影随形，即使处在不为人知的角落里。非国家空间的存在，恰恰说明人类社会充满着多样性和可能性，多样性正是人类文明的魅力所在。对于身处在日益标准化、模块化的文明社会中的我们，一些群体仍在实践着赞米亚山地社会逃避统治的生存策略，不管是作为边缘群体还是非主流的"他者"，都是一种弥足珍贵的生存美学。他们给日益整齐划一的现代社会带去了不一样的色彩，并时刻提醒我们：文明没有高下、优劣之分，只有特色、地域之别。在书写文明史的国家空间外，依然有着采取完全不同实践和形式的人群在生产自己的文明和历史。他们在国家的作用下产生，在与国家的对话中创造多样性和差异性，使得国家建设时刻审视自身而永葆活力，从而推动了文明的延续。

五、结论

"在历史的长河中，山地人代表了那些既要适应这个有国家的世界，同时又要保留在国家控制之外的人群所刻意形成的无国家状态"[3]。赞米亚是一个通过逃避以实现自我治理的无国家空间，让我们看到那些没有历史、居于完全不同地点，并采用完全不同实践和形式的人群的能动性。如果把山地社会看作抵制国家的社会，它的存在历史恰恰印证了多样性是人类文明的魅力所在。斯科特的山地研究为我们展示了赞米亚山地社会通过精心设计以逃避统治的生存策略和高超的生存美学，揭示出国家空间外"山地社会"存在的可能性与正当性，激发人们重新思考文明与野蛮、中心与边缘、统治与逃离、主流与非主流的关系，并且审视了国家中心论和文明直线进化论，为日益困于一元化、标准化的国家空间中的现代人开出了一剂良方。山地人所展现的对自由和野性的追求，对平等和自主的向往，其实深深地刻于人类的灵魂中，并且仍被现代人所实践和追寻。人类的历史发展经验清晰地告诉我们，国家空间永远不可能完全统治社会的每一个角落，尊重、维系和守护不同社会和群体的自主性、差异性和多样性，是文明得以存续和国家永葆活力的关键密码。

---

[1] 参见王迪：《茶馆——成都的公共生活和微观世界，1900－1950》，社会科学文献出版社 2010 年版，第 347 页。

[2] 参见王铭铭：《超社会体系：文明与中国》，生活·读书·新知三联书店 2015 年版，第 422、424 页。

[3] ［美］詹姆士·斯科特：《逃避统治的艺术》，王晓毅译，生活·读书·新知三联书店 2016 年版，第 421 页。

The Survival Strategy and Modern Significance of "Mountain Society" Outside National Space

Hu Jingyang

Abstract: Scott's mountain research shows survival strategy and superb survival aesthetics carefully designed by the Zambian mountain society's to evade domination, it also reveals the possibility and legitimacy of the existence of a "mountain society" outside the national space, and rethinks civilization and the relationship between barbarism, center and marginal, mainstream and non‐mainstream, which provides a prescription for modern people who are increasingly trapped in the standardized administrative space of the country. National space can never completely rule every corner of society. "Mountain society" emerges and interacts with the construction of the country. Non‐state spaces such as marginal and non‐mainstream have always produced their own civilization and history and are co‐existent in dialogue with the country. The existent history and contemporary practice of "mountain society" tells us that respecting, maintaining and guarding the autonomy, difference and diversity of different societies and groups is the key to the survival of civilization and the vitality of the country.

Key words: Scott, Not being governed, national space, mountain society, survival strategy

（编辑：彭娟）

少数民族传统习惯法治化归导的法理证成[*]

龚卫东[**]

摘 要 如何在多民族统一中国建构中国特色的法治体系及法治话语，加强与世界不同文明的对话与交流，是当下中国法治建构中需要回应的问题。然时至今日在中国少数民族地区的现实生活中，各少数民族传统的习惯仍实然鲜活地调整规制着人们的行为。因此，在少数民族地区的法治建设中，法治体系及法治话语的中国化进路，必然要求对少数民族传统习惯进行法治化归导问题从法理上进一步进行逻辑证成，将散落于民间的传统习惯，通过地方国家立法机关予以立法，并付诸司法、执法实践，使少数民族地区人们权利在传统习惯与现代法治的实质交融中，获得更有效的保护。

关键词 少数民族习惯 法治化 归导 法理证成

一、问题的提出

突如其来的新型冠状病毒疫情在全球的肆虐，对世界格局及发展无疑将产生深刻的影响。随着后疫情时代的到来，如何准确识变、科学求变、积极应变，建构中国特色的法治体系，通过法律规则理性的法治化治理，以化"危"为"机"，实现国家可持续发展，这是多民族统一的中国后现代发展过程中必须考问的时代之问。事实上，法律规则理性是西方法律思想史上的一个重要传统，并对西方的法治发展，政治国家和市民社会的分野及形成发展，起着十分重要的作用。概览西方的法律理性发展，经历了自然理性[①]——神的理

---

[*] 本文系乐山师范学院重大项目《新时代少数民族地区法治治理新实践研究》（项目编号：WZDP005）
[**] 龚卫东，法学博士，乐山师范学院教授。
[①] 古希腊古罗马思想家认为法是自然理性的体现，它高于并指导着实在法。

性①——人的理性②——交往理性③的发展脉络,而中国与西方具有诸多不同。一方面,中国传统社会中,没有政治国家和市民社会的有机分离。市民社会与政治国家相比,十分脆弱。此环境中,所形成的"乡土社会""熟人社会",调整人们之间关系的规则,多是人情伦理、礼治等级和习惯风俗。"家天下""父权等级"所谓"父母官"式的关怀,一直是传统中国所褒扬、所认可的方式。因此,在中国,平等理念下的法治规则并不是社会"自发内生"的社会规则,更不是社会成员自觉依赖的社会秩序;另一方面,中国是民族多元一体的国家,各民族族群在长期生存的特定环境中,自发演进形成了各民族特有的社会秩序习惯经验。

当下中国,依法治国既是国家的主流话语,也是国家提升现代治理能力的现实要求。在中华民族共同体场域中,面对多民族团结共同繁荣进步,各民族共同和谐发展关系问题上,国家通过宪法和民族区域自治法以统帅国家发展、民族关系等重大问题④。在国家法制统一的前提下,如何凸显民族区域自治治理模式,既体现国家法治的一般性,高扬国家法治理念,又体现民族特色法治的具体应用,不断完善、检修民族法治,最终达到与国家一般法治的"和而不同"彰显特色,以回应少数民族的特殊权益要求,这是多民族统一中国发展中,必须认真面对的问题。进言之,由于各少数民族族群生活的多样性、传统习惯的地方性、差异性,自然也就要求人们去进一步探寻对各少数民族传统习惯的现代法治化归导,以重构少数民族地区社会行为规则,从而形成具有特色的民族法治治理,实现少数民族地区民族法治的中国化。

二、少数民族地区发展需要现代法治治理模式

"发展"与"现代化"是中国改革开放后,使用最频繁的词语,人们往往把发展和现代化联系起来。严格意义上讲,"发展"要求强调科学、和谐、包容。如果将"发展"作为一个动态过程来考察,可以发现,它既包括丰富多彩的人们社会实践,又包括规制人们社会实践活动规则的完善,还包括不同主体人群对于发展中"交往理性"的相互体认。人类社会发展的经验理性告诉人们:一个社会和谐有序的可持续发展,必须有效抓住"利

---

① 中世纪,宗教成为思想文化的主宰力量,神学家认为,法最终体现着神的意志理性,实在法接受"永恒法""自然法"的支配和制约。
② 西方启蒙时期,启蒙思想家们把法律理性由天国降到人间,认为法律是人的理性的体现,反映着正义、自由、平等、博爱等人文关怀,并系统提出了民主、自由、人权、法治、分权和人民主权等系列理论。
③ 哈贝马斯用这个词来表达那隐含在人类言语结构中并由所有能言变者共享的理性。交往理性是双维度的,涉及不同言谈者之间的对话关系。传统理性观通过我们关于对象的知识范式表现出来,而交往理性则在主体间相互理解的范式中被表达;这些主体能够说话和行动,处于对一个非自我中心化的世界的理解之中。它是生活世界(life – world)的理性,关注可靠主张的主体间性。它的有效性领域相应于人类言语的领域。在哈贝马斯看来,交往理性观是交往行为的基础。他称交往行为代替策略行为的过程为"交往理性化"。
④ 我国在宪法中有十分清晰的说明:"中华人民共和国是全国各族人民共同缔造的统一的多民族国家。平等、团结、互助的社会主义民族关系已经确立,并将继续加强。在维护民族团结的斗争中,要反对大民族主义,主要是大汉族主义,也要反对地方民族主义。国家尽一切努力,促进全国各民族的共同繁荣"。

益"这个社会"牛鼻子",通过人们预先设计的理性法律制度规则,来牵引规制不同社会人群参与社会实践活动的行为,调整社会人群的切身"利益",通过"利益"来驱动、激励人们参与社会实践的积极性。理性告诉人们,在涉及社会发展的众多因素中,法治治理往往是作为一个重要指标来衡量。在中华民族求发展的国家结构和国家治理制度模式设计上,我国宪法及民族区域自治法明确界定了在少数民族地区实行民族区域自治制度的治理模式。既然是民族区域自治,必然涉及调整国家整体与组成部分关系而设置的特色法治系统的多样性、包容性、互动性,以保障国家整体发展与民族自治区域各民族共同繁荣进步发展问题。"高度复杂的现代社会,只有依靠真正的法治才可能实现其合理化"。[①] 换言之,中国少数民族地区现代社会的形成,必须在'契约关系'的法治环境中去孕育。同时,也只有在现代法治保障下,少数民族地区才能跟上时代步伐,实现可持续发展。

(一)新时代民族传统文化的发展,要求对传统习惯法治化

少数民族族群长期生产生活,历史积淀形成的自身文化基因、文化记忆、文化符号、文化传统,直到现在,传统习惯对少数民族族群仍然具有十分浓厚的影响。正如有学者指出:"社会的今天与昨天的历史、文化联系是客观存在的,是社会本质属性的一种体现"。[②] 历史时空的延续性,决定人类文明文化的传承性、延续性。但文化内容不是一成不变的,将在历史发展的时空,不断地赋予新的内容,也正因为如此,民族文化传统才具有鲜活的感召力。犹如事物的运动、发展、变化是其本身具有的内在规律性一样,传统文化也不是墨守成规、一成不变、一直固守缺乏活力,而是随着历史的发展时代的变迁,环境的变化而在不断的发展变化,表现出极强的鲜活生命力。特别是在中国改革开放下的市场经济及实施西部大开发的情势下,少数民族地区的社会转型已不可逆转,外部文化的浸润、导入族群的现实境况,使少数民族族群的传统文化也在不断地整合并得以丰富,形成文化场域里"同中有异、异中有同"的文化交织现象。尽管少数民族的传统特色文化反映了特定人群的价值观和对世界认知的不同心态,"表现为特定的价值体系以及或隐或显的行为模式,很难也很少改变它们本身"。[③] 但时至今日,少数民族族群人员求变革、求进步、求繁荣、求发展的强烈愿望,进一步促使其融入国家新时代现代化发展的历史洪流。中国各民族之间的交往、地区之间的经济合作交流,已是当下中国发展的常态景象,不同民族族群之间的相互学习、相互取长补短、相互促进,客观上也要求各民族对自身族群的传统文化进行反思。为了尽快适应和满足现代社会和未来社会发展,必然要求利用现代文明元素、现代法治文明对少数民族族群的传统文化进行归导。因此,少数民族族群的传统习惯法治化,便是以现代社会的法治文明理念,在少数民族地区对传统文化进行整合改造

---

① 梁治平:《法辨》,中国政法大学出版社 2002 年版,第 47 页。
② 公丕祥:《法理学》,复旦大学出版社 2002 年版,第 563 页。
③ 梁治平:《法辨》,中国政法大学出版社 2002 年版,第 158 页。

的具体方式途径。它既能够使少数民族地区积极回应现代文明社会发展，又能够有效地避免少数民族传统习惯无序散落于民间的状况，同时更是新时代少数民族文化传统与时俱进的一种文化传承方式。

(二) 少数民族传统习惯法治化是实现民族区域自治的需要

中华民族的多元一体性以及各民族族群的"小聚集，大杂居"现实，是中国的国情。因此，在少数民族聚居的地方，实行民族自治和区域自治相结合的治理模式。民族区域自治制度在现代社会的发展，使人们认识到，通过民族传统治理文化中的习惯规则，仅仅以传统习惯来调整社会关系治理社会，已不能适应现代化进程中少数民族地区社会发展需要，既不能与国家发展同步，更不能与世界发展同步，这必然要求对传统习惯进行反思与变革。事实上，现代法治理念、法治精神、法治原则以及国家法治体系导入少数民族地区所实施的现代法治化治理，给少数民族地区带来的社会影响是十分深刻的，并由此引起一系列的变革。可以说，少数民族地区现代法治化治理，是对历史上传统意义上的统治进行的有机切换。理性告诉人们，统治以治理是两种完全不同的社会规制方式。传统意义上的统治，必然强调统治者的法律主体地位，而忽略被统治者的法律地位。历史上，传统意义上的统治进路，是以少数民族为被统治的特殊群体而存在。该语境中，少数民族在法律地位上，始终处于客体地位。在这样的环境状态下，各少数民族在国家宏观体制层面的公权运转过程中，其主体地位无法充分彰显。换言之，在该语境条件下，国家政治、经济、文化等各方面的生活中，少数民族主体的能动性、现实体验性及主体权利的法律诉求，往往是放在被统治的环境场景中，作一些马马虎虎的粗糙回应，少数民族族群的合法权益难以得到充分关切；同时，少数民族族群自身特定"场域"情景中的特定价值、原有习惯文化等等，不可能在统治环境中，由统治者进行整体考虑与维护。这样的发现，必然要求我们在对少数民族地区的"自治权"进行研究时，应当在重视强调国家法治和少数民族主体地位的语境下，实现少数民族现代意义上的国家治理和民族治理。理性告诉人们，对少数民族事务的管理，从传统的统治转换为现代的法治治理，并不是简单的词语上的变化，其深层次意义是：对少数民族事务管理的主体由国家向少数民族自治机关的有机切换。一方面，在国家的整体发展中，将少数民族地区与内地进行有机统筹，协调发展；另一方面，在少数民族地区内部，各民族族群发展中出现的各种社会问题，以平等考虑和看待。即是在国家统一法制前提下，充分关切少数民族族群的主体地位，由各民族依据国家法律的规定，在国家法治的牵引下，由少数民族自己处理自己的内部地方性事务，从而实现在国家整体现代化发展的大环境中，与国家事务充分互动协调。国家对少数民族的治理，采取"有所为和有所不为"的策略，务实地从民族地区的实际情况出发，通过法治方式，统筹国家整体与地方区域的协调互动发展问题。进言之，民族区域自治的治理模式不是他治，更不是统治，而是少数民族作为社会治理主体进行区域自治的一种体现。然而，新时代民族区域自治的实现,须立足于少数民族地区实际,以建构具有民族特色的现代法治体系。此体系中,必然涵盖对少数民族传统习惯进行现代国家法治归导与整合,以建立符合少数民族心智的地方特色法来规范、指引人们行使权利和履行义务。通过国家法治的运行,以防止人情困扰,实现智性的法治规则治理,而不是传统民间社会中形成的依靠族群长老、头人的威信的因俗而治。因此,新时代少数民族地区的可持续协调发展,须有机融入国家整体的现代社会发展,并根据少数民族不同族群的实际情况,有针对、有重点、稳妥地将传统习惯进行改造与重塑,通过地方立法将其纳入国家法治体系之中。进言之,积极建构国家法治体制框架下的具有民族元素的地方特色法治体系,是少数民族地区新时代社会发展的必然要求,也是在处理民族关系中,既保有少数民族特色又能维护国家法制的统一。

(三)国家共治中的民族区域自治需要对少数民族传统习惯法治化

中国自古以来就是一个多民族统一的国家,中国各族人民共同缔造了中国现在的疆域版图。"中国是一个多民族共存、多信仰共在的国家。国家进入社会,特别是进入少数民族地区,就必须尊重多民族国家所具有的文化上的多样性,只有这样才能取得事半功倍的政治统治效果"。[①] 不论学者研究的结论,还是新中国成立以来,几十年的社会主义革命和建设的实践,都给人们一些重要的启示,即在民族多元一体、文化异彩纷呈、传统习惯、价值、宗教信仰多样的国度,国家民族的发展振兴,必须在强调国家统一、法制统一的前提下,从不同民族族群的特质现实情况出发,充分挖掘地方本土资源,彰显地方民族特色。应当说,求同存异,聚同化异是中华民族共同体实现团结进步、和谐发展、共同繁荣的重要发展进路。人类社会历史发展告诉人们,只有民族的才是世界的,保有民族特色才在世界的文明进步发展中,呈现出丰富多彩的鲜活景象。换言之,对于法治中国化问题,需要对少数民族传统习惯进行法治化研究。其进路应是:在宪法、民族区域自治法的大范式中,通过少数民族地区地方国家公权的能动运作,不断重塑、完善民族自治地方特色法,检修并归导少数民族传统习惯,以期达到对少数民族传统习惯的现代法治再造,实现国家共治与民族区域自治双赢局面,从而实现民族团结、民族进步和国家繁荣富强。

随着国家西部大开发的有序推进和市场经济的发展,少数民族地区人们对社会规则的心理依赖,也会发生变迁,逐步由传统习惯向国家法治化转换,在立法、执法、司法、守法、法制监督等各方面与少数民族特色传统达成广泛的妥协,使国家法律制定、国家法治体系与少数民族地区在具体治理或管理具体事务中协调一致。但必须清晰地看到,少数民族传统习惯在少数民族地区民间社会长期存在的客观现实性。或许国家立法机关制定社会

---

① 谢晖:《国家进入社会的方式》,载朱景文主编:《中国法理学论坛》,中国人民大学出版社2006年版,第191页。

规则在短时间内可能做到，但是人们对所遵从的社会规则的心理依赖变量，则有一个长期渐变的过程，而法治社会建立的成功与否，人们对法治规则的信守是十分重要的关键因素。因此，少数民族地区法治建设，不是短时间内就可急功近利，一蹴而就的事，必然有一个漫长的过程，是一项循序渐进的长期工作。"无论在什么情况下，人民永远是可以作主改变自己的法律，哪怕是最好的法律"。① 因此，少数民族地区的法治建设内容，源头在立法，核心在执法司法，关键在守法，保障在法制监督。对于少数民族的立法，必须坚持以人为本，以民众利益为主，一定要充分用足、用活宪法、民族区域自治法赋予少数民族地区的立法权、变通权，针对少数民族生活和发展要求相协调相一致的要求，在充分尊重民族传统习惯的基础上，将少数民族族群的传统习惯通过地方立法有机纳入国家法治轨道，实现国家法治与传统习惯的有效良性实质互动，及时化解由于不同社会规则之间的冲突，而造成对国家法治实施的冲击。同时，少数民族地区的民族法治建构，除了立法上的特殊要求而外，也应当十分注意在司法、执法、守法和法律监督的诸过程中，对少数民族良性传统习惯的参照和挖掘，这不仅能够在少数民族族群中倡扬社会正义，更重要的是，族群人员看到具体的执法司法实践，能很好地保护自己的合法权利，离自己所需要的社会秩序并不遥远，就在自己身边，从而形成对国家法治的认同，促进其广泛遵守。这就意味着，在少数民族地区现代民族法治的建构中，对少数民族传统习惯的法治化归导，不仅是法治中国化的理据要求，更是少数民族地区和谐发展，国家整体发展的必然要求。

（四）法的内在理性价值及维护弱势群体合法权利，需要少数民族传统习惯法治化

人类发展过程中，人们普遍追求的人权、自由、平等、安全、秩序、效率、社会正义，实现社会文明进步，既是法的内在理性内涵价值，也是法治实施运行所希望达到的实质效果。一般意义上讲，法治运行的重点是"依法办事"。然而，在法治运行过程中，所依据的法，当是"良法"，须排除"恶法"。"如果立法者在目标上犯了错误，我们便可以看到法律会不知不觉地削弱，国家便会不断地动荡"。② 尽管"恶法"产生的原因是多方面的，其表现形式也多种多样，但"恶法"本身就是对法内在理性价值的否定。对于法的质上甄别，必须依据法所具有的内在理性价值进行评判，而不断校改，以确保法律是良性的。同时也必须看到，法在发展过程中的"历史悖论"现象。即当一定时期的法是适应当时社会的需要而产生时，法便为社会所依赖，并充满生机与活力，促进社会发展。但随着时代变迁，科技发展尤其是信息化人工智能时代的到来，法又没有适应社会时代的变化，而赋予新的时代内容时，此时的法又很可能会阻碍社会发展，为社会时代所抛弃。法的这

---

① ［法］卢梭：《社会契约论》，何兆武译，商务印书馆2003年版，第69页。
② ［法］卢梭：《社会契约论》，何兆武译，商务印书馆2003年版，第68页。

样一种历史境遇、历史现象，正好说明法从正面走向反面的矛盾性。理性告诉人们，新法取代旧法其根本理据是法之规则须适应社会的发展和人类文明进步，保护人权和维护社会正义，这是法的内在理性价值的驱动与指引。法治之所以成为人类社会共同生活准则，实际上就是人类对自由、平等、人权、安全、秩序、文明、公平、正义乃至人的全面发展等崇高价值的执着追求，这也正反映法内在理性价值。可以说，人类社会发展中，人们最终的追求与法的理性价值是殊途同归的。进言之，法的内在理性价值既是法不断演进、发展的本质理据和精神动力，又是人类追求社会发展之目的，进而投射出社会关系的权威性蓝图，更宣示了权利义务的怎样分配的格局。

中国作为多民族统一的国家，国家在政治上、法律上、经济上等各方面都十分强调民族团结、民族平等、共同进步。但由于历史、地缘和文化等多种综合因素，造成少数民族地区与内地相比较，成为不发达地区，成为社会弱势群体生活的地区。尽管国家在整体发展布局上，也在强力推进西部大开发战略，少数民族地区的后发优势也逐步得以彰显。但由于区域发展的不平衡与少数民族地区发展的不充分，需要国家的倾斜性鼓励政策，尤其是需要通过立法优惠，对少数民族地区予以法律层面的坚定支持。同时，少数民族地区也需要立足于民族区域自治，充分梳理、整理散落在本地民间具有浓厚地方特色的传统习惯，在此基础上，不断对其向国家法治化归引、范导，通过地方立法、执法、司法予以国家法治化应用。这既具有国家依法治国的合法性、正当性、合理性，又具有重要的现实实践价值，使散落在民间的传统习惯，即所谓"活法""行动中的法"鲜活地方资源，名正言顺地登入国家法治化治理的大雅之堂，以地方特色法的形式出现，而对区域特殊群体予以的特殊保护，这应当成为社会公认的重要措施，对于充分保护少数民族弱势群体的合法权益，传承少数民族族群的特殊文化，维护法律的内在理性价值，调动少数民族参与社会发展的积极性，实现社会文明和谐、可持续科学发展具有重要作用。

三、国家法治中国化的必然要求

从西方人思想解放发展的脉络上看，不论是3R运动[①]的人文主义思潮，还是启蒙时期的自由、平等、人权、博爱和现代民主法治精神，都具有对人自身的重视，其本质内涵是一致的。尤其值得注意的是，由于西方资产阶级在领导人们进行资产阶级革命的过程中，十分强调人的理性，重视人的价值、崇尚人权，尊重人的主体性，因而必然要求在人类理性思考中，在法治价值、法治原则的指导下，对社会制度进行重构，对国家权力实行分权，通过权力制约权力，通过权利消解权力，以保障权力运行真实目的即保障权利的公平实现。要求通过人的理性所立之法，必须是为保障人的自由、人权、平等，实现人的全

[①] 3R运动指的是15世纪、16世纪末向近代转化时期出现的文艺复兴（Renaissance）、宗教改革（Religion reformation）、罗马法复兴（Revival of the Rome Law）的总称。因英文首字母都以R开头而得名。

面发展的"良法",并通过理性建构的制度,以实现社会的"永恒的公平与正义"。在这些观念和原则的基础上,西方人建立了国家法治的治理模式。由此观之,西方国家的法治治理模式是西方人针对人类社会发展问题所提出的一种解决方式,是西方人在探究人类发展和社会治理模式中,不断获得的智性成果。

尽管西方资本主义国家的国家法治化治理模式,原初是在西方资本主义生产方式普遍化的情况下,如何求解对个人权益的终极关怀,以回应人们对自由、平等、人权的普遍关注,但不同的西方国家,由于自己的历史发展不同,形成的传统不同,各资本主义国家也根据自己的不同情况选择了适合自己国家法治化的治理模式。纵观西方不同资本主义国家成功的国家法治实践模式,"英国是在新兴资产阶级迅速崛起,与封建贵族分庭抗争,通过双方相互妥协,最终实现国家法治;法国是在对人民思想充分启蒙的前提下,人民在资产阶级领导下,以暴力推翻封建王朝,另起炉灶建立新生的资本主义国家制度中,实现国家法治;美国作为一个历史较短且大量移民的国家,在反分裂力量战胜分裂后,最终建成联邦制国家的过程中,建立社区法治到州法治、再到联邦法治的国家法治模式"。[1] 韩国则是在20世纪80年代初,全方位的检审并修正政治权威主义,发展市民社会,完成政治转型走向法治。[2] 这些国家法治的成功实践,给国人重要的启示:即是在国家法治的建构中,既要遵循法治的一般规制原则,彰显法治的共性和普适性特征,又要呈现不同国家发展历史的鲜明个性,植根于本国的传统和国情,选择适合自己发展的法治路径。由此观之,当下中国的法治建设,一定立足于中国实际,走中国特色的法治化道路,建构中国特色的法治话语体系,使国家法治中国化。只有建立的中国法治具有自己的民族个性、民族风格、民族精神,获取丰富的本土营养元素,才能使法治普世性文明深入中国的社会土壤,进而根深叶茂。理性的分析,如果我们从中国"大传统"范式下研判中国的法治建设,需要将中国传统社会中的"礼治"法文化基因与西方法治文明有机整合,用现代法治理念、法治精神、法治原则指导国家法治建设,将现代法治观念广泛播撒于中国社会,并深耕社会民间土壤。如果我们从"小传统"范式下考察,也必须将少数民族社会中的"族群传统习惯"法文化基因与国家倡导的法治文明充分互动,才能有效解决中华民族在复兴发展过程中面临的一系列问题。一定意义上说,法治的普世价值与中国传统文化的有机整合与互动,必然出现法治的"中国版本",即中国特色的法治理性。

回头看,中国的改革开放,特别是市场经济建立,依法治国的治国方略确立后,中国一系列法治建设,"走上一条移植法律、适宜本土的道路,设计操作高成本和社会低代价的道路"。[3] 不否认,中国在法治建设中,对西方法治文明成果的拿来与借鉴,但我们更

---

[1] 袁曙宏:《社会变革中的行政法治》,法律出版社2001年版,第5页。
[2] 崔志鹰、徐漪:《试论韩国社会转型时期的政治变革》,载《上海社会科学院学术季刊》1996年第3期,第20-26页。
[3] 黄之英:《中国法治之路》,北京大学出版社2000年版,第166页。

应当注意拿来的文明对于中国现代化建设、社会发展的实际作用和效果,这必然涉及法治理念与中国这样一个具有悠久历史和丰富传统文化之间的相向回应、互动与整合。但问题是怎样才能实现良性互动,有机整合?笔者认为,对于中国这样一个多民族统一的社会主义国家,尤其是在经济欠发达的少数民族地区,一方面要完善国家立法,做到有法可依,实现形式正义;另一方面,更要保证国家法在调整社会权利义务关系时,做到国家法在操作、实用和规制上的实质正义。法的形式正义是法治建设的基础,而法的实质正义则是法治的本质内涵、内在要求和目的之所在,它们贯穿于现代法治建设的全过程当中。表面上看,法律的外在表现形式往往通过立法机构的积极作为便可做到。客观地说,我们的立法机关也做了大量的立法工作,适应社会主义市场经济的法制体系已经形成,这当然是法治建设必须的基础条件。但进一步追问的是,所立之法,对于人们现实生活规制的程度,抑或说是法律在现实生活中,人们对它的依赖及信仰程度,法律在现实生活中对指引规制人们行为的现实效果。如果所立之法仅仅是束之高阁的纸面规则,即是一些学者所谈到的"设计操作高成本和社会低效果",尽管纸面法律的形式正义十分"尽善尽美",但如果人们仍然按照自己的传统习惯实然调整自己的现实生活,那么我们不能不对国家法的生命、法治的运行的实际效果提出质疑。可以十分肯定的是,纸面规制一定不是国家在建构现代法治社会所需用的结果。人们对法律是否需要,深层次上说,导源于人们对法律的信仰,对法律规则的信赖、信守,源本于法律对人们权益的公正的保护。走中国特色的社会主义道路是实现中华民族伟大复兴的正确道路,那么,在民族多元一体统一的单一制中国,少数民族地区实现民族区域自治的国度,肯定会涉及诸多不同民族长期生产生活中形成的许多不同"文化场域"。此场景下,如果国家在法治建设中不分差异"一刀切"式的规制,尤其是在民事领域,必然出现"一刀切"的切面不平整抑或说是断裂,定然会出现许多不同的声音。因此,十分有必要通过少数民族地区的地方自治予以有机配合,"那些支配人际关系、调整社会生活的法律,皆是民族习惯多样化的结果"。[1] 进言之,通过地方立法的途径,将国家法治原则与各少数民族传统习惯进行充分整合,从而形成具有中国特色的地方法治。一定意义上说,少数民族传统习惯法治化的建构,也正是在不断丰满具有中国特色的法治体系,是法治中国化的具体呈现。

四、结语

对国家实行法治治理,已然是经过人类古今中外的国家治理实践证明,具有人类社会发展的普世性的成功方式,已经被人们广泛认同。但在不同国家的法治治理实践中,也要求不同国家根据自身的特点,寻求不同的法治进路。当下,在中国特色的国家法治进程中,必须充分考量中国"大传统"及"小传统"中的文化场域对人们思维、行为和权利

---

[1] [英]阿克顿:《自由与权力》,侯健等译,商务印书馆2001年版,第126页。

义务调整的坚韧不灭的影响力。在中国少数民族地区,各少数民族传统习惯"文化场域",时至今日在现实生活中仍实然调整规制着人们的行为,起到现实的"活法"作用。尤其是在民事领域,表现十分突出。这使人们不得不反思中国的法治进程理路,不得不思考追问中国特色法治的建构问题。笔者认为,少数民族地区的法治建设是国家法治建设的组成部分,法治中国化问题,如果是放在少数民族地区的民族区域自治语境中,当需在现代国家法治理念的指引下,探寻不同少数民族地区特殊主体和特殊地区的地方特色法治体系,将宪法、民族区域自治法赋予的"自治权"平面化,具体化,从纸面上的原则性权利,回归到人们现实生活中实际治理的具体权利,这就必然要求对少数民族族群的传统习惯进行法治化归导,从而加强国家法治文明文化与少数民族传统习惯优秀文化交流互动互补,强调互养共生,并应用到立法、执法、司法、守法及法律监督的整个过程,充分考量各少数民族的民族传统与民族个性,针对具体的民族特性"对症下药",以求少数民族地区法治建设的实际效果。事实上,中华民族的多元一体性,决定中国版本的法治,一定是在体现国家法治理念、原则、精神和法制体制的统一的前提下,呈现多元形式的地方特色法治体系,以保障少数民族地区地方自治的特质性。因此,国家法治中国化,必然要求对少数民族传统习惯进行法治化归导,充分发挥少数民族区域自治的立法优势,将散落在民间的传统习惯,通过地方国家立法机关予以系统规范,并不断付诸司法实践,使人们在传统与现代的交融中,获得法的实质正义保护,以切实维护少数民族的合法权益。这是既延续少数民族传统特色,又维护国家法制统一的明智选择。

The Jurisprudential Verification of the Legal Guidance of the Traditional Customs of Ethnic Minorities

Gong Weidong

Abstract: How to construct the legal system with Chinese characteristics and law – based discourse in the multi – ethnic and unified China, and how to strengthen the dialogue and exchange with different civilizations in the world are the issues that need to be urgently addressed in the process of developing the legal system of China at present. Today, in reality, traditional customs are regarded by various ethnic minorities as code ofcconduct in regulating people's behavior. Therefore, in the construction of the legal system in ethnic minority areas, the sinicization of the legal system and the discourse of it will inevitably require further logical verification of the problems of legal system with the traditional rules of ethnic minorities, the traditional and customary norms among the ethnic minorities should be, through both state and local legislatures, should comstitute local laws, put into practice as well as law enforcement. By doing so, that the rights of the people in ethnic minority areas will be more effectively protected as a result of the substantially integration with the traditions and modern rules of law.

Key words: Minority Customs Rule by law Induction Theoretical proof

（编辑：曹瀚哲）

风险防控视角下的民间借贷司法信息供给路径*

王煜宇　张　霞**

摘　要　民间借贷中的信息不对称引发逆向选择和道德风险，并形成高利息、高成本、高风险的恶性循环。信息供给是解决信息不对称的有效途径，但民间借贷主体缺乏信息公开的利益激励、金融监管部门无法全面掌握民间借贷信息，而司法信息能够客观、全面、准确地反映民间借贷状况。因此，法院结合社会经济发展状况对比分析，通过审判流程全方位采集并借助信息技术深度开发民间借贷司法信息，可以形成包括民间借贷案件数量增速、主体集中度、贷款利率、债权实现率等要素的信息体系，从民间借贷司法信息披露机制引导民间投资、法院与政府部门信息共享机制治理民间借贷风险、民间借贷信用评估机制实现信息激励功能等方面提供信息供给，从而加强民间借贷风险防控。

关键词　民间借贷　信息不对称　司法信息　风险防控

近年来，浙江温州、内蒙古鄂尔多斯、陕西神木等地爆发的民间借贷危机反映出由于缺少必要的信息揭露和风险防控，民间借贷规模和资金流向都处于失控状态，信息不对称引发的区域性、系统性违约风险严重影响到社会经济秩序的稳定。传统的民间借贷根植于熟人社会，在一定的血缘、人缘和地缘范围内，资源流动的封闭性使信息传递较为充分。

---

* 2014年国家社科基金重点项目"农村金融制度创新研究"（14AZD034）；西南政法大学校级重大项目"农村金融立法研究"（2017XZZD09）；中国市场经济法治研究中心重大招标项目"金融安全法律问题研究"（CMEL14ZD06）；2018年重庆市研究生科研创新项目"绿色金融监管法律制度研究"（CYB18130）；西南政法大学2018年度学生科研创新项目"绿色信贷法律激励机制研究"（2018XZXS-005）。

** 王煜宇，法学博士，管理学博士后，西南政法大学经济法学院教授，博士生导师；张霞，西南政法大学经济法学院2016级博士研究生。

市场经济环境下，民间借贷的资源流动在全社会范围内呈现开放状态，信息供给成为提高资源配置效率的重要因素。关于民间借贷的信息供给是否具有优势，早期的理论观点大多认为民间借贷依托于人际关系的信息获取方式灵活多样，能够避免信贷资源配置中的信息不对称问题。林毅夫、孙希芳认为正规金融机构难以有效克服信息不对称造成的逆向选择问题，而非正规金融机构在收集中小企业的"软信息"方面具有优势，这种信息优势是非正规金融广泛存在的根本性原因。[1] Dean S Karlan 认为，社会群体在信任基础上的监督成本很低，并且能提高借款者的还贷激励，有效缓解道德风险问题。[2] Giné 等认为，社会成员相互了解导致高风险的借款人能够被及时识别并排除在市场之外，进而可解决借贷关系中的逆向选择问题，降低借贷违约可能性。[3] 近年来，很多学者提出随着社会转型带来的交易范围扩大，民间借贷出现信息供给不足的劣势，严武、陈熹认为民间借贷由"道义金融"向"理性金融"转变，随着现代社会人际关系稳定性和同质性下降，特殊性信任基础弱化，金融交易的风险和成本增加。[4] 钟立新、徐文娟认为在熟人社会向公民社会的转型过程中，民间借贷关系的多样性和信息传播渠道的局限性容易造成两者的不相匹配，逆向选择和道德风险行为的违法成本低，从而使得正常的民间借贷容易异化为非法集资或金融诈骗。[5] 岳彩申认为，防范化解民间借贷风险应健全以信息披露为核心的金融统计监测制度，强化信息披露义务和责任约束，形成有效的金融风险预警体系。[6] 现有学术观点均肯定了信息供给对于民间借贷风险防控的重要性，但对民间借贷信息供给的路径选择、信息体系缺乏有针对性、操作性的机制构建。本文运用信息不对称理论，针对民间借贷风险失控的问题，通过分析司法信息与民间借贷风险的关联规律，从司法信息提炼、采集、综合运用等角度提出建立民间借贷风险防控机制，以解决民间借贷信息供给问题。

一、信息供给视角下民间借贷风险失控的原因分析

民间借贷通常指自然人、法人、其他组织之间及其相互之间进行资金融通的行为。[7] 随着现代社会经济交往的范围扩大，民间借贷不再仅仅是熟人之间的资金融通，而更多体现为一种陌生人之间的商业行为，民间借贷无法通过熟人社会提供充分有效的信息供给，由此产生一种极端现象，很多民间借贷不考察借款人的征信情况，也不要求资产抵押，只

---

[1] 林毅夫、孙希芳：《信息、非正规金融与中小企业融资》，载《经济研究》2005年第7期。
[2] Dean S Karlan. Social Connections and Group Banking. *The Economic Journal*, 2007, 117 (517): 52 - 84.
[3] Giné X, Jakiela P, Karlan D, et al. Microfinance Games. *American Economic Journal*: Applied Economics, 2010, 2 (3): 60 - 95.
[4] 严武、陈熹：《社会资本视角下农户借贷行为影响因素分析——基于江西1294个调查样本的实证》，载《江西社会科学》2014年第8期。
[5] 钟立新、徐文娟：《信息不对称性环境下的民间借贷风险研究》，载《广义虚拟经济研究》2017年第2期。
[6] 岳彩申：《民间借贷风险治理的转型及法律机制的创新》，载《政法论丛》2018年第1期。
[7] 《最高人民法院关于审理民间借贷案件适用法律若干问题的规定》第一条。

要能支付高达 30% 至 50% 的年利率就放款。民间借贷无限放低门槛，由此产生高利率——高成本——高违约率——高风险——高利率的恶性循环。对此，我们从信息供给视角来分析这一现象产生的深层原因。

（一）私人信息依赖下的逆向选择

民间借贷之所以能在正规金融渠道之外生存，主要依赖于无法从正规金融机构获得贷款的个人及中小企业，这类群体或是缺乏抵押物、或是征信不满足贷款条件等。因此，民间借贷资源配置更倚重于对借款人信用、还款能力等信息的判断。但由于民间借贷经营主体分散，各自的信息相对封闭，难以形成共享共通的信息共享机制。并且，银行等金融机构的征信系统只有相关国家机关为公务所需或公民本人申请才能查询，民间借贷主体难以充分借助金融机构的信用信息体系，更多依靠于借款人的声誉、口碑等私人信息来源，具有分散性、投机性等不足。因此，民间借贷"就像巨石下顽强生长出来的小草，它虽然具有高度的便利性，但始终处于病态状况，有些形式如高利贷、地下钱庄等，几乎就是封建社会的沉渣泛起，在本质上与现代市场经济格格不入。"① 民间借贷信息供给不足的情况下，出借人难以掌握借款人的真实财务状况及偿债能力。在利益驱动下，拥有私人信息的一方总会利用自身的信息优势使利益最大化，而损害另一方的利益，导致"劣币驱逐良币"的逆向选择。出借人出借给愿意付高利息的借款人而不考虑其是否有还款能力，有还款能力的人反而因为不愿支付高利息而借不到钱。另一方面，借款人为支付高利息而四处举债，"借新债还旧债"的行为又导致借款需求增加、借贷利率上升。

（二）资金高度集中导致风险放大扩散

民间借贷以高利率为主要风险对冲手段，很难考察借款人的整体负债率、资产负债比等风险控制指标。并且，民间借贷关系中存在个体之间的互动链条（"民间借贷圈"）、民间群体与个体之间的互动链条（民间借贷的各种"会"）、民间借贷机构与个体之间的互动链条、民间借贷机构与民间群体之间的互动链条等，② 这些资金链条的联结使民间借贷资金最终都集中于能源行业、房地产行业等少数行业。如果发生国家宏观经济政策调整、经济周期下行等情况，资金密集行业因盈利水平、偿债能力整体下降而无法支付民间借贷的高额利息，部分企业的偿债危机在资金链传导下不断向整个社会扩散引发系统性风险。例如浙江温州民间借贷危机中大量企业因无法还债而破产、大量债权人血本无归、民间借贷诉讼爆发等情况严重影响着当地的金融秩序与安全。由于缺少借贷资源配置的合理分散

---

① 王煜宇：《市场主体信用关系的理论分析及其对策——以民商法为重点的考察》，载《西南师范大学学报（人文社会科学版）》2005 那你第 3 期。
② 侯玉京、戴顺、王尚银：《民间借贷风险防控体系的重要一环——建立系统性信息报告制度的调研和思考》，载《江南论坛》2015 年第 3 期。

及风险缓冲,资金高度集中形成一种风险高度集中的状态,部分企业的债务违约风险很容易产生"多米诺骨牌"效应。在缺乏风险防控基础措施的情况下,个体风险不断累积,最终导致民间借贷的资金链体系不仅没有风险防御功能,反而有风险放大扩散功能。

(三)高利息对冲高风险的恶性循环

由于信息不对称,民间借贷的借款发放不是建立在借款人真实偿债能力的基础上,而是片面追求高利率。出借人往往用高利息来对冲高风险,而高利息往往超出借款人的承受能力,导致违约风险加大。借款约定的高利率与实际偿债能力相互脱离,导致民间借贷资源配置效率低、债权实现成本高、利息畸高、违约风险高的状况。我国司法保护的民间借贷年利率是24%,已支付利息则认可36%的年利率。实践中,很多民间借贷年利率远远超过36%,为了规避法律,当事人通常在书面约定之外收取高额利息,一旦发生纠纷,无法寻求合法的保护,而暴力追债、社会黑恶势力的参与进一步增加了实现债权的成本、推高利息,形成一种恶性循环。近年来,"套路贷"骗取当事人签订虚高借款合同后,以追债为理由侵吞借款人财产的案件屡屡发生,严重影响了民间借贷的正常发展。

综上,信息供给不足的情况下,以高利息为借贷资源配置标准及风险对冲手段不但没有降低民间借贷风险,反而催生了各类金融诈骗、暴力追债等违法行为。只有提供信息的有效供给,让借款资金流向有实际偿债能力的实体经营者,降低债权实现成本和违约风险,才能实现资源的有效配置,发挥民间借贷服务中小企业的积极意义。因此,我们需要通过信息供给解决信息不对称的问题,最终实现民间借贷的风险防控。

二、信息供给路径选择:民间借贷主体、监管部门还是司法机关?

民间借贷信息供给主体包括民间借贷主体、金融监管部门、司法机关等,通过比较各类主体在信息供给方面的特征,从而分析民间借贷信息供给的有效途径,最终实现有效的风险防控。

(一)民间借贷主体缺乏构建信息体系的利益激励

银行等金融机构通过财务会计报告公示制度实现定期的信息公开,利率水平、不良贷款率、资产充足率等信息公布的具体规则明确,行业内部交流途径通畅,信息整合具有制度化、体系化的特点。与正规金融相比,民间借贷没有统一的管理机构及运行制度,信息披露存在随意性、分散性、盲目性等不足。民间借贷主体难以构建经营信息披露体系主要有以下因素:首先,民间借贷主体对信息披露缺乏主动性。民间借贷主体大多属于中小企业或个人,我国现行法律制度对其并没有强制信息披露的要求,是否向社会公布经营状况、财务数据等属于经营主体自主决定的范围。出于商业竞争的考虑,民间借贷出借人不愿意公布其经营的利率、规模、不良资产率等信息,而且,民间借贷借款人为了扩大商业合作、维护商业形象,也不愿意公布自己的负债信息,并往往要求借款人对其借款行为承担保密义务。浙江温州、四川成都等地试行的民间借贷登记制度试图通过借贷双方在登记机构的集中登记及时反映每一笔借款的利率、金额、时间等数据,并通过统计分析形成社会借贷总规模、利率平均水平等信息体系,为借贷查询及行业风险防控提供服务。但是,这一制度的运行并不理想,温州市统计局的调查显示:仅有18.7%的受访市民表示听说过《温州市民间融资管理条例》,有38.1%的受访者表示发生民间借贷行为时愿意到有关机构备案,仍有大量民间借贷行为未进行登记。① 其次,信息披露不真实。民间借贷以追逐利润为首要目标,部分企业有收取超高利息、逃避税收监管等违法违规行为,由于各种利息、费用超出了国家允许的范围,民间借贷主体担心国家调控及法律规定的制约,不愿意公布经营信息。很多民间借贷主体对借贷成交量、利率水平的信息公布主要出于业务营销、广告宣传展示企业形象等动机,往往夸大宣传、选择性的公布部分正面消息,并不能保证信息的客观真实性。最后,信息披露不全面。虽然民间借贷网络平台大多通过"黑名单"系统公示存在逾期欠款行为的借款人,并在还清欠款前停止向其发放借款。但民间借贷网络平台各自建立的"黑名单"系统缺乏信息的互动和共享,公众如果不访问该网站也无从知晓逾期欠款人的情况,并且,逾期欠款人还可在其他金融机构或小贷公司继续申请贷款。可见,网络中介平台的信息公布范围有限,没有统一的信息资源整合,仍然受到民间借贷分散性特点的制约。

(二) 金融监管机构的信息来源不足

民间借贷发展与国家鼓励民间投资的宏观调控背景密切相关,民间投资是经济改革、结构调整和宏观调控政策的积极成果,国家先后出台了《关于鼓励和引导民间投资健康发展的若干意见》等政策鼓励民间投资。民间借贷的主体是私有财产主体,其权利义务属于私权的范畴,倡导竞争和创新,由优胜劣汰进行资源配置并形成市场秩序,因此,对民间借贷组织的权利、义务以及法律责任的制度供给应更多呈现对民间融资自由权、民间融资公平权以及普惠性融资权的保障。② 在市场经济条件下,金融监管对私权主体并不能进行直接强制性干预,而应当尊重其民事权利与意思自治。防范民间借贷的风险必须使规制机构能够获取需要的信息,减少信息不对称所带来的道德风险和逆向选择。③ "国家——控制法范式以寻求一种强制性法秩序为行动指向,将推行自上而下的命令——服从方式当作获得法秩序的基本手段。"④ 在信息不对称条件下,命令控制型法律规制会使民间借贷产生各种规避行为,反而加剧逆向选择和风险隐藏等问题,难以降低民间借贷的成本及风险。因

---

① 胡汉彬、王佳琪、莫瑶:《〈温州市民间融资管理条例〉的创新实践对中小企业融资问题影响研究》,载《中国市场》2018年第1期。
② 岳彩申、车云霞:《民间借贷法律监管的新进路》,载《河北法学》2016年第5期。
③ 陈钊:《信息与激励经济学》,格致出版社2010年版,第49页。
④ 罗豪才、宋功德:《软法亦法——公共治理呼唤软法之治》,法律出版社2009年版,第15页。

此，监管机构难以建立强制性信息公布、强制登记备案等监管制度，进而导致金融监管机构并不能对民间借贷经营行为直接获取信息，难以掌握民间借贷主体数量、经营规模等信息。

从监管对象的范围来看，《国务院关于印发推进普惠金融发展规划（2016—2020年）的通知》《国务院关于进一步做好防范和处置非法集资工作的意见》《网络借贷信息中介机构业务活动管理暂行办法》等制度规范涉及的均为非存款类放贷组织条例、典当业管理条例、小额贷款公司管理办法、网络借贷管理办法等，难以涉及自然人的借贷行为。由于自然人借贷行为不在金融监管范围内，司法实践中出现大量以自然人名义出借来规避监管的现象。例如，M市中级人民法院2014年至2018年审理的一审民间借贷案件中，自然人主体之间的借贷占21.95%，自然人出借给企业的借贷占50.43%，企业之间的借贷占27.62%。由此可见，民间借贷纠纷案件的出借主体以自然人为主，企业之间的借贷较少。M市中级人民法院受理的一审民商事案件的标的额为人民币2000万元以上。出借数千万元资金的行为具有较强的商业经营属性，但自然人的主体身份使借贷行为游离在监管体制之外。很多案件形式上是个人出借，但实质上个人并不具有如此巨额的资金，个人的背后是各种民间借贷机构（其中很大一部分没有进行工商登记）的筹资、经营等有组织的运作。由于监管难以控制自然人主体的借贷行为，民间借贷以自然人的名义发放贷款、中介机构"隐形化"等现象使得金融监管机构难以全面掌握民间借贷的运行状况，信息来源不足。

（三）司法信息对民间借贷风险防控的资源优势

民间借贷风险防控离不开金融风险规模的识别、监测、评估及预警等，很多金融风险因素在法院司法信息中均有体现。通过统计中国裁判文书网公布的民间借贷纠纷一审裁判文书，全国法院受理民间借贷案件的增长趋势见图1。①

年份	民间借贷案件公开裁判文书
2014年	227643
2015年	326677
2016年	667155
2017年	866076
2018年	914507

图1：2014至2018年全国民间借贷一审案件裁判文书公布情况

---

① 本图中的统计数据依据中国裁判文书网公布的一审判决书数量，不包含因调解、涉及商业秘密等原因未上网的裁判文书。

从图 1 可以看出：民间借贷案件数量长期增长并且保持高位运行。数量庞大的借贷行为固然是导致大量民间借贷纠纷最后走向司法程序的原因之一，但是，当大量的纠纷涌向"正义的最后一道防线"来寻求庇护，也说明了司法程序之前的纠纷解决机制面对民间借贷纠纷的失效。[①] 司法诉讼成为解决民间借贷纠纷的主要途径，客观上使得司法信息能够充分反映民间借贷的运行状况，信息具有全面性。同时，"智慧法院"建设构建起全国范围内共通共享的信息网络平台，每天数以千计的案件信息录入司法数据系统。随着司法公开工作的开展，最高人民法院每年定期公开发布全国法院审理、执行各类案件的统计数据信息，各地法院的年度工作报告、民间借贷白皮书、金融审判白皮书等资料也提供了大量的民间借贷司法数据，司法信息的来源呈现不断扩大的趋势。司法信息是司法机关基于中立的立场对司法状况的客观反映，没有其他利益因素的干扰，能够客观、全面、及时、高效的反映民间借贷运行状况。

民间借贷行业存在大量信息不真实、虚假宣传情况。很多投资者对民间金融机构经营状况及兑付危机并不了解，轻信广告和营销人员的虚假承诺，在民间借贷机构已经出现兑付危机之后还盲目进行投资。《最高人民法院关于进一步加强金融审判工作的若干意见》提出："定期形成金融审判大数据分析报告，研究解决具有普遍性、趋势性的法律问题，为区域性、行业性、系统性金融风险的防范预警和重大决策提供信息支持。"法院通过充分的司法信息披露反映民间借贷的涉诉情况、实际利率水平、资金流向、失信被执行人等信息有利于投资者和社会公众及时获取相应的"市场信号"，引导公众理性投资；有助于借款资金流向有实际偿债能力的实体经营者，降低债权实现成本和违约风险，实现金融资源的有效配置；有利于弥补监管薄弱点，为政府采取金融监管措施提供准确的依据，强化民间金融社会风险治理。

三、民间借贷司法信息的形成机制

"民间借贷司法信息"特指各级法院审理的民间借贷纠纷案件基本情况中采集出与金融风险治理相关的信息要素，并从定量分析和定性分析、宏观分析与微观分析等多个角度揭示这些信息要素的风险防控作用和价值。广义上的民间借贷司法信息不仅是诉讼文书、笔录等各种审判信息的普遍公开，还延伸至司法行政信息、司法统计信息和司法管理信息等；不仅限于案件数量、金额等数据统计，还包括对民间借贷领域的专题研究和专项数据分析。民间借贷司法信息的形成机制具体包括以下方面。

（一）结合社会经济发展状况整合民间借贷司法信息

民间借贷能弥补正规金融的不足，提高信贷市场资源配置的效率，是正规金融的有效

[①] 程金华：《四倍利率规则的司法实践与重构——利用实证研究解决规范问题的学术尝试》，载《中外法学》2015 年第 3 期。

补充,二者在同一社会宏观经济环境下相互影响。民间借贷风险的爆发往往与宏观经济周期下行、区域性经济环境恶化、宏观调控措施实施效果有关,风险形成初期及风险爆发之前在微观经营层面及中观行业状况、宏观社会管理层面会从不同角度产生一定的征兆及预警信号。法院对民间借贷风险更多侧重于从法律角度分析,需要结合社会 GDP 指数、区域行业发展、社会投资增长率等经济指标等开展综合性分析研究,对民间借贷风险的性质和规模形成体系完备的评估体系。因此,民间借贷的风险评估应充分考虑资金市场的实际供求、实体经济产能过剩、银行不良贷款率等因素,从社会宏观经济环境、货币政策、金融系统性风险等各个方面综合评判民间借贷的风险状况。通过对社会经济指标的解读,研究民间借贷与金融指标的关联规律,评估民间借贷风险状况,以增强民间借贷风险防控的预警性。

民间借贷迅速膨胀的过程中产生大量金融诈骗、兑付危机等影响社会稳定的风险事件,与民间借贷的规模及资金流向失控等问题不无关联。金融监管部门、司法部门对民间借贷风险的量化评估和信息采集内容的侧重点均不一致,二者参照分析更能从宏观上全方位反映民间借贷运行状况。因此,民间借贷司法信息预警必须与金融监管部门的风险防控对接,通过不同部门的数据对比参照反映民间借贷的规模、实际利率水平、资金流向等信息,以民间借贷司法信息的预警作用弥补监管薄弱点。

(二)审判流程全方位采集民间借贷司法信息

民间借贷司法信息建立在司法数据的分析基础上,在大数据分析的基础上可根据各地的经济发展状况赋予相应的数据基础值、参照值。现有的"人民法院大数据管理和服务平台"具有完备的数据分析管理技术,各地法院的司法信息统计分析工作也正在发展深入的信息价值挖掘。在司法信息化和司法公开的背景下,民间借贷司法信息采集的具体途径包括:在立案及送达环节,要求双方当事人填写《案件关联信息披露书》以提交自己为当事人在本院或者其他法院的其他案件信息,包括审理法院、案号、案由、标的、审理进度等情况;对同一债务人涉及多起诉讼的借款高度集中现象,应加强关联案件的信息共享。法院审理程序中关联案件由固定审判团队集中办理,对同一债权人、债务人的多起诉讼进行"集约化"审判以便于全面掌握当事人的债权债务状况;参照集团诉讼规模、民间借贷主体集中度的风险警戒值,在关联案件汇总数据基础上分析债务人的债务总额与资产状况的差距、持续融资能力、偿债能力与到期债务的比例等基础信息,建立动态的风险评估机制以避免群体性事件。

(三)借助信息技术深度开发民间借贷司法信息

风险评估需要根据风险识别指标有针对性的进行调研,并根据调研结果预测风险发生的概率及强度。司法信息化建设逐渐构建起全国范围内共通共享的信息网络平台,每天数以千计的案件信息通过诉讼服务中心和网上申诉信访平台、远程接访系统、远程庭审系统、律师服务平台等信息系统录入司法大数据管理系统。但民间借贷案件的风险预警信息不能仅限于对具体案件客观情况的反映，需要根据风险预警指标进行充分的归纳整合及深入分析。"在大数据挖掘、整理、分析方面，目前已经有较为成熟的统计方式和数据科学方式……"[1] 传统的司法统计无法对案件审判情况进行模块化处理，也无法形成信息要素的大数据结构化分析机制。为了实现数据分析专业化、科学化，提高信息分析的深度，需要通过与专业的科技公司合作开发金融风险数据预警系统，为司法大数据参与公共安全风险防控提供强有力的技术支撑。因此，分析民间借贷系统性风险需要充分的信息技术条件及相关部门的支持、参与，结合法院的现有资源与科技公司合作开发计算机软件系统，使司法信息资源得到准确、充分运用。

四、民间借贷司法信息体系的内容构成

民间借贷司法信息应充分考虑资金市场的实际供求、主体集中度、贷款利率等因素，结合社会经济环境、金融系统性风险等来识别民间借贷的风险状况，以增强民间借贷风险防控的有效性，民间借贷司法信息体系具体包括以下方面。

（一）案件数量增速检测以警示系统性风险

一定地域范围内社会经济发展的容量和资金需求都有一定限度，缺乏实体经济高速发展的情况下，大量民间借贷机构兴起和借贷行为发生是一种"虚假繁荣"，其背后潜在的金融泡沫隐含着巨大的信用风险。2011年以来内蒙古鄂尔多斯、浙江温州等地爆发了较为严重的民间借贷危机，与之对应的是民间借贷诉讼数量急速增长。因此，民间借贷案件数量迅速增长意味着风险的迅速累积。民间借贷纠纷与金融借款合同纠纷案件、非法集资刑事案件数量的对比，尤其能揭示民间金融风险程度。例如，2014年至2018年，K市两级法院民间借增速对比贷案件的数量长期增长并且保持高位运行，并且，民间借贷案件增长速度高于金融借款合同纠纷。与之相对应的是K市大量融资担保公司倒闭、网络金融公司"跑路"。在同一经济发展阶段，民间借贷案件数量增长如果远远高于金融借款合同纠纷，则表明民间借贷行业的发展不规范积累了大量金融风险，民间借贷无序扩展导致社会整体偿债能力下降。

（二）借贷利率偏离度检测以降低交易成本

高利率与民间借贷高风险、高成本密切关联，银行等金融机构定期公开发布的利率信息缩小了银行借款利率的差距，而民间借贷领域由于缺乏公开透明的利率信息揭示，借款

---

[1] 左卫民：《迈向大数据法律研究》，载《法学研究》2018年第4期。

人缺乏市场平均利率的数据参考，信息不对称下的决策风险较大，不利于民间借贷利率的均衡发展。正如证券交易所架构的主要功能是揭示股票的价格信息，民间借贷市场也应建立相应的利率信息公布机制……使关于借贷的信息流变得更加顺畅，从而降低民间借贷的交易成本。我国法律保护的民间借贷年利率为24%，自然债务的年利率为36%，统计分析民间借贷实际利率水平与年利率24%的偏离程度，能够客观反映民间资本市场的资金供求状况。判决利率与约定利率平均值之比反映出法律的适用度，如果民间借贷市场利率大幅高于年利率24%，则表明银行等正规金融机构的资金投放远远不能满足资本市场需求，但民间借贷利率如果远远超过同期工业、服务业等行业平均盈利水平，则利息难以覆盖借贷成本，隐含的金融风险较大。同时，分析民间借贷利率与银行利率的偏离度也能从另一角度反映民间借贷潜在风险。2016年至2018年K市民间借贷利率达到50%以上，而同期银行利率并没有大幅上升，民间借贷利率偏离度越大，违约风险越大、债权实现率越低、民间借贷整体行业的风险系数也越高。温州是全国率先公布民间借贷利率水平的城市，2011至2016年度民间借贷年化利率分别为25.44%、21.33%、19.14%、20.15%、19.12%、16.13%，2018年10月温州地区民间借贷综合利率16.17%，低于浙江省其他地区民间借贷利率平均水平，公布利率指数有效降低了民间借贷的融资成本及风险。[①] 因此，公布司法领域的民间借贷利率信息，使得民间借贷主体对市场平均利率水平有科学的数据参考，合理配置借贷资源，从而降低民间借贷的交易成本，实现低成本、低利率、低风险的良性借贷模式。

（三）借贷主体集中度检测以揭示风险结构

借款合同中不一定写明借款用途，但特定的借款主体间接上界定了借款的用途。例如：借款主体中房地产企业所占比例较高时，结合房地产行业的经济增长率、国家宏观调控政策的定性分析及数据统计对比的定量分析，足以判断房地产行业的债务风险累积程度。特定地区和特定行业借贷主体高度集中、案件数量大幅上升往往是企业资不抵债、连环债务、恶性借贷等信用风险大规模爆发的警示信号。由于借贷主体集中度与系统性金融风险发生时间的高度关联性，法院有必要对涉及集团诉讼、诉讼标的明显超过注册资本的小额贷款公司、担保公司及职业"放贷人"及时关注。通过民间借贷借贷主体集中度检测分析案件起源、趋势及风险因素，对集团诉讼规模、民间借贷当事人集中程度设定警戒风险值，从而为国家宏观调控提供决策依据，为民间借贷风险防控提供客观全面的信息供给。

司法信息除了审查显性的诉讼主体集中度，还应当关注隐性的关联交易。很多投资公

[①] 陈明衡：《推进民间借贷阳光化及规范化改革——以浙江温州金融综合改革试验区为例》，载《区域金融研究》2019年第2期。

司存在大量"自融"行为，借款人大多为其下属的子公司，投资公司通过多家关联企业的大量关联交易，将投资人的资金转移。例如：K市甲公司在2014年至2018年期间涉及民间借贷诉讼十余件，似乎风险尚不突出，但进一步统计发现甲公司的股东企业和下属分公司涉及民间借贷诉讼达八十余件，出借金额十多亿，远远超出公司资产。其资金来源部分是以销售"理财产品"为名骗取公众非法集资，部分来源于地下钱庄、影子银行，其出借款项难以得到完全偿还将带来大量公众投资无法返还等连锁反应。基于风险传递原理，民间借贷案件应当深入审查双方当事人之间的关联企业、股权关系，对关联企业的大量诉讼及时进行预警。

（四）债权实现率检测以反映风险程度

债权实现是司法活动的实质性结果，从债权实现率的数量来看，债权实现率越低则民间借贷的行业风险越高。债权实现率低于警戒值往往预示着民间金融风险与社会综治维稳风险的双重交织，债权未获实现的当事人往往转为上访缠诉，引发社会治理风险。从债权实现率的结构来看，债权实现率包括自动执行率、强制执行率、失信被执行人比例这三个层次。民间借贷案件的自动执行率能够反映民间借贷行业总体资本充足状况及资金杠杆的运用比例，因此，是量化民间借贷风险累积程度的重要指标之一。由于经济形势整体下行，借款人的履行能力及资金状况普遍较差，通过法院的查封、拍卖等强制执行措施能最大限度实现债权，但债权人申请强制执行需要支付相应的费用及较长的时间成本，强制执行率越高则民间借贷的债权实现成本越高，与同期银行不良贷款率、金融借款案件强制执行率相对比更能揭示民间借贷的风险累积。进一步反映风险程度的是失信被执行人比例，被列入失信被执行人名单的大多是丧失履行能力的债务人，由于过度运用资金杠杆，很多当事人在民间借贷诉讼之前就已经完全不具备偿还借款的履行能力。失信被执行人比例越高，则民间借贷的系统性风险越大。综上，民间借贷司法信息体系可以概括为表1。

表1 民间借贷司法信息体系表

民间借贷司法信息	风险防控要素	对比检测
民间借贷案件增速（民间借贷案件占同期民商事案件比率、民间借贷案件与金融借款合同案件的增速对比等）	案件增长速度反映着民间借贷的风险累积程度，表明社会总体偿债能力的下降	同期非法集资、金融借款案件数量，同期银行贷款总规模、社会固定资产投资总规模
当事人集中度（借款行业集中度、借款个体集中度、关联诉讼情况）	借款行业集中度越高越容易发生行业性债务危机	国家产业宏观调控政策、各地区GDP数据、相应行业发展指标、经济总容量
	借款主体集中度越高，资金越集中于少数主体使用，风险越大	借款集中度如果超过一定的警戒值，很可能引起社会稳定风险，是风险防控的重点

续表

民间借贷司法信息		风险防控要素	对比检测
利率信息（约定利率低于24%的比率、约定利率24%至36%的比率、约定利率36%以上的比率、判决利率与约定利率平均值之比）		约定利率平均值反映出民间借贷利率水平的可行性。利率离散度越大，民间借贷发展越不均衡	民间借贷利率与同期金融机构存贷款利率及工业、服务业等行业平均盈利水平对比
		判决利率与约定利率平均值之比反映出法律的适用度	同期国家货币政策、通货膨胀率
债权实现率	自动履行率	自动履行率越高，债务风险越小	同期金融借款案件的自动履行率
	强制执行率（含实际执行数额与裁判数额的差距）	强制执行率越高，债权实现成本越高，债务风险相对较小	同期银行不良贷款率、金融借款案件执行率
	失信被执行人比例	失信被执行人比例越高，则民间借贷的系统性风险越大	相关社会信用体系的失信惩戒信息

综上，通过分析民间借贷案件数量、主体集中度、利率水平、债权实现率等司法信息及其与通货膨胀、地方 GDP 数值等相关社会经济指标的关联分析，能够充分反映民间借贷的总体规模、发展动态、风险状况、相关法律法规实施效果等，既有利于为民间借贷风险预警提供有力支撑，也有利于国家宏观调控及民间借贷主体经营中合理控制债务风险。

五、民间借贷司法信息运用途径的具体建构

"民间借贷资金规模以万亿计，如此大规模的资金游离于金融监管之外，资金来源和资金流向无法动态掌握，不仅使税收大量流失，更容易导致金融信号失真，冲击和破坏金融秩序，对金融安全产生极大的威胁。一些放贷人非法拆借、以贷养贷的违规行为，实际上使银行信贷资金异化为民间借贷资金，金融风险的关联性增强。"[1] 因此，通过充分的司法信息披露反映民间借贷的规模、实际利率水平、资金流向等信息，降低信息不对称程度，才能引导民间资本的投资行为与国家经济发展及宏观调控的方向一致，避免民间借贷行业的系统性风险。

（一）民间借贷司法信息披露机制引导民间投资

民间借贷司法信息披露是司法公开的一部分，但层次高于司法公开。司法公开仅仅是客观反映案件具体审理情况及审判工作情况，裁判文书公开、执行信息公开、审判流程公开、庭审直播公开等展示的是具体个案，仅是从个案的视角碎片化呈现司法案件信息，只

---

[1] 杜万华、韩延斌、张颖新、王林清：《建立和完善我国民间借贷法律规制的报告》，载《人民司法·应用》2012 年第 9 期。

见局部不见整体,缺乏对案件宏观整体面貌的描述。民间借贷司法信息披露的是经过分析、采集,有专项用途的系统性信息。近年来,各级法院在金融审判领域大力推行司法信息专项发布制度,2007年至2018年上海市法院连续11年向社会发布上海法院金融审判系列白皮书,专门针对数量激增的高风险金融案件进行分析。2018年,深圳市福田区人民法院发布《深圳市福田区人民法院金融案件审判状况(2012-2017.08)》白皮书,披露金融案件审判情况、深化金融审判工作机制创新、与金融有关的司法建议、金融审判典型案例等。2019年4月,最高人民法院发布《金融诈骗司法大数据专题报告(2016.1-2018.12)》,揭示近年来我国金融诈骗发案量及金融诈骗风险防控情况。

民间借贷司法信息首先是实时监测机制,反映民间借贷的运行特点,为风险防控提供基础信息。其次,通过分析借贷利率、债权实现率等司法数据的变化幅度及其与通货膨胀、银根收紧等宏观经济信息的关联性,实现风险评估功能。司法信息的定期披露是确保信息体系完整的制度基础。应急性披露常常是在风险已经完全暴露,事态走向恶化的情况下的紧急应对。定期披露能完整反映金融风险的整体趋势和发展状况,因此,应当完善定期披露为主、应急性披露为辅的民间借贷司法信息披露机制。人民法院通过定期提供民间借贷风险预警的专项报告、白皮书等途径向包括民间借贷经营者在内的社会公众及相关部门揭示风险,为民间借贷风险防控提供制度化的信息供给。对突发事件或金融风险进行应急性披露,对报送要素加以明确并以专门的途径和方式发布,有利于公众理性投资或及时止损,减少大规模集资诈骗的扩散范围。通过全面的信息披露从源头减少信息不对称,降低民间借贷经营成本及风险来源。

(二) 法院与政府部门的信息共享机制治理民间借贷风险

法院与政府部门之间的信息共享是基于社会治理的信息交流,更加深入系统并具有针对性。民间借贷纠纷涉案当事人众多,引发群体性纠纷的隐患较大。加之同一民间借贷中的担保、债权债务转让等多重纠纷的交错,从而导致多种类型的诉讼、多起诉讼相互交织,甚至出现诉访交错、诉访不分的现象,引发较大的社会治理风险。法院充分披露民间借贷司法信息可保障公众享有知情权,对媒体舆论形成正确的引导。同时,能够促进公众正确认识和理解民间金融风险的成因和状况,减少群体性事件发生,有利于降低社会管理成本。

另一方面,政府部门对民间借贷兑付危机引发的社会群体性事件具有更为全面的视野。行政管理层面收集到的信息与司法领域的纠纷解决信息相互对照,对风险的揭示将更加准确。而且,信息共享还能促使政府加强宏观调控,通过结构性调整资金投放及政策导向来调整资金市场供求关系,避免民间借贷系统性风险扩大。现阶段的信息交流主要是法院、检察院、公安机关向政府部门汇报工作信息的单向交流机制,政府部门汇总各个侧面的工作信息后进行决策。法院向政府部门汇报的单向信息缺乏信度、效度审查,信息的适用性缺少一定的参照检验,信息共享机制不完善。风险警示信号需要对不同领域的数据进行综合对比，司法信息与经济社会发展数据、社会综治维稳状况共同应用，才能全面有效的反映风险状况。因此，政府综治维稳信息对法院的司法工作也具有较强的参照意义，政府部门应当同时与法院进行信息的双向交流，最终形成完整的信息成果。法院、检察院、公安机关、金融监管部门之间通过定期联席会议等信息沟通渠道，实现公安机关的风险监测、法院的风险预警、金融监管部门的指标评估等特有优势资源结合，全方位反映民间借贷风险的宏观态势，全链条贯通民间借贷风险监测、评估、预警和处置等各项工作。

（三）民间借贷信用评估机制实现信息激励功能

民间借贷司法信息所包含的丰富内容是社会信用体系建设中不可或缺的重要组成部分，实现从"失信被执行人名单"到"信息体系"的突破，是民间借贷信息供给的着力点。法院在失信被执行人"黑名单"制度基础上应当进一步建立守信用、积极履行法院判决的"红名单"制度，延伸审判执行信息与信用体系的衔接。对于信用等级较高，依法合规经营的机构或个人进行相应奖励优惠，"通过信用信息公开和共享，建立跨地区、跨部门、跨领域的联合激励与惩戒机制……鼓励有关部门和单位开发税易贷、信易贷、信易债等守信激励产品，引导金融机构和商业销售机构等市场服务机构参考使用市场主体信用信息、信用积分和信用评价结果，对诚信市场主体给予优惠和便利……"① 通过司法信息的守信激励体系建设以发展信用借贷、降低民间借贷成本及风险。

很多中小型企业依靠科学技术及服务取得了较好的发展，但这类企业的价值主要体现在无形资产，没有大量固定资产，抵押型的借贷模式让其陷入融资难、融资贵的困境。而房地产企业、能源企业凭借实物资产能够提供充足的抵押物，获得大量贷款，但有的企业处于产能过剩，资金利用效率不高，其将从银行借贷出来的资金投入民间借贷获取利息收入，这类贷款通道业务进一步加大了中小企业的融资成本。发展信用借贷，中小企业可凭借其良好的信用评价获得贷款，摆脱对抵押物的依赖，从而解决中小企业融资难、融资贵问题。此外，在金融信用服务领域，法院通过和信用数据企业、工商机关、公安机关及金融机构等合作打造覆盖面更为广泛的民间借贷信用评估体系。司法机关在民间借贷信用评估体系中运用大数据技术及时发现市场主体的信用风险，能有效遏制非法集资、高利贷、套路贷等违法行为，从司法的事后调整转变为事前的风险防控。因此，民间借贷信用评估体系不仅能引导民间资金理性投资，还有利于全面优化民间借贷信息供给，降低民间借贷风险成本。

六、结语

民间借贷的非体制性是其本质属性，但风险防控需要制度化的保障。面对信息不对称

---

① 参见中央全面深化改革领导小组《关于建立完善守信联合激励和失信联合惩戒制度加快推进社会诚信建设的指导意见》（国发〔2016〕33 号）。

问题，民间借贷经营者难以统一整个行业的信息资源，行政监管部门难以全面监管所有经营主体，而法院的司法信息依托法院信息化建设的制度力量，形成了丰富的数据来源、强有力的技术支撑、长期稳定的制度保障。在民间借贷诉讼数量庞大的背景下，司法信息特有的客观、全面、稳定的资源优势凸显，我们通过加强信息的深度分析，从平面的失信被执行人名单到建立立体的风险防控信息体系，可以充分实现司法信息对民间借贷风险的预警、评估、风险防控等功能。"法律应当有效的回应各种社会需要和愿望，使法制具有开放性和灵活性。"① 通过民间借贷司法专项信息体系使民间借贷风险防控从传统的司法事后调整转化为面向社会的事前预防，能够有效减少信息不对称、合理配置资源、降低民间借贷风险、促进民间借贷健康发展。

The supply path of judicial information of private lending from the perspective of risk prevention and control

Wang Yu-yu, Zhang Xia

Abstract: Information asymmetry in private lending causes adverse selection and moral hazard, and forms a vicious circle of high interest, high cost and high risk. Information supply is an effective way to solve information asymmetry, but private lending subject lacks interest incentive of information disclosure, financial supervision department cannot fully grasp private lending information, and judicial information can objectively, comprehensively and accurately reflect the situation of private lending. Court, therefore, combined with the analysis of social economic development, through the trial process comprehensive collection and depth with the help of information technology to develop the folk lending legal information, can form including folk lending case quantity growth, main concentration, loan interest rate, rate of creditor's rights and achieve elements such as information system, the information disclosure system from the folk lending guide private investment in the information sharing mechanism, court and government authorities on the private lending risks, folk lending credit evaluation mechanism can provide the information supply, information incentive function so as to strengthen the private lending risk prevention and control.

Key words: Private lending; Information asymmetry; Judicial information; The risk prevention and control

（编辑：曹瀚哲）

---

① ［美］诺内特、塞尔兹尼克：《转变中的法律与社会：迈向回应型法》，张志铭译，中国政法大学出版2004年版，第16页。

公共体育服务供给的双重面向：
伦理与法治的双重糅合*

匡梨飞　李先雄**

摘　要　新时代条件下，公共体育服务面临着精准化供给缺乏与幸福感影响受阻的端点困局，其必须依赖伦理与法治的双重规范路径方可实现。一方面，公共体育服务应体现"以人为本"的核心理念、"追求公平"的实施理念与"和谐共处"的终极理念，但要实现这种理念需要践行认同伦理，以破除"认同—排斥"的价值失衡；另一方面，公共体育服务的理念仅依靠伦理和道德的"柔性"倡导性规定难以实现，也需要法律明确的预期指引和刚性约束，以推动公共体育服务的普及化、均等化与可及化。

关键词　公共体育服务　现代伦理　法治进路

公共体育服务，是为实现和维护社会公众或社会共同体的公共体育利益，保障其体育权益的目标实现，以政府为核心的公共部门，依据法定职责，运用公共权力，通过多种方式与途径，以不同形态的公共体育物品为载体所实施的公共行为的总称。[1] 换言之，公共体育服务，顾名思义就是公共体育组织以及相关服务人员，针对社会群众的体育活动而供给的体育产品、体育劳务，部分研究者亦称之为体育公共服务。[2] 其具有普遍性、基本性、公益性、公共性、文化性、动态性、价值理念的丰韵性、供给主体的多元性、供给客体的全民性等特征，其出发点与落脚点在于广大公众的体育需求以及国家与社会的利益。

---

* 湖南省社科基金项目"体医结合背景下社会体育指导员的服务内容研究"（项目编号：18YBA307）；湖南省教育厅一般项目"简政放权背景下公共体育服务购买监督机制研究"（项目编号：18C0063）。
** 匡梨飞，湖南师范大学体育学院讲师；李先雄，湖南师范大学体育学院教授，博士生导师。
① 刘亮：《我国体育公共服务的概念溯源与再认识》，载《体育学刊》2011 年第 3 期。
② 鲁俊华：《全民健身背景下公共体育服务现状及构建研究》，载《体育风尚》2021 年第 7 期。

习总书记多次强调"体育承载着国家强盛、民族振兴的梦想","体育既是国家强盛应有之义,也是人民健康幸福生活的重要组成部分","要紧紧围绕满足人民群众需求,统筹建设全民健身场地设施,构建更高水平的全民健身公共服务体系"。这充分说明公共体育服务供给之重要性,要平衡协调供给侧与需求侧结构的关系,解决群众"健身去哪儿"的难题。然而,目前公共体育服务供给存在地域、城乡、职业、年龄、性别等差异的现实境遇,亟需以一种国家和社会的现代伦理进行矫正,并通过法治来保证,以贯彻落实《关于加强全民健身场地设施建设发展群众体育的意见》与习近平总书记的讲话精神,夯实公共体育服务之基,以更好地满足人民群众的健身和健康需求。

一、公共体育服务供给的端点局囿

公共体育服务是体育产业发展过程中的关键环节,在新时代产生了一定的积极效应,满足了"全民健身"的基本需求,也实现了人民群众对"美好生活"的体验,更使得"体育法治建设不断取得新的进展"[1]。但与此同时,体育产业在发展过程中亦陷入时代困局:首先,"从伦理学的视角看主要包括公平与效率的冲突、平衡与发展的冲突、以及竞争与异化的冲突"[2],以及体育产业"对体育本质的背离,对体育精神的违背,对体育伦理的背离"[3]。而且,在"体育公共服务建设过程中的公共伦理缺失,带来了体育公共管理主体行政责任的缺失、体育公共财政管理不当、体育公共决策失误以及社会成员缺乏公德心等问题"[4]。其次,从法治视角看,公共体育服务治理仍"存在政府理念意识与体育治理改革尚未完全契合,体育管理体制机制与体育治理改革存在一定冲突,体育管理方法手段与体育治理改革存在一定不适应,多元主体能力与体育治理改革要求尚有一定差距等问题"[5]。此外,还存在"治理主体:结构失衡,治理依据:法治缺失,治理机制:运行不畅,治理水平:保障不力"[6]等问题。这些问题通常属于"过程性"问题,且已通过相应的、针对性的对策予以解决,但是,不管是伦理层面还是法治层面,均却折射出两个领域共同存在的重要问题,即"端点性"问题——公共体育服务的精准化供给问题("始"问题)与公共体育服务的幸福感影响问题("终"问题)。二者属于伦理与法治的交集域,是当下公共体育服务面临的核心问题。

---

[1] 于善旭:《近10年我国体育法学研究热点述评》,载《上海体育学院学报》2020年第2期。
[2] 李俊杰、刘玉:《新时代我国体育产业发展的伦理冲突》,载《皖西学院学报》2021年第2期。
[3] 李龙:《体育产业化的伦理批判》,载《伦理学研究》2017年第1期。
[4] 牛宏飞:《公共伦理视角下体育公共服务缺失现象研究》,载《南京体育学院学报(社会科学版)》2013年第5期。
[5] 刘玉、朱毅然:《新时代我国体育治理的经验审视、时代使命与改革重点》,载《天津体育学院学报》2021年第1期。
[6] 程林、肖宇翔:《国家治理视域下体育公共服务治理能力现代化的现实困境与路径选择》,载《广州体育学院学报》2020年第2期。

（一）源头窘境：公共体育服务的精准化供给缺乏

公共体育服务离不开精准治理，即公共体育服务供给的精准化。"所谓公共体育服务精准化供给就是以识别民众复杂性需求为逻辑起点，通过系统科学的规划决策、多元主体的协同供给和贯穿全过程的评估反馈，不断提升供给体系的韧性和对国内需求的适配性，形成需求牵引供给、供给创造需求的高水平供需动态平衡的过程。"[①] 其需要重要的前提要件、充足的基本保障、高效的实施方略与切实的目标追求，相应的，其供给标靶向人民、供给决策需适配、供给主体要协同、供需关系求平衡。这些均是影响公共体育服务供给精准化之重要因素，是评估供给成效之重要环节。但在供给服务进程中却困难重重，结果总是差强人意，表现如下：

第一，公共体育服务效益不高，服务质量不好。目前，非竞争性购买模式造成政府购买服务效益不高；购买服务范围以场地设施为主，供给结构不均衡；缺乏需求表达机制，加剧供需失衡现象；绩效评估体系缺乏标准，影响政府购买服务考核结果[②]，通过"引入竞争机制，提升服务质量；增加购买内容，扩大购买范围；建立需求表达机制，实现供需对接；完善绩效评估，实现动态反馈"等措施可以一定程度满足公众的强烈体育需求，但却无法解决供需对接长效机制。

第二，公共体育服务难以满足社会需求。目前，在一些地区，公共体育服务供给主体缺失，公共体育服务需求主体失声，公共体育服务社会力量薄弱，可通过强化社区主体、市场力量和民俗记忆的协力来增加有效供给[③]，但由于这种"过渡性社区"特殊性，使得体育公共服务的供给力量仍然比较薄弱，难以全面普及或长期处于供给"缺位"的状态。一是在农村中公共体育服务表现为"供需结构失衡，区域性不均衡，科学性不足"[④] 等困境，尽管引入了"协同供给"的复杂系统模式，给供给提供了双重动力——内源性与外源性动力，但也无法满足均等化供给需求。另外，"我国农村公共体育服务治理面临治理靶向能力不足、政策内容供给碎片化凸显、治理主动性不足、公共体育服务资源空间割裂、公共体育服务绩效考核薄弱等困境"[⑤]。二是在城市社区中，居民公共体育服务需求存在"需求表达主体被动；需求表达渠道不畅；需求表达效率低下；需求表达反馈机制缺失"[⑥]

[①] 韩宏宇、郑家鲲：《公共体育服务精准化供给的内涵、困境及实现策略》，载《体育学研究》2021年第3期。
[②] 路伟尚：《高校承接政府购买公共体育服务的社会供给研究》，载《广州体育学院学报》2021年第4期。
[③] 吕诗蒙、张强、朱丹：《我国"村改居"社区公共体育服务的实践逻辑及有效供给》，载《沈阳体育学院学报》2021年第4期。
[④] 赵峰、张玉、周丽萍：《走向有序：新时代农村公共体育服务协同供给研究》，载《河北体育学院学报》2021年第4期。
[⑤] 刘红建、高奎亭、郭修金：《新时代农村公共体育服务精准化治理路径研究》，载《成都体育学院学报》2021年第2期。
[⑥] 王振杰、袁秋宝、隋红、李瑞：《社区公共体育服务中居民需求表达机制的研究》，载《湖南科技学院学报》2021年第3期。

等问题，通常要构筑好"社区居民、非政府组织（业主委员会、居委会、其他社会组织）、基层政府"三者之间的协同关系才能实现有效供给，但这使得社区的公共体育服务供给带有很强的依赖性与被动性色彩。"组织体系虽然不断完善，但多元主体治理能力没有得到充分发挥；制度体系改革不断深入，但距离联动治理还有明显差距；运行体系虽然不断畅通，但并没有真正实现社会协同；保障体系虽然不断加强，但依然存在投入、法规、人才保障不力；评价体系虽然不断完善，但依然有两个重要问题没有解决"①。

（二）末端窘境：公共体育服务的幸福感影响受阻

"新时代公共体育服务要以满足人民群众美好生活需要为出发点和落脚点"，"如何推动公共体育服务高质量发展并满足人民群众美好生活需要成为新时代的新课题"②。它不仅"承担着满足人民体育锻炼需求的责任使命"③，而且，承担着提升居民幸福感的重要任务。如学者所言，"体育参与和主观幸福感在社会生活中扮演着重要角色，二者的影响关系成为当前学界关注的焦点"④，即"公众的体育参与可以促进个体对幸福的积极体验"⑤。已有研究证明，"体育锻炼对人们的幸福感的提升作用确实存在，参加体育锻炼可成为人们提升幸福感的一种重要手段"⑥，也就是说，"公共体育服务对居民幸福感具有显著的促进作用"⑦，毕竟"体育锻炼能够正向预测自我效能感和心理韧性（个人力），且负向预测抑郁、焦虑和压力，自我效能感和心理韧性（个人力）能够负向预测抑郁、焦虑和压力"⑧。现实中，有诸多因素影响公共体育服务下的公民幸福感，主要包括公共体育服务水平、社会经济地位、健康水平、社会交往、性别、年龄、婚姻、受教育水平、收入水平、户籍、社会阶层、区域、城乡、行政管理体制、体育社会组织、体育服务业务等因素。但这些因素均为表象因素，还包括诸多深层因素。

第一，供给因素。公共体育服务供给是公共体育服务视域下提升公民幸福感的原始因

---

① 孟云鹏：《十八大以来我国社区体育治理的主要成就、现实困境与纾困之道》，载《天津体育学院学报》2021年第3期。

② 刘望、王政、谢正阳、万文博：《新时代我国公共体育服务高质量供给研究》，载《体育学研究》2020年第2期。

③ Ruseski J E. Humphreys B R. Hallman K. et al, Sport participation and subjective well-being: Instrumental variable results from German survey data, *Journal of Physical Activity & Health*, 396-403, (2014).

④ 张勇、李凌：《体育参与对主观幸福感的影响——基于社会学实证研究》，载《沈阳体育学院学报》2021年第2期。

⑤ 刘米娜：《体育如何让人幸福？——体育参与对主观幸福感的影响及其机制研究》，载《体育与科学》2016年第6期。

⑥ 雷鸣：《体育锻炼如何提升幸福感——论社会资本的中介作用》，载《上海体育学院学报》2020年第4期。

⑦ 许金富、杨少雄：《公共体育服务对居民幸福感的影响及作用机制——基于CGSS（2017）微观调查数据的实证研究》，载《武汉体育学院学报》2021年第8期。

⑧ 刘朝辉：《体育锻炼对大学生负性情绪的影响——自我效能感与心理韧性的中介和调节作用》，载《体育学刊》2020年第5期。

素，是影响公民幸福感的核心动力与源泉。上文已表明影响公共体育服务精准化供给的因素很多，如果不能对此予以有效解决，则"公共体育服务"与"公民幸福感"之间便缺失了沟通桥梁，使得二者处于"失联"状态，公共体育服务无法惠及公民，公民幸福感的来源失位，这种低迷状态会引起诸多连锁反应，影响公民的正常健康生活，更无法满足人民对美好生活权的需要。

第二，政策因素。公共体育服务与政策通常处于一种"互嵌"的良性状态，二者遵循规律的合理性互动让广大公民享受到了公共体育服务的便利，提升了公民生活的幸福感，但是，公共体育服务政策方面的"主要问题包括福利实现与政府的理性选择存在障碍，价值走向与基层政府的行政目标发生冲突，参与机制与政策的执行效果不相匹配，政策理念与社会转型迟滞之间存在隔阂"[1]，它严重影响了公共体育服务与政策的"行动性嵌入、工具性嵌入、主体性嵌入、组织性嵌入、价值性嵌入、社会性嵌入、法制性嵌入与理念性嵌入"，使得二者出现相互"脱嵌"的窘境，影响政策的有效执行，进而波及公民生活的幸福感。

第三，法制因素。十九大精神使得公共体育服务与法制化建设密切勾连，《全民健身条例》《体育法》《宪法》均赋予公共体育服务之权利，也就是说公共体育服务也包括法律方面的服务，以求公共体育服务理念与法治完美调和，但我国公共体育服务于司法机制层面亦有诸多问题，主要包括"立法相对滞后，普法的力度不足；司法机构不完善，司法权威缺失；司法理念落后，独立性不强"[2]。这些因素会导致我国民众无法享受一个健康、和谐、有序、安全的体育环境，而且，在贯彻《司法部关于推进公共法律服务体系建设的意见》时"还存在发展不平衡、平台体系不够完善、平台功能和服务有待进一步拓展、信息化建设相对滞后等问题"[3]。公民幸福感若无法制保障，也只能是一种"弱幸福""不安定的幸福"。

第四，医疗因素。国务院印发的《"十三五"推进基本公共服务均等化规划》对公共法律服务的内涵界定即囊括医疗领域。在贯彻落实《"健康中国 2030"规划纲要》《国务院关于实施健康中国行动的意见》《健康中国行动组织实施和考核方案》等背景下，"体医融合"模式便应运而生。"体医融合"倡导"医疗健康干预"向"运动健康干预"转变的新理念，推行以预防为主的"自主型"健康干预新方式，为民众科学健身和预防疾病保驾护航。[4] 但是该模式于实践探索中面临诸多制约因子："体医的多元协同性较弱"[5]，

---

[1] 夏漫辉、李乐虎：《我国公共体育服务政策嵌入体育治理的主要障碍与突破路径》，载《沈阳体育学院学报》2021 年第 3 期。
[2] 姜山：《形构公共体育服务司法机制研究》，载《沈阳体育学院学报》2021 年第 3 期。
[3] 司法部《关于推进公共法律服务平台建设的意见》，载《中国司法》2017 年第 10 期。
[4] 沈圳、胡孝乾、仇军：《健康中国战略下"体医融合"的关键影响因素：基于解释结构模型的分析》，载《首都体育学院学报》2021 年第 1 期。
[5] 冯振伟：《体医融合的多元主体协同治理研究》，山东大学硕士学位论文，2019 年。

"体育与医疗卫生关联屡弱、体育与医疗卫生缺乏融合环境"①,"复合型体医人才短缺"②等,还包括"政府管理与治理,政治决策,经济环境,公共健康服务平台、服务评价与服务能力,体医部门的组织融合、标准融合、文化融合、产业融合、人才融合以及体医部门的知识共享平台、传播吸收能力、利益分配机制"等因素,其不仅是体医融合的巨大阻力,而且更是影响公民幸福程度的关键因子。

二、公共体育服务供给的伦理路径

"伦理关系是体育公共服务关系体系当中核心价值关系,是公共服务这一人类实践活动管理目标、制度生成及道德实践的基础"③,"伦理关系的维系和调整是由法律和道德共同实现的"④。目前,我国公共体育服务有"层级化"构建⑤模式,"法制化"构建模式,"理念型"构建模式,"体系化"构建模式,"平台化"构建模式,"精准化"治理模式,"转型化"治理模式,"实证型"调查模式,以及"多元协同"治理模式。但是,关于公共体育服务的"伦理化"构建模式却少有涉猎,其主要是"围绕着竞技体育伦理、学校体育伦理、体育文化伦理以及体育管理伦理等研究视角展开"⑥。重要的是,"体育伦理最终的目标是定位于完美人格的塑造,要为人的和谐发展服务,进而促进和谐社会的建立;体育伦理道德有助于树立对社会的责任与义务的意识、有助于缓解现代伦理文化危机、有助于和谐社会个人品格完善"⑦。因此,可以说,公共体育服务的供给应体现"以人为本"的核心理念、"追求公平"的实施理念与"和谐共处"的终极理念。

(一)以人为本的伦理导向

伦理是一种人与人之间的、主客观相一致的协调联动。公共体育服务在理念上需要一种伦理的反思,或者说需要一种伦理价值支撑。在当代语境下,这种伦理价值是以"认同"作为价值基础的。而这种认同,最好的诠释就是"全民"二字和"人民"的理念。"全民"的概念就是认同伦理的内在要求,"全民"就是"不落下一个人,不让一个人掉队",这就是一种身份认同、角色认同与价值认同。习近平总书记强调:"广泛开展全民健

---

① 冯振伟、韩磊磊:《融合·互惠·共生:体育与医疗卫生共生机制及路径探寻》,载《体育科学》2019年第1期。
② 沈圳、胡孝乾:《全民健身与全民健康深度融合的现实困境与多维路径》,载《体育文化导刊》2019年第7期。
③ 赵猛、周万斌、赵峥、刘树峰:《论体育公共服务的伦理关系》,载《辽宁行政学院学报》2013年第7期。
④ 宋希仁:《论伦理关系》,载《中国人民大学学报》2000年第3期。
⑤ 王洪珅、YAO Wanxiang、黄亚玲:《新时代中国公共体育服务的层级化建构》,载《成都体育学院学报》2021年第2期。
⑥ 李宏斌、赵晨雨:《热点与演进:体育伦理研究进展——基于CiteSpace知识图谱分析》,载《体育科技文献通报》2021年第7期。
⑦ 李平、张丰、熊飞:《和谐社会的体育伦理价值取向》,载《体育文化导刊》2007年第11期。

身活动,加快推进体育强国建设。"① 体育既是国家强盛应有之义,也是人民健康幸福生活的重要组成部分。人民健康是民族昌盛和国家富强的重要标志。习近平总书记2020年9月22日《在教育文化卫生体育领域专家代表座谈会上的讲话》指出:"体育是提高人民健康水平的重要途径,是满足人民对美好生活向往、促进人的全面发展的重要手段,是促进经济社会发展的重要动力,是展示国家文化软实力的重要平台。"为此,不仅要"紧紧围绕满足人民群众需求,统筹建设全民健身场地设施,构建更高水平的全民健身公共服务体系",而且,还要发展体育"幸福事业",让群众成为"体育主角",增强人民群众的主观幸福感。

当下,公共体育服务不仅处于需求与供给的不均衡不精准矛盾之中,也处于公共体育服务与人民群众的幸福感不全面不充分的矛盾之中,简言之,公共体育服务对广大人民群众缺乏"身份认同",存在"认同排斥"。在"全民健身"的时代感召下,公共体育服务能否精准到达公民个体,还需要灌注认同伦理。"认同—排斥"是一种社会常态博弈,认同伦理要防止"认同—排斥"结构向"排斥"失衡。排斥是一种价值隔离,容易使公民患上"伦理缺乏症",导致公民在"身—心"层面上的分裂,处于分裂状态下的公民成为原子式个体,在精神世界成为缺乏归属感的"空心人",公民身份认同陷入困境。② 公共体服务应该有机会和条件让公民"去过那种有助于自我发展和满足的生活。"换言之,在公共体育服务领域,不应该存在"公共体育服务——公民"的嫌隙。

从认同伦理学的向度看,"全民"的理念要求事实认同、身份认同、情感认同、价值认同、路径认同,这应该成为体育公共产品供给的基本前提。在这一前提下,需要具体建构一种共有、共享、共治的公共体育服务伦理秩序:共有,侧重关注体育公共设施建设的在不同地域的普及化,即特定群居单元应该有条件享有公共体育设施的规划和布局;共享,侧重关注公共体育服务在不同群体中的均等化,即人人应该享有公共体育服务;共治,侧重关注公共体育服务的公众参与的可及化,即人人享有参与公共体育服务的机会。

(二)追求公平的伦理导向

公平是静态内涵与动态内涵的逻辑统一,是目的与过程的二元统筹,是人们之间合理利益的反映与评估,是人与人利益关系的基本表述,表现在权利、机会、规则与分配的公平等方面。公共体育服务要实现公平,必然要实现公共体育服务的均等化。公共体育服务的公平就是要实现供给均等和影响均等,即全方位、多层次均等化的理想状态。其有着丰富的伦理基础。

首先,公共体育服务有着丰富的"均等化"基础。"基本公共服务均等化是衡量国家

---

① 习近平:《习近平谈治国理政(第三卷)》,外文出版社2020年版,第34页。
② 窦立春:《公民身份的伦理认同》,载《东南大学学报(哲学社会科学版)》2018年第5期。

制度道德性和合理性的根本政策和标准。"① 从某种意义上讲，公共体育服务的公平是对公共体育服务这种现象进行的评价，也是对于人民群众参与体育活动的一种道德上的约束力，影响着人民群众参与体育活动的观念与行为。② 其核心在于公正平等。公共体育服务的均等化发展是在"公共体育服务热"这种现象下，以广大人民群众的利益为目的，以政府为主导、其他组织为辅助的多元供给主体，为全体人民群众提供大体一致的、均等化的公共体育服务。而且，这种均等化的服务是一种有差异存在的均等，是尽量避免差异的均等，是享受上的均等，强调的是公共体育服务在空间与时间上的公平与公正，尽量追求人民群众满意度上的均等。主要包括公共体育服务在起点、过程与结果上的公平，也即是源头供给上的公平、服务保障上的公平与最终体验上的公平。而且，公共体育服务的公平发展对于公共体育服务具有重大的战略性意义。其一，公共体育服务的公平化或均等化是一种总体趋势，是在新时代条件下公共体育服务的基本面向；其二，公共体育服务均等化也是一种价值取向，追求的是服务范围上的广延性、服务内容上的全面性，以及服务人群上的非歧性；其三，公共体育服务均等化也承担着时代的重任，它是城乡区域协同发展的"粘合剂"，是号召全面健身的"急先锋"，是构建体育强国的"驱动器"，是资源共享理念的"执行官"，是构筑民事体育与幸福体育的"总药方"。

其次，公共体育服务有着丰富的"社会契约论"基础。社会契约论强调，"人们在缔结社会契约时，要求每个人把自身的一切权利全部地、毫无保留地转让给整个集体，没有例外，并且对所有的人都一样；由于每个人都转让权利，他也就可以从集体那里获得自己所让渡给别人的同样的权利，得到自己所丧失东西的等价物"③。所以，契约是一种"可能"，也是一种"可实现的可能"，它是不同意志的相交与合量，是特定的行为、行动的分解延续或总体践履。公共体育服务实际上是国家与国民二者订立的契约，契约主体是国家与国民，契约客体是公共体育的服务与和国民享有的体育权利。在契约的履行过程中：一方面，国家必须向国民提供公共体育服务，满足国民的体育需求；另一方面，国民也要响应国家提出的"全民健身"号召，为建设体育强国贡献自己的一份力量。可以说，这份"契约"不仅是一种"等价交换"——国家向国民提供公共体育服务，是一种"全国性的投资"，这份"投资"必然会收到来自全体国民的一种聚合性的回报，而且也是"互惠原则"的体现——国家与国民共同收益，实现双赢，正如卢梭所言："社会契约是一种特殊性质的契约。在这一过程中，每一个人都把自己和自己的全部权利转让给整个社会而不是转让给任何一个人。同时，每一个人又可以从社会得到同样的权利"④。此外，这份"契

---

① 刘琼莲：《论基本公共服务均等化的理论基础》，载《天津行政学院学报》2010年第4期。
② 张二宁：《公平视角下的南京市溧水区公共体育服务均等化研究》，南京体育学院硕士学位论文，2021年。
③ 袁峰：《西方政治学名著提要》，北京大学出版社2010年版，第67、64页。
④ [法]卢梭：《社会契约论》修订第3版，商务印书馆2003年版，第116、117页。

约"有两个重要维度：其一，是横向比较，即"自己的契约"与"别人的契约"所享受的体育公共服务是公平的，能激发相同的幸福感。其二，是"自己现在的契约"与"自己过去的契约"所享受的公共体育服务是公平的，而且这种体育服务的幸福感影响必须是平稳的或升增的。总的来说，公共体育服务无论是对国家还是对国民都是一种"福利"，这种"福利的任务在于：重新分配资源和机会，由此提供一个鼓励和表达利他主义的机制"[①]。

（三）和谐共处的伦理导向

和谐共处在中国古代体育文化中便有体现，是一种人与体育在整体思维模式上的展现，其追求的是关系的和谐稳定与对规范的服从。在古代体育向现代化的转型过程中，其深受我国传统儒家中庸之道的影响，儒家思想对"仁"与"礼"极为推崇，且重视伦理规范，在儒家六艺中的"御""射"中非常明显地表现出儒家伦理之仁德、修养、精神等。在中华体育中，"未曾习艺先学礼"的伦理观念起到了约束人的内在心灵与外在行为的作用，并形成"天人合一"之理念，强调的是"和合观"，以及人与体育的一种整体上的相互联动，从而实现二者的和谐共处。在新时代的条件下，公共体育服务也蕴含着丰富的和谐理念，旨在实现公共体育服务与广大人民群众的和谐共处。

首先，公共体育服务体现了体育与人自身的和谐。这是新时代公共体育服务的人文价值关怀，也即是说，"任何形式的体育活动其价值体现最终都要落实到对人的价值上。我国的体育文化强调通过体育活动造就和谐的个体，促使个体不但具备健康的身体、健全的人格，还拥有较强的社会适应能力。"[②] 新时代的公共体育服务更加多元、合理，使得人民群众拥有享受体育活动的良好环境与多样的健身方式，注重身体的强健以及在长期体育活动中的人与体育的和谐共处。这是体育与人的个体身体的和谐表征，是公共体育服务发展过程中的外显和谐。另外，公共体育服务对人的内在精神的追求与对内心的锤炼则是一种内敛的展现。公共体育服务在精准供给的前提下，可以满足人民群众对体育服务的切实需求，慰藉了人的心灵，也增强了人的体育幸福感，实现人心与体育服务的和谐。

其次，公共体育服务体现了体育与环境的和谐。其一，是体育与自然环境的和谐。这不仅是公共体育服务得以可持续发展的重要支点，也是重视体育与自然关系的表现，更是公共体育服务所极力追求之目标。在新时代的公共体育服务过程中，越来越注重保护自然界的均衡与和谐，在良好的自然环境中积极推行体育服务、进行体育活动，是"中庸""中和"传统伦理价值的体现，也是助力生态文明的润滑剂。其二，是体育与人际环境的

[①] ［英］艾伦·肯迪：《福利视角：思潮、意识形态及政策争论》，周微等译，上海人民出版社2011年版，第2、17页。

[②] 饶平、梁朱贵：《和谐：我国体育文化的生态理念》，载《湖南科技大学学报（社会科学版）》2016年第2期。

和谐。公共体育服务旨在创造一种良好的体育环境,让广大人民群众能够有所受益,享受到多样化的体育服务,达到强身健体之目的,而不是营造一种私人的体育竞争与或者体育对决,反之,其意在推动举办一种合理合法的体育竞赛,不仅追求私人体育活动中的和谐,也追求体育竞赛中与对手的和谐。其三,是体育与国际环境的和谐。公共体育服务是一种公共性的社会活动,而且在国际性的奥运会中,公共体育服务更加要追求与异域群体的和谐,塑造和谐的国际环境,充分体现中国的体育文化与体育精神。

三、公共体育服务供给的法治进路

认同伦理导向下,公共体育服务要实现服务供给的精准化、提升公民的体育幸福感,并实现共有理念的普及化、共享理念观照的均等化、共治理念观照的可及化,以及追求公平与和谐共处的理想目标,还需要借助法治的共同作用力方可实现。毕竟,伦理本身提供的只是一种价值指引,是一种"柔性"约束。例如,"美德伦理学通常认为,伦理学不可以被法典化为一些能提供具体行为指南规则或原则。"[①] 换言之,美德伦理学不会为人们的具体行为提供任何具体的行动指南——伦理学在具体情势中并不会告诉人们什么应该做,什么不应该做,更不会告诉人们做什么,不做什么——伦理学仅仅提供一种神谕般的启示。"启示"是伦理学的"能","告诉"是伦理学的"不能"。即使伦理学发展到规范伦理学和应用伦理学规范学的阶段,实际上也无法改变伦理学的这种"能"与"不能"。这是因为"随着抽象原则与具体道德情境复杂的特殊之间隔阂变得愈发明显时,这种看法开始失去了它的吸引力。"[②] 公共体育服务实际上是一个棘手的伦理问题,并不能通过一种抽象的道德伦理予以解决。在公共体育服务的具体情势中,伦理其实也很难提供具体的原则遵循或者具体规则指引,必须依赖法治的"刚性"约束与指引才能解决端点困局与伦理目标。换言之,在公共体育服务过程中,法治更具可欲性,公共体育服务理念的实现,既需伦理和道德的倡导性规定,更需要法律明确的预期指引和刚性约束,以推动公共体育服务的"普及化、均等化与可及化"。

(一) 公共体育服务"普及化"的法治进路

推动公共体育服务普及化,首先要强化健康权保障的国家责任。普及化是实现公共体育服务"全民""三共"理念的第一位要求,是践行认同伦理的灵魂与核心。当下公民对公共体育服务的需求日趋多元多样,而服务供给从基础设施建设、技术指导和服务效果尚不能完全满足公民对其美好向往和期待的需要,这亟待强化运用法治思维和方式以加强政府供给。我国《宪法》明确了发展体育事业的国家义务,要求"国家发展体育事业,开

---

① [新西兰]罗莎琳德·赫斯特豪斯:《美德伦理学》李义天译,译林出版社2016年版,第44页。
② [新西兰]罗莎琳德·赫斯特豪斯:《美德伦理学》李义天译,译林出版社2016年版,第45页。

展群众性体育活动，增强人民体质"，这实际是明确要维护和保障公民的基本健康权。新实施的《民法典》第1004条明文规定："自然人享有健康权。自然人的身心健康受法律保护。任何组织和个人不得损害他人的健康权。"习近平总书记强调指出："发展体育运动，增强人民体质，是我国体育工作的根本方针和任务。全民健身是全体人民增强体魄、健康生活的基础和保障，人民身体健康是全面建成小康社会的重要内涵，是每一个人成长和实现幸福生活的重要基础。"保障和发展公民基本健康权成为法治强音。从法治精神的视角看，推动实施体育强国和健康中国战略，最根本的就是要推动和促进公民健康权和国家保护义务在具体情势下实现动态博弈平衡，即通过运用国家机器和举国体制健全和完善公共体育服务的供给侧功能，有效提升公共体育服务水平和效能，加快推动公共体育服务普及化，实现对不同地域、不同民族、不同性别、不同年龄、不同职业的公民公共体育服务的覆盖和周延。

而实现全覆盖、全周延、全保障的具体法治路径有三：其一，为深挖公共体育服务价值链提供法律保障。通过普法、执法等方式强化公共体育服务认同伦理理念，特别是要宣传平等权、体育权、健康权和新时代体育精神。有效执行《体育法》，进一步明确体育管理机构的责任和职权，充分保障公民的各项体育权利。[①] 深挖公共体育的时代价值，引导公民意识到体育运动的目标不仅是强身健体，还包括塑造体育精神、培育体育伦理。要积极探索公共体育服务和体育精神融合机制，用新时代女排精神激励公民为建设体育强国贡献聪明才智。其二，为赋能公共体育服务科技链提供法制保障。大力推进公共体育服务智慧化发展，积极为公共体育智慧化服务提供法律依据和支撑，运用法治手段不断提升体育设施的科技含量，尤其是为引入AI、VR等先进技术铺路搭桥、保驾护航，以为群众提供代入式、沉浸式场景体验，在强化公共体育服务法治保障质量的前提下，有效增强体育运动的趣味性、互动性，以及公民的认可度、满意度，从而提升公众参与体育运动的打卡率、到达率、点赞率。其三，为完善公共体育服务产业链提供法治保障。产业链的形成是公共体育服务成熟的重要标志。为此，公共体育服务须政府、社会、市场、家庭、学校和公民等各方参与主体和利益攸关方要共同努力营建，特别是政府要着重加强政策引导、规范服务和市场监管，激发市场主体活力，不断优化产业服务环境，尤其是要加快推动区块链、大数据、人工智能与公共体育实体经济深度融合，促进公共体育制造业、服务业的转型升级和提质增效。从法治的视角看，实现公共体育服务普及化，应以体育强国举国体制为牵引，充分发挥上下贯通、左右联动的制度优势，明确各方参与主体的权利、义务和责任，重点凸显国家主导地位、强化社会组织功能、突出市场主体地位、加强家庭督促作用和促进公民个体自觉，推动各方形成合力。

---

① 董小强：《权利与伦理双重视域下我国〈体育法〉的修改路向》，载《广西大学学报（哲学社会科学版）》2018年第4期。

（二）公共体育服务"均等化"的法治进路

就法律制度的公平正义而言，它包含起点平等即机会均等、过程公平、结果均衡等多方面的含义，而并不是仅指机会均等、过程公平等程序正义。① 且相对过程公平而言，结果均衡均等更为公民所期所盼。推动公共体育服务均等化，要强化平等保护的国家责任。实现公共体育服务均等化是践行普及化要求的必然选择。当下我国公共体育服务领域还存在较大的地域、城乡、职业和个体体验等差别，整体供给和个体个性需求还存在"剪刀差"。践行认同伦理学"三共"理念，必须加强法律治理，创新法治路径，通过有效治理和规制实现公平正义的治理事业，弥补服务鸿沟，消除人际差异。实现公共体育服务均等化是法律平等保护的题中应有之义，其精髓要义是让全体公民在身份平等、机会均等的条件下大致公平地享有公共体育服务，其核心内涵要求力行践履不分区域、城乡、性别、种族、职业、智力、生理、心理等殊异而一致性地实施和保障基本均等化的思维理念，并尽可能地实现机会均等、权利均等、设施均等、条件均等和服务均等，切实在社会基本面供给和每次个体个性体验上体现公平正义，让全体公民均能在每次体育体验中切身感受到公共体育服务的温度、可见度和效度。

从运用法治思维和法治方式的视角看，推动实现公共体育服务均等化，基本路径是要坚持政府主导、社会参与、重心下移、共建共享，加快构建覆盖不同区域、不同城乡、不同群体、不同职业的，便捷高效、保基本、促公平的现代公共体育服务体系，以提高基本公共体育服务的覆盖性、适用性和均等性。具体而言，要抓住四个重点环节：第一，公共体育资源的均等供给。广泛开展体育强省、全民运动健身模范市、全民运动健身模范县三级联创活动，助推基本公共体育服务在不同地区、城乡和人群间的均等化，不断强化网格化思维，下沉治理资源推动基本公共服务供给的扁平化和集成化。② 加大公共体育服务资源向农村支持倾斜力度，不断健全完善人才培养、使用、管理和保留机制，重点扶持老少边穷地区发展公共体育服务事业。第二，因地制宜建设公共体育运动配套设施。坚持以人民为中心，因地制宜、因时制宜、因群制宜加快推动公共体育基础项目建设，大力建设公众喜闻乐见的基础设施，不搞形象工程、面子工程。比如建设适众化、便捷化的小型足球、篮球、自行车道等公共体育设施，再如适应美丽宜居乡村和运动休闲特色乡村建设项目，为农村人口开设简便休闲健身区或综合性的体育运动功能区等等。第三，不断创新公共体育服务供给模式。针对公共体育服务在人才培养、组织建设、活动开展、赛事体系、健康指导等方面的多种多元需求，不断改进政府公共体育供给模式，注重调度市场资源和社会资本，积极构建政府、市场、社会组织、学校、社区、家庭和个人等多维推进、多位

---

① 胡平仁：《中国传统诉讼艺术的特殊魅力》，载《求索》2017年第11期。
② 唐皇凤、吴昌杰：《构建网络化治理模式：新时代我国基本公共服务供给机制的优化路径》，载《河南社会科学》2018年第9期。

一体的合作发展机制。第四，健全完善法律责任体系。法律的权威在执行，法律的威严在责任。要充分发挥法律和制度奖惩功能，对均等化实现较好的服务主体实行褒扬，对贯彻执行不力的单位和个人要强化法律约束和问责，以实现惩一儆百的法律效果。

（三）公共体育服务"可及化"的法治路径

推动公共体育服务可及化，必须强化特殊保护的国家责任。普及化和均等化需要可及化的措施和办法加实现。当下公共体育服务的政策在不同区域、领域和群体中尚不能完全落实到位精准，公民个体体验和个性表达还不够平和不够充分，特别是农村居民、青少年的体育公共服务需求表达机制还不够健全完善，特殊群体公共体育服务的可及化、在地化标准落地落实还存在诸多矛盾和问题，比如农村留守老人、外来务工人员、随子女进城老人和残障人士享受公共体育服务还不及时、不充分。遵循法治保障路径念，须进一步强化国家特殊保护责任，以消弭平等保护之缺陷和短板。从法理学的角度看，原则之外有特殊，特殊是对一般的衡平和矫正，犹如衡平正义是对普遍正义的矫正，原则的例外是更好地维护原则。特殊保护原则不是对平等原则的破坏，相反是践行实质平等原则，这是通过实质正义的有效性弥补形式正义的不足。落实特殊保护原则，最重要的因人而异实施特殊保护原则。这要求政府、企业、社会组织、学校等公共体育服务参与主体要为公民体育服务提供"私人订制"，制定个人力所能及的可及目标、规划和措施，就近、就地为公民提供可及化的公共服务。

贯彻特殊保护原则，优化可及化路径，须关注特殊弱势群体和特殊地域群体。特殊弱势群体则须重点加强对青少年的人文关怀和法治保障，为青少年提供优质公共体育服务是践行认同伦理学的优先方向。首先，可及化路径在宏观层面要求国家运用法治手段健全和完善《国家体育锻炼标准》《国家学生体质健康标准》等法律法规和规范性文件，为青少年"私人定制"体育运动评价标准和考核体系，包括为其制定运动项目、运动频次、考核指标、成绩评定制定量化标准和实施细则，以有效健全完善科学的等级标准和评定体系。其次，可及化路径在中观层面要求强化法律责任追究，要加大青少年公共体育服务等级评定和考核体系的贯彻落实力度，要将促进青少年提高身体素养、养成健康生活方式作为公共体育服务的重要考核内容，把学生体质健康水平纳入政府、教育行政部门和学校的考核体系，用以明确各参与主体权利义务和法律责任，倒逼各法律主体各司其职、各尽其责。再次，可及化路径在中观层面要求为青少年体育运动科学准确制定干预培养计划，特别是教育行政部门要在督促学校、家庭、社区为青少年制定符合其身心健康发的日、周、月、季、年度运动计划等方面制定指引性规范，且这种规范指引所制定的计划、标准和目标应以"通识通用""基础实用"为衡量标尺，它能使绝大多数青少年通过自身努力完全能够实现这一"跳一跳够得着"的可及目标。

此外，践行特殊保护原则，还需重点关注特殊地域的群体，即需因地制宜、因地施策、因地指导、因地推进保障政策和措施。为此，国家重点要加大对中西部地区、特别是贫困地区公共体育服务的政策、资金、人才、技术和其他公共资源的供给支持力度。要以乡村振兴为契机牵引，不断加大对农村公共体育服务基础设施建设力度，尤其是对老弱妇孺残等特殊社群提供有效制度安排和法律供给，通过制度供给尽力缩小和弥合区域、城乡、职业、性别、年龄差距等公共体育服务"鸿沟"，切实让这部分特殊群体体验到公共体育服务的真实可及性，以提升其获得感和幸福感。

四、结语

践行公共体育服务，破解既有困局，不仅需要践行认同伦理学，以求实现"以人为本""追求公平"与"和谐共处"理念，而且需要强化国家义务责任，坚持以人民为中心的思想，通过实现公共体育服务的普及化、均等化、可及化，进一步把满足人民健身需求、促进人的全面发展作为一切公共体育服务的出发点和落脚点，充分保障和发展公民的基本健康权和其他体育合法权益。公民健康权和合法权益的保护必须树牢法治思维、丰富法治方式、优化法治路径，不断强化国家服务的保护责任，明确体育管理机构的权责，切实以法治精神、法治措施和法律机制加快推进体育强国、健康中国的建设，旨在每一次公共体育服务中保障公民个体体育权利和义务，最终实现认同伦理学的价值理念。

Dual orientation of public sports service: the dual combination of ethical norms and rule of law

Kuang li–fei, Li Xian–xiong

Abstract: under the conditions of the new era, public sports service is facing the dilemma of lack of accurate supply and blocked impact on happiness. It must rely on the dual path of ethics and rule of law. On the one hand, public sports service should embody the core concept of "people–oriented", the implementation concept of "pursuing fairness" and the ultimate concept of "harmonious coexistence", but to realize this concept, we need to practice identity ethics in order to break the value imbalance of "identity exclusion". On the other hand, the concept of public sports service is difficult to achieve only by relying on the "flexible" advocacy provisions of ethics and morality. It also needs clear legal expected guidance and rigid constraints to promote the "popularization, equalization and accessibility" of public sports service.

Key words: public sports service, Modern ethics, Legal approach

（编辑：田炀秋）

跨国民间法解释的特殊性初探

——以《世界反兴奋剂条例》2.5 条的解释为例

孔 蕊[*]

摘 要 跨国民间法的解释不同于针对国家意志的国内法解释,也不同于针对条约和国际习惯法的国际法解释,跨国民间法的解释主要依据其规定的解释规则。跨国民间法在目的解释、体系解释、判例解释、社会学解释和嗣后实践解释方法适用上具有特殊性。跨国民间法的解释总体上遵循法律解释的逻辑,可以借鉴但不能依赖国内法的解释技术和规则,有时需要突破传统解释路径。以《世界反兴奋剂条例》2.5 条解释为例,以期对未来体育法学界关注国际非正式规则解释方法有所启迪,在国际体育仲裁中彰显我国的法律存在和话语权,对跨国民间法的解释研究有所裨益。

关键词 跨国民间法 目的解释 体系解释 判例解释 社会学解释 嗣后实践解释

一波三折的游泳运动员孙杨案(CAS2019/A/6148)中,国际体育仲裁院(简称 CAS)依据《世界反兴奋剂条例》(简称 WADC)2.3 条逃避、拒绝或未完成样本采集的行为、2.5 条运动员或其他当事人篡改或企图篡改兴奋剂管制过程中的任何环节,裁决孙杨兴奋剂违规,对其禁赛 8 年。孙杨不服裁决,强调运动员的合法个人权利,上诉至瑞士联邦最高法院,后者以一名仲裁员中立问题原因撤销 CAS 裁决发回重审。2021 年 6 月,CAS 裁决孙杨禁赛 4 年 3 个月,再次引发社会高度关注。世界反兴奋剂机构(简称 WADA)将《国际监测与调查标准》5.3.3 条中 Sample Collection Personnel 解释为集合名词,指样本采集机构授权在样本采集活动中履行或协助履行职责的全体官员的总称,只要

---

[*] 孔蕊,山东大学(威海)法学院博士研究生。

样本采集团体作为一个整体拥有授权即可。孙杨方认为文本中 their, documentation 使用复数形式，应当解释为检查团每名样品采集人员均需具备相应的检查授权资质。CAS 采纳 WADA 的意见，引发对 WADC 如何解释、跨国民间法理论对国际体育有何意义、跨国民间法的解释规则是什么、解释方法有何特殊性以及解释方法适用逻辑等问题的思考。以 WADC2.5 条的解释为例，运用实证研究、规范研究、比较研究等方法，对以上问题逐一分析，以就教于大方。

一、跨国民间法理论及于国际体育法的意义

国家法、国际法、国内民间法和跨国民间法是多元法律规范及其秩序形态的不同类型。跨国民间法是与国内民间法研究范式相对应的一个概念，国内民间法研究以一个国家的民间规范为研究对象，寻求这一研究对象对社会秩序的调整方式，或者寻求这一对象和公民日常交往间的互动关系。[①]这一研究范式扩展到国际社会，就产生跨国民间法这一领域，西方世界学者多以"跨国私人规制"指称这一规范现象。跨国民间规制在上个世纪末迅速崛起，对跨国公共规制提出挑战。在公共规制不到位或者功能不能得到充分发挥的地方，民间规制常常构成一种有效补充。存在于"国家间社会"之中的法秩序，称为国际法秩序，全球公民社会创立的民间规范规制的秩序称为跨国民间法秩序。[②] 跨国民间法是基于跨国法律多元主义提出的概念，指由全球公民社会创立并监控执行的独立于国家法体系（包括国际法和国内法）之外的规则体系。跨国民间法形态各异、数量众多，具有更大的灵活性，包括示范条款、示范合同、交易惯例、行为守则、指导原则、行为指南、社会标准以及认证规范等。本文所称跨国民间法是指国际非政府组织制定的或者国际社会非国家私人行为体编纂和自发形成的、对于共同体成员具有普遍约束力的规则。

国际体育法研究分为传统国际法理论研究范式和体育自治法研究范式，也称国际体育法和全球体育法两大分支。全球体育法是建立在合同基础上的一种跨国民间法律秩序，是一套由民间合同秩序构建的制度体系，是国际体育组织创设的体育领域特有的原则和规则体系。国际体育法除少量规范属于国家法体系，如联合国教科文组织的《反兴奋剂国际公约》，绝大部分国际体育法规范分为章程、规章、规则、指南、原则、指标、标准、要求、建议、格式合同条款等，这些非正式规则在国际非政府组织和共同体的效力等级不同，不属于国家法体系规则，除非得到国家法体系的承认。譬如，通过直接立法程序承认它们在国内有效，或者通过转化的方式转变为国内立法。如果在这种采纳或转化中出现冲突，不见得国家法的效力必然优于这种跨国民间法，这取决于制定规则的国际非政府组织的实力，如国际奥林匹克委员会就常利用各国竞相主办奥运会的需求将其规则置于国内法之

[①] 参见谢晖：《论民间法研究的学术范型》，载《政法论坛》2011 年第 4 期。
[②] 参见姜世波：《跨国民间法的兴起及其与国家法体系的互动》，载《甘肃政法学院学报》2012 第 4 期。

上,这成为国际体育法一个重要特色。孙杨案暴露出的国内体育界包括体育律师观念上的偏差,狭隘的国内正式法解释的立场往往会误导对跨国民间法的理解。比如,在成员方国内法与跨国民间法发生冲突时,国家法(国内法)优先的观念在孙杨案中遭遇到挑战,这就有必要重新反思跨国民间法在法律适用和法律解释上的某些特殊性。国际体育规则主体是跨国民间法,必须高度重视跨国民间法解释原理在这一领域的适用机理,以更好运用国际法律武器,在国际体育仲裁中彰显我国的法律存在和话语权。

二、跨国民间法的解释规则是什么

跨国民间法具有一定自治性,代表不同国家、地区、组织法律体系的融合与平衡,消解不同民族、国家法律制度的差异,是人类这一领域文明成果的凝聚。但是,跨国民间法经常面临多元文化影响、规则模糊、规则冲突甚至空缺等问题,法律属性和法官裁判之间的张力较大,统一适用难度更大,对其解释成为必需。国际非政府组织或国际社会非国家私人行为体数量庞大,有时会从国内或组织的利益出发选择对其有利的解释方法,有时依据各国国内法的解释方法进行解释,导致跨国民间法解释方法的适用具有不确定性。跨国民间法的解释常常是对基于合同准入、达成共识或承诺等基础上的民间规则进行解释,比如,全球体育法就是建立在合同基础上的一种跨国民间法,运动员通过和国际体育组织签订参赛合同等方式成为国际体育组织成员(一般是通过加入国际体育组织的国内单项体育协会),受到这些体育组织自治法的约束。因此,跨国民间法的解释不同于针对国家意志的国内法解释,也不同于针对条约和国际习惯法的国际法解释。

由于不像国内法那样有宪法作为依据、由最高司法机构加以解释,跨国民间法立法时一般会对每部法律的基本原则和立法目的作比较清楚的规定,要求法律适用过程中恪守这些法律原则。比如,作为调整国际商事仲裁领域的跨国民间法,联合国国际贸易法委员会制定的《国际商事仲裁示范法》第二条规定:在解释本法时,应考虑到其国际渊源和促进其统一适用及遵循诚信原则的需要;凡本法未明确解决的与本法管辖事项有关的问题,应依照本法所依据的一般原则解决。联合国国际贸易法委员会 1996 年通过的《电子商务示范法》也规定了类似条款。WADC 是体育运动中反兴奋剂体系的全球性基础文件,其确定的法律原则包括特殊原则和一般法律原则,这些法律原则是缔约国必须遵守的,这就使 WADC 实际上具有约束各缔约国的效力。而且,CAS 直接把法律原则适用于案件仲裁,而不是我国国内法在穷尽规则、适用规则显失公平正义或者规则模糊、冲突等情况下才会适用法律原则。

为保障跨国民间法的统一适用,跨国民间法往往规定其解释规则,尽管规定的不统一而且不全面,跨国民间法的解释主要依据其规定的解释规则。比如,《国际红十字与红新月运动章程》规定,唯国际大会有权在其成员要求下就章程和规则的解释及实施所出现的分歧做出最后决定。WADC 第 24.3 条关于解释的条款规定,条例作为独立和自主的文本解释，不能以各签约方或政府现行法律或法规为标准进行解释，实际上排除了以国内法替代 WADC 适用的可能。第 24.6 条规定，世界反兴奋剂体系和本条例的宗旨、适用范围和组织实施、以及附录一和附录二应被视为本条例的组成部分，表明 WADC 的解释可使用体系解释。有观点认为，运动员为获取比赛资格与体育管理机构签订严格责任标准合同，WADC 的解释应该适用合同解释原则和方法。跨国民间法的解释与合同解释具有一定的关联性，但是，WADC 是 WADA 制定的法规性文件，是"法"的表现形式之一，应当根据法律解释原则而非合同解释原则进行解释。从法律实证主义立场上说，跨国民间法还不是"主权者的命令"意义上的法，但从法律多元主义和法社会学立场上说，它就是约束跨国民间社会或民间社会共同体成员的法律。由于这类法律并非国家正式法，因此，其解释具有不同于国家法解释的一些特点。

三、跨国民间法解释方法的特殊性

CAS 仲裁历史上存在众多兴奋剂违规案件，与孙杨案高度相似的是著名的 WADA 诉柳德米拉案（CAS 2016/A/4700）①。2015 年 7 月，俄罗斯反兴奋剂机构通知哈萨诺夫进行兴奋剂检测，哈萨诺夫不予配合，找别的运动员代替检测。检查官发现后找到哈萨诺夫，检测出其样本中含有兴奋剂。哈萨诺夫被判定兴奋剂违规，哈萨诺夫的教练柳德米拉涉嫌试图影响或说服检查官对假哈萨诺夫进行检测，被俄罗斯反兴奋剂机构认定违反 2.5 条篡改或企图篡改兴奋剂控制过程，禁赛 4 年。柳德米拉向俄罗斯联邦体育仲裁法庭提出上诉，后者以"检查官是利害关系人、没有被告认罪、仅有检查官证言不能证明违反 2.5 条"为由撤销禁赛 4 年的裁决。该案后移交国际田联仲裁，国际田联决定不再上诉。WADA 以违反 WADC2.5 条为由，向 CAS 上诉，CAS 裁决柳德米拉禁赛 4 年。该案争议的焦点在于"换人"行为是否构成 WADC2.5 条规定的"篡改"行为。目前，对 2.5 条解释争议主要集中在："篡改"是否需要存在主观意图、"篡改"的认定标准是什么，对其解释体现出跨国民间法解释的特殊性。

（一）目的解释具有特殊性

目的解释是按照立法精神从逻辑上进行的法律解释，是一种非法律因素的解释。不同解释方法得出多种结论或者不能得出妥当结论时，目的解释可以用来决定取舍，容易出现外部立场目的解释代替内部立场目的解释的问题，这就给跨国民间法解释方法选择增加了不确定性。跨国民间法的目的解释与国际法上的暗含权力理论有一定关系，暗含权力是目的论方法运用于国际组织基本文件解释时产生的一个特殊解释问题，指国际组织享有的、虽未明确规定，但为履行基本文件规定的组织职责和实现组织宗旨和目的必须具有的权

---

① http://jurisprudence.tas-cas.org/Shared%20Documents/4700.pdf，访问日期：2021-04-20。

力，其实质是通过目的解释方法扩大国际组织的权力。① 目的解释在跨国民间法中的特殊性主要表现在：1. 解释主体的特殊性。国际法主体中国家是基本主体，国际组织、争取独立的民族、非政府组织、法人和自然人是不同程度上的有限的主体。非正式组织可在一定限度和一定条件下成为国际法主体，对国际法带来冲击影响。②］WADC 的解释主体包括世界反兴奋剂机构、国际体育仲裁院、各国际体育组织、各国家反兴奋剂组织。如果案件上诉到瑞士联邦最高法院、欧洲人权法院，它们也有权力通过解释对 WADC 进行释明。如此众多的跨国民间法解释主体显然不同于国内法解释主体。2. 目的解释具有动态性。从规范法学视角来看，国际法目的解释观分为主观说和客观说。主观说坚持法律制定时立法者的主观原意。客观说认为原始公共含义的原旨主义不能对成文宪法自身存在的历史缺陷做出解释性改进，又不能正视社会进步提出的普遍价值要求。③ WADC 解释应该坚持目的解释客观说，从法律的字面含义出发寻求法律在当下社会具有的客观含义，并结合社会发展趋势进行解释。由此推知，跨国民间法必须调整适应新的情况，目的解释相应地呈现出一定动态性。3. 目的解释具有层次性。国际法律法规具有不同的层次，包括法规内某一条款目的、某一章节目的以及法律法规整体目的；法规外体现于缔约辅助材料中的立法者原意、所属法律体系的整体目的以及整体法律体系要达到的社会目的。国家利益、国际组织目的同样会在跨国民间法中有所体现，因此，跨国民间法目的解释应该坚持"文义优先、目的辅助"原则，而不能只是关注国际非政府组织的利益，这正是跨国民间法非国家意志性带来的问题。

  2004 年 WADC 强调严格责任标准，无论何时在运动员样本中发现禁用物质，无需证明运动员是否故意、疏忽或错误使用禁用物质，均认定构成兴奋剂违规。这种做法容易剥夺运动员的辩护权，使 CAS 接触不到所有证据，可能会侵犯过失、误食兴奋剂运动员的权益。2021 年 WADC 和《运动员反兴奋剂权益动案》更加强调运动员权益保护，将运动员权利纳入体育精神。可以看出，WADC 已由最初打击兴奋剂违纪逐步向打击兴奋剂违纪、保护运动员权益并重目的转变。因此，反兴奋剂案件仲裁需要始终关注目的解释。柳德米拉故意企图说服检查官对另一名运动员检测，目的是保护运动员不被检测出阳性。CAS 裁决柳德米拉企图篡改兴奋剂控制环节，但这样裁决需要 WADA 举出有力证据。检查官证词可以作为证据，但仅有检查官证言达不到反兴奋剂案件"高于优势证据标准，低于排除合理怀疑"的"令人满意的证明标准"，应允许对方提出大量证据反驳检查官的证词。CAS 裁决时未重视适用目的解释，只考虑严格责任原则。WADC 未规定具体证据条款，只是规定反兴奋剂组织对发生的兴奋剂违规负举证责任，证明标准为反兴奋剂组织对兴奋剂违规能否举出清楚而有说服力的证据，使听证委员会据此深刻地认识到该案件的严

---

① 参见韩燕煦：《条约解释的要素与结构》，北京大学出版社 2015 年版，第 90 – 91 页。
② 参见聂洪涛：《非政府组织的国际法主体资格问题研究》，载《学术论坛》2015 年第 5 期。
③ 参见魏治勋：《法律解释的原理与方法体系》，北京大学出版社 2017 年版，第 95 – 122 页。

重性，并认可其违法性。"篡改"要有兴奋剂样本等物证，"企图篡改"需要证明运动员有此企图。遗憾的是，WADA 没有保留证人证言外的其他证据，比如，兴奋剂检查样本与柳德米拉的必然关系，没有柳德米拉和哈萨诺夫的承认，仅依靠检查官证词可信度进行裁决。尽管柳德米拉有不当行为，但证人证言和运动员的自认行为证明力不同，证据证明力存在瑕疵，故在没有形成证据链的情况下裁决柳德米拉违反 2.5 条，引起当事人不满。目的解释应该秉承立法精神，打击兴奋剂违纪、保护运动员权益并重的目的没有体现在 WADC 中，柳德米拉案可以进行体系解释。

(二) 体系解释具有复杂性

体系解释要求将法律规范放在整部法律乃至整个法律体系中，联系与其他规范的相互关系来解释法律。世界反兴奋剂规则的主要法源是《世界反兴奋剂条例》及其附件，补充法源包括《奥林匹克宪章》、可适用的规则、一般法律原则、适当的法律规范、程序法、CAS 仲裁判例等，这就给 WADC 体系解释适用增加了难度。WADC 对于承认它的国际、国内体育组织而言，是反兴奋剂法律中具有宪制性质的法律文件，这种宪制性使其具有权威性，在体系解释中发挥统领作用。WADC 的体系性要求在面临不同国家、体育组织反兴奋剂规则不一致时，可根据上下文、总规则与分规则之间的关系等进行体系解释。WADC 体系解释适用进路包括概念、术语、句子的体系解释、结合上下文体系解释以及根据规范的位阶体系解释。

CAS 对柳德米拉案的裁决主要适用 2.5 条，参考 2.9 条、10.3 条。2.5 条规定篡改或企图篡改兴奋剂管制过程中的任何环节可以构成兴奋剂违规，是从行为角度制定的，触犯该条的运动员是行为犯。CAS 认定柳德米拉是企图篡改兴奋剂控制程序，而不是参与哈萨诺夫违反兴奋剂规则的行为。2.9 条共谋条款规定协助、鼓励、资助、教唆、策划、掩盖兴奋剂违规，或以其他任何形式故意合谋的违规、企图违规或以上方式帮助其他当事人的行为，该案没有柳德米拉和哈萨诺夫合谋的证据。10.3 条是对兴奋剂违规禁赛 4 年规定，规定一旦确定故意就不能减少禁赛期。可见，仅通过 2.5 条、2.9 条、10.3 条进行体系解释不足以证明柳德米拉的违法行为，应结合 WADC 宗旨、26.7 条、21.2 条进行体系解释。26.7 条规定，世界反兴奋剂体系和 WADC 宗旨、适用范围和组成，以及附录一定义应当视为条例组成部分。21.2 条规定运动员辅助人员责任和义务条款：了解并执行依照本条例制定的、适用于他们自己以及他们所服务的运动员的所有反兴奋剂政策和规则，与反兴奋剂组织合作调查兴奋剂违规行为。通过体系解释，CAS 可以判定柳德米拉违反与反兴奋剂组织合作调查义务，构成兴奋剂违规。WADC 的体系解释要从法律文本出发，结合文本上下文（附件）和规范的位阶，甚至参考 CAS 及瑞士联邦最高法院的判例，避免做出前后文本冲突的解释。

孙杨案涉及《国际监测与调查标准》和《ISTI 血样采集指南》的位阶问题。《国际监测与调查标准》比《ISTI 血样采集指南》规范位阶要高,而且后者只是一个"建议性"文件,孙杨方对此认识不足,导致对其不利的仲裁结果。《ISTI 血样采集指南》规定,抽血应当符合当地标准和法规要求,我国法律要求血检官具有《护士执业证》。孙杨方认为样本采集人员都要有授权与资质,是基于我国《反兴奋剂条例》35 条与《反兴奋剂管理办法》24 条兴奋剂检测样本采集人员应当具备检查授权书与检测资质的规定。WADA 认为,尽管我国国内规则比国际规则规定更加严格,但国际兴奋剂检测不需要遵守我国的规则。从体系解释角度看,国际体育规则同成员国国内体育规则出现矛盾时,成员国国内体育规则应当服从高位阶的国际体育规则,这是国际体育的自治性质决定的。

(三)较多适用判例解释

制定法、判例法和习惯法是三种最主要的国际法渊源。英美法系一贯强调判例法在整个法律体系的主导地位,大陆法系则否认判例是法律的渊源,但判例在法律发展过程中同样具有重大说服作用。我国国内法律解释研究主要针对制定法,对判例解释研究不多,后者解释技术与前者不同,需要更加灵活的法律方法,包括更多地关注漏洞补充、利益衡量。[①] 判例展现的实质性价值是促进法理学发展的动力之源,跨国民间法虽然有大量的成文规范,但在适用中仍然要大量倚重判例,这种倚重比国际法规范更严重。因此,国际体育法学界普遍认为,正是以 CAS 判例为代表的造法形式创造了全球体育法这一跨国民间法体系。

从仲裁实践来看,CAS 创设的判例法规则包括创造性、解释性和补充性三种,是国际体育法的重要渊源之一。[②] 判例在 CAS 仲裁实践中发挥越来越重要的作用。"CAS 越来越多地显示出遵循判例的传统,从 2003 年至今,几乎每个案件裁决都参考了一个或若干 CAS 判例。如 2000 – 2010 年 CAS 发布的田径项目兴奋剂案件裁决中,23 份裁决有 17 份援引判例,而且援引判例的裁决没有出现明显与判例相背离的情况"。[③] 孙杨案中,WADA 也援引判例 Laura Dutra de Abreu Mancini de Azevedo v FINA 案对"令人信服的理由"限缩解释:只要运动员身体、卫生和道德方面允许,就应该提供检测样本,不论运动员是否同意。[④] CAS 最近十年的兴奋剂案例仲裁几乎都引用了判例,但判例不能作为实体法裁判。[⑤]

[①] 参见刘瑛:《〈联合国国际货物销售合同公约〉解释问题研究》,法律出版社 2009 年版,第 22 – 32 页。
[②] 参见张文闻、吴义华:《国际体育仲裁裁决的特殊效力:以 CAS 的仲裁权为视角》,载《成都体育学院学报》2017 年第 1 期。
[③] Annie Bersagel, Is There a Stare Decision Doctrine in the Court of Arbitration for Sport an Analysis of Published Awards for Anti – Doping Disputes in Track and Field?, Pepperdine Dispute Law, 2012, 12 (2).
[④] 参见韩勇:《世界反兴奋剂机构诉孙杨案法律解读》,载《体育与科学》2020 年第 1 期。
[⑤] 参见朱雅妮:《论先例在国际体育仲裁中的指导作用——以 CAS 为例》,载《武汉体育学院学报》2016 年第 5 期。

（四）社会学解释具有特殊价值

跨国民间法作为一种社会制度事实，体现的是国际社会民意、民俗、民德，对其解释自然离不开社会因素的考量。作为全球首个道德规范国际标准，《企业社会责任国际标准》规定世界各地公司应该遵守的社会责任。《联合国全球契约》是联合国主导建立起来的主要用来规范跨国企业运营行为的一项自愿倡议，强调企业的社会责任。对诸如这样的跨国民间法进行解释，社会学解释显然具有特殊价值。跨国民间法本身存在一些需要探讨的地方，比如，规则制定程序的合法性、国内与国际组织规则的矛盾、规则难以做到的普适性等，社会学解释就是解决这些问题的方法之一。社会学解释是帮助解释者判断决策的辅助性方法，是文义解释、目的解释后出场的解释方法，其适用前提是文义解释出现复数结果。

孙杨案中，WADA 把 Sample Collection Personnel 解释成为集合名词，不要团队每个成员都得到授权，只要样本采集团体作为一个整体有授权即可。孙杨方认为，应该要求检查团成员都有兴奋剂检查授权书。文义解释出现两种不同的解释结果。如果只要求兴奋剂主检官有资质，可能导致兴奋剂检查质量良莠不齐，甚至使公众对 WADC 的公正性产生怀疑。WADA 提出，如果支持孙杨方对兴奋剂检查的主张可能导致 60000 份检查无效，致使 CAS 对孙杨胜诉导致的社会后果不能不加以考量。CAS 基于社会效果考量，维护 WADA 不完善的检测惯例。该案从社会学解释角度来看，对孙杨是不利的，说明 CAS 注重适用社会学解释。在某些学者看来，追求社会效果应该服从于法律规定，基于法不溯及既往原则，即便认定孙杨方主张成立，应当不会影响 WADA 之前所做的检测。相反，会促进今后反兴奋剂机构血样采集规范化。

社会学解释注重法律与社会价值间的联系，是一种价值衡量，其核心是价值选择。法律价值具有时代性，法官立足于过去、现在和未来进行利益衡量，评价标准会有变化，这就给跨国民间法社会学解释适用带来难度。面对跨国民间法社会效果衡量的复杂性，有学者认为，社会学解释对跨国民间法不具有可操作性。其实不然，社会学解释可以把利益衡量作为适用进路。利益衡量是法官对冲突的法律价值根据法律目的、法律精神，按照法律论证程序进行价值取舍的过程，是个案正义与社会正义相协调的重要方法。微观上利益衡量是一种法律方法、裁判方法或是司法方法，宏观上是一种法律思维方式、法学思考方法、司法原则乃至司法意识形态的一个类型。根据衡量过程不同，利益衡量方法分为正向利益衡量方法和反向利益衡量方法。正向司法裁判方法几乎涵盖绝大多数裁判方法，无论是要件审判九步法，还是民事审判五步法，还是司法裁判三段论，都按顺序进行裁判。正向利益衡量方法按照价值衡量过程先后顺序进行衡量：判断案件事实展现的利益，找到法律规范依据，进行文义解释、目的解释、体系解释等，衡量相关利益做出价值判断。反向利益衡量方法则先不考虑法律规范，直接运用利益衡量确定裁判结论，再寻求法律依据的支撑，理论依据与结果导向裁判方法一样。正向利益衡量和反向利益衡量方法交叉运用是对目前跨国民间法不完善和不断修订状态的一种适应，是跨国民间法利益衡量的当代法律方法论。按照两种利益衡量方法交叉运用的仲裁思路，跨过民间法案件利益衡量可以分为五步：利益调查展示—利益实质判断—寻找法律依据—进行法律论证—做出合理裁判。

（五）适用嗣后实践法律解释

嗣后实践是国际法上的一种条约解释方法，首次在1969年《维也纳条约法公约》出现。该方法强调关注条约缔结后相关实践具体发展趋势，把握条约在当前环境中的解释，可以作为条约解释辅助手段证明其他方法得出的解释结论，其常用方法是类比推理，适用进路包括进行其他法律解释、寻找解释依据、进行法律论证三个步骤。WADC不是国际公约，但是可以借鉴条约嗣后实践解释方法，理由有三：首先，随着社会发展进步，非政府组织能在一定限度和一定条件下成为国际法主体。WADA今后或许会和国际红十字会一样，在一定限度和一定条件下成为政府间国际组织，可以尝试借鉴适用嗣后实践解释。其次，WADA在国际反兴奋剂领域的影响力，使WADC成为实际上约束各国及其奥林匹克运动参与主体的"公约"。《维也纳条约法公约》第31－33条所确立的解释规则成为条约解释的习惯法。第31条第3款规定：解释应与上下文一并考虑者尚有嗣后在条约适用方面确定各当事国对条约解释之协定之任何惯例。嗣后实践是一种重要且常见的解释条约的非正式方法，联合国国际法委员会正在为这种方法的使用确立一套规范。该方法是根据缔约方嗣后实践解释其行为效力，在理论和实际应用中都争议颇大，争议主要集中在：是反复一致的嗣后实践才能构成解释依据，还是一次性嗣后实践也可以构成解释依据？嗣后实践能否修改条约？争议虽然很大，但无法改变在国际司法和仲裁实践中仍然得到多方使用。[①] 最后，WADC的立法漏洞需要得到补充。瑞士《民法》第1条规定：无法从本法得出相应规定时，法官应依据习惯法裁判；如无习惯法时依据自己如作为立法者应提出的规则裁判。嗣后实践对法律文本的解释补充作用，无论在国内法还是国际法上都得到肯定，如《联合国国际贸易法委员会仲裁规则》就明确表述适用任何商业惯例。

WADA提出孙杨案发前检测过60000份样本，采用同样检测人员概括授权的表格，并没有人提出异议，主张这种习惯做法是有约束力的。如果推翻该做法，势必造成之前的60000次检测受到质疑。作为WADC的成员方，我国认可WADA及其法规的约束力，也就不妨碍WADC适用中嗣后实践的约束力。虽然孙杨兴奋剂违规是在WADC生效后出现的行为，但其检测过程中使用概括授权表格的习惯做法并不是在WADC生效之后，不符合嗣后实践的时间要素，而且与《ISTI血样采集指南》要求也不相符。因此，这个习惯做法不构成嗣后实践。与之不同，孙杨案确立的WADA制定规范优于国内法规则，符合

[①] 参见师华：《条约解释的嗣后实践研究》，载《理论探索》2018年第4期。

WADC 生效后确立的嗣后实践时间要素，也被 WADA 和国际奥委会予以认可，符合形成协调的、共同的和一致的一系列行为或声明的嗣后实践形式要素，可以构成广义的嗣后实践。CAS 解释 WADC 时适用嗣后实践法律解释，其解释构成 WADC 嗣后修改的司法渊源。正是这种嗣后实践推动着 WADC 不断修改，推动着世界反兴奋剂斗争不断发展，开创国际体育法独特的法律方法论。由此推之，跨国民间法可在一定条件下适用嗣后实践解释方法。跨国民间法的解释方法具有特殊性，它们之间的适用有什么逻辑关系呢？

四、跨国民间法解释方法的适用逻辑

文义解释是法律解释的最基本方法，是法律规范认知的第一步，具有适用上的优先性和不可替代性，跨过民间法的解释也是如此。跨过民间法文义解释首先考虑词汇字面意思，找出词汇通常含义，按照约定俗成的含义和习惯进行解释。有时字面意思会产生争议，需要根据文字法治语境确定具体含义。跨过民间法多以法律英语作为通用语言，法律英语具有用词、句法以及篇章结构上的特殊性。比如，求异型近义词和求同型近义词并用，a fair and impartial hearing panel 译为"公平、公正的听证委员会"，fair and impartial 是求同型近义词连用，fair 和 impartial 都有"公平、公正"的意思，连用是表达一个词的含义，力图对意思进行凸显。求异型近义词连用则是为了区别词的含义，如 in the course of interpreting or constructing the contract 中，interpret 和 construct 都有"解释"的意思，interpret 是指目的解释，construct 则指文义解释。

以 WADC2.5 条"篡改"的解释为例。《牛津高阶英汉双解词典》定义为：干预或干涉某事；乱弄某物；擅自改动某事物。《英汉法律词典》定义为：影响，干涉，干预；伪造，篡改，削弱，损害；贿赂。文义解释应选择词汇的法律字面意思，即《英汉法律词典》的定义，"篡改"包括干涉、伪造、贿赂三层意义。因此，WADA 把 2021 年 WADC2.5 条"篡改"解释为：收受贿赂以实施或不实施某种行为，伪造提交给反兴奋剂组织或治疗用药豁免委员会或听证小组的文件以及其他类似的故意干扰或企图干扰兴奋剂管制任何方面的行为。"篡改至少需要有主观上的不正当目的或者客观上的不正当手段"。[①] WADA 上诉丹尼尔·皮涅达·孔特拉斯和智利奥委会案（CAS 2013/A/3341）中，[②] 运动员接受兴奋剂检查时，第一次将尿液收集容器扔进马桶，第二次将容器放在厕所间隔板上使其掉到地板上，认为第三个容器不符合收集设备标准拒绝使用，并在新容器未送到、未提供尿样情况下离开检查地点。运动员主观上知道 WADC 兴奋剂违规规定，客观上具有两次破坏容器客观行为，第三次拒绝使用容器并在新容器未送到、未提供尿样情况下离开，显然构成篡改或企图篡改兴奋剂控制环节的兴奋剂违规。

---

① 参见梅傲、向伦：《世界反兴奋剂制度体系下样本采集的程序困境及化解进路—以"孙杨案"为引》，载《天津体育学院学报》2020 年第 3 期。

② http://jurisprudence.tas-cas.org/Shared%20Documents/3341.pdf，访问日期：2021-04-20。

WADC2.5 条列举的"篡改"行为包含故意干扰或企图干扰兴奋剂检查官,"干扰"不等同于"换人"行为,但是如此解释有违制定反兴奋剂规则的本意。文义解释无法证明柳德米拉"篡改"行为时,可进一步适用其变通形式:扩张解释。作为一种"准规范法",跨国民间法的变动性相对较大,这种变动性使扩张解释需求增多。在形式逻辑中,概念内涵是其所反映的事物的本质属性的总和。兴奋剂控制过程内涵丰富,范围广泛,可指从检测分配计划到最终处理任何申诉的所有步骤和过程。无论如何复杂,"篡改"的本质属性可归纳为:不正当目的、不正当方式、不正当影响。柳德米拉基于逃避兴奋剂检查和处罚的不正当目的,采取试图说服检查官对假哈萨诺夫检测的不正当方式,带来抵制兴奋剂检查的不正当影响,企图以欺诈方式改变兴奋剂检测结果,属于"篡改"兴奋剂控制过程的行为。对用假运动员哄骗检查官的行为进行扩张解释,仍在"篡改"文义所能预测的范围之内,符合扩张解释的要求。CAS 根据兴奋剂的定义裁决柳德米拉兴奋剂违规,对其禁赛 4 年,受到当事人的质疑。如果适用扩张解释,给出说服力强的兴奋剂违规理由,裁决会更令人信服。通过本质属性进行扩张解释,也是跨国民间法扩张解释的应用进路。但是,跨国民间法的扩张解释要符合立法精神,不能超出文义可能具有的含义,应遵循国际私法基本原则的价值指引,接受跨国民间法的精神和目的或规范宗旨的考量。

众所周知,法律解释的方法主要有文义解释、扩张解释(限缩解释)、体系解释、目的解释、判例解释、社会学解释等。无论是合同解释,还是国家间条约解释,大致都有一套原理趋同的法律解释原理,如基于意图的解释和基于文义的解释原则。跨国民间法虽非正式法律,但它的解释也是如此。总的来看,WADC 作为反兴奋剂的一部跨过民间法,它的解释同样要遵循法律解释的逻辑,一般以文义解释为起点,其他解释方法没有固定顺位,而且可以适用嗣后实践解释方法,彰显跨国民间法在解释方法论上的法理。而且,国际体育案件的复杂性决定案件可能不只使用一种解释方法。仲裁员应该依据个案情境及国际体育秩序的现实需要对比多种解释结论之间的差异,并细致说明取舍理由,激励各种法律解释方法的创造性运用。[①] 换句话说,跨国民间法的解释同样依赖国内法的解释技术和有关规则,但有时需要突破传统的解释路径,克服国内法解释的惯性,考虑它所调整的共同体(国际体育界)整体利益而不是个别成员国内法。

结 语

《世界反兴奋剂条例》2.5 条的解释说明,跨国民间法的解释遵循法律解释的逻辑,一般以文义解释为起点,其他解释方法没有固定顺位,有时可能不只使用一种解释方法。WADC 具有"类国际法"属性,这是该规则解释方法适用的语境,对其解释应在国际背景下进行自治解释,需要采用更加灵活的解释方法,包括更多地适用利益衡量和漏洞补

[①] 参见孙光宁:《法律解释方法在指导性案例中的运用及其完善》,载《中国法学》2018 年第 1 期。

充。我国对跨国民间法进行国内转化时,尽管可以高于跨国民间规则,但对国内法和跨国民间法的冲突,应有理性认识,进而寻求协调国内法与跨国民间法的路径。运动员或其他当事人应积极配合跨国民间法的实施,通过国际修法进程改善规则达到保护权利的目的,而不是在个案情况下与现有规则进行抗争。法律解释对跨国民间法适用的意义不容置疑,现在和以后都有继续研究的价值。

On the Particularity of Interpretation of Transnational Folk Law
—— Take the interpretation of Article 2.5 of WADC

Kong Rui

Abstract: The interpretation of transnational folk law is different from the interpretation of domestic law which is directed at the will of the state and the interpretation of international law which is directed at treaties and international customary law. The interpretation of transnational folk law has its particularity in the Objective interpretation, Systematic interpretation, Case interpretation, Sociology interpretation and Subsequent practice. The interpretation of transnational folk law generally follows the logic of legal interpretation, which can be used for reference but cannot rely on the interpretation techniques and rules of domestic law. Sometimes, it is necessary to break through the traditional interpretation path. Taking the interpretation of the World Anti-doping Code as an example, it is expected to inspire the future sports law scholars to pay attention to international informal rules interpretation methods, to reveal China's legal existence and discourse power in the international sports arbitration and to be of benefit to the study of transnational folk law interpretation.

Key words: Transnational folk law, Textual interpretation, Objective interpretation, Systematic interpretation, Sociology interpretation, Subsequent practice

(编辑:曹瀚哲)

孝道、赡养与代际交换：一个补充解释

陈婧怡[*]

摘　要　关于孝道文化和赡养制度的主流解释是代际交换理论，但代际交换本身的脆弱性和不确定性远不足以支撑起这种需要子女承担高昂成本的制度。就鼓励生育和抚养子代而言，人类完全可以进化出远比代际交换更廉价的替代方案。孝道和赡养制度的缘起和建立需要权力的介入，而对于统治者来说，强化孝道和赡养制度不仅有利于强化家庭和家族的自组织性，而且可以把家庭和家族直接转变为一个驯化机制。

关键词　孝道　赡养　代际交换　驯化

父母抚养子女，子女赡养父母，都是天经地义，很久以前就已成为全人类的道德共识，《论语》《圣经》和《古兰经》这些东西方的伟大经典都有关于孝道的训诫。[①] 然而，只要一种现象是跨文化的，那么这种现象就不是单纯用文化能解释的了。至于孝道的道德规范是如何形成的，赡养又是如何像婚姻一样作为社会制度建立的，目前社会科学的普遍共识是"代际交换"——子代未成年时由亲代抚养，子代长大后赡养衰老的亲代，这就让亲代和子代完成了一种交换。社会规范倡导孝道，鼓励子女赡养父母，目的是让父母养育子女有稳定的未来回报，这反过来会鼓励父母在养育子女上投入更多的心血。

自二十世纪九十年代达尔文主义在社会科学领域强势回归之后，上述来自生物学共识从未受到任何强有力的质疑。但本文的写作目标恰恰是在挑战这一共识的基础上提出一种补充解释。仅依靠代际交换，社会不足以发展出稳定的孝道文化和赡养制度。这不仅因为

---

[*] 陈婧怡，中国海洋大学法学院本科生。
[①] 《论语·学而》："孝悌也者，其为仁之本与欤！""子曰：'弟子入则孝，出则悌，谨而信，泛爱众而亲仁'"；《圣经·出埃及记》（20：11）："当孝敬父母，使你的日子在耶和华你神所赐你的地上得以长久"；《古兰经》（2：83）："你们应当只崇拜真主，并当孝敬父母"。

交换的时间跨度太长，充满不确定性，难以阻止各种机会主义行为，更重要的是，对于人类自身繁衍而言，自然选择可以创造出孝道和赡养的替代方案。赡养制度不可能只靠人类的本能或代际交换机制就足以维系，它还需要外在的规范约束以及权力的干预。

一、脆弱的天性

年轻力壮时生儿育女，子女长大成人后赡养父母，以报养育之恩。崇尚孝道可以有效减弱人们对衰老的恐惧和担心，每个人对未来有稳定的预期，少有所育，老有所养，大家和睦相处，彼此之间少有激烈的冲突。这副图景看上去十分美好，孝道和赡养制度功不可没。

老年人老有所养，衣食无忧，就不会去违法乱纪（最明显的可能是减少盗窃的数量）；年轻人安心劳作，照顾孩子和老人。父母为养育子女投入的精力和财富越多，孩子的成活机率就越高，活得越健康，教育程度越高。孝道和赡养有利于鼓励人们积极生育，创造财富，这就保障了整个族群源源不断的人口再生产。倡导孝道和建立赡养制度也有利于促进社会稳定，因为孝敬父母的年轻人举止温和，待人友善，不容易与他人发生冲突，也更遵守社会规范。总之，孝道和赡养不仅关乎养老保障，关乎人口再生产，而且关乎社会秩序。孝敬父母可以提高年轻人的社会化程度，减少反社会行为的数量。

但是，我们不能认为，因为孝道和赡养拥有上述功能，然后相应地社会规范和社会制度就自然而然地建立起来了，毕竟功能本身不足以解释事物的起源。至于孝道是如何形成的，赡养制度又是如何建立的，最简单的回答是源于人类的"天性"。古人就曾以"羔羊跪乳"和"乌鸦反哺"来例证孝敬父母是天经地义的生物本能。但这里存在两个质疑：其一，仅靠天性就足以支撑孝道文化和赡养制度吗？其二，人类的天性为何是孝敬父母，而不是相反？

观察整个动物世界，我们会发现，自然选择只会把亲代抚养子代固定为生物本能，子代赡养亲代极其罕见，实际上这种现象只发生于人类社会。现代生物学知识告诉我们，"羔羊跪乳""乌鸦反哺"都和孝道毫无关系，前者是因为刚出生的小羊腿骨太软，后者则是群居动物在哺育幼体时出现的巧合。

你也许会说，倘若子女都选择抛弃年老的父母，那么整个族群的生育动机就会大大削弱。[①] 但这种说法缺乏说服力，至少在自然界里，养育激励是完全独立于孝道和赡养制度的。自然选择把生育和性捆绑在一起，构成了一个完美的基因圈套，生育在很大程度上只是性的副产品。如果荷尔蒙可以提供充足的生育激励，那么黄体酮——一种刺激母爱和父爱的激素——就足以驱使动物去抚养自己的孩子。比如，负鼠会生育很多子女，并且大部

[①] 埃亚尔·温特指出："允许仇视甚至漠视年迈父母的道德准则会遏制人们的生育欲望，从而威胁到种群的存亡。"参见［以］埃亚尔·温特：《狡猾的情感》，王晓鹏译，中信出版社2016年版，第124页。

分时间都要为孩子们寻觅食物,[1] 但子代并不赡养亲代,亲代也没有被赡养的期待。自然界还有很多动物在衰老之后选择孤独地死去,尽量不给自己子女增加负担。衰老的狼会自动离开狼群,年老的象会自己走去象冢。澳大利亚有一种雌蜘蛛做得更过分,它们在繁殖后就将自己化为肉糜,任由孩子们吃掉。

"繁殖重于生命"是自然界的普世法则,这种利他主义行为受基因的操控。虽然子代只携带亲代一半数量的基因,但年轻子代携带的基因远比衰老亲代的基因更有前景,这意味着那些能成功操控亲代为子代不惜自我牺牲的利他基因能够成功扩散,于是动物世界呈现出一条普遍的规律——亲代对子代的关照总是远胜于子代对亲代关照。[2]

严格意义上,动物关心的是"基因利益",而不是"自我利益"。因为那些关心"基因利益"超过"自我利益"的动物种群更可能获得生存竞争的优势,而如果一个动物种群不仅关心"自我利益",而且关心"父母利益",那就违反了"繁殖重于生命"的自然法则,前文描述的美好图景不会呈现,确切地说,在这幅美好图景呈现之前,这个种群就已经枯萎了。它们很容易在生态竞争中被彻底淘汰。

其实人类社会也是如此,没有人对父母的爱护会超过对子女的爱护,但确有很多人对子女的爱护超过对自己的爱护。所以才说"可怜天下父母心",但从来没听说"可怜天下儿女心"。古人明白,"百善孝为先,原心不原迹,原迹寒门无孝子。"孝敬父母的要求不高,通常有份心意就够了。流行歌曲也唱得很实在:"老人不图儿女为家做多大贡献,一辈子不容易就图个团团圆圆"。不过至少在生物学意义上,儿女活得好就是父母的成功——不管儿女是否孝顺,父母的基因已经成功复制了。"生子如羊不如生子如狼",这话含蓄地表明了"可怜父母天下父母心"的另一层含义:他们关心还是自己的"基因利益"。

二、物质条件的限制

年轻力壮的个体照顾年老者,这在很多哺乳动物种群里并不罕见。比如,壮年狼和老年狼一起围猎,老年狼即使贡献不大,也能吃到一份食物。但这种基于亲缘关系的利他行为仍受自私基因的操控,并且更多是互利性质的。早期的人类生活在小规模的血缘群体之中,那时人类的天性与动物本能差别不大,年轻人对待老人的方式也不太可能迥异于动物。年轻人也会照顾老人,就像壮年狼也会照顾老年狼,但这种照顾是很有限的,年轻人不可能为了让老人吃饱而宁愿自己饿肚子。

年老的个体迟早会成为种群的负担。我们可以假设一种动物有两个种群:在一个种群里,年轻的个体会赡养年老的个体;在另一个种群,年老者被年轻者遗弃。至于哪个种群

---

[1] 参见[美]特里·伯纳姆、杰伊·费伦:《本能:为什么我们管不住自己?》,李存娜译,中信出版社2019年版,第93页。

[2] [英]道金斯:《自私的基因》,卢允中等译,中信出版社2012年版,第139–158页。

拥有生态竞争的优势,答案是一目了然的。抛弃年老者的种群负担更小,它们可以把因此节省的资源(包括时间、精力和食物等等)更多用在自己和子女身上,即使有剩余,也会拿去和其他年轻者做互惠的交换,而不是留给年老者。但这个残酷无情的种群却更可能在生态竞争中胜出,因为它们的存活几率更高、子女数量更多、成员质量更高(更年轻,更不容易出现"老龄化"现象)。年轻就是资本——更强的繁殖能力、生产能力和战斗能力。相反,那个赡养年老者的种群却会处于劣势。在严酷的生态竞争中,很小的一点劣势就会导致整个种群的灭亡——即使不是肉体的直接消亡,而只是基因层面上的逐渐替代。

上述逻辑不是空想,人类学家很早就发现了一些原始部族中至今或不久前还残存着遗弃老人甚至杀害老人的习俗,例如因纽特人、阿伊努人、印第安人和玻利维亚人的某些部落。[①] 几乎无一例外,这些原始部族都生活在贫瘠的地区,生存条件极为艰苦。这一事实暗示了孝道似乎是一种文化上的奢侈品,赡养制度的建立需要一定程度的物质条件做支撑。倘若一个社会贫困到老年人和儿童要和青壮年争夺食物的地步,那么理论上不仅溺婴的现象司空见惯,还可能会产生鼓励老人自杀的习俗。再考虑到提倡孝道文化的族群(欧美、东亚和伊斯兰世界)几乎全部拥有悠久的农业传统,我们几乎可以断定,狩猎采集时代的赡养制度最多处于萌芽阶段。

当然,看着老年人逐渐衰老,在孤独无助中绝望地死去,这会给年轻人带来很大的心理阴影。把别人的痛苦看作自己的痛苦,人类有这种移情的能力(事实上很多灵长类动物也有移情能力)。然而,别人的痛苦终究是别人的痛苦,也许同样的痛苦未来注定要发生在自己身上,但未来终究是未来。眼下的难关过不去,无论关心别人,还是关注自己的未来,都不会有好果子吃。如果说人们无法忍受眼看着老年人垂死挣扎,那么溺婴难道不是更残忍吗?

你也许会质疑说,遗弃父母要背上恶名,被社会唾弃,孝顺父母却会收获好名声。没错,好名声是一种声誉资产,可以兑现为未来的合作机会,这是一种潜在的收益。但这种质疑很薄弱,因为它过早地隐含了一个尚未证成的前提——社会成员已经普遍将孝道视为一条很强的伦理规范。

三、难以阻止的机会主义行为

埃亚尔·温特在《狡猾的情感》中以优雅的笔调描述了代际交换的逻辑。亲代抚养子代,子代赡养亲代,并且子代迟早要变成自己子代的亲代,于是"孝敬父母"和"使你的日子得以长久"就形成了一种巧妙的社会机制,就是一种代际之间的契约和交易。现在

[①] 司马迁曾记载"匈奴俗贱老",参见司马迁:《史记》,中华书局1959年版,第2899页。遗弃或杀死老人的习俗在古代日本、因纽特人、印第安人和玻利维亚人以及世界其他民族中都曾普遍存在,参见 Nancy R. Hooyman and H. Asuman Kiyak, *Social Gerontology: A Multidisciplinary Perspective*, 7th edition, Person, 2005, p. 46。

赡养自己的父母,将来自己也会被孩子赡养,这样就可以让自己的日子变得更长久。[①] 尽管代际交换中的投资与回报显而易见,但却看不到有什么力量可以阻止交换中的机会主义行为。

生育、养育子女需要投入高昂的成本。对于父母而言,如果将生养子女视为一种投资,那么这种投资需要获得确定的回报。但如果子女的机会主义行为频繁出现,回报就会按兑现的概率打折。倘若没有足够的力量来阻止子女的机会主义行为,那么代际交换就不可能被固定为一种制度。代际交换的时间跨度长达几十年,时间跨度越久,交换失败的概念就越高,回报的折扣也越大。有谁会为了几十年之后不确定的回报而在今天辛勤付出呢?当然,孝道文化的普及可以减少其中的不确定性,但这里却存在一个倒果为因的难题——如何确保存在这样一种文化。

商人之间的契约和交易可以借助法院来强制执行,也可以借助社会的声誉机制,[②] 但在相应和法律和社会规范建立之前,商人们只能借助双边机制来减少或阻止交易中的机会主义行为——如果一方违约,另一方就以下一步的违约惩罚对方。正因为如此,"一手交钱,一手交货"的交易最容易成功发生。如果世界上的交易都即时性的,那么合同法就几乎没有存在的必要。历时性的交易充满了变数,但只要双方都不缺少惩罚对方违约的机会,那么交易就可以发生于一个没有公共权力的环境中。[③]

但代际交换却不具备商人之间的双边惩罚机制。父母辛辛苦苦把子女抚养成人,但子女长大了,父母衰老了,双方的强弱地位也发生了变化。如果子女抛弃父母,父母没有任何惩罚或反制子女的手段。这种情况在婚姻制度中同样存在(人们经常发现,只要男方娶到了女方就会立刻原形毕露),但是程度明显不同。女方或多或少还有一些反制措施,而衰老的父母面对年轻力壮的孩子们,却是一点筹码都没有。女方反制男方的手段,可以从事后的惩罚转移为事先的检验,但父母在生育之前却没办法选择自己的孩子。

往昔的收益很容易被淡忘,眼下的好处更有诱惑。感激不是回报的理由,感激几乎是世界上最廉价的情感。考虑到即使在孝道和赡养制度确立之后,不肖子孙仍大量存在(这种现象经常让法院和警察束手无策),那么我们完全有理由推测,在一个完全没有孝道文化的丛林社会里,遗弃父母的机会主义行为肯定早已泛滥成灾。这会导致一种恶性循环,机会主义行为的比例越高,代际交换的成功率就越低,低到一定程度就约等于无。

代际交换的可疑之处还在于,强制年轻人回报父母,有时非但不会刺激生育,反而可能变成一种抑制生育的力量。尤其在时间、金钱和精力都非常稀缺的时候,年轻人将资源用于赡养父母,就会直接减少养育子女的投入。如果照料父母的压力过大,年轻人只能放

[①] 参见[以]埃亚尔·温特:《狡猾的情感》,王晓鹏译,中信出版社2016年版,第124页。
[②] See Stewart Macauley, *Non-contractual Relations in Business: A Preliminary Study*, American Sociological Association, 1963.
[③] See Robert Axelrod, *The Evolution of Cooperation*, Basic Books, Inc., 1984.

弃或拖延养育子女。如今的年轻人普遍面临"两个子女赡养四位老人"的局面，这种压力已经成为降低生育率的许多因素之一，而"郭巨埋儿"的传说则意味着在古代社会就已存在孝道抑制生育的逻辑。

四、替代的生育激励

以代际交换来解释孝道文化和赡养制度之所以十分可疑，还因为从自然选择的角度看，生育激励从来不需要未来的回报。把性和生育捆绑在一起，就是个完美的基因圈套。对于自然界的动物们而言，生育和性是不可分割的。在现代避孕手段发明之前，人类也逃不出这个基因圈套，电影《菊豆》就描述了与此相关的悲剧爱情故事。

如果生态环境允许人类增加繁殖的速度，那么可行的演化方案有很多种。女性可以有更强的繁殖能力（这只需要增加每个月的排卵数量），还可以缩短怀胎期（这只需要减少人类的身高和体重，尤其是大脑的容积），或者降低母亲独自养育子女的风险（这只需要增加男性的催产素和抗利尿激素的分泌量）。当然每一种演化方案都是有代价的，我只是借此强调人类演化并不需要代际交换来鼓励生育。自然选择之所以没有采用些演化方案，更可能是因为现有的生育激励就已经足够充分了，而更强的生育激励反而可能导致人口暴增以及随之而来的"马尔萨斯陷阱"。

即使代际交换确实鼓励了生育，但在没有这种制度的环境中，自然选择就不会对它产生依赖。你也许会说，演化是盲目的，那些碰巧演化出了代际交换的种群，生育了更多的子女，因此在生态竞争中胜出了，但这个碰巧实在是太巧了。自然选择是渐进的，它不能一口吃个胖子。而赡养制度却不可能一蹴而就，因而，即使自然选择找到了正确的方向，也几乎必定会在演化途中半途而废。

事实上，作为一种鼓励生育的机制，代际交换无论在生物学层面还是在社会学层面都是可替代的。如果没有赡养制度去鼓励生育，人类群体就会发展出"生养孩子是美德"或"多生孩子是英雄"的道德规范，这些道德规范同样可以激励生育，甚至可能效果更佳，历史上的斯巴达国家就有过类似的尝试。[①] 配套的道德规范仍然是鼓励缺乏生活自理能力的老人选择自杀。

总之，无论是天性，还是代际交换，都不足以支撑起孝道和赡养制度。即使赡养行为可能起源于食物充足时一次偶然的自愿，但难以持续，也难以在普及到群体水平上。总体上说，赡养在进化上是不稳定的。我们甚至可以利用归谬法去质疑代际交换理论：如果"人人都不养老人"，那么人们现在对子女的付出，都在自己曾经是孩子的时候就已经预先收取回报了——这不同样是一种公平的等价交换吗？

进化不稳定的原因可以通过博弈论解释，把赡养老人称为年轻人选择"合作"，反之

---

① 参见张新平、李义男：《苏联的励赏体系及其历史启示》，载《俄罗斯东欧中亚研究》2017 年第 6 期。

则称为"背叛"。自发的合作确实可以稳定存在,不过这是有条件的。第一,必须保证对局者双方有重复博弈的机会;第二,博弈次数必须是不确定的;最重要的是第三点——有足以威慑背叛行为的惩罚。[1] 而年龄越大,剩余的博弈机会就越少,即使能施加惩罚,惩罚的威慑力也很低,因此越容易遭到对局者背叛(被子女抛弃)。

赡养不能稳定的原因,最大的问题在于没有确定的、可预期的惩罚。如果博弈者不能对背叛行为施加威慑充分的惩罚,就迫切需要第三方的力量介入了。并且如果第三方的力量不能来自一个扁平社会,那就只能等到社会隆起、权力出现之后了。按照本文的思路,当且仅当获得权力的支持时,孝道和赡养制度才能建立起来。

五、知识经济

作为一种社会控制的工具,社会伦理不是完全中立的,在很多时候它只是服务于社会的强势阶层。并且如果强者的伦理和弱者的伦理发生冲突,那么——按照尼采或福柯的逻辑——最终还是强者倡导的伦理赢得胜利。如果对我们认同的社会伦理做一番知识考古,就可能发现一个权力运作的过程。在我眼里,孝道就是由此而生的。

遗弃老人的社会应该有更强的生态竞争优势,在特定条件下也确实如此,但至少在文明社会中却没有形成相应的伦理规范。但"文明社会"的限定至关重要,孝道和赡养不是普世的,在自然界是偶然的,在人类社会也可能是偶然的,毕竟"文明社会"只占了人类历史的一小部分。这一事实暗示了鼓励老人自我牺牲的做法"不文明"。然而问题是,"不文明"的宣布是社会所有人突然达成的共识,还是其中一部分人持续运作的结果?如果把孝道的起源看作一个渐变的过程,而非突变的过程,那么答案只能是后者。

我可以沿着这个思路继续追问。第一,什么人才有足够的实力把自己的意见强加给整个群体?答案只能是拥有权力的强者。第二,拥有权力的强者为什么会倡导并坚持孝道?答案只能是强者能从孝道中获得利益。第三,什么人能从孝道中受益?答案只能是老人。几步追问下来,问题就变得十分清晰了。简单说,孝道的形成以及赡养制度的建立所需要具备的条件是:强者变老了,或者说,老人变强了。

体力和智力都会逐渐衰退,但知识和经验却会逐渐积累。老年人相对于年轻人的优势,只可能是后者。但是,只要年轻人掌握了老年人的知识和经验,老年人就会失去他们曾经拥有的优势。如果老年人能够长期维持他们的知识优势,就需要借助知识壁垒来阻止年轻人迅速跟进。知识壁垒可以是知识本身的复杂程度(越复杂的知识越不容易被他人掌握),也可以是获取知识的垄断地位(让别人没有获得知识的机会就是一种垄断的局面)。在一个依靠简单狩猎和采集技术就能谋生的群体里,老年人肯定没办法创造知识壁垒或维持知识垄断。这意味着只有当社会发展出某种"知识经济"作为谋生手段的时候,老年人

---

[1] See Robert Axelrod, *The Evolution of Cooperation*, Basic Books, Inc., 1984.

才可能获得相对于年轻人的优势。

最早的"知识经济"也许就是群猎。群猎需要首领的指挥，否则就没法把十几或几十个人组织起来去合作猎杀一头猛犸象。但显然，指挥不只是技术意义上的，而且是政治意义上的。如果人群里的某个人或某些人不听指挥，甚至暗中捣乱，首领就必须有能力把麻烦搞定。这可不是和猎物、天敌打交道的能力，而是和人打交道的能力，直白地说，这是一种政治智慧。拥有政治智慧需要时间和阅历，这就让年龄本身成了资本。

一个人的衰老，首先是体力的衰退，然后是智力的衰退，但如果在体力和智力都衰退之后，他的知识和经验却仍在增长，那么只要后者增加的实力足以补偿前者丧失的实力，他的总体实力就可能在衰老的同时不降反升。如果再加上政治智慧来进一步延缓实力的衰减，那么老人——或至少足够年长的人——就比年轻人更可能成为群体中的强者。这在我们的社会被视为理所当然，无论在企业，在学校，还是在整个国家，说了算的都是老年人。

然而这种现象并不理所当然。在我们的近亲黑猩猩的种群里，首领位置上的雄性黑猩猩就不可能是个耄耋老者，因为年轻的雄性黑猩猩等不到那一天就会向他发起挑战，如果在暴力竞争中败下阵来，他的首领位置就被抢走了。[①] 早期的智人群体也大抵如此，拳头硬的说了算，暴力竞争决定谁是群体里的老大。

老人由弱变强一定有个分水岭。分水岭之前是暴力竞争主宰权力资源的分配，分水岭之后是知识竞争决定权力资源的分配。这个分水岭只可能是某种经济模式或某种生产方式，它具有很高的知识含量，目前看最可能充当分水岭的，就是群猎。当人类进入农业时代或工商业时代之后，知识会拥有更重的分量，其结果就是强化孝道和赡养制度。

六、作为驯化机制的孝道

只要孝道和赡养制度开了头，就必然会获得更多力量的加持。国家起源之后，统治者很快就会发现，孝道和赡养制度不仅有利于促进社会稳定，而且有利于巩固自己的统治地位，因为孝道可以让家庭或家族变成一个驯化机制，让臣民更容易养成服从的习惯。

中国古代的儒家就认为等级差异对于维护社会秩序和政权稳定不可或缺，并且"孝"和"忠"作为两种美德是相互勾连的。[②] "孝道"建构了父子间的等级秩序，由孝而忠，就可以在父子秩序上建构君臣间的等级秩序。所谓"君君，臣臣，父父，子子"，[③] 无非是把家庭内的等级秩序延伸到整个国家而已。孔子有个重要的发现，"孝悌而好犯上者，

[①] 参见[美]弗朗斯德瓦尔：《黑猩猩的政治：类人社会中的权力与性》，赵芊里译，上海译文出版社2014年版，第89—159页。

[②] 参见瞿同祖：《中国法律与中国社会》，中华书局2003年版，第294—295页。

[③] 参见杨伯峻：《论语译注》，中华书局1980年版，第128页。

鲜矣；不好犯上者而好作乱者，未之有也"。①

孔子只是讲出了自己的直觉，它没把道理讲得足够清楚。为什么忠孝可以相互勾连？社会科学提供的答案是教化，家庭和家族成了国家的教化工具，其中的道理不言而喻——如果孩子从小就受到家长的孝道教育，那么孩子就更可能养成服从权威的习惯。反之，"目无尊长"就可能让孩子成长为一个叛逆者，一个反社会者，或一个无政府主义者。

但请注意我强调不是"教化"，而是"驯化"，因为前者的逻辑早已尽人皆知了。但"驯化"更多是个生物学概念，它指是通过操控动物交配来遴选动物的品种，以此改变动物的基因和性状，这是一种生物学意义上的改变。比如，人类驯化了狼，狼的一部分后代变成了狗，如今狗和狼已经不再是同一种动物，两者之间有实实在在的基因差异和性状差异，最典型的差异是狗比狼更懂得服从。但人类至今不能驯化狮子，马戏团里的狮子可以被驯服，但狮子作为一个动物品种是不可驯化的，因为人类不能操控狮子的交配，不能通过交配去遴选某种特定品种的狮子。②

驯化的逻辑也适用于人类。当我说孝道和赡养制度是个驯化机制的时候，实际是说孝道的长期存续已经改变了人类的基因，那些更懂得顺从父母、同时也拥有更强服从天性的人类获得了生态竞争的优势，而那些"叛贼腻子"则大部分已经被除掉了——不仅他们被除掉了，他们的基因也被清理了。

这一事实不难理解，借助"鹰鸽博弈"我就可以把道理讲得十分清楚。假定某个人类群体有两类人组成：一类叫作"鹰"，他们攻击性很强，服从性很差；另一类是"鸽子"，他们服从性很强，且爱好和平。假定这两类人的区别不只是文化上的，而且是遗传学层面上的。根据演化模型的逻辑，当鹰的数量较少时，他们可以轻易打败鸽子，因此获得很高的适应值；但当鹰的数量开始变多，他们就比较容易遭遇自己的同类，经常两败俱伤，鹰的适应值开始降低；直到鹰和鸽子的数量在群体中达到一个固定比例，两类人的适应值相等时，才会在进化上稳定下来。但当环境变化以致攻击性行为的成本上升而服从性行为的收益增加时，鹰的适应值就会降低，鸽子的数量就会增加，鹰、鸽比例也会随之调整。这意味着人类整体上变得更加温顺了。

那么，改变环境的力量从何而来？答案是除了农业革命带来一组系统性因素——包括农耕、放牧、定居、社会分层以及国家统治和政府管理——之外，还有孝道和赡养制度的建立，这些因素单独或组合发挥作用的一个渠道就是法律，而法律的功能之一就像个锤子——把翘起来钉子砸下去，或把砸不下去的钉子彻底拔掉。这很像人类驯化动物，通过操控野生动物的交配，温顺的品种就在代际更替中被不断挑选出来了。牲畜（比如狗、羊、猪、牛、马）的远古祖先都是野性十足的，如今他们都变得很温顺了。肉眼可见的变

---

① 参见杨伯峻：《论语译注》，中华书局1980年版，第2页。
② 关于驯化的生物学逻辑，参见［美］贾雷德·戴蒙德：《枪炮、病菌和钢铁》，谢延光译，上海译文出版社2016年版，第151–171页。

化是耳朵，耳朵下垂是温顺的标志——许多种类的狗和猪就是如此，但狼和野猪的耳朵却都是竖着的。

如果暴力犯罪频繁发生，法律人会更关心文化、教育、就业机会、经济增长、摄像头以及警察的数量，人类自身的演化就被有意无意地忽略了。这也难怪，毕竟在过去一个世纪的绝大多数时间，社会科学共识是人类演化已经停止了，甚至生物学家斯蒂芬·古尔德这等人物都认为，距今5万年到10万年不过是一眨眼的时间，不可能出现进化意义上的显著不同。直到最近几十年，快速发展的遗传学和分子生物学才迫使我们转向另一种观念：人类演化非但没有停止，反而在过去的一万年的时间里大大加快了，而演化速度加快的最重要原因，就是人类开始驯化人类自身。[①] 孝道被统治者用作一种驯化机制不是偶然的，这种现象必然会发生。

七、结语

总体上说，孝道文化和赡养制度不可能只由人类天性来支撑，也不可能只靠代际交换来维系，尽管后者已成为社会科学的共识。本文并不否定代际交换，而是在此基础上提出了一个补充性的解释：孝道的起源和存续离不开权力的运作，而群猎——作为最早的"知识经济"——则很可能是孝道和赡养制度的分水岭。

为了避免误会，我需要特别指出，本文并不否定孝道的道德性，而只是强调道德的背后需要力量的支撑，尽管道德本身就是一种力量。不排除早期人类就有自发的孝敬父母的行为，但偶然的行为不足以建立一种制度，而制度的背后一定有肉眼可见的惩罚结构。

此外，孝道和赡养制度不可能是一种精心的设计，没有人事先规划好一切。看起来足够完美的文化和制度往往是在人类的群体实践中不断摸索、不断试错、不断检验的结果，它的成功不依赖于天然的合理性，事实上没有什么东西是天然合理的，而是因为它在演化中提高了个体乃至整个群体的进化适应性。也许道德高于法律，但生态的力量仍是最终的主宰。

Filial Piety, Alimony and Intergenerational Exchange: AnSupplementary Explanation

Chen Jingyi

Abstract: The theory of intergenerational exchange is the dominant explanation for filial pi-

---

[①] 参见［美］格雷戈里·柯克伦、亨利·哈本丁：《一万年的爆发：文明如何加速人类进化》，彭李菁译，中信出版社2017年版，第1—3页。

ety culture and alimony systems. However, the fragility and uncertainty of intergenerational exchange itself are far from sufficient to sustain such a system that requires children to bear high costs. Humans could have evolved far cheaper alternatives to intergenerational exchange to encourage childbearing and offspring rearing. The origins and establishment of filial piety and alimony institutions require power intervention. For rulers, strengthening filial piety and alimony institutions is not only conducive to reinforcing the self – organization of families and clans but also can transform them directly into a domestication mechanism.

Key Words: Filial piety, Alimony, Intergenerational exchange, domestication

（编辑：郑志泽）

经验解释

"摹仿"与"套用":清代黔东南文斗寨的契式与契约书写

瞿 见[*]

摘 要 在明清契约文书研究中,关于契约之"书写"的讨论尚不充足。在契约的形式层面,讨论的关键往往在于"契式"(或曰"活套");其使用方法一般被认为是"套用",即在流行刊布的一般性格式文稿中填入当时当地所需要的具体信息,以完成契约的制作。但是,此种基于相对统一的契式的契约书写过程,似乎很难解释契约格式在不同区域间的转变,尤其是契约文书在进入相对边疆的清水江流域之后所加入的在地化因素。据此,在实践中是否存在其他的契约书写方式?通过对清水江流域文斗寨所存契约的具体分析,可以发现"摹仿"可能是相对于"套用"更为普遍的契约书写方式。依据对清水江契约材料的仔细研读,一方面,可以勾勒出契式知识自内地向苗疆的传播经历;另一方面,也可以解释契约文书在清水江流域的在地化演进。

关键词 清水江文书 文斗寨 契式 法律书写 契约

一、问题的提出:契约的表达形式

(一)契约的书写

"书写",被认为是早期现代中国法律文化的核心,[①] 对这一关键因素的特别重视要求

---

[*] 瞿见,德国海德堡大学哲学博士,比利时鲁汶大学法学博士,中国农业大学人文与发展学院法律系副教授。感谢 Enno Giele 教授及 CATI 研讨会诸同仁对文章的指导与建议,并感谢陈金全、潘志成、龙泽江、张继渊等师友,及德国马克斯普朗克比较公法与国际法研究所(MPIL)在资料等方面提供的帮助。

[①] See Robert E. Hegel, Katherine Carlitz eds., *Writing and Law in Late Imperial China*: *Crime*, *Conflict*, *and Judgment* (Washington: University of Washington Press, 2007), ix.

研究者在关注法律文书之内容的同时,亦关注其书写实践之本身。就当前发现的数量不断攀升的明清契约文书而言,无论当事各方达成了何种实质性的权利义务安排,其合意均需具体落实于纸面之上①——这一过程即是契约的"书写"。这一"书写"的过程意味着,相较于刊刻本而言,其写本文献的性质决定了其文字大多是原生态而富有个人色彩的,因之也更多地反映了普通百姓的生活面貌。② 换言之,每一件文书的产生,均有其独特的书写情境。而契约书写的特殊性在于,即相较于大量的账簿、书信、禀稿、族谱、风水单等其他各类文书的书写,本文所试图考察的契约书写属于一种"法律书写"(legal writing)。易言之,其系指关于得以以之成立或确立某一法律关系的文书制作;③ 就契约文书而言,包括如买卖、佃租、清白认错等契约文书。之所以将法律书写区别于其他文书的书写,是因为法律书写涉及切实、具体的利益与权属,其文本所涉的社会关系不同于其他文书。所以相较而言,此类文书的书写在涉及法律关系变动的层面会更为审慎。

关于契约之书写的基本问题是,契约是如何书写的?作用于契约书写场景的因素无疑有很多,但无论如何,最终下笔书写,将历史与生活场景的信息组织、转化、凝结而落实于契纸之上,并藉之传递予此时之读者的,无疑是其文书制作者群体。每一件契约文书必然都有其制作者,④ 其大致可以分为"亲笔"和"代笔"两种情况。⑤ 关于"卖契之执笔人"的习惯调查表明:"田宅买卖契约,或由出卖人亲自执笔,或由第三者代为执笔,均属常例。"⑥ 但是,受限于村寨中多数人的读写能力的,大部分的契约文书系经由代笔人之手书写制作而成。故而,代笔人参与的法律书写实践即成为这一场景中最为主要的情形。⑦ 然而,而某种程度上,这一在文本传递的过程中最终的、且对于文书本身而言或许

---

① 当然,在纸张之外,还存在许多其他如石、木、布、金属等种类的契约文书的物质载体。
② 参见张涌泉:《敦煌写本文献学》,甘肃教育出版社2013年版,第13页。
③ 自然,这里的"法律"要作较为宽泛的理解,所谓的法律关系指涉的是某种涉及当事人间权利义务的关系。霍菲尔德将一般认为的将所有法律关系归并为"权利"和"义务"的做法进行了细化,并将其适用于"严格的基本法律关系",这也是何以此处表明要作宽泛理解的原因。See Wesley Newcomd Hofeld, "Some Fundamental Legal Conceptions as Applied in Judicial Reasoning", *The Yale Law Journal* 23 (1913): 28-30。同时,时人同样也在使用"法律"一词,其含义似乎更接近于国家律法的层面。但从另一个角度来看,律法所规制的也是各方之间的权利义务关系。如时贵州按察使方显的奏折中言,"新开苗疆,从古化外,不知法律","令地方官极力化诲,俟五年之后,各苗渐知法律"。见中国第一历史档案馆编:《雍正朝汉文朱批奏折汇编》(第22册),江苏古籍出版社1989年版,第717页。
④ 有学者提到,"书写人,或称书契人、代笔人、代笔,负责书写契约,一般由书写端正清楚者担任"。参见陈学文:《土地契约文书与明清社会、经济、文化的研究》,载《史学月刊》2005年第12期,第9-10页。
⑤ 需要着重强调的是,表面上,"代笔"与"亲笔"之间的界限十分明确,但是在具体的情境中依然呈现出纷繁复杂的景象。
⑥ "湖南全省习惯",见法政学社编:《中国民事习惯大全》,文星书店1962年版,第28页。
⑦ 此类代笔人参与的法律书写实践亦被描述为"代写民间契字"。参见吴俊莹:《台湾代书的历史考察》,台湾政治大学历史学系2010年版,第157页。

最为关键的环节，却常常为人所忽略。① 因而，则有必要从书写和书写者的角度重新考察契约。

(二) 研究材料与问题的展开

对清代村寨契约书写的探查需要更为具体的时空背景，尤其是对村寨社会的具体框限有助于对契约书写之语境产生较为清晰的认识。正因"世界偏僻角落所发生的事情可以说明有关社会生活组织的中心问题"，② 故而本文选择以文斗寨为个案进行研究的方式展开讨论。文斗寨，现位于贵州省苗族侗族自治州锦屏县河口乡，向有重视契字文书的传统。③ 清水江流域的文斗寨在较为狭小的区域内遗存了相对大量的契约文书，④ 为以下讨论提供了绝好的个案样本。

在这一具体的时空中，代笔人所参与的契约书写具有多重面向。关于契约如何书写的问题可以从内容和形式两个角度进行考察。本文主要分析的是其形式的面向。将契约各方议定的结果转化呈现于契纸之上的，是需要特定程式的。在形式这一层面上，讨论的关键往往是"契式"（或曰"活套"）。此种"契式"可以被认为是一种契约内容的特定表达形式。有学者认为，"明清契约书立人（代书人）对交易类别与可采用契约形式之间已经有了充分的认识，自觉地将交易与范本进行对应使用。"⑤ 契式对于契约的制作十分重要，有的代笔人专门有"一个契约的样本格式，上面已经预先写好了有关买卖的主要内容，只需在空白处填写当事人和标的物的名称即可。"⑥ 这也表明，代笔人并不仅仅是拥有读写

---

① 关于代笔或这一书写实践本身的讨论尚告缺乏，唯于阐述相关问题时偶有论及。涉及"代笔"及相关书写实践的讨论，参见赵思渊：《19 世纪徽州乡村的土地市场、信用机制与关系网络》，载《近代史研究》2015 年第 4 期，第 95 – 96 页；冯学伟：《明清契约的结构、功能及意义》，法律出版社 2015 年版，第 28 – 29 页；梁聪：《清代清水江下游村寨社会的契约规范与秩序——以文斗苗寨契约文书为中心的研究》，人民出版社 2008 年版，第 112 页；另外，参见吴俊莹：《台湾代书的历史考察》，台湾政治大学历史学系 2010 年版，第 57 – 62 页。该书首章讨论清代台湾代书样貌，但主要内容是讨论"（官）代书"的问题，仅在该章第四节专门讨论台湾的契字代笔人，但其后半节又主要讨论荷兰统治时期及原住民族社会中各种语文与汉文在契约上的文字交互，就代笔本身着墨不多。

② Robert C. Ellickson, *Order without Law: How Neighbors Settle Disputes* (Cambridge: Harvard University Press, 1991), 1.

③ 文斗村寨社会中甚至留有这样的口传："烧屋伤皮肉，烧契断筋骨。"其于契约文书的重视程度可见一斑。参见王宗勋：《文斗——看得见历史的村寨》，贵州人民出版社 2009 年版，第 102 页。

④ 自 20 世纪 60 年代开始，文斗寨所遗存的大量明清契约文书相继被发现。参见徐晓光、龙泽江：《贵州"锦屏文书"的整理与研究》，载《原生态民族文化学刊》2009 年第 1 期，第 51 页。在文斗寨发现的第一批文书后于 1988 年出版公布，共约二百六十余份。参见贵州省编辑组编：《侗族社会历史调查》，贵州民族出版社 1988 年版，第 11 页。

⑤ 王旭：《契纸千年：中国传统契约的形式与演变》，北京大学出版社 2013 年版，第 229 页。

⑥ 田涛等：《黄岩诉讼档案及调查报告》（下册），法律出版社 2004 年版，第 35 – 36 页。

能力,"更重要的是他们懂得'规矩',还有'底稿'可用。"① 故而,代笔人的法律书写能力,可以体现为抽象的契式知识,也可以具体化为记载契式的"底稿"。进而,可以提出的问题是,"契式"作为一种知识,是如何传播(和发展)的?

对于以文斗寨为例的边地,关于契式知识的传播考察,可以大略分为两个层次:第一,内地的契式知识是如何向边地传播的;第二,契式在边地的村寨社会内部,是如何流传乃至于演进的。这些是讨论契约是如何书写的这一问题的几个具体的落脚点。相应的,以下也将分别从上述这两个层次进行讨论。

二、日用类书与契式知识的传播

一般认为,地契并没有法定的格式,② 从清代的契约实践来看,诸如不动产买卖等的契约一般都是民间自行订立。③ 据《钦定大清会典事例》,为防止税款流失,雍正五年(1727年)田文镜创议实行所谓"契纸、契根之法",对民间自行立契进行约束,"凡民间置买田房产业,概不许用白纸写契",而统一由官府刊布契纸、契根。④ 但这一规定于乾隆元年(1736年)即被废除,存续时间极短。⑤ 在地方层面上,在上述例文废除之后似乎仍存在推行官方契式的努力。如乾隆二十五年(1760年)二月,福建巡抚"设立合同契式,晓谕遵照","嗣后交易田产,务须遵照现颁上下合同契式","以杜假捏,以息讼端"。⑥ 但是,即使在这一地方的官方谕文和契式中,仍处处可见"应照闽俗向例""听凭民间俗例开写"等语。⑦ 所以,推进契式趋同最重要的力量往往并非官方规定,而是社会

---

① 王旭:《契纸千年:中国传统契约的形式与演变》,北京大学出版社2013年版,第234页。又如,有代书人提到,"一般人要买卖土地时,会去找代书帮忙,毕竟自己会写、会办的人非常少。"亦可见仅仅"会写"是无法完成代笔的全部工作的。见林玉茹、王泰升、曾品沧等:《代书笔、商人风——百岁人瑞孙江淮先生访问记录》,远流出版公司2008年版,第61页。
② 参见李文治编:《中国近代农业史资料》(第一辑),生活·读书·新知三联书店1957年版,第50页。
③ 参见刘高勇:《清代买卖契约研究》,中国政法大学博士学位论文,2008年,第25-26页。
④ "契纸、契根之法"具体为,"令布政司刊刻契纸,并契根,用价给发州县,该州县将契根裁存,契纸发各纸铺,听民间买用。俟立契过户纳税时,即令买主照契填入契纸,各盖州县印信,将契纸给纳户收执。契根于解税时,一并解司核对。倘不肖州县,于契根上少填价值税银者,照侵欺钱粮例治罪。若将司颁契纸藏匿不发,或卖完不豫行申请颁给,及纵容书役纸铺昂价累民,并勒索加倍纳税,家人里书勒取小包,或布政司不即印给,以致州县缺少契纸,并纵容司胥苛索者,该督抚查参,分别议处。若民间故违,仍用白纸写契,将产业价值入官,照匿税律治罪。州县官有将白纸私用印者,亦照侵欺钱粮例追究。如官民通同作弊,将奉旨后所买田产,倒填以前年月,仍用白纸写契用印者,一体治罪。至活契典业,亦照例俱用契纸。"见昆冈等修:《钦定大清会典事例·刑部·户部课程》,卷七百六十三,光绪二十五年(1899年)重修本。
⑤ 在上述例文下注明:"查布政使司刊刻契纸给州县听民间买用之例,已于乾隆元年停止,例文删"。见昆冈等修:《钦定大清会典事例·刑部·户部课程》,卷七百六十三,光绪二十五年(1899年)重修本。
⑥ 台湾银行经济研究室编:《台湾私法物权编》(第三册),台湾银行1963年版,第592-593页。另外,还有如光绪三十二年(1906年)歙县谕令中言及"凡民间典买田房产业,自本年四月起,遵照新章领用三连司印官版契纸。"参见田涛、宋格文、郑秦编著:《田藏契约文书粹编》(第一册),中华书局2011年版,第6页。
⑦ 参见台湾银行经济研究室编:《台湾私法物权编》(第三册),台湾银行1963年版,第592-593页。

大众间的民俗习惯。① 同时,从文斗的契约来看,无论是国家法层面还是地方政府方面的变化,对相应时期"白纸写契"的法律书写实践而言,都没有产生什么明显的影响。②

但是,清水江文书中的契约有明显的、相对稳定的契式痕迹。普遍认为,明清清水江文书的形成存在一个自内地传播的"契约文书东来"的过程,③ 契约文书的传播和推广使用,可能源自明清时期"卫所军士与其他汉族移民的不断涌入"。④ 但具体到契式知识的传播,其必然不是普遍性的。村寨社会中具有读写能力并常为人代笔的是特定的群体,代笔人群体对内地契式知识的接受不应当仅是在日常交往中的发生的,而应当存在特定的情境。

在《独山州志》中的记载揭示了汉人进入苗寨与法律知识传播之间的关系,⑤ 所谓"汉人擅入苗寨,久奉例禁,至教唆词讼",而"近日苗民读书识字者颇多,更有与考进学者,是延师课子,例所不禁"。⑥ 更为直接的,"访有等不肖生员,糊口苗寨,其蒙童先教以词状及卖田文契字样"。⑦ 这表明苗民学习汉文化的开始就是以"词状及卖田文契字样"为指向的。作为佐证,类似的记载在民国年间刊布的一份关于"字契"材料中也可以发现。记载者表示,"苗人不识文字,代笔者,多为汉人,此等汉人,大都无聊之极,不容于乡土,乃流落苗山,以敲诈为生活者,故苗人每被愚弄。"⑧ 可以说,在苗寨社会中"契式"与汉文化传播之间的关系是十分紧密的。

与之相印证的,曾长期在苗族地区生活的传教士塞缪尔·克拉克(Samuel R. Clarke)在其1911年出版的著作中,对苗民社会中汉文与契约之间的关系作了弥足珍贵的描述:

> "目前在苗寨中有教授汉文的学校。同现在一样,可能从很早以前开始某些苗民就掌握了汉文的读写……几年前,我们在旁海⑨开办了一所学校,准备用罗

---

① 参见尤陈俊:《法律知识的文字传播:明清日用类书与社会日常生活》,上海人民出版社2013年版,第59页。

② 实际上,"契约文书中的代笔人或代书人,替人写契字时,依据的是民间不成文、特定地域的民间习惯,官府对土地买卖的成文规定似乎不在考虑之列。"见吴俊莹:《台湾代书的历史考察》,台湾政治大学历史学系2010年版,第59页。

③ 如参见徐晓光:《清水江流域林业经济法制的历史回溯》,贵州人民出版社,第157-163页;程泽时:《清水江文书之法意初探》,中国政法大学出版社2011年版,第18页;徐晓光、程泽时:《清水江文书研究争议问题评述》,载《原生态民族文化学刊》2015年第1期,第46页;邓建鹏、邱凯:《从合意到强制:清至民国清水江纠纷文书研究》,载《甘肃政法学院学报》2013年第1期,第34页。

④ 吴才茂:《明代以来清水江文书书写格式的变化与民众习惯的变迁》,载《西南大学学报(社会科学版)》2016年第4期,第187页。

⑤ 独山州在今独山县,亦为苗疆腹地,距锦屏县直线距离约一百九十公里。

⑥ 刘岱:《独山州事宜条陈议》,见刘岱修,艾茂、谢庭薰纂:《独山州志·卷九·艺文上》(乾隆三十四年刻本),《中国地方志集成·贵州府县志辑》,巴蜀书社2006年版,第211-212页。

⑦ 刘岱:《独山州事宜条陈议》,见刘岱修,艾茂、谢庭薰纂:《独山州志·卷九·艺文上》(乾隆三十四年刻本),《中国地方志集成·贵州府县志辑》,巴蜀书社2006年版,第211-212页。

⑧ 刘锡蕃:《岭表纪蛮·字契》,上海商务印书馆1934年版,第104页。

⑨ 旁海(Panghai),位于今贵州黔东南凯里。

马字母教学生书写他们自己的语言,但家长们并不同意,他们希望自己的孩子能够学习汉文读写。这种愿望不难理解。所有关于他们的书写都需要使用汉文。任何汉文读写能力尚可的苗民可能都可以轻松地在邻里间以代为读写谋生。所有的公告、官方通知,所有法律案件中的诉状、答辩状均是用汉文书写的。当苗民头人收到地方法官的函件时,他需要找人念给他听,并帮他复文。他们所有的合同、抵押契据、卖契或租契都是用汉文书写的,在一百位苗民中,还没有一个人能够看懂他购买土地时所签订的卖契。"①

在这一描述中,苗寨的家长们之所以希望自己的孩子学习汉文,主要的原因是为了使其能够读写包括契约文书在内的各类文书,甚至以此在苗寨中谋生。可以说,大体上汉文在苗寨传播的过程,② 同时也就是契式及相关知识的传播过程。

一般认为,明清以来的契式传播有赖于日用类书的不断刊行。③ 有学者将契式的传播总结为两种方式,其一是契式在日用类书中的传播,其二是契式的单独刊行。④ 这两者都强调统一刊行的契式的影响。在清代文斗的契约文书中,尚没有发现类似的关于契式的日用类书刊刻本,⑤ 但并不能说文斗文书没有受到日用类书的影响。

在文斗的一份"山场座簿"中,以"山场座簿之六七(时间不详)"的标题收有一份"请帖"。⑥ 该件文书为细长方形纸片,大小较其前后的座簿文书均小,疑为夹存于座簿中的单独纸片。⑦ 该文书上有以端正小楷书写的请帖文字,又有较为潦草的关于山场界址的信息,疑为后书于请帖之上,或许因此才夹于"山场座簿"中存留下来。请帖部分的文字为:

翊午潔治菲餚恭候
文趾共叙
青谈希冀

---

① Samuel R. Clarke, *Among the Tribes in South-west China* (London: Morgan & Scott, 1911), 38-39.
② 关于汉文字在苗疆传播的过程,有学者将其描述为"文字入边"。参见王勤美、张应强:《文本书写与行动策略——以贵州苗人土司家谱〈龙氏迪光录〉为中心的探讨》,载《北方民族大学学报(哲学社会科学版)》2016年第2期,第13-14页。
③ 参见王振忠:《收集、整理和研究徽州文书的几点思考》,载《史学月刊》2005年第12期,第16页。
④ 参见冯学伟:《中国传统契式初探》,载《清华法治论衡》2015年第24辑,第464-469页。
⑤ 在文斗寨曾见一册抄本,封面题"写帖子式 红白喜用",并有"姜周政记"字样,年代不详,或为类似的契式抄本。据题封判断,内容应为婚丧文书格式,其中亦有一页为"△女堂祭文"可证。见"姜廷庆家藏文书",收集于文斗寨,文件编号:P1010001、P1010002。
⑥ 见张应强、王宗勋主编:《清水江文书》(第三辑第9册),广西师范大学出版社2011年版,第67页。
⑦ 在该"山场座簿"的"七八"与"七九"两页亦显示夹有较小纸片一张,并将其双面均印出,或为类似情况。见张应强、王宗勋主编:《清水江文书》(第三辑第9册),广西师范大学出版社2011年版,第78、79页。

愚　侍生　姜熙豪①姪　吉芳仝拜
蚤临勿卻为爱

这是一份非常典型的、使用特定的请帖用语的文书，这类格式及用语是各日用类书的重要内容，不难发现其所受到的影响。在清代刊行的题为李卓吾所编的《卓吾增补素翁杂字全书》中，有大量类似的"请帖式"。② 对比发现，文斗的这件请帖与此类"请帖式"无论在格式还是用词上，都极其相似。

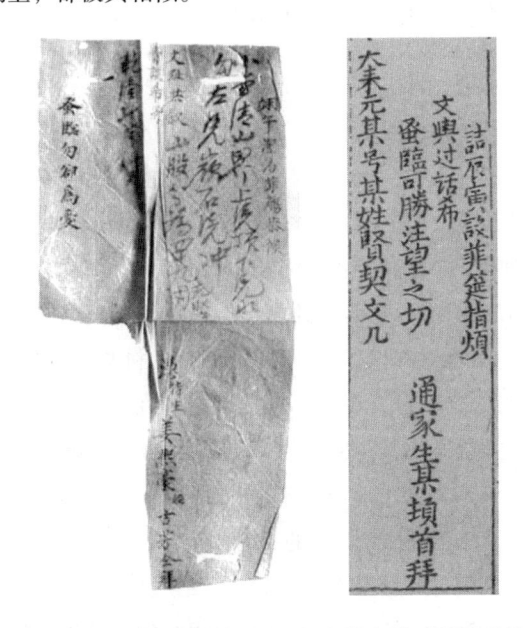

图1　文斗寨"请帖"与日用类书中的"请帖式"

图1中，两图的对比清晰地体现了二者在格式与版式上的相近。即以其用词来说，如果以明清通行的《增补万宝全书》的分类来看，以上文斗寨的请帖几乎无一字无来历："翊午"属于"即日"类；"潔治"属于"陈该类"；"菲觞"属于"酒食类"；"恭候"属于"扳请类"；"文趾"属于"步趾类"；"共叙""青谈"属于"过叙类"；"希冀"属于"伏冀类"；"蚤临勿卻"属于"惠然类"；"为爱"属于"荣幸类"；另外，"愚、侍生、

---

① 查在文斗契约中，"姜熙豪"作为中、笔的主要活动期间集中在光绪十年（1884年）至光绪三十三年（1907年）。分别见张应强、王宗勋主编：《清水江文书》（第一辑第13册），广西师范大学出版社2007年版，第41页；张应强、王宗勋主编：《清水江文书》（第一辑第12册），广西师范大学出版社2007年版，第140页。另外，还有一件文书署为"（姜）熙豪笔"，时间似为"道光十四年（1834年）十二月十九日"，然字迹、版式草乱，无法确认。见张应强、王宗勋主编：《清水江文书》（第三辑第10册），广西师范大学出版社2011年版，第3页。

② 下引"请帖式"参见李贽编、陈眉公选集、王百谷注：《卓吾增补素翁杂字全书》，清康熙八年（1669年）书林千赋堂刊本。

姪、仝拜"等，都归于"书名称呼活套"之中。① 以上种种，足见这一请帖所受日用类书影响之深。据此可以推见，日用类书的刊本实际上在文斗村寨中具有相当的影响力。同样的，普遍作为日用类书之一部分的契式知识，② 也应随之进入文斗村寨的社会生活。

因而，通过对上述几方材料和个例的分析，可以大致判定，在契式知识向苗寨的传播中，一方面与汉文化本身的传入紧密联系；而另一方面，在其具体的载体上，则深受日用类书的影响。

三、村寨中的契式："摹仿"与"套用"

显然，对于文斗寨而言，日用类书中的契式知识可以作为一种知识来源；同时，在一定程度上也可以作为一种传播手段或载体。在契式知识的传播中，契式的使用方法尤为关键。作为契约文书范本的"契式"或"活套"的使用方法，一般被描述为一种"套用"，即在流行刊布的一般性格式文稿中填入当时当地所需要的具体信息，以完成契约的制作。这些"活套"有诸多种类，"有需要者只需要选对其中的某一类型，然后填入当事人姓名、标的名称等具体信息，差不多就能做成一份可供使用的新文书"。③ 通过这种"套用"，来自内地日用类书的契式知识，得以进入清水江的村寨契约书写实践之中。

但是，这一基于契式之"套用"的解释方法可能存在一定程度的局限。如果作为边地的清水江流域的那些"具体"的契约文书，所"套用"的是内地的某一"抽象"的契式的话，那么这些文书在文本意义上应当处于相互为"异文"（variation）的状态。亦即，所有具体的契约均是相对于某种抽象契式的"变体"，其发展关系是由抽象而具体时的变化，而具体的契约本身之间并不会存在文本意义上的关联和演进；这是因为作为"子文本"的具体契约之间是相互隔离的，每一份契约在书写的时候都是在参考某一作为"母文本"的契式。但是，实际的情况是，有学者发现，契约文书格式在清水江流域的发展中不断加入了"地域性、民族性的书写内容"，④ 这似乎暗示着契式在边地存在这一种"演进"（evolution）的趋势。亦即，契式知识在传入之后，存在一种在边地自行发展的过程。契约之间的"异文"关系与"演进"趋势之间似乎存在着解释上的矛盾："演进"意味着具体的契约之间存在关系，而基于"套用"之逻辑的"异文"则说明具体的契约之间应当相对独立。此即带来新的疑问：如果说，契式知识是伴随着汉文化的传入而被引入的话，

---

① 相关用语类别据毛焕文增补：《增补万宝全书》卷之五，乾隆丙寅年（1746年）金阊书业堂刊本。
② 据分析，不少"明清日用类书都刊载有'契约体式'的内容，提供了撰写各式契约文书的诸多范本和活套。"见尤陈俊：《法律知识的文字传播：明清日用类书与社会日常生活》，上海人民出版社2013年版，第59－69页。
③ 尤陈俊：《法律知识的文字传播：明清日用类书与社会日常生活》，上海人民出版社2013年版，第52－53页。
④ 吴才茂：《明代以来清水江文书书写格式的变化与民众习惯的变迁》，载《西南大学学报（社会科学版）》2016年第4期，第187页。

"摹仿"与"套用":清代黔东南文斗寨的契式与契约书写 ·261·

那么在相关日用类书的影响下,契式在村寨社会中是否还有其他的不同于"套用"的使用或传播方式?如果在相关日用类书实际并不普及的情况下,其他的传播方式是否有可能更为重要?

文斗文书中虽然没有发现契式刊刻本,但是存在若干类似契式的抄件。如下面的"断卖童媳嫁婚字":①

> 立断卖童媳嫁婚字人,△②処△姓△名,兹因先年凭媒订到△△处△姓名之女为媳,过门抚养多载,尚未与儿圆婚。欲思异日利期完成,谁料儿、媳二造,六命弗合,刑尅互碍,奈因高峰种菜,两下无缘。况吾子之亡,鸳鸯拆散,万难得已,自己方纔出口另嫁,四处开放。只得凭人登门访查,问到平略街△△名下作合结配为婚。当日凭中媒证,言定聘礼足银若干。其银二比原限择定于△月△吉日良辰,卖主自愿将媳送出沿途,俱立卖婚契据,可以银人两交,二比不得异言。交婚之后,不许猖狂人等拦阻去路、妄为等语。倘后别人内中彫娑潘、姜二姓、远近族房、亲友,及团甲、地方首士、粪杂人等前往路途,籍此妄为诈搕等情,俱归我卖主尚前一面承担,不关潘姓之事。恐有人心不古,今欲有凭,书立卖婚断字一纸,交付杨姓之手,永远荣华为据。惟贺凤结丝笔,佳偶天成,可喜二造,螽斯胜胜,瓜结绵绵,世代桂子兰芝,富贵悠久长庆矣。
>
> △△中证媒翁
> 或亲笔或请书

整理者的分析认为,这一件文书中涉及时间、姓名、价款等的部分均以"△"代替,"貌似一份契约文书样式";但由于其中仍有"潘、姜二姓""不关潘姓之事""交付杨姓之手"等内容,所以"推测这是一件真实发生的卖童养媳事例,或许是因双方当事人虽然识字,但并无拟写文书的能力,于是请他人代为拟定的一个草稿"。③

以"△"隐去真实信息为特征的文书大略有三种可能。以时间上来说,首先,如果该文书在正本形成之前完成,一般应为"草稿"。其次,如果该文书在正本形成之后完成,

---

① 陈金全、杜万华主编:《贵州文斗寨苗族契约法律文书汇编——姜元泽家藏契约文书》,人民出版社2008年版,第543页。同一文书及释文另见潘志成、吴大华编著:《土地关系及其他事物文书》,贵州民族出版社2011年版,第93页。二者释文略有差别。本文所引释文依原图版稍有变动。
② "△",应为"厶"字草写。据清儒赵翼考释,"厶"即古之"某"字。参见赵翼:《陔余丛考》,河北人民出版社1990年版,第350—351页。
③ 参见潘志成、吴大华编著:《土地关系及其他事物文书》,贵州民族出版社2011年版,第93页。也有学者直接认为上述文书"显然是摘自日用杂书的契约文书样式"。参见梁聪:《清代清水江下游村寨社会的契约规范与秩序——以文斗苗寨契约文书为中心的研究》,人民出版社2008年版,第112页。

其一为"山场座簿"或"抄白"中的记录，①其作用在于记录交易内容备查，实际上等同于一种"副本"；其二则或为"契式"，其作用在于作为书契范本指导后续类似文书的书写。

"山场座簿"是一种特殊的副本。文斗寨的有些家族建有山林田土的座簿，"主要登记山林和田土的买卖租佃及收益分成比例的情况，有的则是各种契约的汇编"。②有学者专门提到，在发现的契约文书中，"有的是原件，有的录存于契抄簿、有的散见于族谱、家乘之中。"③相对于原件，山场座簿中的记载相对简略，主要撷取原件中的关键信息进行记录。所幸部分被记载于山场座簿中的契约文书原件同样留存了下来，故而得以比较二者之间的区别，如下列"姜今关立卖杉木山场契"④及其在山场座簿中的记录：⑤

  立卖杉木山场契人姜今关，为空乏无银用度，情愿将到杉木山场一块，土名眼下宜，界限左、右凭冲，上凭岭，下凭田，四至分明。凭中出卖与姜士朝名下承买为业。当日凭中言定价银式拾陆两一钱整，当日交足，分□未欠。此山木并地，任凭买主永远修理管业，我卖主并无系分。倘有外人争论，俱在我卖主理落，不干买主之事。恐人心难凭，立此卖契存照。

卖主 姜今关

凭渡中 姜岩生

代书 姜廷干

乾隆伍十八年十月拾叁日 立

  乾隆五十八⑥年十月十三日买得上寨姜金关之山场眼下宜一块，界上凭岭，下凭田，左、右凭冲。

中 姜岩生

笔 廷干

对比二者可以发现，山场座簿中准确、简短地记载了原件中的关键信息，如出卖人、地名、界至、中人和代笔人等。但同时，其记载方式稍有差异，如"姜今关"写为同音的

---

① 所谓"山场座簿"，依其记载内容的不同，实际上包含各种略有不同的文献材料，但为叙述的方便，统一使用在《清水江文书》的整理中所使用的"山场座簿"的名称。而所谓"抄白"，是指"文书的抄本或副本"。参见岳国钧主编：《元明清文学方言俗语辞典》，贵州人民出版社1998年版，第725页。
② 王宗勋：《文斗——看得见历史的村寨》，贵州人民出版社2009年版，第27页。
③ 杨国桢、陈支平：《从山契看明代福建山地的私有化》，载傅衣凌、杨国桢主编：《明清附件社会与乡村经济》，厦门大学出版社1987年版，第144页。
④ 张应强、王宗勋主编：《清水江文书》（第三辑第9册），广西师范大学出版社2011年版，第335页。
⑤ 张应强、王宗勋主编：《清水江文书》（第三辑第9册），广西师范大学出版社2011年版，第322页。
⑥ 在文书中，数字"五十八"以苏州码子的方式写作"㐅丨三"。

"姜金关"。其他差异则是为了凸显简洁,如"姜廷干"省略姓氏,凭中代书略为"中、笔"等等。有的座簿记录中还出现了如"中名多未录"①的情况。山场座簿在一定程度上也是契约关系存在的重要证据。如一份"分合同字"中提到,"因世清父子尚未寻出契据,只执佃字簿为凭,说是世清父子私业,是以世臣之长子登儒执此簿据"。② 说明在缺少原件的情况下,山场座簿也具有一定的证明效力。但显然,上引"断卖童媳嫁婚字"并不属于此类情况。

"抄白"一般是在物质形态上主要为单张的副本,其最为典型的例子可以参见乾隆年间的一件"姜文孝、姜文玉断卖山场契",该件文书的最左端直接注明"抄白"二字。③ 相对于一般倾向简略记述的山场座簿,该抄白文书中各类信息基本齐全,除了在界址上写作"上凭姜△之山",仅此一处信息有所隐略。在"山场座簿"中,也存有少数完全照抄原件的"抄白"以留底备查。同样隐略部分信息的情况在许多禀稿或词稿中也可以看见。至于这一做法的目的,有学者进一步说明,"清水江文书中,有不少禀稿或词稿,甚至契约抄件是隐去姓名的,而用'△△'代替。因为它们不是可以作为凭质,也不是正式出具的,只是单方保存的,以备查考之用。"④ 具体言之,对于并不关键的信息,抄白可以隐略不录;但是如果将关键信息省去,则失去抄白作为副本的价值。因而,隐略大量信息的上引文书显然并不属于"抄白"一类的文书。

关于上引文书的性质,最为使人困惑的其实是为什么该文书在隐略大部分信息的情况下,还保存了部分貌似真实事件的信息?这也是困扰人们将其认定为契式的关键问题。但实际上,在广泛的文书实践中,此类情况并非鲜见。在敦煌文书中即有类似的例子,如被认为是"样文"的"龙德四年(923)敦煌郡百姓张厶甲雇阴厶甲契"。⑤ 此类"样文"似乎是自实际使用的契约文书改写而来,故而保留了原契约文书的一些特定细节,而另外一些名称则替换为"某甲"一类的文辞。同样的,在早期的简牍中也有类似的情况,⑥ 在格式文书中同样保留了部分真实的特定细节。⑦

---

① 张应强、王宗勋主编:《清水江文书》(第三辑第9册),广西师范大学出版社2011年版,第159页。
② 罗洪洋搜集整理:《贵州锦屏林契精选(附〈学馆〉)》,载谢晖、陈金钊主编:《民间法》(第三卷),山东人民出版社2004年版,第560页。该"分合同字"立于民国三年,以为佐证。
③ 张应强、王宗勋主编:《清水江文书》(第一辑第12册),广西师范大学出版社2007年版,第5页。
④ 程泽时:《"姚百万"诬告谋反案与交易公平》,载《原生态民族文化学刊》2012年第2期,第49页。
⑤ "S.1897 龙德四年(923)敦煌郡百姓张厶甲雇阴厶甲契",见敦煌研究院编:《敦煌遗书总目索引新编》,中华书局2000年版,第57页。书中载录了文书全文。
⑥ 如"18. 神爵二年某月某日朔某日"条,见张俊民:《敦煌悬泉汉简所见"适"与"适"令》,载《兰州学刊》2009年第11期,第16页。
⑦ 如在几件"功劳案"文书中,对照可发现部分信息为真实信息,部分信息则被隐去。张俊民:《敦煌悬泉置探方 T0309 出土简牍概述》,载长沙市文物考古研究所编:《长沙三国吴简暨百年来简帛发现与研究国际学术研讨会论文集》,中华书局2005年版,第396—399页。当然,也有学者认为文书中类似的特定信息的性质属于举例。参见邢义田:《从简牍看汉代的行政文书范本——"式"》,见邢义田:《治国安邦:法制、行政与军事》,中华书局2011年版,第461、466页。

实际上，这涉及契式文书的形成过程。回到上引文书本身，根据文书内容的特定情节判断（如"平略街""潘姜二姓"等），其原件应当是一件真实文书。而依"惟贺夙结丝箩，佳偶天成""螽斯㽔㽔，瓜结绵绵，世代桂子兰芝"等语判断，又应为活套之使用，①而非针对特定事件的用词。据此可以推见，这一文书原先是依据某一契式活套写就的真实文书，而后又由人隐略其中大部分真实信息，形成一份新的契式流传使用。

除了上述原因，这一判断的关键例证主要有以下几点。第一，契约关系的关键信息均被略去，如系草稿，则无论其价款、时间、当事人均不清楚，除了叙述与套词，此一文书并未约定任何有效信息，完全没有体现出草稿作为初步商议结果的价值。恰恰相反，关于叙述方式与套词的确定，正是"契式"的核心目的。第二，略去信息的方式与草稿不同。草稿之所以略去信息，是为了与正式的生效文书相区别，一般仅略去"名"而存"姓"，双方实际上均知晓所指为何人。但上述文书中的表述为"立断卖童媳嫁婚字人△处△姓△""先年凭媒订到△△处△姓名之女为媳"，姓名均不载。而且"△△处△姓名"中的"△△"和"处"、"△"和"姓名"，显系并列，表明在空缺处应当分别填入地址与姓名。如此用法显然为契式的表达方式。如系草稿，则需指向具体事件，如此则嫌所指过于不明确。第三，关于价款的表达方式为"言定聘礼足银若干"。同前例一样，相对于以"△"表示价款的不明确，"若干"的用语也更接近于契式。第四，最明显的特征是最后的"△△中证媒翁"与"或亲笔或请书"。这一说明其实带有指导性，意指使用这一契式时，可以依据当时具体情况填具"中证媒"的姓名，及标明亲笔或代笔。"或亲笔或请书"意味着这一文书的指向并未具体化，所以显然不应当属于一份指向具体契约关系的"草稿"。②

最可以直接印证上述文书属于"契式"这一判断的，尚有发现于文斗寨的上引文书的另一份不同版本：③

---

① 有学者亦注意到在如涉及分家析产的契约中，存在"螽斯衍庆，瓜㽔绵绵"一类用语的情况。参见张明、戴泽军、丁正屏：《清水江文书的历史真实性考证》，载《贵州大学学报（社会科学版）》，2016年第1期，第115页。

② 需要说明的是，这一文书具有涂改的痕迹，但并非所有存在涂改痕迹的都是"草稿"。另外，由于图版并不十分清晰，难以对涂改部分进行具体分析。大略上来看，涂改主要是在修改契式措辞，不同于"草稿"的涂改方式。

③ "姜元泽家藏文书"，收集于文斗寨，文件编号：P1010091。

图 2 "拆卖童媳嫁婚字"

立拆卖童媳嫁婚字人，文斗上寨潘△△，为因先年凭媒问到△处△姓名之女为媳，过门抚养多载，尚未与儿圆婚。欲思异日利期完成，谁料儿、媳二造，六命弗合，刑魁互碍，奈因高峰种菜，两下无缘。况吾子之亡，鸳鸯拆散，万难得已，不惟自己，方纔出口另嫁，突有平略街杨兴锦名下央媒中作合杨姓结配为婚。当凭媒证，三面言定聘礼足银若干，其银二比原限择取于五月十一日良辰，卖主自愿将媳送至乌斗溪口河边，当时契婚，银人两交，二比不得异言。交婚之后，不许猖狂人等拦阻去路、妄为等语。倘后别人内中彫娑潘、姜二姓，远近族房、亲友，及团甲、地方首士、粪杂人等前往路途，籍此妄为诈搕等情，俱在潘姓尚前一面承担，不与杨姓相干。恐口无凭，立有卖婚契约壹纸存照，可贺二造永远发达，瓜结绵远长庆矣。

凭中证媒人△△
亲笔△△

这两份文书的区别，一方面体现在细节上，如文书名一为"断卖童媳嫁婚字"，一为"拆卖童媳嫁婚字"，以及个别字句的差异。但最为重要的一点是，虽然相较于草稿，"拆卖童媳嫁婚字"仍省略了大量关键信息，如"凭媒问到△处△姓名之女为媳"，但是较前者"断卖童媳嫁婚字"而言，则更多地保留了真实信息。如，"△处△姓△名"，具体为"文斗上寨潘△△"；"问到平略街△△名下作合结配为婚"，具体为"突有平略街杨兴锦名下央媒中作合杨姓结配为婚"；"择定于△月△吉日良辰，卖主自愿将媳送出沿途"，具体为"择取于五月十一日良辰，卖主自愿将媳送至乌斗溪口河边"。这一方面足以确证上引契式确实系真实文书改造而成。另一方面，这两份契式文书对原真实文书的改造无疑是不同的，或许存在先后的关系（即前一份文书进一步省略了相关信息）。

但无论如何，一个关键的事实是这一契式在同一村寨的多次出现。这一事实本身就足以说明此类契式文书在村寨社会中的传播和使用。文字内容有所差异的同一契式文书的出现，完全符合前述关于村寨契式文书形成过程的描述，即，依据某一契式活套写就真实契约文书，而又隐略其中真实信息形成一份新的契式并参与流传使用。

要之，在清代村寨的契式传播中，日用类书的作用自然存在，但上述通过对真实文书的进行特殊处理而形成的契式或许更为广泛地存在。如果说，日用类书中的契式是对实际使用的文书的总结和提炼的话，那么上述契式则是对某一文书的直接摹仿。须说明的是，此种"摹仿"是指通过"摹仿"真实契约文书形成"契式"，并进一步通过此种类的"契式"而制作文书的过程；其并不是指在书写一份新的契约文书时，直接参照一份旧有的真实契约文书。实际上，这一情形似乎并不容易发生，因为记载有真实信息且具有相应效力的契约文书并不是容易在并无相关合理事由（如存在权属争议）的情况下被查知。这也是为什么需要将真实契约文书制成隐匿了相应关键信息的"契式"进行保存、流传和参照使用的原因。

据此，在清代村寨的法律书写实践中，"摹仿"或许比"套用"发挥了更大的作用。从此角度来说，代笔人作为法律书写实践的主角，在不断使用契式的实践中，其实也反过来影响了契式的发展。① 如前所述，每一份契约都有一定的隐秘性，涉及相关当事人的个人信息，不会轻易示人。所以，关键信息的隐匿便显得非常重要。但另一方面，以历史上各类文书的经验来看，这一过程其实远非严谨，在信息隐略的环节中往往会有漏网之鱼，这也就不难解释为什么这一类的契式文书中尚有真实信息的遗存了。

四、结论

"契式"是研究契约如何书写这一大问题之中的一个重要主题，"契式"的关键意义是其实一种契约内容的具体表达方式。通过以上的讨论，还可以归纳出村寨法律书写的文本在其形成与存续的过程中的诸多不同的形态：

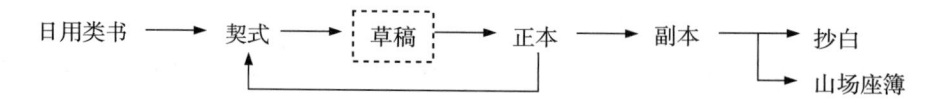

日用类书 → 契式 → [草稿] → 正本 → 副本 → 抄白 / 山场座簿

图3 村寨法律书写中的文书形态

其中，虚线框中的"草稿"并非必要，每一件正本也并非一定会记载于两种副本之中。这里着重强调的是，"契式"的形成非仅有日用类书的影响，更为广泛的，正本之间的相互"摹仿"本身就凭借契式形成了一个闭合的文书生产流程。当然，在很多情况下，

---

① 有学者将代笔人之存在归纳为影响中国传统契纸形制沿革的一大因素。参见王旭：《契纸千年：中国传统契约的形式与演变》，北京大学出版社2013年版，第232页。

如对于同一代笔人而言,"契式"的产生并非这一"自创生"流程的必然要求。但对于研究者而言,"契式"更主要的是这一生产流程的具象化形式。这一闭合的回路,很大程度上解释了何以契约文书格式在清水江流域的发展不断加入了前述的"地域性、民族性的书写内容",也实际揭示了契约文书本身发展的内在路径。

在契约制作的过程中,书写者所起到的作用,是将可能是口头的、零散的、生活化的自然语言的合意,转化为相对标准化和足以预防纠纷的书面语言。这一过程,其实是通过将契约内容纳入契式的特定表达之中从而最终完成的。而在频密的村寨契约书写之中,一方面存在一种由"口头"向"书面"的转化,而另一方面,更须注意的,则是一种由"书面"向"书面"衍化。契约在区域中的在地化演进很可能即寓于此类转捩之中。

"Imitating" and "Applying": Contract Forms and Contract Writing in Wendou Village, Guizhou during the Qing Dynasty

Qu Jian

Abstract: The research on the "writing" of Chinese contracts in late imperial times had not yet received sufficient attention. A key element of contract writing is the contract form, and the method to use it is generally described as to "apply" it, i. e., to fill in the general form with the specific information needed to complete the writing of a contract. However, this approach of "applying" the contract form in contract writing seems to be difficult to explain the transformation of contract formats in areas such as the Qingshui River region. Accordingly, were there other ways of writing contracts in practice? By analyzing contract manuscripts from Wendou Village in the Qingshui River region, one can find that "imitation", i. e., to write a new contract by imitating an existing one, might be a more common way of writing contracts than "application". Further, this article attempts to analyze how knowledge about the contract forms spread from the hinterland to the Miao frontier area, and tries to explain the path of the localization of these contract forms in the Qingshui River region.

Keywords: Qingshui River Manuscripts, Wendou Village, Contract Forms, Legal Writing, Contracts

(编辑:田炀秋)

唐代西州灌溉用水官民共治机制研究[*]

江钦辉[**]

摘　要　唐代对水资源实行了严格的管理制度，西州亦不例外。在唐代西州，由于干旱少雨，水资源短缺，农业生产主要依靠水利灌溉系统。而农业生产的良好发展除需要发达的农业水利工程建设作保障外，还须建立公平的用水秩序。因此，西州地方官府对灌溉用水建立了严格的管理制度。灌溉用水权的取得以"法定许可"为原则、官府"特别许可"为例外，用水农户须先履行"兴修渠堰"的法定义务，才能依法取得灌溉用水权。灌溉用水权转移之田边渠道维修义务的承担实行"受益者负担"原则，田土耕作人须承担田边渠道破损的维修义务。灌溉用水权诉争的处理，实行"民调先行"的运行机制，发挥官府和民间力量的共同作用，以实现水事纠纷解决机制的良性运作。

关键词　农业水权　法定许可制　受益者负担　民调先行

唐灭高昌设西州后，对今吐鲁番地区的水利事务进行了有效的治理。吐鲁番干旱少雨，水资源短缺，其农业生产的发展依靠良好的水利灌溉系统和水利管理机制，以及灌溉用水权的严格管理等。吐鲁番出土的相关文书，为学者深入研究唐代西州农业灌溉的水利管理、用水权管理等提供了难得的第一手资料。对于农耕文明较为发达的唐代西州，农业生产是其政权稳固和社会稳定的根基，而水资源则是农业生产的命脉。基于唐代水资源归国家所有[①]，农户只享有水资源的使用权，唐朝对水资源实行了严格的管理制度，西州亦不例外。根据相关文书，西州社会在水利管理、用水权管理等方面，均发挥着官府和民间力量的作用，以共同维系着公平有序的用水秩序。本文试图通过对出土文献的研究，以窥

---

[*]　本文系2017年国家社科基金一般项目（项目编号：17BFX128）的阶段性成果。
[**]　江钦辉，法学硕士，新疆大学法学院博士生，新疆社会科学院研究员，硕士生导师。
[①]　参见萧正洪：《历史时期关中地区农田灌溉中的水权问题》，载《中国经济史研究》1999年第1期。

视唐代西州灌溉用水官民共治机制运行的基本轮廓。

一、灌溉用水权的取得实行"许可制"

在唐代西州,农业生产主要依靠水利灌溉。而农业生产的良好发展不仅依靠发达的农业水利工程建设,而且更依赖于公平的用水秩序。西州农业水利工程建设较为发达,形成了"主干渠—干渠—支渠、子渠"的农业灌溉网络系统。[1] 而其农业生产的良好发展除需要发达的农业水利工程建设作保障外,还须建立公平的用水秩序。因此,官府对灌溉用水权的取得实行了严格的管理。唐《开元水部式》(伯2507号)不仅明确了西州用水农户要取水溉田须先负担兴修渠堰的义务,即"河西诸州用水溉田[2],其州、县、府、镇官人公廨田及职/田,计营田须亩,共百姓均出人功,同修渠、堰。若田多水/少,亦准百姓量减少营"[3],是我国古代社会"义务优先的义务—权利法律关系"[4] 的体现。而且还明确了用于分水溉田的"斗门"不得私自建造而须经官府批准后才能建造,并由专人负责管理渠堰斗门的"开闸放水溉田"事宜,即"诸大渠用水溉灌之处,皆安斗门,并/须累石及安木傍壁,仰使牢固"[5]"其斗门皆须州、县官/司检行安置,不得私造"[6]"诸渠长及斗门长至浇田之时,专知节水多少。其州县每年各差一官检校。长官及都水官司时加巡察"[7],体现了官府对灌溉用水权的配置实行了严格的管理。西州也不例外,其为管理水利事务,公平配置灌溉用水权,设有"知水官"[8]"知水人"[9]"渠长"[10]"堰头"[11] 等人

---

[1] 孙晓林:《唐西州高昌县的水渠及其使用、管理》,《敦煌吐鲁番文书初探》,武汉大学出版社1983年版,第523页。

[2] 河西诸州包括凉州、甘州、肃州、瓜州、沙州、伊州、西州等。郑炳林:《敦煌地理文书汇集校注》,甘肃教育出版社1989年版,第107页。

[3] 郑炳林:《敦煌地理文书汇集校注》,甘肃教育出版社1989年版,第102页。

[4] 张中秋:《论传统中国的法律关系》,载《政法论坛》2018年第2期。

[5] 郑炳林:《敦煌地理文书汇集校注》,甘肃教育出版社1989年版,第101页。

[6] 郑炳林:《敦煌地理文书汇集校注》,甘肃教育出版社1989年版,第101页。

[7] 郑炳林:《敦煌地理文书汇集校注》,甘肃教育出版社1989年版,第101页。

[8] 《唐开元二十二年西州都督府致游奕首领骨逻拂斯关文为计会定人行水浇溉事》《唐开元二十二年(734)西州高昌县申西州都督府牒为差人夫修堤堰事》,唐长孺主编:《吐鲁番出土文书》图录本(4),文物出版社1996年版,第315、317—318页。

[9] 《武周天授二年(691)知水人康进感等牒》《武周天授二年(691)安昌城知水李申相辩辞》,国家文物局古文献研究室、新疆维吾尔自治区博物馆、武汉大学历史系编:《吐鲁番出土文书》第8册,第145、152页。

[10] 《武周天授二年(691)安昌合城老人等牒为勘问主簿职田虚实事》,唐长孺主编:《吐鲁番出土文书》图录本(4),文物出版社1996年版,第75页。

[11] 《武周如意元年(公元六九二年)堰头令狐定忠牒为申报青苗亩数及佃人姓名事》《武周(?)西州高昌县石宕渠某堰堰头牒为申报当堰见种苗数及田主佃人姓名事》《武周(?)西州高昌县王渠某堰堰头牒为申报当堰见种秋亩数及田主佃人姓名事》《武周(?)西州高昌县某堰堰头牒为申报田主亩数佃人等事》,唐长孺主编:《吐鲁番出土文书》图录本(3),文物出版社1996年版,第391、393、394、395页。

员。其中堰头负责将当堰田主姓名、田土亩数、自耕或出租、佃人姓名等①必要事项向县衙申报，记载于"渠堰青苗簿"②。而"知水人""渠长"等管理水利事务人员则通过县衙的"渠堰青苗簿"来确认渠水灌溉之用水农户以及田土的位置、亩数等，以对灌溉用水权进行公平的配置，实现灌溉用水权的严格管理。

由此可见，从唐《开元水部式》（伯2507号）有关西州灌溉用水权取得的规定来看，对灌溉用水权的取得原则上实行法定许可制。而该制度的实施则是通过县衙的"渠堰青苗簿"予以实现的。即西州地方官府以"渠堰青苗簿"为基础来确立"劳役"的公平征发以及灌溉用水权的公平配置。而用水农户要取得灌溉用水权，则须先履行兴修渠堰的"出夫"义务，即用水农户须先履行兴修渠堰的义务后才能取得灌溉用水权。这与我国古代法律以义务—权利关系为主要法律关系之一的历史相符。③那么，用水农户应履行何种兴修渠堰的义务才能取得灌溉用水权以实现取水溉田呢？下文将通过具体的文书加以考证。

首先，用水农户对西州地方官府组织的水利灌溉工程④之兴建和维护负有法定的"出夫"义务。因西州农业属于灌溉农业，农业的发展依赖于良好的水利灌溉系统。因此，水利灌溉工程的兴建和维护是取水灌溉的物质性保障，是灌溉用水权取得的基础和前提。基于唐代西州农业生产是其政权稳固和社会稳定的根基，而水利灌溉工程的兴建和维护往往需要耗费较多的人力、物力，只能由地方官府来组织实施。因此，西州地方官府在水利灌溉工程的兴建和维护中发挥着主导的作用，负有兴修渠堰的职责。⑤而用水农户为取得灌溉用水权，在西州地方官府组织实施的水利灌溉工程之兴建和维护中则负有法定的"出夫"义务，即用水溉田须"百姓均出人功，同修渠、堰"。对此，唐朝律令有明确的规定，地方官府负有组织用水农户修理堤堰的职责，并明确了不履行职责时应承担的法律责任。唐《营缮令》规定："近河及大水有隄防之处，刺史、县令以时检校。若须修理，每秋收讫，量功多少，差人夫修理。若暴水泛溢，损坏堤防，交为人患者，先即修营，不拘时限。"⑥可见，对于水利灌溉工程的维护，地方官府负有定期组织维修，以及特定情况下及时维修的职责。而《唐律疏议》卷二十七《杂律》下"失时不修隄防"条有关"诸不修隄防及修而失时者，主司杖七十；毁害人家，漂失财物者，坐赃论减五等；以故杀伤

---

① 《武周（？）西州高昌县石宕渠某堰堰头牒为申报当堰见种苗数及田主佃人姓名事》《武周（？）西州高昌县王渠某堰堰头牒为申报当堰见种秋亩数及田主佃人姓名事》，唐长孺主编：《吐鲁番出土文书》图录本（3），文物出版社1996年版，第393、394页。
② 杨际平：《唐代西州青苗簿与租佃制下的地税》，载《新疆社会科学》1989年第1期。
③ 参见张中秋：《论传统中国的法律关系》，载《政法论坛》2018年第2期。
④ 根据孙晓林对西州农业水利工程的考察，西州农业灌溉网络系统包括：主干渠—干渠—支渠、子渠。本文这里所说的水利灌溉工程应指干渠以上的水利工程，这与刘子凡认为"官府承担了堤堰和灌溉大渠的维修工程"的认识基本相同。
⑤ 参见王晓晖：《西州水利利益圈与西州社会》，载《西域研究》2009年第2期；刘子凡：《唐前期西州高昌县水利管理》，载《西域研究》2010年第3期。
⑥ 长孙无忌等撰、岳纯之点校：《唐律疏议》，上海古籍出版社2013年版，第429—430页。

人者,减斗杀伤罪三等(谓水流漂害于人。即人自涉而死者,非)。即水雨过常,非人力所防者,勿论"①的规定,则进一步明确了地方官府不修或不及时修堤造成损害的,应负与损害程度相对应的刑事责任。吐鲁番阿斯塔那509号墓出土的《唐开元二十二年(734)西州高昌县申西州都督府牒为差人夫修堤堰事》文书,便是一件西州地方官府为履行定期修理渠堰征发用水农户之"劳役"的具体资料:

1　[高]昌县　　　　　为申修堤堰人□
2　新兴谷内堤堰一十六所,修塞料单功六百人。
3　城南草泽堤堰及箭干渠,料用单功八百五十人。
4　　右得知水官杨嘉悷、巩虔纯等状称:前件堤堰
5　　每年差人夫修塞。今既时至,请准往例处分
6　　者。准状,各责得状,料用人功如前者。依检案
7　□　　　　例取当县群牧、庄坞、底(邸)店及夷胡户
8　□　　　　日功[修]塞,件检如前者。修堤夫
(中缺)
9　　准去年□
10　　司未敢辄裁□
11　　[宣]德郎行令上柱国处讷　　朝议□
12　　□都督户曹件状如前,谨依录申,请裁。谨上。
13　　　　　　开元廿二年九月十三日登仕郎行尉白庆菊上
14　　　　　　　录□
15　　　　　　宾□
16　　　　　　录事□
17　　下高昌县为修新兴谷内及□　　②

该件文书的内容较为具体,是西州都督府批复高昌县的牒文。该文书体现了西州地方官府为积极履行定期组织修理"新兴谷内堤堰""城南草泽堤堰""箭干渠"的职责,依旧例征发"劳役"。但因征发的"劳役"多达1450人,故报请西州都督府户曹批准。虽然"劳役"是唐代普遍征发的一种杂徭,但结合唐《开元水部式》有关用水溉田须"百姓均出人功,同修渠、堰",以及修理渠堰征发"劳役"的基本原则——"即须修理渠堰

---

① 长孙无忌等撰、岳纯之点校:《唐律疏议》,上海古籍出版社2013年版,第429页。
② 唐长孺主编:《吐鲁番出土文书》图录本(4),文物出版社1996年版,第317—318页。

者，先役用水之家"① 来看，可以推断，在唐代西州，用水农户要取得灌溉用水权，对于官府组织实施的水利灌溉工程的维护负有"出夫"的法定义务。这也与唐《开元水部式》有关"如破多/人少，任县申州，差夫相助"的规定相符。② 当然，应说明的是，根据文书现存文字，该文书中仅提及"差人夫"以及"例取当县群牧、庄坞、底（邸）店及夷胡户"，而未提及用水农户，但从修理渠堰的性质属于灌溉用水之渠堰，以及修理的堤堰多达16所和所征发的"人夫"多达1450人的实际情况来看，可以推断地方官府征发的大部分"人夫"为用水农户。这也与有学者考证该文书时指出，西州地方官府修理该渠堰所征发的"劳役"涉及范围很广，除"百姓"外，还有"群牧、庄坞、底（邸）店及夷胡户"。③ 而"群牧、庄坞、底（邸）店及夷胡户"之所以会被征发"劳役"，有学者认为，其理由在于这些特殊人户与堤堰有关，或者该地区居户的生活与堤堰有着普遍的联系④；也有学者认为，其理由在于这些特殊人户需要使用所修理渠堰的水利资源。⑤ 因此，这些特殊人户要么是拥有田土，需要用水溉田；要么是其经商、畜牧等活动中，也需要用水；要么是用水之家可征发的"人夫"数量不够，甚至或者是其他缘由，对其征发"劳役"。对此问题，因非属本文关注的主题，在此不做深入的探讨。

对于用水农户"出夫"的数量，则是根据其受水的田土面积予以确定，体现了权利义务相对等的公平原则。根据唐《开元水部式》（伯2507号）有关西州"计营田须亩，共百姓均出人功"的规定可知，西州灌区内用水农户出"劳役"的数量是根据其受水的田土面积确定的，即受益田土越多，用水量就越大，要出的"劳役"也就越多，体现了权利义务相对等的公平原则，是"均平"思想的体现。这可以从伯5032号文书记载的气候条件相似之沙州某渠渠人基于其受水田土面积的不同，而承担的出"劳役"修理水渠之义务也不同予以佐证。⑥ 也与唐《开元水部式》（伯2507号）规定的浇田须"务使均普，不得偏并"⑦ 以及《唐六典》卷二十三"都水监"条有关"每渠及斗门置长各一人，至溉田时，乃令节其水之多少，均其灌溉焉"⑧ 的规定所确立的用水"均普"原则相一致。

而为更好地达到田土用水"均普"的目的，实现"各类作物和各个农户均等的受水

---

① 天一阁博物馆、中国社会科学院历史研究所天圣令整理课题组：《天一阁藏明钞本天圣令校证（附唐令复原研究）》，中华书局2006年版，第738页。
② 郑炳林：《敦煌地理文书汇集校注》，甘肃教育出版社1989年版，第102页。
③ 孙晓林：《唐西州高昌县的水渠及其使用、管理》，《敦煌吐鲁番文书初探》，武汉大学出版社1983年版，第537页；王晓晖：《西州水利益圈与西州社会》，载《西域研究》2009年第2期。
④ 参见孙晓林：《唐西州高昌县的水渠及其使用、管理》，《敦煌吐鲁番文书初探》，武汉大学出版社1983年版，第537页。
⑤ 参见苏金花：《从敦煌、吐鲁番文书看古代西部绿洲农业的灌溉特点——基于唐代沙州和西州的比较研究》，载《中国经济史研究》2015年第6期。
⑥ 参见郝春文：《敦煌的渠人与渠社》，载《北京师范学院学报（社会科学版）》1990年第1期。
⑦ 郑炳林：《敦煌地理文书汇集校注》，甘肃教育出版社1989年版，第101页。
⑧ 李林甫等撰、陈仲夫点校：《唐六典》，中华书局1992年版，第599页。

权利"①。不仅《唐六典》卷七"水部郎中"条有关"凡用水自下始"②的规定明确了，实现用水"均普"之"依次取用"的具体方法，即先灌溉下游田土后灌溉上游田土。从伯3560号文书"唐沙州敦煌地区灌溉用水章程"规定的气候条件相似之沙州七大水系以及每条水渠的行水顺序均是"先从地势低的下流地方开始浇水，逐渐向地势高的上流地方发展"来看③，基本可以推断西州渠道之间以及各渠内部也有符合"自下始"原则的具体明确之行水顺序④。而从后引《唐勋官某诉辞为水破渠路事》文书记载的内容上看，"下口人"之所以向官府提起诉讼，也是基于其对该渠水享有优先于"上口人"的使用权。这也可以佐证唐朝法律有关"凡用水自下始"的规定在西州得以有效实施。而且《唐六典》卷二十三"都水监"条有关"每岁，府县各差官一人以督察之；岁终，录其功以为考课"⑤的规定以及唐《开元水部式》（伯2507号）有关"其州/县每年各差一官检校，长官及都水官司时加巡察。/若用水得所，田畴丰殖，及用水不平，并虚弃水利/者，年终录为功过附考"⑥的更详细规定也明确了，将地方官府能否实现用水"均普"作为官员考课的重要内容，以促使地方官府积极履行灌溉用水权管理的"均普"职能，实现用水的公平。

其次，因田边渠段数量极为庞大，但其破损修理需耗费的人力、物力却相对较少，以及西州地方官府有限的能力难以对此承担组织维修的责任，故西州社会用水农户对田边渠段也负有自行修理破损渠道的义务，符合"受益者负担"的原则。这与有学者认为"那些靠近农田的灌溉小渠由百姓负责修理"的观点是一致的。⑦ 因水利灌溉系统包括从水源地到田地之间众多的渠堰，而田边水渠属于农业水利工程的最末端，是水利灌溉系统的最后保障。从孙晓林考证的西州农业灌溉网络系统来看，田边水渠应属于"支渠"或"子渠"的范围，数量极为庞大。但其破损的修理需耗费的人力、物力却相对较少。而西州地方官府的水利管理能力有限，导致其难以承担数量过于庞大的田边水渠的组织修理责任。为实现用水的"均普"原则，贯彻"凡用水自下始"的用水公平秩序，由受益用水农户自行承担田边渠段的维修义务，具有公平合理性。因为如果上游用水农户在田边渠段破损时不履行维修义务，将使得渠水先灌溉上游的田土，导致下游的田土可能面临无水可灌的境地，从而破坏"凡用水自下始"这一公平用水的秩序。因此，西州社会确立了田边渠段破损时用水农户要取得灌溉用水权须先履行田边渠道破损的修理义务，并对"支渠"或

---

① 苏金花：《从敦煌、吐鲁番文书看古代西部绿洲农业的灌溉特点——基于唐代沙州和西州的比较研究》，载《中国经济史研究》2015年第6期。
② 李林甫等撰、陈仲夫点校：《唐六典》，中华书局1992年版，第226页。
③ 宁欣：《唐代敦煌地区农业水利问题初探》，《敦煌吐鲁番文献研究论集（第3辑）》，北京大学出版社1986年版，第492页。
④ 参见孙晓林：《唐西州高昌县的水渠及其使用、管理》，《敦煌吐鲁番文书初探》，武汉大学出版社1983年版，第529-530页。
⑤ 李林甫等撰、陈仲夫点校：《唐六典》，中华书局1992年版，第599页。
⑥ 郑炳林：《敦煌地理文书汇集校注》，甘肃教育出版社1989年版，第101页。
⑦ 刘子凡：《唐前期西州高昌县水利管理》，载《西域研究》2010年第3期。

"子渠"范围内之田边水渠的维护采取"分段负责制",具有妥当性。既能将田边水渠的管护责任落实到具体的用水农户,也能更好地实现用水之公平秩序。当然,如用水农户不履行田边渠段的修理义务,则最终通过官府的责罚予以确保该义务的履行,以保障公平有序的用水秩序。吐鲁番阿斯塔那210号墓出土的《唐勋官某诉辞为水破渠路事》文书便是一个例证:

1 ▭▭▭▭▭▭▭▭▭ 上口先溉,合修理
2 渠后,始合取水。不修渠取水,数以下口人,水破渠路,小
  ▭▭▭▭
3 桃(萄)内过乘開(开)水破,破 (墙)倒,重溉先盛桃(萄)水满
  逸▭▭▭▭▭
4 乾不收,当日水▭▭▭▭▭ 检具知。比共前件人论理不伏,今请
5 追过处▭▭▭▭
6 ▭▭▭▭ 日百姓勋▭▭▭▭▭▭▭▭ ①

该文书虽然是一件同一水渠(属于"支渠"或"子渠"范围内)"下口人"因"上口人"未履行上渠口附近渠道的维修义务导致其用水利益受到损害而告至官府的诉讼文书。但从文书的内容来看,明确了在上渠口附近渠道破损时水渠的"上口人"要享有灌溉用水权,须先履行上渠口附近破损渠道的修理义务,即"合修理渠后,始合取水"。② 因为如果"上口人"不修理上渠口附近的破损渠道,将使得渠水先溉"上口人"的田土,即该文书中所指的"上口先溉",导致"下口人"的田土可能面临无水可溉的境地,从而破坏"凡用水自下始"这一用水之公平秩序。这意味着,当发生田边"水渠破损"时,"破损水渠"附近之用水农户负有修理该段渠道的义务。如果"破损水渠"附近之用水农户不履行该段渠道的修理义务,则不享有从水渠中取水用于田土灌溉的权利,且该义务的履行最终是由官府来强制保障的,以实现用水秩序的公平和有序。这一文书体现了西州地方官府对唐《开元水部式》有关用水溉田须"百姓均出人功,同修渠、堰""依次/取用"③"若渠、堰破坏,即用随近人修理"④ 等规定的具体贯彻和落实,符合唐《开元水部式》规定的"取水"规则。

由此可见,在唐代西州,对灌溉用水权的取得原则上实行法定许可制。用水农户须先履行"兴修渠堰"的法定义务,才能取得官府依法配置的灌溉用水权,从而享有农业灌溉

---

① 唐长孺主编:《吐鲁番出土文书》图录本(3),文物出版社1996年版,第48页。
② 刘子凡:《唐前期西州高昌县水利管理》,载《西域研究》2010年第3期。
③ 郑炳林:《敦煌地理文书汇集校注》,甘肃教育出版社1989年版,第101页。
④ 郑炳林:《敦煌地理文书汇集校注》,甘肃教育出版社1989年版,第102页。

用水利益。即农户要取得灌溉用水权，须先出"劳役"，体现了"谁出夫谁受益"的基本原则。因农业水利工程建设完成后在使用过程中还需要经常维护才能确保渠道畅通，否则水利灌溉系统将难以有效运行。而水利灌溉系统的最末端，即"支渠"或"子渠"范围内的田边水渠，因其数量极为庞大，但其破损修理需耗费的人力、物力却相对较少，以及西州地方官府有限的能力难以对此承担组织维修的责任，故西州社会用水农户对田边渠段也负有自行修理破损渠道的义务，并对田边水渠的维护采取"分段负责制"，具有妥当性。如果用水农户对田边渠段破损时不履行维修义务，则丧失灌溉用水权。这可以从前引《唐勋官某诉辞为水破渠路事》文书体现的田边渠道破损须"合修理渠后，始合取水"的内容得以印证。这与唐代在关中地区实行的灌溉用水权的取得规则是一致的。① 而用水农户出"劳役"的数量，则根据其受水田土的面积大小来确定。当然，如用水农户未及时出"劳役"，则应受到法律的制裁。对此，《唐律疏议》卷十六《擅兴》下"丁夫杂匠稽留"条有关"诸被差充丁夫、杂匠而稽留不赴者，一日笞三十，三日加一等，罪止杖一百"的规定予以了明确。② 可见，用水农户负担之"劳役"具有强制性，以确保修理渠堰的法定义务得以有效落实。

此外，西州基于官府对水资源使用权的严格管理，除用水农户通过出"劳役"的方式取得灌溉用水权外，在特殊情况下，如用水农户需要取渠水灌溉田土时，则须向官府特别申请，经官府特许后才能取得灌溉用水权。吐鲁番木纳尔102号墓出土的《唐龙朔三年（663）四月十日西州高昌县麴武贞等牒为请给水事》文书，便是一件难得的用水农户在特殊情况下需要取水溉田时向官府请水的具体材料：

1　□□□簿田六亩　刀海举五亩　索符利三亩
2　□□佑六亩　林欢济六亩　永隆寺三亩　麴武贞十亩
3　□件地，前为旧地薄恶，并请移
4　□处，回水营种，当为不及加功，遂不得
5　□，兼复堰破，不敢取水。今地舍部田
6　□至，望请给水，其田正当水渠左侧，
7　[牒]陈，谨牒。
8　　　　龙朔三年四月十日麴武贞等牒
9　　　付知水、渠长，检
10　　　水次至，依给。素
11　　　示。　　十六日③

---

① 参见萧正洪：《历史时期关中地区农田灌溉中的水权问题》，载《中国经济史研究》1999年第1期。
② 长孙无忌等撰、岳纯之点校：《唐律疏议》，上海古籍出版社2013年版，第268页。
③ 荣新江、李肖、孟宪实主编：《新获吐鲁番出土文献》，中华书局2008年版，第111页。

该文书是西州地方官府批复的牒文，体现了麴武贞等用水农户在特殊情况下需要取水灌溉田土时，向西州地方官府请水的内容。从文书的内容看，麴武贞等用水农户之所以不敢私自取渠水溉田，是出现了特殊的情况。其特殊性在于：一方面是需要取水灌溉的田土，是刚申请的新田；另一方面是新田旁边水渠上用于分水的渠道破损了，等待修理。①而在此特殊情况下，麴武贞等农户对于新田旁边水渠的兴修既未出过"劳役"，且此时田边渠道又出现了破损，也未履行维修的义务，故不符合灌溉用水权取得的基本规则，即用水溉田须"共百姓均出人功，同修渠、堰"以及田边渠道破损时须"合修理渠后，始合取水"，当然不得私自取水用于灌溉田土。由此可见，在此特殊情况下，如需取渠水灌溉新申请的田土，则只能向西州地方官府特别申请取水，待地方官府特许后，麴武贞等用水农户才能取得渠水的使用权。从该牒文看，最后三行为地方官府的批示，官府同意麴武贞等用水农户取渠水灌溉，并通知知水、渠长具体执行，要求其依用水次序给水。

可见，西州地方官府基于对农业灌溉用水的严格管理，在用水农户不具备法定取水条件时，即在例外的情况下，采取官府"特别许可"的方式配置水权，是对唐代在特殊情况下用水须特别向官府申请批准的用水权制度的贯彻和落实。这也与唐代江南东道百姓在"岁旱"的情形下取水溉田须特别申请官府批准的做法是一致的。白居易之《钱塘湖石记》记载的"若岁旱，百姓请水，须令经州陈状刺史，自便押帖所由，即日与水"的内容可予以佐证。②即干旱季节用水农户取钱塘湖水溉田须向官府特别申请，待官府特许后方可取水灌溉田土。

而从该文书记载的麴武贞等用水农户不敢私自取水的原因来看，是由于这些用水农户尚未取得灌溉用水权，而其之所以尚未取得灌溉用水权的原因有两个。一个是对于取水溉田之水渠的兴修而言，未履行过法定的"出夫"义务，不符合唐《开元水部式》有关用水溉田须"共百姓均出人功，同修渠、堰"的规则，不能取得灌溉用水权，即该文书中所指的"回水营种，当为不及加功，遂不得"。这与前引《唐开元二十二年（734）西州高昌县申西州都督府牒为差人夫修堤堰事》文书有关用水农户对于修理渠堰具有法定"出夫"的义务可以相互印证。另一个是在田边渠道破损时，未履行修理的义务，不符合田边渠道破损时须"合修理渠后，始合取水"的规则，也不能取得灌溉用水权，即该文书中所指的"兼复堰破，不敢取水"。这与前引《唐勋官某诉辞为水破渠路事》文书记载的有关水渠之"上口人"对于上口附近的渠道破损时应履行修理义务后才能取得灌溉用水权的规则可以相互印证。

二、灌溉用水权转移之田边渠道维修义务的承担实行"受益者负担"原则

在唐代西州，水权依附于地权，并未分离，实行"水随地走"的原则。因此，当田土

---

① 参见刘子凡：《唐前期西州高昌县水利管理》，载《西域研究》2010年第3期。
② ［清］董诰等编：《全唐文》卷六七六，中华书局1983年版，第692页。

耕作权转移时，灌溉用水权也随之转移，由田土耕作人享有。此时，因享有灌溉用水权而应承担的田边渠道维修义务也一并转移由耕作人承担，实行"受益者负担"原则。"受益者负担"这一做法，符合权利义务相对等的公平原则，体现了"谁受益谁负责"的理念和精神。并在一定程度上推动了西州社会土地租佃关系的发展。在吐鲁番出土的文书中，对于因田土的租赁导致耕作人转移的租佃契约而言，大多都有"谁用水灌溉受益，谁负担渠破水谪责任"的明确约定。而且在以田土担保的"贷麦"契约中，由于田土的耕作人发生了转移，也有类似的约定。正如有学者研究吐鲁番出土的唐前期"租佃契约"文书的内容后指出，在6件"预付货币型租佃契约"文书中，有明确约定"渠破水谪"责任由租田人承担的有4件，另外2件则是因契约残缺"渠破水谪"责任不明；在5件"预付粮食型租佃契约"文书中，有明确约定"渠破水谪"责任由租田人承担的有2件，另外3件则没有约定；在6件"后付租价型租佃契约"文书中，有明确约定"渠破水谪"责任由租田人承担的有3件，因契约残缺"渠破水谪"责任不明的有2件，没有约定的有1件。[①]可见，"租佃契约"中有明确"渠破水谪"责任之约定的占多数。而唐代对于民间规约，遵从"官有政法，人从私契"，可见对"渠破水谪"责任由租田人承担的约定，官府是予以认可和保护的。[②]

吐鲁番阿斯塔那4号墓出土的《唐总章三年（670）左憧憙夏菜园契》文书，便是一件有关菜园租赁契约中明确约定"渠破水谪，仰佃田人当"的例证：

1　　总章三年三月十三日，左憧憙于张善
2　　憙边夏取张渠菜园壹所，在白赤举
3　　北分墙。其园叁年中与夏价大麦拾
4　　陆酙（斛）；秋拾陆酙。更肆年，与银钱叁拾文。
5　　若到佃时不得者，壹罚贰入左。祖（租）殊（输）
6　　伯（佰）役，仰园主；渠破水谪，仰佃田人当。为
7　　人无信，故立私契为验。
8　　　　　钱主　左
9　　　　　园主　张善憙
10　　　　保人　男君洛
11　　　　保人　女如资
12　　　　知见人　王父师
13　　　　知见人　曹感[③]

[①] 参见孔祥星：《唐代前期的土地租佃关系——吐鲁番文书研究》，载《中国国家博物馆馆刊》第四期。
[②] 邓小南：《追求用水秩序的努力》，载《暨南史学》第三辑，暨南大学出版社2004年版，第85页。
[③] 唐长孺主编：《吐鲁番出土文书》图录本（3），文物出版社1996年版，第222页。

该文书是左憧憙租赁张善憙菜园，与园主签订的租赁契约。该文书的内容较为完整。除明确园主交付菜园的义务以及不交付时应承担的"责罚"、租佃人交付租价的义务等内容外，还特别明确了"渠破水谪"的责任由租佃人承担。因为租佃人经营菜园的过程中，需要用水浇灌，是实际用水人，享受了用水利益，故应由其承担"渠破水谪"的责任。该约定与灌溉用水权转移之田边渠道维修义务的承担实行"受益者负担"原则相一致，体现了公平的理念，符合"谁受益谁负责"的精神。

而且，在以田土担保的"贷麦"契约中，田土耕作人因享有用水利益须负担田边渠道破损的维修义务，也贯彻"受益者负担"的原则，体现了"谁用水受益谁负担义务"的规则。吐鲁番阿斯塔那20号墓出土的《唐显庆四年（659）白僧定贷麦契》文书，就是一件有关"贷麦"契约中明确约定"渠破水谪，一仰佃囚"的具体资料：

1　显庆四年十二月廿一日，崇化乡人白僧定于
2　武城乡王才欢边举取小麦肆酙（斛），将五年
3　马堆口分部田壹亩，更六年胡麻井部田壹亩，
4　准麦取田。到年3不得田耕作者，当还麦
5　肆酙入王才。租殊伯役，一仰田主，渠破水谪，一仰佃
6　囚。两和立契，获指为信。
7　　　　　麦主王才欢
8　　　　　贷麦人白僧定
9　　　　　知见人夏尾信
10　　　　知见人王士开
11　　　　知见人康海□①

该文书是白僧定以田土担保借粮，与王才欢签订的"贷麦"契约。该文书的内容较为完整。除约定了白僧定向王才欢借粮的内容外，还约定了白僧定将所受"部田"交于王才欢耕种的内容。从文书的性质看，是以田土作担保向王才欢借粮，并将田土耕作权交于麦主王才欢。因王才欢使用田土耕种，需要用水灌溉，是田边渠水的实际使用人和受益人，故根据"受益者负担"的原则，由麦主承担"渠破水谪"的责任，具有合理性。

那么，这些契约中的"渠破水谪"应如何理解？其关键在于对"谪"的解释。因对"谪"的解释不同，对"渠破水谪"的理解也就会不同。有学者认为，"谪"就是"溢"

---

① 唐长孺主编：《吐鲁番出土文书》图录本（3），文物出版社1996年版，第476页。

的意思,"渠破水谪仰佃人"就意味着"渠道溃破、渠水溢散"的责任由租佃人负担。①也有学者认为,基于"谪"就是"课"字的别体,"渠破水谪仰佃人"就意味着"破渠引水溉田时交纳水课的义务"由租佃人承担。②还有学者认为,"谪"即"罚"的意思,"渠破水谪仰佃人"就意味着"水渠破损的",租佃人要受到责罚,即租佃人负有渠道维修的义务。③笔者基本倾向于最后一种观点,但认为应进一步明确租佃人负担的仅是田边渠道破损时的维修义务。正如有学者在解释阿斯塔那10号墓所出《唐贞观二十三年(公元六四九年)傅阿欢夏田契》中有关"渠□□(破水)谪,仰傅自承了"的约定时指出,契约中的"渠"是有所指的,指向的是浇灌该田的孔进渠,如果田边该段孔进渠破损了,就由租佃人承担维修义务。④也如有学者解释西州地契中"渠破水谪,仰耕田人了"时认为,应指"种田人各自负责自己田边的一段渠路"。⑤其理由在于:首先,基于"谪"可作"罚"解释,将"渠破水谪仰佃人"解释为租佃人对于田边水渠破损时负有修理的义务更具合理性。因为租佃人取用田边水渠之渠水灌溉田土获取了收益,在田边水渠发生破损时,其理应承担破损渠道的维修义务。否则,就会与田边水渠破损时须"合修理渠后,始合取水"的水权取得规则不相符,也与唐《开元水部式》(伯2507号)规定的"通过出劳役兴修渠堰的方式取得水权"的精神和原则不契合,必将破坏用水的公平秩序。其次,将租赁契约中的"渠破水谪仰佃人"解释为租佃人对于田边水渠破损时负有修理的义务,可以从新获2006年征集之吐鲁番出土的《唐景龙二年(708)十一月八日西州高昌县宁大乡肯义租田契》文书中有关"修理渠堰,仰肯方"的约定得以直接印证,而此处的"肯方"就是租田人(佃人)肯义。⑥正如有学者通过对唐代西州租佃契约的研究得出,对于用于灌溉田土的田边"水渠"的维修义务并非由田主负担,而是由田土的实际耕作人来承担。⑦再次,将租赁契约中的"渠破水谪仰佃人"解释为租佃人对于田边水渠破损时负有修理的义务,也可以与前引《唐勋官某诉辞为水破渠路事》文书有关"上口人"在上渠口附近渠道破损时须"合修理渠后,始合取水"的记载相互印证。最后,这样的解释

---

① 参见吴震:《介绍八件高昌契约》,《文物》1962年第7—8期;马雍:《麴斌造寺碑所反映的高昌土地问题》,载《文物》1976年第12期。
② 马雍:《麴斌造寺碑所反映的高昌土地问题》,载《文物》1976年第12期。
③ 孙晓林:《唐西州高昌县的水渠及其使用、管理》,载《敦煌吐鲁番文书初探》,武汉大学出版社1983年版,第533页;孔祥星:《唐代前期的土地租佃关系——吐鲁番文书研究》,载《中国国家博物馆馆刊》第4期。
④ 参见李方:《唐西州高昌城西水渠考——中古时期西域水利研究(七)》,载《西域研究》2014年第4期。
⑤ 刘子凡:《唐前期西州高昌县水利管理》,载《西域研究》2010年第3期。
⑥ 《唐景龙二年(708)十一月八日西州高昌县宁大乡肯义租田契》,荣新江、李肖、孟宪实主编:《新获吐鲁番出土文献》,中华书局2008年版,第327页。
⑦ [日]池田温:《中国古代的租佃契(上)》,《东京大学东洋文化研究所纪要》第60册,1973年,第71–77页。

还可以从敦煌出土的唐代沙州租佃契约中约定的"渠河口作"义务由租田人承担得以印证。① 因为唐代的沙州和西州的气候条件相似，均属于农业生产主要依靠水利灌溉系统予以保障的地方，渠堰的兴建和维护需要用水农户承担"劳役"。而根据学者的研究，敦煌"渠河口作"明确指向的是承担修理水渠的义务。②

三、灌溉用水权诉争的处理实行"民调先行"之运行机制

由上可知，在唐代西州，无论是灌溉用水权取得之地方官府组织实施的水利灌溉工程兴修中用水农户法定"出夫"义务的履行，以及田边渠段破损时用水农户自行修理义务的履行，还是灌溉用水权转移时田边渠段破损之维修义务也一并转移，均体现了西州水利社会官府与民间的良性互动与协作。而对于灌溉用水权诉争的处理也不例外，并共同维系着西州社会公平的用水秩序。

从吐鲁番出土的相关文书来看，唐代西州农业灌溉水事纠纷主要涉及到两种类型，即同一水渠上下游灌溉用水权之间冲突的水事纠纷以及取壕坑水灌溉之不同农户用水权之间冲突的水事纠纷。而这两类水事纠纷的处理，均实行了"民调先行"的运行机制。其体现了对水事纠纷的处理先行"调解"，在调解不成后再告至官府的程序。这与唐代在关中地区解决水权纠纷采取的"先由渠长调解，如调解无效或当事人不服，则要对簿公堂"的做法是一致的。③ 该种做法发挥了官府和民间力量的共同作用，有利于实现社会水事纠纷解决机制的良性运作。这也与中国古代社会深受儒家思想"必也使无讼乎"之司法理念的影响，对一般的民事争讼采取以调解为主的处理方式是一脉相承的。④

从前引《唐勋官某诉辞为水破渠路事》文书记载的内容上看，在同一水渠上游用水农户违反水权取得规则，即"合修理渠后，始合取水"，破坏灌溉用水秩序，损害到下游用水农户的用水利益时，下游用水农户为保护自己的用水权益，要求恢复用水之公平秩序，并非直接采取向官府"诉讼"的方式解决。而是在"比共前件人论理不伏"后，才告至官府，要求对上游用水农户予以责罚。即"下游用水农户"与"上游用水农户"在自行调解、协商用水纠纷未能达成一致时，才向官府提起诉讼，请求官府予以解决，以恢复用水之公平秩序。这反映了唐代西州熟人社会"以和为贵"的思想观念，百姓倾向于采取更加体面的方式解决纠纷、化解矛盾。⑤ 而这种官府和民间共同治理的运行机制，则更好地维系着唐代西州社会公平有序的用水秩序。

当然，唐代西州在利用水渠灌溉之外，基于干旱少雨的气候特点，也允许壕坑旁的农

---

① 参见苏金花：《从敦煌、吐鲁番文书看古代西部绿洲农业的灌溉特点——基于唐代沙州和西州的比较研究》，载《中国经济史研究》2015年第6期。
② 参见霍存福、武航宇：《敦煌租佃契约与古罗马租契的比较研究》，载《法学家》2005年第1期。
③ 萧正洪：《历史时期关中地区农田灌溉中的水权问题》，载《中国经济史研究》1999年第1期。
④ 参见张晋藩：《论中国古代的司法镜鉴》，载《政法论坛》2019年第3期。
⑤ 参见赵晓芳：《唐代西州争诉文书与解纷机制研究》，载《甘肃政法学院学报》2013年第4期。

户利用壕坑水进行灌溉。① 对于取壕坑水用于田土灌溉而发生用水纠纷的解决，也需明确用水规则，以确立公平的用水秩序。从吐鲁番出土的文书来看，该种灌区外用水纠纷的解决也是遵循"民调先行"的运行机制，以此确立"依次取水"的用水规则，实现用水的公平和有序。吐鲁番阿斯塔那509号墓出土的《唐城南营小水田家牒稿为举老人董思举检校取水事》文书，便是灌区之外用水纠纷解决的特例：

1　城南（小水）营小水田家　　　状上
2　　○○老人董思举
3　　右件人等所营小水田，皆用当城四面豪
4　　坑内水，中间亦有口分，亦有私种者，非是
5　　三家五家。每欲浇溉之晨，漏并无准。
6　　只如家有三人、两人者，重浇三回○○○
7　　惸独之流，不蒙升合。富者因滋转赡，贫
8　　者转复更穷。总缘无检校人，致使有
9　　强○欺弱。前件老人○○○（差前件老人）
10　性直清平，谙识水利，望差检校，庶得无漏。○○立一牌榜，水次到
11　转牌看名用水，庶得无漏。如有不依次第取水用者。请罚车牛一道
12　　　远使。如无车牛家，罚单功一月日驱使。
13　即无漏并，长安镒，请处分。
14　牒 件 如 前，谨 牒。②

该文书是唐代西州用水农户因取护城河之水用于灌溉而发生的用水纠纷。因为"豪"是"壕"的别字，可作"城下之池"③解，将"当城四面豪坑"解释为"护城河"具有合理性。④ 由于"护城河"是作为军事防御之用的，不属于水利灌溉工程，取用"护城河"之水灌溉田土不在官府水利事务管理范围之内，导致了"护城河"旁的用水农户因无人监管而出现了以强欺弱致用水不均、不公的现象，不符合用水"均普"的原则。为解决用水公平的问题，用水农户并未直接诉请官府解决，而是通过自行协商，达成公平用水的规则，即"立一牌榜，水次到转牌看名用水"，以建立"依次取水"的用水秩序。并共

---

① 参见苏金花：《从敦煌、吐鲁番文书看古代西部绿洲农业的灌溉特点——基于唐代沙州和西州的比较研究》，载《中国经济史研究》2015年第6期。
② 唐长孺主编：《吐鲁番出土文书》图录本（4），文物出版社1996年版，第339页。
③ 《玉篇》曰："壕，胡高切，城壕也。"见《宋本玉篇》，北京中国书店，影张氏泽存堂本，1984年版，第32页。《类篇》曰："壕，乎刀切，城下池。"见司马光撰《类篇》，中华书局，影"姚刊三韵"本，1984年版，第509页。
④ 刘子凡：《唐前期西州高昌县水利管理》，载《西域研究》2010年第3期。

同推荐了当地具有权威的"水利老人"董思举监督所达成用水规则的执行,以维护公平良好的用水秩序,实现用水的"均平"。但要实现对破坏用水秩序之人给予责罚,显然依靠民间力量不足以达成,仍需官府的介入予以保障,故向官府提交了牒文,以获得官府的确认。该文书说明,唐《开元水部式》有关用水溉田须"依次/取用"等取水规则也得到了西州民间社会的认可。

由此可见,对于灌区之外的水事矛盾,唐代西州社会在发挥民间力量解决用水纠纷时,仍需官府力量的保障,以建立公平的用水秩序。这体现了官府和民间力量对水事纠纷的共同治理机制,有利于实现官府与民间的良性互动。

四、结语

从吐鲁番出土的相关文书来看,唐朝实行的严格的灌溉用水管理制度在西州得到了很好的贯彻和落实,西州社会灌溉用水权的配置体现了唐《开元水部式》的"均平"思想和"均普"原则。唐朝在西州实施的严格的灌溉用水管理制度,对于促进西州农业生产的良好发展,避免农户对水资源的无序争夺,以及建立公平有序的用水秩序,起到了积极的推动作用。对于灌溉用水权的取得,以"法定许可"为原则,官府"特别许可"为例外,农户负有先履行"兴修渠堰"的法定义务才能依法取得灌溉用水权,是我国古代法律之"义务—权利"关系的体现;对于灌溉用水权转移之"田边渠道维修义务"的承担实行"受益者负担"原则,租佃人因取得田土耕作权而享有灌溉用水利益,须承担田边渠道破损的维修义务;对于灌溉用水诉争的解决实行"民调先行"的运行机制,注重官府与民间力量的良性互动。因此,在唐代西州,无论是灌溉用水权的取得,以及灌溉用水权转移之田边渠道破损维修义务的承担,还是水事纠纷的处理,均是围绕着公平有序之用水秩序的确立,展现出西州水利社会官府与民间的良性互动与协作,最终实现了唐朝对西州水利事务的有效治理,推动着唐代西州农耕文明迈向更高的水平。

Study on the mechanism of official and citizen co – governance of irrigation water in xizhou in tang dynasty

Jiang Qin – hui

Abstract: The tang dynasty implemented a strict management system for water resources, and xizhou was no exception. In the tang dynasty, due to the lack of rain and water shortage, agricultural production mainly depended on irrigation system. And the good development of agricultural production needs not only the developed agricultural water conservancy project construction as a guarantee, but also the establishment of a fair water order. Therefore, the local government of xizhou has established a strict management system for irrigation water. The acquisition of irrigation water rights shall be based on the principle of "legal license" and the exception of the government's "special license". The undertaking of the maintenance obligation of the farmland channel with the transfer of irrigation water rights shall follow the principle of "beneficiary's burden", and the farmland cultivator shall undertake the maintenance obligation of the damaged farmland channel. In order to deal with the lawsuit of irrigation water right, the operation mechanism of "civil mediation first" should be implemented, and the government and civil forces should play a joint role, so as to realize the benign operation of the water dispute settlement mechanism.

Keywords: Agricultural water rights; Statutory licensing system; Beneficiary burden; Civil mediation first

（编辑：彭 娟）

礼法时代的民间法律规则体系抉微

张 伟 张 颖[*]

摘 要 民间法律规则体系包含宗法族规、乡规民约、地方立法和少数民族法规。其中宗法族规和乡规民约渊源于礼俗文化，在家国同构的社会中受到名门望族和官员士大夫的推崇，旨在约束宗族成员和乡邻百姓；地方法规和少数民族法规渊源于国家律令，在大一统体制下地方法规是国家律典在地方施行的具体表现形式，以稳定地方秩序为首要目的。民间法律规则体系的形成与发展趋向，都与家国礼法的需求相一致，并丰富和延展着中华法文化的内涵。

关键词 礼法 民间法律规则体系 宗法族规 乡规民约 地方法规

民间法律规则体系是中华法系的一部分，是国家制定法体系的补充，在国家法所不及和不足的地方，作为一种秩序直接影响国家治理。[①] 但目前学界对古代民间法律规则体系的研究多注重民间规范或少数民族习惯法，[②] 将民间和国家制定的地方治理措施串联成体系的成果尚不多见。本文旨在将渊源于礼俗和国家律令的宗法族规、乡规民约、地方法规及少数民族法规纳入民间法律规则体系，以探寻其在国家治理层面起到的积极作用。古代的民间法律规则体系并不独立存在于乡土社会之中，它与家国礼法、豪绅大族、地方官员等都有密切的联系，是中国传统社会的一部分。笔者以为，厘清民间法律规则体系，能够更为全面地认识中国传统的礼法社会。

---

[*] 张伟，西南政法大学西南民族法文化研究中心研究员；张颖，西南政法大学博士研究生。
[①] 参见梁治平：《清代习惯法：社会与国家》，中国政法大学出版社1999年版，第30－32页。
[②] 参见蒋传光：《中国古代家法族规及其社会功能》，载《民间法》第七卷，第204－219页；刘笃才：《中国古代民间规约引论》，载《法学研究》2006年第1期；龙大轩：《法律多元中的民间法文化》，载《民间法》第一卷，第226－244页；杨一凡：《打开传统法律宝库之门的钥匙》，载《人民日报》2016年11月7日第16版，等等。

一、民间法律规则体系源自礼法

中国自古以来就是一个礼法社会,民间法律规则体系作为民间行为规范,自然也要符合传统礼法的建构模式。所谓民间法律规则体系是指渊源于礼俗和国家律令,以礼义为宗旨并得到国家和百姓认可,对民间百姓的行为习惯具有一定约束力的地方法律规则体系,其内容涵盖民间自治规范和国家制定的地方法律规范两个层次。

(一) 民间法律规则体系渊源于礼俗

在礼法时代,民间法律规则体系作为适用于民间社会生活的规则,毫无疑问要符合彼时彼地的礼俗文化。在古代中国,即便是作为传统行为规范的礼也要依从民俗,民间法律规则体系作为礼法时代的一部分,也应当与风俗习惯相互渗透,此所谓"礼从俗"。也正因该体系有礼俗传统的基因,才使其具有"以驭其民"的功效。很多地方官吏在上任之初或任期内都会根据当地的民俗民风制定相关的民间法律规则,也是因事因地制宜的一种实践。

民间法律规则体系要符合当地礼俗习惯,换言之,就是根据当地的风土民情进行地方立法。根据乡俗制定相关法令,早在战国时就已现端倪,关于此,《睡虎地秦墓竹简·语书》中记载有一道秦国南郡太守腾给县道啬夫发布的政令,命啬夫根据县道内的乡俗,采取相适应的移风易俗政策:"古者,民各有乡俗,其所利及好恶不同,或不便于民,害于邦。是以圣王作为法度,以矫端民心,去其邪避(僻),除其恶俗。法律未足,民多诈巧,故后有闲令下者。"[①] 此道政令内容涉及地方立法之目的、执行方式及与国家上位法的关系,显然,地方长官在贯彻执行国家律令的过程中,有权根据当地风俗民情重新制定或变通相关政令,目的是将国家律令与民间礼俗融为一体,以补国法不足,进而规制百姓"诈巧"行为,达到全面禁奸止恶之目的。据记载,《睡虎地秦墓竹简·语书》是现存最早的有关地方治理政令的史料,这也证实了民间法律规则体系与礼俗、乡俗的渊源早在战国时期便已显现的说法。

之后,历届地方官员在任期内为取得良好的政绩治绩,往往会在国家律令允许的范围内,采取符合礼俗传统的具体措施,或推陈出新,或与民共利。如魏晋时期王沈在任豫州刺史时曾教化百姓曰:"将吏子弟,优闲家门,若不教之,必致游戏,伤毁风俗矣。"[②] 豫州当地豪门贵族子弟整日游手好闲,为防止陋习蔓延,保护当地风俗习惯不被破坏,王沈积极"探寻善政",制定法规禁令,采取大量教民化俗的措施。无独有偶,唐时柳宗元到任柳州后,立即改变当地以子女为质押物的土俗,另立新规。史载:"柳州土俗,以男女

---

① 《睡虎地秦墓竹简》:文物出版社1990年版,第11页。
② 房玄龄:《晋书》,中华书局1974年版,第1145页。

质钱，过期则没入钱主，宗元革其乡法。其已没者，仍出私钱赎之，归其父母。"① 唐代立法制度和立法理念已相当先进，抵押子女的行为可称之为"恶俗"，已经严重影响地方治理。对于这种闭塞落后的乡俗，地方官员也会采取立法教化等手段进行"移风易俗"。除去这两种为矫正礼俗而制定的地方法规外，地方官员还能够在国家法律和地方民情有冲突时，以民情为首要发展任务而制定新的法令。如按照晋时旧制，岘方二山的湖中不允许百姓捕鱼，刘弘在当地做官时曾改变此制度："礼，名山大泽不封，与共其力。今公私并兼，百姓无复厝手地，当何谓邪！速改此法。"② 刘弘从礼的角度出发，认为禁渔行为与礼不符，名山大川应当与民共利，如果封山禁渔则不利于百姓发展生产。为践行此观点，刘弘根据当地山川湖泽独特的地理环境，变更国家旧制。这种根据礼俗对国家法进行损益的做法，并不是对国家律令的根本否定，而是通过变通使国家律令适用于全国各地不同的风土民情，赋予国家律令更强的生命力。地方官能够"因地制宜"制定地方法令，使国家制定法与民俗礼仪由冲突转而融合，也从反映出民俗礼仪对国家制定法的反向影响。

（二）民间法律规则体系渊源于律令

在律令时代，民间法律规则体系离不开国家律令的支撑。民间法律规则主要适用于地方，而国家律令在制定的过程中并不能完全兼顾地方事务，于是对国家律令作出相应变通的民间法律规则开始产生并运用。其法律形式主要有中央制定的特别法和各级地方长官发布的法令、条教、条约、科约等。就制定程序而言，中央特别法较为严格，如宋代中央特别法制定程序分为起请、看详与批准。起请是要陈述立法，并写明拟议的法条；看详是对拟议的法案进行审查，提出同意或否定理由及修改意见，最后由皇帝批准颁布。宋时主要的地方特别法形式有诏令、敕、编敕、例等。而地方长官发布的法令、条约等，其制定程序一般只需由地方行政机关通过，报中央备案即可。法律形式也灵活多变，也沿用汉唐时期的条教、科约等形式，如宋祁任官所至，"治事明峻，好作条教"。③

历朝历代，由中央制定并颁行，适用于特定地方的特别法并不少见，虽然名称不甚相同，但其作用大同小异。如宋真宗时就曾颁布《一州一县编敕》《熙宁开封府界保甲敕》等编敕，用于地方州县的治理。在地方治理过程中，由地方长官发布的法令、法规等也不在少数。如唐武宗时期，李德裕在蜀地做官时，就曾遇到此地"多鬻女为人妾"的情形，严重影响社会风气，也与国家尊崇的大经大法相悖。于是，李德裕便"著科约"对此情形加以规制："凡十三而上，执三年劳；下者，五岁；及期则归之父母。"根据被买卖者年龄不同，确定贩卖人被执行的劳役刑等级，并把被买卖的女孩送归其父母。这样表面看是保护了被买卖女孩及家庭的人身安全，但在中国传统民间社会中，凡是父母有主动卖儿鬻女

---

① 刘昫：《旧唐书》，中华书局1975年版，第4214页。
② 房玄龄：《晋书》，中华书局1974年版，第1765页。
③ 参见脱脱：《宋史》，中华书局1977年版，第9599页。

的，大多是在生活无以为继的情况。为进一步保障贫苦百姓的生活，李德裕又推倒辖区内的寺院，并将寺院的土地分给百姓种植庄稼。如此一来，既从根本上缓解了辖区内的民生问题，又起到了稳定社会的秩序目的。魏晋南北朝开始，佛教风靡，寺院已经严重影响到地方治理体系，甚至"蜀先主祠旁有獠村，其民剔发若浮屠者，畜妻子自如。"村民只要把头发剃光像和尚一样就可以享受佛教徒的待遇，甚至可以娶妻生子，全然不提"四大皆空"的宗教理想，此时的佛教已不是单纯为信仰而建立的宗教了，反而带有很大的愚民色彩，加上寺院教徒大量圈占土地，以致民不聊生。李德裕在任期间，为遏制此风继续泛滥，采取多项打击措施，制定科约禁止百姓跟风，从此"蜀风大变"。① 又如唐宣宗时，韦宙任永州刺史，当地百姓家中结婚，要大摆宴宴，称为"破酒"，常常会聚集数十数百的人，但是钱财不足的人，则会被拒之门外，严重影响当地社会秩序，也有悖于国家倡导的婚冠礼仪。于是，韦宙到任之后就按照国家礼制，制定相关"条约"，以禁止此类事件再发生，"使略如礼，俗遂改"。② 由此观之，当国家律令并不能完全适用民间卖儿鬻女、寺院兼并、婚冠习俗混乱等情况时，地方官员可在实操过程中，根据具体情形制定出完全适用于地方的法律规则，这也是民间法律规则体系形成的一个重要环节。

民间法律规则制定的最根本目的是进行地方治理，维持统治秩序的稳定，而这一目的的实现与否，在很大程度上取决于地方官员的施政能力。如唐时，曲环任陈州刺史，在任期间勤身节用，"宽赋敛，简条教"，三年之间，曲环为政宽缓，众多百姓归附；③ 另有崔铉任淮南节度使时，九年之内"条教一下无复改"，以此收服当地民心。④ 宋时，吴育在任职过程中，则考虑到百姓的文化水平，"所至作条教，简疏易行而不可犯。遇事不妄发，发即人不能挠。辨论明白，使人听之不疑"。⑤ 在以上案例中，曲环和吴育都能够根据百姓的实际情况，简化国家政教律令条文，使之更易于百姓理解，从而达到令行禁止的目的；崔铉则是在制定一项条教之后，便不再改动，如果规则朝令夕改反而容易使百姓陷入混乱。这三位地方官员都是根据属地内百姓的情况而对法令进行适当调整融合，体现出卓越的治理能力，最终取得良好治绩的典型。由此也可以看出，民间法律规则体系的形成，离不开地方官员的变通和治理，这也正说明通行于民间的各种规则不是生来就有的，而是在国家律令的基础上不断调整和变化而来的。

二、民间法律规则体系的两个层次

在礼俗和国家律令的影响下，民间法律规则体系可以分为民间自治规范和国家制定规

---

① 参见宋祁：《新唐书》，中华书局 1975 年版，第 5329 页。
② 参见宋祁：《新唐书》，中华书局 1975 年版，第 5628 页。
③ 参见宋祁：《新唐书》，中华书局 1975 年版，第 4757 页。
④ 参见宋祁：《新唐书》，中华书局 1975 年版，第 4972 页。
⑤ 参见脱脱：《宋史》，中华书局 1977 年版，第 9732 页。

范两个层次。其中,民间自治规范层面包含宗法族规和乡规民约,宗法族规源于传统宗法制,为历朝代代所继承并将之上升为国家治理的大经大法,乡规民约则经历了一个由民间组织向国家基层治理机构转变的发展过程;而国家层面的民间法律规则体系,则是统一于国家律典之下的地方法规和少数民族法规,其作用都是在"和而不同"理论下寻求国家秩序的和谐稳定。

(一) 宗法族规和乡规民约

古代中国是典型的乡土社会,而宗族是这一社会的重要因子,稳定的宗族和乡土秩序是国家政权稳固的基础。正因如此,寻求适当的治理结构,构建稳定和谐的治理秩序,不仅是统治者的目标,也是乡族士绅的追求。历朝为实现乡土与家族秩序的有效治理,一直在民间广泛推行以家风、乡约为特色的治理体系。

1. 宗法族规

在宗法制国家,宗族治理是关乎地方秩序的关键,很多宗法族规都会直接影响乡规民约乃至地方法规的走向。宗法族规主要是各宗族为发展延续本族血脉而制定的规范,其可以是禁止性规定(如包拯禁止有贪腐行为的子孙入祠堂),也可以是忠信仁义类之教化规范。魏晋南北朝时期,王弘"既以民望所宗,造次必存礼法,凡动止施为,及书翰仪体",依据国家礼法和既成体制,为本宗族做行为规范,后被世人效仿,并誉为"王太保家法"。[①] 可见,以礼法为根本的宗法族规,符合当时乡土社会百姓的价值观念,民间尤其是文人团体多半也跟随这一潮流,无形之中便可形成良好的社会风气。

所谓宗法族规也可称之为"家法",早在西周时期就已出现,周公姬旦作《诫伯禽书》,劝诫自己的儿子要做有德行之人;后《孔子家语》也是为劝诫后世子孙所作。而单就词汇而言,"家法"一词出自两汉经学,虽后世扩大了"家法"的内涵,但都保留两汉遗风。两汉经学繁盛,以致汉以后的礼制构建都要受经学大师注解的影响,如郑玄注解的《十三经注疏》,对后世乃至目前学界探究传统礼法都有极大的意义。汉以后,受儒学家国观念、谱牒家传修撰等风气的影响,各大家族内部开始作家风、家训、家礼等对晚辈子弟进行劝诫。此时,民间法律规则体系之一的宗法族规便以家法作为早期形态,其代表如《颜氏家训》,后世称誉"古今家训,以此为祖"。两汉以后的家训、家法最初只是承载着时人立身处世的思考,后由于其蕴含着能为当时社会普遍接受的价值观念而传播开来,历久弥新。典型如《崔氏家法》,可以说崔氏一族因此家法历百年而不衰。仅在初制此家法的一族中就有六人官至三品,为唐兴以来绝无仅有,后宋人称在开元、天宝年间,能够传承两汉以来家法者乃"崔沔之家学,崔均之家法。"[②] 又赞崔祐甫"世以礼法为闻家,其

[①] 参见沈约:《宋书》,中华书局1974年版,第1322页。
[②] 王谠:《唐语林》,钦定四库全书影印本,第11页。

家法为当时士君子所重。"① 又崔偓一族世居"光德里",唐宣宗听闻之后感叹崔氏忠孝门第,有为士族的家学渊源,于是为之题名为"德星堂"。②

崔氏一族,治家有道,从南北朝开始兴旺数百年,大体是得益于其宗法族规。但"教"只是其一,崔氏门风如此严谨必有"罚",若有子弟违反家规,不论男女皆受其惩戒。也正因如此,即便是女子教育不普遍的时代,崔氏女子也多知书达理。如郑善果母崔氏,聪慧贤德,通晓政事,每次郑善果处理政务时,崔氏都会暗中倾听。如果郑善果有以权谋私的行为,崔氏便"不与之言",善果跪于母亲床前"终日不敢食",以示惩戒;崔氏还引先祖以身殉国之绩而怒斥郑善果"内则坠尔家风,或亡官爵;外则亏天子之法,以取罪戾。吾寡妇也,有慈无威,使汝不知教训,以负清忠之业,吾死之日,亦何面以事汝先君乎!"如若有奸邪非违行为,便是有辱祖宗之法。得益于母亲崔氏的教导,善果一生为政清廉,所在有政绩,百姓怀之。③ 有教有惩依礼法而行,使得崔氏家法自形成之初便以负有盛名,乃至历朝不坠。

中国传统的宗族,又以五服分界,人数众多,然名门望族薪火相传亦得益于其宗法族规。唐时陈崇一族作家法劝诫子孙,挑选有人望者执事,又建学堂教化族人,以致入宋传至十三代陈昉时有长幼七百口同居一堂,上下和睦,成为乡里百姓争相效仿的榜样。史载:"每食,必群坐广堂,未成人者别为一席。有犬百余,亦置一槽共食,一犬不至,群犬亦皆不食。建书楼于别墅,延四方之士,肄业者多依焉。乡里率化,争讼稀少。"④ 由此也可以看出,家风不仅能以其思想、制度约束其本家族以及与其相关的宗族,更能以其礼仪直接影响其乡邻的婚丧礼俗、教化风气、诉讼方式等。放之于乡里,名门宗法无不对民间百姓的教化起标示行作用。

因宗法族规能够以约束族人的方式直接对地方百姓产生规制效果,至宋朝时,其在国家治理体系中的地位愈发突出,甚至被上升为国家的大经大法。赵氏一族为改"唐之立国,家法不修"之弊害,广推家法,并利用其国姓的优势,将"事亲""齐家""教子"作为国之大经中最正的家法。这一行为究其本质来看,不仅与民间社会所追求、构建的家法族规并无二致,更与以礼为本的治体一脉相通相承。乃至到了明清时期,依然承宋祖宗家法的内涵并效法其道,多以宝训、实录等为载体。以国家为典范,明清时期的民间家法设计事项更为普遍。明弘治年间太常寺卿潘府曾有"冠婚丧祭,家法之本也"⑤ 之言。加之宋明理学盛极一时,朱熹作为当代大儒,所作《家礼》富含理学之要义,直接被《大明集礼》《明会典》乃至《大清通礼》等国之礼典所取用,实现一家之法向国之大法的转

---

① 参见宋祁:《新唐书》,中华书局1975年版,第4663页。
② 参见宋祁:《新唐书》,中华书局1975年版,第5016页。
③ 参见刘昫:《旧唐书》,中华书局1975年版,第2378页。
④ 参见脱脱:《宋史》,中华书局1977年版,第13391页。
⑤ 黄宗羲:《明儒学案》,钦定四库全书影印本卷四六,第23页。

变。此外，民间文人也纷纷撷取朱子《家礼》《集礼》等相关内容，作为治家治人致仕之道，并将其刊印成书在民间广泛流传。无论皇族的国法礼典，亦或民间士庶的宗法族规，都以礼为根基进行构建。家国同构社会中的礼，是汉以来民间法律规则体系的至高追求，如此，将以血缘伦理为基础的宗法族规视之为礼法体系的重要构成也并无不妥。

2. 乡规民约

宋朝伊始，进入乡规民约的兴起和构建期，主要是当地一些大儒或者社会名流，将一家之法推及至姓氏、族群之外，慢慢演变成适用于本乡本土的规范。还有一些致仕后的地方官员也会将自己任职期间内关于安民、治政、乡约等方面的制度规定及相关思考，集结成文汇编。如陕西蓝田县吕大钧与其所作《吕氏乡约》。吕大钧为宋嘉祐二年进士，任官回乡后开始推广乡规民约以治并制作《吕氏乡约》，书中提出"德业相励""过失相规""礼俗相交""患难相恤"四个名目，其主要目的是以德教为核心进行乡村治理。虽然《吕氏乡约》是吕大钧个人所写，但仍规定有"若约有不便之事，共议更易"的条款，该乡约是可以根据治理情况由乡民讨论修改的。后朱熹对该乡约进行修订，以《增益蓝田吕氏乡约》为本通行后世。朱熹为本宗家制作的《文公家礼》，借助统治者对理学的推崇，将家国礼仪相融合，也为后世奉为经典。在家国同构观念的影响下，诸如《吕氏乡约》《文公家礼》类，集古今典礼、公私礼仪为一体的乡规民约，逐渐成为礼法时代民间乃至国家制定规则的范本。

乡约从诞生之初只是乡村自治规则，但明朱王朝建国之初，朝廷就开始介入乡规民约的制定活动，并以国家法律保障其被严格执行，乡约最终沦为朝廷治理基层社会的工具。明统治者加紧建立乡村治理结构，如设里甲老人、建申明亭、实行乡饮酒礼、颁布多项教民榜文等。有明一代从不缺乏对乡村治理措施的实践，并取得显著成效，如明太祖朱元璋法古为治，施行木铎之制（即在每月固定时间，由耆老持刻有教化条款的木片在街道内巡行），以宣讲"圣谕六言"。[①] 王守仁在抚南赣汀漳推行乡约的期间颁布《南赣乡约》，实施"十家牌法"，即将村民划分为数牌，每十家为一牌，各家轮流值守检查人口出入和流动情况，如有一家违法犯罪，则十家一起被追究责任。除乡约之外，王守仁制保甲法，后王廷相又加义仓法，配合乡约共同施行。乡约主要是教化百姓行为，保甲则以究诘为主，而义仓法则既可以惩治盗贼又能教化风俗，形成三位一体的乡村治理模式。此后，乡规民约的倡导者和制定者便由民间乡绅转向国家官员，借助国家之力推行。如叶春及在任惠安知县时作《乡约篇》，吕坤任山西巡抚作《乡甲约》，黄佐任广西学政作《泰泉乡约》等，这些乡约都仍保留了《吕氏乡约》的精神内涵，此时的地方官员对于乡约思考的重点依然是使民间乡约组织保持乡民自治的性质。为此黄佐主张乡约的负责人由乡里自行推荐产

[①] 所谓"圣谕六言"，据《明太祖实录》，洪武三十年九月辛亥条载："孝顺父母，尊敬长上，和睦乡里，教训子孙，各安生理，毋作非为。"参见《明太祖实录》，中华书局2015年版，第3677页。

生，拒绝官府干涉；又主张"凡行乡约、立社仓、祭乡社、编保甲，有司俱毋得差人点查稽扰，以致纷扰。约正、约副姓名，亦勿逮闻于有司。盖在官则易为吏管所持。"① 由此可以看出，地方官员尚不完全同意将乡约组织归属于地方官府，仍要保持其民间自治。但到了明末，陆世仪在黄佐乡约的基础上，将民间乡约体系归结为乡约、社仓、社学和保甲四种，并在其《治乡三约》中进行详细阐释。他认为乡约是"约一乡之众而相与共趋于社学，共趋于保甲，共趋于社仓也"，在这结构下的乡约"为纲而虚"，"社学、保甲、社仓为目而实"。② 乡约是民间社会治理的纲领，并无实质内容，而社学、保甲、社仓则是在纲领下的具体名目，是乡约执行的操作方式。由此观之，到了明末，原本由乡绅制定的教化乡邻的乡约已被架空，实则沦为朝廷制定法的容器。乡约再也不是百姓自发组织、自觉参与的民间社邑，而是乡村治理的一种机构名称。③ 一直到清代，乡约成为一种正式的法律形式，且出现了乡约所。乡约所主要是用来宣讲圣谕和国家律条的场所，设有约正和约副两人为正式编制，由本乡推举德行良好、无犯罪行为的六十岁以上的生员担任；如没有生员，则推举德高望重的老者担任。顺治十六年规定每个乡村都要设乡约所，每年固定时间向村民讲述律令等内容以此来普及国家法令和地方法规。清代《上谕合律乡约全书》中收录了大量乡约条文，以及皇帝对地方治理事项所下达的口谕等。

从宗法族规和乡规民约制定、发展历程来看，不论是乡绅或是朝廷，在传统社会中构建基层治理的结构都要合乎礼法。二者是直接作用于民间百姓的行为规则，对稳定社会秩序有举足轻重的作用，对民间法律规则体系的形成也至关重要。

（二）地方法规和少数民族法规

地方法规和少数民族法规其本质都是地方性立法，但笔者在此将二者分开阐释，主要是基于少数民族法规具有极强的针对性。有很多地方法规所规范的内容诸如盐政、司法、婚姻等并不适用于少数民族地区，且少数民族有专门的机构建制。地方法规和少数民族法规占据了民间法律规则体系的半壁江山，统治者对其的态度直接关系政权根基的稳固。

1. 地方法规

自秦汉实现大一统以来，在中央集权制度作用下，地方性法规的制定权仍归属中央。此时，地方法规的内容也与中央制定法保持高度一致，不同之处也仅限于地方行政事务和民间管理方面，前文第一部分提到《语书》中的政令便是一例。汉以后的地方法规多以教令、科令等形式颁布。到了唐代立法技术进一步加强，多有地方特性结合前代法规的新型地方性法规出现。如敦煌出土的《沙州敦煌县行用水细则》（《唐沙州敦煌地区灌溉用水章程》），可视为唐时中央法规《水部式》在敦煌地区的实施细则。河西走廊自汉代开发

---

① 参见黄佐：《泰泉乡礼》，四库全书影印本卷一，第8页。
② 参见向燕南、张越编：《中国传统训诲劝诫辑要》，中央民族大学出版社1996年版，第231页。
③ 参见刘笃才：《中国古代民间规约引论》，载《法学研究》2006年第1期。

利用后，为保障水利灌溉工程顺利实施，地方政府都会针对沟渠修建、维护等事项作具体规范，如敦煌藏经洞唐代遗书 S.5894《渠规残卷》《沙州敦煌县行用水细则》等，就是历代河西走廊地区渠规的代表，这种立法一直延续到清末民国而不衰。宋代的地方性规范已经非常普遍，其形式除上文提到的编敕外，榜文、告示、禁约也是施政经常采用的手段。南宋榜文，最为后世熟知者，大多为朱熹所作。朱熹曾将榜文与《周诰》看做一类，认为其"恐是曾经史官润色来"，都是为了让俗人百姓知晓，而采用"方言俚语，随地随时各自不同。"① 正因其对榜文通俗而深刻的理解，也使得其教化思想为当时社会普遍认同和接受。

元代的地方性法规又因行省制度的设置而发生改变，行省制的确立是古代地方行政体制的重要演变。行省是元代最高的行政机构，拥有极大的地方治理权，即便是专门设立地方行御史台对其权利进行牵制亦稍显吃力。但就地方立法的角度考虑，行省权力反而能为路府州县的立法提供政策庇护，在国家立法的过程中对地方的制度倾向会较为明显，如《大元通制条格》即是元代律典体系中关于地方法规的重要内容。元代地方法律形式除条格外，也沿袭了宋代灵活性较强的条约、榜文等形式，多用以处理民事农事纠纷问题。如扬州路总管兼府尹朱霁在任期间，由于治下赋役严苛，百姓生活不堪，于是朱霁便发布"条约"以厘正这一现象，时人"以为德"。② 又如正大年间，王鹗任德府判官兼城父令，到任之后立刻"立教条，正风俗，未几政成，吏畏而民安之。"③ 通过灵活立法的方式对地方存在的各种现象进行治理整顿，是地方官员的进行治绩考核的一项内容。

至于地方法规的内容大致可分为综合类和专门类，其中专门类又有具体政务的划分。笔者以《中国古代地方法律文献》甲编中收入的部分明代地方性条约为例，制作如下简表：④

类型	作者	名称	说明
综合类	王廷相	《巡按陕西告示条约》	地方官或督抚官制定，其目的是为加强地方综合治理；内容宽泛，甚至具有施政纲领的性质
	陈儒	《莅任条约》等	
	吕坤	《风宪约》	
学政类	姚镆	《广西学政》	针对地方学政教育，内容根据地域不同具有极强的专属性，规定的事项较为全面
	陈儒	《学政条约》	
	海瑞	《教约》	

---

① 参见黎靖德：《朱子语类》，王星贤点校，中华书局1991年版，第1986页。
② 参见苏天爵：《滋溪文稿》，四库全书影印本卷一七，第2页。
③ 参见苏天爵：《国朝名臣事略》，中华书局1996年版，第237页。
④ 杨一凡、刘笃才：《中国古代地方法律文献》甲编，世界图书出版公司2006年。

续表

类 型	作 者	名 称	说 明
军政类	姚 镆	《巡抚事宜》	规定地方所属军队治理的相关事宜，督抚巡察以及监察军政的具体事项
	郭应聘	《考选军政禁约》	
	吕维祺	《南枢巡军条约》	
漕运、钱粮、盐务类	王宗沐	《漕政禁约规条》	针对地方经济事项，漕运钱粮和盐务直接关系国计民生，一般为国家专营，其目的是为维护地方稳定，保证国家秩序稳定
	吕 坤	《籴谷条约》	
	张珩等	（盐务类）《禁约》等	

上述简表虽只列举部分名目，但仍可以看出明代地方立法的内容覆盖辖区内的各个方面，其条约有对官员政务治绩考察类，也有对本地风俗教化类，亦有对关系国家前途命运的军事、经济类的禁止性规定，自汉代实行盐铁专卖之后，历代统治者对盐务治理都倍加重视。这些地方法规不仅是中央政策的反映，也是民间治理体系中最为国家认可的一环，即便是有与国家上位法抵触的情况，也有实施的空间。如地方官制定的临时性法规，主要用于处理暂时性的紧急事务。中国传统的乡土社会，受自然环境的影响颇深，旱涝蝗虫等自然灾害都会对地方百姓的生活产生强烈的冲击。为缓解这种突发的矛盾，稳定社会秩序，地方官员一般会发布适用于特殊时期的榜文、禁约等。如乾道年间的赈灾榜文，有一次江西发生饥荒时，宋孝宗便下诏让辛弃疾处理荒政，辛弃疾到任之后，便立即"榜通衢"告示有私藏粮食的人发配，强抢粮食者斩，又下令"尽出公家官钱、银器"，呼吁地方官吏、儒生、商贾、百姓市民有能力者"量借钱物，逮其责领运籴，不取子钱，期终月至城下发粜"，如此，江西百姓才得以救济。[①] 如此的赈灾条文和方式，如若是长期所行，断然不可。由此也可以看出，即便是临时的地方法规，也能够对百姓乃至官员产生极强的约束力，从而在特殊时期稳定社会秩序。

地方法规的法律形式自秦汉以后呈日渐繁荣的趋势，其内容涉及愈发广泛，地方官能够决定的事项越来越多。地方法规是进行地方治理的重要手段，它与其他民间治理模式一起构成民间规则体系的重要支撑。少数民族聚居地的治理规则虽然也属于地方法规的一部分，但由于其具有特殊性，故笔者将其单列进行讨论。

2. 少数民族法规

中华文化是各民族智慧的结晶，中华法文化也经历了少数民族习惯法与汉法的融合过程。在我国历史上，也不乏少数民族建立的朝代如南北朝、辽、西夏、金、元、清等，都有不同于汉族王朝的法制建树，其统治者将民族习惯融入社会治理之中，极大丰富了中华法系的内容。另对于少数民族聚居区的治理，历代汉族统治者都在"和合"观念的影响

---

① 参见脱脱：《宋史》，中华书局1977年版，第12164页。

下，制定"临事制宜，略依其俗"的特别地方法规，以"防其大故，忍其小过"保证所归附藩区的社会稳定。①

历代汉族统治者，对各少数民族的政治态度和文化政策，采取"和而不同"的策略。先秦儒家提倡"用夏变夷"，②即用诗书礼乐和伦理纲常等去变革、融合各民族的文化结构。但并不意味着一盖禁绝，就民族习惯法而言，统治者则采用"修其教不易其俗，齐其政不易其宜"的政策，让其按自己的风土民情进行自治，逐渐渗入国家礼法精神，《汉书》谓为"以其故俗治。"③隋唐时期，国家制定法与民族习惯法并举分治，固定为明确的法制原则，得到国家礼法的确认。如《唐律疏议·名例》篇有"化外人相犯"专条，提到"各依本俗法"，疏议解释说："化外人，谓蕃夷之国，别立君长，各有风俗，制法不同。其有同类自相犯者，须同本国之制，依其俗法断之。"④ 这一原则，既适用于在唐朝国土的外国人，也同样适用于臣服于唐朝的少数民族政权，包括各地方政府下辖的少数民族。

唐朝在地方政府建制方面，也贯彻民族地区"各依本俗法"治理的原则，如在民族地区设羁縻州。所谓"羁縻"，就是少数民族不必像汉族地区一样严格执行国家政令，不同于汉族地区道州县的行政区划，羁縻州内设都督府或都护府。羁縻区域的刺史或都督由各种族的酋豪担任，可以世袭；在行政、财政、司法方面享有自主权，所谓"贡赋版籍，多不上户部"。⑤ 具体而言，其在司法上的自主权就是运用"本俗法"审断案件，不必统一执行朝廷的律、令、格、式。但是，羁縻州在军事上必须服从中央政府的调配，这也是稳定少数民族地区秩序稳定的重要手段。另外，统治者对少数民族地区自身的特殊性，如地理环境、民族传统、风俗习惯、经济状况等也给予了一定的考虑与重视，体现在法文化史上，如统治者对羌族习惯法文化的态度，即让其在保留自身文化传统的前提下，又能够受礼法文化的熏染，此即史载的"然声教所暨，皆边州都督、都护所领，著于令式，"⑥ 令式是唐朝的法律形式，就是要求羌区的法制宣传和道德教化尽量与国家法令趋于一致。羁縻政策是汉族统治者将国家礼法与少数民族地区习惯法相统一的有效政策，也是汉以来数百年经验总结的结果，一直到两宋不曾消亡。宋太宗曾问党项羌人领袖李继捧怎样才能更好地统治羌民，李继捧答道："羌人鸷悍，但羁縻而已，非能制也"，⑦ 可谓画龙点睛之论。由此，形成了民族习惯法与国家制定法多元共存的"诸法和合"格局。

---

① 参见范晔：《后汉书》，中华书局1965年版，第2895页。
② 孟子与陈相在滕国就治国理论进行辩论时说："吾闻用夏变夷者，未闻变于夷者也。"参见《孟子译注》，杨伯峻译注，中华书局1960年版，第125页。
③ 参见班固：《汉书》，中华书局1962年版，第1174页。
④ 参见刘俊文：《唐律疏议笺解》，中华书局1996年版，第16页。
⑤ 宋祁：《新唐书》，中华书局1975年版，第1113页。
⑥ 参见宋祁：《新唐书》，中华书局1975年版，第1113页。
⑦ 脱脱：《宋史》，中华书局1977年版，第13984页。

宋以后的元明清三代，在少数民族地区又推行"土司"制，是民族习惯法与国家制定法和谐共存的又一次尝试。所谓土司制度，即用分封的方式将地方民族首领、酋豪等纳入国家官吏体制内，但仍对本部落或本地区进行世袭统治。如元朝为管理辽阔的疆域，在全国范围内设置宣抚司，今四川雅安地区西部和甘孜州东部的羌区内曾置碉门、鱼通、黎雅、长河西、宁远等处宣抚司。明朝"踵元故事"，同样在少数民族聚居地区推行土司制度，一直沿袭到清末民国时期。土司制度较之唐宋羁縻州更为完备，中央王朝对土司的管控也更为宽泛，除军事外，土司的财政、司法事务也要上报中央并服从管辖，"分别司郡州县，额以赋役，听我驱调，而法始备矣"，[1] 可见，少数民族法规在实现自治的同时，仍要符合国家寻求政权稳定的宗旨。

少数民族法规主要体现为民族习惯法，其与国家制定法的关系表现为，民族习惯法通过土规土律得以集中体现，国家制定法以民族习惯法为补充，但有涉及国家政权稳固方面的事项，土规土法不能与制定法的精神原则相违背。但总体来说，在礼法时代，始终保持着少数民族法规和国家制定法多元共存的格局，时至今日，仍有沿袭不改的价值。

三、民间法律规则体系的发展趋向

民间法律规则体系渊源于礼俗、律令，不论是源自民间的宗法族规、乡规民约，亦或是自古就有的少数民族习惯法，随着王权政治的加强，其发展趋向都是向国家制定礼法靠拢。但这种发展并不意味着没有矛盾产生，正相反，在地方法律规则体系形成的过程中，也面临着国家法与地方法冲突的现象。所幸，凝聚了中华民族古老智慧的礼法在解决这一冲突时发挥了至关重要的作用。

前文讲，宋代地方法规的形式和内容日渐繁多，这也意味着国家制定法与民间法律规则会出现不同程度的冲突。但地方官并不"一刀切"的以地方法规服从国家制定法为原则，而是加以权衡，使地方法规的发展免于悖离礼法宗旨。如苏轼在地方任职期间，提出淮南西路提刑司关于其在灾荒年限制粮食有余的地区运粮到灾害地区的榜文，与中央恤民赈灾的有关原则和法律相悖的；但淮南西路地方官员却遵照此榜文，对运送粮食的杨怀等人进行处罚，"宁违朝廷《编敕》条贯，不敢违监司乖戾指挥"，[2] 故上书朝廷，请对国家法令对这一地方现象做进一步规范。恤民赈灾本是彰显统治者"为政以德"的重要举措，属古之礼。

另关于民族法规和中央制定法的博弈，中央"改土归流"政策体现的较为明显。从明中后期开始，中央政府想要废除土司制度，以州县官员代之。在对羌族地区实行改土归流政策的过程中，民族习惯法的适用空间和运用频率受到国家制定法的强力挤压。如《理番

---

[1] 张廷玉：《明史》，中华书局1974年版，第7982页。
[2] 参见苏轼：《苏东坡全集》，中国书店1986年版，第30–31页。

厅志》记载，清朝对土屯中的一些落后的习惯法行为不予认可，孟董"屯中每有因细故抄家、丢河等事，实系恶习，尤属大干法纪"，同治四年（1865），清廷定《善后章程》二十条，对上述妨害国家制定法、大干法纪的行为厉行禁止，"嗣后如有口角争斗等事，应凭人论理，倘不能了息，再行控官申理，不准抄家、丢河，违者尽法处治，"其余民、刑案件，如婚姻、田土、命盗正案等屯官不得私自受理，应由地方官依国法论断，否则就要被斥革究办。民、刑诉讼程序亦依国家制定法的规则，"必须由地方文武层次转禀，如地方官不理，方准层次禀控，不得遽行越诉，以符定例"。从法文化史的角度来讲，羌族习惯法对我们现阶段研究少数民族习惯法提供了诸多依据，① 如果中央"改土归流"成功，则势必是我国民间法律规则体系的一大损失，甚至可能直接影响礼法时代多元化法制结构并存的局面。

在"改土归流"的过程中，国家制定法和民族习惯法产生了激烈的冲突，国家推行政策法令的措施愈来愈有力，相继推行抚夷、土夷制、里甲、团甲制和保甲制。民族习惯法在少数民族地区适用的范围越来越窄，制定法在少数民族生活中的适用空间得以拓展。饶是如此，国家制定法也并不能完全瓦解和压倒民族习惯法，它在少数民族地区的施行运用仍然受到地方民间知识系统的排斥和阻碍，以致持续到民国政府时期仍无法消除民族习惯法在当地的适用。民族习惯法维系的乡土秩序格局与历史形态相比较，虽有局部改变，但并未涉及本质，其自治、自足、自闭的特色依然鲜明存在，正如一则形容少数民族酋豪的资料所描绘："百年以来，一家授受，发号施令，征役纳粮，甚至妄立刑法……固俨然百里之王"。②

究查民间法律规则设立的初衷，即是为了维持一姓一族一方的稳定和发展，即便之后上升为国家意志，也仍然保持这一本质未曾改变。也正是在寻求稳定秩序的宗旨下，民间法律规则日渐形成一个完整的体系，并朝着礼法之制的轨道顽强发展。民间法律规则体系是国家制定法的补充，也是传统礼法结合的体现。中国传统社会发展的历史，虽王朝不断更迭，但礼法之制从未中断。民间法规在形成和发展的过程，也不似杂乱的枝丫任期野蛮生长，不论是从民间组织到政府机构，亦或是从民族习惯法到国家制定法，都围绕家国礼法的中心在发展。瞿同祖先生曾说："中国古代法律主要特征表现在家族主义和阶级概念上。二者是儒家意识形态的核心，和中国社会的基础，也是中国法律所着重维护的制度和秩序。"③ 在家国同构的伦理社会中，家与国的命运紧密相连，也正因如此，民间法律规则体系的发展趋向都与国家制定礼法的主流趋势相一致，即和而不同，维护家国秩序的和谐稳定。

---

① 参见俞荣根：《羌族习惯法》，重庆出版社2000年版；龙大轩：《羌族习惯法中的纠纷解决机制》，载《民间法》第十一卷，第219－229页，等等。

② 川康边政设计委员会编纂：《川康边政资料辑要·茂县概况》，军事委员会委员长成都行营1940年排印本，第5页。

③ 瞿同祖：《中国法律和中国社会》，中华书局1981年版，第1页。

结 语

华夏文明自诞生之初，便具有极大的包容性，其蕴含着各部族不同的自然人文因素。即便大一统实现，统治者也深知礼法社会的维系，并不能只靠礼典和律典这一类自上至下的规范，统一的全国性立法往往不能有针对性地解决民间社会的具体问题，而民间法律规则便在这种思考下逐步诞生，渐成体系。故自古就有"天下政事，始于州县，而达乎朝廷"之说，即暗示古代社会基层事务的处理及运作机制，更多依靠存在于州县中的民间法律规范。秦汉以来所形成的诸多民间法规，成为推动和完善中华法系的有效成分。也正因之于民间"活法"，方才使得礼法之制的精神内涵扎根于社会土壤、渗入百姓生活，成为一种信仰或行为习惯。民间法律规则体系对国家制定法的补充和救济作用，并不仅仅适用于中国传统社会，对当今德法合治时代的立法依然具有极大的救济意义。[①] 民间法律规则体系经历了从家法到乡约再到政府基层治理机构，从民族习惯法到中央统一下的地方法规的形成和发展过程，是中华民族古老智慧的体现，也是全面认识中华法文化的必要条件。

The System of Folk Legal Rules in the Era of Rites and Laws

Zhang Wei   Zhang Ying

Abstract: The system of folk legal rules includes patriarchal rules, village regulation and agreement, local legislation and national minority law. Among them, the patriarchal rules and the village regulation and agreement are rooted in the customary culture. In th society of the same structure of the clan and country, it is highly respected by famous families, officials and scholar-officials, aiming to restrain the clan members and the fellow villager. The local legislation and the national minority law originate from state decrees, under the unified system, the local legislation is the specific norm implemented by the national law code in order to stabilize local order. The formation and development trend of the system of folk legal rules are consistent with the requirements of the law and discipline rite of the same structure of the clan and country, which enrich and extend the connotation of the Chinese legal culture.

Keywords: the Law and Discipline Rite; the System of Folk Legal Rules; the Patriarchal Rules; the Village Regulation and Sgreement; the Local Legislation

（编辑 彭 娟）

[①] 参见谢晖：《论民间法对法律合法性缺陷的外部救济》，载《东方法学》2017年第4期。

辈分的法理

周盼盼[*]

摘　要　辈分作为我国传统乡土文化与维系乡土社会人际关系的重要组成部分。一方面，辈分有着外在形式约束，其于族谱中隐性传承、于人名中显性承载、于称谓中显露，其于父子关系中体现为纵向约束，于兄弟关系中体现为横向约束，于社交关系中体现为扩伸约束。另一方面，辈分有着内在精神权威，其是家族依赖的质料因、是精神伦序的动力因、是神圣信仰的目的因。二者的双向交互不仅在强制性的权威保障与群体性的有效监督下助推家族秩序的构建，而且对现在法治建设亦具有重要的借鉴意义。

关键词　辈分　家族　血缘传承　外在约束　内在权威

"辈分，作为一套村民间社交秩序和礼仪的符号系统，是传统乡土文化的组成部分"，且"辈分曾是维系乡土社会人际关系的重要元素"。[①] 辈分最早可追溯至西周时期，作为血缘群体的内部制度，以构建秩序维护稳定为目标。对于辈分的研究要首先了解其规定，总结共同点、剖析其维护秩序的落脚点，从而发现内含的权威保障。这里对于权威的探索，不仅针对现实生活的单代进行，更要结合辈分世代存续的事实研究更高权威的存在。并且对于体系内部出现的秩序反抗者，是否存在有效的监督调节机制，这些对于研究辈分秩序构建中的完善性都是不可或缺的。从辈分构建秩序的基本逻辑来看，通过划分权利义务以及建立监督调节机制，是一个社会秩序建构的浓缩。因此，研究辈分，绝不是单单的社会学或者历史学问题，而是极具意义的法学问题，具有深厚的法理意涵。

---

[*] 周盼盼，山东师范大学法学院硕士研究生。
[①] 李金刚：《教育变迁与乡土社会差序格局的式微——以男性名字中的辈分为例》，载《教育研究与实验》2020年第2期。

一、辈分：家庭关系的外在形式约束

"什么叫'辈分'？辈就是世，世代。辈分，简单说就是家族间的世系次第。"[1] 辈分蕴含着对所辖之人外在行为与内心伦理的制约。例如，西周时期文字记载的昭穆制度便是关于行辈之序和长幼之别的规定，在古代宗法制度中，宗族或宗庙中神主的排列次序，始祖居中，以下父子（祖、父）递为昭穆，左为昭，右为穆，以此表示不同辈分之间的尊卑[2]。而且，古时的九族，即《尧典》记载的"父族四，母族三，妻族二"，也是对个人家族血脉亲疏远近的一种描述。此两种制度正说明了辈分这一排列规则产生的必要。故辈分的实质可表述为极差社会中基于血缘关系对于成员的制度性排序，并且这样一种排序兼顾了纵向与横向的发展，完全定义了家庭中任意两者之间的位置以及相应职责。其所衍生的外在约束规范主要表现在族谱、取名、称谓以及体现行为要求的具体关系中。

（一）族谱、取名与称谓中辈分的外在形式约束

第一，辈分的外在约束于族谱中隐性传承。族谱又称家谱、家乘、祖谱、宗谱、谱牒，它不仅仅是沿父系扩大的家族群体的人口记录簿，其更是整个家族继替中教化传续的教学大纲，它"有道德教化、精神凝聚、族群认同等多方面的功能"[3]，是我国的"民间文献瑰宝"[4]。一方面，族谱是宗族伦理秩序的主要体现，家族被包括在费孝通先生所说的外推式差序格局内，这样一个血亲范围是以自己为中心向外沿着孝、悌、礼、忠这些脉络扩散形成的[5]，受到儒家观念的影响，每个成员上都讲究对祖先的尊重和长辈的孝道，下都讲究对后代的慈爱抚育，对于同代族人也都忠义礼信，而族谱中明确提出的孝悌、和睦家族等的要求[6]，正是这些儒家理念的综合展现；一方面，族谱是宗族文化的重要历史载体，"家之有谱，犹国之有史"，族谱记载人口延续历史中祖先的光辉事迹以及重要事件，是考究家族兴衰起伏的重要史料，其"内容涵盖村落的来源概况、族人的血脉渊源、家规族训、先人的画像、人口的世系传承、家族的生产生活、精神文化娱乐及重大的社会事件"[7]，同宗同源不仅将家族群体在生物层面上串联起来。并且在精神上建立荣辱与共的凝聚力量，族谱则成为保证人心所向的粘合剂；另一方面，族谱是血脉文化的明确指引与递归，族谱是某个族群的一份入场证明，族谱上的记载是一个人身份的象征，更是族群

---

[1] 王全营：《宗族中的辈分和称谓》，载《决策探索（上）》2018年第1期。
[2] 《周礼注疏》卷十九《小宗伯》"辨庙祧之昭穆"郑玄注，阮元十三经注疏本，中华书局1982年影印本，第766页。
[3] 吴汉光：《族谱是中华传统文化的奇葩》，载《福建省社会主义学院学报》2014年第4期。
[4] 周建新：《族谱+：客家族谱文化产业化的模式与路径》，载《地方文化研究》2021年第1期。
[5] 参见费孝通：《乡土中国》，商务印书馆2017年版，第35-36页。
[6] 参见费成康：《中国的家法族规》，上海社会科学院出版社2016年版，第46-47页。
[7] 董建义、张金秀：《认同与建构：传统村落族谱与现代书籍设计的符号互动》，载《山东工艺美术学院学报》2021年第2期。

中将其视为同根手足的血脉认同依据,族群生活、中华特有的民族文化才能依此展开,换言之,族谱"是中国人找寻祖源的指南针,也是中国民族文化认同的血脉基石"①。总言之,族谱的功能与价值让辈分的规范约束更加系统化、持续化、明确化。

第二,辈分的外在约束于人名中显性承载。"辈分的排列常常体现恩铭实际在人名中",为方便族人平时往来之间的辈分梳理,会通过在族谱中定辈字,即通过确定某些字的先后顺序,来确定以这些字为名的人的辈分,这种在人名中体现排序的制度即"辈分字谱",又叫作"昭穆""字派"或"行派"。②辈字的确定根据寓意大概可概括为三类:"第一类是表示吉利或者美德的字,如德、明、福、禄等;第二类是希望家族延续和昌盛的字,如永、传、昌、盛等;第三类是怀念先祖和歌颂皇天恩德的字,如泽、祖、显、荣等"。③此外也有一些辈字是通过偏旁来确定的,某一辈分的名字中都有相同的偏旁,如《红楼梦》中的贾琏、贾珍和贾环,也有通过字体结构来确定辈字,如合二为一的字体,如林、朋为一辈,合三为一的字体,如鑫、森为一辈。④为了方便记忆,有些家族还会将这些辈字编写成朗朗上口的语句,并要求后代从小熟读。辈分字谱的确定先于后代的实际出现,当家族中一个新成员呱呱坠地时,他的名字中的谱字就已经确定好了,其他人不可以随意更改⑤,这样的方式使得在人口众多的同族人之间通过名字就能很快地确定彼此之间的关系,"最大好处就是赋予姓名以伦理意义和道德属性,增强了姓名的可传诵性和可识别性"⑥。总的来说,用取名的方式定辈分上及皇族世家、下涉普通百姓⑦,内包汉族子民、外括少数民族,这种取名方式不仅是对社会秩序、文化现象、历史流变的概括化、符号化,更是对一个人的民族属性、家庭地位、阶级身份、身世判定、文化教养、兴趣爱好等的集中反映。

第三,辈分的外在约束于称谓中正式显现。在辈分划分之后,对于同辈、不同辈之间的人的称呼总和,构成了一个完整的称谓系统。首先,尤以亲属称谓最为常见,与西方亲属称谓中简单一词指示庞大范围的情况不同,如"uncle"一词可以指代所有父亲母亲同辈的男性亲属,"汉语的亲属称谓词汇数量庞大,分类较为细致,在性别、年龄、辈分、

---

① 沈文锋:《族谱文化传承传播与族谱收藏机构的现代化改造》,载《晋城职业技术学院学报》2020年第3期。
② 参见余治平:《耕读传世家,宗范立善德——以淮安余门家风族规、辈分字谱为个案的儒学考察》,载《江南大学学报(人文社会科学版)》2016年第4期。
③ 李春燕:《华夏民族的辈分文化》,载《华夏文化》2012年第1期。
④ 参见张远环:《辈分派字的文化底蕴》,载《中国档案报》2003年2月28日。
⑤ 参见余治平:《耕读传世家,宗范立善德——以淮安余门家风族规、辈分字谱为个案的儒学考察》,载《江南大学学报(人文社会科学版)》2016年第4期。
⑥ 余治平:《耕读传世家,宗范立善德——以淮安余门家风族规、辈分字谱为个案的儒学考察》,载《江南大学学报(人文社会科学版)》2016年第4期。
⑦ 参见余治平:《耕读传世家,宗范立善德——以淮安余门家风族规、辈分字谱为个案的儒学考察》,载《江南大学学报(人文社会科学版)》2016年第4期。

血亲姻亲、宗族外族等方面区分严格"①。这样的划分与具体的个人情况联系起来,将个人在家族中的具体定位清楚表达,也通过日常生活中的来往称呼中将这样的定位不断重申,进一步在伦理秩序的基础上巩固了辈分梳理的长幼尊卑。② 而且,这样精细的称谓系统并不是汉族所独有,中国少数民族的亲属称谓也有诸多相似之处,都是以父系作为首要标准划分亲属,扩大到更大的家族血亲范围时,则会利用族中辈分进行再次划分。③ 其次,称谓中体现辈分尊卑在中国社会中还出现了外溢适用,在社交称谓中虽然与"男女有别、长幼有序、关系分明"的亲属称谓不同,其一般具有"重官位、重年龄、重职业区分"④ 的特点,但也明显体现了对老幼、上下、生熟之间的辈分的考虑。

(二) 辈分对父子、兄弟及非家庭关系中的行为约束

在辈分的划分之下,父子关系、兄弟关系、以及核心小家庭之外的长辈和晚辈之间的关系得以明晰,辈分对于族谱、取名以及彼此关系的描述系统好比在生活的舞台上分配角色,而每个角色各自如何演绎,体现的是辈分于形式方面对具体关系的行为约束。

第一,辈分对父子关系的纵向约束。父子关系(不当然只包括父亲与儿子,而应扩大解释为父母与子女)是家庭中最核心的关系:一方面,在辈分的梳理中是基于父子之间的传承关系衍生出诸多辈分的,父子关系是辈分传承的重要媒介,是承上启下的过渡关系,如学者言,"家庭是社会的基础,以父子关系为经线传承,社会生活和家族生活互相模仿、互相渗融"⑤,换言之,父子之间的传承关系是家庭到社会中最基础的继替单位;另一方面,父子关系无论如何都无法从家庭关系中脱离开来,从古至今,不论家庭规模如何变动,抑或是新的家庭的组建,父子关系总是亘古不断,故可将父子关系界定为核心关系。儒家也强调父子关系是五伦的核心⑥,其除去考虑父子关系表明绝对的血缘和宗亲关系,更多是从社会治理角度考虑,认为父子关系中存在的爱与敬也进一步影响到了政治上的礼敬、尊尊的出现⑦。总言之,父子关系在辈分构建的秩序体系中的核心地位毋庸置疑。

对于父子关系规范,主要是指对于两种角色定位的规划。首先,从整体来看,父子关系正如《礼记·礼运》中"父父子子"⑧、"父慈子孝"那般,强调父与子的相互关系,

---

① 张寒露:《文化视角下汉英亲属称谓系统差异的对比研究》,载《新纪实》2021 第 19 期。
② 参见周琴,陈梨花,林欢欢:《看人说话:亲属称谓中如何构建关系——基于赣北某村庄的调查》,载《江西师范大学学报(哲学社会科学版)》2020 年第 5 期。
③ 参见金志军:《新中国成立后少数民族称谓语研究综述及前瞻》,载《民族论坛》2020 年第 3 期。
④ 王赫民:《古代我国辈分称谓小释》,载《社会科学战线》1990 年第 2 期。
⑤ 申霞艳:《凝视欲望深渊,重述"家人父子"——余华论》,载《南方文坛》2019 第 5 期。
⑥ 参见杨龙:《父子伦序、二子以上家庭和清末民国华北乡村财产继承》,载《清华社会科学》2019 年第 2 期。
⑦ 参见赵金刚:《"父子相敬"与"父子相亲"——"哪吒"背后的古今人伦》,载《道德与文明》2020 年第 2 期。
⑧ 孔丘:《论语·颜渊》,安徽文艺出版社 2010 年版,第 102 页。齐景公问政于孔子,孔子对曰:"君君、臣臣、父父、子子。"公曰:"善哉!信如君不君,臣不臣,父不父,子不子,虽有粟,伍得而食诸?"

则在责任以及义务的承担上也同样应当具有双向性①。这样的规划正如苏力教授所言，"这样看似含混的表述才是一种出色的规范表达或制度设计"，② 是在众多具体的父子关系中概括抽象出一般的相处准则，既给这一对角色的相处留下更多的发挥空间，但是又框定了理想的状态。其次，从具体的任务划分来看，父对子主要是"教"，如"养子弟如养芝兰，既积学以培植之，又积善以滋润之。人家子弟惟可使觌德，不可使觌利"③，又如"父子之间不可溺于小慈，自小律之以威、绳之以礼，则长无不肖之悔。教子有五：导其性、广其志、养其才、鼓其气、攻其病，废一不可。"④ 而子对父主要是"孝"，如"父在，观其志；父没，观其行，三年无改于父之道，可谓孝矣"⑤，又如"今之孝者，是谓能养。至于犬马，皆能有养。不敬，何以别乎？"⑥，再如"父母在，不远游，游必有方"⑦。在教与孝的指引下建立的是"子对于父的'遵从'与'屈服'"⑧ 的关系结构，在中国社会几千年的发展中不仅将人的思维方式固定住，还形成了强大的道德规范，形成社会公认的价值准则。此外，教与孝划分除去起到正面的模范指引作用，更是暗含着反向的激励奖惩作用，两者之间具有相互的作用回馈，因此父子关系的这种具体任务划分一言以蔽之就是"一种代际的互惠利他主义"⑨。并且这样的代际并不仅限于父子两代，对于父辈与子辈关系兼顾的混合身份主体，除去对子女的教养，对父母的态度与行为也会对自身存在影响，虽然家庭中年迈的父母本身已经没有强制约束子女的客观能力，但是处于辈分传承的家庭当中，若是拒绝子女职责，慈孝分割的情况会与本身对后代传输的孝道观念冲突，则对于其自身所希翼的老年生活造成隐患，也会产生一定的约束力。因此，辈分的这样一种代际互动是规范纵向父子关系的有力保证，将核心家庭中的抚养后代和赡养长辈问题合理地解决。

第二，辈分对兄弟关系的横向约束。"兄""弟"此对交互相对性称谓已沿用千年，兄弟关系亦与父子关系密不可分，它是"兄弟""姐妹""同姓宗亲""姻亲兄弟"等不区分直旁两系、血姻两亲乃至男女两性而仅示行辈的亲属称谓之总和。兄弟作为同一个家族中现有或者未来的中坚力量，其"被赋予共同应对外部环境和族群竞争的社会期待"⑩

---

① 参见魏文远：《以〈孝经〉为中心的父子关系考察》，载《开封文化艺术职业学院学报》2020 年第 11 期。
② 苏力. 齐家：《父慈子孝与长幼有序》，载《法制与社会发展》2016 年第 22 期。
③ 刘清之：《戒子通录》，文渊阁四库全书第 703 册，台湾商务印书馆 1986 年版，第 74、74 页。
④ 刘清之：《戒子通录》，文渊阁四库全书第 703 册，台湾商务印书馆 1986 年版，第 74、74 页。
⑤ 孔丘：《论语·学而》，安徽文艺出版社 2010 年版，第 5 页。
⑥ 孔丘：《论语·为政》，安徽文艺出版社 2010 年版，第 10 页。
⑦ 孔丘：《论语·里仁》，安徽文艺出版社 2010 年版，第 30 页。
⑧ 卞秋华：《劳动对传统父子关系的改写与重塑——20 世纪 50 至 70 年代小说中父子关系叙述模式研究》，载《名作欣赏》2019 年第 36 期。
⑨ 苏力. 齐家：《父慈子孝与长幼有序》，载《法制与社会发展》2016 年第 22 期。
⑩ 刘肇阳，王处辉：《兄弟关系定位转向与周代制度建设——基于"兄弟"亲称及亲属制度的考察》，载《齐鲁学刊》2016 年第 2 期。

换言之，兄弟间对外团结与否直接决定了整个家族应对外界力量的强弱。而且在兄弟关系中，包含着重要的兄弟伦常，具言之，"兄弟怡怡"是兄弟之间相互接受和相互给予的理想兄弟关系①，强调两者之间的平等交互，除去血缘上的关联，更是出于在家族当中具有同等定位的原因。②而互助互爱、团结合作的兄弟伦常正是合于社会期望的，其背后蕴含着深厚的文化价值，在《诗经》中24首之多反映兄弟关系的诗中就可见一斑，——包括"血缘凝聚的手足天伦；宗法构建的人伦理想；敦亲睦族的家族纽带以及协和邦国的道德蕃屏"③。

而且，基于不同的婚姻家庭，衍生了不同类型的兄弟关系，"有一夫一妻家庭中的嫡亲兄弟、一夫一妻且多妾家庭中的异母兄弟、一夫前后二妻家庭中的前后嫡子兄弟等"④，但是在家庭培养后代的资源有限的情况下，这种多元化的兄弟关系极易酿成恶果，加上亲长对于两者不同表现的评判激起的竞争心理，兄弟之间的争斗不可避免，所以在内部斗争天然存在和对外团结需要并存的情况下，若是内部斗争不加以控制，则会出现为了在内部斗争之中胜出引狼入室严重损害整个家族的利益的情况。比如"阋墙型兄弟关系的形成，主要是由家族内部嫡庶、长幼矛盾和薄情寡义、自私冷漠的性格缺陷导致"⑤。袁谭、袁尚两兄弟为夺取父亲袁绍留下的地盘军权就是一个典型例子。⑥因此如何弱化兄弟内部争斗，实现兄弟关系最大化的对外团结是辈分着重探索的。也就是要从"同室操戈的争夺式关系与伯歌季舞的主从式关系转化为风雨同舟的协作式关系"⑦。从而破除学界持"家庭矛盾说""伦理冲突说""失敬说""隐私说"等兄弟失和的伦理窘境。就要让辈分中所蕴含的"兄良弟弟"（《礼记·礼运》）、"长幼有序"等兄弟关系规范真正起到外在的约束作用，达到"长教幼""兄顾弟""弟敬兄"之和谐状态，提升家庭凝聚力，保证家族整体发展的有序进行。

第三，辈分对社交关系的扩伸约束。非家庭关系可概括为社交关系，在家庭关系之外，尤其是社会组成国家产生的地区团体取代血族团体而成为国家基层单位之后⑧，建立于非血缘关系基础上扩展的社交关系越来越多，维持社交关系的稳定秩序也是必不可少，

---

① 参见李宗刚：《现代社会的主体性确立与传统社会的关系裂变——以鲁迅、周作人周氏兄弟失和作为考察对象》，载《西南大学学报（社会科学版）》2020年第5期。
② 参见卜繁强：《论〈世界人权宣言〉中的"兄弟关系精神"》，载《人权》2021年第3期。
③ 徐灿瑛：《论〈诗经〉中的"兄弟"及其文化意义》，载《汉字文化》2019年第21期。
④ 贾宝宁：《试论"三言二拍"中深受古代婚姻制度影响的兄弟关系》，载《四川职业技术学院学报》2017年第6期。
⑤ 王建平，任丽红：《论〈三国演义〉中的血亲兄弟关系及其启示》，载《湖北工程学院学报》2013年第5期。
⑥ 参见罗贯中：《三国演义·第三十二回 夺冀州袁尚争锋 决漳河许攸献计》，人民文学出版社2019年版，第280－288页。
⑦ 孙慧：《论〈圣经〉中的兄弟关系》，载《德州学院学报》2013年第5期。
⑧ 参见《马克思恩格斯选集》第4卷，人民出版社2012年版，第13页。

但是与对待家中族亲时更注意言语礼貌、肢体动作和各种口语表达不同①，当人们在家庭范围之外活动时，没有血缘基础的人们之间要达成权利义务的一致所需的成本更大，即双方没有家庭内部生活的紧密联系，培养信任的时间成本以及建立可靠的纠纷调解途径的社会成本。

而辈分构建的现有秩序扩展外溢则能够高效的解决这一问题，它是社交关系链接、社交关系类型、社交关系交互的密钥。简言之，辈分的扩展外溢方式就是将父子关系延展到君臣（"迩之事父，远之事君。"《论语·颜渊》）、师生关系（一日为师，终身为父）之间，将兄弟关系延展到朋友甚至是陌生人之间（"四海之内皆兄弟也。"《论语·颜渊》）②，从治理秩序来看，这样的延展"有效沟通了社区与国家……凝聚了这个疆域辽阔的农业社会的重叠共识，成为传统中国的主导政治意识"③；从社会往来效率来看，辈分的延展也加速了短暂打交道的不确定人际往来之间利益达成的进展，根据年纪判断以家族内部亲长的称谓进行称呼，除去表达了自身的尊敬之外，也包含希望通过这样的方式传递善意与亲近的信号，拉近两人的距离，消除陌生人之间的警惕，同时将对方置于尊长的地位，暗示希望对方如同尊长一样给予帮助照拂，从而能够顺利地达成自己短暂与对方交际的某种目的。从辈分辐射范围可以总结发现辈分构建的秩序在家族、特定、不定团体间被共同认可，使得整个社会在较为统一的价值观以及判断标准下有序运行，与国家层面权威治理并存交错，也就形成了所谓的家天下。

二、辈分：家族传承的内在精神权威

雅思贝尔斯认为权威有两种：一种是"内在权威"，另一种是"外在权威"。"内在权威"主要来自人格和精神的力量；"外在权威"主要依赖"强权"④。辈分的产生，就是以构建秩序为目的，使得家族群体的事项有序进行，使得宗族成员自觉履行，这就是其内在动力，即"内在权威"。其一，它展现为中国人对家族的依赖性格，将个人与家族密切捆绑在一起，并且将辈分权威直接赋予家中的具体亲长。其二，它是宗族内主体的精神需要，不仅是宗族成员交往行为有序展开的逻辑前件，还是宗族成员精神世界的一种建制，更是宗族成员的精神秩序，是其行为秩序的前因。其三，它是对宗族内部道德伦理或传统主义的极度信服和尊重，并以之为行动的准则，它是只能通过内心获至的神圣性，是无外在形式压力的自觉与自愿的尊崇。

---

① 参见王文静：《新媒体社交软件的介入对90后血缘家族关系的重塑——以微信为例》，载《视听》2020年第1期。
② 苏力：《纲常、礼仪、称呼与秩序建构——追求对儒家的制度性理解》，载《中国法学》2007年第5期。
③ 苏力：《纲常、礼仪、称呼与秩序建构——追求对儒家的制度性理解》，载《中国法学》2007年第5期。
④ 李军辉：《履行人文精神，树立内在权威——学校管理的几点心得》，载《试题与研究》2020年第31期。

第五，辈分是家族血脉传承的内在依据

辈分的形成与发展不论对宗族内部还是外部，都产生了一种路径依赖。"路径依赖概念最早在生物学中提出，主要描述的是过去的选择对现在和将来产生的影响，类似于物理学中的惯性，一旦进入某一路径就会沿着该路径一直发展下去，并锁定在该路径上"。[1] 也即辈分是惯性传承的体现，无论同宗异宗、同族异族，宗族成员均在辈分的既定路径下作为，在各自家族的辈分规范下行事。或者可以解释为"整个家族构成中的个体（家庭成员）或组成单位（家庭）与家族中相对强势的实体在精神方面或物质方面不可分离的现象"[2]。而且，辈分使得这种依赖持续存在，其对家族经济、家族成员、家族利益、家族环境、家族的单位规模、家族的地理位置、家族的主流文化、家族的家庭功能以及家族凝聚力与向心力等均有深刻影响。一方面，是辈分产生的积极家族依赖，其获得家族成员的普遍接纳、公然认可与良好态度，并使这种权威依赖规模持续扩大、影响持续加深；另一方面，是辈分产生的消极依赖，它使家族内部成员产生了较大分歧，未形成主流意识形态，最终逐渐削弱并消失。如"以血缘、姻缘、地缘、情缘为纽带"[3] 的家族企业的荣辱兴衰恰是家族依赖的典型例证。而辈分的权威正是这种依赖的原动力。

第六，辈分是家族精神伦序的内在标准

其主要寄托于祖先崇拜，即对祖先的崇敬，相信可以通过祭拜等方式让祖先保佑自己达到某些目的的一种文化现象。在这种现象中，对于祖先生前功绩的认同以及死后仍能以某种特殊方式存在影响现实世界的深信不疑是最核心的信仰。祖先崇拜的形式外化为集体祭祖、祠堂修缮和族谱编修、气运选择和维护等诸多活动，通过此种强集体行为，将"祖先－我－子孙"之意识贯穿，形成有机统一、世代相传、利益相关、荣辱与共的命运共同体。也就是说，"祖先崇拜连接着以血缘关系为基础的人祖关系，形成特定的神圣关系"，"也反映着家族成员的身份认同"。[4] 基于此可将祖先崇拜分为三类：家族祖先的崇拜、民族祖先的崇拜（如对汉人始祖伏羲女娲的崇拜）、行业祖先的崇拜（如对文圣孔子，武圣关羽的崇拜）。[5] 前两者都是基于血缘产生的，其作用辐射范围为单个家族或同民族的大同家族，而后者则是基于行业中资历辈分产生的。另外，在祖先崇拜（也叫"灵魂崇拜"、"鬼魂信仰"）中，人们认为祖先（即虚构的或实在的拥有血缘关系的远祖和近祖）去世之后灵魂不散，于阴间生活，正如《礼记·祭法》所载"人死为鬼"，亦如汉碑记载："上天苍苍，地下茫茫；死人归阴，生人归阳；生人有里，死人有乡。"[6] 后代可通过虔诚的祭祀及供奉得到鬼神（祖先灵魂）保佑，得到某种神秘不知所云的力量帮助自己达

---

[1] 刘汉民：《路径依赖理论及其应用研究：一个文献综述》，载《浙江工商大学学报》2010 年第 2 期。
[2] 王明彦：《浅析家族内部依赖的产生与导向》，载《大众科技》2009 年第 1 期。
[3] 张燚、侯光明、李存金：《论家族企业发展的路径依赖及创新》，载《中国软科学》2003 年第 10 期。
[4] 牛林溪、李向平：《基于祖先崇拜的本土"神圣"话语体系研究》，载《世界宗教文化》2021 年第 3 期。
[5] 参见吉成名：《论祖先崇拜》，载《湘潭大学学报（哲学社会科学版）》2015 年第 4 期。
[6] 周洁：《中日祖先崇拜研究》，世界知识出版社 2004 年版，第 79 页。

成心愿，而若是行为不当，鬼神也会降下惩罚，如《墨子·明鬼下》所载"故鬼神之明，不可为幽闲光泽，山林深谷，鬼神之明必知之。神鬼之罚，不可为富贵众强，勇力强武，坚甲利兵，鬼神之罚必胜之。"可知，在人们的认知中，祖先去世后是一种无处不在的上位审查者的存在，对于在世者生活的福祸会有着直接的影响，而这样的认知"已成为中国人普遍信守的灵魂慰藉"①，这解决了人们对于现实世界的不舍以及最终去往何处与未知带来恐惧的问题。反言之，在世者之行为亦会影响去世祖先之情感思绪，由此影响祖先之庇佑或惩罚的降临。故人们自身辈分规范的落实与对祖先的崇敬是为了获得肉身存在时的庇护，教导后代保证辈分制度的传承也是为了保证自己死后的灵魂能够在后代的供奉中获取安宁，这样也就使得人们将当下的生存意义建立在了维护肉灵康安的永动循环之上。可以说中国人对祖先的崇拜大体一致，极大的维持了中国文化的统一，并且中国人祖先崇拜中衍生出各类文化习俗和艺术传统，是自身的宇宙观、人生观、道德观和伦理的表达。②

第七，辈分是祖宗崇拜和信仰的内在表征

"中国人的信仰来源于家庭伦理之中，蕴含于日常世俗化的生活之中，并围绕这一信仰展开了有序的信仰行动"③，由此便构成了人们生活的神圣目的——本体性价值与意义体验。解决了生从何来，死往何处，存在的意义是什么这样的终极疑惑，辈分就成功将自身化为信仰，拥有无上的威严，成为行为坚不可摧的黄金锁链，也是鼓舞人们不断实施行动履行规范的永动机。如民间拜观音以求子嗣，奉关公以求钱财，祀文昌以取功名等，人们从内心深处将之奉若神明，相信其"灵验"，能满足人们那种祈求香火不断、享受荣华富贵、早日封侯拜相的内心寄予。然而，神明之所以"灵验"，究其根本是由于神明可以探得天地玄机，将天道这一至高的神圣资源与世人分享。④ 这就更加加深了人们的神圣信仰，因为在中国传统信仰体系中，"天命"是最核心的概念⑤。加之传统儒家文化的熏陶，辈分就是"天命"和"神圣"的体现，将"人的法则"与"神灵关系"紧密相连，俨然是人们"内心的宗教"，让"神圣"于"世俗"中继续延伸，成为中国本土的特色信仰。可以说，奠基于辈分的祖宗崇拜和先人崇拜，构成了中国人日常生活最重要的内容。"祖先崇拜是华夏文化最为普遍的信仰类型，一方面，祖先崇拜构成儒教信仰的重要组成部分，是中国人祭天、祭祖、祭孔的重要一环；另一方面，祖先崇拜是中华文明信仰体系的宗教原型，与民间信仰的信仰方式具有很大相似性，能够整体性地反映中国信仰的社会学

---

① 陈彦余：《祖先崇拜及其社会价值》，载《今古文创》2020年第15期。
② 李清泉：《"灵魂观念"与"祖先崇拜"：巫鸿墓葬美术研究的两柄魔杖》，载《世界宗教研究》2021年第2期。
③ 王秋月、郭亮：《乡村振兴视阈下的祖先崇拜及其功能——基于赣南农村的田野叙事》，载《中南民族大学学报（人文社会科学版）》2021年第7期。
④ 参加李向平、姚明辉：《以圣化神：德位信仰的秩序与心态——王权敕封祠神中的双重神圣特征》，载《学术月刊》2021年第6期。
⑤ 参见张晓艺：《从"天命神圣"到"社会神圣"：儒家文化神圣性的社会建构机制——兼论优秀传统文化建设中的"神圣"维度》，载《天府新论》2021年第1期。

本质。"① 通过辈分的追忆和叙事，把祖宗辈和孙辈连成一条严格的记忆链，将血脉传承和先人功绩一代代积累，形成姓氏的神圣史诗。

三、通过辈分记忆的家族秩序与现代法治

基于族谱、取名、称谓的家庭关系与基于社交的非家庭关系构成辈分的外在形式约束，而基于家族依赖、精神伦序、神圣信仰则构成了辈分的内在精神权威。二者之间紧密联系、相辅相成，外在形式约束强调对于祖先"强制性"权威的认可，而内在权威则支撑了履行外在约束的"自觉性"，两者相得益彰构建了辈分秩序履行的体系，这在家族治理中体现得尤为明显。一方面，"家族是由血缘形成的内部成员之间关系比外部成员之间关系更为密切的社会群体；群体成员通过举行活动强化群体意识，构造和维系社群理想"②，它是家族内部人缘、人情和人伦等秩序得以良好运行与保障的前提。另一方面，群体成员中总会有自觉性的强弱区分，不可能完全依照规则有条理、有组织的运转，群体中也一定会存在思想认可的差异，当个体行为不符合甚至是违背规则时，整个秩序体系则会遭受不同程度的挑战和冲击，必须借助强制规则予以激励或惩处，其对现代法治建设具有一定的借鉴意义。

（一）辈分的"内外"互动助推家族秩序构建

第一，通过辈分形成强制性的权威保障。家族是社会秩序的基本单位，家族生活平稳有序即是对政治管理的维护，也推动着历史文明的传承③。而对于家族本身而言，家族成员能够各安其分，团结一致为家族的繁荣昌盛而奋斗也是一大幸事④。这不仅有赖于家庭成员的容忍、礼让与克制，更重要的是，在家族中有最高权威的强制性保障，即族中尊长依据族规家法对族人的行为进行褒奖惩处，因为"中国自古以来，家庭长辈就肩负了向后代传递宗族历史和价值的使命"⑤，对于大不敬、大不孝或严重违背族规家法的行为，会由族中德高望重的一名或者数名尊长进行审判，一般会在祠堂中进行，在先祖的灵位前进行使得族中决策具有整个家族从古至今累积的祖先权威加持，对于行为人具有不容违抗的强制力。强制性的惩处轻重有别，轻则训斥，重则责打，甚至在触及乱伦、霍乱家族等触及家族核心秩序以及利益的情况下，族中还会给予在族谱中除名甚至处死的惩处，或者"鸣官"交给官府处置。例如毗陵长沟朱氏祠规规定"族中有为窃盗者，事发锁拿，重则

---

① 牛林溪、李向平：《基于祖先崇拜的本土"神圣"话语体系研究》，载《世界宗教研究》2021年第2期。
② 俞俊利，陈冬华，李真：《家族治理中的礼治秩序与组织激励——来自〈红楼梦〉的量化文学实证》，载《文学研究》2021年第1期。
③ 参见孙修远：《泛政治化背景下的家族秩序续建——以苏北乐安堂孙氏两次修谱为例》，载《安徽农业大学学报（社会科学版）》2009年第2期。
④ 参见黄金兰：《家族观念在中国传统社会中的秩序功能》，载《现代法学》2016年第3期。
⑤ 叶匡政：《重估家族对个人和社会秩序价值》，载《深圳特区报》2015年11月10日。

四十板，逐出祠外。至为强盗者，赃真事确，合族公同打死。如失主首报到官，合族公举，绝不宽恕。① 这样的权威强制性保障实现了在辈分构建的秩序中维护基本原则以及核心利益的统领总体作用。

第二，通过辈分形成群体性的有效监督。强制性的权威保障稳定了家族的大框架，而日常生活中细致入微的行为规范以及往来的有序进行，则主要通过成员群体监督来实现。辈分的称谓等外在的约束是群体监督最直观有效的方面，"非教不知生之族也"②，这就意味家庭中辈分秩序体系传播的开始，在客观上也方便在统一规则之后对于主体的监督。在日常往来中，晚辈需主动称呼长辈，不仅需要晚辈记忆家中辈分排序，还要求在生活中积极予以落实，这正是学习掌握家中辈分排序、维护辈分秩序职责的体现，因"称呼既是对自我的一次提醒，也是对对方的一次提醒和主张，因此是一次不自觉地对双方的规训"③，"父父子子""兄友弟恭"等行为规范便会在辈分的划分之下被要求遵守，在这样重申强调辈分的背后也暗含强调双方身份对应的权利义务的意涵。反之，则会被视为"没教养""不懂礼数"，甚至这些不良行为会被周围人打上个人烙印，个人品行会得到不良评价，对日常活动都会产生负面影响。这些生活的细微之处无时无刻不被监督着，保证了群体中每个人的行为都在辈分构建的秩序中良性运行。毕竟，这种群体性的舆论监督"被赋予社会'雷达'的角色，被寄予'协调社会'之厚望，并成为实践社会公平与正义的一种重要途径，对社会良性运行起着一定的保证作用"④。而且，这样的监督不仅适用于群体内部的行为规范，对于外来者的行为同样也适用，尤其以农村村落中熟人对于陌生人的透明性监督较为常见。

（二）通过辈分的"内外"互动助益现代法治建设

随着生活方式的简化以及人身性增强，熟人社会以及固定的生活方式被打破，面对陌生的人际圈以及生活圈，辈分对于大规模血缘团体聚居的一些影响确实正在逐渐淡化甚至是消失，即使有也大多不如传统社会讲究严谨。但是辈分的秩序构建内核对于当代社会的法治建设仍然有着不可忽略的影响。最明显的，"如同辈分不可乱，法律文件之间的'辈分'关系，恰是避免法律规范之间功能紊乱、维系法律体系内部秩序和谐的奥秘所在。尤其在制定法国家，法律的'辈分'同乡下人所看重的辈分一样，都是事关礼仪和秩序的重要问题"⑤。而且，中国形成强调权利至上、重视个人独立尊严、富有法律理性以及逻辑的法律体系，即使社会状况发生了巨变，但血缘群体仍然存在，正如摩尔根评价中国所

---

① 费成康：《中国的家法族规》，上海社会科学院出版社 1998 年版，第 281 页。
② 左丘明：《国语·晋语》，上海古籍出版社 2015 年版，第 166 页。
③ 苏力：《纲常、礼仪、称呼与秩序建构——追求对儒家的制度性理解》，载《中国法学》2007 年第 5 期。
④ 朱清河：《舆论监督过程中弱势群体权益的媒体维护》，载《郑州大学学报（哲学社会科学版）》2012 年第 5 期。
⑤ 傅达林：《法律的"辈分"》，载《检察日报》2018 年 2 月 7 日。

说,"当野蛮阶段早已过去之后,它们(基指于血缘形成的组织)竟一直维持到现代,这确是值得惊异的事。①"可见家族团体不似以往但是又的的确确存续,体现辈分传统的家族思维和"家族式"群体生活,并没有、也不可能被完全磨灭。

通常而言,在权利保护中,法律是最后一道强制保障,其有效性不可否认,但难以忽视的是大多纠纷发展至司法裁决时,往往也就意味着某段社会关系被推到了难以回头的尖锐程度,也意味着一定范围的秩序受到了较为严重的破坏。而辈分的秩序在法律适用之前具有消除纠纷、降低重大冲突、节约司法资源的正面作用。"法律是最低标准的道德",但是国家运行中,又确实需要超出"各家自扫门前雪"的精神涵养。辈分所看重的团体秩序,有助于个体跳出利己主义的动物天性,当意识到个人权利保护建立在整体的秩序安稳之上,则会使得个人从追求秩序受益者转变为兼顾秩序维护的自觉团体成员。加上辈分本身对于家族内部以及外推适用于家庭之外的团体行为约束,更是在团体的意识之上降低了彼此的敌对性,也就会大大减少对簿公堂的频率,从而让依法治国和以德治国相结合的深意逐渐凸显。

当然,在法治国家中,法律应当是最高权威,不仅是社会制度运行之中,也应当落实到个人的精神信仰之上,而在辈分的传统之中,纠纷属于内部事务,以及"大事化小小事化了"的求和思想,确有碍于法治生活化进程,如何让法律从高高在上的位置切实变成个人权利保护的信条,使得理性法律逻辑与人文本土完美融合,正是辈分秩序于当今法治社会存在的核心要义之一。

The "triple perspective" of generational Jurisprudence: external formal constraints, internal spiritual authority and internal and external interaction

Zhou Panpan

Abstract: Generation is an important part of China's traditional local culture and maintaining the interpersonal relationship of local society. On the one hand, generation has external formal constraints, which are implicit inheritance in the genealogy, explicit bearing in the name and explicit in the appellation. It is reflected in the vertical constraints in the father son relationship, horizontal constraints in the brother relationship and extended constraints in the social relationship. On the other hand, generation has internal spiritual authority, which is the material cause of

---

① [美]路易斯·亨利·摩尔根:《古代社会》下册,杨东莼、马雍、马巨译,商务印书馆1977年版,第363页。

family dependence, the dynamic cause of spiritual ethics and the purpose cause of sacred belief. The two – way interaction not only promotes the construction of family order under the mandatory authority guarantee and group effective supervision, but also has important reference significance for the construction of the rule of law.

Keyword: Seniority; Family; Blood inheritance; External constraints; Internal authority

（编辑：彭娟）

制度分析

法治政府建设年度报告发布制度的变迁：历程、困境与策略

——基于 324 份样本的实践展开[*]

方学勇　龙飘飘[**]

摘　要　法治政府建设年度报告发布制度是非常具有本土特色的法治政府建设模式和路径，形塑了我国法治政府的进程与形态。年度报告发布制度包括向社会发布和向上级报告两个维度，是实践中推进法治政府建设的主要动力机制之一，但理论界研究不多。历程考察发现，从年度报告工作到年度报告制度最终演化为年度报告发布制度经历了近 30 年。通过对 31 个省级政府、293 个地级市政府年度报告发布情况的实证研究，发现年度报告发布率与报告主体层级、报告主体经济发达程度、法治机构主政者法学教育背景呈现强关联；同时，存在地方政府制度落实动力不足等问题。为强化年度报告发布制度落实，应当完善年度报告发布制度设计、从理论上补强制度运行的法治逻辑缺陷；应当构建有利于制度落实的客观环境、从行政运作上尊重制度运行的行政逻辑；应当强化规范化标准化和信息化建设、在制度运行过程中吸纳其产生的实践逻辑。

关键词　法治政府建设　年度报告发布制度　法治政府建设动力机制　实证研究　治理现代化

---

[*] 2018 年度司法部法学理论一般课题"珠三角法治政府示范区创建研究"（18GH041）；2019 年度广东省司法厅重大课题"法治督察具体路径研究"的阶段性成果（GDSFT19033），项目负责人。

[**] 方学勇，吉林大学博士研究生，广东省司法厅公务员，广东省社会科学研究基地国内安全与社会稳定研究中心研究员。龙飘飘，广东外语外贸大学教师。

引 言

法治兼具普世性和本土性；作为法治的本土化表达，全面依法治国由法治国家、法治政府、法治社会三个维度构成。正如习近平总书记强调指出的："建设法治政府是全面推进依法治国的重点任务和主体工程，要率先突破"。[①] 三者中，法治政府是法治中国主战场，也是法治社会的先导和示范。沿着这一演进逻辑，显然在很大程度上法治建设难点在于法治政府。实际上，实务部门也确实将法治政府建设作为法治建设的重点。汽车需要动力才能有效行驶，法治政府建设也需要动力机制才能有效推进。学界对法治政府建设的动力机制何来有不同探讨，实践中则将法治政府建设年度报告发布制度定位为推动法治政府建设的主要动力机制之一。

与法治兼具的普世性和本土性相对应，年度报告发布制度是行政法治场域内非常具有本土特色的制度设计，意指地方党委政府、政府部门将本地区（单位）上年度法治政府建设情况进行梳理总结，向上级有关单位以书面形式报告并通过一定载体向社会公开的制度。从年度报告发布制度内涵可以看出，其包括"对内报告"与"对外发布"两方面的内容：一是法治政府建设情况向上级有关单位报告，可称为年度报告发布制度（狭义）；二是法治政府建设情况向社会公开发布，可称为年度报告发布制度。法治政府建设年度报告"工作"在实践中开展了近30年，但直到2019年中共中央办公厅 国务院办公厅《法治政府建设与责任落实督察工作规定》（以下简称《规定》）印发后，才首次正式建立了体系完善的法治政府建设年度报告发布制度。[②] 以《规定》出台为标志，年度报告发布制度正式从实践探索转入理性设计，由具体"工作"成为"制度"设计。2021年8月印发的中共中央 国务院《法治政府建设实施纲要（2021－2025年）》也明确将年度报告制度定位为法治政府建设的主要推进机制。[③]

法治政府建设年度报告"工作"在实践中已经持续开展了近30年，必然在一定程度上形塑了中国的法治政府建设进程。但是，在法治政府建设领域如此重要的一项基础性制度，在理论上却尚未得到充分重视：现有文献更侧重对行政法治领域内普世性内容的研究，对本土化特色内容（行政法治地方性知识）挖掘有待加强。少有文献对年度报告发布制度进行过专门研究，也没有论文对年度报告工作的缘起、年度报告发布制度的生发、实践和完善有过考察。当然，作为社会博弈规则，制度总是在对其他制度借鉴基础上建立的，[④] 法治政府建设年度报告发布制度的建立就有赖于对中国共产党党内请示报告制度的

[①] 习近平：《坚定不移走中国特色社会主义法治道路 为全面建设社会主义现代化国家提供有力法治保障》，载《求是》2021年第5期。
[②] 新华社：《法治政府建设与责任落实督察工作规定》，载《中华人民共和国国务院公报》2019年第14期。
[③] 《法治政府建设实施纲要（2021—2025年）》，载《人民日报》2021年8月12日。
[④] 周业安：《中国制度变迁的演进论解释》，载《经济研究》2000年第5期。

借鉴。对党内请示报告制度这一主题，理论界取得了一定成果，对理解法治政府建设年度报告发布制度提供了一定借鉴。总体看，现有对党内请示报告制度的研究成果主要集中在以下方面：一是关于请示报告制度的历史演进研究。包括考察制度的缘起①、制度的建立②、制度的进程和经验③、制度施行过程中存在的问题与路径等。二是关于请示报告制度绩效研究。包括制度施行对维护中央权威、强化党的领导④、平衡央地关系⑤的重要作用等。三是关于某一特定领域内请示报告制度运行面向研究。如党员领导干部请示报告制度的演进研究、政法领域请示报告制度研究⑥、全国人大立法请示报告制度研究、重大行政决策程序与请示报告程序衔接研究⑦等等。

既有成果在研究内容方面，多侧重某个时期党内请示报告制度的史料梳理和文本考据。在研究思路上，侧重于历史叙事或常规研究，对制度生成的逻辑建构缺乏充分的探讨。在研究对象上，多政策文本研究，多局限在制度静态描述和规范研究上，无意间忽略了对制度实际运作过程和运行状况的研究，也无意间忽略了法治实践工作者的声音。在研究关注点上，多关注下级党组织向上级党组织的请示报告，政府向党委请示报告并未纳入研究视野。在研究视角上，偏重于宏观理论研究，缺乏深入细致的实证研究；多运用历史学的方法进行研究，缺乏从法学、公共管理等学科角度进行的理论探讨；多党建视角研究，少法治视角研究。由此，从法治国家建设和推进治理现代化视角出发，借助实证研究方法，将法治政府建设与请示报告制度二者作为共同的研究主题并在理论和实践中探讨两者之间的关系，具体分析作为法治政府建设动力机制和法治本土化（地方性）知识的报告制度实际运行状况，便有了有其独特意义。实际上，从党内请示报告制度到法治政府建设年度报告发布制度的扩展带有治理转型与治理变迁的意味。制度作为国家治理的工具依托和重要手段，其本身就蕴含着深刻的传统和现代的价值属性。制度的价值属性是国家治理理论的基本底色，并为该理论评价提供了具有现代性意义的衡量标准。⑧ 从一般的党内政治性请示报告制度到专门的法治政府建设年度报告发布制度，拓展的不仅仅是报告制度的外延，更为重要的是作为报告制度内在依据的价值属性发生了变迁；报告制度在保持政治属性不变的基础上，法治属性得以增强、公开属性得以提升。法治又是国家治理体系和治

---

① 纪明珠：《党的请示报告制度的历史审视》，载《学习时报》2019年12月13日。
② 袁冬梅：《党内请示报告制度的历史演进与启示——基于党章的视角》，载《贵州社会科学》2020年第10期。
③ 陈金龙、肖志伟：《中国共产党建党百年请示报告制度的历史进程和基本经验》，载《湘潭大学学报（哲学社会科学版）》2021年第3期。
④ 陈松友、卢亮亮：《请示报告制度：党中央权威和集中统一领导的例证》，载《马克思主义与现实》2019年第3期。
⑤ 王华玲：《请示报告：解放战争时期中央与地方关系新探》，载《党史研究与教学》2016年第3期。
⑥ 段瑞群：《政法领域中请示报告制度的理解与适用》，载《理论与改革》2020年第5期。
⑦ 陈思羽：《党内程序如何介入行政程序——论重大行政决策程序与中国共产党重大事项请示报告程序的衔接》，载《中共天津市委党校学报》2021年第2期。
⑧ 李东明、欧世豪：《国家治理现代化中的制度价值》，载《云南行政学院学报》2021年第3期。

理能力现代化的必由之路,是"现代化"的命门,在国家治理现代化中居于核心地位。[1] 法治属性的增强显然也意味着治理现代化转型的推进。

一、年度报告发布制度建立历程

(一) 历史变迁

法治政府建设年度报告发布制度的建立经历了从无到有的过程,从一项"工作"到形成"制度",从零星实践到以制度形态出台。通过考察政策文本,可以划分为以下阶段:

1. 报告政府法制工作时期(1993年–2004年)

目前能看到的最早关于法治政府建设报告工作的文件,是国务院印发的《关于加强政府法制工作的决定》(国发〔1993〕72号)。该文在第九部分,要求"各级政府和政府各部门都要重视并加强对政府法制工作的领导",同时具体提出"对政府立法工作、执法工作和执法监督中的重大问题领导要亲自出面解决,今后各级政府在向上级政府和同级人大及其常委会报告工作时,要把报告政府法制工作作为一项重要内容。在向所属部门和下级政府布置、检查工作时,要把布置、检查政府法制工作作为一项重要内容"。[2] 此时法治政府建设报告工作尚未独立出来,附属于政府相关工作报告之中。报告的主体仅限于政府本级、不包括政府部门;报告对象包括上级政府、同级人大及其常委会。报告的内容并未细化量化具体的报告内容要求。2004年,国务院印发了《关于印发全面推进依法行政实施纲要的通知》(国发〔2004〕10号),对推进依法行政工作进行了部署。文件中对法治政府建设报告工作进行了明确,专列"41. 定期报告推进依法行政工作情况"一条,规定:"地方各级人民政府应当定期向本级人大及其常委会和上一级人民政府报告推进依法行政的情况;国务院各部门、地方各级人民政府工作部门要定期向本级人民政府报告推进依法行政的情况。"[3] 同年,为贯彻落实国发〔2004〕10号文件,国务院办公厅印发《关于贯彻落实全面推进依法行政实施纲要的实施意见》(国办发〔2004〕24号),规定"研究建立地方各级人民政府定期向本级人大及其常委会和上一级人民政府,以及国务院各部门、地方各级人民政府工作部门定期向本级人民政府报告推进依法行政情况的具体办法"。[4] 此时,报告工作已经独立出来,由在政府工作报告中要体现法制内容转变为独立的依法行政情况工作报告。报告主体由"政府"扩增为"政府及其部门"(国务院各部门和地方各级政府工作部门)。

---

[1] 杨光斌:《中国民主:轨迹与走向(1978–2020)》,载《理论学习》2016年第8期。
[2] 国务院办公厅:《国务院关于加强政府法制工作的决定》,载《中华人民共和国国务院公报》1993年第23期。
[3] 编写组:《全面推进依法行政实施纲要》,人民出版社2004年版,第6页。
[4] 国务院办公厅:《国务院办公厅关于贯彻落实全面推进依法行政实施纲要的实施意见》,载《中华人民共和国国务院公报》2004年第16期。

2. 年度报告制度时期（2008年-2010年）

2008年，国务院印发《关于加强市县政府依法行政的决定》（国发〔2008〕17号），在第三十项中明确，"完善推进市县政府依法行政报告制度。市县政府每年要向本级人大常委会和上一级政府报告本地区推进依法行政的进展情况、主要成效、突出问题和下一步工作安排。省（区、市）人民政府每年要向国务院报告本地区依法行政的情况"。[①] 首次出现"依法行政报告制度"的表述。与上一阶段对比，本阶段在报告主体和报告对象方面出现了反复；在报告主体方面，未将政府部门列为报告主体；在报告对象方面，省级政府也不再需要向同级人大及其常委会报告。虽然将依法行政报告工作上升为依法行政报告制度，但却缺乏不履行报告制度的否定性后果，即强制性规定阙如。2010年，国务院印发的《关于加强法治政府建设的意见》（国发〔2010〕33号）中明确规定，"县级以上地方人民政府每年要向同级党委、人大常委会和上一级人民政府报告推进依法行政情况，政府部门每年要向本级人民政府和上一级人民政府有关部门报告推进依法行政情况。"[②]报告期限由"定期报送"调整为按照年度报送。在一级政府应当向本级人大和上级政府报告的基础上，首次明确了一级政府应当同时向同级党委报送的要求。同时，再次明确县级以上政府及其政府部门都应当履行报告主体责任。在这一阶段，仅仅要求年度法治政府建设情况向上级有关单位报告，但不要求向社会公开，所以称之为年度报告制度时期。

3. 年度报告发布制度时期（2015年—至今）

2015年，中共中央、国务院印发的《法治政府建设实施纲要（2015-2020年）》"组织保障和落实机制"中规定："县级以上地方各级政府每年第一季度要向同级党委、人大常委会和上一级政府报告上一年度法治政府建设情况，政府部门每年第一季度要向本级政府和上一级政府有关部门报告上一年度法治政府建设情况，报告要通过报刊、政府网站等向社会公开。"[③] 不同于之前由国务院印发文件，此次《纲要》的制定主体由政府调整为党委政府。首次要求每年第一季度应当报送年度报告；首次明确年度报告应当向社会公开，要求通过报刊等载体向社会公开。2019年，中共中央办公厅、国务院办公厅印发《法治政府建设与责任落实督察工作规定》建立了法治政府督察制度。《规定》首次全面确立了体系完备的法治政府建设年度报告发布制度。不同于之前以条文方式对年度报告工作予以规定，首次单设一章对报告制度内容予以明确。进一步拓展了报告主体，由之前的政府报告首次拓展为党委政府联合报告，由之前的县级以上政府履行报告责任报告首次下沉为乡镇一级政府也需履行报告责任。明确可以委托第三方机构对已公开的法治政府建设年度报告提出意见或者进行评议。在这一阶段，不仅要求年度法治政府建设情况向上级有

---

① 国务院办公厅：《关于加强市县政府依法行政的决定》，载《劳动和社会保障法规政策专刊》2008年第7期。
② 国务院办公厅：《关于加强法治政府建设的意见》，载《劳动和社会保障法规政策专刊》2010年第1期。
③ 本书编写组：《法治政府建设实施纲要：2015-2020年》，中国法制出版社2016年版，第7页。

关单位报告,而且要求向社会公开,所以称之为年度报告发布制度时期。

(二) 年度报告发布制度建立的演进特征与发展逻辑

制度实质上是身处当下情境或场景中的人们对现存规则的反应,任何制度都是长时期逐渐演进形成的,这是理解制度变迁的关键。[①] 通过对法治政府建设报告与发布制度近三十年的历史考察,可以看出法治政府建设年度报告发布制度的生发也是一个极其复杂和缓慢的适应过程,呈现出诸多演进特征:

1. 年度报告发布制度的确立是一个增量递进过程

从不同时期文件规定的年度报告发布制度的内容可以看出,年度报告发布制度确立并不是来自精英头脑中的一次性理性建构,也不是演化理性主义者所认定的那样是自发型构的,而是一个持续进行的实践智慧缓慢增量过程。

这种增量体现在报告主体、报告对象、报告内容等等各个方面的持续增加和完善。一是由单独的报告工作发展为综合性的报告制度体系。如报告主体从政府到政府部门,年度报告向社会公开的时间由定性到定量。这也符合一项制度建立的规律,由初始的粗糙到逐渐精细、由定性要求转变为定量要求。二是报告制度的公开度和透明度不断提升。由 2015 年之前的依法行政工作报告不要求向社会公开,转变为应当向社会公开。当然,这种由不公开向公开转变,也是适应国家政务公开条例的相关要求。三是报告的独立性不断增强。由 1993 年属于政府工作报告中的一项附属内容,到独立的依法行政工作,再到依法行政报告制度,进而演化为法治政府建设年度报告制度,最终形成法治政府建设年度报告发布制度。四是强制性规则从无到有。由不履行年度报告工作没有任何否定性后果转变到《规定》中责任条款的初步建立,明确"对未按照要求报送、公开的,应当通报批评",其强制性和约束力有所增强。

2. 年度报告发布制度的确立是一个逐渐修改完善、不断试错的过程

制度变迁一般是一个渐进式的、逐渐修改制度的过程。年度报告发布制度的确立前后经历了近 30 年,其内涵不断修改丰富,也出现过试错与反复。这一变迁与试错表明,当社会的历史文化传统与当下现实环境之间产生张力时,决策者会通过寻找新的互动策略频率来缓解张力、保持制度的生命力;而这一过程也具有了强烈的试错—优化特征。

一方面,报告发布制度的相关规定都是在逐步修改过程中成熟完善的。通过历史考察,可以看到从报告名称、报告主体到报告期限等都有过或多或少修改,每一次小的修改都促成了最后的进步。如报告名称从依法行政报告转变到法治政府建设报告。话语的转变凸显了法治政府建设认识和进程不断加深。再如报告主体,法治政府年度报告的主体由政

---

① 晏鹰、朱宪辰:《从理性建构到认知演化——诺斯制度生发观的流变》,载《社会科学战线》2010 年第 2 期。

府起草报送迁移到党委政府起草报送。这也是适应全面从严治党、加强党对法治中国建设领导的时代背景下的必然要求。

另一方面,报告发布制度也是在试错中修改完善的。年度报告发布制度建立过程中,报告主体和报告对象方面都出现过反复。如 2004 年国务院《关于印发全面推进依法行政实施纲要的通知》同 2008 年国务院《关于加强市县政府依法行政的决定》相比,后者将报告主体确定为市县本级政府及省级政府,不再将"政府部门"列为报告主体;在报送对象方面,省级政府也不再需要向同级人大及其常委会报告。当实践发现 2008 年的相关规定不符合现实发展时,2010 年国务院《关于加强法治政府建设的意见》中,则再次明确县级以上政府及其"政府部门"都应当向同级党委、人大常委会和上一级人民政府报告。显然,从 2004 年、2008 年和 2010 年中关于报告主体和报告对象的反复,就是一种试错中完善优化的体现。

3. 年度报告发布制度的确立过程也是法治政府建设动力机制逐渐优化的过程

在党的十八大之前,法治政府建设践行的是行政系统自我领导、自我驱动、自我建设,更多是依靠"行政自制"这一动力推动法治政府建设,可称之为内驱型法治政府建设模式;十八大之后,则开始逐渐转向党全面领导下的法治政府建设模式,注重坚持党对法治的领导,① 法治政府建设的动力机制逐渐优化。与这种模式转向和动力机制优化相伴随,年度报告发布制度的推进逻辑也呈现出相同的脉络线索。

一方面,制度的制定(发文)主体由政府向党委政府变迁。在前述 1993 年、2004 年、2008 年、2010 年出台的关于建立年度法治政府建设报告工作的文件,其制定(发文)主体都是政府(国务院);而在党的十八大(2012 年)之后,2015 年出台的(《法治政府建设实施纲要(2015-2020 年)》)、2019 年出台的(《法治政府建设与责任落实督察工作规定》),其制定(发文)主体都为党委政府联合发文(中共中央 国务院);即年度报告发布制度的"立法者"由政府变迁为党委政府。显然,这也在一定程度上表明和印证法治政府建设的动力机制,由行政主导的内驱型法治政府建设模式逐渐转向了党领导法治政府建设模式。②

另一方面,制度的报告主体由政府向党委政府变迁。在 1993 年、2004 年、2008 年、2010 年、2015 年出台的文件中,只规定报告主体是一级政府和政府部门,而在 2019 年出台的文件中,则明确报告主体不仅包括政府,还包括党委;即报告主体由政府起草报送迁移到党委政府起草报送。实际上,这在一定程度上也表明,推进法治政府的责任从由政府主体责任到党政同责,由行政机关推动法治政府建设转变为党政联合推动法治政府。

---

① 林华:《通过依法执政实现依法行政的制度逻辑》,载《政法论坛》2020 年第 6 期。
② 林华:《通过依法执政实现依法行政的制度逻辑》,载《政法论坛》2020 年第 6 期。

二、年度报告发布制度施行现实困境

通过法治政府建设年度报告历史变迁的展示，可以看出报告发布制度在主体、对象、内容、程序都有一个逐渐完善和"试错—优化"的过程。那么，报告制度在实践中运行情况是怎样的？2020年是《规定》施行后落实新的报告发布制度的第一年。万事开头难，为此我们重点针对2020年法治政府建设报告制度执行情况，我们进行了实证研究；同时也兼顾对2021年法治政府建设报告制度执行情况进行了对比研究。研究对象包括31个省市自治区，地级以上市共324个地方政府。根据约定俗成的研究习惯，地级以上市又分为49个较大市和244个其他地级市两类。研究对象具体如下图1：

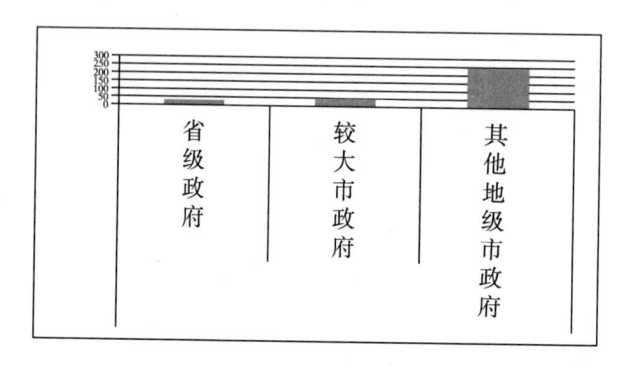

图1：年度报告公开情况研究对象

根据《规定》中关于，报告应当通过"报刊、网站等新闻媒体向社会公开"规定，我们通过搜索引擎关键字检索、进入各地级以上市政府网站和所在地区主要纸质媒体（网络版）检索，查阅当地法治政府报告公开情况。检索工具分别是百度、搜狗、必应三种较为通用常见的检索工具，检索关键词包括"法治政府建设年度报告""法治政府建设报告""依法行政年度报告""依法行政报告"，当某种方式能够确定法治政府建设年度报告已公开，则不再用其他两种检索工具检索，反之则继续检索，直至穷尽三种检索方式。与此同时，还会进入当地政府官网、当地主要官方媒体检索；鉴于法治政府建设报告由司法行政机构（司法厅、局）代为起草，我们也还会进入当地政府司法厅（局）网站检索。需要说明的是，由于公开载体的不确定，未通过报刊、网站公开并不代表未公开，可能通过其他载体形式公开。

（一）总体情况

按照《规定》要求，上一年度法治政府建设年度报告应当于本年度4月1日前向社会公开，即2019年度法治政府建设报告应当在2020年4月1日前发布，2020年度法治政府建设报告应当在2021年4月1日前发布。据此，分析如下：

1. 2020年报告发布情况

通过检索发现，31个省级行政区中，按规定在4月1日前向社会公开的有25个省级政府，总体发布率81%；未按时发布的包括北京、江苏、四川、西藏自治区、宁夏回族自治区、陕西等省份。49个较大市中，按规定在4月1日前向社会公开有38个较大市，总体发布率78%。截至4月2日，仍未检索到南京市、兰州市、无锡市、鞍山市、西宁市、沈阳市、本溪市、包头市、乌鲁木齐市、拉萨市、呼和浩特市法治政府建设报告。对其他244个地级市政府发布情况检索研究后发现，有156个于4月1日前发布了2019年法治政府建设报告，总体发布率64%；其中在本级政府网站发布的有151家，在司法局网站发布的有5家。4月1日-4月3日发布的有5家，截至4月8日19时，仍未通过网站检索到2019年度法治政府建设报告发布情况的有81家。另宜城市、鄂州市发布情况待核实；宜城市发布年度法治政府建设报告的时间显示为上一年1月13日，鄂州市人民政府网站显示发布报告时间为4月1日，其发布的报告可通过其门户网站、百度等查询到，但点击网页无法打开。

2. 2021年报告发布情况

在省级政府和较大市政府发布情况方面，在31个省级政府中，按规定在2021年4月1日前公布的有27家，比上一年度增加2家，总体发布率87%，比上一年度提高了6%。49个较大市中，按规定在2021年4月1日前向社会公开的有43家，比上一年度增加5家，总体发布率87%，比上一年度提高了9%。244个其他地级市政府方面，截至2021年5月20日，所有政府都按要求发布了年度报告（这种情况可能的解释是，虽然存在地级市未按要求时间节点发布，但由于检索时间较晚未能发现）。

（二）年度报告发布情况分析

城市的行政级别越高，则拥有更多的资源聚集和吸附能力，经济发展也更好；[①] 而经济发展是法治产生的基础，法治与经济发展之间呈现正相关关系。也有学者将地方主要领导是否重视法治地位、经济发展水平、中产阶层人数定位为决定地方法治水平高低的三个关键因素。[②] 可见，在一定程度上，经济水平、城市行政级别、主要负责人法治意识高低决定着城市的法治状况；那年度报告发布制度发布率同上述三个因素有关联吗？据此，我们将报告主体经济发展水平、报告主体层级（即行政级别）、主政者法学教育背景与年度报告发布率的关系进行分析，在全面展现制度施行总体情况的同时，厘清和勾勒年度报告发布制度未能有效落实的背后可能原因。为避免偏差，分析以2020年报告发布数据为基础展开。

---

① 郝铁川：《决定地方法治水平高低的三个因素》，载《地方法制评论》2019年总第5卷。
② 王麒麟：《城市行政级别与城市群经济发展——来自285个地市级城市的面板数据》，载《上海经济研究》2014年第5期。

1. 年度报告发布率与报告主体层级呈正相关

通过对省级政府、较大市政府、普通地级市政府年度报告发布情况分析，可以看到不同层级政府年度报告发布率呈正相关。在省级政府层面：按规定时间公布报告的有 25 个省级政府，总体发布率 81%；较大市政府层面：按规定时间向社会公布的有 37 个较大的市，总体发布率 76%；244 家地级市中，按规定时间向社会公布的有 156 个地市政府，总体发布率 64%。可以看出，年度报告发布率与发布主体层级呈现正相关，即发布主体层级越高、发布率越高。具体发布情况见下图 2：

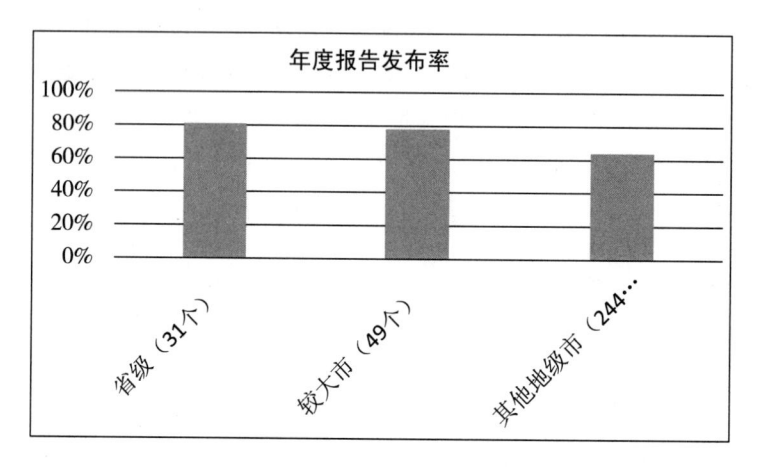

图 2 省级政府、较大市级政府、其他地级市政府报告发布率

2. 年度报告发布率与报告主体经济发达程度呈现强关联

经济发展是法治产生的基础。赵彦云等学者提出，根据 2005 – 2014 年 10 年数据对世界 60 个主要国家和地区的法治经济成熟度进行量化比较分析发现，经济与社会的高度发展是法治生成的内源动力，法治与经济发展之间呈现正相关关系，即社会经济发展水平越高，法治的成熟度越高，地区或国家的经济发展不平衡导致法治发展不平衡。① 按照上述研究，法治与经济呈现正相关；即经济发达程度越高，法治水平也越高。那作为法治场域内具体指标的年度报告发布率与所在城市的发达程度是否相关？衡量一地经济发达程度的指标很多，但一般还是以 GDP 为主要指标。为此，我们以 2019 年度 27 个省级行政区（去除四个直辖市）GDP 排名为基础进行分析。我们将 27 个省份简单划分为三个等级：即 GDP 排名前 9 为第一层级（包括广东、江苏、山东、浙江、河南、四川、湖北、福建、湖南），中间 9 名为第二层级（包括安徽、河北、陕西、辽宁、江西、云南、广西、内蒙古、山西），后 9 名为第三层级（贵州、黑龙江、新疆、吉林、甘肃、海南、宁夏、青海、西藏），分析各层级与年度报告发布率的关系。其中，第一个层级的 9 个省份共有地级市 131 个，未按时发布年度报告的共有 23 个地级市，按时发布率为 82%。第二层级 9 个省份

---

① 赵彦云、王红云：《吕志鹏. 法治经济成熟度评价体系及其国际比较》，载《统计研究》2016 年第 6 期。

共有地级市 105 个，其中未按时发布年度报告的共有 33 个地级市，按时发布率为 69%；第三层级 9 个省份，共有地级市 86 个，其中未按时发布年度报告的共有 25 个地级市，按时发布率为 71%。可以看出，第一层级按时发布率明显高于第二、三层级；在这里，GDP 与发布率呈正相关。第二三层级发布率相近，第三层级还略高 2 个点。可能的解释是，第二三层级 GDP 相近，发布率也近似。具体见下图 3：

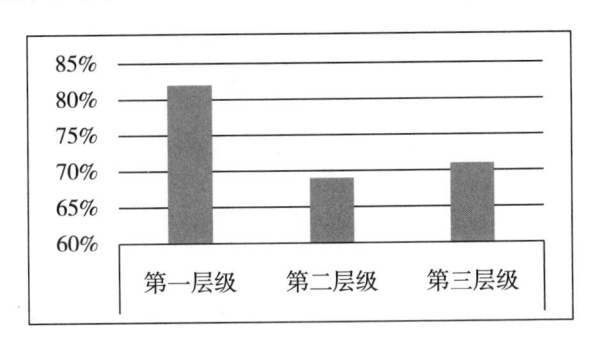

图 3：年度报告发布率与所在省份 GDP 的关系图

3. 年度报告发布率与法治政府建设推进部门主政者法学教育背景呈现正相关

按照中央的机构改革方案，中央全面依法治国办（司法部）作为中央依法治国委的办事机构，具体承担统筹推进法治政府建设等工作。与中央机构改革方案对标，各省（市）的机构改革方案也都明确，本省（市）的依法治省（市）办（司法厅局）具体承担推进法治政府建设工作（包括具体督促并严格落实法治政府建设年度报告发布制度）。

那么，一个地方承担法治政府建设工作的主政者（即本地司法厅局长）法学教育背景与年度报告发布率是否有关联？为方便统计，我们选取了 293 个地级以上市（含 49 个较大市，不含省一级）司法局局长的法学教育背景进行了研究。检索发现，293 个地级以上市中，191 个司法局局长具有法学教育背景，占总数的 65%；53 个教育专业背景未知，占总数的 18%；49 个具有其他专业背景，占总数的 17%。具体如下图 4：

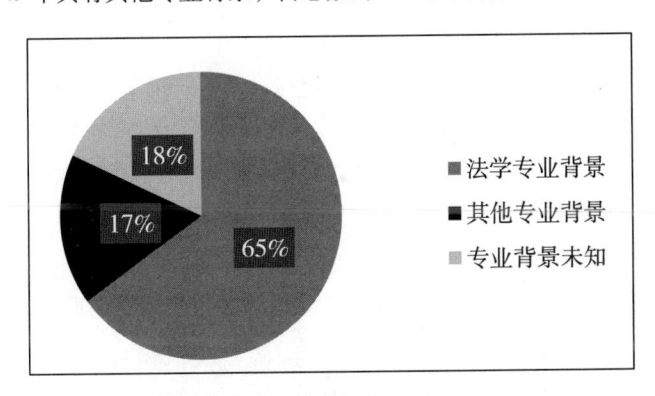

图 4 司法局长专业背景情况

在 293 个地级以上市年度报告发布情况方面，194 个按时发布了报告，总体发布率为

66%。其中，在司法局局长具有法学教育背景的 191 个地级以上市中，154 个按时发布了报告，按时发布率为 81%；在司法局局长教育专业背景未知或具有其他专业背景的 102 个地级以上市中，40 个按时发布报告，按时发布率为 39%。显然，主政者具有法学教育背景的地市发布率较总体发布率高了四成，呈正相关发布。具体情况如下图 5：

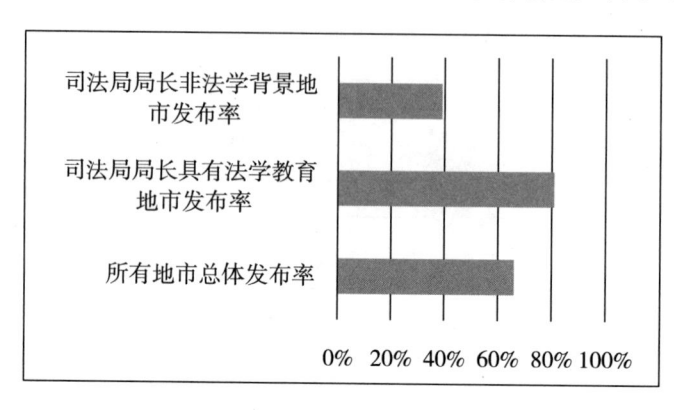

图 5：法学教育背景主政者与地市发布率比例

（三）年度报告发布存在问题

研究发现，地方政府年度报告发布存在着未发布或未按时发布，发布位置和渠道不一、年度报告标题和名称不一、发布主体不一、公开载体不一、发布格式不一等问题。下文分析以 2020 年检索情况展开。

1. 部分地方政府未发布或未及时发布年度报告

按照《规定》要求，年度报告应当于 4 月 1 日前向社会公开。从检索情况，在 324 个地级以上市政府中，按时发布的 219 个，未按时发布的有 105 个。应该说，大部分地级以上市地方政府都按要求落实了年度报告发布制度，但也存在少数地方政府未发布或未按时向社会公开法治政府建设年度报告情况。

2. 基层政府年度报告发布制度落实水平较低

基层政府是个相对的概念。相对于省级政府而言，市县政府都是基层政府；而相对于市级政府而言，县级政府才是基层政府。因此，这里的基层政府泛指层级相对较低的政府。从之前检索可以看出，省级政府年度报告发布率为 8 成；较大市政府年度报告发布率为 7 成；其他地级市发布率为 6 成；显然基层政府年度报告发布制度落实水平较低。

3. 年度报告发布名称各不相同

按照《规定》要求，年度报告的标准名称应当是"法治政府建设年度报告"。① 检索

---

① 中共中央办公厅 国务院办公厅《法治政府建设与责任落实督察工作规定》，"第二十四条每年 4 月 1 日之前，地方各级政府和县级以上政府部门的法治政府建设年度报告，除涉及党和国家秘密的，应当通过报刊、网站等新闻媒体向社会公开，接受人民群众监督。"

发现，各地发布的年度报告名称各不相同，有的使用法治政府建设报告（情况），有的使用依法行政报告（情况），有的使用行政执法报告，有的使用依法行政工作总结，有的甚至用政务公开报告代替法治政府建设报告；标题不统一的问题广泛存在，名称规范性有待提高。如244个地级市中，仅有曲靖市、金华市、安顺市等一些地市使用了"法治政府建设年度报告"的规范表述。其他地级市，如沧州市使用的《2019年度沧州市法治政府建设情况》；嘉兴市使用的《2019年度嘉兴市法治政府建设情况的报告》；广元市使用的《2019年法治政府建设情况综述》；安康市使用的《安康市2019年度法治政府建设工作总结》；防城港市使用的《2019年防城港市法治政府建设工作情况公示》，附件标题为《防城港市人民政府关于2019年法治政府建设工作的报告》，但下载打开，内容标题依然为工作情况公示。标题不统一不规范，不仅仅是形式问题，更阻碍了社会公众有效获取相关信息，某种程度上不利于公众知情权和监督权的有效行使。

4. 年度报告发布渠道不一

按照《规定》要求，年度报告除涉及党和国家秘密的，应当通过报刊、网站等新闻媒体向社会公开。可以看出，公开的渠道包括报刊、网站等渠道。通过研究发现，年度报告发布存在平台不统一的问题。以地级市为例（不含较大的市），在2020年按时发布年度报告的156个地级市中，有151家是在其政府官网公布，有5家仅在政府司法局官网公布。如下图6：

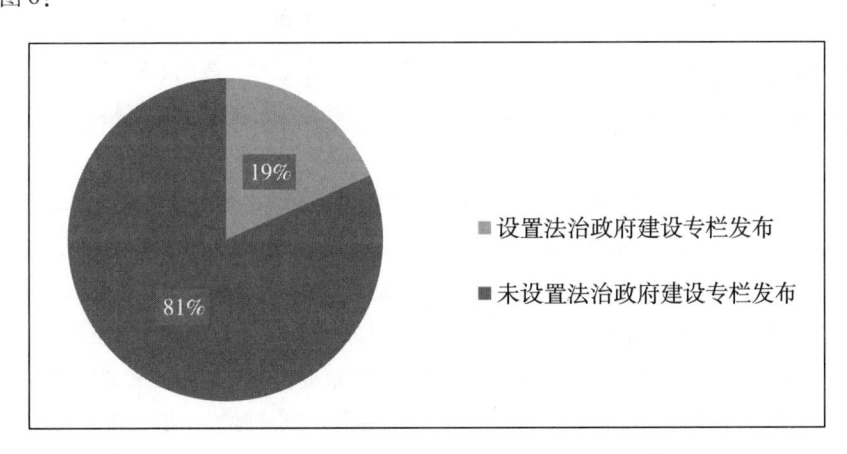

图6：年度报告在政府官网中的发布位置

同时，虽然绝大部分地方政府都是通过政府官网进行年度报告发布，但是在政府官网中具体的发布位置和路径各不相同、复杂多样，存在发布位置随意、发布渠道不一等问题。以年度报告公布在政府官网的151家地级市为例：在设置法治政府建设专栏方面，仅有云南保山市等28家地级市政府在其政府门户网站设置了法治政府建设专栏进行公布，123家未设置年度报告发布专栏。在这123家中，六盘水市等48家地级市发布在其政府官网【要闻】栏目下的【通知公告】中，三门峡、钦州市等52家发布在其政府官网【政务公开】（或【信息公开】）栏目下的【公告公示】（或【通知公告】）中，还有23家发布在政府官网的其他板块中。如下图7：

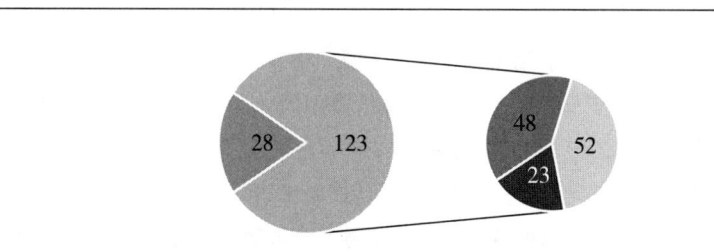

图7：年度报告在政府官网中的发布位置

另一方面，不少政府网站输入关键词检索不到，增加了公众查询难度。有的地级市政府网站信息检索不明晰，无法通过政府网站首页搜索关键词检索相关内容，但在政府信息公开专栏里能检索到。在政府官网公布年度报告的151家地级市中，邢台市等28家地方政府无法直接通过关键词检索查找到相关内容，而需要在相关专栏中逐一阅读查找。年度报告发布载体和渠道不一，在政府官网中缺少专门的发布栏目，造成发布渠道不一，客观上造成了社会公众使用和查询困难，也同年度报告向社会公开的制度初衷相背离。

5. 发布主体和发布形式不一

按照《规定》要求，地方各级党委和政府应当向上一级党委和政府报告上一年度法治政府建设情况。但对报告向社会公布的名义，是以政府名义向社会公开、还是以党委政府共同的名义联合向社会公开，并无明确规定。以地级市为例（不含较大的市），在按时发布年度报告的156个地级市中，有150个地级市以人民政府名义发布，枣庄市、延安市、遵义市、宿迁市、平顶山市和百色市等6个地市是以市委、市政府的名义共同发布。另一方面，根据检索也发现年度报告发布的形式不尽相同：129家地方政府直接在网站发布报告的文字内容，而庆阳市、平顶山市和漯河市等21家地方政府则以PDF扫描件形式或者以报告WORD版供下载的形式发布。

6. 未严格落实第三方评议要求

按照《规定》要求，地方政府可以邀请人大代表、政协委员、专家学者、新闻记者、政府法律顾问或者委托第三方机构对已公开的法治政府建设年度报告提出意见或者进行评议，有关意见、评议结果应当向被督察单位反馈，并可以向社会公开。第三方评议是全过程民主的重要体现；但是通过检索发现，除山东省及其下辖部分地市开展了第三方评议外，其他省份都未开展过相关第三方评议工作。

三、年度报告发布制度的完善策略与路径

法治是治理现代化的核心,依法行政又是政府治理现代化的主要目标之一。年度报告发布制度作为推进法治政府建设的动力机制,其制度落实的好与坏一定程度上影响法治政府和政府治理现代化目标的达成。上述所论及的一些地方政府在制度落实中面临的困境与问题,其带来的不利影响不容小视。这些问题何以产生?

一方面,官僚制在本性上具有"抗拒"变迁的内在倾向,任何新制度的落实都要经历一番周折才能落地生根。另一方面,制度的有效落实或者说生命力取决于多方面。制度的理论自洽是制度得以"正常"运行的基础和前提,行政官僚在落实制度过程中的现实考量是制度"有效"运行的关键,制度实践过程中面对纷繁复杂社会时的"试错—有效回应"则是制度"长效"运行的保障。换言之,制度有效落实的前提是制度背后的逻辑有效、制度对制度执行者的有用以及面对现实的有效回应。[①] 如果从上述角度出发,那么这种背离可能是年度报告发布制度在制度设计层面还存在一定逻辑缺陷(理论自洽有待补全),或者是行政官僚出于各种现实考量选择性执行制度,或者是制度未能有效回应社会现实变迁。如何调整完善?作为推进法治政府建设的主要着力点和抓手,年度报告发布制度落实不仅要着眼于制度自身的调整完善,更需要以治理现代化为目标导向,构建职责明确依法行政的政府治理体系、推进有利于制度落实的客观环境,加快年度报告发布制度规范化、标准化、信息化建设。

(一)补强制度运行的理论逻辑缺陷

年度报告发布制度是我国法治政府建设不断深化的产物,其发展具有阶段性特征。随着"法治政府建设率先突破"目标的提出,对政府依法行政提出了更高的要求,更应以制度建设为主线全面完善优化制度设计,从国家层面考虑进行顶层设计和制度优化;同时,应尊重法治的地方性知识,从省域层面考虑制度的具体细化落实。制度的背后是逻辑,逻辑自洽是制度正常运行的基础;年度报告发布制度要有效运行,显然也需要理论自洽支撑。作为规范政府内部行政行为的内部规则,年度报告发布制度显然也应当适用一般法治逻辑。法律规则包括假定条件、行为模式、法律后果三要素。假定条件就是法律规则中有关适用该规则的条件与情况;行为模式即法律规则中规定人们如何具体行为之方式的部分;法律后果就是法律规则中规定人们在作出符合或不符合行为模式要求时应承担相应的结果部分,包括肯定后果与否定后果。如果规则缺乏法律后果,则意味着行为人违反了法律而不用承担任何责任,相伴随的是法律规则将不再得到遵守与尊重。

如果以假定条件、行为模式、法律后果的法治逻辑去分析年度报告发布制度,则目前

[①] 张兆曙:《新制度落实:单位内部的上下分际及其运作》,载《社会学研究》2012年第3期。

的年度报告发布制度是存在一定的逻辑缺陷的。如上文历史分析所阐述的那样，从1993年《关于加强政府法制工作的决定》到2015年的《法治政府建设实施纲要（2015－2020年）》中关于年度报告发布制度的有关规定，都只规定了相关主体应当履行年度报告发布制度义务，却未规定不履行年度报告义务的否定性法律后果。如果"违法"却不用受追究，谁还会守法呢？欠缺惩罚规则和法律后果的制度设计显然很难得到有效落实。强制性规则的缺失使得报告主体不履行年度报告义务，却没有相应的惩罚规则和否定性后果；应当讲，这是部分单位未落实或未按要求落实年度报告发布制度的理论根源所在。

因此，应当补全制度设计的法律后果，在理论上弥补年度报告发布制度作为规制政府内部行政行为规范的逻辑缺陷，形成法治逻辑自洽。补全法律后果，可以从多方面着力。一是明确规定责任后果。相关文件都未规定不履行年度报告义务的否定性法律后果，这也导致违反年度报告发布制度要求却无需承担追责后果，使得个别地方制度执行沦为虚置、未得到落实。因此，应当增设制度落实的责任条款，明确相关单位未履行年度报告义务时应承担的否定性后果。二是推进报告制度法治化。法治是治理现代化的核心，也是保障制度落实最稳固、最具强制性和最可预期性的手段。作为推进法治政府建设的主要动力机制，有必要以立法的方式保障年度报告发布制度落实。在全国立法尚不成熟时，可以探索以省域为单位进行立法，强化制度落实的预期管理，激发制度落实内生动力，切实保障年度报告发布制度落实。实际上，广东已将《法治政府建设与监督办法》纳入年度立法计划，在全国率先探索以立法形式保障年度报告发布制度落实。三是激发制度落实内生动力。一方面，强化制度落实结果运用机制，将本级政府部门和下级政府年度报告发布制度落实情况纳入各级政府绩效考核和法治政府考评指标体系，以考评推动制度落实。另一方面，要严格落实年度报告发布制度第三方评估制度。《规定》中已对第三方评估有规定，但未得到严格落实，如2020年仅有个别省份开展第三方评议工作。从实践看，仅凭现有政府法治机构的力量很难实现对下辖各级行政机构落实年度报告发布制度情况的精准掌握，必须借力于第三方的资源。因此，应当进一步落实第三方评估工作，借助第三方评估资源全面掌握制度落实中存在的各种问题；同时，探索将评估中发现的未落实年度报告单位向社会公布，以公示倒逼各单位落实年度报告发布制度。

（二）尊重制度运行的行政逻辑

生态学认为系统内部诸要素之间应当保持动态平衡与协调。如果借鉴生态学的观点和方法，将制度执行放到社会环境乃至自然环境这一更为广阔的背景下予以整体性考察，显然年度报告发布制度也是在一定的生态和系统中运行，受一定系统所制约。[①] 作为规范政府内部行政行为的年度报告发布制度，其自然是在政治生态（行政运作系统）中运行，植

[①] 赵鹏、张力伟：《系统论视角下政府治理的基本逻辑》，载《系统科学学报》2022年第1期。

根于行政运作土壤。制度能否得以有效运行，同行政运作系统内部各要素之间的实然性紧密相连。制度要有效运行，必须要遵循和尊重行政系统运作逻辑。

行政运作是如何展开的？仿佛古希腊的忒瑞西阿斯，行政运作总是呈现出不同的面向。行政运作有时被认为遵循"理性主义"的逻辑，组织行为与角色具有稳定性和可预期性；[1] 有时被认为更多是一种"策略主义"逻辑，充满随意、权宜、变通和短期，目标替代现象十分普遍。[2] 实际上，行政运作过程是动态且复杂的，充满很多的非理性和意外因素，某种程度上行政运作的过程就是一个黑箱，身处行政体系之中可能也无法知晓相关决策和政策背后的原因。[3] 法治政府建设年度报告发布制度运行的过程更是如此，打开其政策"黑箱"的难度也更大。一方面，与自然科学相比，法治具有不可计量、不可检验、不可实验等特点；往往一个问题有截然相反的看法观点理论和学说。另一方面，权力的隐蔽运行也使决策程序陷入公众无从知晓的"黑箱"；行政运作有赖于政治官僚和技术官僚，而职业官僚体系的不可信赖也使得行政运作成为很难内窥的黑箱。

黑箱总是难以解释预测的，是否有必要打开年度报告发布制度的行政运作黑箱？我们完全可以撇开系统的内部状况，只从其功能认识性质，对宏观知识不一定要求知道那么多细节；即对特定情况我们可以知其然，不一定要知其所以然；实际上，黑箱理论认为，在对特定的系统开展研究时，可以将其视为看不透的"黑箱"，不研究系统内部的结构与关系，仅从其"输入"信息、"输出"信息的特点寻找系统运行的规律。黑箱理论充分尊重知识多样性与模糊性，从构成"黑箱"的外部表征去探索和推敲规律、联系。[4]

实践是检验真理的标准，当我们用黑箱理论观察年度报告发布制度运作时，可以将行政运作过程视为黑箱，将年度报告发布制度视为输入信息，将制度施行状况视为输出信息。按照黑箱理论，在年度报告发布制度运行的过程中，我们不需分析运行过程发生的具体情况，只需根据输入和输出关系及其影响因子得到制度运行的结构和功能的规律。从前文数据分析能够看到，年度报告发布制度在输入行政运作这一"黑箱"后，输出"数据"呈现以下规律：一是年度报告发布率与发布主体层级呈现正相关，即发布主体层级越高、发布率越高；二是发布率与GDP呈现强相关。GDP越高，其年度报告发布率倾向于较高；三是发布率与法治政府建设推进部门主政者法学专业教育背景呈现正相关。

一是发布率与发布主体层级呈现正相关。这种正相关可能的解释有很多。从一般意义上讲，这与普通社会公众的朴素认知相匹配，即越高层级的政府、其法治和规则意识越强、执行制度的主动性和积极性越强；越到基层，法治观念相对而言越淡薄、执行制度的

---

[1] 周黎安：《行政发包制》，载《社会》2014年第6期。
[2] 欧阳静：《压力型体制与乡镇的策略主义逻辑》，载《经济社会体制比较》2011年第3期。
[3] 吴克昌、周胜兰：《打破政策"黑箱"的制度设计——基于广州政策兑现实践的研究》，载《北京行政学院学报》2020年第2期。
[4] 李秀娟、魏峰：《打开领导有效性的黑箱：领导行为和领导下属关系研究》，载《管理世界》2006年第9期。

内生动力也越弱。当然,另外一种可能的解释是政令执行是逐步衰减的,越接近权力核心和内圈,政令执行能动性越强;越在权力外圈,政令执行能动性越低。实际上,新制度的推行往往是沿着自上而下的路径逐级展开,最后落实到基层单位;对于基层单位的决策者而言,在科层化行政体系的逐级控制下,上级下放到基层的剩余控制权越来越小,却要承担单位内部"出问题"的风险以及自上而下的"问责"。因此,对于处在行政体系末梢的基层单位来说,任何新制度的落实具有明显的"排斥反应",落实速度也更慢。① 不论其可能的解释是什么,也不论年度报告发布制度在黑箱中发生了什么,从"发布率与发布主体层级呈现正相关"这一输出信息出发能得到的启示是,应当加强基层政府年度报告发布制度的执行力度,将更多的行政资源和精力集中在基层年度报告发布制度执行情况上;即在行政资源的分配上,应当呈现正金字塔构造,越到市县,其应予分配更多的行政资源和法治资源。

如何强化基层政府年度报告落实能力建设?应当加强强化基层政府特别是基层法治机构的人员配备,确保有力量推动制度落实。传统上,不同于各类经济管理类机构,法治机构属于"救火队长",在行政体制中处于相对边缘的角色,拥有的行政资源相对较少;这种角色定位同当前法治机构面临的形势任务不相匹配。如何完善?在现有基层人员编制都有限的情况下,一方面要挖掘存量,结合政府事权下放基层实际,将上级机关事权下放后释放的的编制全面转移到基层政府;结合基层部门简政放权实际,优化基层政府部门间用编结构,结合部门权责清单明确的职能任务,将更多编制向政府法治机构等公共服务型机构配置,真正构建起同部门事权相匹配的人员编制结构。另一方面要寻找增量,借鉴法院检察院等法治机构向社会购买"法官助理"的用人方式,允许包括法治机构在内的基层政府探索灵活的编外用人方式,通过向社会购买服务、试点法务辅助人员等方式增强基层政府法治机构的治理能力。

二是年度报告发布率与报告主体经济发达程度呈现强关联。可能的解释包括经济程度越高行政机关工作人员法治意识越强、越尊重中央权威、越有充足的人手执行报告制度、地方主官执行中央政令更加有力、法治与经济呈现正相关等等。不论其背后真实原因为何,这种强关联性提示制度执行应当正视地区间经济发展差异化背后的法治发展差异化事实。实际上,有学者研究后发现,我国当前地方法治现象构成自东向西、由南至北,带有明显区域性和梯度式的地方法治现象图景;地方法治先行既包含了发达的经济基础是法治先行发展的前提,也表明相对发达地区对推进地方法治更具有积极性和主观能动性。② 要制定省一级制度落实具体细化办法。结合年度报告发布率与报告主体经济发达程度呈现强关联的客观情况;一方面,尽量避免用同样的制度执行标准要求经济体量和经济水准不同的省份,国家在修订年度报告发布制度时,应尽可能原则化和"粗线条化",予"地方(区

---

① 张兆曙:《新制度落实:单位内部的上下分际及其运作》,载《社会学研究》2012 年第 3 期。
② 付子堂、张善根:《地方法治建设及其评估机制探析》,载《中国社会科学》2014 年第 11 期。

域）法治"以探索空间。另一方面，基于省一级行政区内的经济体量大体相对均衡的现实，省级政府应当充分发挥自主性，以省域为单位制定年度报告发布制度的具体细化落实办法，明确制度的发布主体和发布形式等，统一省本级落实年度报告发布制度的各项细化要求。

三是在主政者法学教育背景与发布率呈现正相关方面。主政者具有法学教育背景的地市总体发布率比具有其他教育背景的地市发布率高了四成。可能的解释包括市一级属于政策执行而非制定层面，更多地需要技术官僚而非政治官僚，因此对官僚的专业性要求更高等等。实际上，从制度执行者角度看，一项制度落实的具体过程可以分为"形式绩效"的达成与向"实质绩效"的转变两个阶段。在"形式绩效"的达成阶段，制度执行者表现出选择性学习和选择性执行的特征。"形式绩效"具有唤起与操练新的认知结构等方面的意义，最终通过反复性实践中取得"实质绩效"。[1] 而一位对法治理解更为深入的部门主官，显然会更为有效地推动"形式绩效"的达成。

当然，不论其可能的解释是什么，从这一"输出"信息出发，应当尊重这种现实逻辑，强化法治机构负责人专业化建设。传统上，法律医学和教育都被视为专业化非常强的职业，需要具备一定的准入门槛（如从事正规的法律职业需要取得法律职业资格等）才能从业。目前，对从事法官、检察官等都有了准入门槛要求，但对政府法治机构人员的任职资格却尚无专业化准入要求。建议探索强化法治机构负责人专业化建设，加大选拔任用法学专业教育背景的人士作为法治机构负责人，提高岗位专业性；以法治机构负责人的专业性提升制度落实的成效。

（三）吸纳制度运行过程中产生的实践逻辑

卡尔·波普尔的"世界3理论"认为，在传统的主观世界与客观世界之外，还存在着第3世界。世界1是物理世界，包括物质和能量；世界2是主观知识世界，即意识状态和主观经验的世界；世界3是客观知识世界，包括由人创造出来的、由各种载体记录并储存起来的制度设计等理论体系的人类精神产物。波普尔同时认为世界3具有自主性和自治性，它既是人造的，又是客观存在的，有其自身的生命和历史，不能被还原为物质和精神；世界3有其独立生命，其发展不以人的意志为转移。[2] 如果按照世界3理论去观察年度报告发布制度落实过程，显然制度创制一旦形成以后，制度设计者并不能改变这一创制结果，制度有了其脱离其"立法者"的独特生命力。因此，需要在实践运行过程中，发现并解决制度运行存在的现实问题，吸纳制度运行过程中产生的实践逻辑。

1. 强化年度报告发布制度落实标准化建设

标准化是国家治理能力现代化的重要标志，也是提高国家治理能力的重要抓手。现有

---

[1] 刘玉照、田青：《新制度是如何落实的？——作为制度变迁新机制的"通变"》，载《社会学研究》2009年第4期。

[2] 张之沧：《从世界1到世界4》，载《自然辩证法研究》2001年第12期。

年度报告规定存在较多模糊空间；如法治政府建设年度报告向上级报送前，需要履行哪些程序？是否需要先通过本级政府常务会议审议又或可直接经政府主要负责人圈批同意后报送？按《规定》要求，年度报告在向上级报告时应当是以党委政府名义报送。但是，是以党委政府名义联合行文报送上级党委政府，还是各自分开报送即党委行文报上级党委、政府行文报上级政府？在向社会公开时是以政府名义公开还是应以党委政府名义公开？规定的不明确也使得从报告起草流程、报告报送流程到报告公开方式都不规范。

问题发生的原因显然是多方面。历史角度看，法治政府建设年度报告在某个阶段也叫依法行政工作报告，名称混乱有其历史因素。制度设计的角度看，制度设计的不完善如未对报告发布的载体和形式作出规范化的指引是重要原因。因此，有必要强化报告制度落实的标准化建设，以省域为范围制定制度落实指引文本，强化报告名称、格式、报送程序、公开方式等标准化建设，供省域内基层政府及其部门借鉴。同时，针对基层缺乏专业法治人士开展制度落实工作的现实，制定适用于基层的年度报告工作指引和报告标准简化示范文本，"手把手"指导基层做好制度落实工作。

2. 强化年度报告发布制度信息化支撑

黄仁宇将数目字管理视为现代化的重要标志，信息化则是数目字管理的更高形式。实践中，各地各部门起草报送和公开年度报告都无相关的信息化平台依托，制度落实情况处于底数不清、状况不明、粗放推进的治理状态。信息化支撑中最为急迫的便是年度报告公开平台建设。向社会公开年度报告是为了接受社会公众监督，一定程度上承载着政府与社会共同治理功能，发布不到位不仅不利于公众知情权的行使、削弱社会公众的获得感，更重要的是也将打击公众的治理参与热情。因此，应当抓紧建立统一的年度报告发布平台，以省域为范围归集各地各部门的年度报告，统一时间向社会公众集中发布，在全面展示年度法治政府建设成效的同时，也方便社会公众检索查阅、提升社会公众参与热情。在条件尚不足以建立统一平台时，可以规范报告发布载体与平台，全面对标政府信息公开年报，在政府网站设置专门的法治政府建设年度报告专栏；明确年度报告应当通过本级政府网站、司法厅局网站和本地主要媒体向社会公布。

结　语

法治是国家治理现代化的必然选择，法治中国是国家治理现代化的必然走向。法治政府建设被定位为法治建设的重点任务和主体工程，重要性不言而喻。研究发现，报告发布制度在实践中的展开存在不均衡的情况，很多时候存在上热而下冷（层级较高的政府重视而基层政府并不重视）、内热而外冷（体制内受到关注而社会公众并不感兴趣）、经济较好的地区重视而经济情况一般地区不重视等。但不应就此否定施行发布制度所带来的深入推进依法行政、加快法治政府建设，推进政府公开、促进全过程民主等众多重要价值；而应立基于实践困境，从理论上阐释困境产生的原因，寻找完善与改进之途。实际上，在法治中国已成为时代主旋律的当下,到底应该如何、以及目前正在如何建设法治政府;在中国特色语境的现实背景下,建设法治政府的动力机制与推进机制是什么;实践中推进法治政府建设的动力机制是真的有效还是只是自说自话的游戏?文章正是在上述命题指引下,以年度报告发布制度实证研究为切入点展开了对法治政府建设真实运行状况的追问。在中国这场世界历史上史无前例的转型过程(当然包括法治转型)中,西方话语并无法"全面"有效解释中国的复杂现实图景。而年度报告制度是非常具有本土特色的法治政府建设模式和路径,对此进行研究,不仅有助于法治政府建设动力机制的发挥,也是对当下法治政府建设实践的阐释,能为法治中国话语研究提供有益增量,相信也应该是真正关心中国法治变革实际的理论研究者所关心的。

The generated logic, practical picture and future prospect of the annual reporting system of a rule of law government

Fang Xueyong Long Piaopiao

Abstract: As a mode and path of building a rule of law government with Chinese characteristics, the annual reporting system has been implemented for nearly 30 years, having shaped the process and form of China's rule of law government. The reporting system is one of the main driving mechanisms to promote to build a rule of law government in practice, while the theoretical research has not been aroused much attention. Through the historical investigation of the policy text, it is found that the establishment of the annual reporting system has the characteristics of incremental progress and continuous trial and error, which is consistent with the improvement of other impetus mechanisms for building of a rule of law government. Through an empirical study on the implementation of the reporting system of 324 local governments, it is found that the release rate of reports is strongly correlated with the level of the report subject, the economic development degree of the report subject and the legal education background of the leaders of the rule of law institutions. At the same time, there are problems such as lack of impetus to implement the reporting system. Therefore, the logic defects of system operation should be remedied theoretically, the administrative logic of system operation should be valued, and the practical dilemmas should be solved in the process of system implementation.

Key words: The building of a rule of law government; Annual reporting system; The dynamic mechanism of building a rule of law government; The empirical study

(编辑:田炀秋)

论非正式规则在信用惩戒中的应用及限制[*]

贺译葶[**]

摘　要　信用惩戒通过违法失信信息的公布共享激活既有法规范中的联合惩戒条款及多主体联合惩戒，并呈现出参与主体多元及惩戒后果多样的特点。盖因如此，其不可避免地受到道德规范、行为惯例及传统文化等非正式规则的影响，亦有基于非正式规则拓展合法应用空间，释放修法压力及提升运行实效的现实需求。但应注意，非正式规则在作为评判依据辅助违法失信认定；作为思维定式导引惩戒适用；作为行为惯例叠加联合惩戒效果及作为查验依据检视立法边界时皆应受到相应限制。

关键词　信用惩戒　联合惩戒　非正式规则

自信用惩戒制度推行以来，制度设计者一直致力于建构一套健全的信用法律规范体系以有效应对违法失信问题，提高公民、法人或其他组织的失信成本。[①] 然而，从信用惩戒的实践现状来看，这种新型规制工具正呈现出滥用和泛化趋势。一方面，作为一种会对公民、法人或其他组织权益造成较大影响的惩戒措施，信用惩戒的适用应当受到法律的规范与约束。另一方面，作为一种不同于传统制裁之作用逻辑的惩戒方式，信用惩戒不仅将主体间关系由"一对一惩戒"切换为"多对一惩戒"，且将对公民、法人或其他组织的不利影响由法律规制层面扩展至道德约束、价值影响及习惯牵制等层面。道德规范、行为惯例、习俗及传统文化等虽不对信用惩戒的应用产生强制性约束作用，但却有着潜在的约束力，并无形中影响着信用惩戒的作用方式、途径、效果及立法边界。

---

[*] 湖南省哲学社会科学基金重点项目（18ZDB010）；湘潭大学科研启动项目（KZ08004）。
[**] 贺译葶，法学博士，湘潭大学信用风险管理学院讲师，硕士研究生导师。
[①] 《社会信用体系建设规划纲要（2014－2020年）》，国发（2014）21号。

一、信用惩戒的运行逻辑

何谓信用惩戒？广义的理解将信用惩戒界定为对违法失约等失信行为采取的约束和惩罚性措施，使失信者承受社会谴责；[1] 此种界定并没有说明信用惩戒具体是一种什么样的惩戒方式，仅强调信用惩戒的对象是违法失约等失信行为，那么，但凡对失信行为所采取的约束和惩罚性措施皆属于信用惩戒的范畴。狭义的理解将司法执行中的信用惩戒界定为由法院主导的通过公布或通报失信被执行人失信信息，以降低其信用评价，使失信被执行人承受社会舆论谴责及因信用贬损而承担多种不利后果的惩戒方式。[2] 亦有人从过程论的角度将信用惩戒视为一系列行政行为的集合体，包含失信信息的归集、评价、失信名单的列入、公布及附加惩戒等一系列行为。[3] 此三种界定方式皆从不同角度反映了信用惩戒的制度机理。

（一）信用惩戒以违法失信的合理认定为前提

信用惩戒的基本目标是构筑"一处违法，处处受限"的失信惩戒大格局，使失信者寸步难行，其加之于违法失信者的不利影响与传统制裁手段并不相同，处罚往往是特定部门就相对人某个违法行为实施某种特定的法律制裁，而信用惩戒则将使违法失信者同时面临行政性惩戒、市场性惩戒、社会性惩戒等多重不利后果。因此，并非所有的违法失信者都适用信用惩戒，为免打击范围过宽，应当根据一定的标准或依据对违法失信应受惩戒的行为或对象进行过滤处理。如是，不少法律规范文本对之做出了规定，如《关于公布失信被执行人名单信息的若干规定》第1条明确规定了应当依法实施信用惩戒的几种情形；《政府采购法》第77条明确列举了供应商应当纳入不良行为记录名单的几种情形；《重大税收违法失信案件信息公布办法》中列举了列入税收违法黑名单案件的标准。因此，合理认定违法失信是实施信用惩戒的前提，违法失信情节的认定虽不会直接对公民、法人或其他组织权益产生负面影响，但其决定了信用惩戒将对哪些违法失信行为或违法失信对象做出，必须慎重为之。然而，实践中有不少地方政府仅仅依据规范性文件就将特定对象列入违法失信名单，并未充分考虑对个人或者法人权益的保护。此外，有不少法条虽明确规定了违法失信应当列入失信名单的情形，但大多配备了兜底性条款，如《重大税收违法失信案件信息公布办法》规定"其他违法情节严重，有较大社会影响的"应当列入税收违法黑名单，其他违法情节严重，应当如何认定？以及如何评判是否具有较大社会影响存在灵活解释的空间。

---

[1] 参见李振宁：《信用惩戒的特性及对地方立法的启示》，载《中共南京市委党校学报》2018年第2期。
[2] 参见贺译葶：《司法执行中的信用惩戒行为辨析》，载《湖南警察学院学报》2021年第2期。
[3] 参见王瑞雪：《政府规制中的信用工具研究》，载《中国法学》2017年第4期。

（二）信用惩戒以违法失信信息的公布共享为依托

经济法领域的信用被视为民事主体经济方面的综合能力的社会评价，实质相当于民事主体的商誉。① 循此逻辑，行政法领域的信用则可被概括为行政相对人在行政活动当中的综合表现或评价，抑或遵守行政法律法规的情况；司法领域的信用可被概括为当事人在司法活动当中的综合表现或社会评价，如是否自觉履行生效裁判文书确定的义务。失信意味着特定主体丧失了为他人信任的基础，法律向来被视为最低标准的道德规范，因而当特定主体违背法律法规时，其为他人信任的品格将值得怀疑，基于此，主体违反法律法规的行为即可评价为失信行为。不同于罚款、拘留等惩戒方式，信用惩戒必须建立在违法失信信息公布或共享的基础上，没有违法失信信息的公布共享，就无法产生令失信主体信用受损的负面后果，因为负面社会评价的生成需联结不良信用信息的公布共享与流转。需注意的是，公布行政违法信息、公告违法行为、公布行政黑名单等本身亦可以作为一种具有独立法律属性的行为存在，学者间已对此形成行政强制说、② 声誉罚说、③ 行政指导说、④ 公共警告说⑤等诸种见解。相应地，公布失信被执行人信息与行政主体将公布行政违法信息作为行政强制执行手段时的行为目的趋于一致，皆是为了促使特定主体履行一定义务，该行为本身即具有制裁与惩戒作用，可视为狭义的信用惩戒。⑥ 失信被执行人信用惩戒为"当被执行人出现具有履行能力而不履行生效法律文书的情况时，由法院主导对其进行信息共享控制范畴中降低信用评价以及公开其个人信息作为惩戒。"⑦

（三）信用惩戒以多主体联合惩戒为期待结果

信用惩戒通过公布或通报违法失信信息实现惩戒目的，公布行为将有效激活既有法律规范中的"联合惩戒"条款，多主体对失信违法者采取联合惩戒是清晰认知其信用状况基础上的行为选择或对既有关联法规范内容的落实，联合惩戒实为信用惩戒的期待结果，其作用逻辑与处罚、强制等制裁手段并不相同。

一则产生的后果不同。传统处罚的结果是"一事一罚"，除法定可免于处罚的情形之外，处罚通常具有确定性及必然性。而信用惩戒的结果是"一处违法，处处受限"，虽是

---

① 参见史尚宽：《债法总论》，台湾荣泰印书馆1978年版，第147页。
② 参见施立栋：《论行政机关公布违法事实行为的法律性质》，载姜明安主编：《行政法论丛》（2014年第17卷），法律出版社2014年版，第157-173页。
③ 参见贺译葶：《公布行政违法信息作为声誉罚：逻辑证成与制度构设》，载《行政法学研究》2020年第6期；章志远、鲍燕姣：《作为声誉罚的行政违法事实公布》，载《行政法学研究》2014年第1期。
④ 参见张杰：《我国食品安全"黑名单"的法律定位探析》，载《广西政法管理干部学院学报》2016年第5期。
⑤ 参见朱春华、罗鹏：《公共警告的现代兴起及其法治化研究》，载《政治与法律》2008年第4期。
⑥ 参见贺译葶：《司法执行中的信用惩戒行为辨析》，载《湖南警察学院学报》2021年第2期。
⑦ 黄宁晖：《浅析失信被执行人信用惩戒制度》，暨南大学2014年硕士论文，第8页。

处处受限，但惩戒措施的适用并不必然具有确定性。如《关于对失信被执行人实施联合惩戒的合作备忘录》第 13 条列举了限制失信被执行人担任国有企业法定代表人、董事和监事的惩戒措施，其对应的是《企业国有资产法》第 23 条"履行出资人职责的机构任命或者建议任命的董事、监事、高级管理人员"应当具备良好的品行。因此，当事人一经确认为失信被执行人就应受到相应的任职限制，该惩戒具有确定性。而备忘录第 11 条强调将失信被执行人信息作为其享受优惠性政策时的审慎性参考。如果相对人的信用状况仅作为裁量因素，则不必然导致行政机关作出或不作出某项行政决定。[①] 可见联合惩戒措施中既包含对违法失信者应当做出的"强制类"惩戒，也包括非强制性的惩戒，两者皆具有可期待性，但非强制性惩戒措施不具有适用之确定性及必然性。

二则实施主体范围不同。传统处罚、强制措施的实施主体为特定的行政主体或司法机关，而由信用惩戒引发的联合惩戒实施主体则涵盖了行政机关、司法机关，社会组织、行业协会乃至社会公众等多个实施主体。[②] 传统处罚、强制的合法性建立在其是否具有法律依据以及是否严格按照法律规定实施的基础上，必须遵循法无规定不可为的基本原则。而社会组织、市场主体、社会公众等主体对违法失信者采取惩戒措施，通常只要不违背法律禁止性规定即可，且具有自主选择及决定的空间。这进一步说明联合惩戒较之处罚、强制措施有更加宽松的适用条件，作为信用惩戒之期待结果的联合惩戒，除根据既有法规范为应当做出的"强制类"惩戒外，其他"参考性"惩戒、"建议性"惩戒都不具有实施之必然性。

二、信用惩戒中适用非正式规则的必要性

非正式规则又被视为非正式制度，主要指社会习俗、行为习惯、道德规范、思想信仰和意识形态等。通常认为，非正式规则是先于正式规则存在的，先有非正式的社会习俗、行为习惯、伦理道德等，才有在非正式规则基础上形成的法律、政治制度，并且正式规则需要以非正式规则为必要的补充，才能形成有效的社会约束体系。[③] 这一规律在信用惩戒过程中亦不例外，并且非正式规则为信用惩戒的适用提供了更为宽松的解释逻辑。

（一）部分联合惩戒措施囿于正式规则滋生合法性争议

观察《关于公布失信被执行人名单信息的若干规定》《关于对失信被执行人实施联合惩戒的合作备忘录》不难发现，其中有部分限制性措施完全来源于现有法律规范文本的明确规定，如《执行备忘录》第 23 条"限制失信被执行人子女就读高收费私立学校"的惩戒措施的法律依据为《最高人民法院关于限制被执行人高消费及有关消费的若干规定》第

---

① 参见李烁：《论失信联合惩戒的合法性及其补强》，载《中国法律评论》2020 年第 1 期。
② 参见王伟：《失信惩戒的类型化规制研究》，载《中州学刊》2019 年第 5 期。
③ 参见樊慧玲：《正式规则、非正式规则、潜规则》，载《广西经济管理干部学院学报》2008 年第 3 期。

3条"被执行人为自然人的,被采取限制消费措施后,其子女不得就读高收费私立学校。"有部分限制性措施则是基于现有法律规范文本做出的扩大解释与沿用。如《执行备忘录》第5条列举了限制失信被执行人设立保险公司的惩戒措施,其法律依据为《保险法》第68条中规定的设立保险公司应当具备的条件"主要股东具有持续盈利能力,信誉良好,最近三年内无重大违法违规记录,净资产不低于人民币二亿元"。但"限制设立保险公司"在作为联合惩戒措施及作为保险公司设立资质时的适用条件并不一致,前者以当事人拒不履行生效裁判文书确定的义务为前提,后者以当事人最近三年内无重大违法违规记录为前提。此外,保险法中规定的重大违法违规时间是三年内,而《关于公布失信被执行人名单信息的若干规定》第2条规定"被执行人具有本规定第一条第二项至第六项规定情形的,纳入失信被执行人名单的期限为二年,被执行人以暴力、威胁方法,妨碍、抗拒执行情节严重或具有多项失信行为的,可以延长一至三年。"如果依据保险法限制失信被执行人设立保险公司则不得不限缩该条款之适用对象范围,即将其适用于那些在最近三年内有重大违法违规记录的失信被执行人;如果根据《若干规定》及《执行备忘录》贯彻"限制设立保险公司"的惩戒条款,则有突破上位法适用限制性惩戒措施的嫌疑。由此可见,以保险法第68条作为适用"限制设立保险公司"这一联合惩戒措施的依据存在合法性争议或合法性解释难题,而此种问题并非个例,在限制参与政府采购、限制补贴性资金支持、限制失信被执行人旅游、度假等"联合惩戒"条款中皆存在。

(二)信用惩戒可藉由非正式规则拓展合法应用空间

信用惩戒以多主体联合惩戒为期待结果,而多主体联合惩戒并不限于行政机关,还包括市场主体、社会组织以及社会公众,在多数情况下,由市场主体、社会组织以及社会公众实施的联合惩戒只要不违背法律禁止性规定即可。如市场主体遵循市场交易的一般行为规律对失信者实施拒绝交易、提高交易条件的惩戒。实践中有部分由行政机关主导实施的联合惩戒与由市场主体主导实施的联合惩戒一定程度地存在同质性。譬如《执行备忘录》第4条列举了限制失信被执行人作为供应商参加政府采购活动的惩戒措施,其法律依据为《政府采购法》第22条,"供应商参加政府采购活动应当具备下列条件:1. 具有独立承担民事责任的能力;2. 具有良好的商业信誉和健全的财务会计制度;3. 具有履行合同所必需的设备和专业技术能力;4. 有依法缴纳税收和社会保障资金的良好记录;5. 参加政府采购活动前三年内,在经营活动中没有重大违法记录;6. 法律、行政法规规定的其他条件。"但以此为依据,对失信被执行人实施限制参加政府采购的惩戒存在扩大解释法条适用对象的嫌疑,因为失信被执行人并不等于在经营活动当中有重大违法记录者。相比较而言,行政机关限制失信被执行人参加政府采购与市场主体拒绝同失信被执行人交易的结果都是令失信被执行人丧失参与交易的机会。行政机关实施采购活动虽是基于公共目的,但依循市场交易习惯寻找适格合作方,并将产品或服务提供方的信用状况作为筛选因素是其作为理性经济人的常规行为选择。

换言之,此种限制类措施所要实现的惩戒效果未必需要藉由强制性法律条款来保证。基于市场交易习惯及诚信文化等非正式规则的影响,失信被执行人在参与政府采购活动的过程当中将难以避免地受到服务或产品购买方的排斥。并且这种基于非正式规则所产生的"排斥"惩戒,相较于依循《政府采购法》及《执行备忘录》所规定的限制性措施更具合理性。《政府采购法》第22条强调在经营活动当中有重大违法记录的供应商不具备参加政府采购活动的条件。但根据《执行备忘录》的规定,凡列入失信被执行人名单的供应商皆不得参加政府采购活动,不论供应商的违法失信行为是否与政府采购活动当中涉及的经营活动存在关联,这种做法本身有泛化联合惩戒的嫌疑,亦有违正当联结原则。相应地,若基于市场交易习惯及诚信文化等非正式规则惩戒失信被执行人,那么联合惩戒措施在具体适用时不仅更为灵活,且可有效规避合法性解释难题。可见,执着于从现有法律规范文本当中去寻找信用联合惩戒措施的合法依据或试图通过法律的修订来补强联合惩戒措施的合法性未必能取得预期的效果,而非正式规则则为信用惩戒的运行提供了更多一种解释逻辑。虽然非正式规则不能彻底解决信用惩戒的合法性争议,但其为信用惩戒效果的实现提供了可行方案。

(三)信用惩戒可藉由非正式规则释放修法压力

在《执行备忘录》列举的惩戒措施当中,有一部分是对现有法律法明确规定的惩戒措施的重述;有一部分措施虽可从现有法律法规当中寻找到关联依据,但有扩大解释法律规定的嫌疑;还有一部分惩戒措施并无相应的法律依据,而是由备忘录所创设。此种现象的存在,不可避免地令联合惩戒措施受到合法性诘问。实际上,并非所有的联合惩戒措施皆须遵循法律保留原则,部分联合惩戒措施可以藉由非正式规则生发惩戒效果,无需诉诸法律。以前述"限制设立保险公司"的惩戒措施为例,其法律与政策依据为《保险法》第68条,然而该条款所规定的内容实为设立保险公司应当具备的资质条件,且所指向对象与联合惩戒之对象并非完全重合,若要补强此类限制性措施的合法性,则需对法条作出相应的修订。作为向其他市场主体提供保险业务的公司法人,诚实守信是其他市场主体对保险公司的基本要求,也是保险公司获得市场生命力的基本法则。如果保险公司被确认为失信被执行人,拒不履行生效法律文书确定的债务,那么根据惯常认识,其将被视为不具备承担保险业务的一般品格,由其设立保险公司承担保险业务显然难以为消费者接纳。换言之,否决失信被执行人设立保险公司的正当性根植于社会惯常认知、行为习惯、道德规范及诚信文化当中,并非必然需要以法律规范文本的形式承载,循此逻辑发挥联合惩戒之效用,可一定程度的释放修法压力。

(四)信用惩戒可藉由非正式规则提升运行实效

"非正式规则在长期作用中形成了一套稳定的由群体内部制裁约束(socially sanctioned

norms）的行为准则，当人们形成遵从惯例的习惯时，这些惯例便会凝聚道德力量，形成信念。"① 信用惩戒以违法失信信息的公布共享为依托，惩戒的目的不限于贬损其信誉或社会评价，而希冀通过公布或通报失信信息引起多主体对违法失信者的差别对待，即多主体联合惩戒。② 其中的"联合惩戒"既包括来自行政机关的行政性惩戒，也包括来自市场主体、社会组织以及其他社会公众的市场性惩戒及社会性惩戒措施。说明信用惩戒对违法失信行为的矫正作用并非完全借助法律制裁来实现，而是通过正式规则及非正式规则的共同作用实现对违法失信行为全方位威慑，这也恰恰彰显了信用惩戒不同于传统处罚、强制的比较优势。"社会中的习惯、道德、惯例、风俗等社会规范从来都是一个社会的秩序和制度的一个部分，因此也是法治的构成性部分，并且是不可缺少的部分。……没有这些非正式制度的支撑和配合，国家正式的制度也就缺乏坚实的基础。"③ 非正式规则虽不具如正式规则那般的强制性，但其潜在的对人的行为的约束力及对违法失信行为的惩罚制裁作用却未必逊色于正式规则，甚至较之正式规则更持久。恰如边沁所言，"全体公民构成了一个法庭，比其他所有法庭垒加起来还要重要。人们可以假装漠视它的各种判决，或者把它的各种判决说成是摇摆不定、自相矛盾、相互抵悟和相互破坏，但每个人都感觉到，这个法庭虽然会犯错误，却不会受到腐蚀；它一直努力使自己更加开明，它囊括了一个民族的所有智慧和正义，它始终决定着公民的命运，它所作出的处罚无可逃避。"④

三、非正式规则在信用惩戒中的功能定位及适用限制

非正式规则对人之约束力，并非由任何外在威慑所生成，而源于人们在社会生活及社会互动过程中的自发遵循。而信用惩戒的运行逻辑则赋予了人们自发依循非正式规则凝聚联合惩戒合力的灵动空间，并以多种形态或方式影响信用惩戒的运行实效。

（一）作为评判依据辅助违法失信对象的认定

虽然实务部门非常重视违法失信的合理认定，并尝试通过健全的信用法律规范体系及统一的标准来规范该行为，但法律本身存在的抽象、有限及迟滞缺陷，它不可能解决所有问题。而违法失信情形的多样性及行为的复杂性又决定了严重违法失信的情形难以为法条尽数列举，如若刻板遵循成文规定，忽略与列举情形相当的其他严重违法失信情形则会导致案件认定不公的问题。此时非正式规则可以作为一项辅助工具，或者充当"源头活水"在经实践检验发展成熟后再逐渐向正式规则演化，即由个人习惯→群体习俗→习俗中硬化

---

① 赵宸：《集体腐败的非正式规则及其规制路径分析》，载《理论月刊》2015 年第 9 期。
② 参见贺译荨：《司法执行中的信用惩戒行为辨析》，载《湖南警察学院学报》2021 年第 2 期。
③ 朱苏力：《道路通往城市——转型中国的法治》，法律出版社 2004 年版，第 26 页。
④ 转引自［德］哈贝马斯：《公共领域的结构转型》，曹卫东等译，学林出版社 1999 年版，第 117 页。

出来的惯例规则→制度、法律、正式规则等等。①

　　以《若干规定》第1条为例，其列举了依法应当列入失信被执行人名单，实施信用惩戒的六种情形，②将原来设置兜底性的条款"其他有履行能力而拒不履行生效法律文书确定义务的"调整为"其他有履行能力而拒不履行生效法律文书确定义务的"。事实上，被执行人规避执行的情形不限于若干规定当中列举的几种，譬如被执行人通过网上炒作、上访阻止法院执行或者谋取不当利益③；或者故意隐匿身份，长期下落不明，刻意躲避法院传唤，④皆会造成案件执行困难或执行不能。虽然法律法规中并没有就此类情形作出明确规定，但根据司法惯例，若案件被执行人确实具有履行能力，但又采取上述方式来规避执行，则符合拒不执行判决、裁定罪的构成要件，⑤显然属于有履行能力而不履行生效法律文书确定义务的情形。司法机关处理类似案件的惯常做法、判例、裁例等实际上发挥着辅助相关部门认定严重违法失信行为或者严重违法失信案件的作用。同样，《重大税收违法失信案件信息公布办法》第5条中列举了重大税收违法失信案件的评价标准，但也设置了兜底性条款"其他违法情节严重、有较大社会影响的"，其他违法情节严重如何判断及何种情形应视为有较大社会影响，亦没有明确的文本依据，它需结合人们的惯常认知来判断，或者说它需要在行政执法实践中积累经验判断。如果行政机关在执法过程当中将出现某种情形的税收违法失信案件反复列为重大税收违法失信案件，那么它很可能成为行政机关处理类似事务或类似案件的惯行做法。

　　鉴于违法失信的认定将直接决定信用惩戒将对哪些违法失信行为或违法失信对象做出，实务部门在采行司法判例或行政惯例辅助认定失信行为时必须慎重为之，尤其应当注意避免因认定依据的泛化导致信用惩戒泛化。既有法规范中的兜底性条款虽然字义模糊，但不意味着法律适用模糊。若将行政惯例、判例、裁例等作为"其他"情形认定的辅助依据，必须充分考量其是否不能为已列举的情形所涵盖；其他违法情节的严重程度是否与已列举的情形相当；具有较大社会影响是否符合公众一般认知等。

（二）作为思维定式导引信用惩戒的适用

　　如前所述，信用惩戒的基本目的是建构"一处失信，处处受限"的惩戒大格局，以应对那些藉由传统制裁手段难以有效遏制的严重违法失信行为。然而，《执行备忘录》虽然

---

① 参见韦森：《经济学与哲学——制度分析的哲学基础》，世纪出版集团、上海人民出版社2005年版，第90页。
② （一）有履行能力而拒不履行生效法律文书确定义务的；（二）以伪造证据、暴力、威胁等方法妨碍、抗拒执行的；（三）以虚假诉讼、虚假仲裁或者以隐匿、转移财产等方法规避执行的；（四）违反财产报告制度的；（五）违反限制消费令的；（六）无正当理由拒不履行执行和解协议的。
③ 参见赵培元：《对债务人规避执行的法律思考》，载《人民司法》2011年第5期。
④ 参见许佩华、李昙静：《规避执行行为及对策研究》，载《法律适用》2012年第3期。
⑤ 甘肃省平凉市（地区）中级人民法院（2018）甘08刑终22号。

为多主体实施联合惩戒提供了行动路线,但并没有确立责任条款,除既有法律规范中对当事人信用有正面要求之条款能够对行政机关产生一定约束外,其他由《执行备忘录》创设的惩戒条款及不具有强制性的"参考性"惩戒条款的适用都不同程度地受行政机关主动主观能动性的影响。而由市场主体、社会组织以及社会公众主导实施的市场性惩戒、社会性惩戒则更是如此。因此,引导多主体建构失信惩戒意识并自发参与联合惩戒过程,对于充分激发信用惩戒的制度功用就显得极为重要。这种参与意识的建构并不完全取决于正式法律法规如何规定,亦同时受到人们的思想认知、意识信仰、社会道德规范及思维定式等的影响,并通过个人的行为方式表现出来。在社会风俗、行为惯例与道德规范的影响下,公众能够自发地对违法失信行为进行批判,表现出厌恶情绪或态度,并自觉加入联合惩戒的队伍当中去。这种正规法律之外的法律,"它既不是铭刻在大理石上,也不是铭刻在铜表上,而是铭刻在公民们的内心里;……当其他的法律衰老或消亡的时候,它可以复活那些法律或替代那些法律……而且可以不知不觉地以习惯的力量代替权威的力量。"①

但由思想认知、行为惯例、社会风俗和道德规范催生的惩戒违法失信者的思维定势却并非总是带来正面效果。譬如,部分地方在"一处失信、处处受限"理念的影响下,将"随地吐痰""遛狗不拴绳""地铁进食""疫情期聚餐聚会"等视为失信行为纳入信用评价,实施联合惩戒,令当事人多种权益受到影响。《最高人民法院关于限制被执行人高消费及有关消费的若干规定》中明确限制失信被执行人子女就读高收费私立学校,受惯性思维的影响,该做法也被类推适用到其他事项上,如父母为失信被执行人将可能影响子女报考公务员、入党、升学、出国乃至入伍等,②而现有法律规范文本并没有设置此类联合惩戒措施。

因此,实践中应注意避免基于思维定式泛化联合惩戒适用范围及适用对象的问题。如果将比较轻微的违法失信行为,通通纳入信用惩戒的范围,不仅于法无据,而且有违法治理念。思想认知、行为惯例、社会风俗和道德规范等对多主体参与联合惩戒的催化作用应限制在法律法规有明确规定或法律法规无虽无明确规定但联合惩戒本身不违背法律禁止性规定或法律精神的框架内。不能模糊法律和道德的边界,将"一处失信,处处受限"视为法律原则来贯彻,也不能变相泛化违法失信责任的承担主体。

(三) 作为行为惯例叠加失信联合惩戒效果

社会规则的形成是经由社会成员的认同作用或习惯化过程来强化和巩固的。③而诚信不仅属于道德范畴的要求,也属于法律管辖的范围,正因如此,信用惩戒对违法失信行为

---

① 陈力丹:《舆论学——舆论导向研究》,中国广播电视出版社1999年版,第3页。
② 《父亲是"老赖",山西小伙当兵政审不通过!》,光明网: https://m.gmw.cn/baijia/2020-11/07/1301771818.html,访问日期:2021-8-12。
③ 参见[荷] A. F. G. 汉肯:《控制论与社会》,黎明译,商务印书馆1984年版,第61页。

的矫正作用既有赖于法律法规等正式规则的威慑；也有赖于渗透于人们意识形态层面的诚信规则、诚信文化、诚信行为习惯及诚信思想信仰等非正式规则的规约。

一方面，可通过诚信规则、诚信文化、诚信行为习惯及诚信思想信仰等叠加失信联合惩戒的效果。行政主体对违法失信者实施的联合惩戒多以备忘录及其对应的既有法规范为依据，而市场主体则是遵循市场交易的一般行为规律对失信者实施拒绝交易、提高交易条件等惩戒。好的信用对于企业而言是一种无形资产，如果行为违规者已经被揭露为"坏"的合作伙伴，那么第三人更愿意与声誉未受损害的其他人缔结关系，不仅仅是因为声誉良好者更值得信赖，还因为第三人担心，如果他不加入制裁那个违规者的队伍，其他人就会通过规避合作来制裁他（第三人），即第三人通过加入群体性的制裁行动来传递信号，表明自己属于好人类型或者说期待自己具有更加好的名声。[①] 规避与信用不佳者合作即是市场主体在市场交易活动当中的一种行为惯例。诸如此类的行为惯例不需借助法律强制力来保证实施，它是长期渗透于市场交易活动中的不成文规定，并为大多数市场主体自觉推崇或遵循。此外，其他社会组织或社会公众亦可以通过强化监督、拒绝录用、态度疏离、拒绝选购商品等各种方式对违法失信者实施社会性惩戒。如同约翰·布雷思韦特在讨论社群主义与羞耻时所言"一个人需要整天忍受来自邻居之冷酷的目光，而法官冷酷地瞪他一眼的机会却只有一次。"[②] 如果一主体被列为严重违法失信者，那么其将难以获得为其他社会公众尊重与信赖的心理感受。基于行为惯例对违法失信者实施各种惩戒不需以法律强制力为后盾，但却实然叠加了失信联合惩戒的效果。

另一方面，可通过诚信规则、诚信文化、诚信行为习惯及诚信思想信仰等凝聚失信行为改造助力。诚信是人追求的一种精神境界，如果个人在社会交往过程当中失信于人，那么迫于舆论的威慑其在"熟人圈"中将难以立足，因为个人在社交网络中能否为其他主体接纳及认可，与其是否能够按照符合社会期望的方式行动有关，自然包含对法律法规的遵守以及对生效法律文书的履行。部分欠钱不还的"老赖"在被司法机关实施信用惩戒之后之所以能够自觉履行生效法律文书确定的义务，与其惧怕因受信用惩戒而不得不面临多重不利后果有关。从实然角度观察，信用惩戒加之于违法失信者的威慑作用不仅来源于"限制高消费""限制享受优惠性政策""限制担任国有企业法定代表人、董事、监事"等措施带来的不利影响，亦来源于虽未由文字记载但却承载于人们思维定式、行为习惯及道德意识中的潜在不利影响。譬如，被执行人因惧怕其失信行为影响子女报考公务员、入党、升学而自觉还清债务，[③] 尽管"老赖"欠钱不还限制其子女报考公务员、入党或正常升学

---

① 参见［美］波斯纳：《法律与社会规范》，沈明译，中国政法大学出版社2004年版，第136页。
② 参见［澳］约翰·布雷思韦特：《犯罪、羞耻与重整》，王平、林乐鸣译，中国人民公安大学出版社2014年版，第109页。
③ 环球网：《西安"老赖"害怕影响孩子小升初 摇号前主动还清欠款》，https://baijiahao.baidu.com/s?id=16010310618900 37232&wfr=spider&for=pc，访问日期：2021-8-7。

并没有法律依据，但由思维定式、行为习惯及道德意识等产生的潜在威慑却不可否认。

不过，实践中也应注意避免将极端化的惯例作为实施联合惩戒的依据，譬如将"一次失信，永不复用"作为持续向违法失信者施加联合惩戒的依据，剥夺违法失信者修复信用的权利；或将"一次失信，处处受限"作为法律原则僵化贯彻。如在落实限制失信被执行人获得社会保障资金支持的惩戒措施时，忽视国家对公民应当提供的生存照顾义务。

（四）作为查验依据检视信用惩戒立法边界

《执行备忘录》列举的联合惩戒措施大致可以分为行政给付类，如限制补贴性资金和社会保障资金支持；行政许可类，如限制设立、公司发行债券等；行政检查类，如对进出口货物实施严密监管；行政奖励类，如禁止参评文明单位、道德模范以及其他无法归为现有行政行为种类的限制措施，如限制招录为公务员或事业单位工作人员等。其中有一部分惩戒措施并无相应的法律依据，而是由备忘录创设，还有一部分存在对既有法规范的过于扩大解释与沿用的问题，因而，有人建议通过修订相关法律规定来补强信用惩戒之合法性。[1] 现代法治国家之法律保留原则要求凡涉及基本权利之干预（尤其是限制或剥夺），皆需要法律上的授权基础，使得为之。[2] 联合惩戒中的行政许可类、行政给付类及行政奖励类惩戒措施等都涉及对主体权利的限制，如若既有法规范中无法找到相应依据，是否应当考虑修法来补强此类措施之合法性？

以《执行备忘录》第18条列举的"禁止参评文明单位，道德模范"的惩戒措施为例，但凡能够被评为文明单位的机关、企事业单位、社会团体或能被评为道德模范的个人必然需要满足一定的信用条件。倘若企业或个人被列入违法失信名单，那么其为他人信任的品格即值得怀疑，法律向来被视为最低标准的道德规范，当特定主体违背法律法规或拒不履行生效法律文书确定的义务，显然就已然丧失了被评为道德模范的先决条件。人们在长期交往及社会活动中无意识形成的，具有持久生命力的道德、习俗及传统文化将不可否认起着筛选文明单位及道德模范的作用。此时，违法失信信息的共享与公开即扮演着激活排斥违法失信者评选文明单位，道德模范之"惩戒"的作用，立法可考虑在此种情形当中持谦抑立场。换言之，信用惩戒立法应当考虑必要性的问题，"立法必要性是指立法对象基本稳定，人们对立法对象的认识趋向一致。"[3] 倘若藉由非正式规则的作用已然能够实现与联合惩戒相当的效果，那么修法之必要性就值得考虑。

鉴于此，非正式规则可作为信用惩戒立法边界的查验依据，凡基于思想认知、意识信仰与社会道德规范等的影响，足以形成排斥违法失信者获取参与某种活动、获得某种资质

---

[1] 参见李烁：《论失信联合惩戒的合法性及其补强》，载《中国法律评论》2020年第1期。
[2] 参见李建良：《行政法基本十讲》，元照出版有限公司2011年版，第159–160页。
[3] 于兆波：《立法必要性可行性的理论基础与我国立法完善——以英国立法为视角》，载《法学杂志》2014年第11期。

或从事某种行业的一致看法，或者通过公布共享违法失信信息干预市场竞争机制，即可有效排斥违法失信者获得参与或从事某种活动的机会，那么修法之必要性就值得考虑。但此种设想仅限于惩戒措施涉及的资格限制性内容与当事人信用状况存在紧密联系的情形，或者说基于人们趋于一致的习惯认知，若当事人信用不佳，显然不能获得某个机会或某种资质的情形。倘若当事人的信用状况与联合惩戒涉及的限制性措施间关联度较低，那么立法者则需考虑通过修法来赋予其合法性。譬如，《执行备忘录》列举了限制违法失信者获得补贴性资金和社会保障资金支持的惩戒措施，倘若行政机关为相对人提供保障性资金系履行国家对公民的生存照顾义务，则相对人之信用状况与惩戒措施涵盖之事项内容并无直接关联，因为此时行政机关首先应当考虑的是相对人之生存状况。

此外，信用惩戒的泛化现象存在说明该制度在当前发展并不成熟，应当将哪些违法失信行为纳入联合惩戒名单以及通过哪些手段、方式、途径对违法失信者实施联合惩戒尚需在司法及行政执法实践中累积经验判断。在考虑如何通过正式的法律规则来规约信用惩戒行为时，充分重视非正式规则对于优化信用惩戒制度设计的潜在作用，对于全面提升信用惩戒之制度理性尤为必要。

On the Application of Informal Rules in Credit Punishment and Its Limitations

He Yiting

Abstract: Credit disciplinary action activates the joint disciplinary provisions and multi-subject joint punishment in the existing legal norms through the publication and sharing of illegal and unreliable information, and presents the characteristics of multiple participants and diverse disciplinary consequences. In this way, it is inevitably influenced by informal rules such as ethics, behavior practices and traditional culture, and there is also the realistic need to expand the legal application space based on informal rules, release the pressure of revision and improve the operational effectiveness. It should be noted, however, that informal rules should be restricted when they are used as a basis for judging the determination of violations of the law and trust, as a basis for the guidance of the mind – set, and when the joint disciplinary effect is superimposed as a practice of conduct and when examining the legislative boundaries as the basis for inspection.

Keywords: credit discipline; joint discipline; informal rules

（编辑：彭娟）

民间习惯之房屋租赁押金规则研究[*]

——以承租人权益保护为视角

丁亚琦 邓 涵[**]

摘 要 民事主体在民事活动过程中逐渐形成房屋租赁押金的民间交易习惯。在兼顾保障出租人与承租人合法权益的同时,应当更加关注"居者有其屋"的现实需求。然而,现实情况纷繁复杂,尽管《民法典》的出台进一步完善了租赁合同条款,但对于行之有年的房屋租赁押金习惯并没有纳入我国法律予以明确规定,且司法实务中存在房屋租赁押金交付与返还情况多样、房屋租赁押金性质含混不清以及房屋租赁押金功能泛化等情形。因此,有必要对房屋租赁押金规则探源溯流,不仅研究其制度本身之内在要义,而且要借鉴我国台湾地区和德国、美国等大陆法系、英美法系国家的经验,确定合理的押金缴纳标准与担保范围,赋予承租人"以押抵租"的权利,以及物权化承租人押金返还请求权,以期回应我国房屋租赁押金规则之立法与实践之阙如。

关键词 房屋租赁押金 民间习惯 承租人权益

一、问题提出:房屋租赁押金之适用具象

房屋租赁押金规则,是民事主体在民事活动过程中逐渐形成的交易制度,旨在调整房屋租赁关系,促进社会秩序的稳定,如果押金制度得以合理使用,于出租人和承租人而言都是大有裨益的。但实际上,房屋租赁押金通常成为出租人滥用其优势地位损害处于弱势地位的承租人利益的工具。因此,在保障出租人与承租人合法权益的同时,更应当关注

---

[*] 湖南省新文科研究与改革实践项目(新文科视域下高校法治人才培养创新机制研究)。
[**] 丁亚琦,法学博士,湖南师范大学法学院助理教授,硕士研究生导师。邓涵,法学硕士,湖南省长沙县人民法院法官助理。

"居者有其屋"的现实需求。一般说来，在房屋租赁中采用口头、书面形式约定房屋押金及适用情形。然而实际情况纷繁复杂，并非一纸合同或仅凭当事人口头约定就可全部囊括，[①]因此有必要对这一问题深入研究。随着我国《民法典》的出台，有关租赁合同的条款得以进一步完善，但是相关法律法规对行之有年的房屋租赁押金习惯并未予以明确。基于此，本文梳理了近十年来司法实务中房屋租赁押金交付、返还、性质以及功能等方面的情况，[②]具体说来：

（一）房屋租赁押金交付与返还情况多样

按照交易习惯和社会交往法则，房屋租赁押金交付一般在订立合同之时或者之前。然而在实务纠纷中，尽管房屋租赁押金交付大多以合同形式约定，但是有些约定押金交付的时间较为随意，比如承租人在合同签订前交付部分押金，又在合同签订后交付剩余部分押金。[③]有些则明确约定在合同签订之日交付[④]或在合同履行期间交付。[⑤]在房屋租赁押金缴纳时间存在争议的情况下，也有认定以出租人通知缴纳押金的最迟时间为准。[⑥]与此同时，亦出现宽容性解释。一般来说，按照交易习惯及社会经验法则，交纳"定金""保证金"的时间通常为签订合同、协议之时或者之前，当然不排除在上述时间节点之后。[⑦]尽管押金交付时间逐渐已合同化，但从实践中来看尚未明确具体且固定的时间。此外，在押金缴纳争议中对于押金数额的认定更是不一，部分法院依合同进行认定，比如，出租人明确在合同中写明收到的押金数额，然而一审法院仍以合同约定数额为准。[⑧]有的则以先支付押金数额进行认定，而排除后合同约定数额。[⑨]就房屋租赁押金返还时间节点而言，实务中大致作出如下认定：一是以合同履行期届满且返还房屋为前提；二是以合同履行期届满且结清相关费用、完成退房义务为标准。而至于押金利息之计算，实务中存在不同认定准则，以承租人之诉讼请求划分，情况如下表所示：

[①] 比如，出租人与承租人在合同中未明确约定该押金的性质及返还条件。参见沈阳市大东区人民法院（2021）辽0104民初867号民事判决书。
[②] 在法信系统中以"房屋租赁合同纠纷""押金争议""交易习惯"为关键词进行搜索，排除非住房租赁合同，从约3000份裁判文书中整理了大概300份与此主体相关的民事判决书，并对此进行了分析。
[③] 辽宁省沈阳市中级人民法院（2014）沈中民二终字第504号民事判决书。
[④] 北京市大兴区人民法院（2019）京0115民初26048号民事判决书本院认定部分，原被告签订合同时间为2018年12月25日，押金缴纳时间约定在合同履行期间，即2019年3月4日。
[⑤] 江苏省连云港市海州区人民法院（2019）苏0706民初3956号民事判决书。
[⑥] 天津市第一中级人民法院（2014）一中民一终字第0857号民事判决书。
[⑦] 河南省漯河市召陵区人民法院（2020）豫1104民初3457号民事判决书。
[⑧] 天津市第一中级人民法院（2014）一中民一终字第0857号民事判决书。二审法院认为，根据租赁合同的约定以及房屋租赁的交易习惯，被告要求原告最晚在2014年3月25日将余款5200元支付被告的行为并无不妥。
[⑨] 福建省厦门市湖里区人民法院（2020）闽0206民初521号民事判决书。

房屋租赁押金利息返还

承租人诉求	判决结果
迟延返还违约金	1. 以合同未约定逾期返还押金的违约金,判决按贷款基础利率(Loan Prime Rate,LPR)赔偿逾期退款损失① 2. 一审法院认定利息标准过高依法调整为按 LPR 计算,二审法院认定为滞纳金②
迟延返还利息	无合同依据,不予支持③

从司法实践来看,对于押金利息问题,实务者大多以无合同约定为由不予支持,甚至在出租人未履行押金退还义务的前提下,法院以无合同约定或标准过高为由调整赔偿标准,且并未适用惩罚性赔偿标准。当然,值得注意的是不能因为未适用惩罚性赔偿而简单认定偏向出租人,可能在更多情形下是因为出租人的违约导致合同无法履行或者承租人本来就未主张惩罚性赔偿。

(二)房屋租赁押金性质含混

在司法实务中,关于押金性质的认定亦难免存在分歧,具体而言包括以下几类:第一,押金为保证金、履约保证金性质。作为合同法意义上的保证金,实务中有观点认为此类保证金具有惩罚性和赔偿性,④ 意即可用于抵偿违约金。亦有观点表明押金具有补偿性和预防性的法律性质。⑤ 第二,押金为担保性质。从担保法角度考量,以房屋租赁外观为视角,押金可视为一种基于房屋使用的物权担保。按照交易习惯,房屋租赁系以金钱形式作为押金,或交付于中介或交付于出租人。以此占有转移形式来看,押金被认定为一种质押担保。若按此理解,进一步以占有即所有的形式外观来看,押金亦可当作是一种所有权的让与担保。而在实务中亦有人主张"押金的性质是为了避免承租人拖欠相关费用而收取的抵押金"。⑥ 尽管对押金之担保性质形成共识,但对担保形式并未达成共识。此外,在类似房屋租赁的实践中,有将押金等同于定金,即在承租人存在逾期支付租金以及提前解除合同的情形下,法院认为"租赁押金属定金性质,与本案违约金不能同时适用"。⑦ 然而定金属于法定概念,而押金目前仅是被赋予民间习惯法上的意义而进行的使用,两者并非完全一致。亦有将押金作为预付款性质,即在租赁双方对押金性质约定不明时,法院认

---

① 广东省深圳市南山区人民法院(2020)粤 0305 民初 13888 号民事判决书。
② 上海市第一中级人民法院(2020)沪 01 民终 6179 号民事判决书。
③ 广东省深圳市南山区人民法院(2016)粤 0305 民初 6728 号民事判决书,辽宁省沈阳市沈河区人民法院(2020)辽 0103 民初 904 号民事判决书。
④ 大连市甘井子区人民法院(2019)辽 0211 民初 162 号民事判决书。
⑤ 宁夏回族自治区贺兰县人民法院(2020)宁 0122 民初 4838 号民事判决书。
⑥ 沈阳市大东区人民法院(2021)辽 0104 民初 867 号民事判决书。
⑦ 福建省三明市梅列区人民法院(2019)闽 0402 民初 3623 号民事判决书。

为"结合合同目的可理解为预付款性质,用以抵扣欠付租金及其他费用"。①

(三) 房屋租赁押金功能泛化

从房屋租赁押金的实践功能来看,司法实务将租金用于抵扣租金、违约金、维修费、房屋损害赔偿以及水电费等相关费用。但实务中就"相关费用"的理解仍然存在分歧,其中争议最大的是关于押金与违约金的关系。在一方违约的情况下,部分法院直接裁量以押金折抵违约金;② 有的法院根据合同约定情况,将押金认定为"兼具家具电器押金和违约金的性质",进一步扩充押金的功能。而在缺乏约定的情形下,也有裁判者将押金认定为履行保证金,主张可以按照实践中关于履行保证金的约定,认定"押金是违约金的一种计算方式",变相将押金等同于违约金,亦有甚者将前述相关费用笼统概括,认为根据具体情形进行押金抵扣,虽然该观点认为押金并不能当然地视为违约金,但并未否定押金适用于抵扣违约金。③

虽然我国房屋租赁押金由来已久,但直至 2010 年《商品房屋租赁管理办法》才从法律层面对房屋租赁押金予以规范,④ 但颇为遗憾的是对押金收取、押金限额、押金返还以及押金担保范围等规定却付之阙如。值得注意的是,《民法典》《城市房地产管理法》《城市房屋租赁管理办法》等法律法规⑤及相关房屋租赁司法解释等对此规定较为笼统。基于此,房屋租赁押金似乎已经成为合同意思自治的"独立王国",无须国家之维护干预,而为合同条款、交易习惯所规范。然而,细品之下,表面的合同自由、平等无法掩盖房屋租赁市场中承租人的弱势地位。实践中,出租人、中介组织无理由或借机扣留房屋租赁押金等情形时有发生。因此,本文从探讨习惯变迁中房屋租赁押金之适用具象出发,揭示习惯变迁中房屋租赁押金功能的变化,检视习惯变迁中房屋租赁押金理论争论以及借鉴我国台湾地区、大陆法系、英美法系国家房屋租赁押金规则,进而提出习惯变迁中房屋租赁押金积极功能规则的构建思路,以供制定相关制度及实践参考。

二、探源溯流:房屋租赁押金功能之调适

在我国,房屋租赁押金植根于民间交易习惯之中。早在民国时期,房屋租赁押金就已

---

① 广东省佛山市禅城区人民法院 (2020) 粤 0604 民初 20576 号民事判决书。
② 北京市大兴区人民法院 (2020) 京 0115 民初 19997 号民事判决书,湖南省长沙市雨花区人民法院 (2020) 湘 0111 民初 7686 号民事判决书。
③ 浙江省慈溪市人民法院 (2014) 甬慈民初字第 650 号民事判决书。
④ 《商品房屋租赁管理办法》第七条第三款:房屋租赁当事人应当依法订立租赁合同。房屋租赁合同的内容由当事人双方约定,一般应当包括租金和押金数额、支付方式。
⑤ 比如,2020 年住房和城乡建设部发布《住房租赁条例(征求意见稿)》第十条规定:出租人收取押金的,应当在住房租赁合同中约定押金的数额和返还时间。除住房租赁合同约定的情形以外,出租人不得扣减或者迟延返还押金。这一规定未明确押金数额范围等内容。再比如,《上海居住房屋租赁管理办法》也仅规定押金限额。

经成为习惯法规范中的一部分。[①] 然而,新中国成立以来,押金制度被视为一种剥削性质的封建产物而被明令禁止。[②] 2010年《商品房屋租赁管理办法》才从法律层面对房屋租赁押金进行了规定,[③] 尘封多年的押金制度终于得以重回房屋租赁的交易场域。习惯法并非脱离社会而独立存在,它是受到当时的政治、经济、社会、文化等诸多因素的影响进而缓慢演变。习惯法的变迁在内容构成方面就是一个不断消亡、不断改造和不断新生的过程。[④] 作为习惯中的住房租赁押金随着现代社会的转型发展,也在不断地调适中加以改变,以适应整个经济社会环境的转变。

(一)源始:房屋租赁押金保障出租人利益

传统的租赁制度发源于农业经济时代,与农地租赁习俗息息相关,譬如,有学者指出普通法中的租赁制度其实是植根于英国的封建社会,与中世纪的农业经济和农村生活紧密联系。[⑤] 封建社会中主要财产来源于土地,因而作为不动产租赁之习惯也基本围绕土地制度而设计。因此,传统的租赁习惯更加注重保障出租人的利益。以出租人留置权为例,该权利既在大陆法系源远流长,亦是英美法系中一项古老的权利。在封建社会时期,其功能在于解决承租人拖欠出租人租金的问题。在罗马法时期就认可房屋出租人对承租人置于租赁房屋内的家具、土地出租人对于承租人在土地上的收获物享有法定担保物权。[⑥] 又如,1689年英国制定的《出租人留置权法》,该法规定若承租人或被扣押财产的所有人未在扣押财产后的5天内要求返还这些财产,出租人有权将其变卖,并以变卖所得的价款抵扣承租人拖欠租金。又如,在我国清末民初之际,在房屋修补习惯上以绥化县为例,"屋宇墙壁如有坍塌、倾圮、渗漏等情事,非出于房户之故意或过失者,其效力费用俱由房东担负。"[⑦] 而在现代社会,立法早已规定由出租人负有对租赁房屋的维修义务。这背后的原因可归结于封建社会对土地租赁习惯衍生,作为"食利阶层"之土地主享有支配性的利益权,而仅负担极少的义务。在现代社会,房屋租赁逐渐脱离土地租赁制度、习惯,对于出

---

① 南京国民政府司法行政部编:《民事习惯调查报告录》(下册),中国政法大学出版社2000年版,第504、510、511页。据南京国民政府司法行政部《民事习惯调查报告录》记载:"江苏省江北各县有如下租赁房屋之习惯:承租者每月应纳租(即每月之租赁金)外,须有一定之押租……解除租赁契约时,无论系由何方请求,须预行告知他之一方承租者,并得于此时免纳半个月之行租,其押租全数退还。另记载:吴县有须付月租十倍(以月计算)之押租的租房习惯。"

② 1983年,我国《城市私有房屋管理条例》第十六条规定:出租人除收取租金外,不得收取押租或其他额外费用。承租人应当按照合同规定交租,不得拒交或拖欠。

③ 《商品房屋租赁管理办法》第七条第三款:房屋租赁当事人应当依法订立租赁合同。房屋租赁合同的内容由当事人双方约定,一般应当包括租金和押金数额、支付方式。

④ 周珺:《美国住房租赁法的转型及其对我国的启示》,载《河北法学》2011年第4期。

⑤ 高成军:《转型社会的习惯法变迁——学术理路的考察及反思》,载《甘肃政法学院学报》2018年第6期。

⑥ 周枏:《罗马法原论》(上册),商务印书馆1994年版,第430页。

⑦ 黄玉玺、李军:《我国农村住房发展的主要矛盾及影响因素分析》,载《现代经济探讨》2015年第7期。

租人权益之保障亦发生变化，即仅限于保障出租人租金的获得以及防止房屋使用损害等方面。简言之，在房屋租赁中更加强调财产性权利，而剔除了承租人对出租人的依附性，强调双方之平等地位。

（二）发展：房屋租赁押金维护租赁交易安全

伴随着城市化进程加速，大量人口涌向城市，与此而来的是住房供需结构性失衡和高房价，那些城市中低收入阶层只能选择租房。比如，《2018年中国住房租赁白皮书》指出，房屋租赁市场具有消费群体1.68亿人口、市场规模达1.2万亿元，并预测在未来5年中，住房租赁人口将增长50%，市场规模将增长150%。[1]

从经济学角度考量，庞大的市场需求并不必然等于市场繁荣。房屋租赁市场的稳定发展离不开市场信任。然而传统的"熟人社会"逐渐式微，一个现代化的陌生人社会正在形成，过往的守信道德约束越显无力，承租人逃避租金或损坏房屋等情形时有发生，比如，承租人未履行清理房屋义务或房屋遭到恶意破坏。尽管从物品角度而言，房屋作为使用物存在自然损耗，但若是任由承租人随意使用、破坏，那么房屋租赁市场将变得缺乏制度信任，其结果势必会增加市场主体的交易成本，甚至可能导致住房租赁市场的供求矛盾进一步加深。

而房屋租赁押金的设立是作为一种事前预防和自我救济的手段，目的在于平衡市场交易风险。于出租人而言，押金能提升出租人实际获利预期值；于承租人而言，有利于维护租赁关系之稳定持续。相较于事后进行的司法救济，租赁押金的保护效果更加省时省力，从而能够有效稳定整个住房租赁市场的信任度，保障交易行为的安全。

（三）更新：房屋租赁押金保护承租人之居住权利

传统的房屋租赁中，各国一直奉行意思自治原则。然而在两次世界大战之后，大量士兵、劳动力涌入城市，随之而来的租赁需求急剧增加，然而住房供给紧张，加之哄抬物价等行为，各国陆续出台相关政策，转向以自由与监管并重，注重保护承租人权益，以兼顾房屋使用的财产属性与社会属性。

早在1981年联合国《住宅人权宣言》就指出，住房权利是所有居民的基本人权，即每个公民为了生存发展而有权获得适宜居住住房的权利。[2] 因此必须明确一点的是，对于出租人而言，房屋或仅是一种投资收益的工具；而对于承租人而言，租赁房屋不仅是栖身之地，更是作为生活的中心场域，甚至是家庭之必需。这一需求的不对等往往容易导致地位上的不对等。诚如学者之言："在租赁之现实交易上，由于出租人恒为经济强者，承租

---

[1] 前南京国民政府司法行政部：《民事习惯调查报告录》，胡旭晟、夏新华、李交发点校，中国政法大学出版社2000年版，第57页。

[2] 金俭：《中国住宅法研究》，法律出版社2004年版，第55页。

人恒为经济弱者,于日常生活上常见之重要租赁类型,极易出现出租人借契约自由压抑承租人之案例"。① 而从物权法的角度来看,所有权绝不是一种与外界对立丝毫不受限制的绝对权利,相反,所有权应当依照法律程序,并顾及各个财产权人的其他权利,② 即出租人房屋之所有权行使必须顾及承租人之居住权利。

而就如何保障承租人的权益,以实现出租人与承租人的实质平等,各国在立法上也多有尝试,如德国《租赁法改革法》、美国《公平住宅法》等。以我国立法为例,在《民法典》中明确将租赁合同作为一种有名合同,同时规定了承租人优先承租权、法定解除权、买卖不破租赁等,赋予了承租人更为积极保障权益的权利。然而令人遗憾的是,我国在"住宅租赁双方地位的实质平等"层面还略显"迟钝",并未进一步明确区分住宅性租赁和经营性租赁,亦未全面践行住宅承租人的特殊保护理念。

三、制度机理:房屋租赁押金规则检视与借鉴

(一)房屋租赁押金规则之学理检视

事物性质,意指事物本身具有的不同于其他事物的根本属性,其性质定位必然影响功能之发挥。在日常生活中押金被广泛应用于租赁房屋时,目前对房屋租赁押金的性质,不仅国内学界尚无定论,域外学界亦是众说纷纭,俨然呈现"诸神之争"的态势。梳理学界有关房屋租赁押金性质的观点,至少有如下见解:第一,信托的所有权让与担保说。即法定担保说,此观点现为日本及我国台湾地区的通说,系指为了担保承租人之租赁债务为目的,有承租人将押金之所有权转移于出租人,并且于租赁关系消减后,若没有其担保之租赁债务存在,则由出租人将该押租金转移返还与承租人。③ 第二,债权质说。包括金钱质权类和权利质权类等形式。该说曾为日本学界的有力学说,是指承租人交付押金于出租人而取得返还押金之债权,因此出租人在此债权之上取得权利质权,以供承租人应付租金等债务的担保。④ 因该学说与我国担保物权体系更为兼容、具有更强的理论自洽性等优势,而为我国学者所推崇。⑤ 第三,抵销预约说。即承租人向出租人交付押金的行为视为成立押金预约,以约定承租人不履行租赁债务时,出租人可以押金与其债权相抵销。此外,还有解除条件附债权说、附解除条件的消费寄托说、寄托债权说、特别契约说、附停止条件的债权说等,在此不再一一赘述。总结起来,大致可以分成三类:担保说、债权说以及信托让与说。其中担保说注重押金的担保功能,债权说强调押金设立的条件,而信托让与说则将押金的设立视为一种新的合同契约。

---

① 邱聪智:《新订债法各论》,中国人民大学出版社 2006 年版,第 229 页。
② [英] 米尔恩:《人的权利与人的多样性》,夏勇等译,中国大百科全书出版社 1995 年版,第 89 页。
③ 邱聪智:《新订债法各论》(上),元照出版社 2008 年版,第 380 页。
④ [日] 三潴信三:《物权法提要》,孙芳译,中国政法大学 2005 年版,第 257-258 页。
⑤ 杨巍、邓捷盈:《房屋租赁押金若干问题研究》,载《苏州大学学报(法学版)》2020 年第 1 期。

与此同时，亦有学者认为"押金"这个概念并不需要深究，其仅仅是一种保证承租人或借款人将会偿还借款或履行责任的安排。此观点强调的是押金功能实现之目的，而不注重押金之定性。因其鲜明的实用主义特点，而为司法实务者所青睐。

笔者认为，就房屋租赁押金而言，本质上是一种非典型担保方式，最为贴近金钱质押担保。首先，从现实情况来看，大多房屋租赁押金均以金钱形式为主，可认定为金钱担保；其次，从物权法层面而言，根据物权法定原则，我国《民法典》并未明确将押金予以收纳，因而房屋租赁押金仍是处于习惯中的担保，系一种非典型担保、习惯物权担保；最后，从保护承租人权益出发，相较于让与说、债权说，金钱质押担保更加贴合当事人设立担保的真实意思。押金本身强调两点，一为"抵偿"，二为"返还"。而让与说直接将押金所有权进行转让，于返还不利；债权说重抵偿而轻返还，不利于保障承租人的押金返还请求权。而至于实践中如何进行认定及适用须进一步考证，这也有助于进一步厘清押金交易习惯之争议焦点。

综上，学理争论充分证明，作为习惯意义上的房屋租赁押金在很多问题上还并未形成统一认识与规范，实务裁判对该交易习惯亦存在适用混沌不清的弊病。溯其根源在于仅片面关注到押金之消极防御功能，使其沦为"旧瓶装新酒"的工具，成为担保一切基于房屋租赁而产生的费用，仍拘泥在市场交易稳定以及出租人的损失填补层面，很少关注如何实现积极保障承租人之权益的押金功能，如以押抵租、支持押金返还之惩罚性赔偿等。

（二）台湾地区房屋租赁押金规则之借鉴

在我国台湾地区，房屋租赁押金长期以来作为一种租赁习惯，见诸于土地法以及实务通说之见解中。直至近年《租赁住宅市场发展及管理条例》①（以下简称《租赁住宅条例》）之出台，押金习惯才入法予以规范。

关于房屋租赁押金定义及限制方面，《租赁住宅条例》第3条第13款明确定义押金为："承租人为担保租赁住宅之损害赔偿行为及处理遗留物责任，预为支付之金钱"。以此可以看出，押金被定性为一种担保。从文义解释来看押金的功能，似乎只能得出其抵扣租赁住宅损害赔偿以及处理承租人遗留物所花费用的功能，而将租金、违约金排除在外。而在该条例第7条限制押金缴纳的金额以及返还时间时规定："押金之金额，不得逾两个月的租金总额。出租人应于租赁契约消减，承租人返还租赁住宅即清偿租赁契约所产生债务时，返还押金或抵充债务后之剩余押金。"从这里可以发现，我国台湾地区在房屋租赁押金返还上以"租赁关系终止＋租赁物返还"为前提条件，严格规范押金的管理。

关于"以押抵租"及其适用争议方面，尽管押金习惯入法，但并非完全融入法秩序中。对于"以押抵租"之习惯，租赁管理条例并未予以明确，而这一习惯早已为我国台湾

---

① 《租赁住宅市场发展及管理条例》于2017年12月27日公布，自2018年6月27日施行。

地区土地法①以及民法②所吸纳，亦为租赁学说及实务通说所认可，由此亦产生一些适用疑点。对"以押抵租"之习惯，我国台湾地区学者吴志正认为倘有押租金契约者，应先从押租金充抵未支付租金者（此为法定抵充，毋须当事人意思表示）。③ 司法实务的见解，基本与学者观点一致。④ 然而若按照新法优于旧法、特别法优于一般法之外观，对于押金规则之适用似乎更应当依据租赁住宅条例。若采取扩大解释，认定该条例第 7 条所述"债务"包含租金，则将于押金定义范围相互矛盾。因此，有学者主张押金之目的并非在于担保租赁关系存续中承租人的租金债务，不得以押金抵偿租金。⑤ 而我国台湾地区近期实务裁判亦采取此观点。⑥ 尽管如此，亦有学者提出租赁住宅条例并非土地法之特别法，不能因立法时未明确"以押抵租"，而当然排除适用有关租赁市场化对于承租人保护规定。⑦

（三）域外房屋租赁押金规则之借鉴

纵观全球进程，发达国家关于房屋租赁押金制度立法起步较早，法律体系相对完善。通过分析德国、美国房屋租赁押金规则，借鉴大陆法系、英美法系国家的先进经验，有利于获取有益的法治经验，进而规范我国住房租赁押金习惯。

1. 德国：立法划分及强化承租人权利

德国作为欧洲住房租赁房率最高的国家，一直奉行保障承租人利益为核心的住房租赁政策。德国住房政策从魏玛共和国开始就被视为具有社会保障性质，是其社会保障政策的主要构成部分。⑧ 关于住房租赁之立法划分，在立法体例上，《德国民法典》以使用租赁关系为标准，区分为"住房租赁"和"其他物的租赁"并分别加以规定，并且住房租赁在其中占据着支配性的地位。⑨ 这一立法上的选择给予承租人更多的倾向性保护。关于强化承租人之押金权利，在押金制度上，德国在押金限额、支付方式、存放等方面均倾向性地保障承租人利益。比如，《德国民法典》第 551 条规定：（1）押金不得超过月租金额的

---

① 我国台湾地区《土地法》，第 100 条第 3 款：出租人非因左列情形之一者，不得回收房屋：承租人积欠租金额，除以担保金抵偿外，达二个月以上时。
② 我国台湾地区《民法》，第 440 条第 2 款：租赁物为房屋和，迟付租金之总额，非达两个月之租额，不得依前项之规定，终止契约。
③ 吴志正：《债编各论逐条释义》，元照出版社 2017 年版，第 138 页。
④ 比如，台湾"司法院"院解字第三四八九号释在案，土地法第一百条第三款关于担保抵偿租金之规定，虽仅就未定有期限之租赁而设，然在定有期限之租赁具有同一之法律理由，自应类推适用。"
⑤ 陈立夫：《租赁住宅市场发展及管理条例解说》，载《月旦法学杂志》2018 年第 277 期。
⑥ 以我国台湾地区高等法院 109 年度上易字第 248 号民事判决书为例。在援引法律依据上，法院认为就住宅租赁而言，租赁住宅管理条例应为民法及土地法之特别法，是关于两造间系争租约之相关事项，自应优先适用租赁住宅管理条例之规定。
⑦ 吴从周：《台湾租赁法上押租金规定修正刍议——兼论租赁住宅市场发展即管理条例之相关规定》，载《月旦民商法杂志》2020 年第 12 期。
⑧ 郝丽燕：《德国住房承租人保护制度及其借鉴》，载《德国研究》2019 年第 3 期。
⑨ ［德］迪特尔·梅迪库斯、杜景林：《德国债法分论》，卢谌译，法律出版社 2007 版，第 165、197 页。

3倍；（2）承租人有权分期支付押金；（3）基于押金所取得的投资收益属于承租人。[1] 此外，押金必须存在指定机构，押金的利息亦归承租人。值得一提的是，自2001年9月德国《使用租赁法改革法》通过后，《德国民法典》进一步修正承租人在押金返还请求权上的规定，进一步强化了承租人权利的物权化，其结果是承租人享有权利之对世性。比如，《德国民法典》第566a条规定，"让与供居住房屋之承租人为其义务之履行提供担保者，受让人加入因此而生之权利及义务关系。租赁关系终了时，如果承租人无法自受让人处取回担保时，出租人仍继续负返还之义务"。

2. 美国：专门押金返还制度

20世纪60年代末是美国住房租赁法改革的分水岭，立法宗旨逐渐由出租人权益优位向承租人权益优位转变。[2] 为保障处于弱势地位的承租人的合法权益，限制居于优势地位的出租人滥用押金制度谋求不正当的利益，美国各州大都在立法中对押金制度予以明确规定。押金规制主要集中在四个方面：一是押金最高额度限定；二是出租人扣留押金之程序设置与限制；三是明确押金返还时间和程序；四是出租人非法扣留押金之惩罚性赔偿，等等。关于押金抵偿范围之限定，为有效防范出租人随意扣留押金，美国各州大都以立法形式限定押金抵扣范围。比如，《密歇根州法典》规定："押金只能用以补偿租赁房屋及其附属设施遭受的实际损害或者抵偿承租人拖欠的租金及公用事业费用"。[3] 此种情况下，押金所能抵偿范围可分成赔偿租赁房屋损害、拖欠租金以及诸如水电费等公用事业费用，并未延伸至违约金等。关于押金返还程序：第一，押金返还时间规定。实践中，美国各州做法不一，主要包括三种类型：一是租赁合同终止时；二是租赁合同终止且承租人返还租赁房屋时；三是租赁合同终止、承租人返还租赁房屋且提供了相应的收取押金的地址时。第二，押金抵偿认定。不同于我国台湾地区的学者之法定抵偿说（当然抵偿说），美国各州更加注重承租人权益的保障，要求出租人制作抵偿清单并交付承租人予以确认，以确保其异议权。所谓抵偿清单是指为了以押金抵偿承租人的债务出租人制作的详细罗列承租人不履行相关义务给其造成的各项损失及其具体数额的书面文件。第三，违反押金返还义务之权益保障。对于违反押金返还义务的出租人，美国在立法中确立了两项法律举措，即多倍赔偿与律师代理费。前者指承租人有权要求违反押金返还义务的出租人返还押金并支付相应倍数的押金予以赔偿，其目的在于鼓励承租人以法律诉讼的方式捍卫自身的押金权利并阻碍出租人违法扣押或延迟返还押金的行为。后者是承租人胜诉的案件由出租人支付律师代理费等，实际也是通过降低维权成本的方式鼓励承租人通过诉讼途径维护自己的胜诉权。

---

[1] 周珺：《我国住房租赁法立法宗旨的选择——美、德两国立法例的启示》，载《江西社会科学》2013年第4期。

[2] 周珺：《美国住房租赁法的转型及其对我国的启示》，载《河北法学》2011年第4期。

[3] 周珺：《押金之返还与承租人之保护——以美国法为中心》，载《武汉大学学报（哲学社会科学版）》2011年第2期。

四、路径回应：房屋租赁押金积极功能之规则构想

在司法实践中，作为交易习惯的房屋租赁押金经由法官之辨识而引以为处理民事纠纷的重要依据之一。诚如我国台湾地区的学者梅仲协所言："习惯法者，基于国民之直接的法之认识，以继续不息，反复奉行之习惯，确信为法律，而援用之法规也。"[①] 在某种意义上，司法实践中对于房屋租赁押金功能之适用更加倾向于一种消极防御型功能的使用，即强调押金用于填补损失、清算费用的功能，其所保障的主要是出于对出租人利益的考量。对于承租人而言，押金仅显现为一种消极功用吗？笔者以为实际情况并不尽然。通过借鉴大陆法系、英美法系之立法实践经验，可以发现承租人在押金上具有更为积极的权利，彰显了承租人之特殊保护理念。

（一）确定房屋租赁押金合理的缴纳标准与担保范围

从各国的立法来看，大都对房屋租赁押金缴纳基数加以限制。比如，美国规定不超过三个月押金，英国一般要求支付五周租金作为押金等。然而由于出租人居于强势经济市场主体的地位，实践中押金缴纳标准往往由出租人所主导，部分押金数额甚至高达六个月的租金额度。过高的押金数额往往容易演变成出租人欺压承租人并谋取私利的工具。结合我国实践情况，可采取限制房屋租赁押金最高额度的方式。一则该方式操作性强，在某些特殊情形下，[②] 出租人必然要求较高押金以防止对承租人的人格判断不足的风险，确保房屋本身之完整性；二则限制押金额度能确保其在承租人可承受范围之内，保障承租人的租赁权利。因此，笔者认为，在平衡市场交易稳定、出租人权益以及保障弱势承租人权益的前提下，可以认定房屋租赁押金之最高限额为两个月租金。而在押金担保范围认定上，笔者认为，应当将担保范围限定在承租人未支付租金、水电费等公用事业费用以及因不合理使用房屋所造成损失等情形，其中必须明确房屋使用的自然损耗以及非人为因素致房屋损害等情形不在担保范围之内。

（二）赋予房屋租赁承租人"以押抵租"的权利

在无约定的情形下，承租人对押金的使用往往呈现出一种被动的状态，即在租赁关系结束时用于结清相关费用。在前述的司法实务考察中，押金用于抵扣租金的情形大多基于法院裁量或原告在纠纷事情发生后予以主张。更需要注意的是，现实生活中房东或中介穷尽各种情形克扣承租人押金，例如，借口承租人单方终止合同、建筑内的原有家具损毁或

[①] 梅仲协：《民法要义》，中国政法大学出版社1998年版，第9页。
[②] 比如，房屋装修豪华或是房屋内租赁物价值较大等情形，需要承租人妥善使用。

灭失等理由。① 因此，笔者认为与其强化承租人事后救济手段，毋宁赋予其事前可选择之权利，即承租人有权在租赁期间以押抵租。不同于允许抑或可以之含义，有权意指某人有做某事的自由，亦即他可以自主决定某事，而无须他人许可或受人强迫。若将此项权利交由作为中立者的法院裁决如何呢？实务中当出现承租人主张"以押抵租"时，令人遗憾的是法院以"未提供证据证明双方就押金抵扣租金一事达成合意"为由，② 不予采纳承租人的主张。这表面是基于民诉法证据规则解释，实则可能是认为承租人并非或暂时还不具备"以押抵租"的权利，抑或者以尊重合同相对性原则之名，行推卸裁量之实，将问题抛给租赁双方进行合意。当然不排除有法院允许承租人"以押抵租"的情形出现，但笔者认为，权利只有掌握在真正需要它的人手中才利于发挥最大效用。与其诉至法院、将选择权交由法官裁决，不如由权利人自行行使，此种方式孰优孰劣已然明了。那么交由租赁双方共同协商又如何呢？试想一下，基于承租人之危困境况而逾期违约支付时，相较于租金支付，对出租人而言，违约金赔偿是否更加吸引人。纵然出租人不考虑此因素，也会考虑房屋损害保障、后期租金支付等一系列因素，而不同意以押抵租。于承租人而言，亦容易陷入需求不对等的弱势地位中，而与出租人在合同或者协商中妥协。至于将此权利交由出租人决定，更是将承租人置于刀俎之上的鱼肉地位。而从合同分配正义角度考量，③ 赋予承租人"以押抵租"权利，就将主动权交由承租人，以保障其在租赁中的弱势地位。一方面，可有效限制押金缴纳过高问题。若押金过高，基于理性经济考量，承租人自然会倾向于启动"以押抵租"功能；若押金正常，亦可部分缓解承租人的租房压力，给予经济实力本就弱小的承租人"喘息之气"，让承租人多一份居住保障。另一方面，承租人积极行使"以押抵租"的权利，亦能防止出租人无故扣留押金等行为，减少其在押金上寻利的可能性。当然这一规则构想并非完美，亦有观点质疑该功能会影响出租人的权益，或影响租金收益保障或房屋损失赔偿抑或水电等费用的结算，等等。就租金收益保障情形而言，"以押抵租"至少保障合同履行期间出租人正常租金收益。至于之后押金功能用毕，是否会因此产生欠租行为，笔者认为，实践中房屋租赁纠纷更多是因欠租等违约所致，而"以押抵租"不正契合解决欠租之需。在赔偿房屋损失或结算费用的情形中，基于合同法之后合同义务，承租人仍需履行退房义务，若在此产生争议抑或承租人"失踪式"退房，出租人均可以采取相应救济方式，或协商或起诉。对比在租赁期届满，因租赁物损失认定争议而引

---

① 孙峰：《构建以住房承租人权利为核心的法律制度》，载《西南民族大学学报（人文社会科学版）》2020年第1期。
② 福建省厦门市湖里区人民法院（2020）闽0206民初2505号民事判决书。比如，王启团辩称用押金2800元抵偿2020年1月22日至2020年2月23日的租金，但未提供证据证明双方就押金抵扣租金一事达成合意，本院对其主张不予采信。
③ 比如，有学者就注意到合同之分配正义，并指出较弱的合同一方当事人应该受到更多保护，双方当事人都有义务更多地考虑他方利益，而合同的概念应重新调整并转变为一种包含合作、团结和公平的法律关系。参见 [德] 海因·克茨：《欧洲合同法》（上卷），周忠海等译，法律出版社2001年版，第15页。

发的押金返还纠纷来看，笔者认为，前者并不比后者更严重。而一个理性的承租人也不会轻易愿意承担退房违约后果。那么承租人以押抵租的限度应该如何确定？笔者认为，可参照我国台湾地区的规定，根据我国押金缴纳标准的习惯，合理认定承租人以押抵租的金额范围，以押金数额不超过欠付租金额度为准，超过部分，出租人可采取提前终止租赁合同等方式及时维权。

（三）物权化房屋租赁承租人押金返还请求权

"可返还性"是房屋租赁押金的一个显著特征，即如果没有扣除押金的特殊情况出现，出租人待租赁合同终止以及返还租赁房屋后应当将押金悉数退回给承租人。押金作为一种非典型担保形式，从属于房屋租赁主合同。那么在主合同终止之时，作为出租人的后合同义务，理应返还承租人押金。若在出租人扣留押金情形下，承租人究竟是以合同之债权请求权或是以担保物之请求权返还押金呢？笔者认为，应当物权化承租人之押金返还请求权。所谓物权化并非表明该请求权即物权，而是赋予该请求权以物权之排他效力、优先效力、追及效力。承租人押金返还请权物权化目的在于强化承租人在押金权利上的对世性，以对抗出租人或租赁房屋受让人等第三人。而在返还程序之设计上可以参照美国立法经验，明确返还时间、返还程序以及允许承租人在出租人逾期拒不返还押金情形下主张惩罚性赔偿。

结　语

作为民间习惯的房屋租赁押金规则，是民众长期生活经验的总结，它不仅是人与人正常交往关系的规范，而且是生产生活实践中的一种惯行。这种惯行得到了社会的普遍遵守，其效力在历史发展的长河中已经获得社会公众的广泛认可，长期约束着出租人和承租人的行为。民间习惯之房屋租赁押金规则作为民法的法源具有重要的意义，不仅可以丰富民法规则的渊源，保持《民法典》的开放性；与此同时还能丰富法律规则的内容，以及降低立法成本；最重要的是能够限制法官的自由裁量权，保障法律的准确适用。然而民间习惯并非一成不变，而是伴随社会转型在缓慢调适，或在各方利益的不断拉锯战中改造舍弃，或为立法者注意并及时予以规制。现代社会已经逐渐完成"身份向契约"的转变，而今更是向保障基本权利的方向迈进。在此之际，房屋租赁押金之民间习惯亦应由出租人优位向承租人优位进行调整，构建以承租人权益为核心的房屋租赁法律体系，以期实现出租人和承租人双方共赢的利益格局，以适应社会环境之变化，真正实现居者安享其居的幸福。

Research on the Folk Customs of House Lease Deposit Rules
——From the perspective of lessee's rights protection

Ding Yaqi, Deng Han

Abstract: The house lease deposit rule is a transaction habit gradually formed by civil entities in the course of civil activities. While protecting the legitimate rights and interests of the lessor and the lessee, more attention should be paid to the realistic demand of "home ownership". However, the reality is complex and complicated. Although the introduction of the Civil Code has further improved the terms of the lease contract, the long-standing house lease deposit habit has not been clearly stipulated in China's laws. In addition, there are various issues in judicial practice, such as the payment and return of house lease deposits, the nature of house lease deposits is ambiguous, and the function of house lease deposits is generalized. Therefore, it is necessary to trace the origin of the house lease deposit system, not only to study the inner essence of the system itself, but also to learn from the experience of China's Taiwan region, Germany, the United States and other civil law, common law countries. In order to respond to the lack of legislation and practice of the house lease deposit system in China, we should determine the reasonable deposit payment standard and guarantee scope, give the lessee the right to "pay for rent", and the right to request the return of the deposit from the property - righted lessee.

Keywords: House lease deposit; Folk custom; Lessee's rights

区分原则视角下借名购房法律效力认定研究

陈小珍[*]

摘 要 司法实践中,借名购房的法律效力认定出现截然对立的裁判结果,学界对其也仍有争议、尚未形成共识。借名购房法律效力认定包含借名购房合同效力认定和借名购房物权归属认定,物权区分原则是作为物权变动原因的合同效力与物权变动的法律效果相区分。合同效力方面,借名购房合同在现行法有名合同体系中无法准确定位,应当认定为无名合同,在不违背法律效力性强制规定和公序良俗时应肯定其效力。物权归属方面,在物权法定主义和不动产物权登记生效规则下,借名人作出借名购房这一名实不符状态的权利安排,是最能控制风险的因素,宜认定出名人为物权所有人,借名人的真实权利可通过向出名人主张移转登记予以保障。借名购房合同效力认定和物权归属是处理借名购房外部法律关系的基础,当出名人擅自转让房产时,其性质应为有权转让,当出名人之债权人申请强制执行时,借名人不足以排除强制执行,可以通过债权途径予以救济。这一路径安排遵循了现行法规范体系并逻辑自治,法价值上,达成了当事人私法自治的目标;法秩序上,消除了登记物权与真实权利名实不符的状态,确保物之归属秩序,也为处理涉第三人的外部关系提供基础,稳定交易秩序。

关键词 借名购房 区分原则 合同效力 物权归属

---

[*] 陈小珍,法学博士,湖南省高级人民法院三级高级法官。

一、问题的提出

近年来，随着经济适用房、限购、限贷等政策出台，借名购房纠纷案件大量涌现，[①]借名购房合同的效力及其房屋物权归属问题引起了广泛关注。在该类案件的司法裁判中，裁判规则不一、甚至出现了迥然不同的裁判结果：一类坚持实质正义的立场，认为物权归属应尊重当事人意思自治，借名人是真实权利人，确认借名人是物权权利人；[②]另一类坚持债权说，认为依照借名协议借名人仅享有债权债务关系，而不发生物权效力，借名人可以主张变更登记的债权请求权，登记的物权是取得物权的依据，物权权利人应当是登记名义人。[③]截然对立的裁判思维和结果，引发了诸多理论困惑。北京市高级人民法院、浙江省高级人民法院曾就此问题发布指导意见，前者坚持借名人只享有请求出名人移转登记的债权，[④]后者则坚持只要政策允许，借名人可以享有物权。[⑤]最高人民法院在《全国法院民商事审判工作会议纪要》（法〔2019〕254号）指出，在实际权利人与名义权利人的利益平衡中，要注重财产的实质归属，准确把握外观主义的适用边界，不单纯地取决于公示外观，外观主义仅仅是学理概括而非现行法律的原则。这一规定，可以解释为借名购房画上了定纷止争的句号，但也可以解释认为，该规定一定程度上为不动产物权登记生效的物权法定原则蒙上了面纱，在借名购房情形下将否定其效力，让借名购房的物权归属认定愈加扑朔迷离。

二、司法实践中借名购房法律效力的认定

借名购房法律效力涉及借名购房合同效力认定和借名购房物权归属认定，司法裁判中的争议焦点也主要体现在这两方面。

借名事实认定是借名购房合同效力以及物权归属判断的基础，通过对裁判案例的归纳

[①] 借名购房，在传统民法理论及民事立法中并无准确定义，主要是对司法实践中出现的该类法律行为的抽象，其特征可以概括为：借名购房指当事人约定由借名人以出名人名义登记为特定房产权利人，其使用、收益及处分权限仍然由借名人保有，出名人担任登记名义人，其法律结构包含两个部分：出名人和借名人之间的内部借名协议（其形式可以为口头或者书面），签订买卖合同并登记房屋。司法实践中，法院采用了"借名购房合同"这一用语，并将借名行为人称之为"借名人"，将登记名义人称之为"出名人"。参见林诚二：《不动产物权变动登记之实与需——以我国台湾第五借名登记契约之相关问题为说明》，载《北方法学》2014年第1期。

[②] 参见辽宁省高级人民法院（2018）辽民终211号民事判决书，广州市中级人民法院（2017）粤01民终23964号民事判决书，天津市高级人民法院（2016）津民申1745号再审民事裁定书。

[③] 参见河北省高级人民法院（2019）冀民申2020号民事裁定书，上海市第一中级人民法院（2017）沪01民终字第4425号民事判决书，上海市第一中级人民法院（2017）沪01民终字第8857号民事判决书。

[④] 北京市高级人民法院《关于审理房屋买卖合同纠纷案件适用法律若干问题的指导意见（试行）》第15条：当事人约定一方以他人名义购买房屋并将房屋登记在他人名下，借名人实际享有房屋权益，借名人根据合同约定要求登记人（出名人）办理房屋所有权转移登记的，可予支持。

[⑤] 浙江省高级人民法院《关于审理房地产市场调控政策影响的房屋买卖合同纠纷案件的若干意见（试行）》第8条：实际买受人为规避限购、禁购政策，以他人名义与出卖人订立合同并办理房屋权属证书后，以其系实际买受人为由，请求确认其为房屋产权人的，不予支持，但调控政策重新调整并准许其取得产权的除外。

分析,① 可以发现,借名购房关系的事实认定大致可以归纳为两种类型:第一,借名人与出名人之间存在书面借名协议,该类型的借名事实认定的争议焦点通常集中在借名协议的真实性、是否能与其他证据所印证等问题。倘若借名协议存在的真实性或借名意思不能得到其他证据的印证,则难以认定借名购房事实的存在,② 如借名协议有瑕疵、乃事后补定甚至非由出名人与借名人订立,或协议名称非借名合同而为其他有名合同,借名事实的认定均需要借助于对相关事实的解释和对当事人真实意思的考察。③ 第二,借名人与出名人之间不存在借名购房书面协议,但可能存在借名购房事实。这一类型是借名购房事实认定的难点。司法裁判中,通常借助于对相关事实的解释,结合双方当事人意思、款项和税费缴纳情况、房屋占有使用情况、权证管理、物业水电费支付等事实综合判断,④ 体现了司法裁判的审慎性。借名购房事实认定最终体现为当事人主张并提交的证据充足与否,证据不充分、不足以证明借名事实存在,是借名购房纠纷案件中借名事实不能为司法确认的重要原因。

(一)司法裁判对借名购房合同效力的认定

司法裁判对借名购房合同效力的认定,其障碍主要源自对借名购房合同性质和对购买经济适用房等政策保障性房屋的认识两方面,经历了从无效到逐步确认其有效的过程。

第一,关于借名购房合同的性质问题。早期,对借名购房合同的认识有通谋虚伪表示、以合法形式掩盖非法目的等看法,随着对借名购房性质理论认识的发展,司法实践逐步倾向于承认借名购房合同效力,其裁判理由可以归纳为:其一,认为借名合同属于委托合同,应当认定借名合同有效;⑤ 其二,认为借名购房属于私法自治,只要不违背《合同法》第52条第5项关于"违反法律、行政法规的强制性规定"和公序良俗,就应当认定借名购房合同有效。限购、限贷的政策规定不属于法律和行政法规的范畴,在效力层级上低于法律、行政法规。不属于《合同法》第52条的效力强制性规定。⑥

第二,关于经济适用房等政策保障性住房问题。司法裁判对借名购房合同的效力,依照购买对象是普通商品房或者经济适用房等政策性房屋的区别而予以区别对待。倘若购买商品房,司法裁判认为属于当事人意思自治的范畴,确认借名购房合同效力有效。对于购

---

① 分析样本采用在无讼案例网以"借名登记""民事"案由为检索条件、以"借名"为关键词检索到的案例。
② 参见广东清远市中级人民法院(2016)粤18民终565号民事判决书。
③ 参见北京市第一中级人民法院(2016)京01313号民事判决书,上海市第一中级人民法院(2015)沪一中民二(民)终字第1240号民事判决书。
④ 参见北京市第二中级人民法院(2017)京02民终字6862号民事判决书,北京市第二中级人民法院(2016)京02民终2427号民事判决书,北京市第二中级人民法院(2016)京02民终9303号民事判决书。
⑤ 参见湖南省常德市武陵区人民法院(2013)武ីn初字第01801号民事判决书。
⑥ 参见北京市第一中级人民法院(2015)一中民终字第01535号民事判决书,广东清远市中级人民法院(2016)粤18民终565号民事判决书。

买经济适用房等政策保障性房屋，经历了从无效到逐步确认其有效的过程。最初，司法裁判确认借名购房合同效力为无效，裁判理由通常为经济适用房因其保障性质而适用特殊政策，其交易主体有特殊限制，购买人因不具有购房资质而违反了国家经济适用房政策，损害了社会公共利益，依照《合同法》第52条的规定而认定借名合同无效。① 北京市高级人民法院2010年发布的《关于审理房屋买卖合同纠纷案件适用法律若干问题的指导意见》充分体现了这种指导思想，明确规定对借名购买经济适用住房等政策性保障住房不予支持。② 后来，逐渐有司法裁判认为经济适用房等保障性住房属于限制流通物而非禁止流通物，待其满足交易条件时即可以产生当事人期待的法律效果，因而认定借名购房合同有效。③ 这一变化的过程，在"崔立诉白家连、隋婷所有权确认纠纷再审案"中体现得尤为充分。④ 这一变化过程的实质，在于对政策能否作为法源的不同解释。《中华人民共和国民法典》（下文简称"民法典"）第10条规定了法律和习惯是法源。《最高人民法院关于适用〈中华人民共和国合同法〉若干问题的解释（一）》第4条，确认合同无效，应当以全国人大及其常委会制定的法律和国务院制定的行政法规为依据，不得以地方性法规、行政规章为依据。最高人民法院《关于适用〈合同法〉若干问题的解释（二）》第14条对《合同法》第52条规定的"强制性规定"做了进一步明确，指出强制性规定是指效力强制性规定。民法典和最高人民法院司法解释都明确指出法律和行政法规是司法裁判的依据，表明了政策不得作为裁判依据。建设部等部委联合颁布的《经济适用住房管理办法》，其性质属于部门规章，不能作为认定合同无效的依据。

（二）司法裁判对借名购房物权归属的认定

司法实践中，就借名购房的物权归属判断，有以下几种迥然不同的裁判思维和裁判类型：第一，认为物权归属应当尊重当事人的意思自治，借名购房属于当事人私法自治的体现，当事人缔约目的即在于实现其法效意思，在不违背效力性强制规定和公序良俗的情形下，应当依照合同约定确认物权归属于借名人，借名人是物权所有权人。⑤ 浙江省高级人

---

① 参见北京市昌平区人民法院（2013）昌民初字第4938号民事判决书，北京市中级人民法院（2012）一中民终字第3253号民事判决书，新疆维吾尔自治区高级人民法院（2015）新民申字第1879号再审民事裁定书。
② 北京市高级人民法院《关于审理房屋买卖合同纠纷案件适用法律若干问题的指导意见（试行）》第16条：借名人违反相关政策、法规规定，借名购买经济适用住房等政策性保障住房，并登记在他人名下，借名人主张确认房屋归其所有或者依照双方的约定要求登记人办理所有权移转登记的，一般不予以支持。
③ 参见北京市石景山区人民法院（2013）石民初字第1942号民事判决书。
④ 参见天津市河北区人民法院（2013）北民初字第3510号民事判决书，天津市河北区人民法院（（2014）北民再字第3号民事判决书。一审法院认为违反经济适用房政策，合同无效；再审法院认为，允许借名人在符合经济适用房政策时，将房产过户到其名下，符合双方协议内容的真实意思表示，不违反法律强制性规定，不违背社会公共利益，合同有效。
⑤ 参见辽宁省高级人民法院（2018）辽民终211号民事判决书，广州市中级人民法院（2017）粤01民终23964号民事判决书，天津市高级人民法院（2016）津民申1745号再审民事裁定书，北京市第二中级人民法院（2015）二中民再终字第00034号民事判决书。

民法院在《关于审理房地产市场调控政策影响的房屋买卖合同纠纷案件的若干意见（试行）》即认为，只要政策允许的，借名人可以成为物权权利人。① 第二，登记的物权是物权取得的依据。这类裁判认为，我国采用依照物权法定原则，遵循物权公示公信及权利正确性推定效力，依照《物权法》第 9 条的规定，登记名义人即出名人取得物权所有权，出名人是享有法律物权之权利人。② 借名人并不能因借名购房事实而当然取得房屋所有权，但根据借名购房合同关系，出名人属于代为持有的性质，借名人可以要求出名人办理房屋权属变更登记手续，将房屋过户至其名下。③ 北京市高级人民法院发布的《关于审理房屋买卖合同纠纷案件适用法律若干问题的指导意见》，在借名购房物权归属问题上体现了同样的思路，认为房屋所有权人为出名人，借名人可以依照借名合同的约定要求出名人予以移转登记。④ 第三，维持原状判决。这类案件通常是由出名人提起返还原物之诉，但借名人提起了借名购房的反诉。这类裁判认为，依照《物权法》第 16 条的规定，物权登记簿是物权权利归属的根据，出名人为物权所有权人，但借名人对涉讼房屋的占有为合法占有，其占有依据是双方的借名协议。出名人虽为物权所有人，但并不能因此排除借名人的合法占有权利。⑤ 司法实践中，对借名购房物权归属裁判的矛盾性或者冲突性，反映了这一问题的争议性和复杂性。

三、区分原则下借名购房合同效力的认定

学理上，针对借名购房法律效力的认定也颇富争议，借名购房合同效力认定与物权归属认定密切相关，物权区分原则指作为物权变动原因的合同效力与物权变动的法律效果相区分。⑥ 借名购房合同效力判断涉及借名购房合同性质的认定及其解释路径，性质定性和解释路径决定了借名购房合同的效力。

（一）借名购房合同效力的争议

借名购房合同性质的定性对借名购房合同效力认定有重要影响，关于借名购房法律关系的性质，理论界争议较大，有多种看法。第一，脱法行为说或者以合法形式掩盖非法目

---

① 浙江省高级人民法院《关于审理房地产市场调控政策影响的房屋买卖合同纠纷案件的若干意见（试行）》第 8 条：实际买受人为规避限购、禁购政策，以他人名义与出卖人订立合同并办理房屋权属证书后，以其系实际买受人为由，请求确认其为房屋产权人的，不予支持，但调控政策重新调整并准许其取得产权的除外。
② 参见广东清远市中级人民法院（2016）粤 18 民终 565 号民事判决书，北京市朝阳区人民法院（2011）朝民初字第 17272 号民事判决书。
③ 参见湖南省长沙市望城区人民法院（2017）湘 0112 民初 920 号民事判决书。
④ 北京市高级人民法院《关于审理房屋买卖合同纠纷案件适用法律若干问题的指导意见》（试行）第 15 条：当事人约定一方以他人名义购买房屋并将房屋登记在他人名下，借名人实际享有房屋权益，借名人根据合同约定要求登记人（出名人）办理房屋所有权转移登记的，可予支持。
⑤ 参见北京市昌平区人民法院（2010）昌民初字第 07258 号民事判决书。
⑥ 参见张家勇：《物权法区分原则的意义及其贯彻逻辑》，载《法商研究》2002 年第 5 期。

的说。认为借名购房是以间接迂回的方式规避法律规定,从而达成与法律禁止相同效果的行为类型,属于脱法行为或者以合法形式掩盖非法目的,[①] 其法律效力应当为无效。第二,通谋虚伪表示或者恶意串通损害他人利益说。借名协议使得借名人间接购买并占有房屋,借名人和出名人之间存在通谋为虚伪意思表示的合意,一定情形下也损害社会公共利益。[②] 第三,代理说或者主体混淆说。借名购房可以分为两种情况:其一,借名人以出名人名义与第三人实施法律行为的借名行为,认为可以依据第三人是否知情及其意愿而类推适用表见代理;[③] 其二,出名人与第三人实施法律行为的借名行为,认为属于间接代理。[④] 当然,也有观点认为尽管代理和借名购房具有相似性,都以他人名义为法律行为,但代理侧重于相对人知晓法律效果归属于被代理人,借名购房中借名人则竭力混淆主体身份,让相对人将其与出名人作一体看待,严格说来,属于主体混淆。[⑤] 第四,有名合同说。分为两种类型:其一,主张属于消极信托,认为借名行为外观与"受托人就信托财产承受权利人的名义"相似,但不存在受托人对信托财产的占有、管理和处分,[⑥] 属于消极信托,难以实现当事人期望的法效意思,合同效力无效;[⑦] 其二,主张属于劳务合同,认为借名人和出名人之间建立高度的信赖关系,出名人为登记名义人,借名人享有占有、使用、收益、处分的权利,属于劳务合同。[⑧]第五,无名合同说。认为借名购房合同虽然与劳务合同性质相近,类似于劳务合同,可以类推适用台湾"民法"第529条劳务契约规定,但借名购房中无给付劳务的约定,也可以类推适用委托的规定。[⑨] 台湾司法裁判也确认了借名购房虽然含有劳务性质,但应当属于无名合同,其法律效果类推适用委托合同的规定。[⑩] 总之,借名购房合同与典型劳务合同(如雇佣合同、承揽合同、委托合同、居间合同以及行纪合同)存在差异,[⑪] 应当属于无名合同,其效力应当依照合同效力判断标准而定。[⑫]

[①] 参见郭松涛:《谈借名登记契约——兼评"最高法院"2009年度台上字第990号判决》,载《司法周刊》第1579期(2012)。

[②] 参见冉克平:《"恶意串通"与"合法形式掩盖非法目的"在民法典总则中的构造》,载《现代法学》2017年第4期。

[③] 参见冉克平:《论借名实施法律行为的效果》,载《法学》2014第2期。

[④] 参见冉克平:《论借名实施法律行为的效果》,载《法学》2014第2期。

[⑤] 参见杨代雄:《使用他人名义实施法律行为的效果——法律行为主体的"名"与"实"》,载《中国法学》2010年第4期。

[⑥] 参见我国台湾地区"最高法院"2000年度台上字第572号民事判决书。

[⑦] 参见谢哲胜:《借名登记之名消极信托之实——评"最高法院"2009年度台上字第76号判决》,载《月旦裁判时报》2010年创刊号。

[⑧] 参见我国台湾地区"最高法院"1999年度台上字第1662号民事判决书。

[⑨] 参见林诚二:《不动产物权变动之实与虚——以我国台湾地区借名登记契约之相关问题为说明》,载《北方法学》2014年第1期。

[⑩] 参见我国台湾地区"最高法院"1995年度台上字第1037号民事判决书。

[⑪] 参见王泽鉴:《民法总则在实务上的最新发展(一)——"最高法院"2001年及2002年度若干判决的评释》,载《本土法学杂志》2003年第52期。

[⑫] 参见詹森林:《借名登记契约之法律关系》,载《本土法学杂志》2002第43期。

（二）借名购房合同效力的判断

准确解释借名购房法律关系有助于界定借名购房合同性质，从而判断借名购房合同效力。针对上述争议，我们认为：

首先，借名购房是否构成脱法行为、是否存在以合法形式掩盖非法目的问题。实际上，脱法行为问题是法律解释的问题，是指将强行法规所禁止的事项，以其他迂回的方法所达成的行为，[1] 将其解释为是比较妥帖的。[2] 理论上，认为隐藏行为的效力应结合具体情况而认定。[3] 立法中，《民法典》第146条第2款也作了同样明确的规定。在借名购房合同中，借名原因多样，对于借名人客观上有购房需要然而事实上不能满足政策需要而为权宜之计，其实质涉及当事人的意思自治与政策的边界、以及对政策合理性的考量。如借名购买商品房、规避限购限贷政策、经济适用房、房改房等政策性规定，其规避的是政策，其实质为行政调控性管理手段，[4] 并不构成《合同法》第52条第5项以及《民法典》第153条关于违反法律、行政法规的强制性规定以及公序良俗的情形，故不宜认定构成脱法行为。但是，对于债务人利用借名购房减少其责任财产以转移财产、逃避债务等情况，可以借用隐藏行为否定借名购房合同的效力。

其次，借名购房是否构成通谋虚伪表示、是否构成恶意串通损害他人利益的问题。从法理和立法规定来看，通谋虚伪表示的认定，其构成需要意思表示、表示与内心真意不符、行为人与相对人均为虚假不真实的意思表示，[5] 双方形成合意。[6] 借名购房中，借名人和出名人双方均为意思表示，但双方意思表示皆与内心真意相符合，其与通谋为虚伪表示之间唯一的相似性仅在于：双方为意思表示时的联络或者合意。但是，以通谋虚伪表示的构成要件来衡量，借名购房并不符合民法理论及《民法典》第146条的通谋虚伪表示。在是否构成恶意串通损害他人利益的问题上，借名购房是借名人和出名人关于借名的权利安排，鉴于借名原因的多样性，应当依据借名相关事实来判断是否构成恶意串通损害他人合法权益。若借名人以规避债务为目的、以减少共同财产为目的，[7] 则涉及损害第三人利益，应当认定为恶意串通，从而认定借名行为无效；[8] 若为规避限购限贷等政策，由于不

---

[1] 参见梁慧星：《中国民法典草案建议稿附理由总则篇》，法律出版社2004年版，第148页；史尚宽：《民法总论》，中国政法大学出版社2000年版，第333页。
[2] 参见马强：《合同法总则》，法律出版社2007年版，第58页。
[3] 参见史尚宽：《民法总论》，中国政法大学出版社2000年版，第333页。
[4] 参见辽宁省高级人民法院（2018）辽民终211号民事判决书。
[5] 参见谭启平：《中国民法》，法律出版社2018年版，第223页。
[6] 参见［日］我妻荣：《我妻荣民法讲义Ⅰ——新订民法总则》，于敏译，中国法制出版社2008年版，第271-273页。
[7] 参见上海市第一中级人民法院（2015）沪一中民二（民）终字第1240号民事判决书。
[8] 若借名合同被确认为有效，借名人之债权人也可以依据《合同法》第74条关于撤销权的规定，向人民法院申请撤销出名人与借名人之间的借名购房合同，从而回复借名人责任财产以担保实现其债权。

涉及损害社会公共利益或者第三人利益，① 不应当认定为恶意串通从而导致借名行为无效。

再次，借名购房是否成立表见代理或者间接代理的问题。其一，针对有观点主张借名人直接以出名人名义与第三人实施法律行为时，可以成立表见代理的问题。② 我们认为，类推适用表见代理的观点值得斟酌，在第三人不知情时，尽管有借名人代出名人代为缔约的外观。然而，表见代理的法律效果在于被代理人承受法律后果。借名购房合同中，这与借名购房意思是相悖的，显然无法认为出名人作为所谓的"表见代理"的被代理人承受借名购房合同的法律后果。其二，关于出名人与第三人直接交易的情形是否成立间接代理的问题。针对主张此类情形属于间接代理的观点，③ 我们认为，借名购房的法律性质不宜认定为隐名代理或者间接代理，其原因在于：从立法目的来看，间接代理的法律效果是代理人先承受缔约的法律后果，然后再依照代理人与被代理人之间的约定转移于被代理人。借名购房合同中，借名购房法律后果分别由出名人和借名人承受，出名人是登记簿记载的物权所有人，房屋占有、使用、收益和处分等权利则为借名人所享有，双方再依照借名约定将出名人承受的法律效果移转于借名人，显然有别于间接代理。

接下来，借名购房在现行有名合同体系中是否能够准确定位的问题。借名购房合同中，出名人除承担登记簿上负载权利所有人之名以外，不再承担任何事务，这与承担或者允诺承担事务处理的委托合同和劳务合同是不同的。④ 就其与信托的比较来看，借名人实际享有房屋的占有、使用、收益和处分权利，而信托中受托财产所有权移转于受托人，并由受托人实际享有所有权人的权利，⑤ 二者也大相径庭。因此，借名购房在现行法规定的有名合同体系中，难以准确定位，其性质应当认定为无名合同。

最后，借名购房是否违背公序良俗的问题。公序良俗通常指公共秩序和善良风俗，意在指社会一般利益和伦理道德观念。公序良俗是一把双刃剑，一方面维护法律及伦理价值，具有"气孔"作用，使宪法价值及伦理观念经由此而进入私法领域，发挥民法规范私法自治的功能；⑥ 另一方面，公序良俗条款构成国家公权力介入私法的重要途径，需要有效划定二者之间的边界。对于因限购、限贷、经济适用房指标等原因引起的借名购房，借名人有购房的正当需求而被排斥在政策之外，不得已而求助借名购房这一私法自治行为，如若简单、笼统地以个人利益侵犯公共利益为出发点而认定无效，难以防范公权力对私法领

---

① 参见辽宁省高级人民法院（2018）辽民终 211 号民事判决书。
② 当第三人不知情时，此类情形可类推适用表见代理。参见冉克平：《论借名实施法律行为的效果》，载《法学》2014 年第 2 期；马一德：《借名买房之法律适用》，载《法学家》2014 年第 6 期。
③ 参见冉克平：《论借名实施法律行为的效果》，载《法学》2014 年第 2 期；马一德：《借名买房之法律适用》，载《法学家》2014 年第 6 期。
④ 参见崔建远：《合同法》，法律出版社 2017 年版，第 436 – 460 页。
⑤ 参见李群星：《信托的法律性质与基本理念》，载《法学研究》2000 年第 3 期。
⑥ 参见王泽鉴：《民法概要》，中国政法大学出版社 2003 年版，第 92 – 93 页。

域私人自治的过度介入。暂且抛开对政策本身的正当性和适当性的考量,适用公序良俗条款也应当审慎,应当结合借名购房的具体情况而作是否违背公共秩序和善良风俗的认定。

总之,在影响合同效力认定因素方面,我们认为,在现行合同法体系中,借名购房合同依照其性质无法准确归为某类有名合同,应当归为无名合同,除违反效力强制性规定和公序良俗之外,借名购房合同应当有效。

四、区分原则下借名购房物权归属的认定

在借名购房物权归属的判断上,司法裁判体现了相互冲突的裁判思维和裁判逻辑。一种裁判认为登记的物权仅具有权利正确性推定的效力,如有证据证实真实物权的存在,应当确定由真正权利人享有物权,借名人为物权人。[①] 另一种裁判认为不动产登记簿是物权归属和根据,依照《物权法》第16条的规定,如无相反证据,以出名人名义购买登记的不动产,出名人的所有权人身份应受尊重。[②]

(一)借名购房物权归属的争议

围绕借名购房的物权归属认定,学界也素有争议,体现为截然不同的两种观点:

第一,事实物权与法律物权区分说。以孙宪忠教授为代表。该观点认为,不动产登记簿记载的不动产物权和以占有为表现形式的动产物权,是法律物权;不具有公示性(即不动产登记和动产占有)但事实上权利人享有真实性权利的物权,是事实物权。[③] 在二者分离的情况下,事实物权应当受到法律优先保护,原因在于:从物权本质属性来看,物权是权利主体依法对权利客体为全面支配的权利,权利主体与权利客体的关系表现为标的物的利益归属。近代民法呈现出所有权价值化的趋势,物权人从注重对物的实物支配发展到注重对物的价值支配,支配形式不仅包括物理上、形式上的支配,也包括观念上的支配。只要权利人对标的物的支配能够形成有效的物权法律关系,即便该关系无法定公示形式予以表彰,但只要不违背社会公共利益和交易秩序,权利人只要能证明物的最终归属,就应当受到保护。物权公示公信原则和权利正确性推定效力不能绝对化,公示性的物权不能完全反映真实物权,否则有损真正权利人利益。最高人民法院也体现了同样的思维,要求在实际权利人与名义权利人的利益平衡中,不单纯地取决于公示外观,强调准确把握外观主义的适用边界,注重财产的实质归属。[④]

第二,登记说。以马一德为代表。该观点认为,当代社会中交易秩序比支配秩序更需

---

① 参见辽宁省高级人民法院(2018)辽民终211号民事判决书,广州市中级人民法院(2017)粤01民终23964号民事判决书。
② 参见河北省高级人民法院(2019)冀民申2020号民事裁定书,上海市第一中级人民法院(2017)沪01民终字第4425号民事判决书,北京市第二中级人民法院(2013)二中终字第14036号民事判决书。
③ 参见孙宪忠:《论法律物权和事实物权的区分》,载《法学研究》2010年第4期。
④ 参见最高人民法院《全国法院民商事审判工作会议纪要》(法〔2019〕254号)。

要受到保护，为维护交易安全，应当遵照物权法定原则认定物权归属。① 不动产登记簿是不动产物权归属的根据，借名购房的物权归属应当由出名人享有，借名人仅仅享有返还请求权。当出名人擅自对外交易时，出名人的处分是有权处分，第三人取得所有权，借名人可以通过依据借名购房协议行使返还请求权予以救济。借名人承受风险的原因在于，借名人作出了将自己享有物权之物登记在他人名下，借名人是作出这一权利安排的始作俑者，是最能控制这种风险的人，借名人承受风险最为合理和经济。比较法上，如德国以及台湾地区，不动产登记均成为直接确认借名人享有所有权的法律障碍。②

（二）借名购房物权归属的判断

两种观点的法律效果迥然相异，但逻辑论证都很严谨，其已经不是形式逻辑问题，而应当从整体价值判断上来理解。为此，只有在深入分析上述问题的基础上，立足于法学基本理论和对法价值、法秩序的判断，才能判断其物权归属，具体而言：

强调物权注重实际权利、借名人是物权所有权人的观点，其论证思路是通过提出"法律物权"和"事实物权"这一概念，强调物权归属判断应当尊重权利人的意思自治，在不违反法律秩序和公序良俗的情况下，其权利安排应当受到尊重并得到法律保障。这一观点在论证中有诸多值得斟酌之处：第一，在概念运用中，"事实物权"和"法律物权"概念是建构其观点的基石，属于对事实高度抽象后的概括总结，然而，这一对概念在学理体系和司法实践中难以找到准确出处和依据，并非严谨的法律概念；第二，"事实物权"和"法律物权"的并存，导致一物之上存在两个所有权，违背了同一物上仅仅成立一个所有权的"一物一权"原则，③ 也有违物权的排他效力；第三，在观点的立论上，该观点主张物权直接归属于不享有物权登记簿权利外观的真实权利人，这一主张与《民法典》第209条关于不动产物权的生效要件不符合。依照《民法典》第209条、第229条的规定，物权取得方式分为依法律行为取得和非依法律行为取得两种情形。借名购房不属于非依法律行为取得物权的范畴，应当适用《民法典》第209条关于不动产物权登记生效的规定；第四，这一主张与物权法定原则不相符合。物权法定原则是物权法的基本准则，指物权的种类和内容只能由法律规定，当事人不能自行创设与物权法强行性规定不符的物权种类和内容。④ 借名购房中，当事人约定物权直接归属于非经登记的借名人，当事人这一意思自治的内容违背了《民法典》第209条关于不动产物权生效取得的规定以及《民法典》216条关于物权登记簿是物权权利归属的根据，违背了物权法定原则。同时，严格意义上讲，当

---

① 参见马一德：《借名买房之法律适用》，载《法学家》2014年第6期。
② 参见杨代雄：《借名购房及借名登记中的物权变动》，载《法学》2016年第8期。
③ 参见谢在全：《民法物权论（上册）》，中国政法大学出版社2011年版，第24页；梁慧星：《中国物权法研究（上）》，法律出版社1998年版，第35页。
④ 参见王利明：《物权法论》，中国政法大学出版社2011年版，第35-36页。

事人这一约定被解释为借名人因借名购房协议而享有对出名人的请求权比较合适，严格意义上应当属于一种债权而非物权。当事人关于物权直接归属于借名人的约定内容挑战了民法中物、债二分体系，容易导致物权和债权边界的模糊。

我们认为，《民法典》第 209 条、第 224 条确立了不动产物权登记生效、动产交付生效的规则，经过不动产登记、动产交付占有的物权具有物权公示的权利外观，享有基于公示公信原则的权利正确性推断效力，权利人可以为全面支配并排除他人一切不当妨碍，其权利应当受到社会尊重。同时，为应对现实生活的复杂性，对于与物权公示的物权法律权利不一致的情况，民法典构建了保障物权真实权利并对物权真实权利人予以救济的法规范体系，具体体现在：《民法典》第 220 条关于物权异议登记与更正登记的规定、第 234 条关于物权确认请求权的规定、第 235 条关于物权返还原物请求权的规定、第 215 条关于物权变动与债权合同效力相区分的原则，共同组成了民法典保障物权真实权利的法规范体系，立法逻辑顺畅、法规范完整并体系化。因此，无论是从法理上、逻辑上还是基于现行立法规定上，都应依照民法典的规定确认经过公示的物权为物权权利归属，否则，物权法定原则就会落入一纸空文，有损稳定的物权秩序，增加交易成本，妨碍交易安全。持物权应当归属于借名人的观点，突破了民法典关于不动产登记生效的规定，越过物权登记簿是物权归属的权利外观，追求纯粹真实的物权权利，当涉及第三人利益时，尽管用善意取得制度保障其利益，但相对于严格依照物权公示公信原则而言，依然具有忽略交易安全和交易效率的问题。

总体而言，在借名购房的物权归属判断问题上，应当认为，出名人为物权登记名义人，应当严格依照《民法典》第 209 条、第 216 条的规定，确认出名人为物权权利人。民法典不承认物权行为无因性理论，出名人取得物权的原因行为在于与出卖人的交易，双方达成了出卖人移转标的物所有权并登记于出名人名下、借名人履行对待给付的合意，双方为实际履行。出名人通过法律行为获得物权登记并具有物权公示的权利外观，取得物权所有权。借名购房合同是借名人和出名人之间的内部协议，合同具有相对性、不具有公示性，并不具有对抗外部的效力。依照借名购房合同的约定，借名人享有对标的物占有、使用的权利，借名人的占有为有根据的合法占有，可以对抗物权所有权人即出名人返还原物的请求权。借名人依照借名合同的约定，享有请求出名人移转登记的合法根据，从而实现其为借名法律行为的预期目的，最终得以成为物权权利人，消除法律物权与事实物权不一致状态。诉讼实践中，拥有物权真实权利的借名人的救济应当通过提起给付之诉来实现，请求出名人移转房屋登记，而不宜直接提起确认所有权的确认之诉。

五、余论

案例是社会生活和法律生动结合的乐章，[①] 借名购房合同的法律效力认定问题进行了

[①] 参见梁慧星：《从案例中发现裁判智慧》，法律出版社 2019 年版。

生动诠释。司法裁判中的不同思维与不同裁判结果,学理上众彩纷呈的争议均反映了这一问题的复杂性。为此,立足法学基本理论,深入分析争议焦点,遵循法律规范的立法意旨,着眼于现行法体系下的逻辑圆满,维护法秩序和法价值的统一,是解决借名购房法律效力认定的有效路径。

徒法不足以自行,法律非经解释难以适用,丰富的社会生活与抽象的法律规范之间存在难以逾越的鸿沟。借名购房合同在现行法规定的有名合同体系中难以找到其准确位置,被解释为无名合同是合理的,本质上不同于脱法行为、恶意串通、通谋虚伪表示或者表见代理,除违反法律强制性规定和公序良俗之外,其效力应当有效。出名人通过法律行为获得物权登记并具有物权公示的权利外观,应当被确认为物权权利人,这是严格适用《民法典》第209条关于不动产生效要件和第216条关于不动产登记簿是不动产权利归属的结果,也是遵循物权法定原则的体现。借名人依照借名购房协议享有的权利在性质上属于债权,借名人享有请求移转登记的请求权。通过出名人移转登记,借名人最终成为物权权利人,实现其为借名法律行为的预期目的。借名购房协议属于内部协议,不具有对抗外部的效力,当出名人擅自对外交易时,出名人的处分是有权处分,第三人取得所有权;当出名人之债权人申请强制执行时,借名人仅凭借名协议不能排除强制执行。对此,借名人仅依照借名协议享有移转登记请求权或者不能移转登记时的赔偿请求权。对于不能移转登记的风险,依照法经济学的理论,借名人是做出借名购房并对其权利安排和处置的始作俑者,也是引出这一权利架构风险并最能控制风险的人,[①] 由其承担风险责任是最为合理的。

这一路径安排,遵循了现行法规范体系并逻辑自洽,达成了当事人为借名购房行为的预设目的;在法价值上,有效平衡了出名人和借名人利益,消除了登记的物权和物权真实权利不一致的状态;在法秩序上,遵循了物权法定和公示公信原则,有利于稳定物权秩序和维护交易安全。

Research on the Legal Effectiveness of Buying a House by Name from the Perspective of the Principle of Distinction

Chen Xiaozhen

Abstract: In judicial practice, the legal effect of buying a house by name appears to be diametrically opposed judgment result, which is still controversial and a consensus has not yet been formed. The legal effect of buying a house by name includes the effect of a contract for buying a

---

[①] 参见[美]理查德·波斯纳:《法律的经济分析》,蒋兆康译,中国大百科全书出版社1997年版,第115-116页。

house by name and the ownership of a real right to buy a house by name. The principle of distinction is to distinguish the contract effect as the cause of changes in real rights from the legal effect of real rights. In terms of contract validity, a house – buying contract by name cannot be accurately positioned in the current legally – named contract system. It should be regarded as an unnamed contract, and its validity should be affirmed when it does not violate the mandatory provisions of legal validity and public order. With regard to the ownership of real rights, under the rules of real estate legalism and the registration of real estate rights, the right arrangement to buy a house by name is inconsistent with the status of the property, which is the most controllable risk factor, and it should be recognized that the registered nominee owned the real right. The true rights of can be guaranteed by claiming transfer registration. The validity of the contract of buying a house by name and the ownership of property rights are the basis for handling the external legal relationship. When the registered nominee transfers a house without authorization, its should be valid. When the creditor of the registered nominee applies for compulsory execution, the borrower is insufficient to exclude compulsory execution, he should be relief. This path arrangement follows the current legal norm system and is logically self – consistent. In terms of legal value, the goal of the parties' is achieved; in the legal order, the state of inconsistency between the registered property rights and the real rights is eliminated, and the order of belonging of the objects is ensured. It also provides a basis for handling external relations involving third parties and stabilizes the trading order.

Key words: Buying a house by name; Principle of distinction; Contract effectiveness; Ownership of Property

（编辑：尤婷）

高校教职"准聘—长聘制"改革及其前景

杨名跨[*]

> **摘 要** "准聘—长聘制"的核心是"非升即走",而"非升即走"的关键是职称评审。高校推行"非升即走"用人机制,属于重大人事改革,但我国现有法律体系中并无相应的制度安排。依"重大改革须于法有据"进行评价,"非升即走"制度下的职称评审或将陷入无上位法依据之困境。"非升即走"改革可归入"从身份到契约"的进步之举,应秉持公共理性给予充分肯定、细加雕琢并稳健推行。我国当下职称评审的法律规定及实践做法,当属法律法规授权高校"依国家有关规定"实施的可诉行政行为,但相关争议目前却普遍难以引入司法程序进行救济。将此单方"行政行为"向双方契约行为改造,厘清并尊重"非升即走"的职称评审是依契约而非"按照国家有关规定"进行之本质特征,设计规划好教师、高校、政府、社会等多元主体之间的契约法律关系,倡导和强化契约精神,对"非升即走"问题通过契约之治成就法治之道,将是我国高校教职"准聘—长聘制"改革的可期前景。
>
> **关键词:** 高校教职 准聘—长聘制 非升即走 契约精神 法治化

引 言

"非升即走"是我国高校"准聘—长聘制"人事制度改革的核心。因"非升即走"导致复旦大学发生令人震惊的命案,[①] 是笔者关注与思考高校"非升即走"问题的初心所在。自"复旦命案"发生之日起,围绕"非升即走"的热议不断,大部分对"非升即走"

---

[*] 杨名跨,华东政法大学博士研究生。
① 警民直通车-上海文保:【警情通报】https://m.weibo.cn/1953911713/4645530958825767,访问日期:2021年6月7日。

给予负面评价,①包括具有美国大学"非升即走"经历的著名学者张五常、饶毅也加入其中,并表达了截然不同的观点。张五常先生认为:"非升即走"大学制度在中国失败是因为中国抄袭美国被越战弄坏的大学制度,即"publish or perish"这个衡量准则。受到不考虑思想能否传世的美国制度的影响,再加上中国独有的人际关系的需要,学问就变得味同嚼蜡了。②显然,张五常先生并不看好我国高校的"非升即走"制度。而饶毅先生则指出:因人事制度的敏感性,也因中国文化因素,北京大学和清华大学已成功地进行了人事制度改革,但没有对外描述其改革过程,不是很多人清楚建立预聘制(tenure system)对提高两校质量的至关重要作用。③另外,复旦大学命案的爆发,使"武汉大学 119 人只有 4 人通过评审入编,淘汰率高达 97%",④以及"中山大学青年教师李思涯掌掴博雅学院院长甘阳"⑤等诸多与"非升即走"有关的旧闻,也再次进入公众视野,致"非升即走"热议不断。

笔者在研读大量相关文献基础上,对"非升即走"制度持支持态度,并欲从法律人视野展开本文论述。可以说,就我国高校而言,只要认真遵循和借鉴饶毅先生介绍的北大、清华之成功做法,秉持契约精神规范和引领,完全可结合各自高校特点去推进"非升即走"制度。

一、"非升即走"在我国的运行状况及进步意义

为高校选拔可终身供职的优秀学者,淘汰不适格教师,提升科研和教学水平,以更好地服务国家和社会,应是中外推行"非升即走"所追求并可能收获的制度功能。但抛开这样"用"的面向,在"体"的层面或将存在重大殊异,从而出现南橘北枳、水土不服的问题,但这并不妨碍基于"求同"之上的化异努力。"非升即走"及预聘制不仅是中国高校二十年来最重要的人事制度改革,也是北京大学和清华大学迄今最佳的、行之有效的教师人事制度。有些所谓对预聘制的批评,实际只是批评学校某个人和某些现象,而与预

---

① 为写作本文,笔者在网上通过 360 搜索引擎搜索"非升即走,上海命案",页脚显示"找到相关结果 96000 个"。在第一个页面显示的 10 篇链接文章,其标题分别为:"复旦杀人案背后:非升即走的悲剧"1 篇;"逼出复旦命案的'非升即走'制,本质上是非法的"3 篇;"复旦大学数学系教师杀人案:'非升即走'的长聘教轨制是根源"1 篇;"上海复旦教师割喉学院党委书记血案背后的'非升即走'制度"1 篇;"高校杀人案:非升即走的悲剧"2 篇;"复旦血案:非升即走的'常轨制'VS 内卷的青椒"1 篇;"复旦教师杀害党委书记,是非升即走的错吗"1 篇。访问日期:2021 年 8 月 13 日。
② 张五常:《再谈复旦事件:"非升即走"为何在大学失败?》https://new.qq.com/omn/20210621/20210621A00OBU00.html,访问日期:2021 年 6 月 21 日。
③ 参见饶毅:《中国高校人事制度:关键的改革与质量的提高》,微信公众号"饶议科学"https://mp.weixin.qq.com/s/eyLHbBbA_Xik_QMpu8nInw,访问日期:2021 年 6 月 25 日。特别说明:该文章信息需登录"饶议科学"微信公众号才能查阅。
④ 朱娟娟、雷宇:《武汉大学教师聘任制改革"非升即走"热议背后》,载《中国青年报》2018 年 12 月 24 日。
⑤ 韩琨:《青年教师掌掴学院院长:打给"非升即走"的耳光》,载《中国科学报》2016 年 1 月 14 日。

聘制无关，没有预聘制照样有这些问题。① 就"非升即走"制目前的运行情况而言，虽然在执行中存在诸多问题，但其发挥的作用意义重大。

（一）"非升即走"的制度源起及我国现状

在高等教育领域，"非升即走"规则首先为美国高校所采用并渐次推广，大多数美国高校把"非升即走"作为终身教职制度的基本条款写入教师手册。美国"非升即走"制（up-or-out）规定，处于终身轨的教师在至多两个聘期内（通常是6-7年），如果不能向上一级职称晋升直至获得终身教职，则不再予以续聘。②

第一，美国"非升即走"：高等教育三大基石之终身教职。"终身教职制度（Tenure-track）作为美国高校中与大学自治、学术自由并行的三大基石，不仅代表着一种学术认可，更代表了一种身份地位、薪酬待遇乃至安全保障。"③ 学界的普遍共识是，"非升即走"制度是由美国哈佛大学所创立，主要经历了三个阶段：一是提出聘期制阶段。"1716年，哈佛大学为了规范教师聘任制度，将助教的聘期定为3年，期满后需续约才得以再次聘任。"④ 在19世纪中叶以前，这个时期的高校教师聘用制度并不是"非升即走"，只是涉及是否续聘，而不牵涉学术职务的"升"与"不升"，故这仅是聘期制的正式提出。二是提出"非升即走"制度阶段。"1860年哈佛大学明确提出，教师在一定聘期之后继续留任的前提条件是职级晋升，由此形成'非升即走'制。"⑤ 因以职级晋升作为"走"或"不走"的根据，故可视为正式提出了"非升即走"制。三是"非升即走"正式确立阶段。"1938年，当时哈佛大学第23任校长科南特奉行学术精英化宗旨，成立八人委员会并制订关于教师考评的文件，明确规定教师试用期为8年。未能按期取得终身教职的不再续聘。"⑥ 这被认为是"非升即走"制度得以正式确立。

在哈佛大学推行"非升即走"制度的影响下，正式在美国高校确立"非升即走"用人制度，则是在美国大学教授协会AAUP（American Association of University Professors）及美国学院联合会AAC（Association of American Colleges）共同行动之后。"1915年1月，美国AAUP成立并发表《关于学术自由和终身教职的原则宣言》，力推终身教职制，以此作为学术自由的制度保障，标志着终身教职制正式确立。"⑦ 建立终身教职制度的首要理由

---

① 饶毅：《中国高校人事制度：关键的改革与质量的提高》，微信公众号"饶议科学"https：//mp.weixin.qq.com/s/eyLHbBbA_Xik_QMpu8nInw，访问日期：2021年6月25日。
② 参见张东海：《"非升即走"的逻辑及其引入我国高校的可能性》，载《比较教育研究》2013年第11期。
③ 朱玉成：《高校"预聘—长聘制"改革的风险研判及破解路径》，载《教师教育研究》2021年第1期。
④ 岳英：《美国大学"非升即走"制度及其期限设置的合理性》，载《北京大学教育评论》2015年第2期。
⑤ 参见刘进、王辉：《什么才是真正的"非升即走"》，载《重庆高教研究》2020年第5期。
⑥ 参见刘进、王辉：《什么才是真正的"非升即走"》，载《重庆高教研究》2020年第5期。
⑦ AAUP之所以明确提出这样的主张，是因之前曾有教授仅因发表"不当言论"而遭解职。参见夏言言、王光良：《地方综合高校难以"非升即走"的内因探析》，载《高等农业教育》2016年第3期。

是保护学术自由,赋予教师职业安全感。"[1] 1934 年,美国 AAUP 与 AAC 建立了联合会议制度,双方于 1940 年共同发布了《关于学术自由与终身教职原则的声明》,自此将"终身教职""大学自治""学术自由"确立为美国高校治理的三大基本原则,多数大学选择将声明条款作为聘用制度或聘用合同的内容,终身教职原则由此获得法律效力。

第二,"非升即走"在我国制度及实践层面现状。一是中国"非升即走"高校教职制度,经历了提出聘期制到淘汰制,由淘汰制再进入"非升即走"的改革历程。"非升即走"对高校选拔优秀教授当然具有极大功用,但我国许多高校存在对该制度认知的重大差异。如前所述,终身教职是美国高校的三大基石之一,而"非升即走"则是终身教职必不可少的"程序开关"。这个"程序开关"是在大学自治和学术自由的基础之上选拔和培养可从事终身教职的优秀人才,本身有着严格细致、文明人性的配套措施。长久以来,我国高校教师是以"铁饭碗"为标志的国家公职人员。虽然二十世纪八十年代以来,通过国家政策及立法确立了高校教师聘任制,但并没有打破"铁饭碗"的存在形态。在我国的制度基因中,没有终身教职及职业安全的考量,"1985—1992 年提出的聘任制,1993—2009 年破除终身制,以及 2010 年至今尝试的淘汰制。"[2] 从来没有基于教职安全保障的制度设计,更不用说当下推行的"非升即走"。

学界普遍认为,我国高校目前实施的"非升即走"是以 1993 年清华"非升即转"改革,以及 2003 年北大聘任和职务晋升改革为契机,我国高校也开始陆续引进美式终身教职制度,对新入职教师实施"非升即走",以及带有终身取向的预聘—长聘制改革。[3] 然而对于"非升即走"的首次引入以及在我国全面落实的具体时间,饶毅先生作为"可能对中国高校的预聘制了解最多的人"则有不同说法,依其观点,我国最先引入"非升即走"即"准聘—长聘制"人事制度的单位并非高等学校,而是科研单位,且时间是在 1999 年 11 月。至于我国高校对此制度的最先引入时间及学院,则是 2007 年的北京大学生命科学学院和清华大学生命科学学院,该制度得以引入的推手分别是北京大学的饶毅先生和清华大学的施一公先生。若论该制度在北京大学、清华大学各自校内对新聘教师进行全

---

[1] Shils, E. *The Order of Learning: Essays on the Contemporary University* [M]. New Brunswick, NJ: Transaction Publishers, 1997: 249-253. 转引自吕黎江、卜杭斌、刘红:《"双一流"建设背景下高校教师长聘制改革初探》,载《现代大学教育》2019 年第 5 期。

[2] 据有关学者归纳,自 1949 年 10 月以来,我国高校教师制度改革先后经历了五个阶段,分别是"一、1949—1977 年:多元接收、思政为首、职务任命制;二、1978—1984 年:抢救人才、教学主体、恢复职称制;三、1985—1992 年:自主培养、教研并重、实施聘任制;四、1993—2009 年:引育并举、科研主体、破除终身制;五、2010 年至今:协同团队、质量导向、尝试淘汰制。"参见赵俊芳:《新中国成立以来我国高校人事制度回溯及评价》,载《中国高教研究》2019 年第 8 期。

[3] 朱玉成:《高校"预聘—长聘制"改革的风险研判及破解路径》,载《教师教育研究》2021 年第 1 期。

面推行，则是在 2014 年。①

二是"非升即走"机制在我国"双一流"高校已普遍推行但却背离了终身教职的初衷。2014 年，"非升即走"由北京大学和清华大学在两校全面推行，之后其他大学渐次跟进。自清华大学和北京大学之后，"复旦大学、上海交通大学、中国人民大学等'双一流'建设高校陆续实施了相关人事制度改革。青岛大学、深圳大学、汕头大学等地方院校也已开始实行或部分实行。"② 然而，我国高校借由"准聘—长聘制"所推行的"非升即走"做法，已经被错误地按"淘汰制"进行运作。如武汉大学"非升即走"长聘轨教师中"青年教师淘汰率97%"，且据媒体披露，这 4 人皆系武汉大学自己培养的学生而根本不忌"近亲繁殖"之嫌。③ 再如，中山大学启动"人才强校"战略实施的高层决策和计划，自 2018 年起"未来五年内，将建成 10000 名博士规模的高层次人才'蓄水池'"，"有很大一部分人在科研工作第一线，专心做科研。在 3 年合同期内，专职科研人员和博士后研究人员没有教学任务"。这被高校人力资源专家誉为"疯狂力度"。④ 这样的做法怎么可能是冲着"教职终身"选拔优秀教授而实施的良善之举？完全可视为借由"学术民工"为其高校挣"学术公分"而去。

（二）"非升即走"是"从身份到契约"的进步运动

"非升即走"在高校的运行，是"从身份到契约"运动在教育领域的表现。在我国二十世纪七十年代末以来 40 余年的改革实践中，先后经历了农民打破"农村合作社、大锅饭"而将土地承包经营，国企改革致工人打破铁饭碗"下岗再就业"，大学生毕业不包分配而"自主择业"，国家公务员"逢进必考"、年度考核"末位淘汰"等制度革新。这个过程遵循了一条从"计划人"到"市场人"，从"单位人"到"社会人"，从"身份人"到"契约人"的变迁脉络，这当然是一条社会进化之路。高校引入"非升即走"，是为打破高校教师铁饭碗及国家干部身份而对高校人事制度进行的重大调整。"在中国走向一个

---

① 饶毅先生著文介绍：首先在中国实行预聘制的是 1999 年 11 月成立的中国科学院上海神经科学研究所，中国第二个全面实行预聘制的研究机构是 2004 年成立的北京生命科学研究所，……2007 年饶毅先生回国并出任北京大学生命科学学院院长，生科院是北大第一个对新的教师全面实行预聘制的学院。施一公在清华大学生命科学学院开始清华的第一个预聘制学院。因已进行的实践证明预聘制在两校行之有效，北京大学、清华大学协调于 2014 年将预聘制全面推广到两校全校，所有新聘教授系列人员，都进入预聘制体系。从开始到现在已经 14 年，全校实行也只 7 年，两校对此很满意。参见饶毅：《中国高校人事制度：关键的改革与质量的提高》，微信公众号"饶议科学"https：//mp. weixin. qq. com/s/eyLHbBbA_ Xik_ QMpu8nInw，访问日期：2021 年 6 月 25 日。

② 仝泽民、杨柳：《国内高校"非升即走"制度的实施情况与优化路径》，载《高等教育评论》2020 年第 2 期。

③ 朱娟娟、雷宇：《武汉大学教师聘任制改革"非升即走"热议背后》，载《中国青年报》2018 年 12 月 24 日。

④ 中山大学 2016 年以来近 6 年时间，竟然借由"非升即走"制招聘了 8000 多个博士生，并称这是在国内高校"抢才大战"。参见《博士生也会就业难？中山大学 6 年引才 8000 人引热议》，载《中国新闻周刊》ht-tps：//baijiahao. baidu. com/s？id = 1697530737277901260&wfr = spider&for = pc，2021 年 4 月 20 日。注：该文作者没有全名呈现，仅有"文/俞"字样显示。

更加开放,更加法制化的现代社会过程中,一个重要的问题就是以契约代替身份。"[1] 理解了这样的时代背景,也就理解了高校"非升即走"改革,其目的是要让教师真正做到能上能下及其契约自治,进而释放人性和激发创造力。正如英国著名法学家梅因早已指出:"所有进步社会的运动,到此处为止,是一个'从身份到契约'的运动。"[2] "非升即走"对高校教师而言,是自由的解放而非人身的禁锢。"人类社会在大学产生后,身份逐渐成为所有从事学术职业者引以为豪的象征性标志之一。美国学术生活的变革,恰是学术职业从身份到契约转变的早期代表和典型模式。"[3]

"非升即走"在我国高校的引入和推行,其正面价值应当大于负面效应。通过最长不超过两个准聘期(6-7年)的试用,对选拔具有学术能力、热情与志趣的长聘轨教授人才,当然会起到积极作用,这不仅于国家于高校是一件好事,对于教师而言,也同样是释放和升华自己的进步之途。跳出传统的任命制,自主选择自己想要的高校及学术岗位,且"预聘制后,年轻人靠竞争得到自己的职位、谈判自己的条件,即成为独立的学者、科学家。获得高于非预聘制人员的收入待遇和研究条件。原来与其他单位一样较为普遍的大教授、老教授带小教授的情况大大减少。而老师把学生留在学校的近亲繁殖非常困难。"[4] 等等,均是传统任命制及"铁饭碗"根本不可比拟和成就的。这其实就是"从身份到契约"的文明进化之路。我们深信,"在学术职业领域,打破身份隔离、彰显契约精神的变革,尽管稍迟于社会、政治、经济领域,但仍然不可阻挡地体现在其变化和发展进程之中,并且影响广泛而深刻。"[5]

二、我国"非升即走"改革面临的挑战及其方向

在对"准聘—长聘制"合同进行契约化设计之前,有必要对其相伴而生且必不可少的"非升即走"机制,从其面临的法律困境上进行评析,并对其改革的大方向予以引述。

(一)"非升即走"面临合法性疑问

我国自1986年《高等学校教师职务试行条例》颁布,其后相关法律都明确规定了高校教师实行聘任制,[6] 但并没有任何法律条文规定"非升即走"的"准聘—长聘制",尤其对"非升即走"推行中可能造成高校教师权利减损的做法,没有通过国家立法规定其相

---

[1] 马敏:《从身份到契约——论当代中国人自我意识的进步》,同济大学2005年硕士学位论文,第2页。
[2] [英]梅因:《古代法》,沈景一译,商务印书馆1959年版,第112页。
[3] 陈伟:《"从身份到契约":学术职业的变化趋势及其反思》,载《高等教育研究》2012年第4期。
[4] 参见饶毅:《中国高校人事制度:关键的改革与质量的提高》,微信公众号"饶议科学"https://mp.weixin.qq.com/s/eyLHbBbA_Xik_QMpu8nInw,访问日期:2021年6月25日。
[5] 陈伟:《"从身份到契约":学术职业的变化趋势及其反思》,载《高等教育研究》2012年第4期。
[6] 与高校教师聘任制有关的法律法规还有:1993年的《教师法》、1995年的《教育法》、1998年的《高等教育法》、2014年的《事业单位人事管理条例》。

应的权利救济程序。

第一，举办大学发展高等教育是我国政府的宪法义务。根据我国《宪法》第 19 条、第 46 条、第 47 条发展高等教育的相关规定，大体可梳理如下：一是明确了国家发展教育事业、开办大学以及发展高等教育、提高人民科学文化水平的义务；二是明确了公民有受教育的权利和义务；三是明确了公民享有科学研究、文学艺术创作和其他文化活动的自由。"在我国，学术自由的表述形式是'科学研究自由'，从我国宪法层面上说，只有'科学研究'才能称之为'学术'"。①

截至 2019 年，我国已实现高等教育普及化目标。② 在此背景下，公民教育权及其"学术自由"的实现，当然有赖于国家高等教育事业。也可以说，高等教育是公民实现科研、创作等自由最主要的途径。事实上，基于我国的社会主义政权性质，高等教育的开办者其实主要就是国家。占有重要地位的高校如"双一流"大学，要么是中央政府单独举办的"国立大学"，要么是省部共建的"公立大学"，故将我国大学视为国家利益和社会公共利益在高等教育方面的义务载体，并不存在法律上的理解困难。

《高等教育法》第 42 条规定："设立高等学校，应当符合国家高等教育发展规划，符合国家利益和社会公共利益。"这进一步说明，我国高校是国家为了履行其"发展高等教育"义务，尊重、促进、满足和保障"公民受教育权"及"学术自由"等文化权利，必须要进行的国家投入。因此，作为高校教师，当然也应当围绕"国家利益和社会公共利益"而开展自己的教学、科研等工作。从这个意义上讲，有学者主张"我国应构建公务雇员法律制度，将高校教师等提供公共服务的事业单位的工作人员纳入其中，确立高校教师公务雇员法律身份"，③ 以及"我国'非升即走'聘用合同是高等学校以'社会公法人'身份与教师签订的新型社会行政劳动合同，具有显著的公法特征，理应接受法治的全面'体检'，以维护教师合法权益。"④ 前述主张彰显了高校教师实质是在为政府的教育事业工作的法律属性。须知，即便是私立大学普遍存在且十分发达的西方社会，就其"国立大学""公立大学"的教师职位，也与私立大学存在完全不同的法律定性。⑤ 因此，源于教师治学本身具有的公共利益属性，将高校教师界定为"准公职身份"，将我国公立高校定位为"准公权组织"并遵循公权行为进行规范（如法无授权即禁止），其实更符合我国的

---

① 王德志：《论我国学术自由的宪法基础》，载《中国法学》2012 年第 5 期。
② 据教育部统计：2019 年全国各类高等教育在学总规模 4002 万人，中国高等教育毛入学率达到 51.6%，进入国际通行的普及化阶段。（国际上将高等教育入学率在 0—15% 确定为精英阶段，16%—50% 确定为大众化阶段，50% 以上确定为普及阶段）。参见高书国：《后普及教育时代：中国高等教育发展的战略空间》，载《现代教育管理》2020 年第 10 期；教育部：《2019 年全国教育事业发展统计报告》http://www.moe.gov.cn/jyb_sjzl_fztjgb/202005/t20200520_456751.html，访问日期：2021 年 8 月 28 日。
③ 谌瑜、蒋树：《论中国高校教师的法律身份》，载《皖西学院学报》2017 年第 3 期。
④ 娄宇：《我国高校"非升即走"制度的合法性反思》，载《高等教育研究》2015 年第 6 期。
⑤ 如德国及日本是将其界定为"公务员"，美国将其界定为"有证书的政府受雇人"。参见申素平：《对我国公立学校教师法律地位的思考》，载《高等教育研究》2008 年第 9 期。

政制现实和高校生态。

第二，对高校教师实行"非升即走"不符合法律保留原则。根据2012年2月教育部《全面推进依法治校实施纲要》、2020年7月《教育部关于进一步加强高等学校法治工作的意见》，结合"国家开办高等学校，发展高等教育"的宪法规定，充分表明我国政府是把高等学校当作公权主体进行规范的。具体从如下四个方面可得出此结论：一是高校章程及校规制定实行法律保留原则；二是高等学校要建立规范性文件审查与清理机制；三是重大规章制度的严格决策程序；四是重大改革须于法有据，于章程有据。[1] 显然，教育部关于高校章程制定及关系师生权利的重大制度的制定与革新必须有上位法依据，且遵循法律保留原则的要求，表明了我国高校所具有的行政主体特征；对高校校规校纪等"规范性文件"[2] 须依循法律和国家规定进行审查清理，这是维护法制统一的必然要求，也是国家法秩序统一性原则在高校建设中的具体体现；高校重大事项及其决策须遵循严格、正当的决策程序，这显然是公权行为须遵循正当法律程序或曰程序正义的体现；而重大改革必须做到于法有据、于章程有据的要求，则充分尊重公权行止必须谨守"法无授权即禁止"的基本法治标准。这些要求，完全是我国法治政府建设中对各级各类公权主体的规范要求和行为指引。既然作为公权主体，就应遵循法律保留原则对其"非升即走"制度进行规范评价。

德国是法律保留原则的肇始地，法律保留原则最早由德国行政法学之父奥托·迈耶提出。"法律保留原则是指在特定范围内对行政自行作用的排除。"[3] "德国传统法律保留原则具有规范行政的单面意义，是行政法律保留；行政法律保留是所有议会立法型的法治国家的共通要求。"[4] "法律保留原则在遏制地方立法冲动、防止部门立法越位、统一国家法制方面具有不可替代的作用。不惟此，从横向权力监督而言，法律保留原则也是依法行政，实现宪法高于法律，法律优于行政的实质内容。"[5] 教育部依循宪法、法律赋予的职权对我国高校进行公权主体定位，完全合法合理且正当有据；对我国高校依照法律授权实施的公权行为，要求须严格遵循"法无授权即禁止"；对其重大改革要求做到于法有据，没有上位法依据不得克减高校师生权益及须遵循法律保留原则，这是从实体及程序两方面对高等学校给出的行为指引。然而，我国法律并未规定高校教师的"非升即走"制度，故进行"非升即走"的重大人事制度改革，没有上位法依据，违背了公权主体重大改革之法律保留原则。

---

[1] 《全面推进依法治校实施纲要》（教政法〔2012〕9号）第6、7点，以及《教育部关于进一步加强高等学校法治工作的意见》（教政法〔2020〕8号）第三、四部分。

[2] "规范性文件"是在法律体系中数量可观、对公民权利和义务具有重大影响但其性质和地位却又不甚明确的一类法律文件。"参见黄金荣：《"规范性文件"的法律界定及其效力》，载《法学》2014年第7期。

[3] ［德］奥托·迈耶：《德国行政法》，刘飞译，商务印书馆2002年版，第72页。转引自黄厚明：《基于法律保留原则的高校校规制定权限研究》，载《高等教育研究》2018年第3期。

[4] 邓毅：《德国法律保留原则论析》，载《行政法学研究》2006年第1期。

[5] 汪庆华：《法律保留原则、公民权利保障与八二宪法秩序》，载《浙江社会科学》2014年第12期。

（二）"非升即走"重在职称评审，职称评审须遵从契约精神

合同就是缔约人之间的法律。正如《法国民法典》所言："依法成立的契约，对缔结契约的双方当事人具有相当于法律的效力。"① 契约精神其实就是法治精神，契约社会即为法治社会。一般认为：契约精神是现代文明社会的主流精神，在狭义上，主要是私人契约精神，包含契约自由、契约平等、契约信守及契约救济，这是支撑现代社会治理的重要价值基础。从民间私人契约向社会契约的发展，进而在公民社会和政治国家之间建构契约体系及其法治框架，是从契约到社会契约发展与递进的必由之路。

第一，"非升即走"的核心是高校教师的职称评审。"非升即走"乃高校"终身教职"制度下避免盲目用人，避免"朽木教授""学术懒汉"而必然伴生的制度设计。因其据以承载的"准聘—长聘制"合同就是典型的契约行为，故"非升即走"当然可归类于契约行为进行设计和运作。回顾我国当代高等教育简史，可知对高校教职实行聘任制早有规定，② 但并没有对"非升即走"这样的重大制度革新有所涉及。

"非升即走"乃长聘轨教职的"程序开关"，关键就是职称评审。"建立与国际接轨的人才选聘制度，选拔能成为国际一流学者的教师，实现与世界一流大学相匹配的高水平师资规模，是我国长聘教师制度战略选择的基本出发点。"③ 但面临的问题是，在实行高校教职聘任制这一大的背景下，应运而生的"准聘—长聘制"及其"非升即走"如何规范和调整？即如何既实现选拔一流人才的目的，又能使该制度与我国长久以来的"铁饭碗"及"教职终身制"平稳衔接？其中涉及的矛盾和纠纷，虽表面上是"走"的问题，但实际上却是"升"的标准，尤其是学术职称"不升"所须对应的合同条件。因为，"升"与"不升"是"走"或"不走"的关键所在，故教师职称的"升"与"不升"之评审环节，直接决定了长聘合同之有无，更直接决定了"终身教职"之有无。

第二，"非升即走"之职称评审应依契约进行。职称升级是准聘转长聘的前提条件，职称评审则是教职是否升级的"程序开关"。传统的高校教师职称评审，是高校的单方行政行为，现在甚至可预见的将来都可能继续沿袭，但"非升即走"所涉职称评审则应属双方契约事项。根据《高等教育法》第37条和第47条的规定④不难看出，高等学校对教师职称的评审，首先是基于《高等教育法》的授权性规定而取得评审资格，然后才"按照

---

① 参见韩信：《所谓中国人无契约精神系误读》，载《人民法院报》2014年1月10日。
② 《高等学校教师职务试行条例》（1986）第2条规定："高等学校教师职务设助教、讲师、副教授、教授，各级职务实行聘任制或任命制。"但在高校人事制度改革的实践中，并未严格执行《试行条例》中关于职务聘任的规定，评、聘基本一体化。参见赵俊芳：《新中国成立以来我国高校人事制度回溯及评价》，载《中国高教研究》2019年第8期。
③ 张端鸿、王晨：《中国高校长聘教师制度的战略选择与制度风险》，载《高等教育研究》2020年第7期。
④ 《高等教育法》第37条规定："高等学校按照国家有关规定，评聘教师和其他专业技术人员的职务。"第47条规定："高等学校实行教师职务制度。教师职务设助教、讲师、副教授、教授。"注：除引用法律规定而忠实使用"职务评聘"外，其他地方均以"职务评审"的最新规定进行论说。

国家有关规定"开展评审活动。即评审权力的取得是基于法律的授权，评审权力行使中的评价标准、评价程序等，则是按照国家的有关规定进行。显然，高等学校对教师的职称评审行为，完全可认定为是"根据法律、法规和规章的授权"所进行，即"按照国家有关规定"而实施的单方行政行为。

但是，对于国家现行法律并没有规定的"非升即走"，其所涉及的职称评审，则完全应当跳出传统模式进行评价。这主要基于两方面理由：一是"非升即走"所涉职称评审是根据合同约定的工作任务来进行考核，并不是"按照国家有关规定"进行评价；二是国家有关高校教师职称评审的改革意见，已经将职称评审工作，通过授权性规定交由具备条件的高校来独立进行，即已将此作为"高校办学自主权"予以下放，故在高校与教师基于意思自治基础上，达成的"非升即走"契约条款，理应由缔约双方秉持契约精神进行评价。故而，教师职称的考核评价标准及其升或不升，完全可借由"契约立法"来完成。

三、高校"非升即走"教职改革契约之治的多维图景

"非升即走"制度与教师利益息息相关。法治高校建设是法治国家建设的重要组成部分，高等学校要"以法治思维和法治方式引领、推动、保障学校改革与发展，努力在法治中国建设中发挥引领示范作用"。这是2020年《教育部关于进一步加强高等学校法治工作的意见》第一点开宗明义提出的要求。十八届四中全会通过的《中共中央关于全面推进依法治国若干重大问题的决定》，将"契约精神"作为依法治国的基本指引。故而，法治高校建设，首当弘扬契约精神。

如前所述，我国法律体系中，并没有"非升即走"的制度设计，故"非升即走"面临"缺少上位法依据"的困境，面对这样的局面，完全借由契约之治予以调整。而契约之治的顺利推进，绝不仅仅局限于教师与高校之间。厘清"非升即走"人事制度改革中面临的诸多法律关系及配套机制，才能使制度实施有章可循。故而，在关顾教师与高校之间的契约法律关系之外，还须同时构建高校、政府、社会的多元法律关系及其契约精神。

（一）教师与高校的契约之治：聘用合同

"非升即走"契约之治首先体现在教师与高校之间。《高等教育法》第48条规定："高等学校的教师的聘任，应当遵循双方平等自愿的原则，由高等学校校长与受聘教师签订聘任合同。"如前所述，"非升即走"的关键是职称评审，故将"非升即走"职称评审进行可诉性改造，即通过契约形式进行权利义务设定。由高校与教师对学术晋升条件在充分沟通、平等协商基础上确定，做到职称评审有约可依、有法可循，即实现职称评审过程的可操作性、评审后果的可预测性，并指引和规范缔约双方信守契约，对学术争议及其解决机制预作假设与安排，必然会为"非升即走"的"走"得其所夯实契约基础。"非升即走"模式之下，"不升"当然会在所难免，"走"也将十分正常。因此，有约在先且尽可

能做到权利义务的公平设定，或将减少对立与冲突，也将为争议产生后当事人选择文明、理性、有序、可控的纠纷解决之道提供契约化、法治化路径。

教师与高校之契约，不外四方面内容，即契约自由、契约平等、契约信守及契约救济，具体如下：

第一，契约自由。契约自由，包括缔约的自由，契约形式的自由，契约内容的自由，选择解纷机制的自由等等。具体而言，在"非升即走"模式之下，契约自由方面值得关注的重点是选择契约内容的自由，包括选择纠纷解决方式的自由。至于契约自由的其他方面，如是否缔约、与谁缔约并不存在特别值得关注的问题。至于契约形式，底线是排除口头方式，至于是以书面还是电子数据方式，做到可予查证就好。因为有据可查的契约，才可成为纠纷产生后维权及裁判的"法律文本"，才具有预测与指引的规范功能。须知，所谓契约自治，其最终落脚点就是争议解决方式的自治。

第二，契约平等。首先是主体平等，关键是权利义务平衡与对等。意思表示真实及信息披露，是权利义务平等的基本保证。劳动和人事法律关系中，所谓主体平等可能仅仅是契约正式签订之前或正式履行之前。因为一旦签订后开始进入履行阶段，就必然要服从单位的领导、管理和规章制度约束，故而在契约条款中把可能出现的问题都进行预测与假设，并约定好相应善后机制——比如退出机制、违约机制等，就显得尤为重要。契约平等的另一重点，是对于缔约者各自关切的相关事项，对方理应如实披露和积极提供，以便双方在掌握充分资信基础上理性决策，尤其是与契约内容及履行关系重大的学术岗位工作信息。① 就校方而言，有关岗位工作任务的设定，应首先遵循学术规律由同行教授进行科学评估及论证后设定，并向应聘者充分披露，并通过双方充分沟通协商、讨价还价后确定契约条款。

第三，契约信守。诚实信用乃民法的帝王条款。"契约严守强调合同的有效性与神圣性，要求当事人诚信履约，反对当事人违约失信，出尔反尔，言而无信。"② 契约信守首先表现为缔约过程中的诚信以对，也包括契约履行过程中的严格履行与全面履行。至于违约责任之国家法律制度，则是对契约信守的兜底保障或曰兜底责任。故而，契约内容中约定好违约责任，显然是赋予契约强大生命力的关键所在，也是促使违约责任条款"归为废纸"的最好安排。③

高校"非升即走"合同的实践和推行，尤其需要强调校方不能一边是合同当事人，一

---

① 依笔者之见，应聘者可考虑利用《高等学校信息公开办法》《政府信息公开条例》等赋予的信息获取途径获取想要的信息，高校也可要求应聘者对某些问题以书面方式进行"陈述与保证"，并可将此纳入契约的组成部分作为争议产生后的评判依据。

② 刘俊海：《新时代契约精神》，载《扬州大学学报（人文社会科学版）》2018年第4期。

③ 在笔者看来，若违约责任条款设计得当，必然会促使当事人不敢轻易违约，而选择全面、完整地履行合同，这当然会避免违约行为的出现，从而使违约责任条款变成"僵尸条款"而形如废纸，这从另一方面而言，也就意味着合同约定的权利义务得到信守而实现了缔约目的。

边又居于"领导者"地位而擅自变更约定的权利义务条款,或者对影响契约履行及工作进展的重大情况不予变通——比如女教师生产小孩或男教师家庭出现重大变故等。就此意义上而言,如果因重大情势变更——比如据以作为合同基础的国家法律制度变动或科研课题变更,致使原聘岗位确无继续履行的必要和可能,当然可不用继续履行契约条款。尽管如此,也应以"非升即转"等方式作出变通处理,不应无视教师的正当利益粗暴对待。

第四,契约救济。契约救济又可谓之契约保障。如果缔结的契约没有得到信守,甚或违反了契约自由(比如胁迫、欺诈或乘人之危等)、契约平等(比如显失公平),合同当事人当然可启动违约责任追责程序。"非升即走"契约救济的关键,是在构建好违约责任条款的基础上,努力打造好争议解决机制。这可从两个方面进行把握:一是职称评审过程中的"同行评价";二是职称评审争议产生后的"同侪审判"。缔约者尤其教师一方,应当明确要求职称评审由"同行评价",职称评审争议由"同侪审判",在此基础上对同行、同侪的人员构成[1]以及听证程序、学术仲裁程序、委托代理人的权利,以及违反程序的法律后果等进行"契约立法"。

这个问题处理得当,则对国家强调的建立健全高校内部争议解决机制、申诉处理机制,甚或对学术问题的司法可诉性打造,都将起到积极的促进作用。[2] 须知,依法设立的合同或没有违反法律禁止性规定的私契,其获得适用的效力应当优先于国家法律。故如果约定了严格的程序而又没有得到遵守,就此程序违法提请行政执法监督或者司法审查,则完全具有可诉性——即程序问题的可裁判性及可执行性,应该都在国家现有纠纷解决机制的射程之内。

"近代以来的大学理念与大学法制,是以学术自由为核心的。"[3] 除前述功用之外,此做法对切实激活"同行评价""同侪审判"甚至"专家证人"制度,激活高校的学术自由及教授治学,进而推动我国高校在大学自治、终身教职方面向世界高水平大学迈进。教育部要求高等学校"以法治思维和法治方式引领、推动、保障学校改革与发展,努力在法治中国建设中发挥引领示范作用",对此,高等院校及其教师,完全应当有所作为。从现实的层面来看,这对避免年轻教师因申告无门选择"君子动手不动口"而暴殴院长等极端做法,肯定具有正面价值与示范意义。

(二)高校与政府的契约之治:大学章程

"章程之于大学的地位,一如宪法之于国家的地位,乃是大学自治、依法治校的宪

---

[1] 比如要求不少于多少人、各方提名多少比例、如何行使回避权等。
[2] 注:针对高校职称评审存在的纠纷问题,目前的做法是既不能通过行政复议、行政诉讼解决,也不能通过民事诉讼予以处理,原因就是此属"高校办学自主权"不在校外行政机关与司法机关的主管之列。
[3] 张翔:《学术自由的组织保障——德国的实践与理论》,载《环球法律评论》2012年第4期。

章。"① 大学章程起源于中世纪，在西方有着悠久的历史和传统，大学章程的源头是特许状（charter）。② 美国则早在200年前便将特许令状及大学章程作为政府与大学的边界。③ 在我国，进入21世纪后才兴起对大学章程的重视，这可从教育部针对高等学校的诸多改革举措中得以体现。④ "非升即走"的高校人事制度改革，无论高校是将其作为唯一用人模式，还是作为选择性用人模式，都在大学章程的涵摄范围。"非升即走"需在通过聘用合同的契约之治构筑好教师与高校关系基础上，通过大学章程的契约功能理顺高校与政府之间的法律关系。

大学章程不仅能够约束大学，而且还能够约束政府，约束国家公权力，这在人们的传统认知中似乎不可想象。《高等教育法》规定，高等学校的章程应当包括"举办者与学校之间的权利义务"等事项，则说明政府将成为契约当事人，当然应受大学章程的约束。需要指出的是，对高校与政府的契约关系，并不完全适用教师与高校之间的契约论述理路，也无需以契约精神所包涵的四个要素展开分析，而应从如下方面进行把握。

第一，高校章程的制定过程，就是高校与政府缔约的过程。高校章程的制定程序，是由政府制定的。《高等学校章程制定暂行办法》第19条要求：高校章程的制定过程，需要接受举办者、教育主管部门、有关机关、师生及公众的监督和评估。且在制定过程中"涉及与举办者权利关系的内容，高等学校应当与举办者、主管教育行政部门及其他相关部门充分沟通、协商。"

我国高校由教育部直属高校、其他中央部委所属高校及地方政府举办的高校构成。三类学校所涉章程，都须按照严格的程序进行制定，在章程文本制作完成后，须按程序报请法定核准机关进行核准后才正式产生法律效力。⑤ 在核准过程中，需要核准机关的专门机构审查通过，才能提交由核准机关、有关主管部门推荐代表，以及高校、社会代表及专家组成的高校章程核准委员会进行评议。评议后既可作出是否核准的决定，也可要求进行修改完善等。章程的修改，同样需要遵循这样的程序。这既是共同为高校"立法"的过程，

---

① 李牧、楚挺征、余功文：《我国大学法律制度之检讨——以现代大学制度为视角》，载《华中农业大学学报（社会科学版）》2010年第2期。

② 当时教皇和国王为了争得对大学的统治权，拉拢大学站在自己的一方，争相为大学颁发特许状，承认或赋予大学一定程度的自治权力。参见蒋蕾：《中外大学章程制度体系建设比较研究》，载《高校教育管理》2005年第1期。

③ 如美国联邦最高法院于1819年的"达特茅斯学院案"中将特许状定性为宪法保护的契约，作为政府与大学之间的法定界限。随着特许状的式微和大学法人地位的确立，大学章程逐渐发展为包括设立规范、校内规范等在内的复合型制度体系。这一制度体系既能够保障政府与大学的界限，又能够使大学在合法的轨道上自主运行。参见范佳洋：《美国政府与大学关系的变迁——以大学章程的发展史为视角》，载《河南科技学院学报》2020年第6期。

④ 如明确规定，"章程是高等学校依法自主办学、实施管理和履行公共职能的基本准则。高等学校应当以章程为依据，制定内部管理制度及规范性文件、实施办学和管理活动、开展社会合作。详见《高等学校章程制定暂行办法》（2011）第3条。

⑤ 具体而言，前两类高校章程的内容须按程序报请教育部核准，地方政府举办高校的章程报请省级教育行政部门核准并报教育部备案。

也是高校与政府"缔约"的过程。

第二，政府对高校的管理和考核，须纳入章程进行约定。政府依法治教及高校依法治校，双方须遵守的首要规范是高校章程。高校章程就是高校的"宪法"，这没有任何疑义。但如前所述，高校章程还约束政府，这在我国当代政校关系中却是一个新命题。其实，高校章程作为政府的行为边界，早有历史可循，因其需涵摄诸多内容，必然涉及诸多法律关系。但处理好"学府"与"官府"的关系，将是处理好"非升即走"契约关系及其他诸多关系的基础保障。值得肯定的是，"举办者对学校进行管理或考核的方式、标准等"须纳入高校章程进行约定。这无疑就是将政府对于高校的行政执法权进行契约化改造。尤其是，在政府对高校履行监督职责过程中，"对高等学校不执行章程的情况或者违反章程规定自行实施的管理行为，应当责令限期改正。"这在《高等学校章程制定暂行办法》第7条和第31条进行了明确规定。表明高校章程既是政府依法行政的重要法律渊源和规范依据，也是政府应当维护并利用国家公权力保障实施的权威"法律文件"。

第三，高校章程的法律遵从与法治底线。高校具有公权主体与私法主体双重身份。高校章程制定须以宪法、法律法规为依据。高校对其教师、学生而言，可被看作公权主体，因其与教师及学生间的权力与权利关系，主要是教学关系，都是依循国家法律规定的关系范式存在。如教师职称评审、学生学位颁授，被视为是高校代表国家实施的准公权行为，因相关资格及证书的授予权力是基于国家法律法规的授权而实施。[①] 故其针对师生实施的学术行为，自当纳入公权行为来看待，须尊重"重大改革须于法有据"之要求，谨守"法无授权即禁止"之底线，并遵循法律保留原则。

但就高校与政府的关系而言，尤其在政府行使高校行政管理职权的法律关系维度，高校则变身为"私法主体"，对其应秉持"法无禁止即自由"进行活动，[②] 而政府则当谨守"法无授权即禁止"的行为边界。在此过程中，高校章程将扮演极其重要的角色。高校章程须以宪法、法律为依据进行制定，只要章程内容不违反法律法规的强制性规定，政府就当予以尊重。

当诸如"非升即走"制度改革将教师、高校及政府等多元主体纳入一起进行法律关系评价时，则无论高校章程、校规校纪及政府政策，都只能以教师权利是否遭到克减作为高校及政府行为是否遵循法律保留原则的底线。在法治国家，有一条清晰的原则是，法律保留就是权利保留。故法律保留之上是宪法保留，宪法保留之上是人权保留。也即法律不能违反宪法，而宪法不能违反人权。

"大学是一个由学者与学生组成的、致力于寻求真理之事业的共同体，人们出于寻求

[①] 当然，对于并非学术权力行使范围的事项，如聘用合同履行过程中一般社会保险、工资发放、差旅费报销等产生法律争议，高校并不适合以公权主体予以定性。

[②] 《高等学校章程制定暂行办法》（2011）第31条规定：高等学校的主管教育行政部门对章程中自主确定的不违反法律和国家政策强制性规定的办学形式、管理办法等，应当予以认可。

真理的唯一目的而群居于此"。① 政府必须将高校作为独立的法人进行看待，政府的意志与关切，完全可在章程制定即契约缔结过程中就进行合理安排。因此，在政府意志得以尊重，即高校章程按照政府规定的程序进行制定并经政府核准的情况下，高校按照章程开展的活动，也就是政府意志得以执行和落实。

（三）政府与社会的契约之治：国家法律

"最优美的制度不是创造出来的，而是进化而来。"② 我国高校推行的"非升即走"制度，就是从美国引入及进化而来，并非自己首创。高教领域政府与社会的契约之治，首当厘清"政府"之所指及"社会"之范围。这里的"政府"是广义的政府，是政治国家中包括立法分支、行政分支及司法分支等公权机关在内的国家机构。而这里的"社会"，自然包括高校、高校师生，以及社会组织、普通公众等诸多共同体成员。从最严格的意义上而言，宪法才是政治国家与公民社会的最大公约数。但是，根据宪法、法律制定的行政法规，或根据前述上位法制定的部门规章，也可纳入广义的"国家法"范畴。

第一，"非升即走"的法治化须立基于准聘－长聘合同。"非升即走"制度文明在我国得以彰显，需要沿着教师与高校的"聘用合同"之治，高校与政府的"大学章程"之治，走向政治国家与公民社会的"法律之治"。这是一条私人契约、社会契约到共同体生成及国家立法的进化之路。"大量增加的契约现象不仅是可供构建新型社会关系和社会组织借用的理论资源。契约所隐含的平等、自由功利和理性的原则完全有可能作为一种新的模式被用来构建国家和社会。"③ 教师是高校的核心资产。当下我国高校的"双一流"建设中，"非升即走"用人机制被视为是其改革能否成功的关键，但如前所述，我国至今仍没有任何法律、法规及部门规章对此作出规定，虽然在国家政策中出现了"推进准聘—长聘制相结合"的意见表述，但却仅仅停留在口号层面。因此，"非升即走"的契约之治当然须以准聘－长聘合同为基础。

第二，"非升即走"须从高校治理走向国家治理。高校治理是国家治理的重要组成部分。在国家治理体系及治理能力现代化的进程中，在依法治国、依法执政与依法行政全面推进的背景下，也相应提出了依法治教、依法治校与依法治学的要求。教育部明确规定，全国高校要"推进高等学校治理体系和治理能力现代化，进一步加强高等学校法治工作，全面推进依法治教、依法办学、依法治校。"④ 一般而言，"社会交往中的日常治理，主体之间需要根据法律的约定订立契约，以实现契约交往的'互治'，除非主体之间的'互

---

① ［德］卡尔·雅斯贝尔斯：《大学的理念》，邱立波译，上海世纪出版集团2007年版，第20页。
② ［美］莫里斯：《法律发达史》，王学文译，中国政法大学出版社2003年版，第85页。
③ 苏力：《从契约理论到社会契约理论——一种国家学说的知识考古学》，载《中国社会科学》1996年第3期。
④ 《教育部关于进一步加强高等学校法治工作的意见》（教政法〔2020〕8号）开篇语。

治'受到干扰，出现'互治不能'的情形时，才需要或应请求，或依职权而出面的政府主体之治理。"① 毋庸讳言，"非升即走"在我国的推行已经出现了诸多教师与高校自治、互治难以解决的问题，故理应由政府依职权介入，共同进行国家治理。

"非升即走"这一关系高校师资建设的重大改革是否于法有据，是摆在教师、高校、政府及社会各方主体面前的重大问题。国家治理中的主体多元化及其关系法治化，即"政党、国家、政府、社会经济组织、公民等都是参与国家治理的主体。从法学的角度看，这些主体都是法律拟制的产物，按照社会契约论都应以平等身份参与治理。"② 故而，为稳健有效、依法有序地解决好"非升即走"面临的问题，"构建政府、学校、社会之间新型关系，是全面深化教育领域综合改革的重要内容，是全面推进依法治教的必然要求。"③

第三，"非升即走"的制度模式需要从校规走向国法。进入二十一世纪以来，尤其最近十余年的高校改革，中央政府先后出台了《国家中长期教育改革和发展规划纲要》(2010 – 2020 年)，《统筹推进世界一流大学和一流学科建设总体方案》(国发〔2015〕64号)，以及《关于全面深化新时代教师队伍建设改革的意见》(2018)等重大改革举措。除前述国家最高执政当局的顶层设计外，教育部、中央编办、财政部等诸多中央部委，也先后出台了涵摄高校章程制定、职称评审、简政放权、依法治校等诸多重大问题的改革举措，并颁布了一系列部门规章及规范性文件。④ 但在国家立法、国务院行政法规层面，却至今没有进行法律制度的革新。鉴于现在"非升即走"的用人模式在我国双一流高校已普遍推行，而"非升即走"的相关规定至今仅停留在各个高校的校规层面。故为切实落实法治高校建设任务，理应从国家法律层面完善我国高校"非升即走"用人模式，使高校在具体运行该制度时有法可依。

第四，"非升即走"顶层设计应重点关注争议解决等五个问题

一是突出教授治学及同行评价，尊重和强化学术权力。虽然目前教育部的相关规定中，已经对此做出了诸多规定，但完全应该从教育部层面上升到国家层面。且当勤力落实既有规定，具体就是把《高等学校学术委员会规程》真正落实到位，并上升和修整为国家法律。规制并弱化高校行政权力在学术问题上的话语权，应当着力解决行政职务与学术职务的交叉关系，并为其相互区隔作出安排。

二是既鼓励"非升即走"，也允许其他模式并存。按照饶毅先生的观点，北京大学作

---

① 谢晖：《法律至上与国家治理》，载《比较法研究》2020 年第 1 期。
② 陈金钊、俞海涛：《国家治理体系现代化的主体之维》，载《法学论坛》2020 年第 3 期。
③ 《教育部关于深入推进教育管办评分离 促进政府职能转变的若干意见》(2015) 第 1 点。
④ 这些规章和文件包括：《高等学校信息公开办法》(2010)《高等学校章程制定暂行办法》(2011)；《全面推进依法治校实施纲要》(教政法〔2012〕9 号)；《高等学校学术委员会规程》(2014)；《关于深化高校教师考核评价制度改革的指导意见》(教师〔2016〕7 号)；《教育部等五部门关于深化高等教育领域简政放权放管结合优化服务改革的若干意见》(教政法〔2017〕7 号)；《高校教师职称评审监管暂行办法》(教师〔2017〕12 号)；《关于进一步加强高校学校法治工作的意见》(教政法〔2020〕8 号)；《关于深化高等学校职称制度改革的指导意见》(人社部发〔2020〕100 号)。

为我国高校中最早确立并引入"非升即走"制度的高校,到目前为止运行得非常成功。而实际执行中,北京大学采取的并非极端的"非升即走"模式,制度运行10余年来,至今没有一名教师因为"非升即走"而走人。放眼世界各主要国家,我国高校的行政属性应该最重,高校教师职业的公共属性当属最强,故不应该仅借鉴美国,欧洲的做法也值得参考,"法国国立大学教师的职务晋升遵循公务员法和大学章程,对不称职者的惩罚措施是不予晋升",① 故而,"非升即转"或冻结职称晋升,这对既往的"只升不走"而言,本身就是巨大革新。

三是严格规范"非升即走"的入口程序。我国高校一直以来对教师数量实行比例控制制度,根据不同专业院校分别规定生师比为13∶1 - 18∶1的比例标准。② 随着改革的不断深入,近年又规定可试行总量控制下的动态用人机制,高校的岗位设置、结构比例等,须根据办学实际需要和精简、效能原则予以安排。③ 在此基础上,尝试对"非升即走"机制中长聘轨入轨率的比例控制,如准聘与长聘比例2∶1、3∶1甚或5∶1,应该对此在国家层面进行规定而不应任由大学自主进行,否则难免出现"人才大跃进"及高才低配现象。这样的做法,将会从源头及入口便对不正常的"非升即走"做法加以控制,使相关高校严肃对待"非升即走"问题,以促使契约双方尤其高校,审慎、负责地做出用人选择和制度安排。不能任由中山大学"6年引进8000博士,更有万名博士计划",以及武汉大学青年教师97%淘汰率的"非升即走"乱象继续存在。

四是"非升即走"需要充分的人才流动和高度竞争的大学体制。"教师的流动既有利于学术交流,又有利于个人提高。只有流动,才有生命力,也有利于克服近亲繁殖的弊端。"④ 近年来,"国内高校人才流动率低于3%,虽然科研出众的教师相对容易流动,但普通教师的流动较为少见。而欧美高校之间教师流动较为常见,高校人才流动率在20%左右,因'非升即走'离开的教师,仍然可以选择其他高校。"⑤ 我国长久以来的公职身份、编制、户籍、社保等制度,致使高校人才的流动根本难以自由进行。故而,若要"非升即走"在我国行稳致远,理应破除各种制度上的藩篱,这绝非教育部出台规定可以成就,而须上升至国务院行政法规甚至全国人大常委会进行立法才可望解决。

"非升即走"制度得以推进的另一重要方面,是高度竞争的高校体制。张维迎先生是2003年北京大学推行"非升即走"制度的主要操盘手之一,他明确指出:"世界的经验表

---

① 娄宇:《我国高校"非升即走"制度的合法性反思》,载《高等教育研究》2015年第6期。
② 《普通高等学校基本办学条件指标》(教发〔2004〕2号)。
③ 《教育部等五部门关于深化高等教育领域简政放权放管结合优化服务改革的若干意见》(教政法〔2017〕7号)第二部分。
④ 刘道玉:《其命维新——刘道玉口述史》,华中科技大学出版社2021年版,第15页。
⑤ 仝泽民、杨柳:《国内高校"非升即走"制度的实施情况与优化路径》,载《高等教育评论》2020年第2期。

明，竞争，而不是政府的管制，才是推动大学健康发展的有效力量。"[1] 大学起源于欧洲，自 1088 年意大利的博洛尼亚大学成立以来，欧洲的大学已经历了近千年的历史，但近代尤其二战以来，美国大学早将欧洲大学远远甩在了身后。"主因在于，欧洲国家的政府对大学严格的管制，导致大学之间没有竞争；而美国实行的是高度的大学竞争体制。"[2] 因此，我国"非升即走"制度改革的源头活水，是在打造充分、自由的人才流动机制之外，将培育高校之间的高度竞争机制，纳入国家法层面予以建构。

五是"非升即走"的契约之治须建立健全学术争议仲裁机制。目前"非升即走"出现的严重问题，除了源头、入口治理方面的因素外，根本原因在于善后及解纷机制的缺失。虽然《劳动争议调解仲裁法》等法律均对高校人事聘用纠纷，规定可通过劳动人事争议仲裁程序予以仲裁，但却将职称评审争议排除在现有程序之外。最高人民法院于 2018 年颁行的行政诉讼法司法解释，已就高等学校可作为行政被告进行了规定。但长久以来，对高等学校的行政诉讼大多停留在毕业证、学位证颁发争议等层面，对大学教师的职称评审，一直就是以"大学办学自主权"及"学术尊让"之名回避司法管辖。因此，尽管最高人民法院司法解释明确了高校的被告身份，但具体司法实践中并不能对"非升即走"学术争议寄望司法更深、更多介入。因此，在教育部相关规定一再强调高校要建立健全申诉及争议处理机制的背景下，理应将教育系统内部的学术争议处理机制纳入国法视野。

具体而言，对于全面推行"非升即走"用人机制的"双一流"高校，在学校层面都应构建学术争议仲裁机制，具体可采用常设或非常设方式。可由各高校的法制办具体负责，仲裁庭的组成由不少于 7 人以上的单数构成，并由具有丰富经验的法律人士担任庭审主持人，负责主持仲裁活动的程序性事项，不参与争议案件学术问题的投票表决。享有投票表决权的仲裁员全部由同行专家组成，同时应当规定本校教师不能超过仲裁庭的相应人数比例。仲裁员的产生及回避规则，可以借鉴诉讼法、仲裁法以及陪审员法等程序法的相关规定，并结合学术争议的特点进行设计。可在"非升即走"的法律规定中作出安排，也可授权教育部进行具体规定。省级以上教育行政部门应该设立相应的仲裁机构，并可规定由高校行使初级仲裁权后，实行由省级以上教育行政部门进行终局仲裁，也可赋予当事人继续向司法机关提起民事诉讼寻求司法救济的权利。

"仲裁实质上是解决争议的一种合同制度，应当受当事人意思自治原则的支配。"[3] 需注意的问题是，"非升即走"合同所约定的纠纷解决机制，尤其有关程序法意义上的约定，是否能够成为国家司法审判所应尊重的规范依据？就这个问题，笔者认为可参照"商人自

---

[1] 张维迎：《大学的逻辑》，北京大学出版社 2003 年版，第 2 页。
[2] 张维迎：《大学的逻辑》，北京大学出版社 2003 年版，第 55 页。
[3] 洪媛媛：《浅议国际商事仲裁协议准据法的确定》，"中国法院网"https：//www.chinacourt.org/article/detail/2012/11/id/786335.shtml，2012 年 11 月 13 日。访问日期：2021 年 8 月 29 日。

治"的商事仲裁制度进行处理。① 故而,在我国高校有关"非升即走"争议解决机制的"契约立法"以及"国家立法"中,既要关注缔约者对其"契约立法"的信守和遵从问题,也应当有"国家立法"对"契约立法"的承认与保障机制。本着这样的思路,我国高校与教师的"契约立法"若得到很好的实践,或许将为"非升即走"争议解决机制的"国家立法"起到示范推动作用。

结　语

"非升即走"之制度建构,理应尊重国家大力倡导和维护的契约精神。② 契约精神既是缔约者"法锁"本质之所在,也是国家法灵魂之所归。"非升即走"于国家法层面而言,仅从高校在职称评审中的行政法角色检视,可知该制度并没有法律的明确授权,故只能从"当事人自己为自己立法"的合作型、合意性维度进行建构,这也是厚实的民间法土壤本可解决也应当解决的问题。

面对"非升即走"这一"从身份到契约"的社会进步运动,我们不可仅因国家法滞后,便否定已进行的广泛实践。"法治社会的建设离不开对横向契约的尊重和贯彻,法治国家和法治政府的建设离不开对纵向契约的尊重和贯彻。于纵向契约而言,国家权力来自人民的'合意',权力必须服务于权利。"③ 如前所述,高等学校教师的聘任,应当遵循双方平等自愿的原则。在"非升即走"的国家治理中,其赖以存在的"准聘—长聘制"契约,虽表面表现为横向契约,但从根本意义上而言,还是秉行着教师与高校、高校与政府、政府与社会这样的纵向演绎路径。且从国家法律、大学章程、聘用合同的效力位序看,不违反国家法律禁止性规定的契约,定当优先于大学章程及国家法律得到适用,不违反国家法律禁止性规定的大学章程,同样应当得到优先尊重。故而,解决当前我国高校"非升即走"存在的问题,其法治路径理应从高校公权主体的"法无授权即禁止"模式,调整为双方契约之治的"法无禁止即自由"模式。这将是我国"非升即走"制度落地生根、开花结果的法治化进路。

---

① 通常而言,在国际商事仲裁中,允许当事人选择适用不同仲裁机构的仲裁规则,而在我国国内商事仲裁中(没有涉外因素),则不允许选择已选定仲裁机构之外其他仲裁机构的仲裁规则。

② 2014年中共十八届四中全会通过的《关于全面推进依法治国若干重大问题的决定》提出:"强化规则意识,倡导契约精神";2016年中共中央办公厅、国务院办公厅印发的《关于进一步把社会主义核心价值观融入法治建设的指导意见》指出:"健全民事基本法律制度,强化全社会的契约精神";2018年中共中央印发的《社会主义核心价值观融入法治建设立法修法规划》再次重申:"以保护产权、维护契约、统一市场、平等交换、公平竞争等为基本导向,完善社会主义市场经济法律制度。"由前述规定不难看出,契约精神与法治建设息息相关,契约制度与法律制度一脉相承。

③ 在"商人自治"的仲裁处理模式中,早已明确当事人既可约定实体裁判的准据法,也可约定具体应遵循的仲裁规则。参见马新福:《社会主义法治必须弘扬契约精神》,载《中国法学》1995年第1期。

The Reform and Prospect of "Probationary and Permanent Employment System" for University Teaching Staff

Yang Mingkua

Abstract: The core of "probationary and permanent employment system" is "up – or – out", and the key of "up – or – out" is the evaluation of professional title. It is an important personnel reform to carry out the "up – or – out" employment mechanism in colleges and universities, but there is no "up – or – out" institutional arrangement in the existing legal system of our country. According to the "major reform must be based on legal basis" to evaluate, the professional title evaluation of the "up – or – out" system may fall into the predicament of no legal basis. The reform of "up – or – out" can be classified as the progressive movement of "from identity to contract", which should be affirmed, carefully crafted and implemented steadily in accordance with public reason. The current legal provisions and practices of professional title evaluation in China belong to the litigable administrative acts authorized by laws and regulations to be implemented by universities "in accordance with relevant provisions of the state", but it is generally difficult to introduce judicial procedures for relief. Transforming this unilateral "administrative act" into a contract act of both parties, clarifying and respecting the essential feature that the professional title evaluation of "up – or – out" is based on contract rather than "in accordance with relevant regulations of the state", designing and planning the contract legal relationship among teachers, universities, government, society and other multiple subjects, and advocating and strengthening the contract spirit, accomplishing the rule of law through the rule of contract, which will be a promising prospect of the reform of the "probationary and permanent employment system" for teaching staff in universities in China.

Keywords: University Teaching Staff; Probationary and Permanent Employment System; Up – Or – Out; Contract Spirit; Legalization

河南"社会法庭"制度：
构造、功能与解纷技术

胡宗亮[*]

摘　要　河南"民间法庭"符合"社会法庭"的基本要件，可以被界定为"社会法庭"的民间样本，且其在制度构造——硬件配置、人员配置——上具有与《社会法庭建设标准指导意见（试行）》《示范性社会法庭和特色社会法庭建设标准指导意见》的高度拟合性。就其制度功能而言，它不仅具有被转化为民间纠纷解决机制规范依据、学理依据的天然能效，还能够承载使其自身完成"制度化"转变的规范预期，更具有其他类似民间纠纷解决机制所不具备的民间法涵摄优势。不过，从其援用的纠纷解决技术来看，带有浓厚"乡土社会"色彩的民间法方法仍占主流；但这并不会消解其作为"社会法庭"之"制度"的基础，反倒能够为我们形塑更加生动的"民间法－国家法"互动样貌。

关键词　河南省　社会法庭　民间法适用　纠纷解决机制

民间法介入司法的案例在我国数见不鲜，较有代表性的有陕西陇县"三官一律下基层"制度[①]、江苏姜堰的"善良风俗引入民事审判"制度[②]、上海市的"民商事习俗介入审判"制度[③]、河南的"民间法庭"，等等。但这种非制式话语的制度梗概并不利于民间法与国家法在理念和规范层面的衔接，或者说，它无益于民间纠纷解决机制作用成果的转

---

[*]　胡宗亮，中国政法大学法学院博士研究生。
① 原名"一村（社区）一法官"制度，详见胡宗亮：《试论民间法介入调解的正当性——以陕西陇县"一村（社区）一法官"制为例》，载《公共事务评论》第十五卷第一期。
② 详见胡宗亮、张晓韵、马天一等：《国家级本科生创新项目·司法体制改革背景下民间法介入司法审判的规范化程序机制研究——以"姜堰模式"为例》，2014年7月。
③ 详见胡宗亮、龚颖欣、何方等：《北京市本科生创新项目：民事习俗介入纠纷解决机制的现代化范式研究——以上海市为例》，2015年3月。

化和固定,而对此的追求正是我们就"民间法转译入国家法"及其末梢(司法与救济)话题乐此不疲的根源所在。带着这样的目标,我们想要为具有制度化之"可欲性"的民间纠纷解决机制找到适恰的"制度外衣",河南的"民间法庭"具有明显的比较优势,又带有相对规整的"社会法庭"要件符合能力,可以称为这一工作的先期样本。

一、河南"社会法庭"及其制度构造

(一)为什么说河南的"民间法庭"是一种"社会法庭"?

所谓"社会法庭",是目前我国设立在乡(镇)一级的特殊的诉讼外解决矛盾、调处纠纷的准司法组织①。也有论者更为详细地对"社会法庭"进行了定义,如认为:"所谓'社会法庭',是指由普通群众作为主体,主要运用乡规民约、人情大义、伦理道德等纠纷主体熟知的、自觉遵守的社会规范调处社会纠纷,化解社会矛盾的基层群众自治性组织,属于民间调解的一种。"或者是"聘任一定区域内的志愿者中德高望重、处事公道,有威信、懂法律的人(如人大代表、政协委员、乡村干部、大学生村官、离退休教师以及德高望重的长辈等)为社会法官,主要通过调解的方式来有效解决民事争议的一种纠纷解决模式"②。抽取上述及本文未尽之定义的共同要素,可以总结出"社会法庭"的三项符合性要件,即社会法庭是一个"准司法组织"、社会法庭的组成人员以非职业司法工作人员为主、社会法庭主要解决的是民事案件和轻微的治安案件;也就是说,我们只需要证明,河南推广的"民间法庭"满足上述三个条件,即可将其界定为一种"社会法庭"模式。

首先,河南"民间法庭"是一个"准司法组织"。社会法庭不属于国家为主导,并由国家保证其效力的国家司法制度。单从一个方面来看,其出具的法律文书仍然是调解意见书,对于双方当事人并不具有法律意义上的强制力。不过同时也必须注意河南法院为社会法庭配置的"诉调对接"机制,这就保证了社会法庭出具的调解意见书的可诉性,即使在当事人一方不遵守这一调解意见的时候,另一方也能够依据社会法庭的调解意见书进行进一步的权利救济。因此,社会法庭的法律意义上的强制性是间接的,因此虽然名称中有"法庭"二字,但是并不能理解为真正意义的法庭,而仅仅是一种准司法组织。

其次,河南"民间法庭"的组成人员以非职业司法工作人员为主,并在调解过程中发挥主导作用。与一般意义上的行政调解、司法调解不同,社会法庭的组成人员大多是在一个地区内较有名望的人,换言之,社会法庭的组成人员不以专业化的司法角色为标准,而是以身份为标准。这也意味着,社会法庭中的"社会法官"们虽然对乡间的民间规范有较好的理解,但是其毕竟不是专业的司法人员,对国家的制定法的了解可能不甚到位。因

---

① 韩沛锟、邢润源:《城镇化进程中基层社会法庭改革初探——以河南省中牟县白沙镇社会法庭为例》,载《农村·农业·农民》2011年第5B期。
② 张立勇:《民间调解的传承与改造——以河南法院"社会法庭"的实践为视角》,载《现代司法制度下调解之应用·首届海峡两岸暨香港澳门司法高层论坛文集》,2011年。

此，这种情况一方面导致了这样的情况，即社会法庭作为一个系统，在很大程度上是对国家的法律结构保持封闭的；而在另一个方面，由于在纠纷解决过程中必须寻找某种规范性的理由，民间法也就必须纳入社会法官的视野，换句话说，在纠纷解决的过程中，社会法官不得不采用其最为熟悉的民间法作为纠纷解决的准据。

最后，河南"民间法庭"主要解决的是民事案件和轻微的治安案件，又以家事案件居多。这与其他的调解机制的主要适用的案型是一致的，如果我们以陕西陇县的"一村（社区）一法官"制度与之相比的话，我们会发现，虽然河南的制度是以民间力量为主导的，但是究其本质而言，都是一种非国家的纠纷解决机制。实证研究表明，河南社会法庭的社会法官是以志愿者身份从事调解工作，从理论上讲，二者在从事纠纷解决的过程中都是以同样的角色介入的。不过，也需要注意的是，由于"一村（社区）一法官"制度最终改革成了"三官一律下基层"制度，即一个由法官（主要处理民事案件）、检察官（主要处理官民冲突和接受民众的刑事案件举报）、警官（主要处理行政纠纷）以及律师（提供法律咨询）组成的纠纷调解小组驻在若干村落中，形成"守望相助"的格局，陕西制度的案件可容纳类型增多了，这是调解人员的职业多样化的贡献——虽然其均以志愿者身份进行调解，但是由于其在国家法律职业体系中的不同定位以及较为专业的知识掌握，纠纷解决小组可以应付河南的"社会法官"不能处理的官民冲突和法律咨询事务——这是河南模式不具备的特点。① 不过，纠纷解决人员和适用案件的单一性，不能推导出河南模式的实效性不高的观点。因为自身的不专业，以及适用案件的单一，社会法官可以较为自由地适用作用于该区域的民间法。② 因为，"社会法庭实际就是一种面向乡土社会的诉前调解制度，但该调解并不是依据法律规定进行调解的，而是依据村规民约、民俗习惯这些非法律规范来进行调解的，因此其调解的案件可以直接反映当前乡土社会的群众需求、群众理念以及他们所认为的公平正义和法律所提倡的公平正义之间的鸿沟。"③ 这里需要进一步诠解的是关于社会法庭的"诉前调解"的性质，这也是前述的"大调解"机制的共有的特性，这种特性与"诉调对接"机制相关，这一点会在下文对河南模式的基本现状的介绍中体现。

---

① 本段关于陕西模式的论述，详见胡宗亮、薛世勋、孙威等：《国家级本科生创新项目·民间法介入调解的正当化范式——兼评陕西陇县"一村（社区）一法官"制度》，2013 年 7 月；以及胡宗亮：《试论民间法介入调解的正当性——以陕西陇县"一村（社区）一法官"制为例》，载《公共事务评论》（台湾·高雄）第十五卷第一期，2014 年 6 月。关于河南模式的论述，详见胡宗亮：《中国政法大学硕士生创新实践项目·民间规范适用的创新机制初探——以河南商丘梁园区"民间/社会法庭"为例》，2015 年 11 月。

② 关于"民间法"的含义问题，谢晖教授有较为详细的论述，可以参考谢晖教授主编的《民间法》集刊，此外，根据中国知网搜索，梁治平研究员是"民间法"这一概念的较早提出者，可以参考梁治平："中国法律史上的民间法——兼论中国古代法律的多元格局"，载《中国文化》1997 年 Z1 期。同时，高其才教授虽然不赞同"民间法"这一提法，但是其赞同"习惯法"的概念，我认为，在此语境下，也即"民间习惯规范"的层次上——这也是当代我国学界对"民间法"和"习惯法"的研究的共同关注焦点——"民间法"和"习惯法"的意涵是可以同一的，所以也可以参考高其才：《中国习惯法论》（修订版），中国法制出版社 2008 年 11 月第 1 版。

③ 崔玉珍：《法治在当前乡土社会中的困境——河南省巩义市社会法庭之调研》，载《中国政法大学学报》2015 年第 1 期。

（二）河南"社会法庭"的制度构造

2010年4月20日，河南省高级人民法院发布了《社会法庭建设标准指导意见（试行）》，并于2011年4月1日发布了《示范性社会法庭和特色社会法庭建设标准指导意见》，基本完善了社会法庭的规范依据。社会法庭主要分为一般社会法庭，示范社会法庭和特色社会法庭：一般社会法庭顾名思义；而示范社会法庭则是指："硬件和软件建设标准比较高，调处纠纷的数量和效果突出的社会法庭"[1]；特色社会法庭则是指"设置区域、行业、民族、纠纷类型等方面具有鲜明特色的社会法庭"[2]。根据不同的社会法庭类型，其文件规定也存在差异。

1. 河南"社会法庭"的硬件配置

在上述的文件和相关资料中，有一点是值得注意的：《社会法庭建设标准指导意见（试行）》规定：

> 1. 社会法庭办公用房一般不少于2间，且不得与其他纠纷解决组织（机构）合署办公。
> 2. 社会法庭的办公用房按功能分为调解室和社会法官办公室。调解室是社会法官调处纠纷的场所；办公室是常驻社会法官日常办公、值班以及档案存放的场所。[3]

2011年7月颁布的《示范、特色社会法庭的验收标准》则进一步明确：

关于社会法庭是否有独立办公场所的判断，要抓住本质、下列几种情形，一般可视为有独立办公场所：

> 1. 社会法庭与司法所、矛调中心、人民调解委员会等在同一服务大厅办公，办公区域相互独立的；
> 2. 社会法庭设在乡（镇）政府的综治大院内，但有独立的办公场所并有独立标牌的；
> 3. 社会法庭设在人民法庭院外的门面房内，与人民法庭不共用房间的。[4]

---

[1] 参见河南省高级人民法院：《示范性社会法庭和特色社会法庭建设标准指导意见》，内部文件，2011年4月1日。
[2] 参见河南省高级人民法院：《示范性社会法庭和特色社会法庭建设标准指导意见》，内部文件，2011年4月1日。
[3] 参见《社会法庭建设标准指导意见（试行）》，豫高法〔2010〕166号，2010年4月20日。
[4] 参见河南省高级人民法院：《示范、特色社会法庭验收标准》，内部文件，2011年11月7日。

由上文可以得知大致的推测，河南省在设立社会法庭之初就考虑到了以办公场所的分立，而促进社会法庭与其他纠纷解决机制的分立。此外，河南省高院从人力资源、财政支持方面给予社会法庭充分的保障，使得社会法庭与其他纠纷解决机制相对独立。

2. 河南"社会法庭"的人员配置

社会法庭的人员配置保证了充分的社会性，其组成人员大多是社会上具有一定名望与声誉，此外对乡土纠纷的产生原因、规范适用的"耆老乡绅"。《社会法庭建设标准指导意见（试行）》规定了社会法官的选任对象：

> 社会法官的选任对象为普通群众，一般不选任现职党政干部、公务员。优秀的人民调解员可作为社会法官，但在常驻社会法官或非常驻社会法官中所占的比例均不得超过三分之一。①

《示范性社会法庭和特色社会法庭建设标准指导意见》进一步规定：

> 示范社会法庭的常驻社会法官以普通群众（为）主，优秀的人民调解员也可以（被）吸纳为常驻社会法官，但不得超过常驻社会法官总数的1/3。不得选任现职党政干部、公务员作为常驻社会法官，如确实有开展工作需要，可以选任一名现职党政干部担任社会法庭负责人，主要从事组织协调工作。

特色社会法庭原则上同此要求。②

此外，对于选任条件也有规定：

(1) 身心、精神健康的成年人；
(2) 热心参加社会法庭活动；
(3) 公道正派、群众威信高；
(4) 有一定调解纠纷能力。③

根据上文的介绍，不难看出，社会法官的选任机制也是独立于矛盾调解站、司法所以及人民调解委员会的，而且社会法官的任职身份限制，也就保证了社会法官不能够由政府工作人员、党务工作人员和国家司法人员为主体，而是发挥社会系统本身的自我调节功能。

---

① 参见《社会法庭建设标准指导意见（试行）》，豫高法［2010］166号，2010年4月20日。
② 参见河南省高级人民法院：《示范性社会法庭和特色社会法庭建设标准指导意见》，内部文件，2011年4月1日。括号中的内容为笔者补充，疑似原文存在打印错误。
③ 参见《社会法庭建设标准指导意见（试行）》，豫高法［2010］166号，2010年4月20日，第5页。在示范社会法庭和特色社会法庭的社会法官的选任条件中，第三款规定是"社会形象好、群众威信高"，见河南省高级人民法院：《示范性社会法庭和特色社会法庭建设标准指导意见》，内部文件，2011年4月1日。

3. 河南"社会法庭"的特色模块

如前述，特色社会法庭是和特殊的纠纷类型、职业、民族和区域相关的社会法庭，在《示范性社会法庭和特色社会法庭建设标准指导意见》中明确列举了可以进行设立特色社会法庭的情况，但不限于此：

> 比如，依托大型集贸市场设立的社会法庭，依托运输企业设立的交通运输社会法庭，依托大型企业（如富士康）设立的处理劳资纠纷的社会法庭，依托公安交警部门设立的交通事故社会法庭，依托医院设立的处理医患纠纷的社会法庭，依托高校、中小学校等设立的社会法庭；在城市较大的社区设立的物业社会法庭，在少数民族主要居住地设立的少数民族社会法庭，在旅游景区设立的旅游社会法院等等。

在河南省较有代表性的特色社会法庭现列举如下：

> 河南省台办和省高院、郑州中院依托省台商协会创建的"河南省台胞社会法庭"，郑州市金水区创建的军人军属社会法庭，洛阳市涧西区创建的涉军医患纠纷社会法庭，郑州市二七区创建的拆迁社会法庭，许昌市长葛市、商丘梁园区、夏邑县、开封顺河区建立的少数民族社会法庭，温县陈家沟、修武县云台山等旅游景区成立的旅游社会法庭，许昌魏都区依托万里运输公司设立的万里社会法庭，南阳唐河县源潭镇辣椒城和西峡县双龙镇香菇市场依托市场资源设立的辣椒城和香菇市场社会法庭，新乡市牧野区劳资纠纷社会法庭，焦作市解放区消费者权益保护社会法庭，洛阳市吉利区洛阳石化社会法庭。①

截至2012年初，河南全省已经建成了特色社会法庭171家，但是仅相比于同期的示范性社会法庭的622家的数量还是显得稀少②。

不过这仍然表明了，由于特色社会法庭的存在，一些具有专业知识和特别的规范掌握的人士可以作为社会法官，直接进入纠纷调解机制之中。这就保证了社会法庭能够整合的案件类型的多元性。这在某种情况下可以被视为对不断分化的社会阶层的考量。

二、河南"社会法庭"的制度功能

（一）河南"社会法庭"制度的一般功能

第一，河南"社会法庭"作为社会组织体内部纠纷解决机制的规范依据。社会法庭具

---

① 河南省高级人民法院：《情况通报》，第4期，2012年1月15日发布，第2-3页。
② 数字引自河南省高级人民法院：《情况通报》，第4期，2012年1月15日发布，第2-3页，第3页。

有规范依据的支持。公认的观点是，民间法不能作为法律的正式渊源使用，但是这一观点主要着眼于国家司法领域，而并不能对准司法组织适用。2009年7月24日，最高人民法院颁布了《关于建立健全诉讼与非诉讼相衔接的矛盾纠纷解决机制的若干意见》（法发[2009]45号），该《意见》第十条规定，"人民法院鼓励和支持行业协会、社会组织、企事业单位等建立健全调解相关纠纷的职能和机制。经商事调解组织、行业调解组织或者其他具有调解职能的组织调解后达成的具有民事权利义务内容的调解协议，经双方当事人签字或者盖章后，具有民事合同性质。"；第二十九条规定："各级人民法院应当加强与其他国家机关、社会组织、企事业单位和相关组织的联系，鼓励各种非诉讼纠纷解决机制的创新，通过适当方式参与各种非诉讼纠纷解决机制的建设，理顺诉讼与非诉讼相衔接过程中出现的各种关系，积极推动各种非诉讼纠纷解决机制的建立和完善。"以上的规定可以归纳为，一方面，法院对于社群或社团组织内部设立于本团体内部相关的纠纷解决机制的态度应当是"鼓励和支持"；另一方面，法院和前述的团体组织需要保持密切联系，建立诉调对接机制，这就表明国家司法对于民间司法在社会组织体内部领域的退让。同时，在这些领域中，国家司法权力的退让不代表国家法律的退出，国家法律在解决社会组织体内部纠纷上的态度更倾向于授权组织体进行内部解决，除非组织体内部不能吸收和整合这种纠纷，否则国家不会轻易干预。

第二，河南"社会法庭"的制度内核可以被转化为专门适用传统民间法之机制的学理依据。在理论方面，我们认为河南的社会法庭所作用的地域主要以传统的亲属关系所维系，即呈现一种传统型的社会样态，那么这一社会样态呈现出某种简单的特征。详言之，表现出如下的特点：

首先，社会结构呈现块状分化，主要基于亲属原则。[1]"不存在独立于亲属关系的具有约束力的法律决定能力。所有社会功能主要是在亲属领域中确定自己的自然基础、社会支持和正当性。"[2] 在这一前提之下，如果社群不断发展，超越了最大的家庭的容纳能力，就会出现家族、部落等较大的社群组织，也即出现了"块状分化"。这意味着，社群内部分化为诸多亚社群，不过这些亚社群的功能不存在差异，其仍然是基于同样的血缘关系或者历史进程联系在一起的。对于这种结构来说，最重要的是与人的宗族身份相关联的高度自明性和可替代性的高度缺乏。

其次，不需要具有象征意义的法律有效性标准[3]。法律之所以有效，不是因为其满足了法律决定生成的形式化的条件，而是因为其建立在实质的血缘关系基础之上。从另一个角度——或许稍显牵强，在亲缘社会中法律之所以有效，不在于其内部的融贯，也不在于

---

[1] 参见［德］尼可拉斯·卢曼：《法社会学》，宾凯、赵春燕译，上海世纪出版集团2013年版，第197页。
[2] ［德］尼可拉斯·卢曼：《法社会学》，宾凯、赵春燕译，上海世纪出版集团2013年版，第197页。
[3] ［德］尼可拉斯·卢曼：《法社会学》，宾凯、赵春燕译，上海世纪出版集团2013年版，第198页。

其独立的内在价值,而在于其必须与其他标准符合,在于其必须有助于达到某种目的①。

最后,即使在这一社会形态中分化仍然是块状的,但是必须承认,已经出现了已分出的规范,建立起了一些反事实性的规范性期望。这种规范就是传统意义上的民间法,表现为习惯和朴素的法律意识。这些传统意义的民间法得到了亚社群内部或者社群内部甚至整个社会的假定的第三方的共识,因而被制度化——不过这些传统的民间法的内容不是由亲属关系决定的,而是由于不同的语言和生活条件,呈现出各群体之间的民间法的实质性和多元化面向。

概言之,在这一简单的、可替代性较低的亲缘社会样态之下的规范秩序虽然得到了制度化,但是并不符合现代的实证法的要求。由于现代的实证法需要保持在结构性变迁下对风险的容忍与模式,甚至能够保持与具体的反规范行为的结构性相容——也即"因势而变"的特点,其必须表现出极高的抽象性和形式化。也必须保持在这样的三个维度上的一致性一般化,即在时间维度上作为稳定化的处理失望的机制,社会维度上作为得到假定的第三方的共识的制度,同时更重要的是,在事实维度上,期望者需要在某种同一性原则的指导下,达成各个具体的期望在抽象层面的统一——即使面对失望,期望者也会在这一脉络中找到自己期望以及对期望坚守的意义。卢曼认为,现代性的实证法需要坚持的同一性原则是"角色"与"程式"——不如此不足以回应现代实证法的可变性要求;另外两种同一性原则是"个人"与"价值",这被大多的前现代法所坚持②。不过,这或许从另一个侧面论证了民间法的规范特性,也即在与国家的实证法在不同的意义同一原则上达成一致。而规范必须有对失望的表达机制——无表达在无以缓解之。

在这种传统的社会中,规范期望的一致性一般化必然和现代性社会存在差异,这就给一种与诉讼、仲裁等程序性的纠纷解决机制不同的表达期望的机制。我更倾向于认为,社会法庭是一种基于上述的前现代性的社会结构所建构的,对于因违反民间法而造成的失望的表达机制——这和国家法中的诉讼程序虽然在结构方面是有差异的,但是至少在功能上具有一点相同,也即能够借助一种仪式化的表达方式来宣泄失望者自身的反事实的规范期望——社会法庭就是乡土社会对规范性期望的维系机制之一。

虽然乡土社会需要一种表达的机制,但是其必须在与国家之间的互动中才能自我证成,社会法庭不能在单纯的乡土社会中寻找自我的定位。关于实证法和社会上的其他规

---

① 这种解释之所以说比较牵强,是因为其类比了语言哲学和实践哲学的某些观点。不过我认为,这种解释比较易于理解:在语言哲学的真理理论中,一直存在着真理符合论和真理融贯论的争议,前者认为一个命题必须符合某一外在于此命题的事实方为真,而后者认为,只要这一命题能够达致内部的融贯则为真,此部分讨论详见:陈嘉映:《语言哲学》,北京大学出版社2003年5月第1版,第53-55页。而根据实践哲学,事物的外在价值,是因为这一事物能够达到某一目的,这是一种功利主义的观点;而内在价值论则认为,事物的价值之所以存在不是因为其可以达致某种目的,而是寓于其本质之中,与根本意义上的善相符合。我认为这两种理论进路虽然不是"功能—结构"主义的语境所能够容纳的,但是却是对这一前现代的法律类型较好的评价。

② 详见[德]尼可拉斯·卢曼:《法社会学》,宾凯、赵春燕译,上海世纪出版集团2013年版,第121-124页。

范，有一种被称为"镜像命题"的说法，即是："实证法（就像一面镜子一样）反映着它所属的那个社会的惯例性做法和道德规范。"① 这同样意味着，习惯、惯例等民间法范畴的规范对于失望表达的机制也需要被实证法所反映，不过镜像命题并未反映实证法对其他社会规范的规制作用。埃利希认为"有一种法，它不直接规制和调整团体秩序，而仅仅保护团体免受攻击"②。这就是所谓的"二阶秩序"，这种秩序维护和巩固团体，而并不直接塑造团体，也即其在一定程度上具有了形式性的抽象特征，而且解决了对于失望违反，而社群内部规范无法救济的问题。两种规范之间的救济手段必须达成意义上的一致性，否则实证法既不能反映社会惯习，也不能达致进一步的救济功能。因此，就表达方式上，我们更倾向于认为，社会法庭制度是国家为社会设置的二阶的秩序，其在一定程度上是对社会现有的"惯例性做法和道德规范"的反映，另一方面则是对社群秩序的维护功能——社会法庭的期望表达功能就是基于此种基础产生的。

（二）河南"社会法庭"制度的比较优势

社会法庭不仅是单纯的适用，更有对民间法本身的再制度化功能，对于简单社会也有重塑功能。根本原因在于我们前文的观点：社会法庭制度中国家是监管者和引导者，而非参与者。这就保证了社会系统自我的更新和完善：一方面，民间法可以自我完成更新和完善的任务，以回应日益复杂的现实；另一方面，民间法在更新和完善的过程中也需要与其他系统（相对于规范，这些系统属于规范的环境）进行沟通——包括政治系统。这意味着，社会系统虽然依靠规范结构与政治系统进行沟通交流——反之亦然，不过不代表着政治系统可以通过改变规范结构对社会系统施加自己的影响。③

我们接下来的比较，即是围绕着国家权力和社会自治之间的关系，通过展示不同的乡土社会的纠纷解决机制，探讨社会法庭在民间法适用上的优长。

1. 人员配置上的功能优势：与陕西陇县"一村（社区）一法官"制度的比较

根据前文对社会法庭的人员配置的介绍，可以发现，社会法官的主体是社会成员，而不是专业的国家司法人员。这种方式有利有弊，一方面，其保证了社会系统的自我调节；另一方面，由于社会法官对法律的掌握不够专业，会招致"反法治"的诟病。当然，人员配置和办公地点的独立性也可能导致法院和司法行政部门；上级法院和下级法院的职权界限的重构，进而导致较高的边际成本。

不过，是否因为上述的问题就应当否定这种人员配置的独立性呢？我们先看一下陕西

---

① ［美］布赖恩·Z. 塔纳玛哈：《一般法理学：以法律与社会的关系为视角》，郑海平译，中国政法大学出版社2012年版，第11页。
② ［奥］欧根·埃利希：《法社会学原理》，舒国滢译，中国大百科全书出版社2009年版，第58页。
③ 说句题外话，或许现在需要反思的是，国家权力到底深入否基层社会尤其是简单，也即继续提倡送法下乡是否必要？还是说国家权力深入的过多，甚至已经侵害到了社会系统的自我创生过程？

陇县的一个案例：

案例 3： 当事人王先生嫁女，为包办婚姻（并非由结婚者来决定的婚姻）。后男方外地打工，回乡后提出离婚，然而顾及彩礼（聘金）问题，于是采用各种手段，如殴打、拘禁进而迫使女方主动提出离婚，之后女方迫不得已提出离婚。当男女双方在彩礼（聘金）问题上存在分歧，王先生认为男方有过错，故不应当返还彩礼（聘金），并向调解人员提出了自己的要求。然而法院以维护习惯为由，同时借鉴《民法通则》公序良俗原则，制定调解结果为女方返还彩礼（聘金）。事后王先生向笔者表示他在调解规则的选择上更倾向法律，而调解人员即派出法庭法官则以维持乡土秩序为由，认为调解时应当适用民间规则。①

这个案例引发的思考就是，为什么在调解过程中，法官倾向于适用民间法而老百姓倾向于适用国家法。如果说上个案例中的王先生是利益取向的，仅仅是因为国家法会带给他更大的利益就希望适用国家法，不过在笔者于陕西陇县进行调查的过程中，老百姓对问卷中一个问题的回答或许能够回应上述的"利益论"的观点：

11. 当调解时，民间规则和法律冲突时，您更愿意服从哪种规则？
A. 遵守国家法律
B. 寻找对自己有利的规则
C. 维护传统，捍卫村民规则

我们共发放 1000 份问卷，除去作废的问卷，该问题的选项分布是

第 11 题选项分布：
A：49.7%
B：11.8%
C：38.5%②

看来，单纯追求利益取向的村民不占多数。另外需要注意的是，选择 A 选项的群众大多在本地生活 20 年以下，而选择 C 的群众大多在本地生活 20 年以上，这足以说明，对于社群的依赖性越强，则越倾向于适用社群内部规范进行纠纷解决。

因此，法官选择适用民间法是有一定根据的，毕竟大多数从事调解的法官本人也是选

---

① 见胡宗亮：《试论民间法介入调解的正当性——以陕西陇县"一村（社区）一法官"制为例》，载《公共事务评论》（台湾·高雄）第十五卷第一期，2014 年 6 月。括号内为原文。
② 资料来源：胡宗亮、薛世勋、孙威等：《国家级本科生创新项目·民间法介入调解的正当化范式——兼评陕西陇县"一村（社区）一法官"制度姜堰风俗习惯》，2013 年 7 月。本题为问卷第 11 题。

择选项 C 的，在当地生活 20 年以上的居民。不过，显然陇县的制度没有充分顾及选项 A 的情况。实际上，这涉及了在观察者和被观察者的视角转换问题。

  首先，法官无论如何，都是带有国家司法人员的身份，即使其在从事名为志愿服务的调解活动也是如此。法官的身份二重性——作为国家司法人员和社群的成员；此外，群众对法官的期望同一性更多地是在"角色"层次上的，因此无论法官是否以国家司法人员的身份进行调解，群众对法官的期望都是其应当按照国家法的基本思路进行纠纷解决，而不是按照民间法进行的——因为按照民间法解决纠纷并不需要专业法律知识，而只需要权威的支持。进一步谈，这种权威可以是国家的，也可能是乡土的或者特定行业的。那么如果按照民间法解决纠纷是一个权威的问题而不是角色的问题，那么由法官作为志愿者在乡土社会或者特定行业内进行纠纷解决，即使不考虑效用问题，也需要考虑是否出现了职能的冗余——一方面，我们不能否认社会权威仍然是存在的这一现实，在乡土社会尤其是在呈现出更多前现代性色彩的社会中的乡绅耆老阶层，以及在特点行业中的专家阶层相比于法官在纠纷解决中更能够满足该子系统中的成员的期望同一性和可接受性；另一方面，法官由于大量的时间要去从事"志愿服务"，那么在诉讼爆炸的今天，法官必然对法院直接受理的案件力不从心；最重要的则是，法官的角色二元性会导致其在时有冲突的国家法和民间法之间进行尚未得到制度化的选择，也会在合法律性和工具性之间进行权衡，这无论是对社会第三方维系对法官的一致性一般化期望，还是对法官阶层的内部共识的稳定性都是不利的。

  不过，至少就现在看来，由于社会法庭保持了调解人员的纯粹的乡土身份，其就能解决上文所述的纠纷解决人员的角色和行为不融贯的问题。因此，第三方的期望的同一性是可以基于角色得以证立的，而另一方面，由于调解人员的纯粹性社会身份，使得第三方更容易对其形成一致性的共识，这样也能够保证社会法庭的制度化。在此基础上，社会中的各个个体性的期望就能在上述的维度实现一般化。在此时需要的则是某种失望的稳定的缓解机制，而这则是社会法庭自身的功能。最终，社会上的期望就能够从调解人员身份的纯粹社会性和基于此产生的和社会系统的融贯，而达致整合在以角色为同一原则的一致的意义脉络上。

  2. 民间法有效性上的功能优势：与江苏姜堰"善良风俗引入民事审判"制度的比较

  大约即是在社会法庭制度的前身"民间法庭"创立的 2007 年，江苏省姜堰法院也出台了《关于将善良风俗引入民事审判工作的指导意见（试行）》，同时，通过全院法官的努力，下乡收集了较为常用的民间习俗，汇总为规范性文件，直接作为审判的参考。[①] 在实践中，主要涉及：彩礼、陪嫁物、身份关系；分家析产以及继承；抚养、赡养以及扶

[①] 访谈时间：2014 年 7 月 15 日，14：00—15：30；访谈地点：江苏省泰州市姜堰区人民法院；受访人及简介：Y 法官，姜堰法院行政庭庭长。资料来源：宗亮、张晓韵、马天一等：《国家级本科生创新项目·司法体制改革背景下民间法介入司法审判的规范化程序机制研究——以"姜堰模式"为例》，2014 年 7 月。

养；相邻关系；丧葬；交易习惯；执行。这些方面，统一于"善良风俗"的概念，而且通过规范性文件的参照力，直接作为民事审判的正式依据，而且产生了较为良好的社会效果，仅就 2011 – 2013 年，也即该制度形式上废止的前一到三年，仅仅婚姻纠纷，通过该制度结案的就有 3451 件。① 至于民间法汇编的标准，姜堰地区法院将我们上述的"民间法"缩小为"善良风俗"，姜堰法院更是对"公序良俗"进行了较为精确的定义："公序指公共秩序，是指国家社会的存在及其发展所必需的一般秩序；良俗指善良风俗，是指国家社会的存在及其发展所必需的一般道德。公序良俗指民事主体的行为应当遵守公共秩序，符合善良风俗，不得违反国家的公共秩序和社会的一般道德。"② 然而，由于在 2012 年年末，江苏省政府发起了建设南京、上海经济腹地的经济计划，鼓励外出务工人员返乡就业，同时加快乡镇企业建设，进一步进行产业结构调整和工业企业迁移，姜堰的外出务工人员返乡人数激增，而且由于较为宽松的投资环境，吸引了不少投资。姜堰地方的社会结构急剧变化，这一制度在近年逐渐衰落，在笔者调研期间该制度已经被废止。

姜堰模式面临的质疑主要是一种裁判中心主义的诘难，如果将民间法纳入国家的程式性的司法体制中，成文化是必要的一环，不过民间法的灵活性就会被牺牲掉；如果不对其成文化，那么在具体的适用过程中法官就会有较大的恣意性，同时也难以得到国家权力的保障。虽然我们在学术研究中可以去除裁判中心主义立场，不过在实务操作中这是一个难以回避的问题。姜堰模式的问题就在于，其一方面想通过民间法的成文化使得民间法具有国家司法的支持，另一方面又必须面对不断变化的社会。这样做的结果就是随着转型时期社会的较为迅速的结构性变迁，成文的民间法面临着不断更新的需求，而法院不可能随时随地地进行新出现的民间法的收集和编纂工作。在实证研究中，我们发现成文的民间法并不能取代在群众之间适用的不成文的民间法。

而社会法庭不存在这一问题，原因在于社会法庭本身不去坚持国家司法的裁判中心主义，而是交由社会本身进行纠纷解决，这样民间法究竟是否成文则不成问题。国家在此的职能则是将社会法庭的调解意见进行确认，并保证其执行。另一方面，国家也根据诉调对接机制，将社会法庭难以化解的矛盾上升到国家的诉讼程序之中。由此观之，社会法庭能够确保民间法在纠纷解决之中的灵活性，而根据国家对调解结果的确认，民间法实现了"再制度化"③，也就获得了国家法意义上的效力。

---

① 江苏省泰州市姜堰区人民法院编：《姜堰区法院婚姻家庭案件审判白皮书（2011—2013）》，2013 年 11 月印刷，第 1 页。
② 《关于将善良风俗引入民事审判工作的指导意见（试行）的说明》，载汤建国、高其才主编：《习惯在民事审判中的运用》，人民法院出版社 2008 年版，第 10 页。
③ 卢曼认为，所谓"再制度化"即是假定的第三方对根据决定程序形成的司法裁判结果达成新的共识。详见［德］卢曼：《社会的法律》，郑依倩译，人民出版社 2009 年版，第 275 页。

三、河南"民间法庭"制度的解纷技术：以民间法的适用方法为中心

对于民间法和其相关的期望表达机制的接受实际上也受到民间法的适用方法的影响。有学者认为："高调解率背后体现的是法官高超的调解手法和司法技术。这些'专业技术'不是写在教科书上的，而是法官自身在长期的实践中摸索总结得来的，反映的是法官的实践智慧和生动具体的生活经验。"[1] 因此，在简单社会中，基于期望表达和失望缓解的特定机制，必然会产生相对于国家司法程序之下的规范适用不同的技术。

就纠纷解决的技术而言，社会法庭采用了某些具有乡土色彩的方法。有学者曾经概括总结了在简单社会中，准司法组织进行纠纷解决的主要技术如"预判术、隔离摸底术、拖延术、'借力术'、施压术、疏导术、'给脸术'、转换术、弥补术、制导术"[2] 等。这些技术源自乡土，又作用于乡土，能够保证民众较高的接受度。

不过需要注意的是，无论这些技术具体如何操作，其目的都是维护既有的简单社会的伦理秩序，甚至在和国家法冲突的时候仍首选维护社会的秩序。如下的案例或许能够表明这一点：

案例1：A家收养了B家的孩子，孩子的户口、生活等都已经转到了A家，A家把孩子抚养成人，但一直没有办理相关的收养手续。后来B家想要回孩子，遂以没有收养手续为由提起诉讼。

有学者把这种情况概括为"纠纷处理有法可依，但法和民俗习惯冲突"[3]。对此种现象的批判是："'社会法庭'的推出，强化的仍是以情代法，而不是法律至上。在崇尚法治的社会里，人民法庭本身应该就是老百姓心目中的'社会法庭'，人民法官应该就是'社会法官'，如若不然，法官也就不再成为一种神圣的职业，法律本身也会被'人情'取而代之，中国的法治梦想只能渐行渐远。"[4] 不过很显然，这些批判仍然是站在国家法本位的"裁判中心主义"立场，而并未深入民间法的语境——最终即是化约为"国家法"的内在价值和"民间法"的外在价值的争论，甚至直接化约为长时间在哲学界、法学界争论不休的内在价值和外在价值的争论——而显然涉及价值的争论是有多元的回答，且没有最终的答案的，对于民间法和国家法的冲突必须还原在一个经验可证的层面方能够解决。

必须承认的是，即使上述的技术会被贴上"反法治"的标签，但是在两方面其是不容

---

[1] 高其才、周伟平、姜振业：《乡土司法：社会变迁中的杨村人民法庭实证分析》，法律出版社2009年版，第288页。

[2] 高其才、周伟平、姜振业：《乡土司法：社会变迁中的杨村人民法庭实证分析》，法律出版社2009年版，第288页。

[3] 崔玉珍：《法治在当前乡土社会中的困境——河南省巩义市社会法庭之调研》，载《中国政法大学学报》2015年1月第1期。前述的案例是崔文所概括的，不过在笔者的调研中，一位不愿透露姓名的法官也谈到了这一案例（访谈时间：2016年3月19日，访谈途径：电话访谈，访谈模式：无结构访谈），并且表达了自己对这一案例的观点，不过出于受访对象个人意愿的尊重，不在此列出受访对象的原始表述和具体观点。

[4] 席月民：《"社会法庭"须理性回归人民法庭》，载《检察风云》2010年第16期。

置疑的：一是维系上述技术的统一的意义脉络是乡土伦理性的，实质性的，换言之，这些技术的有效性必须取决于简单社会的基本预设以及静态乡土传统；二是在解决纠纷的过程中，之所以社会法庭在纠纷解决中采取这些技术，是由于——至少是社会法官认为——这些技术相较于国家的裁判技术更有利于对乡土的亲属、邻里的和谐关系的恢复。就目的而言，一种稳定的期望结构和相关的期望表达机制是任何社会都必须具备的，简单社会中的规范并未和社会的其他系统分化，换言之，规范的形态受到社会的其他权力系统的影响。在这一意义层面上，规范的有效性并非得益于已经获得基于政治决定和程序系统，相反，其必须在与社会系统的一致性方能获得效力。这也就意味着，有效性和实效并未分化，详言之，以现代社会的实证法为例，规范是否生效和是否具有实效并不具有逻辑的必然关系，而在简单社会中的前现代性的民间规范中，判断一个民间规范是否有效力的标准即是其是否具有实效——这与这种社会形态的块状分化有关。因此，作为进行纠纷解决的技术——或许换一个说法，是简单社会的第三方对期望的表达以及对期望者的失望的缓解方式。

对于上述技术的另一个质疑是上述的制度不能普遍化，这或许是和对民间法代表的多元司法模式的质疑相关的。究其本质而言，这种观点无非是认为民间法代表了某种相对主义的理念，造成了对现有的一元的国家法司法机制的解构。我的回应是，前文引注的，高其才教授等学者对杨村纠纷解决技术的总结虽然是基于个案的，但是根据实证研究表明，无论是陕西陇县、江苏姜堰还是河南商丘都会在实际操作中进行如是的技术选择，比如在陕西陇县有"背对背"和"面对面"的调解技术①，而在河南某地也有这样的案例：

案例2：某镇某村村民A准备将其0.81亩责任田分给两个儿子代耕，由于责任田东侧土地肥沃而西侧土地贫瘠，两个儿子都想要东侧的土地，因此争执不休。该镇土地所、信访办及村党支部和村委会多次做工作均无功而返，无法得出双方满意的分配方案。该镇"社会法庭"着手处理此事后，社会法官结合本地民俗，提出用农村传统的"抓阄"方法进行分配，但分得劣质地的一方会得到另一方的补偿。A的两个儿子对这一方案表示认可并同意当场执行。当地的实务人员表示，社会法官在调解的过程中正是先通过旁敲侧击和隔离问话知道了A的两个儿子的不同诉求，发现双方分歧极大，甚至已经迁怒于A，而不去尽赡养义务的事实，进而在已经准备好的"动之以情"的方法和"抓阄"的方法中选择了后者。

---

① "背对背"，指的是法官或者其他调解工作人员与一方当事人单独进行交谈，要问出当事人的真正诉求和矛盾焦点，让当事人"讲尽心里话"——不保留、不掩饰；调解工作人员还要把当事人双方的错误讲清，尽可能让当事人产生悔过或者原谅的心态，这样也便于调解工作人员了解案件争点以及提出后续调解方案；"面对面"，即在调解工作人员的主持下，双方当事人开诚布公，交换条件，达成调解协定。再整个调解过程中，据笔者了解，最需要使双方当事人都对调解人员产生信任，要把调解人员自己塑造成一个可以讲真话，可以讲实话的倾听者形象。详见胡宗亮：《试论民间法介入调解的正当性——以陕西陇县"一村（社区）一法官"制为例》，载《公共事务评论》（台湾·高雄）第十五卷第一期，2014年6月。

虽然在地理位置上，高其才教授的团队进行田野调查的北方某省 L 市华县杨村①、笔者进行调查研究的陕西陇县和河南某镇某村②有一定间隔，不过在调解的技术上是具有共同点甚至是完全一致的。乡土规范的内容上之间可能存在相对差异，但是不能够认为彼此之间回避了沟通的可能，而是说，不同是现实意义上的，交流是观念意义上的，虽然乡土规范在现实意义上是相对的、多元的，但是不能因此推论出乡土规范不能达致某交流机制上的一般化。质言之，文化相对主义不等于认知相对主义，更不代表反对确定性。

结 论

实际上，由于河南当地的实际情况，我们只能进行文献研究和电话访谈，所以在调查方法上的缺陷直接导致了本文可能更在于说理而不在于调查材料的汇总，本文不在于说明这一观点，即社会法庭的简单社会预设是错误的，而是说，相关机关应当注意到社会的结构性变迁，从而达成一致性一般化的目的。

"社会法庭"的制度设计的初衷，以我们的看法是在国家司法的体制之外建立一套"社会司法"的机制，但是这必须涉及社会的纠纷的自我裁决何以与国家的司法活动相联系的问题，这就牵涉由哪一个机构牵头的问题。实际上，就处理社会法庭和各类具有相似职能的机构之间的关系的问题来看，单独靠"法院"主导是不能够完成的，需要和司法行政机构、人民调解机构、仲裁机构进行合作方能完成。因此，至少可以说，"社会法庭"的建构必然是一种庞大的社会工程，如何在建构社会法庭机制的同时，既保证各个机构之间的职权明确、分工合作，又保证社会法庭保持其相对于国家司法的独立性，是一个值得思考的问题。不过必须承认，相较于国家主导下的"民间法适用"模式，社会法庭虽然得到的国家权威的支持较少，但是就"人员配置的相对自主性"和"规范适用的灵活性"的两个维度来看，应该给予肯定。同时，这一制度具有规范和理论上的合理性，具有一定的推广价值。

System of "Social Court" in Henan Province: Construction, Function and Dispute-resolving Techniques

Hu Zongliang

Abstract: the "folk court" in Henan province meets the basic essentials of the "social

---

① 原文由于社会学的惯常做法，对实际调查的地点进行隐名，但是此处为了明确的比较，故在征询高其才教授的首肯的前提下，说明该"北方某省"即是陕西省。
② 同前引，笔者只能透露，该镇所属的县级行政区划是河南省襄城县，特此说明。

court", so it can be defined as the folk sample of the later, and it on the construction of its system —— allocation of hardware facilities, and personnel allocation —— is fitting highly with the *Instructions on Standards of Constructing Social Court (try out)*, and the *Instructions on Standards of Constructing Exemplary Social Court and Special Social Court.* In terms of the function of its system, it not only possesses the natural function or effect which lets it be turned into the normative and academic basis of the folk dispute – resolving mechanism, but also bears the normative prospect of finishing the "institutionalization" by itself, moreover, it has the advantage of subsuming folk laws that other similar folk dispute – resolving mechanisms do not have. But viewing from the dispute – resolving techniques it invokes, the methods of folk laws that has rich color of "rural community" still takes the mainstream, which however will not digest the "institutional" basis as it became the "social court", on the contrary, it can help to shape a more vivid interactive appearance of "folk law – state law" for us.

key words: Henan province; Social court; Application of folk laws; Dispute – resolving mechanism

（编辑：曹瀚哲）

社会调研

传统习惯法传承方式探析

——聚焦台湾地区祭祀公业

杜伟伟[*]

摘 要 传统习惯法兼具"传统文化"与"习惯法"的双重特质,其中不乏带有古文化之光的部分。传统习惯法能够得到相对普遍的情感认同,带着民族记忆从历史中缓缓走来,辅助制定法定分止争,利于社会治理和人民团结。然而,当下传统习惯法却出现退居幕后的现象,其保护和传承迫在眉睫。台湾地区祭祀公业立法的过程集中体现了传统文化与习惯法之间的碰撞调和,为传统习惯法的传承方式的探寻提供了重要的启示性价值。通过分析台湾地区祭祀公业立法的得失利弊,我们发现,将传统文化保护与法律关系调整两个本身相互矛盾、难以调和的目标纳入同一条例中,是导致顾此失彼的症结所在。而传统习惯法的传承可采取"专门立法/法律拟制+非物质文化遗产保护"之二维模式,以最大限度地保护带有古文化之光的传统习惯法。

关键词 习惯法 祭祀文化 祭祀公业 传统文化 非物质文化遗产

一、传统习惯法的涵义

习惯法是独立于国家制定法之外,依据某种社会组织,具有一定强制性的行为规范的总和。[①] 这里将国家制定法与习惯法相对,是为了避免将已经成为国家法律的习惯法,与作为国家法的一部分的单纯习惯法相混淆。[②]

---

[*] 杜伟伟,北京师范大学法学院2018级博士研究生。
[①] 参见高其才:《习惯法与少数民族习惯法》,载《云南大学学报》2002年第3期,第1-9页。
[②] 参见高其才:《作为当代中国正式法律渊源的习惯法》,载《华东政法大学学报》2013年第2期,第3-7页。

关于"习惯法"的内涵,陈寒非在实证研究的基础上展开理论探讨,认为习惯法在政治、经济、文化与自然环境的改变下,以"乡土法杰"推动、基层政府主导及村民日常生活诉求为推动力向前发展。习惯法这一规则体系不会因为个别不合时宜的习惯法则的消亡而消亡,因为习惯法具有普遍性、民族性、典型性以及客观性,且习惯法变迁的程式是重生。[1] 本文所指的传统习惯法为具有传统文化内涵的习惯法,而现有习惯法是在应对外部压力冲击和自身适应性革新过程下对传统习惯法的传承和发展。关于"传统文化"的涵义,有学者认为,广义的传统文化指反映民族特质和风貌的文化成果,包括物质层面、制度层面和精神层面等。[2] 另有学者认为,传统文化是从历史的长河中逐渐发展而来的民俗文化,并且因其具有本土性而与外来文化相对。传统文化既具有连续性又具有本土性,是凝聚民族力量的固有文化。

传统习惯法兼具"传统文化"与"习惯法"双重特质,具体包含以下几点特征:其一,传统习惯法具有本土性、普遍性、民族性、典型性和客观性;其二,传统习惯法从历史中发展而来;其三,传统习惯法是独立于国家制定法以外,依据某种社会组织推动且具有一定的强制性的行为规范的总和;其四,传统习惯法的发展依托于习惯法的重生程式。

二、传统习惯法的传承方式

目前学者们对习惯法的研究多以部门法为视角,研究内容包括民事习惯法的传承、刑法视域下的"习惯法"考察,行政法上的习惯法与"软法"、环境习惯法的现代价值,以及国际习惯法在国内法上效力的承认;另有以少数民族地区的习惯法传承为视角,以少数民族地区少数民族习惯法在婚姻家庭案件的审判调解过程中所发挥的作用为内容来做实证研究。习惯法的研究方法也呈现多样性,包括资料整理、翻译介绍、文献分析、田野调查、理论解释和比较研究等。[3] 传统习惯在社会制度构造中一般有"习惯自在调整"和"习惯法律化"两种形态。其中,习惯法律化又包括"认可式"和"嵌入式"。传统社会向来重视"习惯自在调整"模式对民间社会秩序的维持作用。

(一) 习惯自在调整

所谓习惯自在调整,是指不依靠法律的力量,而是以群体的集体决策或者集体自然形成的权威为约束力的来源来调整社会关系。其中,又以村规民约这种约束方式最具有典型性。从2014年开始,党和国家鼓励发挥乡规民约在社会治理中的积极作用。高其才对

---

[1] 参见陈寒非:《变迁中的习惯法:原因、动力及走势——基于南方少数民族聚居区的田野调查》,载《广西民族研究》2018年第1期,第50-58页。

[2] 参见许青春:《关于弘扬优秀传统文化的几个问题》,载《山东社会科学》2014年第4期,第178-182页。

[3] 参见高其才:《习惯法研究的路径与反思》,载《广西政法管理干部学院学报》2007年第6期,第17-24页。

"魁胆村"的实践进行研究,认为村规民约已成为传承固有习惯法的主要方式。但是,由于农村经济社会的发展,"魁胆村"的村规民约对固有习惯法的传承与弘扬存在某种减弱的趋势。① 谢晖认为,中国的乡民社会是地缘文化和血缘文化的结合体,传统的乡村自治模式决定了当代中国的社会规范控制系统绝不仅仅是国家正式法律,还包括广泛意义上被称之为"民间法"或"乡规民约"的规则体系,且后者更加实际地规范着乡民们的日常生活。② 目前学界对于村规民约大致存在着两种看法,一是认为村规民约自身不能独立存在发挥效力,而应被国家法所审视,剔除其中违反国家法的部分,被国家法直接吸收;二是鉴于我国社会主义法治建设现有阶段的局限,应将村规民约予以相对完整的保留,同时站在更高的角度反思村规民约与国家法之间的冲突,而不是将国家法作为唯一的标准来衡量村规民约,积极引导村规民约发挥作用。对待村规民约的态度,也反映了我们的法治精神和宽容、民主和平等的理念。因而,从实证的角度看,村规民约作为一种行为规范,其实施方式和实效的实现方式与国家法不同,应当在充分借鉴前人研究成果的基础上进行实证研究,对村规民约的法律多元价值做深入探讨。③ 村规民约是对固有习惯法的传承方式,是经过历史的沉淀,具有本土性的规则体系。在社会不断发展,农村信息化逐渐增强的情况下,村规民约作为广义的传统习惯法的一部分,形成之初以习惯自在调整的方式传承,而后逐渐面临着成文法化还是继续自在调整的抉择。

(二) 习惯法律化

如前所述,习惯法律化包括"认可式"和"嵌入式"。"嵌入式"习惯法律化模式指习惯法成文法化,优点是表彰习惯的法律意义,使得法律制度认同、融会优异习惯规则,符合现代社会的快节奏行动模式和法治化体制要求。④ "认可式"在民事领域应用最为广泛。有学者认为,法律对习惯的认可实际上是确认了习惯法在我国正式法律渊源中的次要、补充的法律渊源地位。⑤ 按照上述学者的观点,我国的民法规定了"认可式"的习惯法的法律渊源地位。从法律规则层面,当代中国法律对民事习惯予以认可,且经认可的习惯内容广泛。但事实是,习惯法在我国的适用具有明显的地域性,尤以在少数民族聚集地应用最多。本文所讨论的习惯法的成文法化是直接将满足条件的习惯吸纳到法律条文中,而不是仅仅依靠法官的自由裁量权适用该习惯。那么就会出现这样的问题,习惯一定要具有一定程度的普遍性和强制约束力,才具有成文法化的可能性。在地方立法,尤其是少数

---

① 参见高其才:《延续法统:村规民约对固有习惯法的传承——以贵州省锦屏县平秋镇魁胆村为考察对象》,载《法学杂志》2017年第38卷第9期,第54-62页。
② 参见谢晖:《当代中国的乡民社会、乡规民约及其遭遇》,载《东岳论丛》2004年第4期,第49-56页。
③ 参见刘建刚:《法律多元视野下的村规民约实证研究》,中央民族大学博士论文,2013年第12期。
④ 参见眭鸿明:《习惯自在调整与习惯的法律化》,载《山东大学学报(哲学社会科学版)》2007年第6期,第23-29页。
⑤ 参见高其才:《当代中国法律对习惯的认可》,载《政法论丛》2014年第1期,第23-29期。

民族自治地区的自治条例的制定过程中,会衡量习惯法的成文法化的可能性。对于习惯在地方立法中的实现途径,有学者认为,通常情况下,从属性的地方立法要承担结合中央立法、将原则性规定结合各地具体情况予以落实的任务。习惯法成文法化具有可行性,但同时,他们也从实证视角分析了习惯时常难以进入地方立法的现状和原因。[①] 关于应对措施,有学者认为,民事习惯的实践是复杂的,可分为涉及民事主体个人利益的民事习惯、涉及自治团体利益的民事习惯,以及涉及社会公共利益的民事习惯,对这三种状态的民事习惯应采取不同的认可模式。[②] 另外,还可以借鉴台湾典型的传统习惯法成文法化过程中的经验:台湾地区"祭祀公业"立法中采用制定特别条例的方式;而台湾对合会的立法,则通过对"民法"中的"债编"的直接修订来完成。民法典各分编的编纂应慎重对待现存习惯法,习惯立法应尊重人民对相关习惯法的法的确信,开展一定的习惯调查。[③] 综上所述,可以看出习惯法律化中的"认可式"属于目前我国适用的习惯法传承模式。

以上是从立法的角度,对习惯法成文法化研究成果的梳理和分析,接下来是以司法为视角的论点的展示。彭中礼通过对裁判文书的整理,分析交易习惯在民事司法中的运用,交易习惯在司法实践中主要被用于三个方面:其一,作为是否构成某一特定行为的判断标准;其二,作为证明交易标的符合合同要求的特定事实;其三,作为论证事实与裁判结果之间因果关系的裁判理由。[④] 厉尽国认为,习惯法进入司法的途径有两种情况:一是国家立法机关通过立法活动认可习惯法为国家正式法律,因而在司法活动中加以适用;二是司法机关在司法活动中运用各种法律方法加以应用。尽管在司法裁判文书中有大量的与习惯相关的表述,但是并非所有的习惯都能称为习惯法。[⑤] 根据以往学者的研究,尽管民事习惯是民法典编纂不可忽视的元素,但是当前民事立法对民事习惯的规定形式单一、过于概括。民事立法对民事习惯规范的应对应该通过由任意性规范、强制性规范、禁止性规范共同作用的复杂体系来完成。其中,禁止性规范是基础规范。通过具体考察和分析复杂的民事习惯实践,并区分禁止性规范中效力性禁止和管理性禁止,民事习惯中的禁止并非单一的"一刀切"模式。总体来说,民事习惯的禁止应当包括全部的效力性禁止、部分的效力性禁止、管理性禁止和不得禁止四种。同时,为了表意准确,禁止性规范在表述上采用不同的规范语词也是必要的,根据不同情况可以采用"不得""禁止""不得禁止"等语词。

[①] 参见吕金柱、石明旺:《论习惯在地方立法中的实现路径》,载《学术探索》2012年第4期,第32-35页。

[②] 参见李杰、赵树坤:《论民事立法对民事习惯的复杂认可》,载《求是学刊》2017年第44卷第3期,第76-82页。

[③] 参见陈吉栋:《由"习惯法"到"习惯立法"——以"祭祀公业"与"合会"为线索》,载《交大法学》2017年第3期,第78-86页。

[④] 参见彭中礼:《交易习惯在民事司法中运用的调查报告——基于裁判文书的整理与分析》,载《甘肃政法学院学报》2016年第4期,第26-35页。

[⑤] 参见厉尽国:《法治视野中的习惯法:理论与实践》,山东大学博士论文2007年第3期。

细致地分析和理性认识民事习惯的复杂性以及对其禁止的复杂性，是对待民事习惯的合理态度。①

(三) 非物质文化遗产保护方式

目前尚无学者提出用非物质文化遗产保护方式传承传统习惯法，但有提倡以非物质文化遗产保护的方式传承民间习惯法的学者。基于非物质文化遗产保护与民间习惯法存在天然的契合共通，加之我国的多元文化需要民间习惯法来调整，非物质文化遗产保护的方式也属于民间习惯法的当代传承方式之一。丁莺认为，与非物质文化遗产有关的民间习惯法是民间法和习惯法概念的交集，兼具民间法和习惯法的特点。② 它具有相对稳定性、原始性和保守性。我国目前对于如何利用非物质文化遗产保护的方式传承民间习惯法只有简单的规定，在传承人和传承单位制度的设计上，仍然存在物质保障不足、权利义务机制不完善和传承人的认定不合理等问题。并且，尽管以谢晖为代表的学者们已经对民间法进行了深入的探讨和研究，但对于"民间法"这一概念及内涵的质疑声依然存在。③ 民间习惯法的非物质文化遗产保护的方式对传统习惯法的传承具有重要的启示性价值。

笔者通过对传统习惯法传承方式相关研究的集中梳理，总结出习惯法律化、习惯自在调整与非物质文化遗产保护三种传承方式。目前包括我国民法通则第十条的规定在内的法律规定中，确认式的习惯法律化方式为主要方式，且确认范围很广；村规民约是传承固有习惯法的主要方式，但是正在逐渐减弱；非物质文化遗产保护的方式也可以用于传承和保护传统习惯法，但在传承人和传承单位的制度设计上还存在不足。

关于传统习惯法的传承现状，目前尚不尽如人意。传统习惯法源于本土习惯而成，本身不具有某一部门法的属性。只是因为不同的传统习惯法所调整的关系与部门法之间存在牵连，而被学者们区分为民事习惯法与刑事习惯法等部门习惯法。以少数民族地区刑事习惯法为例，刑事习惯法目前仍主要活跃在民族地区刑事司法实践中。西藏地区的"赔命价"指故意杀人、故意伤害等人身伤害案件发生后，由加害方向被害方支付一定数量的经济赔偿的民间习惯。"赔命价"的民间习惯经过长期的流传，形成了制约人们行为的传统习惯法。然而，21世纪初，藏族"赔命价"民间习惯在藏区与刑事制定法之间呈现拉锯式的状态。④ 详见下表1。

从表1可以看出，"赔命价"的民间习惯法隐藏于"赔偿被害人损失""取得被害人

---

① 参见李杰：《论民事立法对民事习惯的复杂禁止》，载《法学论坛》2017年第32卷第4期，第141-147页。
② 参见丁莺：《"非遗"民间习惯法保护的利用与完善》，载《地方文化研究辑刊》2017年第1期，第300-307页。
③ 参见伍德志：《论民间法研究的犬儒主义色彩》，载《法律科学》2014年第32卷第6期，第3-10页。
④ 参见包献荣、杜伟：《柔性回归：我国转型期刑事司法文明的题中之义——我国西藏地区"赔命价"案件的社会学分析》，载《法律适用》2020年第13期，第147-156页。

谅解"中,作为酌定从轻量刑情节。西藏"赔命价"历史悠久,其设置并非基于刑事司法的需要。因"赔命价"有"花钱赔命"之嫌,与现代刑事观念稍显格格不入,难以免于被模糊化处理的命运。但不可否认的是,西藏"赔命价"习惯法在藏区刑事和解的过程中仍然存在着不可替代的价值,是根植于民族记忆中的能够得到民族情感认同的处理方式。通过藏区"赔命价"传统习惯法的现状管窥到应用于刑事司法中的传统习惯法,其调处息争等价值并不会因为身处制定法为主导的背景之下且被模糊化处理而消散。

表1[①]

判决书	案号	相关表述
泽珠彭措故意伤害罪一审刑事判决书	(2018)藏0102刑初22号	"被告人积极赔偿被害人损失并得到谅解,可酌情从轻处罚"
旦巴加才抢劫罪一审刑事判决书	(2018)藏0102刑初65号	"被告人取得被害人谅解,可酌情从轻处罚"
雷文杰故意伤害罪二审刑事判决书	(2019)藏刑终15号	"被告人积极赔偿被害方损失并取得谅解等法定从轻、减轻处罚情节,本院决定对其予以减轻处罚"
多吉培措故意杀人罪一审刑事判决书	(2019)藏03刑初9号	"被告人亲属与被害人亲属达成赔偿协议,可以酌情从轻处罚"
塔杰故意杀人罪一审刑事判决书	(2019)藏01刑初13号	"被告人塔杰的家属向其近亲属进行补偿并得到谅解,可酌情对其从轻处罚"
田华海故意伤害罪一审刑事判决书	(2019)藏01刑初15号	"被告人对被害人亲属积极赔偿,获得被害人亲属谅解,本院量刑时酌情予以考虑"
扎西次仁一审刑事判决书	(2019)藏01刑初16号	"案发后被告人亲属积极赔偿被害人亲属经济损失,取得被害人亲属谅解的辩护意见,与证据证明的事实相符,本院予以采纳,并在量刑时予以考虑"
李某1故意杀人罪一审刑事判决书	(2019)藏01刑初12号	"被告人李某1与被害人冷和强的家属经协商达成补偿协议,子女亦出具了谅解书,本院量刑时酌情予以考虑"
边玛次仁故意伤害罪一审刑事判决书	(2019)藏0402刑初96号	"积极赔偿被害人损失,取得被害人谅解"
娘嘎故意伤害罪一审刑事判决书	(2019)藏0602刑初52号	"被告人娘嘎同被害人就赔偿达成调解,并获得被害人和解,且已经履行完毕,依法从宽处罚"
次仁多布杰故意伤害罪一审刑事判决书	(2020)藏0502刑初55号	"被告人积极赔偿被害人的经济损失,取得被害人谅解,对其酌情从轻处罚"
刚某一审刑事判决书	(2020)藏0530刑初1号	"刚某家属积极赔偿被害人家庭的损失,得到了被害人家属的谅解……本院依法从轻处罚"

① 数据来源于中国裁判文书网,https://wenshu.court.gov.cn/,访问日期:2020年9月30日。

传统习惯法从历史中缓缓走来，带着民族的记忆，与制定法为主导的法律观念相遇，以更为柔性的方式辅助制定法发挥社会治理的作用。然而，有些传统习惯法甚至呈现出隐居幕后的样态，其传承和保护迫在眉睫。兼具传统文化与习惯法双重属性的传统习惯法在制定法为主导的法律观念的下如何发展，展现古文化之光的传统习惯法如何得到保护？台湾地区祭祀公业立法过程或可给予一些启示。

三、台湾祭祀公业立法的启示

（一）台湾祭祀公业的形成和发展过程

台湾祭祀公业开始于1914年，当时的"祭产"用于祭祀祖先以及恩人。为了便于保留，"祭产"主要以不动产为主。日治期间，日本人承认祭祀公业的法人地位，称其为"习惯法上的法人"。国民党统治时期，祭祀公业不再按照法人管理，"祭产"被认为是属于所有派下成员共同共有。台湾司法院发布"释字第728号"，其中"理由书"部分规定了"祭祀公业"的概念，即"祭祀公业系由设立人捐助财产，以祭祀祖先或其他享祀人为目的之团体。其设立及存续，涉及设立人及其子孙之结社自由、财产权与契约自由。"目前台湾祭祀公业相关的案例有20880件，2016年以前就有17843件，2017年和2018年的案件数量均在1200件左右。2019年案件数量有减少的趋势，从1月至10月中旬，仅有418件案件。在以上所有案件当中，民事案件占最大比例，约占比80%。[①] 从上述案件数量来看，涉及台湾祭祀公业的案件数量总体呈现下降趋势，但总量仍然还很高。

（二）传统祭祀文化与现代法律价值的冲突与调和

台湾祭祀公业具有本土性，从历史中发展而来，在制定《祭祀公业条例》之前独立于国家制定法之外，具有一定的强制性，具有传统习惯法的基本特征。台湾祭祀公业立法的过程也是传统习惯法制定法化的过程，体现了传统习惯法中的祭祀文化与现代法律价值之间的矛盾，可以为应对制定法为主导的背景之下传统习惯法的传承提供些许启示。

台湾祭祀公业自设立以来，因其兼具文化性与财产性而受到特别关注，也正是因为兼具文化性和财产性，台湾祭祀公业曾被认为违反"性别平等"而无法实现法的公平。对于台湾2010年"最高法院台上字第963号"民事判决书中所引祭祀公业吕万春管理章程中，申请人提出有四条存在"违宪"嫌疑。基于此，2015年3月20日，台湾司法院发布的"释字第728号"解释，认为《祭祀公业条例》第四条第一项前段规定的祭祀公业的派下成员并不是以性别作为认定标准，即使依据传统习惯，多数情况下女子不能成为派下成员。《祭祀公业条例》中规定，祭祀公业规约的设立人及其子孙所做的私法上的结社以及

---

① 详见台湾"司法院"法学资料检索系统网址，https://law.judicial.gov.tw/FJUD/default.aspx，访问日期：2019年10月13日。

财产处分行为，属于私法自治，原则上应予以尊重，以维护法的秩序。所以，以规约方式认定派下成员，难以认为与保障性别平等的意旨相违背，并不会侵害女子的财产权。台湾于 2007 年 12 月 12 日公布的《祭祀公业条例》的设定的目的在于"祭祀祖先发扬孝道，延续宗族传统及健全祭祀公业土地地籍管理，促进土地利用，增进公共利益。"该条例不仅仅是为了土地管理，还为了保护祭祀文化，体现了传统习惯法传承的意味。《祭祀公业条例》规定了祭祀公业的主管机关以及各级主管机关的职能。条例第三条专门定义了相关用词，包括"祭祀公业""设立人""享祀人""派下员"（派下全员与派下现员）、"派下权"与"派下员大会"。其中，触及性别平等的概念为"派下员"。无规约或者规约未规定的，"派下员"为设立人及其男性子孙（含养子）。若没有男性子孙，有女子尚未出嫁的，可以为"派下员"。女子所招赘夫或所生或者收养的男子且跟随母姓的，也可以成为"派下员"。依据台湾"司法院"发布的"释字第 728 号"解释，祭祀公业并未背离性别平等意旨的理由包括两个方面：其一，祭祀公业并不是以性别作为认定标准；其二，祭祀公业设立目的的实现不以性别等差作为必要的条件。诚然，以规约的形式实现私法自治，即使是通常情况下女子并不具备享有派下权的资格，也难以认定为违反宪法中之男女平等的规定。但是，在不存在规约或者规约中并未规定"派下员"组成的情况下，仍有违反男女平等原则之嫌。

《祭祀公业条例》创制了新的法人形式。这种法人形式具有财产性和祭祀文化的双重特征，与民法上传统的法人规定不同。祭祀公业的成员组成具有明显祭祀文化特征，而这种祭祀文化虽然仍在民俗活动中占有一席之地，却在当今法律体系中不曾出现。台湾祭祀公业的发展体现了传统祭祀文化与现代法律价值之间的碰撞，财产性为这种碰撞提供了可能性的同时，传统祭祀文化属性却为这种碰撞创造了难题。社会观念的多元影响着法律的发展，也为传统习惯法的传承增加了难度。2017 年 5 月 24 日台湾"司法院"公布了"大法官第 748 号解释"以后，于 2019 年 5 月 24 日同性婚姻的法律正式生效。随着社会的发展，人们观念上的改变促使文化更加多元。祭祀公业作为台湾的传统习惯法，虽然能够以专门条例的方式固定下来，却终究在未来难以与整体法律体系相协调。

（三）祭祀公业立法对传统习惯法传承方式的启示

台湾地区祭祀公业肇始于民间，初为祭祀祖先的程式，渐发展为体现"恩报"观念的祭祀祖先及恩人的活动。其所以为习惯法，概因具有一定范围之强制约束力；其所以为法学人所关注，更源于祭祀公业立法进程中体现出法律价值与祭祀文化间的碰撞调和。2007 年 12 月 12 日公布并于隔年 7 月 1 日正式实施的台湾《祭祀公业条例》，设立之初是为解决祭祀公业中的"祭产"归属纠纷，专事立专法。然则祭祀公业所体现之传统祭祀文化与现行法律价值之矛盾却欲加凸显，至今问题仍一直存在。

传统祭祀文化并不全为糟粕，不应该被彻底否定。首先，中国古代祭祀文化源远流长。法律的起源通说为"刑起于兵，礼源于祭祀。"至唐朝集大成者《唐律疏议》，礼与法（自"刑"发展为"律"，后又称为"法"）达到了空前的结合。古代的继承分为财产继承和身份继承，西周时期已有明显的区分。与财产继承的"诸子均分制"不同，身份继承采用的是嫡长子继承制。发展至唐代，仍实行嫡长子继承宗祧的身份继承方式。明朝制定的《大明律·户律》注重维护封建的嫡长子继承制，用法律形式确认嫡长子继承宗族权力与恩荫官职的合法性，用以维护封建宗族与封建政权的正统性。1840年前的清朝，在身份继承方面，还创设了"独子兼祧"制度，即一家之独子在继承本族宗祧的同时，可以过继给昭穆相当的亲族，继承亲族的宗祧，于是一人可以承继两房宗祧。从身份继承的发展可以看出，古代的身份继承不仅是身份等级象征，还是赋予祭祀权利的前提。可见，祭祀文化一直是中国传统文化不可分割的一部分。清末修律时引进西方的法律思想和法律制度，带有封建等级性质的身份继承制度退出历史舞台。祭祀文化也被贴上封建迷信的标签而从主流价值观中消散。然而，祭祀文化也并不全是糟粕，祭祀活动在凝聚家族力量、约束家族成员的言行方面存在着价值。法律继承的过程也体现除了革除不适用的，改进至适应现实社会之发展的革新性，传统习惯法无法总能跟上社会发展的步伐，常常出现难以为现存成文法体系所兼容的窘境。最终传统习惯法将会以何种姿态延续，又在与现行成文法出现交织时如何调和，关系着台湾祭祀公业的未来走向，关系着传统习惯法之价值实现。

台湾祭祀公业成了传统祭祀文化与现代法律价值的冲突明显的聚焦点。台湾祭祀公业为传统祭祀文化与民事成文法的交叉。台湾最初对祭祀公业进行法律拟制，即将祭祀公业拟制为法人来进行管理，后通过专门条例——《祭祀公业条例》来约束祭祀公业。祭祀公业中的"祭产"兼具传统祭祀文化与民法上的财产意义的双重属性。祭祀公业在历史的长河中形成并逐渐发展，具有本土性和典型性、客观性。祭祀公业在被纳入制定法体系之前，独立于国家制定法以外，并且对派下成员具有一定的约束力。祭祀公业之所以具有被纳入制定法中的需求，还在于其涉及不动产的财产归属问题，而不动产归属又是极易产生纠纷并需要法律来维护其正常的流转秩序的存在。所以，在兼具传统祭祀文化涵义和现代法制需求的情况下，祭祀公业立法的过程折射出传统习惯法在法制化进程中遇到的困境。

通过本文第二部分对习惯法的当代传承路径的梳理，传统习惯法可能的传承方式包括"习惯自在调整""习惯法律化"以及"非物质文化遗产保护"三种。从台湾的祭祀公业的发展来看，"习惯自在调整"的方式已经无法满足祭祀公业中"祭产"纠纷处理的需要。台湾采取了"习惯法律化"的方式，将祭祀公业中的"祭产"拟制为法人所有或者"派下成员"共同共有。面对"祭产"纠纷的增加，台湾地区于2007年制定了《祭祀公业条例》，以专门条例的方式将"祭祀公业"固定下来。《祭祀公业条例》确实有利于"祭产"归属纠纷的处理，同时在一定程度上缓解了实务中裁判不一的状况，为"同案同判"提供了依据。但同时我们也看到，《祭祀公业条例》制定后立马面临着与整个法律体系之间难以融合的局面，甚至被提出违反男女平等原则而"违宪"。尽管台湾地区法官做出了一些解释，但更像事后补丁，难以令人完全赞同。《祭祀公业条例》的设定目的，既包括对传统祭祀文化的保护，同时也包括对民事法律关系的维护。传统习惯法在表面上实现了制定法化，但是传统祭祀文化内涵与现代民事法律观念之间的矛盾也集中凸显。

从台湾地区的司法实践可以看出，兼具传统文化与习惯法双重特性的传统习惯法，在传承过程中，如果适用习惯法律化的传承方式，需要调和保护传统文化与维护相应法律关系的双重目标。然而，两目标之间具有相互矛盾的价值追求。前者是从文化传承的角度，应当最大限度地保护文化的原貌；而后者则是试图将习惯法纳入制定法话语体系中，有"改造"的意味。另外，二者想要保护的内容表面上都是祭祀公业本身，实际却是截然不同的侧面。前者是人们基于对祭祀祖先、祭祀恩人的"恩报"价值观的追求，偏重于精神层面；而后者以解决"祭产"这一实体的归属为主要目标，属于实体层面。除了双重目标相互之间存在矛盾之外，习惯法律化的传承方式还存在其他问题，以台湾《祭祀公业条例》为例，《祭祀公业条例》只能适用于成立在前的祭祀公业，而不适用于新成立的祭祀公业，体现出《祭祀公业条例》的"事后补丁"的性质，也昭示了《祭祀公业条例》只是过渡性的暂时解决特定问题的法律，不是能够适应社会发展的常行之法。台湾地区《祭祀公业条例》的设立初衷包括了兼顾传统文化保护与调整相应法律关系的双重属性，然而通过以上的分析可以看出，结果似乎并不尽如人意。因此，笔者认为，如台湾《祭祀公业条例》设定的将二者融合在同一法律之中的做法不可取。

四、传统习惯法的传承路径

通过分析目前传统习惯法的传承方式的三种类型，并且总结台湾《祭祀公业条例》制定的经验教训后，笔者提议，以"专门立法/法律拟制+非物质文化遗产保护法"的模式传承传统习惯法较为妥当。一方面，为了实现保护相应法律关系的目的而采用制定法或法律拟制的方式，另一方面，用非物质文化遗产保护法保留传统习惯法的原貌，分别保护并各有侧重。

就专门立法与法律拟制二者在传承传统习惯法方面的优劣来分析。专门立法的优点在于，能够就某一法律关系的保护给出相对全面且具体的依据，有效避免同案不同判的现象发生。缺点在于，传统习惯法传承视域下，相应的法律关系的保护有时具有临时性，耗费过多的人力物力稍显浪费；另外，专门立法的方式需要兼顾与整个法律体系之间的协调，这种协调不仅仅是文本层面的，还包括观念层面。法律拟制方式尽管在最初选择的时候需要多加斟酌，但是被拟制为的法律关系毕竟已经存在于现有法律体系之中，融合性更佳。

就非物质文化遗产的保护方式而言，通过前面对关于非物质文化遗产保护的传承方式的研究成果的梳理，我们可以看出，目前这一部分的研究稍显薄弱。对于前辈学者提出的非物质文化遗产保护与民间习惯法之间存在天然契合共通的观点，笔者持赞同立场。因此，探寻传统习惯法的传承方式，将其中的传统文化维度的传承通过非物质文化遗产保护的方式进行，笔者认为可行。我国自2011年开始颁行了《非物质文化遗产保护法》，非物质文化遗产保护制度得以相对快速地发展，这为以非物质文化遗产保护的方式传承传统习惯法提供了可能。《中国民族民间文化保护公成普查工作手册》认为，所谓"非物质文化遗产"，指"各族人民世代相承的、与群众生活密切相关的各种传统文化表现形式（如民俗活动、表演艺术、传统知识和技能，以及与之相关的器具、实物、手工制品等）和文化空间（即定期举行传统文化活动或集中展现传统文化表现形式的场所，兼具时间性与空间性）"。① 既然非物质文化遗产保护的方式为传统习惯法的传承提供了可能。那么，具备何种特征的传统习惯法才可以通过非物质文化遗产保护呢？根据我国目前非物质文化遗产保护实践来看，非物质文化遗产的特征有以下几点：其一，活态传承，即以活态形式原汁原味流传至今的文化事项；其二，我国秉承了许多国家制定物质文化遗产的传统，且考虑到百年前，西方文化曾入侵的状况，通常认定至少要有百年以上的历史者为非物质文化遗产，不足百年则不能认定，需要说明的是，此处的百年以上历史泛指某类事物，而不是专指某件事物；② 其三，非物质文化遗产为经过价值衡量之后的传统文化，而其中的价值衡量包括历史认识价值、文化认识价值、艺术认识价值、科学认识价值和社会认识价值五个方面，这五方面突出者，即为非物质文化遗产；③ 传统习惯法的传承经历了一个长期的历史过程，而其中的内容一般通过文字记载、口耳相传或者案例展示的方式得以传承。传统习惯法本身以原汁原味的方式活态传承，且不乏超过百年以上者。传统习惯法中具有古文化之光的部分，还要经过历史认识价值、文化认识价值、艺术认识价值、科学认识价值和社会认识价值五个方面的衡量，才可能通过非物质文化遗产进而得以保护与传承。另外，还需要考虑实践层面的两个问题。非物质文化遗产在保护过程中，要平衡所有者利益与社会公共利益，确定传承过程中的共享程度；非物质文化遗产在保护过程中，还要确定传承人。非物质文化遗产的传承人，即非物质文化遗产的传承主体。通常基于"人亡艺绝"的角度看，没有了传承人，非物质文化遗产也将随之消失。而传统习惯法的传承视域下，传统习惯法与手艺类非物质文化遗产不同，通常为某一社会群体所广泛认同，为人们约定俗成的规则，在共享程度方面通常不必作过多考虑。反倒是传承人的决定需要着重研究。以祭祀公业为例，祭祀公业的传承人可以是"祭产"所有人，在前后辈之间传承延续。

综上，本文首先分析传统习惯法的涵义，并指出传统习惯法不容乐观的传承现状。在此基础上提出传统习惯法在制定法为主导的法律观念的下如何传承这一问题。通过系统梳理与传统习惯法传承方式相关的现有研究，我们发现，"习惯自在调整""习惯法律化"以及"非物质文化遗产保护"三种可资借鉴的传统习惯法传承方式，但是前人研究尚显不足。聚焦台湾祭祀公业立法过程，其中所体现的传统祭祀文化与现代法律价值之间矛盾的

---

① 参见苑利、顾军：《非物质文化遗产保护前沿话题》，文化艺术出版社2017年版，第12页。
② 参见苑利、顾军：《非物质文化遗产保护前沿话题》，文化艺术出版社2017年版，第4页。
③ 参见苑利、顾军：《非物质文化遗产保护前沿话题》，文化艺术出版社2017年版，第7页。

调和,对传统习惯法的传承方式的选择具有启示性价值。台湾祭祀公业双重目标之间存在不可调和的矛盾,导致适用过程中顾此失彼。因此,建议采取"专门立法/法律拟制+非物质文化遗产保护"二维模式,以最大限度地保护带有古文化之光的传统习惯法。

On the inheritance of traditional customary law
——Focus on sacrificial service in Taiwan

Du Weiwei

Abstract: Traditional customary law has the dual characteristics of "traditional culture" and "customary law", among which there are some parts with the light of ancient culture. The traditional customary law can get relatively universal emotional identity, and it comes slowly from the history with national memory. It helps to formulate legal division, which is conducive to social governance and people's unity. However, the traditional customary law has retreated behind the scenes, and its protection and inheritance is imminent. The process of sacrificial public service legislation in Taiwan reflects the collision and reconciliation between traditional culture and customary law, which provides important enlightenment value for the exploration of the inheritance mode of traditional customary law. By analyzing the pros and cons of Taiwan's sacrificial public service legislation, we find that it is the crux of the problem that the traditional cultural protection and the adjustment of legal relationship cannot be reconciled into the same regulation. The inheritance of traditional customary law can adopt the two–dimensional mode of "special legislation / legal drafting + intangible cultural heritage protection" to protect the traditional customary law with the light of ancient culture to the maximum extent.

Key words: customary law; sacrificial culture; sacrificial service; traditional culture; intangible cultural heritage

(编辑:曹瀚哲)

村规民约中的罚则问题研究

——基于浙江省 14 个样本的调研

应 雁[*]

摘 要 随着依法治国与建设民主国家进程的推进，村规民约在当代社会的基层治理中日渐发挥着不可小觑的作用。村规民约中写入的惩戒性条款统称为"罚则"，这些罚则按种类可划分为财产罚、名誉罚、并罚等多种形式，种类的参差不齐也导致它们面临不同的理论困境与现实困境。作为理论规范，它们受到了权力来源、内容合法性、错责相适应的争论，作为治理方式，它们碰到了效力范围、边界划分、救济缺失等现实困难。解决这些理论和现实困境的最好方式是完善法律规制。

关键词 村规民约 罚则 社团处罚

作为绵延千年的自治文化的体现，村规民约时至今日重要性更加凸显。党的十八届四中全会报告提出，要发挥市民公约、乡规民约、行业规章、团体章程等社会规范在社会治理中的作用。村规民约体现了民事民议、民事民办、民事民管的群众思维，是深化法治德治自治建设的有力抓手，2015 年 3 月 9 日，浙江省综治办、省委组织部、省民政厅和省司法厅四部联合发出的浙综委〔2015〕1 号文件中决定在全省全面开展制订修订村规民约、社区公约活动，并提供村规民约范本。2018 年底，《民政部 中央组织部 中央政法委 中央文明办 司法部 农业农村部 全国妇联关于做好村规民约和居民公约工作的指导意见》发布，提出"到 2020 年全国所有村、社区普遍制定或修订形成务实管用的村规民约、居民公约，推动健全党组织领导下自治、法治、德治相结合的现代基层社会治理机制"。

村规民约作为一种以民间自治形式存在的社会规范，规定了集体成员的权利和义务，充分体现农民、居民当家做主，实现自我管理，这些都是天然之意。而"无救济则无权

---

[*] 应雁，法学硕士，中共宁波鄞州区委党校讲师。

利，无惩戒则无权威"，作为一种治理规范，"违反后怎么办"的问题是必须回答的。也即权利义务的规定与惩戒性条款密不可分，村规民约中往往会写入一些惩戒性条款，并在各地的基层民主实践中积极践行，发挥着惩恶扬善的作用。然而，由于村规民约的法律属性决定了其中惩戒性条款的规定效力十分有限，也由于基层法治观念与立法水平参差不齐，村规民约的审查制度并未健全，导致村规民约中的惩戒性条款及罚则的合法性、效力、程序、作用领域等问题上存在疑问，实践中也普遍存在对惩戒性条款不履行时出现救济不能的现象，乃至有学者质疑其存在的必要性。

值得一提的是，并非"有规约即有罚则"，以调研中收集浙江省部分村（社）村规民约为例，事实上将罚则写入其中的仍为少数，这些村规民约至少在表面上符合"务实管用"的要求，免于落入口号式的形式主义窠臼。但细究之下，这些罚则间呈现很大差异。本文以浙江省内14个行政村（社）为调研样本①，这些村（社）发展程度不一，村规民约中条款实施现状亦各不相同，但都具备了较为详尽的罚则，这些罚则可直接规定于村民自治章程中，或散见于计划生育、村庄安全、环境卫生等单行规定中，并在实际村庄治理中发挥效用。本文试图通过对这14个村规民约文本的调研，对前文提出的问题作出解答。

一、村规民约罚则的概念及种类

依法理要求，法律规范的构成要素包括条件、行为模式和法律后果。村规民约设定权利义务等要求全体村民自觉遵守的行为规范，必然会对违反这些规范要求的行为作出责任后果承担的条款要求。村规民约中的罚则，顾名思义就是其中要求违反规定义务的客体承担不利后果的、带有惩戒性质的条款。即村民基于第一性义务的违反而引起的第二性义务，即因违反规则所承受的制裁性后果或否定性评价。[2]

需要指出的是，村规民约的罚则条款在各地的文本中并不总是以"罚则"这一表达方式出现，文本中常有"奖惩措施""处理办法""违约责任"等形式，本文所探讨的"罚则"即是包含了以上各种表述，意指各文本中的责任条款。例如在浙江省综治办、省组织部、省民政厅和省司法厅联合发布的村规民约范本中，以第七章"奖惩措施"的表述来体现村规民约的罚则，并明确奖惩措施由批评教育、公示通报、责成赔礼道歉、写出悔改书、恢复原状或赔偿损失等六种方式组成。据此看出，范本所提倡的罚则主要以人身罚（名誉罚）为主，意在使当事人向村民表达歉意，并使其他村民引以为戒，辅之以民事赔偿措施（恢复原状或赔偿损失），以教育村民、平息事端为主要目的，惩戒性并不强。

---

① 这十四个行政村（社）分别为杭州市萧山区宁围街道盈一村、临安市板桥镇上钱村、海盐县元通街道永福社区、绍兴市越城区东浦镇光相村、湖州市德清县新市镇丰年村、杭州市桐庐县江南镇环溪村、德清县莫干山镇四合村、宁波市海曙区古林镇古村村、宁波市海曙区石碶街道冯家村、嘉兴市桐乡市崇福镇御驾桥村、丽水市莲都区岩泉街道长岗背村、丽水市莲都区紫金街道湾岙村、台州市椒江区葭沚街道栅桥村、台州市黄岩区宁溪镇金林村。调研时间截至2019年1月。

② 韩娜：《村规民约罚则问题研究》，烟台大学2012年硕士学位论文。

然而纵观全省各地的村规民约文本，罚则所规定内容远不止上述所列举的几项，形式上更加丰富，部分条款惩戒性也更强，由此可引发这些罚则是否合宪合法的思考。

（一）财产罚

1. 罚款

罚款是财产罚中最常见的形式，也是村级民主实践中最常用的规制手段之一，主要以规定罚款数额的形式出现在村规民约的罚则中，有些文本中称之为"罚金"，甚至"违约金"。典型的罚款规定如杭州市萧山区宁围街道盈一村的《卫生公约》中规定：八、如有违反公约，屡教不改和情节严重者，给予10-20元的经济处罚；临安市板桥镇上钱村村规民约规定，春笋期间不准偷挖他人毛笋及其他竹笋，如抓住每次铺底贰佰元，竹笋按每斤贰十元处罚。

2. 没收财物

没收财物一般是指没收违反村规民约所得的非法财物或是作案工具，在调研中未发现有村、社区规定没收案外的私人财物的现象。典型的没收财物例如海盐县元通街道永福社区永福社区的《禁止焚烧秸秆居民公约》：四、严禁在主要交通道路两侧，渠道、林间、各户门前周围堆放各种农作物秸秆。严禁在公路上打场晒粮，阻碍交通，造成不安全因素。不听劝阻者予以重罚，农作物予以没收。

3. 拆除违章建筑

整洁的村容村貌一直以来也是各地村规民约追求的重点，尤其是近年来配合"三改一拆"专项行动的推进，部分村、社区出现了村、社区组织拆除本区违章建筑的现象，例如绍兴市越城区东浦镇光相村村规民约第二条提到：拒绝违章建筑的出现，出现一处，拆除一处。此类规定引发了村级组织是否具备此类执法权的质疑，笔者将在下文作出探讨。

财产罚在我国乡村自治实践中已成为很多村规民约追究责任最主要的手段，因其便捷有效成为村规民约处罚则的重头戏。这类经济处罚方式很容易让人联想到行政处罚[①]，村、社区等自治组织作出的经济处罚是否会与行政处罚有重复或冲突，成为财产罚所面临的首要难题。同样棘手的问题在于罚款或没收所得如何处理。罚款所得现金的处理并不难，一般归入集体资产中属全民所有，而没收所得实物何去何从，是拍卖变现抑或还之于民，在实践中各有千秋。

（二）名誉罚

1. 赔礼道歉

赔礼道歉在村级组织中一般用于邻里纠纷的处理，在侵犯他人的人身或财产安全时适

---

① 因村级治理中涉及刑事处罚的较少且处理方式（移送司法机关）鲜有争议，故在此仅讨论与行政处罚的关系。

用较多，并且多数伴随着赔偿损失的规定。湖州市德清县新市镇丰年村村规民约第二十四条：违反邻里公约，造成他人财产损失的必须赔偿损失，造成他人伤害的，必须赔偿医药费、误工费等，并赔礼道歉。

2. 公开检讨

公开检讨同样也是名誉罚的一种，是以口头或书面的形式公开作出检讨，也在乡村治理中被普遍应用。例如杭州市桐庐县江南镇环溪村的村规民约提到，违犯上述规定的给予批评教育，出具检讨书，情节严重的交上级有关部门处理。

3. 通报批评

通报批评在我国许多组织，例如机关、公司、社团组织中均有应用，在村级组织中的运用一般是指村级组织将行为人的错误在一定范围内予以公布，希望行为人或其他人吸取教训、引以为戒的一种措施。典型的如德清县莫干山镇四合村村规民约第三十一条：对违反治安管理条例规定，又屡教不改甚至情节严重的，除有关部门依法处理，村民委员会还可以作如下处理：（1）利用村广播予以通报批评；（2）公开检讨作出反思；（3）企事业工作的，由单位按规定处理。

名誉罚的运用同样广泛，且运用于基层，在实践中更具有效果。乡村是当今中国"熟人社会"特征最明显的地域，信用和声誉的重要性也因此而发挥到极致。名誉罚正是利用了乡村社会的这一特征，虽对被处罚对象的物质利益未造成任何限制，但在"好面子"的熟人社会里，名誉罚的警示性却格外强大。

（三）其他

1. 取消分红

享受分红的权利是社员的经济权利中最重要的一种，尤其对于经济效益较好的村集体而言，若取消一年或连续若干年的分红，意味着较大数目的经济收益受到剥夺，这一处罚比单纯的财产罚要严厉许多，也是村级治理中矛盾最为突出的、信访事件发生最多的处罚方式之一，因此也受到了较多的非议。例如宁波市海曙区古林镇一村民因为违反了计划生育的基本国策，被该村处以连续剥夺三年分红的处罚。

2. 暂缓或停止享受福利

社员权所包含的福利内容较为广泛，除了主要的分红权外，各村还会根据实际情况约定其他社员福利，如免费旅游、医疗保险、补助金等，而对这些福利的限制也成为不少村、社区在基层治理中的常用手段。例如宁波市海曙区石碶街道冯家村有村民因搭建10平方米的违建房用于出租被处以取消外出参观的资格和1000元的住院补助金的处罚。

3. 恢复原状

这里的恢复原状含义可按字面上理解，也就是将损害的财产修复，即通过修理恢复财产原有的状态。这种罚则在村规民约中出现比较频繁，例如德清县莫干山镇四合村村规民约第十三条：爱护好村庄公共电力照明设施，为有毁坏，限期修复，造成损失的赔偿损失。有些恢复原状的罚则是带有惩罚性的，例如海盐县元通街道永福社区禁止焚烧秸秆居民公约五、严禁破坏行道树木，对有意损坏、偷盗、烧毁林木的，除责令补种5倍的树木外，每株罚款50—200元，情节严重的交司法机关从重处理。

（四）并罚

实践中，对于一种违反村规民约的行为，可能会面临多种处理方式并罚的规定，包含以上所列举的罚则中的两种或以上。例如德清县莫干山镇四合村村规民约第十八条规定，经查实在非砍伐期砍伐树木者，情节较轻的应公开检讨，并没收树木，情节严重者交上级森林派出所处罚。这条村规中，就非法砍伐树木这一项过错行为，同时规定了公开检讨和没收树木两项处罚措施。

二、理论困境：权力属性与合法性争论

一般认为，村规民约是村民会议基于《村民委员会组织法》授权而制定的，其中第二十条规定，村民会议可以制定和修改村民自治章程、村规民约，并报乡、民族乡、镇的人民政府备案。所谓村民自治章程或村规民约，就是村民自己的"小宪法"，是村民共同认可的"公约"，是村民实施村民自治的基本依据。它是村民基于法律的授权，根据当地的实际情况，依照村民集体的意愿，经过民主程序而制定的规章制度。可一旦涉及村级组织依据村规民约中的罚则条款对违反规定的当事人实施处罚的问题，该处罚的法律属性究竟几何就关系到其合法与否的问题。

（一）权力来源之争

过去认为，村级组织是国家权力在乡村、社区的延伸，因而村规民约的处罚属于一种变相的行政处罚权，其法律依据莫过于《中华人民共和国行政处罚法》第17条规定："法律、法规授权的具有管理公共事务职能的组织可以在法定授权范围内实施行政处罚。"以及《中华人民共和国村民委员会组织法》（以下简称《村民委员会组织法》）第2条"村民委员会是村民自我管理、自我教育、自我服务的基层群众性自治组织，本村的公共事务和公益事业由村民委员会办理"，由此认为村民委员会属于法律、法规授权的具有管理公共事务职能的组织，可以在法律授权范围内实施行政处罚。

而这一理论若作深究，则难以立足。简而言之，《中华人民共和国行政处罚法》规定行政处罚只能由法律、法规和规章设定，不可以再授权其他规范性文件（比如村规民约）设定行政处罚。① 随着社团自治理论的不断发展，学者逐渐意识到村规民约的处罚权不应

---

① 详见《中华人民共和国行政处罚法》第九条至第十四条。

该来自国家权力的授予，而理应是个人权力向民主组织（社团）的自愿让渡。国家赋予农村自我管理、自我服务的自治权利，承认村委会代表民众进行民主决策的执行主体地位，实际是通过团体本身的职能转变间接地治理社会秩序，通过社团惩治来完成间接治理社会的义务，最终实现国家的政治职能，促进"责任社会"的形成。① 既然是向自治民主组织的自愿让渡，所让渡的权利便非常有限，不允许涉及法律法规所规定的基本权利，这也就与《村民委员会组织法》第二十七条第二款规定的"村民自治章程、村规民约以及村民会议或者村民代表会议的决定不得与宪法、法律、法规和国家的政策相抵触，不得有侵犯村民的人身权利、民主权利和合法财产权利的内容"相吻合。

（二）内容合法性之争

在上述社团处罚理论的检验下，一些村规民约的罚则显而易见被认为是触犯了合法性的红线而丧失了效力。例如嘉兴市桐乡市崇福镇御驾桥村的村规民约规定，村民应履行村委下达的各项收费规定。各小组长配合协调工作，如发现偷水，违者视情节给予处罚现金200—2000元；偷电由镇供电营业所负责处理；水电费等拖欠拒交者或无理取闹，应采取停止供电、供水等措施。其中停电、停水的规定被认为是不恰当的。水电的供应是公民基本生存权利的保证，正因为此，国家立法对断水断电的强制措施持否定态度。《中华人民共和国行政强制法》和《国有土地上房屋征收与补偿条例》等法律中都有相关规定。因此村规民约中出现以断水、断电的形式惩治偷水偷电行为的做法，显然与上位法相悖。

然而有些罚则内容的合法性面临争议。范本中没有提到过的罚款、暂缓或停止享受福利、取消分红等等，都属此列。表面上看，"罚款"带有行政执法色彩，村组织采用罚款的形式似乎有侵犯公民财产权之嫌，属与上位法相悖，暂缓或停止享受福利、取消分红等也意味着对社员权的侵犯，都有不合法之嫌。然而笔者认为，借助社团处罚理论能佐证这些罚则的合法性，并且是基层组织在合法性底线之上尽可能迈向自治的重要标志。"罚款"只是村规民约中的不当表述，其实质是社员的财产权向社团组织的让渡，称为"赔偿金"更为合适。当然从让渡这一意义上来说，并不是所有的权利都能让渡和自由处置。自治罚则中应排除人身罚，这项基本权利具有明显的不可让渡性，侵犯公民人格、政治权利、基本生存权利和人身自由权的让渡是不允许的。而关于财产权及社员享有的某些特定权利则是可以让渡的，因此社团处罚中规定违反规则条约者交纳一定数额的金钱或一定数量物品的财产罚是一种运用的最广泛也是最有效的处罚形式。②

---

① 方洁：《社团处罚研究》，中国政法大学2006年博士学位论文。
② 见前引方洁：《社团处罚研究》，中国政法大学2006年博士学位论文。

(三) 错责相适应之争

然而，并不是罚则的内容合法，罚则本身就必然具有合理性，一些罚则还具有错责不相适应的问题，主要变现在错与责质的不一致性与量的失衡性两方面。

1. 质的不一致

村规民约的罚则与刑事或行政的罚则不同，其首要功能应当是平息事端，维护基层正常生活生产秩序，惩戒性的功能应居于其次。因此对一些村规民约中规定的禁止性行为的违反，其相对应的罚则应当以消除这种错误行为的后果为主，罚则的内容应当保持与错误行为质的一致性。再举宁波市海曙区冯家村的例子，有村民因搭建10平方米的违法房用于出租被处以取消外出参观的资格和1000元的住院补助金的处罚。错误行为是搭建违法建筑，其对应的出发方式应当是限期拆除违章建筑并恢复原状，如有出租违法建筑所得非法收入应予没收，而对此科以取消外出参观的资格和住院补助金的处罚似乎欠妥。

2. 量的失衡

作为规范性文件，村规民约的罚则同样要遵循比例原则的规定，处罚的轻重应当与错误行为的性质相适应，这一点尤其体现在财产罚上。对于偷盗、毁坏财物等行为，村规民约中普遍采用规定赔偿金的形式，而赔偿金的数量则必须与错误行为的危害程度及当地居民的收入水平相适应，过多或过少都是不合理的。

三、现实困境：执行与救济之难

(一) 作用范围之难

宁波市海曙区高桥镇的工作人员在接受调研时就向笔者提出了这样的质疑：村规民约的文本已然相对成熟，可村组织在执行时遇到了难题。村中外来流动人口（一般为非社员）数量远大于社员数量，且这些外来流动人口也成为违反村规民约的"主力"，村组织在向他们执法的过程中却被其以不受村规民约规制为由拒绝。

村规民约的作用范围，即其效力可约束的客体范围究竟多大，众说纷纭。肯定者认为，村规民约不仅是村民自治的依据，也是村民会议或村民委员会对当地农村进行管理的依据。因此，那些驻在农村的机关、团体、部队、全民所有制企业、事业单位的人员，以及不属于村办的集体所有制单位的人员，虽然不参加村民委员会组织，也应当遵守有关的村规民约，自觉地约束自己的行为。而笔者认为，权利与义务相一致是所有法律规范的基本原则，村规民约概莫能外。村规民约由村民委员会表决通过，其作用范围应当仅限于具有选举权的村民，在享受社员权利的同时，也应当遵循村规民约的罚则约定。而社员以外的公民，虽工作生活在本村，但只应受到国家法律法规的约束，村规民约作为社员的自治章程，效力不能及于这些"流动人口"，若村组织想要约束、惩治他们的不当行为，应当寻求司法或行政力量的救济。

(二) 与国家法执法边界划分之难

把村规民约的定位为对国家法的补充的观点在当今学界已经达成一致，一些规定在村庄中发挥着较强的威信力，起到了国家硬法无法控制甚至力所不能及的作用，因此这类罚则在乡村管理和建设中具有很强的生命力，尤其体现在禁止虐待弱势群体、平息邻里矛盾等条款中，而同时当事人可以选择行政或司法途径请求权利救济，这就难免导致其在与国家法的执法边界的划分上有时出现冲突。

国家法与民间法的逐步融合趋势很好地回答了这一难题。在确保村规民约罚则不与上位法的强制性规范相冲突的前提下，村规民约作为解决村内成员和社会生产生活中各种事项的地域性规范，在村集体农民中更容易树立权威，实践中也因其规定更细致、执行更快捷更倾向于选择村规民约救济。

(三) 救济之难

几乎所有的村规民约在规定罚则条款的同时，都没有规定对不服罚则的救济方式，这使得罚则救济在理论上只剩下一种救济途径——付诸司法。而村规民约这类的民间法要进入法院的司法审查程序，面临的最多也只是合法性的审查。若法院认为该法则规定并不与上位法相冲突，在本村行之有效，那么被处罚人想请求合理性审查是极为困难的。

村规民约本身没有规定救济途径，法院作为最后一道防线，也仅是就个案适用的罚则的合法性，主要为是否侵犯公民合法权益事项进行审查，这就导致被处罚人若对处罚的合理性不满，救济途径极为有限。笔者在调研中发现，多地乡镇（街道）都接待过对村规民约的处罚不满的村民，而乡镇（街道）一级政府是否有权审查甚至撤销村组织作出的处罚决定，又是一个并不明朗的问题，这对乡镇（街道）一级工作造成了一定压力。

四、村规民约罚则的规制路径

除了上述列举的村规民约因本身的属性而难免存在的困境外，还由于在制定程序和内容设定上，一些罚则规约都是由少数村干部为了上级领导检查或出于业绩考虑匆匆制定，未能反映全体村民的共同意愿，缺乏民主性，也加重了实践中的困难。解决这些问题的根本途径还在于审查、救济体制的完善，以及正确的价值引领，这些罚则才能真正起到乡村治理的作用。

(一) 构建合法性前置审查制度

中央农村工作领导小组办公室、农业农村部、中央组织部等十一部委2019年9月联合下发的《关于进一步推进移风易俗 建设文明乡风的指导意见》（以下简称《指导意见》）指出，"县乡两级党委和政府要指导制定或修订村规民约……出台约束性措施要按照村民委员会组织法等有关法律法规和规定，完整履行村民自治等程序。相关部门要加强具体指导。"这一规定实际上将现有法律规定的合法性审查关口前移了①。无论是乡镇（街道）人民政府的备案审查（一般性审查），或是人民法院在诉讼中对村规民约的附带审查（特殊性审查），都缺少制定过程中的指导和论证，约束不足的村级自治容易突破法治红线，因此村规民约正式生效前的前置审查至关重要。前置审查应当遵循形式和实质审查并重的原则。村规民约制定程序是否合法合规是前置审查的重要内容，尤以参与度和知晓度是否得到保障为重；依据法无禁止即可为的法律逻辑，实质审查充分尊重村规民约的契约性，只对明显与宪法、法律等冲突的侵犯公民民主权利的内容进行审查，及时纠正和废除村规民约中歧视性和违法内容，防止"以约代法"，罚则也因此成为实质审查中重点审查的内容。前置审查一般认为由乡镇（街道）人民政府为主体，组织部门、司法行政部门、农业农村部门进行日常培训指导。

（二）完善司法、行政救济体系

对认为自己的合法权益受到村规民约罚则的侵犯而诉诸人民法院的救济行为本质上是特殊审查，在具体案件中对村规民约的制定程序、内容合法性等作出附带性审查。以现状来看，司法救济在大多数地区是唯一的事后救济途径，却因诉讼的特殊属性难以为多数村民所接受，导致属地党委和政府为此承担了过多的信访压力。因此，拓宽行政救济渠道，搭建行政和司法并举的村规民约救济体系实属必要。应赋予村民要求乡镇（街道）人民政府审查具体村规民约的请求权，被申请机关须在规定期限内作出答复。出于救济的被动性考虑，对于村规民约罚则确实存在的不合法情形，被申请机关应责令所在村"两委"限期修正相应条款，而不宜直接更改或撤销具体村规民约文本。

（三）倡导"德主罚辅"的执行理念

村规民约是介于道德与法律之间的概念，也是"德治、法治、自治"三治融合的基层治理理念的典型载体，执行中应当贯彻德法融合的理念。虽然"无惩戒无权威"，罚则是村规民约的必要组成部分，但并不能视作实现治理手段的唯一途径而过分强化，应当保持谦抑性。"以奖代罚"是乡村治理智慧的体现。近年来村民"道德银行""道德积分"等奖励形式体现了这一原则，即奖励表彰大部分，实则是对少部分后进的鞭策。例如安徽宣城市宣州区花园村的村规民约认为，与其对超规模举办酒席的行为处以"罚款"，不如对

---

① 1998年修订生效的《中华人民共和国村民委员组织法》（以下简称《村民委员会组织法》）第二十条规定："村民会议可以制定和修改村民自治章程、村规民约，并报乡、民族乡、镇的人民政府备案。""村民自治章程、村规民约以及村民会议或者村民代表会议决定的事项不得与宪法、法律、法规和国家的政策相抵触，不得有侵犯村民的人身权利、民主权利和合法财产权利的内容。"

"红事简办"的村民给予物质奖励,并免费提供婚车、司仪等服务。这种精神物质双管齐下的做法更能激发村民守约的自觉性和主动性,减少矛盾纠纷,弘扬正能量,促进文明乡风的树立和乡村发展。随着社会治理能力现代化水平的不断提升,罚则的"兜底"定位日渐明朗,村规民约必将成为体现依法治国与以德治国理念有机融合的典型窗口。

五、代结语——作为"三治"的有机融合点

对村规民约罚则的讨论实则首先是村务治理中自治与法治界限的讨论。自治为体,意味着罚则不仅在村规民约中不可或缺,还应当以实践为基,尽可能翔实具体,体现出治理的个性化。村规民约应当作为国家法律和政策的有益补充而非简单重复,对于千变万化的村庄事务,村规民约应当发挥灵活性,以"无形的手"实现基层社会治理的精细化。其中的罚则又是确保治理目标落到实处的刚性依托,也是自治的关键要素。罚则同时又是过度自治、违反法治原则和精神的风险点。法治为纲,意味着罚则的制定和实施必须具有合法性来源,且在冲突情况下必须让位于法治。实现自治与法治的有机融合,能激发基层治理的有序活力。

村规民约中的罚则还是法治与德治相结合的有力体现。法律是最低的道德,德治是基层治理的灵魂和血肉。一些有悖社会主义核心价值观的非道德行为因其无法上升为违法行为而难以在国家法律和政策中予以直接体现,却能以规约的形式在基层治理中予以倡导,并以罚则为辅助,实现治理单元中的共治、共建与共享。

道在瓦壁。鲜活的村规民约是人民群众治理理念和治理智慧的体现,也是自治、法治、德治三治融合的典型载体。基层社会治理要实现活力与秩序相统一、刚性和柔性相统一、治身和治心相统一,对于村规民约中罚则的研究、改良与推广,将是实现善治的关键点。

A Study on the Penalty Provisions of Village Regulations
——Based on 14 Samples in Zhejiang Province

Ying Yan

Abstract: With the advancement of the rule of law and the process of building a democratic country, village regulations are playing an increasingly significant role in the grassroots governance of contemporary society. The exemplary clauses written in the village regulations are collectively referred to as "penalty provisions". These penalty provisions can be divided into different types such as property penalty, reputation penalty and combined penalty. The different types also lead to different theoretical and practical dilemmas. As theoretical norms, they are subject to the arguments about the source of power, the legitimacy of content and the adaptation of misattribution of responsibility. As a mode of governance, they are faced with practical difficulties such as the scope of effectiveness, the demarcation of boundaries and the lack of relief. The best way to resolve these theoretical and practical dilemmas is to improve the legal regulations.

Key words: Village regulations; Penalty provision; Community penalty

(编辑：彭娟)

域外视窗

对抗性法制的概念解构

[美] 杰布·巴恩斯、托马斯·伯克[*] 著

丁文睿[**] 译

摘 要 对抗性法制的概念已被法学、公共管理、公共政策、政治学、社会学以及法社会学学者广泛使用,但这一概念的不同使用方式引起了人们的关注,且其衍生概念牵强附会的程度也变得令人担忧。应当认为,对抗性法制有两种内涵:既有日常纠纷解决和政策制定的独特性,又有可与其他权力机构相提并论的治理结构。上述内涵的明晰有助于对其不同功能的理解以及对未来研究路径的确认。对抗性法制的应用广泛却不充分,尤其在美国和其他国家法制化、司法化和法治化重要性的研究中。

关键词 对抗性法制 司法化 法制化 法治化 罗伯特·卡根

一、导言

卡根(Robert Kargan)[①] 的《对抗性法制:美国的法律之道》(Adversarial Legalism: The American Way of Law)具有巨大的影响力,为法律、公共管理、公共政策、政治学、社会学以及法律与社会本土领域带来诸多讨论。该书于 2001 年首次出版后于 2019 年再版,视野广阔,叙事宏大。尽管对抗性法制更侧重于讲述美国的法律制度,就美国人如何逐步在刑法、民法、宪法和行政法方面自我治理提出了核心论点,但它本身也具有内在的

---

[*] 杰布·巴恩斯(Jeb Barnes),美国南加州大学政治学教授;托马斯·伯克(Thomas F. Burke),美国马萨诸塞州韦尔斯利大学政治学教授。

[**] 丁文睿,美国马里兰大学刑事司法与犯罪学 2020 级硕士研究生,上海师范大学诉讼法学 2020 级硕士研究生。

[①] Kagan RA, *Adversarial Legalism: The American Way of Law*, Harvard University Press, 1st ed, 2001; Kagan RA. *Adversarial Legalism: The American Way of Law*. Harvard University Press, 2nd ed, 2019.

可比性。卡根将美国法和其他发达国家的法律反复进行对比，使此书比书名所涵盖的意义更具全球性。

　　这本书之所以实用的原因是人们对其核心概念的共鸣——笔者书就此文时，该书已被引用总计超过1400次。美国讼棍的批评者们用对抗性法制来概括他们眼中美国法律和政策制定的所有错误之处。① 对他们来说，对抗性法制是一个耻辱的术语，给作为解决政策问题和纠正不公的诉讼贴上了笨拙、昂贵且终局机制不力的标签。有的人则强调诉讼和对抗性法制英雄主义的一面，如维护个人权利、使强大的利益集团承担责任、在各级政府及其部门不作为时提供补救措施等。② 还有的人则叙述性、抽象性地看待对抗性法制，将其置于一个宏大的框架体系中：如作为一种对法律体系的描述，比如对"欧洲法律主义"的讨论；③ 或将其视为法律制度的发展，如俄罗斯的交通事故处理机制。④

　　对抗性法制也被用作一种分析美国内部在诉讼和监管方面的斗争标尺。如梅尔尼克（Melnick）⑤ 最近出版的有关第九修正案的著作、威特（Witt）⑥ 关于汽车事故诉讼的分析、菲利（Feeley）和斯韦林根（Swearingen）⑦ 针对加州监狱诉讼应对的探讨、诺莱特（Nolette）⑧ 对美国州检察长政治地位上升的考察，以及学者们对数州诉讼扩张与缩减的

---

① Derthick M, *Up in Smoke：From Legislation to Litigation in Tobacco Politics*, CQ Press. 1st ed, 2002；Fukuyama F, *Political Order and Political Decay：From the Industrial Revolution to the Globalization of Democracy*, Farrar, Straus & Giraux, 2014.

② Barnes J, *In defense of asbestos tort litigation：rethinking legal process analysis in a world of uncertainty, second bests, and shared policy - making responsibility*, 34（1）Law and Social Inquiry, 5 - 29（2009）；Bogus C, *Why Lawsuits Are Good for America：Disciplined Democracy, Big Business, and Common Law*, New York University Press, 2001；Crohley S, *Regulation and Public Interest：The Possibility of Good Regulatory Government. Princeton*, Princeton University Press, 2008；Mather L, *Theorizing about trial courts：lawyers, policymaking, and tobacco litigation*, 23（4）Law and Social Inquiry, 897 - 936（1998）；McCann M, Haltom W, *Seeing through the smoke：adversarial legalism and U. S. tobacco politics*, See Burke & Barnes 2018, 57 - 80（2018）.

③ Bignami F, Cooperative legalism and the non - Americanization of European regulatory styles：the case of data privacy, 59 *The American Journal of Comparative Law*, 411 - 61（2002）；Bignami F, Kelemen RD, *Kagan's Atlantic crossing：adversarial legalism, Eurolegalism, and cooperative legalism in European regulatory style*, See Burke & Barnes 2018, 81 - 97（2018）；Kelemen RD, *Eurolegalism：The Transformation of Law and Regulation in the European Union*, Harvard University Press, 2011.

④ Hendley K, *Coping with auto accidents in Russia*, See Burke & Barnes 2018, 98 - 130（2018）.

⑤ Melnick RS, *The Transformation of Title IX：Regulating Gender Equality in Education*, Brookings Institution Press, 2018.

⑥ Witt JF, Bureaucratic legalism, American style：private bureaucratic legalism and the governance of the tort system, 5（2）*DePaul Law Review*, 261 - 92（2007）.

⑦ Feeley MM, Swearingen V, *Devolving standards：California's structural failures in response to prison litigation*, See Burke & Barnes 2018. 155 - 77（2018）.

⑧ Nolette P, *Federalism on Trial：State Attorneys General and National Policymaking in Contemporary America*, University Press of Kansas, 2015.

研究。①

初看上去，这些作品似乎是一种无谓的纠结，但笔者认为它更像是几条线的交织，其中每一条都反映了卡根对抗性法制概念的双重内涵。这一概念将对抗性法制定义为一种纠纷解决和政策制定方式、一种具有一系列特殊属性的日常实践、一种政府权威结构和一种对社会影响深刻的权力运行模式。卡根将大量的详尽案例研究与全面的制度比较分析相结合，以独特的实证研究方法印证了这种二元性。②

虽然对抗性法制的两面性确保了其适用的广泛性，但它的适应性也可能导致学者们认为它过于无从定形而对其不予考虑。正如萨托利（Sartori）③ 在很久以前就强调过的那样，学者们在不同的语境中应用概念的动力将会导致概念的延伸，其中概念的扭曲性很可能会超出其一致性。当下的挑战即在于将对抗性法制概念化，使其能够跨越不同语境和政策领域，并且在成为一个内涵丰富概念的同时不被扭曲。④ 为应对这一挑战，本文试图通过梳理对抗性法制的两面性，阐明其独特的研究领域和分析路径。笔者认为，理想状态下的对抗性法制不是作为诉讼的简称或与诉讼相关属性的集合，而是将其作为一种比较的工具。卡根对法学流派和政府多重权力结构的类型化研究有助于我们观测世界各国日益"法治化"和"司法化"的变化。该框架使法社会学家可以解决一些基本问题：如某案件属于哪种类型？是与什么相比的？正如卡根所言：在这个有太多规则需要研究的世界，对这些问题的回答是很有必要的。⑤

为了进一步论证该论点，本文依次讨论了对抗性法制的各个方面，并佐以近期资料和案例来思考这些研究的潜在进路。文章的最后一部分讨论了对抗性法制的作用，以便提出新的问题与重构学术讨论。笔者认为，尽管对抗性法制这一概念被广泛使用，但在探索全球法制化、司法化和法治化趋势的重要性方面却未被充分使用。

二、日常实践中的对抗性法制

对抗性法制是美国治理的负面标签，据称这种治理方式过于依赖诉讼。福山（Fukuy-

---

① Burbank SB, Farhang S, *Rights and Retrenchment: The Counterrevolution against Federal Litigation*, Cambridge University Press, 2017; Dodd LG, *The rights revolution in the age of Obama and Ferguson: policing, the rule of law, and the elusive quest for accountability*, 13 (3) Perspectives on Politics, 657 - 79 (2015); Farhang S, *The Litigation State: Public Regulation and Private Lawsuits in the U. S. Princeton*, Princeton University Press, 2010; Staszak SL, *No Day in Court: Access to Justice and the Politics of Judicial Retrenchment*, Oxford University Press, 2015.

② Burke TF, Barnes J, eds, *Varieties of Legal Order: The Politics of Adversarial and Bureaucratic Legalism*, Routledge, 2018.

③ Sartori G, Concept misformation in comparative politics, 64 (4) *American Political Science Review*, 1033 - 53 (1970).

④ Collier D, Mahon JE, Conceptual "stretching" revisited: adapting categories in comparative analysis, 87 (4) *American Political Science Review*, 845 - 55 (1993).

⑤ Kagan RA, What socio - legal scholars should do when there is too much law to study, 22 (1) *Socio - Legal Study*, 140 - 48 (1995).

ama)① 的《政治秩序和政治衰落》(Political Order and Political Decay: From the Industrial Revolution to the Globalization of Democracy) 提供了一个特别生动的例子。福山将对抗性法制视为美国政府衰败的几大特点之一。他认为，对抗性法制的上升趋势标志着政府的衰落，因为它反映出了一种权能错位：应归属行政部门和立法机构的职能反而被安排在了司法部门。② 福山指出，瑞典和日本等官僚机构较强的国家，政治冲突是通过"利益相关方之间的友好协商"来处理的。③ 通过这些磋商建立的条例可以借由立法程序加以审查和辩论。相比之下，"美国的政策是由高度专业化的法官在不透明的过程中零敲碎打地制定出来的"，且法官无需经过选举。④ 福山⑤总结道，这种方式具有"（不）确定性，程序复杂性、冗余性、终局缺失性和高交易成本性"。⑥

福山对"对抗性法制"的描述源于卡根提供的一份列表。福山认为这些负面特征在修辞上颇具吸引力，使他能够用对抗性法制来概括困扰美国的政策制定问题。然而，福山对卡根的列表进行了删节，原列表并不像福山所暗示的那样一边倒。具体而言，卡根认为对抗性法制是一种政策制定和争议解决的方式，并具有以下特征：⑦

（1）有更复杂的法律规则体系；（2）有更多正式的对抗性程序来解决政治性和科学性争端；（3）私益诉讼在执行反歧视、消费者保护和法律监管方面起到更大的作用；（4）是一种高成本的，更具对抗性的争诉形式；（5）有更具惩罚性的法律制裁；（6）更频繁地对行政决定及其程序进行司法审查和干预；（7）对法律规则和司法制度存在更多政治性争议；（8）政治上具有分散性，决策系统的协调配合不够紧密；（9）法律上具有更多的不确定性和不稳定性。⑧

其中一些属性，如高成本和不确定性，乍一看似乎毫无疑问是负面的，但其实也有一些隐蔽的好处。比如，成本高昂和不可预测的诉讼可以威胁或阻止不当行为，或为积极分

---

① Fukuyama F, *Political Order and Political Decay: From the Industrial Revolution to the Globalization of Democracy*, Farrar, Straus & Giraux, 2014.

② Derthick M, *Up in Smoke: From Legislation to Litigation in Tobacco Politics*, CQ, 1st ed, 2002; Fuller L, *The forms and limits of adjudication*, 92 Harvard Law Review, 353-409 (1978); Horowitz D, *The Courts and Social Policy*, Brookings Institution, 1977; Schuck P, *Agent Orange on Trial*, The Belknap Press of Harvard University, 1986.

③ Francis MM, *Civil Rights and the Making of the Modern American State*, Cambridge University Press, 2014, p. 144.

④ Francis MM, *Civil Rights and the Making of the Modern American State*, Cambridge University Press, 2014, p. 474.

⑤ Francis MM, *Civil Rights and the Making of the Modern American State*, Cambridge University Press, 2014, p. 474.

⑥ 在正文中，福山于2014年将此列表属性定为Farhang（2010年），但在脚注（第595页，脚注6）中，他引用了R. ShepMelnick未发表的论文作为来源。

⑦ Kagan RA, *Adversarial Legalism: The American Way of Law*, Harvard University Press, 2nd ed, 2019, p. 8.

⑧ 请注意，这是一个略有不同的（比第一版更长的）列表（Kagan2001, p. 7）。

子在正在努力进行的改革提供杠杆。① 其他属性的影响似乎是中性的。法官如何频繁地进行司法审查，或在解决纠纷中更形式主义，都取决于法官如何看待司法审查和法律形式。还存在一种属性，其表达是消极的，但背后存在着积极的含义。对抗性法制是"不确定与不稳定的"，还是潜在具有"灵活和创造性"？后者表现为对前沿法律问题和政策制定保持开放态度。对抗性法制是"支离破碎"和"不协调"的，还是比官僚主义的政策执行和纠纷解决"更接地气"和"等级感更少"，从而能够更好地回应新型权利主张？

鉴于卡根不断强调对抗性法制的代价，福山的消极论调或许就能理解了。卡根②强调了两个负面理由：第一，"病理性案例具有诊断价值，其揭示了基本的系统运行机制"。如果我们理解了法律体系和实践产生不利后果的原因，这些情况也许会得到改善。③ 第二，花费的代价是重要的考虑因素。对抗性法制也许会带来浪费性的"防御性医疗"，④ 会震颤寻求公正之道的决心，打压民众对司法系统的信心，招致政治性强烈抵制，并造成行政过程的扭曲和拖延。此外，对抗性法制的高昂代价和复杂程度会给重复性参与者带来不正当优势，这些重复性参与者只要通过不断打压那些司法资源不足，且不具策略优势的新手，便能随心所欲地利用司法体系来操纵游戏规则。⑤ 对抗性法制在实践中制造成了这样一种情况：对单独的普通诉讼而言成本过高，对计划集体诉讼来说结果又难以预测，所以个人或集体都无法受益其中。⑥

尽管卡根的分析带有负面色彩，但他对对抗性法制的规范评估远比福山更为微妙。本书中，卡根承认了"对抗性法制有两副面孔"，且以此作为本书第二章的标题，并提供多个案例以彰显其优点。实际上，考虑到在当前华盛顿两极分化的政治环境下，有意义的替代方案很难被创造出来，最新版的《对抗性法制》似乎着重强调了对抗性法制在当代美国政治中的利好。

对抗性法制"半黑半白的面孔"最后引发了某种意义上的终极审判——它究竟是福还是祸？卡根⑦提出了这样一种解释，"对数据进行收集、对结果编码，以及将无法相提并

---

① Epp CR, *Making Rights Real*: *Activists*, *Bureaucrats*, *and the Creation of the Legalistic State*, Chicago University Press, 2009; McCann M, *Rights at Work*: *Pay Equity Reform and the Politics of Legal Mobilization*, Chicago University Press, 1994.

② Kagan RA, *Adversarial Legalism*: *The American Way of Law*, Harvard University Press, 1st ed, 2001, pp. 32 – 33.

③ Kagan RA, *Adversarial Legalism*: *The American Way of Law*, Harvard University Press, 1st ed, 2001, p. 32.

④ 指医生担心因误诊被投诉而让病人做过多的化验、手术等。此处作者指对抗诉讼可能由于对不公正的结果过于畏惧而浪费过多司法资源。——译者注

⑤ Galanter M, *Why the "haves" come out ahead*: *speculations on the limits of legal change*. 9 (1) Law and Social Review, 95 – 151 (1974); Kritzer HM, Silbey SS, *In Litigation*: *Do the Haves Still Come Out Ahead*? Stanford University Press, 2003; Talesh S, Rule – intermediaries in action: how state and business stakeholders influence the meaning of consumer rights in regulatory governance arrangements, 37 *Law Policy*, 1 – 31 (2015).

⑥ Kagan RA, *Adversarial Legalism*: *The American Way of Law*. Harvard University Press, 2nd ed, 2019.

⑦ Kagan RA, *Adversarial Legalism*: *The American Way of Law*, Harvard University Press, 1st ed, 32 (2001).

论的结果（如更好的监狱条件与法律强加的机会成本对经济福祉造成的代价）进行比较，所有这些类似的行为都带来了无法解释的问题"。笔者对此深感赞同。举个普通的现实案例，我们有一项旨在考察法律设计对轮椅使用者进入公共设施的调研，① 调查了一家曾由于残疾人便利设施被诉的小型连锁餐厅。餐厅管理人对此诉讼嗤之以鼻，认为该诉讼不值一提，只不过是为了一笔快钱而引发的勒索。事实上，后来发现其中一名原告的确是一个"缠诉的当事人"，但这起诉讼却导致该连锁餐厅的设施发生了实质性改变，比其他餐厅对轮椅使用者来说更友好。我们应该如何权衡这一过程的负担（其处理成本通常很高）与结果（带来的改变是否符合残障人士使用权的法律目标）？

埃普（Epp）② 的《实现权利》（Making Rights Real：Activists，Bureaucrats，and the Creation of the Legalistic State）一书在对地方政府的诉讼系统分析中也提出了类似的问题。在导言部分，埃普③将卡根定义为一个潜在的陪衬者，指出他是法制化的主要批评者，并认为滥诉鼓励了"专业人士采取法律模式的策略，这些策略除了满足法院的要求之外，没有任何意义。在论点阐述的过程中，埃普关注的很多方面与福山有关对抗性法制的描述相同，包括利用私益诉讼解决复杂的社会和政策问题及其高成本与不确定性。但对于埃普来说，这些属性是有成效的，因为它们导致了对诉讼的"促进性"恐惧，"促进性"是因为它导致了组织在其运营中有益于社会的改变。

运用调查分析、案例比较研究和历史过程追踪相结合的方法，埃普发现，可信的诉讼威胁与地方政府在"问责合法化"上的投入程度是明显相符的。埃普将"问责合法化"定义为一种对法律规范做出承诺的行政模式，其提供培训和沟通机制来传达此类规范的重要性，并通过内部监督来评估做出违法行为裁决对改变现状的进展。当与福山的论述并列时，埃普的论点戏剧性地强调，对抗性法制作为一种法律实践形式的本质就是双面性，即使它表面上具有高成本和不可预测的负面属性，也可以产生积极的辐射效应。

评估对抗性法制的成本与收益的另一个挑战是确定评估的底线。④ 卡根暗示性地（福山则明确地）比较了对抗性法制和运行良好、可预测且成本较低的权力运行体制。理论上，专业政府机构可以通过司法成本社会化和政策执行效率化来创造公平的竞争环境，这要比法官和私益诉讼当事人通过一系列不对等的诉讼更为有效。但美国和其他地方一样，对诉讼的态度是"全有或全无"。即使存在可行的替代方案，也都是远远不如完全理性且

---

① Barnes J, Burke TF, The diffusion of rights：from law on the books to organizational rights practices, 40 (3) *Law Social Review*, 493 – 524 (2006).

② Epp CR, *Making Rights Real*：*Activists, Bureaucrats, and the Creation of the Legalistic State*, Chicago University Press, 2009.

③ Epp CR, *Making Rights Real*：*Activists, Bureaucrats, and the Creation of the Legalistic State*, Chicago University Press, 2009, p. 9.

④ McCann M, Haltom W, *Seeing through the smoke*：*adversarial legalism and U. S. tobacco politics*, See Burke & Barnes 2018, 57 – 80 (2018).

不被利益集团所左右的韦伯式科层组织（Weberian bureacracy）。① 从这个角度来看，低效、昂贵和不可预测的诉讼也许是唯一的可行选择，或者是不完美选择中的最佳选择。例如，"石棉诉讼"② 无疑已成为对抗性法制下诸多过激行为的恶劣代表。它代价高昂、进展缓慢、飘忽不定，有时还充斥着不道德甚至欺诈性的索赔行为。然而，在工人赔偿项目向石棉工人提供的赔偿严重不足，且国会已拒绝采取行动后，此类诉讼才开始逐渐升温。此外，法院并没有像老一套行政机关那样谨小慎微地守卫自己的地盘。随着石棉诉讼的缺点愈发凸显，法官们一再请求国会对此进行干预，但国会依旧置之不理。在这种情况下，与对抗性法制的局限性相比，立法的"瘫痪"似乎对石棉侵权损害赔偿终局政策最终的失败影响更大。③

考虑到衡量、权衡和评估美式诉讼的成本和收益所面临的挑战，学者们应该如何对它们进行评论呢？在卡根看来，虽说"算总账"似乎缺乏说服力，甚至毫无意义，但简单来说，对抗性法制充其量只是多一些温和的权衡，最坏的情况也不过是掩盖其缺点而已。

目前有两条研究进路。一个是对局限性概括的展开。默顿④曾称之为"中程理论"——在实体领域或政策制定的过程中，对抗性法制的优势大于劣势。所以，我们在对工伤赔偿政策的研究中发现，⑤ 对抗性法制有助于揭示石棉和疫苗损害的问题。⑥ 然而，随着政策从"认可受害者的索赔"转向"为他们提供公平和可预测的赔偿"，侵权制度的不确定性和高昂成本变得越来越成问题。

这一发现与维特的"成熟侵权行为"概念相吻合，在这些领域中，对某些受害者进行赔偿的法律和程序是很完善的，机动车事故就是一个典型例子。维特注意到，在这种情况下，侵权制度随着时间的推移而变化，失去了一些对抗性的法律特征。用卡根的话说就是"不确定性和不稳定性"减少了，因此系统以一种有趣的方式变得体制化：是保险公司的

---

① Rubin E, Feeley MM, *Judicial policy - making and litigation against the government*, University, 5 The University of Pennsylvania Journal of Constitutional Law 617-63 (2003).

② 石棉诉讼源于波雷尔诉纤维板纸制品公司一案 [Borel v. Fibreboard Paper Products Corporation et al., 493 F. 2d 1076 (5th Cir. 1973)]，原告因接触石棉而罹患间皮瘤和石棉症而请求含石棉材料制造商赔偿。一审中原告胜诉后，二审得到了美国第五巡回上诉法院的支持，此后石棉诉讼开始在全国许多法院被提起，成为美国历史上持续时间最长的大规模集体诉讼之一。——译者注

③ Barnes J, *Dust - Up：Asbestos Litigation and the Failure of Commonsense Policy Reform*, Georgetown University Press, 2001.

④ Merton R, *Social Theory and Social Structures*, Free, 1968.

⑤ Barnes J, Burke TF, *How Policy Shapes Politics：Rights, Courts, Litigation, and the Struggle over Injury Compensation*, Oxford University Press, 2015.

⑥ 美国 1986 年的《国家儿童疫苗伤害法案》修订后，创立了国家疫苗伤害赔偿计划（VICP），即在针对疫苗制造商及提供者的诉讼威胁造成了疫苗短缺和降低了疫苗接种率后，设立了疫苗保护计划。其中规定，若受害人遭受了某疫苗的损害（如严重过敏等），该受害人须先行向美国联邦索赔法院提交索赔申请书，卫生与公共服务部门人员会对索赔申请书进行审查，初步确定其是否符合赔偿的医疗标准。若此疫苗受 VICP 的补偿覆盖，则法院可命令美国卫生与公共服务部门进行赔偿，即使该疫苗不受 VICP 覆盖，索赔人仍可以通过和解获得赔偿。——译者注

体制化和原告律师网络化。不幸的是，该制度依旧保留了对抗性法制的一个非常负面的特征，即高交易成本。[1]

除侵权行为外，还有一些有关对抗性法制的例子也在挑战根深蒂固的惯例，且中断了不公正的现状。[2] 其中的典型代表就是利用诉讼来抗议种族隔离学校[3]以及监狱条件[4]，以及揭露天主教会中道德败坏的牧师[5]（The behavior of predatory priests）和类鸦片药物危机中企业的不当行为[6]。在某些情况下，对抗性法制提供了一种问题解决手段，而当民选机构似乎不愿意采取这种政策手段，如酸雨、气候变化和药物定价的畸变。[7] 综上所述，这些案例表明，对抗性法制的公开性和流动性在政策周期的早期阶段可能很有价值，因为此时的问题界定、信息收集、议程设置和人员调动至关重要；而在政策的后期阶段，这些优势似乎就不那么重要了，因为此时对效率和一致性的关注占了主导地位。我们可以使用类似的分析方法来确定对抗性法制最明显的优势，此时其弱点就赫然耸现了。

另一条潜在进路则是重新思考卡根提出的属性应当如何归纳，它反映了大量公共政策研究的比较结果。按照卡根的说法，这些特质在美国语境中往往是相互联系的。也就是说，我们可以想象具有其中某种属性却不具有其他属性的情况：例如，具有高度惩罚性的法律制裁，在法律层面却有很高的确定性和稳定性。事实上，我们没有什么相信"卡根归纳的属性都能自洽"的特别理由，特别是在美国以外的地方，这一点在贝格美（Bignami）和凯莱门（Kelemen）[8] 在关于欧洲对抗性法制的对话中就可以得到印证。因此，我们可能会认为卡根的归纳是一个单独变量的汇总，而不是一组紧密相关的固定特征。此外，我们可以探讨当法律实践的具体属性随着时间的推移和政策领域的不同而变化时会发生什么。虽然这种类型化的研究无法解决对抗性法制纯粹关于的代价和利益的争论（这一点无论如何都很棘手），但它们会对法律如何实施及其后果产生实用的见解，这才是卡根研究

---

[1] Issacharoff S, Witt JF, The inevitability of aggregate settlement: an institutional account of American tort law, *Vanderbilt Law Review*, 57 (5): 1571 – 636 (2004); Witt JF, Bureaucratic legalism, American style: private bureaucratic legalism and the governance of the tort system, 5 (2) *DePaul Law Review*, 261 – 92 (2007).

[2] Epp CR, Making Rights Real: Activists, Bureaucrats, and the Creation of the Legalistic State, Chicago University Press, 2009; Sabel CF, Simon W, Destabilization rights: how public law succeeds, 117 *Harvard Law Review*, 1016 – 101 (2004).

[3] Francis MM, *Civil Rights and the Making of the Modern American State*, Cambridge University Press, 2014.

[4] Feeley MM, Rubin EL, *Judicial Policy Making and the Modern State*: How the Courts Reformed America's Prisons, Cambridge University Press, 1998.

[5] Lytton TD, *Holding Bishops Accountable*: How Lawsuits Helped the Catholic Church Confront Clergy Sexual Abuse, Harvard University Press, 2008.

[6] Gluck AR, Hall A, Curfman G, Civil litigation and the opioid epidemic: the role of courts in a national health crisis, 46 *Journal of Law*, Medicine & Ethics, 351 – 66 (2018).

[7] Nolette P, *Federalism on Trial*: State Attorneys General and National Policymaking in Contemporary America, University Press of Kansas, 2015.

[8] Bignami F, Kelemen RD, *Kagan's Atlantic crossing*: adversarial legalism, Eurolegalism, and cooperative legalism in European regulatory style, See Burke & Barnes 2018, 81 – 97 (2018).

的核心。

为说明这一点,我们可以改写加什(Gash)[1] 在研究同性恋人士为寻求平等所使用诉讼的各种方式。加什将备受瞩目的同性婚姻平权运动(包括具有里程碑意义的温莎诉美国案[2])与同时发生的家庭法院中为获得收养权的鲜为人知的努力进行了比较。问题是,诉讼活动的知名度和政治性争议在多大程度上会影响大众舆论倾向,从而导致强烈的舆论压力?加什对比了两场诉讼,这两场诉讼具有许多对抗性法制的属性,但在一个特征上有所不同:关于法律规则和制度的政治争论。她发现,虽然对于社会保守派来说,同性婚姻和家庭收养的问题都很棘手;但与著名的同性婚姻平权运动相比,安静的、不引人注意的收养权运动引发的舆论则要小得多。

加什的发现指出分解性归纳对诉讼实践和对抗性法制的作用。并非所有,甚至大部分的诉讼运动都不会产生政治争议,且策略的有效性可能因政策领域和群体而异。虽然卡根将所有属性总括成一个大类的这种做法,似乎将其与其他富裕国家的法制类型提供了一种对比,但是像加什这种更精细的研究才有助于我们把对抗性法制当成一种法律实践去理解,并释明这些属性在跨国家和跨政策领域的变化——并有助于一些对如如何、何时、为何与推崇谁的分类理论来推进社会和政治目标实现的一种更宏大的理论发展。

三、作为一种治理方式的对抗性法制

卡根通过一系列属性将对抗性法制定义为一种方式。他的结构性定义与众不同。根据家马萧(Mashaw)[3] 和达马斯卡(Damaska)[4] 开发的类型学,卡根通过一个 2×2 的表格来区分对抗律法制与其他形式的治理。表中每个单元格代表解决争议和制定政策的理想制度类型。

横轴是确定潜在索赔的正式程度,也就是决策者在制定和执行政策时使用现有规则和程序的程度。正式政策制定的特点涵盖了所有法律决策机制:规则、记录、文件和书面程序。相比之下,非正式程序依赖专业性或政治性的个案决策。纵轴指决策权的集中程度,从自上而下由政府官员控制的层级结构,到自下而上由利益争夺所驱动的参与式结构。

对抗性法制具有正式性和参与性,即当事人(及其代理人)通过对以下内容的辩论来解决争端:(1)对实质性标准和程序规定的含义;(2)对这些标准的运用;(3)对当前决定的相关规则;(4)对这些标准和程序的内在公正性。官方决策者只充当裁判角色,而不占主导地位。美国的民事法律就是一个典型的例子,当事人只根据一般法律原则提起诉

---

[1] Gash AL, *Below the Radar: How Silence Can Save Civil Rights*, Oxford University Press, 2015.
[2] Windsor v. United States, 570 U. S. 744 (2013).
[3] Mashaw JL, *Bureaucratic Justice: Managing Social Security Disability Claims*, Yale University Press, 1985.
[4] Damaska M, *The Faces of Justice and State Authority: A Comparative Approach to the Legal Process*, Yale University Press, 1986.

讼。当事人及其律师对启动程序，确定争议，收集和提交证据，并就程序规则和法律对事实的适用进行辩论承担主要责任。

官僚性法制具有正式性和层级性。其意味着公务员依法办事的韦伯式科层组织。比如，社保补助金是按照详细的支付计划表发放的。而对抗性法制则强调具体的正义——注重案件内在的是非曲直——而官僚性法制则强调统一的正义，对类似案件一视同仁。

非正式的政策制定模式并不使用既存规则来解决争端。专家或政治性判断属于层级结构，其临时决策可能主要取决于专门科学知识（如国家运输安全委员会调查飞机失事），或科学知识和政治性判断的混合（如环境保护局对污染物的管制）。谈判或调解是非正式性和参与性的，其涵盖了在大致平等的当事人之间必须作出决定的任何情形。根据具体情况，准自治的非政府组织（QUANGOs）可能会因为利益相关方代表被任命至官方论坛，就重要的政策问题进行谈判而进入非正式的政策制定模式。立法机构，就其不分层级的情况而言，也将归入这一框（表1）。

表1：四种决策模式[①]

决策权力的组织	决策类型	
	从非正式到正式	
层级制度参与性	某领域专家或行政管理人员	官僚性法制
	谈判/调解	对抗性法制

这个框架是通用的。在他的著作中，卡根重审了对抗性法制的原因和后果，并将二者作为待解释的结果和解释性因素。他把美国对抗性法制的发展主要归因于两种力量的结合，其中一种符合20世纪60年代和70年代风靡一时的对"完全正义"的要求，其与抵制创建欧洲福利国家的政府结构和政治文化相结合。卡根认为，其结果就是法院和诉讼赢得更多权威，但政府反应则不那么集中，或者说更混乱[②]。但卡根的很多著作都使用对抗性法制来对美国公共政策的各个方面进行解释。例如，他对比了美国和德国的刑事和民事司法制度，认为美国的对抗性法制比德国的官僚性法制更为低效和不可预测[③]。

哈姆林（Hamlin）[④] 的《让我成为一个难民：美国的行政司法与政治避难》（Let Me Be a Refugee: Administrative Justice and the Politics of Asylum in the United States）就很好地

[①] Kagan RA, *Adversarial Legalism: The American Way of Law*, Harvard University Press, 1st ed, 2001.

[②] Kagan RA, *Adversarial Legalism: The American Way of Law*, Harvard University Press. 2nd ed, 2019, pp. 41-70; Melnick RS, *Adversarial legalism, civil rights, and the exceptional American state*, See Burke & Barnes 2018, 20-56 (2018).

[③] Kagan RA, *Adversarial Legalism: The American Way of Law*, Harvard University Press, 2nd ed, 2019, pp. 84-96, pp. 134-146.

[④] Hamlin R, *Let Me Be a Refugee: Administrative Justice and the Politics of Asylum in the United States*, Oxford University Press, 2014.

建立在使用卡根的类型学来解释政策结果的基础之上。该研究着眼于加拿大、澳大利亚和美国这三个国家如何处理庇护申请。学者们通常认为这种比较研究了全球化趋同压力与国内对国际规则的背离之间的紧张关系。他们的研究把该国视为单一行为者，通常对国际社会要求收容难民的呼吁有所抵制。哈姆林将每个国家的难民地位确定程序进行对比，并说明这一框架的局限性，也即通过使用卡根的权威体系框架——对抗性法制与其他治理模式——来解释其他情况下略显异常的结果。

她指出，加拿大已对难民保护署（Refugee Protection Division）做出授权，加拿大法院通常会服从该机构，这与卡根的专业处理模式非常符合。哈姆林[1]得出的结论是，澳大利亚移民局的实力要弱得多。哈姆林笔下的澳大利亚的制度是法院和议会之间的"弹跳球"，其中限制主义的政治情绪占主导地位。相比之下，美国则体现了对抗性法制，存在许多"进入程序的不同途径，不同的决策地点和决策形式"，以及"与政治性修补的绝缘程度很低"[2]。美国联邦法院经常由于法院本身在关键问题上存在分歧，而推翻行政部门的决定，其结果则是案件之间的"地盘争夺战"和结论的"不一致性与不可预测性"。[3]因此，对难民案件的决定结构既是正式的（基于法律原则和法律主张），也是参与性的（基于当事方能够在许多场合提出新的要求，更接近理想的对抗性法制）。

每个国家内部截然不同的难民身份接纳程序深刻地塑造了每个国家如何处理类似的庇护问题。哈姆林[4]认为，"国内关于庇护政策的斗争只是部分涉及对移民的慷慨程度。"在哈姆林的叙述中，它们同样是关于法院、立法机构和官僚机构之间的地盘之争，而卡根的框架有助于阐明这种斗争。加拿大移民制度与议会政治的隔离，有利于对更慷慨的难民处遇制度的建立；澳大利亚议会的频繁介入产生了一种更具限制主义的政策；而美国的对抗性法制在确定难民问题上造就了一个更不稳定、更不可预测的体系，在某些情况下该体系较为慷慨，有时则倾向于限制。

哈姆林的发现与我们关于对抗性法制在《政策如何塑造政治》（How Policy Shapes Politics：Rights, Courts, Litigation, and the Struggle over Injury Compensation）[5]中的影响的结论是相符合的，该研究比较了美国对人身伤害赔偿政策的官僚性和对抗性的不同方法。正如哈姆林所说，对抗性法制导致了"更不平衡的结果"。即，一些受害者得到了巨额的

---

[1] Hamlin R, *Let Me Be a Refugee：Administrative Justice and the Politics of Asylum in the United States*, Oxford University Press, 2014, pp. 101 – 117.

[2] Hamlin R, *Let Me Be a Refugee：Administrative Justice and the Politics of Asylum in the United States, Canada, and Australia*, Oxford University Press, 2014, p. 82.

[3] Hamlin R, *Let Me Be a Refugee：Administrative Justice and the Politics of Asylum in the United States, Canada, and Australia*, Oxford University Press, 2014, p. 82.

[4] Hamlin R, *Let Me Be a Refugee：Administrative Justice and the Politics of Asylum in the United States, Canada, and Australia*, Oxford University Press, 2014, p. 188.

[5] Barnes J, Burke TF, *How Policy Shapes Politics：Rights, Courts, Litigation, and the Struggle over Injury Compensation*, Oxford University Press, 2015.

赔偿，而另一些受害者则分文未得。相比之下，官僚性法制往往倾向于更均衡的补偿。而这种政策上的差异也往往带来了不同的政治生态。对抗性法制在成本和风险分配上的不均导致了赢家和输家之间为权利争夺而拼凑出的一种复杂局面，从而形成了多元而混乱的政治；官僚性法制则倾向于消除成本，创造一种更技术化的政治。与官僚性法制政策倾向不同的是，对抗性法制政策倾向于将损害过错私有化，并将责任归咎于具体行为人，从而使这种模式得到加强。官僚性法制政策倾向于以社会化和集体化的方式来界定问题。鉴于卡根认为研究结果表现为"高成本、拖延性和不可预测性的行政性后果"，那么我们不妨在卡根的研究基础上，进一步探讨依赖对抗性法制及其对应部分所带来的行政性后果。

在谈到笔者认为对抗性法制没有得到充分利用的情况之前，对其结构的定义就已经有了一些说明。首先，无论是作为结果还是解释，卡根的表格都包含了一种不完全对应于任何实证性案例的理想形式。实际上人们很容易忽视这一点，并将对抗性法制浓缩为"法院与诉讼"，将官僚主义法制概括成"官僚组织和行政机构"。事实上，即使是在美国，法院在区分对抗性法制和官僚性法制的关键变量（即决策过程的集中化程度上），也存在很大的差异。研究人员必须考虑决策过程的哪些方面，以及在多大程度上是从上而下决定的，而不是由两个对立当事人争论而得出的。例如，社会保障管理局（SSA）的行政法院的运作规则和程序都相对明确，使得社会保障管理局的上诉相对缺乏参与性；上诉申请人对于提出程序性或实质性的异议没有太大的操作空间。研究人员还必须考虑到当事人相对于对法官的权力。美国和其他地方的法院在法官控制诉讼程序的程度要求各不相同；诉讼程序越依赖于当事人，参与性则越强，从而更接近对抗性法制。另一方面，即使是官僚机构代表也可以作为参与因素。响应投诉的监管机构更具参与性，因此等级制度略逊于可以自行决定可以在哪些案件中进行调查和执法的机构，而后者更符合官僚性法制思想。

因此，几乎所有现实世界的情况都是表1中的理想类型；法院在类型上或多或少是对抗性的，官僚机构或多或少是层级性的。当我们试图在这些连续体上寻求不同的制度时，可能会产生某种度量问题。但正如在下一节中展开讨论的那样，这种变化对研究人员是有用的。研究人员不应把对抗性和官僚性的法律制度一分为二地看待，而应该将其视为在创造一个范围，并根据该范围定位案例。例如，在我们关于工伤赔偿政策的研究中，我们发现，随着政策在结构上的转变（从对抗性向官僚性转变），与这些政策相关的政治性质也发生了相应的变化。这种变化在评估结构改变（而不是其他因素）在多大程度能够解释结果的变化上提供了一些杠杆作用，从方法论的角度来看，这种评估总是十分棘手的。①

第二个需要注意的是，作为结构的对抗性法制与实践中的对抗性法制之间没有必然的联系。美国的刑事司法系统在结构上是对抗性的，为诉讼当事人提供了质疑刑法及其执行

---

① 在实验方面，我们可以考虑在涉及对抗性法制、混合制度和官僚法律主义的案件中观察到的"剂量效应"（见巴恩斯和赫夫龙 2018 年）。

程序大把的机会。而在实践中，很少有被告能利用这些机会。因此，尽管美国刑事诉讼结构是有高度参与性的，但用卡根的话来说，实践中是以检方主持的辩诉交易为主导的，因此又使其具有了明显的非参与性。这种模式远远超出了刑法的管控范畴。社会法学者数十年的研究表明，与"好诉"的形象相反，美国人通常会放弃提出索赔的机会，迅速解决或"合并"他们潜在的不满。① 作为一种结构的对抗性法制似乎欢迎主体的参与，但对个人和组织来说，参与的成本在实践中可能过于高昂。

一个密切相关的警示在于，对抗性法制并不能为寻求使用它的所有群体都创造平等的机会。在大众的想象中，对抗性法制常常被看作是贫困群体和寻求代表他们而改变社会的进步团体的工具。因此，进步团体利用对抗性法制的结构来反抗种族隔离、有偏见的选举以及歧视性就业。环境组织利用诉讼来督促有毒废物的清理，迫使国家和开发商考虑环境因素，并保护濒危物种栖息地。然而，对抗性法制也可以为富人所用。事实上，正是那些重复"玩家"（通常是精明而富有的组织）最适合利用由对抗性法制结构所创造的机会。② 举个例子，商业利益集团经常利用对抗性法制为自己谋利，比如破坏反歧视法规、侵权法和消费者保护等。③ 利益相关企业也可以接触到经验丰富的律师来制定一系列策略。例如利用集体诉讼、破产、修改工会合同以及免除债务来限制自己的责任。④ 从很多方面来说，国家本身就是利用刑事司法系统进行大规模监禁，并对毒品进行惩罚性战争的"重复玩家"。

此外，正如村川⑤（Murakawa）在《第一民权》（The First Civil Right: How Liberals Built Prison America）中指出的那样：始终要牢记，监狱国家的建设是一个需要两党合作的事（即使它最初以降低侦察的随意性为名义，后来又打着重振法律与秩序的幌子），自

---

① Abel R, The crisis is injuries, *not liability*, 37 (1) *Proceedings of the Academy of Political Science*, 31–41 (1988); Miller RE, Sarat A, Grievances, claims, and disputes: assessing the adversary culture, 15 (3–4) *Law Social Review*, 525–66 (1980); Sandefur RL, *Accessing justice in the contemporary USA: findings from the community needs and services study*, American Bar Foundation, 2014.

② Galanter M, Why the "haves" come out ahead: speculations on the limits of legal change, 9 (1) *Law and Social Review*, 95–151 (1974); Kritzer HM, Silbey SS, *In Litigation: Do the Haves Still Come Out Ahead?* Stanford University Press, 2003; Talesh S, Rule-intermediaries in action: how state and business stakeholders influence the meaning of consumer rights in regulatory governance arrangements, 37 *Law Policy*, 1–31 (2015).

③ Berrey E, Nelson RL, Nielsen LB, *Rights on Trial: How Workplace Discrimination Law Perpetuates Inequality*, University Chicago Press, 2017; Daniels S, Martin J, *Tort Reform, Plaintiffs Lawyers and Access to Justice*, University Press of Kansas, 2015; Edelman LB, *Working Law: Courts, Corporations, and Symbolic Civil Rights*, Chicago University Press, 2016; Edelman LB, Krieger LH, Eliason SR, Albiston CR, Mellema V, When organizations rule: judicial deference to institutionalized employment structures, 117 (3) *American Journal of Sociology*, 888–954 (2001); Nielsen LB, Nelson RL, Lancaster R, Individual justice or collective legal mobilization? Employment discrimination litigation in the post-civil rights United States, 7 (2) *Journal of Empirical Legal Studies*, 175–201 (2010); Talesh S, The privatization of public rights: how manufacturers construct the meaning of consumer law, 43 (3) *Law and Social Review*, 527–62 (2009).

④ Coffee J, Class wars: the dilemma of mass tort class action, 95 *Columbia Law Review*, 1343–465 (1995).

⑤ Murakawa N, *The First Civil Right: How Liberals Built Prison America*, Oxford University Press, 2014.

由党和民主党都需要对抗性法制——需要更多的规则与争议——来创建一个二战后的刑事司法体系。因此,作为一种结构的对抗性法制,可能具有广泛的政治利益吸引力,① 并用于意识形态自由和保守的目的。② 但无论如何使用,它都具有内在的复杂性,而这种复杂性需要资源、表现、经验和时间,这是普通个人难以达到的。③

四、通过对抗性法制提出新的问题:欧洲主义法制及其他

对抗性法制的概念引导我们以新的方式来看待法律制度,并提出一些新的问题。最典型的可能就是卡根的"是否存在开创性的对抗性法制"——或它的一些变体正在其他国家扎根。④ 在他发表了美国语境下关于对抗性法制的第一篇文章之后,卡根就开始考虑美国的法律模式是真正独特,还是在国外(特别是在欧洲)早已出现,因为欧盟的崛起在已有鼓励诉讼迹象的国家之上创造了一个政府覆盖。

在一篇被大量引用的文章中,卡根⑤认为,虽然欧盟为诉讼创造了新的机会,但欧洲法律文化和法律制度许多根深蒂固的特点会抑制对抗性法制的发展。卡根指出,欧洲没有应急储备金、巨额损失赔偿以及其他鼓励诉讼的规则。此外,欧洲的精英们早已了解美国对抗性法制的病态,因此更加以防范。关于这一点,乔菲(Cioffi)⑥ 在很大程度上与其达成一致,因为美国对股东诉讼施加了限制,且德国在1990年代的一轮改革中抵制了私人诉讼,所以他认为美国和德国的公司治理相关法律中并未突出对抗性法制的特点。

凯勒门(Kelemen)⑦ 等学者对此并不赞同,他认为欧盟促进了对抗性法制的近亲——欧洲主义法制的兴起。凯勒门的主要论点是,布鲁塞尔的决策者们认为以封闭式精英网络为中心的国家管理体系阻碍了欧洲一体化。对此,他们试图通过放松监管来打造更自由的市场,由此导致了规则增多,以及对于通过法院进行私益诉讼产生依赖性。⑧ 与此

---

① Burke TF, *Lawyers, Lawsuits and Legal Rights: The Battle over Litigation in American Society*, California University Press, 2001; Farhang S, *The Litigation State: Public Regulation and Private Lawsuits in the U. S*, Princeton University Press, 2010.

② Keck TM, *Judicialized Politics in Polarized Times*, Chicago University Press, 2014.

③ Galanter M, Why the "haves" come out ahead: speculations on the limits of legal change, 9 (1) *Law and Social Review*, 95 - 151 (1974); Kritzer HM, Silbey SS, *In Litigation: Do the Haves Still Come Out Ahead?* Stanford University Press, 2003; Talesh S, Rule - intermediaries in action: how state and business stakeholders influence the meaning of consumer rights in regulatory governance arrangements, 37 *Law Policy*, 1 - 31 (2015).

④ Bignami F, Kelemen RD, *Kagan's Atlantic crossing: adversarial legalism, Eurolegalism, and cooperative legalism in European regulatory style*, See Burke & Barnes 2018, 81 - 97 (2018).

⑤ Kagan RA, Should Europe worry about adversarial legalism? 17 (2) *Oxford Journal of Legal Studies*, 165 - 84 (1997).

⑥ Cioffi J, Adversarialism and legalism: juridification and litigation in corporate governance, 3 (3) *Regulation & Governance*, 235 - 57 (2009).

⑦ Kelemen RD, *Eurolegalism: The Transformation of Law and Regulation in the European Union*, Harvard University Press, 2011.

⑧ Vogel SK, *Freer Markets, More Rules: Regulatory Reform in Advanced Industrial Countries*, Cornell University Press, 1996.

同时，欧盟的分散性及其相对有限的行政能力强化了上述趋势。和美国一样，政权分散带来了政府内部及各级政府之间的委托代理不信任问题，这也导致了司法执行在增强参与性的同时，对政策施行的依赖性降低，且鼓励了私益纠纷诉诸法院解决。[1]

贝格美（Bignami）[2]从另一种角度进行阐释。她认为"合作主义法制"正在欧洲内部兴起，它比传统意义上的欧洲治理形式更具正当性与合法性，但这也反映了其业已存在的合作性和社团性的治理形式。围绕欧洲主义法制的实证辩论仍在继续，卡根的理论框架构造了一种共同概念内涵，在此基础上可以讨论制度发展的竞争性特征并聚焦于分歧点。卡根的理论也由此进一步丰富了欧洲主义法制的内涵[3]。尽管贝格美和凯勒门[4]与卡根的分析存在实质性分歧，但他们并不否认卡根的核心贡献："通过提出一个别人没想过的尖锐问题——'欧洲应该担心对抗性法制吗？'——卡根引发了一场热烈讨论，并激发了对此的大量研究，这些研究一直在改变我们对欧洲治理方式和欧盟对国家管理之影响的理解。"

笔者认为，对抗性法制有助于促进类似的其他讨论，特别是对赫希（Hirschl）[5]所谓二战后最重要的治理体制发展之一的"法制化""司法化"和"法治化"这一普遍现象有关的研究。卡根的理论框架在该领域似乎非常实用，其原因很简单：它提供了一种可以比较的语境。司法化的研究会在比较中受益是不言自明的，但在关于政治权利、法院和诉讼的研究中，它往往会被掩盖。[6]若要对司法化的重要性及其原因提出任何深刻见解，我们必须比较其他权威形式下的（也就是司法化结构所取代的，更有可能是分层的）社会及政治后果——专家、立法和行政。这种类型的比较在现有文献中仍是模糊的，因为它通常会将普遍术语中的法制形式杂糅在一起，并将所有非司法形式的权力等同视之。该研究结果一般具有讽刺意味，因为通常批评法律、政治二分法的法社会学者似乎将所有形式的法制统称为"法"，而所有其他形式的权力都被含蓄或明确地视为"政治"。[7]

---

[1] Bignami F, Kelemen RD, *Kagan's Atlantic crossing: adversarial legalism, Eurolegalism, and cooperative legalism in European regulatory style*, See Burke & Barnes 2018, 81 – 97（2018）．

[2] Bignami F, Cooperative legalism and the non – Americanization of European regulatory styles: the case of data privacy, 59 *The American Journal of Comparative Law*, 411 – 61（2011）．

[3] Bignami F, Kelemen RD, *Kagan's Atlantic crossing: adversarial legalism, Eurolegalism, and cooperative legalism in European regulatory style*, See Burke & Barnes 2018, 81 – 97（2018）．

[4] Bignami F, Kelemen RD, *Kagan's Atlantic crossing: adversarial legalism, Eurolegalism, and cooperative legalism in European regulatory style*, See Burke & Barnes 2018, 95．

[5] Hirschl R, The Judicialization of Mega – Politics and the Rise of Political Courts, 11 *Annual Review of Political Science*, 93 – 118（2008）．

[6] Barnes J, Burke TF, *How Policy Shapes Politics: Rights, Courts, Litigation, and the Struggle over Injury Compensation*, Oxford University Press, 2015; Burke TF, Barnes J, Is there an empirical literature on rights? 48 *Studies in Law, Politics and Society*, 69 – 91（2009）; Hevron P, Judicialization and its effects: experiments as a way forward. 7 (2) *Laws*, 20 – 41（2018）．

[7] Burke TF, Barnes J, Is there an empirical literature on rights? 48 *Studies in Law, Politics and Society*, 69 – 91（2009）．

笔者认为卡根的理论框架存在两处优点。一是为形象描述司法化提供了一种更丰富的语言。例如，在《对社会争议的渴求》（Courting Social Justice：Judicial Enforcement of Social and Economic Rights in the Developing World）中，高瑞（Gauri）和布林克斯（Brinks）①及其合作者们在努力解决与司法执行对发展中国家社会和经济权利的社会影响有关的核心问题。和卡根相同的是，他们避免了立法和司法程序之间的简单区分，并呼吁对法制化的影响进行比较分析。他们认为法制化是一个涵盖各种体制安排的连续体。他们的理论框架使他们能够从包括南非、巴西、印度、尼日利亚和印度尼西亚在内的不同环境下的法制化案例研究中得出见解，并对某种条件下哪种正式权利更重要提出假设。

高瑞和布林克斯极富洞察力的论文集大大提高了我们对发展中国家法制化的理解。同时，卡根的方法可能通过区分不同的政策制定和争议解决模式（包括不同类型的正式系统）来加强他们的分析。例如，高瑞和布林克斯在他们对南非的讨论中指出，尽管宪法语言相对强硬，但南非法院在很大程度上一直对政府持恭敬态度，案件处理是防御性的或狭隘的，且倾向于用解决特定争端代替政策制定。与其认为是无效司法，不如将其视为一种官僚主义法制，也即政策制定实际上是以其他政府机构为中心，法院只扮演次要角色。更普遍的一种观点是，良好的描述对任何研究都是必不可少的。②正如对欧洲主义法制的讨论一样，卡根的类型化研究为不同类型法制的差异化研究提供了一套共通术语——其中有的以法院为中心，有的以行政机构为中心——反过来也为更完善的理论框架提供了比较基础，而不是试图将法制化、司法化或法治化减少到一个单一的维度。

一旦我们将卡根的类型研究取代诸如法制化、司法化和法治化这样的统称，新的探究途径就会显现。例如，司法化的强化趋势自然会引起关于其社会、经济和政治后果的问题。对司法化的评估是否容易产生某种风险，需要我们比较司法化和非司法化政策的影响。③这种比较存在很多问题，因为司法采取了如此丰富的形式，深入到了现代国家的如此多的角落。而使用卡根的类型化研究可以让我们跳出既有框架。与其试图寻找司法化和非司法化的案例，我们不如将重点放在确定不同的政策制定和争议解决机制上，其中一些更依赖对抗性法制，一些则不那么依赖，以及制度突变的政策领域。这种方法给我们带来一个更明确的问题：在卡根的类型化研究中，依赖不同类型的决策系统——对抗性法制、官僚主义法制、专家判断、谈判和调解——会带来什么影响？

我们可以用比较制度分析的标准工具来回答这个问题。如果我们的目标是做出强有力的因果论断，研究人员可以寻找明显不连续的案例，或者潜在的选择机制——将问题导向

---

① Gauri V, Brinks DM, eds, *Courting Social Justice：Judicial Enforcement of Social and Economic Rights in the Developing World*, Cambridge University Press, 2008.
② Gerring J, Mere description, 42（4）*British Journal of Political Science*, 721 - 46（2012）.
③ Barnes J, Burke TF, *How Policy Shapes Politics：Rights, Courts, Litigation, and the Struggle over Injury Compensation*, Oxford University Press, 2015；Hevron P, Judicialization and its effects：experiments as a way forward, 7（2）*Laws*, 20 - 41（2018）.

对抗性法制与其他讨论的历史过程——创造了天然的实验。① 通过使用这些策略,为我们案例的因果推理提供了可信基础,即使它们与实验室环境下的随机实验的理想情况仍相差甚远。②

当然,并不是每项研究都试图在实证主义传统中,以实验研究设计为模式做出因果论断。对依赖不同类型制度的影响感兴趣的研究人员可以使用定性、定量或混合方法来进行个案内部和跨案的比较。使用卡根的类型化比较进行研究,无论是对严格因果关系研究还是侧重于过程跟踪和解释方法的研究,都是一种很有效的调查手段,它引发了不同的学者就不同的政策制定结构的后果进行讨论,这是对抗性法制的核心问题之一。

五、结论

创造一个被广泛使用的概念并使其超越研究人员的学术使用,是许多社会学家的梦想。笔者认为,对抗性法制将在法律、政治和社会的研究中继续存在许多年。但笔者关心的问题在于,针对"对抗性法制"无数看似矛盾的用法,是概念本身的模糊吗?或是学者们使用这一概念的方式存在问题?还是概念延伸?

笔者认为,由于学者们从不同的角度对其进行定义,并提出了与法律实践和制度有关的研究,所以对抗性法制的概念并没有被过度延伸。这些不同讨论最终反映了卡根将对抗性法制概念化的双重性质,也即,这既是一种日常实践方式,也可以被视为一种治理结构。只要我们能清楚地认识到对抗性法制存在不同的含义,那么对抗性法制这个概念就可以走得更远,并被投入新的研究中,并用于解决不同类型的法律主张,以及解释日益强化的法制对社会、经济和政治的影响。关键是卡根将对抗性法制的定义指向了以比较分析为中心的更尖锐的问题。当然,这种提出新问题的能力当然是概念对研究最有价值的方式之一,其有助于解释为什么对抗性法制对那些试图理解"日益充斥着法律的世界"学者们如此具有吸引力。

Untangling the Concept of Adversarial Legalism

Jeb Barnes and Thomas F. Burke

Abstract: The concept of adversarial legalism has been widely used by scholars of law, public administration, public policy, political science, sociology, and Law and Society, but the

---

① Dunning T, *Natural Experiments in the Social Sciences: A Design - Based Approach*, Cambridge University Press, 2012; Hevron P, Judicialization and its effects: experiments as a way forward, 7 (2) *Laws*, 20 - 41 (2018).

② Barnes J, Hevron H, Framed? Judicialization and the risk of negative episodic media coverage, 43 (3) *Law and Social Inquiry*, 1059 - 91 (2018).

varying ways in which the concept has been employed raise concerns that it has become stretched to the point of incoherence. We argue that adversarial legalism entails both a style, an everyday practice of dispute resolution and policy making with distinct attributes, and a structure of governance that can be compared to other structures of authority. Untangling these aspects of adversarial legalism allows us to make sense of its different uses and identify future avenues of inquiry. Despite its wide application, adversarial legalism is in fact underutilized, especially in studies aimed at understanding consequences of judicialization, legalization, and juridification in the United States and abroad.

Key words: adversarial legalism, judicialization, legalization, juridification, comparative law, Robert A. Kagan

（编辑：田炀秋）

孟德斯鸠论贸易、征服、战争与和平[*]

[美] 罗伯特·豪斯[**]（Robert Howse）

李丽辉[***] 译

摘 要 孟德斯鸠认为联邦共和国这种模式可以将完善的内部治理同有效的外部防御结合起来，处理那些由于气候、文化、地理等因素的影响而体现于法律中的差异。法律之间实质的差异是理想类型与偶然因素相互作用之后的产物。源于相互依存的贸易阻碍了战争，但当安全受到威胁会导致武力的率先使用时，征服和殖民成为对付敌人的唯一办法。贸易的类型与政制的类型关联，节俭性贸易以人类的现实需求为前提，奢侈性贸易不切实际的需求有时导致武力的使用，征服和剥削由此而始。然而，战争、征服确实激励了节俭性贸易的发展。孟德斯鸠更深的意图在于，法律的模式是更具普适性的秩序或结构观念，跨国、跨政治的秩序必须建立于现存政治共同体的各种规则之上。

关键词 节俭性贸易 奢侈性贸易 征服 战争 和平

一、引言：贸易作为和平的动因：孟德斯鸠和自由主义思想

在自由主义的历史上，辞世于250年前的孟德斯鸠是个标志性人物。孟德斯鸠常被引证为权力制衡、权力分立思想的源头所在，因此也被视为对于缔造美国有所启示的知识分子。[①]在开明的国际主义者之中，孟德斯鸠率先以国际贸易给国家间带来了和平的见解而

---

[*] 云南省研究生优质课程建设项目（编号：109920210057）。
[**] 密歇根大学的法学教授艾琳和艾伦·史密斯的联合笔名。
[***] 李丽辉，法学博士，昆明理工大学法学院副教授、硕士生导师。
① 见 James Madison,《第 47 个联邦党人》（THE FEDERALIST No. 47）。又见 HARVEY C. MANSFIELD, JR.《驯服王子：现代行政权力的矛盾 214》（TAMING THE PRINCE: THE AMBIVALENCE OF THE MODERN EXECUTIVE POWER 214, 1989）。

闻名于世。当诸如迈克尔·多伊尔这样的自由主义国际关系理论家将这一地位赋予孟德斯鸠时,[1]他们引用了《论法的精神》第20卷中的内容。[2]其中,孟德斯鸠认为:"贸易的自然作用就是带来和平。两个国家之间有了贸易,就彼此相互依存。如果此方由买进获利,则彼方由卖出获利,彼此间的一切结合是以相互的需要为基础的。"[3]

孟德斯鸠的主张独立地提出了许多问题。他认为,源于相互依存的贸易阻碍了战争。此处,孟德斯鸠从正在谈论的国家间的相对权力中彻底抽离出一个关注点,这个关注点遍布在他对于政治团体关系的具体分析之中。譬如,在《论法的精神》同一卷的后面部分,他谈到迦太基和马赛之间的贸易关系导致了嫉妒和安全冲突:

> 在早期,迦太基和马赛曾经因渔业问题发生几次大战。在和平之后,它们同时进行节俭性的贸易。马赛更加嫉妒了,因为在工业上它已和它的劲敌平等,但是势力却不如它。这就是马赛对罗马人矢尽忠诚的原因。罗马人和迦太基人在西班牙的战争是马赛富裕的泉源。马赛起着货栈的作用。迦太基和哥林多的灭亡更增长了马赛的荣华显赫;要是没有内战,要是马赛不参加任何一方,马赛在罗马的保护下应该是幸福的,因为罗马人对它的贸易没有任何嫉妒。[4]

孟德斯鸠认为贸易可以治愈"破坏性的偏见"、渲染礼仪(习俗[moeurs])的温厚。[5]但他也同样强调偏见和残暴的习俗阻碍了贸易:"〔就罗马人和帕提亚人的情况而言〕不仅没有任何商业,连交通也是没有的。野心、嫉妒、宗教、仇恨和习俗,把一切都隔开了。"[6] 难道疾病本身没有阻止治疗的提出?

在《论法的精神》开篇部分,第1卷中预设了人性的观点作为这部鸿篇巨制之前提。

---

[1] Michael W. Doyle:《自由国际主义:和平、战争和民主》(Liberal Internationalism: Peace, War and Democracy), http://nobelprize.org/peace/articles/doyle/index.htm(最后访问日期2006年3月27日)。

[2] 对《论法的精神》的引文均来自其书中的相应章节。翻译由本人基于 BARON DE MONTESQUIEU,《两全集:论法的精神》(2 COMPLETE WORKS: SPIRIT OF THE LAWS, Gallimard/Pleiade, 1951)的法国文本完成。

[3] 对《论法的精神》的引文均来自其书中的相应章节。翻译由本人基于 BARON DE MONTESQUIEU:《两全集:论法的精神》(2 COMPLETE WORKS: SPIRIT OF THE LAWS, Gallimard/Pleiade, 1951),第20卷第2章。

[4] 对《论法的精神》的引文均来自其书中的相应章节。翻译由本人基于 BARON DE MONTESQUIEU:《两全集:论法的精神》(2 COMPLETE WORKS: SPIRIT OF THE LAWS, Gallimard/Pleiade, 1951),第21卷第11章。

[5] 对《论法的精神》的引文均来自其书中的相应章节。翻译由本人基于 BARON DE MONTESQUIEU:《两全集:论法的精神》(2 COMPLETE WORKS: SPIRIT OF THE LAWS, Gallimard/Pleiade, 1951),第20卷第1章。

[6] 对《论法的精神》的引文均来自其书中的相应章节。翻译由本人基于 BARON DE MONTESQUIEU:《两全集:论法的精神》(2 COMPLETE WORKS: SPIRIT OF THE LAWS, Gallimard/Pleiade, 1951),第21卷第16章。

孟德斯鸠将人类描绘为天性胆小、没有冲突,然而对于社会的依赖性和相互之间的依赖性导致了侵略、破坏和冲突。①那么,为什么冲突不应该起源于对贸易的依赖性或相互依赖性?朱迪丝·夏克乐认为,孟德斯鸠的意思在于贸易和征服是满足一个国家需求、非此即彼的手段:"贸易是自由国度的目标,而征服是专制国度的目标。正如[孟德斯鸠]所知晓的那样,所有大陆的君主政体无出其外。"②然而,孟德斯鸠自己似乎至少对征服、殖民(和甚至实际存在的灭绝种族之屠杀、大规模之流放)与贸易在历史上齐头并进的程度留下了深刻印象。他进而论述道:"贸易的历史是各民族交通的历史。各民族形形色色的毁灭、人口或涨或落、劫掠时起时伏,是贸易史上最为重大的事件。"③在别的地方,孟德斯鸠认为亚历山大大帝对于埃及和印度的征服是这些事件中贸易上的大变革,他发问道:"为了与一个国家通商"是否"有必要去征服它。"④

对于那些倾向于将哲学缩减为一系列口号的人而言,孟德斯鸠是个不可理解、难以引证的思想家。在《论法的精神》中几乎没有一种归纳不能为另一种归纳所修正或反驳,抑或用孟德斯鸠自己的实例提出问题。虽然孟德斯鸠在前言中坚持主张作品要有计划或者设计,然而他通过自我纠正(或者不那么宽容地说,自我矛盾)而行文的方式却导致部分杰出的读者埋怨作品杂乱无章。⑤

如上所述,自由主义者视孟德斯鸠为自由主义的人。他的自由主义与其说是学究气和革命性,不如说是既诱人又有颠覆性。孟德斯鸠并不主张由一个合法政权取代古代政权的非法状态。他不是法国大革命的先驱,法国学界和政治理论中的一小部分人由此将他视为维护阶级利益的保守贵族。⑥孟德斯鸠对每一种政权都持批判态度,然而另一方面,自由主义者却将权力和约束的宿命论作为人类特有的条件。对于孟德斯鸠而言,自由并不能够通过用权利的政体取代王座与祭坛的政体而一举获得,而是发现于实际权力关系的边缘地带,尤其是在从危险与不自由的依赖形式向良性与温和的依存形式转化的微妙变化之中。正如在某些范围中孟德斯鸠被视为保守,这种思路也导致路易斯·阿尔都赛在某些方面将

---

① 对《论法的精神》的引文均来自其书中的相应章节。翻译由本人基于 BARON DE MONTESQUIEU:《两全集:论法的精神》(2 COMPLETE WORKS: SPIRIT OF THE LAWS, Gallimard/Pleiade, 1951),第 1 卷第 2—3 章。
② JUDITH N. SHKLAR:《孟德斯鸠》(MONTESQUIEU, 1987),第 107 页。
③ BARON DE MONTESQUIEU:《两全集:论法的精神》(2 COMPLETE WORKS: SPIRIT OF THE LAWS, Gallimard/Pleiade, 1951),第 21 卷第 5 章。
④ BARON DE MONTESQUIEU:《两全集:论法的精神》(2 COMPLETE WORKS: SPIRIT OF THE LAWS, Gallimard/Pleiade, 1951),第 21 卷第 8 章。
⑤ 对孟德斯鸠《论法的精神》不同阅读的评论,参见 RAYMOND A,《社会学主要思潮》(STAGES OF SOCIOLOGICALTHOUGHT, Gallimard, 1967),第 61—66 页。
⑥ 对孟德斯鸠《论法的精神》不同阅读的评论,参见 RAYMOND A,《社会学主要思潮》(STAGES OF SOCIOLOGICALTHOUGHT, Gallimard, 1967),第 62—63 页。

孟德斯鸠视为马克思主义社会理论的一类（有缺陷和前后矛盾的）先驱人物。[1]

二、战争和征服：《论法的精神》第9、10卷

在《论法的精神》第20、21卷中对贸易的系统思考之前，孟德斯鸠详述了其关于战争与和平的观点。他在第9卷开始探讨防御力量时，主张无论共和、贵族或者君主政体都会面临同样的尴尬：如果小的话，则亡于外力；如果大的话，则亡于内部的邪恶。[2]正如孟德斯鸠在《论法的精神》第1部分所详尽剖析的那样，内部矛盾既困扰古代的共和政体，也困扰现代的君主政体。[3]在第9卷的开篇部分，孟德斯鸠大胆阐述了没有任何政体能够将内部健康与有效的外部防御结合起来的观点。这代表着对整个政治哲学传统的逮捕与起诉。寻找最好的政体——意味着最好的"城市"或最好的"国家"、最好的"封闭"政治共同体[4]——是毫无希望的。完善的内部治理目标只不过导致了脆弱性和为外部势力的彻底摧毁。只有专制者能够在国内外事务中始终如一的行动自如。

然而大部分评论者认为对于孟德斯鸠而言，英国是个理想的政体典范，[5]他决不会从其判断中将英国删除。孟德斯鸠不是从公民身份和政治权利的角度出发理解政治自由，而是从每个个体的个人安全感以及随之流露出的"心境平安"等方面出发："政府理应使一个公民并不惧怕另一个公民。"[6]但是，如果自由确是这种"心境平安"，那么没有任何一种政治体制能够对自由进行担保，即便它营造出了公民之间无需惧怕彼此的社会状态；因

---

[1] 参见 LOUIS ALTHUSSER，《政治和历史：孟德斯鸠、卢梭、黑格尔和马克思》（POLITICS AND HISTORY: MONTESQUIEU, ROUSSEAU, HEGEL AND MARX, 1972），Ben Brewster 译。

[2] 对《论法的精神》的引文均来自其书中的相应章节。翻译由本人基于 BARON DE MONTESQUIEU，《两全集：论法的精神》（2 COMPLETE WORKS: SPIRIT OF THE LAWS, Gallimard/Pleiade, 1951）的法国文本完成，第9卷第1章。

[3] 古代的共和国为美德所维系——为公共利益之故而近乎狂热占据上风的私人利益，军事美德为其巅峰状态——但即便是这样的美德也不足以确保一个小型共和国能够抵御更大势力的攻击，尤其是当后者拥有最先进的军事技术之时。然而，一旦共和国变得强大，个体的野心和利益会自我宣称："利益私有化了；一个人开始觉得没有祖国也能够幸福、伟大和显赫；不久他又觉得他可以把祖国变成废墟以至一己的显赫。"对《论法的精神》的引文均来自其书中的相应章节。翻译由本人基于 BARON DE MONTESQUIEU，《两全集：论法的精神》（2 COMPLETE WORKS: SPIRIT OF THE LAWS, Gallimard/Pleiade, 1951）的法国文本完成，第8卷第16章。另一方面，当君主国占据着广大土地时，确保官员、地主等的服从并不容易。由于他们远离朝廷在运作着，就需要管理这广大土地的各个部分。由此之故，一个大型的君主国便倾向于堕落成专制国。对《论法的精神》的引文均来自其书中的相应章节。翻译由本人基于 BARON DE MONTESQUIEU，《两全集：论法的精神》（2 COMPLETE WORKS: SPIRIT OF THE LAWS, Gallimard/Pleiade, 1951）的法国文本完成，第8卷第17章。

[4] 对《论法的精神》的引文均来自其书中的相应章节。翻译由本人基于 BARON DE MONTESQUIEU，《两全集：论法的精神》（2 COMPLETE WORKS: SPIRIT OF THE LAWS, Gallimard/Pleiade, 1951）的法国文本完成，第1卷第2章。

[5] 参见，如曼斯菲尔德，HARVEY C. MANSFIELD, JR.《驯服王子：现代行政权力的矛盾214》（TAMING THE PRINCE: THE AMBIVALENCE OF THE MODERN EXECUTIVE POWER 214, 1989），第230页。

[6] 对《论法的精神》的引文均来自其书中的相应章节。翻译由本人基于 BARON DE MONTESQUIEU，《两全集：论法的精神》（2 COMPLETE WORKS: SPIRIT OF THE LAWS, Gallimard/Pleiade, 1951）的法国文本完成，第11卷第6章。

为没有任何一种政治体制能够保证去抵抗外来的侵略。对于这种"心境平安"存在着一种像内部威胁一样危险的威胁；正如孟德斯鸠在《论法的精神》中透过很多例子所论证的那样，生命和个体财产受到来自内部压迫的摧毁和来自外部冲突的摧毁一样多，这种情形贯穿了历史的始终。

但在第9卷中，孟德斯鸠的确认为存在着一种可以将完善的内部治理同有效的外部防御结合起来的政治联合：此即联邦共和国。①这是由于合并以前主权政治机构（军团政治［corps politiques］）所导致的"社会中的社会"。②孟德斯鸠用下述事实称赞联邦共和国的形式：欧洲、荷兰、德国和瑞士已经成了"永存不灭的共和国"。③首先，孟德斯鸠认为联邦共和国的模型只有在组成联盟的实体自身是共和国的情况下才能够运转："君主国的精神是战争和扩张；共和国的精神是和平与宽厚。这两种政体，除非在强制的情形下，不能在同一个联邦共和国内并存。"④但是，孟德斯鸠随后提到一种制度创新可以解决这个难题：德国事实上是由以前的王侯和自由的城市所组成。⑤这种方式之所以可行是因为德国给予它自己一个"首领"，一个将联邦视为一体的统帅。⑥

联邦层面独立治理的存在将联邦共和国与联盟划清了界限，后者有如并不稳定也并不"永恒"⑦的古代希腊联盟。抛开联邦共和国中不同成员国由于政体的混合性质所造成的障碍不说，这一联邦层面治理的可能性消除了孟德斯鸠明确提到的唯一限制。这就是对联邦共和国"因其他新成员加入而扩大"⑧能力的限制。孟德斯鸠在《论法的精神》中通篇强

---

① 对《论法的精神》的引文均来自其书中的相应章节。翻译由本人基于 BARON DE MONTESQUIEU,《两全集：论法的精神》（2 COMPLETE WORKS：SPIRIT OF THE LAWS, Gallimard/Pleiade, 1951）的法国文本完成，第9卷第1章。
② 对《论法的精神》的引文均来自其书中的相应章节。翻译由本人基于 BARON DE MONTESQUIEU,《两全集：论法的精神》（2 COMPLETE WORKS：SPIRIT OF THE LAWS, Gallimard/Pleiade, 1951）的法国文本完成，第9卷第1章。
③ 对《论法的精神》的引文均来自其书中的相应章节。翻译由本人基于 BARON DE MONTESQUIEU,《两全集：论法的精神》（2 COMPLETE WORKS：SPIRIT OF THE LAWS, Gallimard/Pleiade, 1951）的法国文本完成，第9卷第1章。
④ 对《论法的精神》的引文均来自其书中的相应章节。翻译由本人基于 BARON DE MONTESQUIEU,《两全集：论法的精神》（2 COMPLETE WORKS：SPIRIT OF THE LAWS, Gallimard/Pleiade, 1951）的法国文本完成，第9卷第2章。
⑤ 对《论法的精神》的引文均来自其书中的相应章节。翻译由本人基于 BARON DE MONTESQUIEU,《两全集：论法的精神》（2 COMPLETE WORKS：SPIRIT OF THE LAWS, Gallimard/Pleiade, 1951）的法国文本完成，第9卷第2章。
⑥ 对《论法的精神》的引文均来自其书中的相应章节。翻译由本人基于 BARON DE MONTESQUIEU,《两全集：论法的精神》（2 COMPLETE WORKS：SPIRIT OF THE LAWS, Gallimard/Pleiade, 1951）的法国文本完成，第9卷第2章。
⑦ 对《论法的精神》的引文均来自其书中的相应章节。翻译由本人基于 BARON DE MONTESQUIEU,《两全集：论法的精神》（2 COMPLETE WORKS：SPIRIT OF THE LAWS, Gallimard/Pleiade, 1951）的法国文本完成，第9卷第1章。
⑧ 对《论法的精神》的引文均来自其书中的相应章节。翻译由本人基于 BARON DE MONTESQUIEU,《两全集：论法的精神》（2 COMPLETE WORKS：SPIRIT OF THE LAWS, Gallimard/Pleiade, 1951）的法国文本完成，第9卷第1章。

调一国法律与气候、文化等因素之间的关系,却并未明显认为这些因素对于将不同的社会合并为联邦共和国而言有多么得至关重要。远离他相对论或决定论的基本教导,孟德斯鸠公平地对待地方性知识,他对于一国法律与地方性知识所联系而产生的特殊性进行了详尽分析,使人相信地方性与特殊性能够在一个(潜在的)普遍法律制度中共存。对于那些由于气候、文化、地理等因素的影响而体现于法律中的差异,可以通过联邦来处理:或者在那些此类因素具有自然而然决定性的领域中进行完全的管理移交,或者通过权力下放原则(偏离的空间,或者调整联邦法律以反映地方的突发事件)。

由于把法律中的差异归因于诸如气候之类固定的特殊性,孟德斯鸠常常被认为用差异性来反对普遍性,因此被视为历史循环论的先驱。①恰恰相反的是,他将一国或地方法律的特殊性归因于某些因素,而非信念与价值之间、冲突的神与恶魔之间不可逾越的划分,从而为某种普遍性准备了理由——用马克斯·韦伯的措辞——这使得不同的人们共同生活在和平中成为一件难以置信的事情。孟德斯鸠也许是"路径依赖"最初的思想家:在每一个政治共同体中,法律反映出治理模式与其他因素间的能动关系。历史地看,这些因素在其他的特殊环境中(气候等)也确实自然地影响过法律的制定。②法律超越了时间和在特定时间内不同政治共同体之中的变化万千,使得一些依靠法律和谐与完整的方案就表面价值而言不切实际。然而,归因于不同社会"路径依赖"的法律差异也许根据和谐的程度不一定是容易处理得了的。一旦将法律的差异理解为"路径"(正如特定社会所采纳的那样)差异的后果,而非是对治理理想有冲突的表达,那么他们就应该对联邦方案的使用进行协商。

这样,纵观这些法律在历史上不同理想类型政体中的发展——君主政体、共和/民主政体、贵族政体——孟德斯鸠揭示出法律之间实际的差异与其说是理想类型治理的产物,不如说是理想类型与偶然因素相互作用之后的产物。这被理解为法律的整合,譬如君主政体与共和政体的结合就不同于在两种冲突的理想治理模式之间进行嫁娶的尝试。为了将差异性作为普遍合法性的障碍去超越,我们必须面对并且理解它。我们进而要理解普遍合法性较之制定法完全同质化所牵涉的东西更少,也就是说,容纳那些对于法律"精神"不存在威胁的差异性。

众所周知,孟德斯鸠将一些法律的特殊性归因于不同社会宗教信仰的差异性,但是对他而言,这些差异性经常等同于"偏见"和"迷信"。无论是通过贸易、移民还是通婚,这些"偏见"和"迷信"容易受到人们彼此作用、人数增加的影响。值得注意的是,孟德斯鸠将那些被他批评为盲信、违反自然、有特色的国内法归因于偏见,而不是可以解释

---

① 譬如,夏克乐发现在对压迫的谴责中,很难调和孟德斯鸠显著的"普救论"和明显的法律决定论观点。
② 对"路径依赖"观点的概述,参见 Paul A. David,《路径依赖,批评和对"历史经济"的寻求》(Path Dependence, Its Critics, and the Quest for 'Historical Economics', 2000 年), http://129.3.20.41/eps/eh/papers/0502/0502003.pdf。

法律间"合理"差异的地方性因素。即便是通过帝国征服，这些法律也应该被删除。孟德斯鸠认为这种法律较之专制法律更缺乏"合理性"。

孟德斯鸠在第9、10卷中对于战争和征服的评论必须根据其引人注目的展示才能够得到理解——作为政治问题唯一充分的解决方案，联邦共和国在持续不断地扩大。他先预设了防御力量在"国家"之间的使用受到万民法［ius gentium］的"控制"。① 根据万民法，防御力量的合法使用要基于自我保护的自然权利。然而，自我保护的权利就群体而言产生了较个体而言更为宽泛的武力使用范围。个体只能在这种紧急场合行使自卫权："如果等待法律的救助，就难免丧失性命。"② 对于社会而言，自卫权的有效性很大程度上取决于先占的可能性。即使在和平时期，一旦另外一个社会已经取得了破坏一个社会的权力，后者必须能够先发制人地进行攻击；包括警察在内的法律并不能够去干预、制止由（现在是）强势一方对弱势一方的打击、破坏。③ 跟随着修昔底德，孟德斯鸠认为任何国家间的和平在本质上都不稳定；国家利用和平增强其（相对）权力的企图是天性使然，对某些政体而言无法避免。④ 这就导致了其他国家的不安全感以及（情有可原的）和平崩溃。只有当国际法能够平衡国家间权力的时候，这种不安全的局面才能够得到避免，合法先占的权利才能够受到限制，从而不至于坠入突然袭击的情形之中。在一个主权国家的世界里，相对实力上的显著差异对孟德斯鸠而言是不可避免的。相反，联邦共和国能够通过联邦的制度恰当融合大小国家、和平调解大小差异的影响。⑤

孟德斯鸠用显著的单一笔法，赞同将征服的权利作为自我保护权利的必要蕴含。他直截了当地接受了这种可能性，那就是当安全受到威胁会导致武力的率先使用时，对付这种威胁的唯一办法就是对敌人的征服和殖民。然而，通过在自我保护的自然权利中赋予这种征服权以理由，孟德斯鸠在方式上设置了一系列非独创性的法律限制，征服权只有在此范围之内才得以行使。毁灭或奴役被征服者的策略与自我保护的自然权利是相违背的；只有当征服者对安全所施加的威胁别无他法消除时，这种策略才无可非议。同时，这一在章节

---

① 对《论法的精神》的引文均来自其书中的相应章节。翻译由本人基于BARON DE MONTESQUIEU，《两全集：论法的精神》（2 COMPLETE WORKS：SPIRIT OF THE LAWS, Gallimard/Pleiade, 1951）的法国文本完成，第10卷第1章。

② 对《论法的精神》的引文均来自其书中的相应章节。翻译由本人基于BARON DE MONTESQUIEU，《两全集：论法的精神》（2 COMPLETE WORKS：SPIRIT OF THE LAWS, Gallimard/Pleiade, 1951）的法国文本完成，第10卷第2章。

③ 对《论法的精神》的引文均来自其书中的相应章节。翻译由本人基于BARON DE MONTESQUIEU，《两全集：论法的精神》（2 COMPLETE WORKS：SPIRIT OF THE LAWS, Gallimard/Pleiade, 1951）的法国文本完成，第10卷第2章。

④ 根据修昔底德的观点，伯罗奔尼撒战争的真实原因是雅典势力的强大，这使得其他城市甚至斯巴达也感到了不安全。THUCYDIDES，《伯罗奔尼撒战争15年历史》（THE HISTORY OF THE PELOPONNESIAN WAR 15, Richard Crawley 译, Longmans, Green & Co., 1874）。

⑤ 对《论法的精神》的引文均来自其书中的相应章节。翻译由本人基于BARON DE MONTESQUIEU，《两全集：论法的精神》（2 COMPLETE WORKS：SPIRIT OF THE LAWS, Gallimard/Pleiade, 1951）的法国文本完成，第9卷第3章。

末尾处被孟德斯鸠描述为"必要、合法与不幸"的征服权利的行使,"始终留给征服者一笔巨债,要他清偿对人性所加的损害。"① 就共和国而言,还债的理想方式就是为被征服国家提供良好的管理和完善的法律。②

而且,征服还可以摧毁"有害的偏见",这种偏见对于融合或生活在单一政治共同体中的不同人们而言也许是个障碍。③ 孟德斯鸠举了两个例子:哲隆和迦太基人签订了禁止烧死儿童的和平条约,亚历山大大帝禁止大夏人将其年迈的父母送去给大狗活活吃掉。孟德斯鸠告诉我们,亚历山大大帝的禁止是"对迷信的一个胜利"。④

亚历山大提供给了孟德斯鸠良性和有益的征服与控制之模型。⑤

> 他反对那些主张把希腊人当作主人而把波斯人当作奴隶的人们;他只想把这两个民族联合起来,并且消除征服民族和被征服民族之间的界限。在完成征服之后,他抛弃了其曾经利用作为进行征服理由的一切成见。他采纳了波斯人的风俗,以免他们因须跟随希腊人的风俗而感到忧伤。……⑥

亚历山大鼓励异族通婚,孟德斯鸠在文本的其他部分赞许了这种实践。"在经过一定时间后,征服国的各部分和被征服国的各部分因习惯、婚姻、法律、交往和精神上某种程度的一致而完全联合了起来。"⑦ 这使得构成群体的个体与群体之间基于平等的信任与和平成为可能,被征服者的奴隶状态并不能够最终确保经历了征服的社会之安全。帝国渐次

---

① 对《论法的精神》的引文均来自其书中的相应章节。翻译由本人基于 BARON DE MONTESQUIEU,《两全集:论法的精神》(2 COMPLETE WORKS: SPIRIT OF THE LAWS, Gallimard/Pleiade, 1951)的法国文本完成,第 10 卷第 4 章。
② 对《论法的精神》的引文均来自其书中的相应章节。翻译由本人基于 BARON DE MONTESQUIEU,《两全集:论法的精神》(2 COMPLETE WORKS: SPIRIT OF THE LAWS, Gallimard/Pleiade, 1951)的法国文本完成,,第 10 卷第 9 章。
③ 对《论法的精神》的引文均来自其书中的相应章节。翻译由本人基于 BARON DE MONTESQUIEU,《两全集:论法的精神》(2 COMPLETE WORKS: SPIRIT OF THE LAWS, Gallimard/Pleiade, 1951)的法国文本完成,第 10 卷第 4 章。
④ 对《论法的精神》的引文均来自其书中的相应章节。翻译由本人基于 BARON DE MONTESQUIEU,《两全集:论法的精神》(2 COMPLETE WORKS: SPIRIT OF THE LAWS, Gallimard/Pleiade, 1951)的法国文本完成,第 10 卷第 5 章。
⑤ 亚历山大大帝对于孟德斯鸠而言的意义为凯瑟琳·拉瑞指出并评论道:"亚历山大由此成为发现于中古时代的一个现代化典型……" Catherine Larrère,《孟德斯鸠论经济与贸易》("Montesquieu on Economics and Commerce"),载于 MONTESQUIEU'S SCIENCE OF POLITICS: ESSAYS ON THE SPIRIT OF LAWS, David W. Carrithers et al. 主编,2001,第 335、354 页。
⑥ 对《论法的精神》的引文均来自其书中的相应章节。翻译由本人基于 BARON DE MONTESQUIEU,《两全集:论法的精神》(2 COMPLETE WORKS: SPIRIT OF THE LAWS, Gallimard/Pleiade, 1951)的法国文本完成,第 10 卷第 14 章。
⑦ 对《论法的精神》的引文均来自其书中的相应章节。翻译由本人基于 BARON DE MONTESQUIEU,《两全集:论法的精神》(2 COMPLETE WORKS: SPIRIT OF THE LAWS, Gallimard/Pleiade, 1951)的法国文本完成,第 10 卷第 3 章。

转变成联邦共和国；孟德斯鸠在第 9 卷第 3 部分所提到的联邦共和国的障碍——也即是，平等权利的独立主权国家嫉妒其统治权，不可能愿意屈服于联盟的权力——并不能阻止一个帝国转变成为联邦共和国。①

三、奢侈性贸易和节俭性贸易

孟德斯鸠对于贸易的观点及其与战争和征服的关系来源于他对奢侈性贸易和节俭性贸易之间所做的重要区分。奢侈性贸易满足少数人尤其是政治精英的需求。②不像节俭性贸易，它与其说基于互惠主义和竞争优势，不如说基于小部分统治阶级奇妙的消费需求，这种需求难以在他们统治的共同体范围之内得到满足。奢侈性贸易完全与统治者的精神一致——实际上是专制——正如孟德斯鸠在论述葡萄牙和中国过程中所展现的那样。③基于征服和控制的奢侈性贸易具有剥削性；无论是在征服国还是被征服国，在有利于整体经济福利的意义上它并不符合经济理性。孟德斯鸠举出了西班牙殖民贸易的例子：

> 这是一种糟糕的财富…它既不依赖于国家工业、居民数量，也不依赖于土地开垦。西班牙国王从卡迪斯的关税获得巨额金钱，但在这方面，他仅仅是一个极穷国家中的一个极富个人而已。一切事务就发生在他和外国人之间，他的臣民几乎不参与其中；这种贸易同他国运的盛衰毫不相干。④

孟德斯鸠以如下方式解释了奢侈性贸易与节俭性贸易之间的差异：

> 贸易和政制是有关系的。在君主统治的政体下，贸易通常建立在奢侈的基础

---

① 此处，我的解释受到亚历山大·柯热夫的影响。柯热夫引用了为孟德斯鸠所强调、亚历山大大帝非常相同的做法作为创造具有普遍性和同质化国家的最初模型，原则上能够涵盖整个世界的联邦司法秩序。根据柯热夫的观点：使得亚历山大的政治行为迥异于其希腊前辈和侪辈的特征在于，这些行为受到帝国观念的引导。也即是说至少在下述意义上而言的一个世界之国，这样的国家没有事先给予的限制（地理、人种或其他），没有预先设立的"首都"，甚至没有一个在地理和人种意义上固定的中心以行使它遍及周边的政治统治。可以肯定的是，任何时候都有征服者准备无限扩大其征服的疆域。但是遵循惯例，他们所寻求在征服者与被征服者之间建立的关系类型与主人和奴隶的关系是一样的。与此相反，亚历山大在由其征服所创造的新政治单位中，明显察觉到解散整个马其顿和希腊，才能够从地理的角度来统治这个单位。他曾经根据全新的一切对这一角度做过自由（理性）选择。而且，通过把马其顿人和希腊人融入与"野蛮人"的混合婚姻之中，他必定旨在创造一个新的统治阶层，独立于所有呆板和有限的种族支持。Alexandre Kojève,《暴政与智慧》（"Tyranny and Wisdom"），载于 LEO STRAUSS, ON TYRANNY, Victor Gourevitch & Michael S. Roth eds. 修订，2000），页 135、170（加着重号）。

② 对《论法的精神》的引文均来自其书中的相应章节。翻译由本人基于 BARON DE MONTESQUIEU,《两全集：论法的精神》（2 COMPLETE WORKS: SPIRIT OF THE LAWS, Gallimard/Pleiade, 1951）的法国文本完成，第 20 卷第 4 章。

③ 对《论法的精神》的引文均来自其书中的相应章节。翻译由本人基于 BARON DE MONTESQUIEU,《两全集：论法的精神》（2 COMPLETE WORKS: SPIRIT OF THE LAWS, Gallimard/Pleiade, 1951）的法国文本完成，第 7 卷第 6 章（对中国的论述）、第 20 卷第 20 章（对葡萄牙的论述）。

④ 对《论法的精神》的引文均来自其书中的相应章节。翻译由本人基于 BARON DE MONTESQUIEU,《两全集：论法的精神》（2 COMPLETE WORKS: SPIRIT OF THE LAWS, Gallimard/Pleiade, 1951）的法国文本完成，第 21 卷第 22 章。

上，虽然那里的贸易也以实际的需要为基础，但是贸易的主要目的却是为贸易国获取一切能为它的虚骄逸乐和奇思妙想服务的东西。在多人统治的政体下，贸易通常建立在节俭的基础上。那里的商人把眼睛注视着地球上的一切国家，他们把从一个国家得到的货物运给另一个国家。①

节俭性贸易就起源而言是赤贫者、无权者和被压迫者的贸易。缺乏肥沃土地或者被剥夺了土地的人们（孟德斯鸠提到犹太人和其他背井离乡的人们）设法通过劳动创造有价值的东西，以期这些东西可以通过贸易满足自我生存的基本需求。②尽管奢侈性贸易的逻辑是从他人那里获取有价值的事物、以避免自己生产，节俭性贸易却立足于自力更生，通过工业给予他人有价值的事物。孟德斯鸠提到马赛：

> 它的土地贫瘠，规定了它的公民从事以节俭为基础的贸易。他们必须以勤劳来补偿天然的不足。他们必须公正，才好同那些使他们获致繁荣的半野蛮民族相处得好。他们必须宽仁温厚，才能永享太平。……我们到处看到，苛政和迫害产生了以节俭为基础的贸易。人们为暴政所迫，不得不逃入沼泽、荒岛、滨海浅滩，甚或礁石之区。③

节俭性贸易在下述意义上而言是自然的，即它以人类的现实需求为前提，或者深深植根于这些需求（有助于自我保存，基本的舒适与安全）。相反，奢侈性贸易反映出特定人群的身份，这种身份使得他们可以获取基于幻想和偏见却远离真实的物质需求。

这令我们更好理解了孟德斯鸠的观点"贸易的自然结果就是和平。"④ 这一观点适用于节俭性贸易：人类需求自然产生的互惠主义效力于和平地相互依赖。在这种贸易中，买进和卖出的国家都获得了他们确实需要的东西。但为豪华所驱使的贸易则无视互惠主义，追求从任何可能的地方搜寻、满足其不切实际需求的事物。如果必要，这种追求也会使用武力——征服与剥削由此而始。

---

① 对《论法的精神》的引文均来自其书中的相应章节。翻译由本人基于 BARON DE MONTESQUIEU,《两全集：论法的精神》（2 COMPLETE WORKS: SPIRIT OF THE LAWS, Gallimard/Pleiade, 1951）的法国文本完成，第 20 卷第 4 章。

② 对《论法的精神》的引文均来自其书中的相应章节。翻译由本人基于 BARON DE MONTESQUIEU,《两全集：论法的精神》（2 COMPLETE WORKS: SPIRIT OF THE LAWS, Gallimard/Pleiade, 1951）的法国文本完成，第 20 卷第 5 章。

③ 对《论法的精神》的引文均来自其书中的相应章节。翻译由本人基于 BARON DE MONTESQUIEU,《两全集：论法的精神》（2 COMPLETE WORKS: SPIRIT OF THE LAWS, Gallimard/Pleiade, 1951）的法国文本完成，第 20 卷第 5 章。

④ 对《论法的精神》的引文均来自其书中的相应章节。翻译由本人基于 BARON DE MONTESQUIEU,《两全集：论法的精神》（2 COMPLETE WORKS: SPIRIT OF THE LAWS, Gallimard/Pleiade, 1951）的法国文本完成，第 20 卷第 2 章。

同样的，奢侈性贸易具有迥然不同于节俭性贸易的内在影响。正如孟德斯鸠所言，奢侈性贸易留给民众一个更加贫困的国度；倘若奢侈性贸易不是立足于通过征服和殖民剥削他国的民众，它也会立足于剥削自己的民众。孟德斯鸠例举了波兰的情况：

> 有些贵族占有整个省份。他们强迫农民给他们更多的小麦，好运给外国人去换取他们的奢华所需要的东西。如果波兰不同任何国家通商，它的人民将要幸福得多。因为国内的绅贵们将仅仅有小麦；他们将会把小麦供别给农户生活；他们的采地过于宽阔成为他们的负担，他们将会把采地分给农民；每一个畜群都将生产皮和毛，所以做衣服所糜费的将不会很多。永远爱奢侈的绅贵们，因为只能在本国获取奢侈品，就将鼓励穷人们劳动。①

对孟德斯鸠而言，不是气候或文化、而是政治规则的严苛与不熟悉"人生的各种乐趣"极好解释了南部的贫穷：

> 贫困的人民有两种：一种是由于政体的严苛而陷于贫困的，这种人民几乎不可能有任何建树，因为他们的贫穷就是他们所受奴役的一部分；另一种仅仅是因为他们轻视逸乐或不了解人生的各种乐趣，以致贫穷。这种人民能够成就伟大的事业，因为他们的贫穷就是他们所享有的自由的一部分。②

贫穷不应该作为一个密切相关的文化特征与懒惰联系。在具有剥削性质的政治规则下，人们贫穷和懒惰并不是因为他们需要的生活必需品可以不劳而获，而是因为他们劳动所裨益的是其主人的豪华口味而非劳动者本身。在一个"自由"生存社会中，人们贫穷和略显懒散，不知道或并不会更多地关注"人生的各种乐趣"，他们把精力用在别处。

孟德斯鸠对于奢侈性贸易和节俭性贸易的区分在其分析贸易的政治道德和法律规制中发挥了重要作用。在以节俭性贸易而非奢侈性贸易为特征的自由社会中，较之在以政治奴役为特征的社会中更多而非更少贸易的规制。"贸易的自由并不是给予商人们为所欲为的权利；如果这样，则毋宁说是贸易上的奴役。限制商人并不因此就限制了商务。"③

---

① 对《论法的精神》的引文均来自其书中的相应章节。翻译由本人基于 BARON DE MONTESQUIEU,《两全集：论法的精神》(2 COMPLETE WORKS: SPIRIT OF THE LAWS, Gallimard/Pleiade, 1951) 的法国文本完成，第 20 卷第 23 章。

② 对《论法的精神》的引文均来自其书中的相应章节。翻译由本人基于 BARON DE MONTESQUIEU,《两全集：论法的精神》(2 COMPLETE WORKS: SPIRIT OF THE LAWS, Gallimard/Pleiade, 1951) 的法国文本完成，第 20 卷第 3 章。

③ 对《论法的精神》的引文均来自其书中的相应章节。翻译由本人基于 BARON DE MONTESQUIEU,《两全集：论法的精神》(2 COMPLETE WORKS: SPIRIT OF THE LAWS, Gallimard/Pleiade, 1951) 的法国文本完成，第 20 卷第 12 章。

贸易能够效力于增进国家财富的利益、创造就业的机会，但缺乏政府的管理它也可以不行此道。孟德斯鸠提供的例子是英国禁止其羊毛出口。[1]据推测，英国通过这道禁令确保了自己在布料和服装方面的贸易，因为这些布料和服装都源于英国的羊毛。除了受雇于羊毛生产的人，英国现在还有很多受雇于服务全球市场的布料和服装生产的人，所以，这些布料和服装的贸易惠及公众而非仅仅羊毛贸易自身。

与节俭性贸易相反的奢侈性贸易倾向于在特定商品或特定国家中进行垄断。除了将专属特权授予特定商人或在某些贸易线路上的商业公司，孟德斯鸠也对这类约束持批判态度："一个国家如果没有重大的理由不应排除任何国家同自己通商。这是一条真正的准则。"[2] 实际上，由于带来了嫉妒、关注相对收益和潜在的军事冲突，特定国家或地区在贸易上的控制冲突或垄断权把贸易变成了一个得失所系的游戏。[3]西班牙和葡萄牙为了平衡这种竞争而将世界划分为两个贸易帝国的努力以失败告终："其他欧洲国家不让西葡二国安享他们分割到的份额。荷兰人把葡萄牙人从几乎所有的东印度地区驱逐出去；许多国家在美洲建立了居留地。"[4] 在孟德斯鸠所描绘的世界中，节俭性贸易总是容易受到挫折，这种挫折既来自政治精英为了自身需求而拉拢它的野心——将它改造成为奢侈性贸易[5]——也来自各国政府给予商人特权和垄断的敏感性，这种特权和垄断限制了贸易在全国或全球范围之内广泛扩张财富、增加就业的能力。

四、战争、征服和节俭性贸易

根据孟德斯鸠的观点，虽然战争和征服常常通过殖民导致节俭性贸易的瓦解[6]和奢侈性贸易的膨胀，但战争对于节俭性贸易的发展也有着积极贡献。首先，如前所述，战争让人们背井离乡、置身必须激发其贸易精神的境况之中。其次，正如孟德斯鸠在对亚历山大

---

[1] 对《论法的精神》的引文均来自其书中的相应章节。翻译由本人基于 BARON DE MONTESQUIEU,《两全集：论法的精神》（2 COMPLETE WORKS：SPIRIT OF THE LAWS, Gallimard/Pleiade, 1951）的法国文本完成，第20卷第12章。

[2] 对《论法的精神》的引文均来自其书中的相应章节。翻译由本人基于 BARON DE MONTESQUIEU,《两全集：论法的精神》（2 COMPLETE WORKS：SPIRIT OF THE LAWS, Gallimard/Pleiade, 1951）的法国文本完成，第20卷第9章。

[3] 对《论法的精神》的引文均来自其书中的相应章节。翻译由本人基于 BARON DE MONTESQUIEU,《两全集：论法的精神》（2 COMPLETE WORKS：SPIRIT OF THE LAWS, Gallimard/Pleiade, 1951）的法国文本完成，第21卷第21章。

[4] 对《论法的精神》的引文均来自其书中的相应章节。翻译由本人基于 BARON DE MONTESQUIEU,《两全集：论法的精神》（2 COMPLETE WORKS：SPIRIT OF THE LAWS, Gallimard/Pleiade, 1951）的法国文本完成，第21卷第21章。

[5] 对《论法的精神》的引文均来自其书中的相应章节。翻译由本人基于 BARON DE MONTESQUIEU,《两全集：论法的精神》（2 COMPLETE WORKS：SPIRIT OF THE LAWS, Gallimard/Pleiade, 1951）的法国文本完成，第20卷第8章。

[6] 对《论法的精神》的引文均来自其书中的相应章节。翻译由本人基于 BARON DE MONTESQUIEU,《两全集：论法的精神》（2 COMPLETE WORKS：SPIRIT OF THE LAWS, Gallimard/Pleiade, 1951）的法国文本完成，第21卷第5章。

大帝——在《论法的精神》关于战争、征服和贸易章节中的一个核心人物——的论述中所强调的，征服可以发现航海的路线，这为节俭性贸易开辟了新的可能。①征服能够增加对于节俭性贸易而言必不可少的世界知识，但也经常受制于宗教和偏见。最后，正如孟德斯鸠在《论法的精神》关于战争和征服的章节中论述亚历山大大帝中所指出的那样，征服产生了人种与风俗的融合，消除了限制或阻碍人们之间交流的偏见，这也包括贸易在内。

事实上，战争和征服确实激励了或有助于节俭性贸易的发展——即便它们在某些地方、某段时期也破坏了节俭性贸易。这一事实并不确实能为孟德斯鸠想要维护的期待——即贸易将带来稳定的和平——提供很多支持。涉足贸易的人们爱好和平的目的和方式也许会让此类人占支配地位的国家较少好战性格，但是，如果其他国家视贸易为一种获取财富以满足其政治和社会精英需要的手段，或者对于世界资源而言为一种得失所系的游戏，具备和平目的与方式的节俭性贸易又如何获胜？正如皮埃尔·马内特所言，"毕竟，（为商业人群所）举例证明的贸易优势仅在传统喜好战争的政治所延续的一般暴力缝隙之中有一席之地，通常的政治也显示出依赖于这种暴力而生存。"②

为了理解孟德斯鸠面对这种反对的答案，就得从他的下述评论开始：进行贸易的人们通过巧妙保护自己免受贪婪和好战的权力来应对暴力。孟德斯鸠的例子是"汇票"，他将这一发明归功于犹太人。③用不留痕迹的方式来积累财富，贸易就"能够避免暴行"。④任何个体国家压制这种跨国行为的能力是有限的，如此，"人们开始医治马基雅维利主义，并一天天好了起来。"⑤绝对主权表明自己是个神话，主权使用胁迫手段去控制超出其领域限制的企图仅仅表现出轻率。而且，尽管以往的贸易曾经依赖好战国家及其征服来标注出之前未知的区域、开辟贸易和航行的线路，这些方式现在却掌握在商人自己手中，这得感谢指南针的出现："今天的人由大海的航行发现陆地；过去的人由陆地的征服发现大海。"⑥

但是，"汇票"的效力当然取决于信任、诚实，也许还有（至少是 lex mercatoria［商

---

① 对《论法的精神》的引文均来自其书中的相应章节。翻译由本人基于 BARON DE MONTESQUIEU,《两全集：论法的精神》（2 COMPLETE WORKS: SPIRIT OF THE LAWS, Gallimard/Pleiade, 1951）的法国文本完成，第 21 卷第 8 章。

② PIERRE MANENT,《人之城》（THE CITY OF MAN, Fayard, 1994），第 62 页。

③ 对《论法的精神》的引文均来自其书中的相应章节。翻译由本人基于 BARON DE MONTESQUIEU,《两全集：论法的精神》（2 COMPLETE WORKS: SPIRIT OF THE LAWS, Gallimard/Pleiade, 1951）的法国文本完成，第 21 卷第 20 章。

④ 对《论法的精神》的引文均来自其书中的相应章节。翻译由本人基于 BARON DE MONTESQUIEU,《两全集：论法的精神》（2 COMPLETE WORKS: SPIRIT OF THE LAWS, Gallimard/Pleiade, 1951）的法国文本完成，第 21 卷第 20 章。

⑤ 对《论法的精神》的引文均来自其书中的相应章节。翻译由本人基于 BARON DE MONTESQUIEU,《两全集：论法的精神》（2 COMPLETE WORKS: SPIRIT OF THE LAWS, Gallimard/Pleiade, 1951）的法国文本完成，第 21 卷第 20 章。

⑥ 对《论法的精神》的引文均来自其书中的相应章节。翻译由本人基于 BARON DE MONTESQUIEU,《两全集：论法的精神》（2 COMPLETE WORKS: SPIRIT OF THE LAWS, Gallimard/Pleiade, 1951）的法国文本完成，第 21 卷第 9 章。

法］上的）合法性。他们所提出的合法秩序之可能性超出了一个国家或封闭政治共同体，正如亚历山大大帝混合了不同人种和风俗的"帝国"模式，显示出超越国家或者封闭政治共同体的社会秩序。

孟德斯鸠似乎建议，为了让主权不那么有效，跨国贸易秩序至少从长远看会令其不那么具有吸引力。正如主权已经变得不那么能够剥夺跨国商业阶层的财产和利润那样，主权也不能够轻易破坏不同地域和风俗的知识。这种知识让国家或宗教的成见（根据孟德斯鸠的主张，由于我们的无知也即共同的人性，这一成见始终会产生并且只有通过认识他人才能够矫正。）得到一定的释放。贸易依赖于对他人的认识并且信任。如果这种信任是可能的，那么让人们保持距离的理由就值得怀疑。经由信任和互惠主义的贸易实践暗示着一种人类需要的共同语言，至少是满足这些需要的相互合作。

在理解社会协调问题上，这是一个不同于既往政治哲学家采纳的起点。以往的政治家哲学家寻求建立的是合法或最佳的政治秩序，抑或封闭的政治共同体。这个起点近似于孟德斯鸠在《论法的精神》中的起点：在这个自然的国度中，人类在本质上倾向于满足基本需求；胆怯感和脆弱感让他们难以想象对他人的支配，即便是为了满足基本需求。在自然的国度中，脆弱性的后果使人们保持距离，而非仅使他们远离争斗。因此，它排除了和平与战争的艺术。贸易不是基于规则和统治而是基于共同贫困而代表了人类社会的理念。任何封闭社会（每个个别的社会［chaque societe particuliere］）都具有让人类忘记胆怯或脆弱、充满"力量"感的作用；①他们由此变得好战于其他封闭社会并在内部试图彼此支配。相反地（也即是说，贸易自身不是野心的产物、封闭社会的贪婪和它们的领袖），贸易意味着对他人的依赖以满足自然的人类需求——这种需求基于舒适和安全的自我保护——或者，简而言之，社会相互影响的理由。它不会引导人类产生某人有权从别处攫取所需的感觉，而是需要依靠个人自由的争取。这已经为孟德斯鸠在将贸易精神等同于没有土地或者土地已被人掠夺的人的精神时所阐明。②这些人们已经不为此种"力量"的假象所迷惑了，这种"力量"来自一个限定领土之上的封闭"主权"政治共同体。

五、结语

在主权国家的世界中，贸易并不能确保和平；更确切些，对孟德斯鸠而言，贸易代表着主权国家世界中、封闭政治共同体世界中的一个替代选择——一种需要法律和公约的和平社会协作模式，当然是种跨国、跨政治的类型。我们现在理解了孟德斯鸠观念的含义：

---

① 对《论法的精神》的引文均来自其书中的相应章节。翻译由本人基于 BARON DE MONTESQUIEU,《两全集：论法的精神》(2 COMPLETE WORKS: SPIRIT OF THE LAWS, Gallimard/Pleiade, 1951) 的法国文本完成，第 1 卷第 3 章。

② 对《论法的精神》的引文均来自其书中的相应章节。翻译由本人基于 BARON DE MONTESQUIEU,《两全集：论法的精神》(2 COMPLETE WORKS: SPIRIT OF THE LAWS, Gallimard/Pleiade, 1951) 的法国文本完成，第 20 卷第 5 章。

法律的模式不是习惯（特定社会或共同体的风俗或方式），而是更具普适性的秩序或结构观念，它较之习惯更为优越和基础。①然而，隐含在法律理念之中，跨国、跨政治的秩序必须建立于现存政治共同体的各种规则之上。通过阐明无国家主权的商人如何在他们中间保持着一种秩序，以维持在多样化社会中的交流，贸易帮助人们指明了方向。

第一个阶段已经在《论法的精神》第九卷中为联邦共和国的理念所阐明。通过整合选择适宜于自由的法律，孟德斯鸠最深的实际意图是将封闭的政治社会联邦化；这是为何孟德斯鸠会着迷于关注积极性质法律的差异以及这些差异来源的缘由所在。也许，我们不应该在他清醒的精神上建筑世界政府或普遍自由社会的现实项目。但是，缺乏这样的理念，他关于贸易、战争与和平的论点就会陷入冲突、矛盾和赘述的失败之中。

Montesquieu on trade, conquest, war and peace

Robert J House

Translated by Li Lihui

Abstract: Montesquieu believes that this model of the Federal Republic can combine perfect internal governance with effective external defense and deal with the differences reflected in the law due to the influence of climate, culture, geography and other factors. The essential difference between laws is the product of the interaction between ideal types and accidental factors. Trade stemming from interdependence hindered war, but when security was threatened to the first use of force, conquest and colonization became the only way to deal with the enemy. The type of trade is related to the type of political system. Thrifty trade is based on the actual needs of mankind. The unrealistic needs of luxury trade sometimes lead to the use of force, which resulting in conquest and exploitation. However, war and conquest did encourage the development of thrifty trade. Montesquieu's deeper intention is that the model of law is a more universal order or structural concept, and the transnational and cross political order must be based on various rules of the existing political community.

Key Words: Thrifty trade; Luxury trade; Conquer; Warfare; Peace

（编辑：田炀秋）

---

① 对《论法的精神》的引文均来自其书中的相应章节。翻译由本人基于 BARON DE MONTESQUIEU,《两全集：论法的精神》（2 COMPLETE WORKS: SPIRIT OF THE LAWS, Gallimard/Pleiade, 1951）的法国文本完成，第1卷第1章。

大陆法系国家地方立法与民间规范关系考察研究

——以德国、比利时、日本为例[*]

黄琦翔　李　杰[**]

摘　要　地方立法与民间规范的结合体现在大陆法系国家法治建设的诸多方面，对我国法治建设具有借鉴意义。通过对德国互联网地方立法与民间规范融合发展实践、比利时城市文化保护地方立法与民间规范的融合发展实践、日本城乡社区治理地方立法与民间规范的融合发展实践的考察，总结、归纳其中合理的部分，可以为我国地方立法和民间规范的良性互动、融合发展提供有益的启示和借鉴。

关键词　大陆法系　地方立法　网络治理　城市治理　习惯法

由于建构理性主义传统以及法典化传统，大部分大陆法系国家推崇以成文法的形式来提升法的确定性。因此，人们往往会形成一种刻板印象，即大陆法系国家的立法传统中依赖制定法，排斥民间规范。但是事实上，绝对排除民间规范的法典和理论只是一种激进理想，大陆法系历史中很多法典，如《法国民法典》还是《德国民法典》，都包含了习惯法的内容[①]。直至现在，大陆法系国家法治实践中正式立法与民间规范融合发展的情形并不

---

[*] 广东省2021年教育科学规划课题党史学习教育研究专项"党的百年司法政策发展史及现代启示研究"（编号：DSYJ021）；广州市哲学社科规划共建课题"智媒时代的广州城市形象创新传播与智慧城市发展研究"（编号：2021GZJD01）；广东外语外贸大学广东省地方立法研究评估与服务咨询基地2020年项目"移动应用软件个人信息保护条款立法规制研究"。

[**] 黄琦翔，传播学博士，广东外语外贸大学新闻与传播学院讲师，广州城市舆情治理与国际形象传播研究中心研究员，硕士研究生导师。李杰，法学博士，广东外语外贸大学阐释学研究院讲师，硕士研究生导师。

[①] 参见李杰、赵树坤：《论民事立法对民事习惯的复杂认可》，载《求是学刊》2017年第3期。

少见，只不过大陆法系国家正式立法与民间规范融合发展中表现出更多成文法传统的特点。在这一点上，我国立法体制与大陆法系国家较为相似，立法以体系化、系统化成文法为主。因此，在如何推进民间规范与地方立法融合发展的问题上，通过考察大陆法系国家的一些经验可以为我们带来一些有益的启发。

一、德国互联网平台治理中地方立法与民间规范的融合发展的考察

（一）德国互联网平台治理地方立法与民间规范融合发展的基础

1. 2006 年《基本法》改革扩展地方立法权限范围

德国地方治理有着深厚的自治传统，二战后的德国《基本法》在宪法层面确立了各州分别享有自治权，明确各州有自行立法的权力，联邦立法权由各州让渡而形成，所以必须尊重各州的地方立法权。但是在实践中，随着联邦整体发展的实践需要以及联邦中央协调功能不断加强，"竞合立法""共同任务立法"等不断强化联邦立法在立法体制中的优势地位，德国立法体制逐渐演化形成了联邦立法优先、各州立法补充的局面。同时，联邦基于自身财政优势而形成的"金色缰绳"逐渐将执法权渗透到各州，形成了各州立法服从于联邦立法的现实状态。尤其在1990年，西德与东德合并后，《基本法》成为整体德国的宪法，为了巩固统一，加强团结，联邦事权的加强趋势有增无减，联邦立法权优先于各州立法权的状况延伸到原西德地区，进一步强化了这一趋势。

进入21世纪后，随着社会治理的多元化，各州要求自身自主权的要求愈加迫切，"德国学界和政界要求进行联邦制改革的讨论愈来愈多，其共识是取消联邦和州的权力交叉，增加各州自主决策的空间，并辅之以财政方面的改革"[1]。于是在各州的积极推动下，2006年《基本法》得到了修改，形成了中央立法向地方立法放权的立法改革。主要体现在将原先联邦与州共享的"竞合立法权"部分划归了州自治立法内容，将原先联邦专属立法的部分内容进行了删除。在这种的背景下，各州自主立法权范围、内容和形式都获得了发展，[2] 其中就包括有关互联网治理的立法权限。例如，2006年改革后的《基本法》中将娱乐场所管理、个人展演等事务纳入了各州立法权限中，与文化、传媒、娱乐、表演等事项相关网上平台治理立法就自然成为各州自主立法的内容之一。自此以后，德国有关网络治理的央地立法关系就呈现出这样一个特点，即各州先自行制定地方立法，然后针对各州立法无法解决的全国性、协调性问题再制定全国性的联邦立法。在一些具体的立法中，法律规范直接明确各州立法在效力上的优先性，例如德国《电信媒体法》（2017年文本）第一章第一条第三款有关"适用范围"的规定中明确"《电信法》和各联邦州《新闻法》

---

[1] 王浦劬、张志超：《德国央地事权划分及其启示（下）》，载《国家行政学院学报》2015年第6期。
[2] 参见蔡和平：《行政地方化下的地方自治——德国行政层级改革与借鉴》，载《行政管理改革》2010年第6期。

(Pressegesetz）的规定不受影响。"① 在这样的背景下，德国互联网平台的地方立法规制设置自由度较大，可以根据自身实际情况来确定立法内容。这为互联网地方立法吸收行业自律规范等民间规范奠定了基础，德国就是在这样的背景下逐步形成了以正式立法为导向的同时依靠行业自律，立法规制与自我规制共生式发展的互联网规制模式。

2. 德国互联网产业发展的自治传统

互联网是一个开发性的空间，其最初产生和发展的根源和动力就是人们能够摆脱传统现实世界约束而在虚拟空间进行自主自由创新，因此互联网空间始终以自治为基本价值追求。德国互联网产业的发展也是伴随着这种自治精神而不断发展的，相关领域的行业自治规范伴随着互联网发展而发展，始终是互联网治理的重要内容。因此，德国立法对互联网的治理不得不面对这一现实问题，从网络自治精神的角度来设计相关制度。实际上，德国互联网治理立法始终秉持所谓"受监管的自我监管"的规制理念，注重行业自治、自律规范的重要作用。德国自从 1996 年开放电信市场，就允许企业参与互联网服务业务，互联网产业不断发展的同时还鼓励相关行业协会发展，并且逐渐形成规模。政府也始终保持对行业自律规范、行业自律组织的鼓励态度。2019 年 10 月 10 日，德国联邦政府下属的数据伦理委员会发布《针对数据和算法的建议》，为德国下一阶段数据和算法的监管提供了较为清晰的思路，其中就特别强调了鉴于数据生态系统的复杂性和动态性，立法在对数据以及算法的监管中必须注重协同治理、分级监管、多样化监管的理念，强调网络治理手段不仅包括立法和标准化建设，还包括各方利益的协调以及行业自律。② 在这样的背景下，德国互联网平台治理立法与相关行业规范紧密联系，深入合作，不断加强网络治理领域地方立法与民间规范深度融合。

（二）德国互联网平台治理地方立法与民间规范融合发展的具体体现

1. "受监管的自我监管"理念下地方立法与行业自律规范的融合

在网络治理中"受监管的自我监管"是德国网络治理的基本理念，即重视互联网平台自我监管的作用，立法在互联网平台自律和自我监管的基础上再行制定规则，从自律和他律结合的角度促进网络治理的完善。这种特点体现在两个方面。

首先，在各州自行制定的相关地方立法中注重行业规范等民间规范的重要地位。"自1996 年开放电信市场至今，德国由行业协会负责运作或提供资助的'自愿自我规制机构'数量可观"③，包括多媒体服务提供商自愿自我规制协会（FSM）、互联网内容分级协会（ICRA）、娱乐软件自我规制机构（USK）等。其中多媒体服务商自愿自我规制协会

---

① 颜晶晶：《德国〈电信媒体法〉（2017 年文本）》，载《澳门法学》2018 年第 3 期。
② 腾讯数据研究院：《德国发布 AI 和数据伦理的 75 项建议，提出数据和算法协同治理等理念》，https：//www.sohu.com/a/365336864_ 455313，访问日期：2021 - 10 - 25。
③ 黄志雄、刘碧琦：《德国互联网监管：立法、机构设置及启示》，载《德国研究》2015 年第 3 期。

(FSM) 具有代表性，其成员主要是在线网络服务提供商，在审查内容上重点审查有关纳粹宣传言论、暴力色情信息等。各州有关互联网媒体立法中都设置了相关内容，将这些互联网协会自律规范纳入了网络治理规范中。例如，各州分别制定了广播电视媒体立法，并设立了监管机构，但是实际上，"州政府只保留在管理不善或违背法律等极端情况下对广播电视机构行使最后的权力"①，在具体的监督工作中，由相关行业协会根据行业特点制定具体的标准，进行自我监管，这就形成了地方立法与相关行业规范的融合发展。其次，各州间的地方合作立法是德国网络地方立法的重要内容，在这些相关的州际协议等合作立法，对行业规范的吸收和运用体现在很多方面。典型的如《青少年媒体保护州际协议》《各州广播电视协议》《各州关于赌博行业的协议》等。这些州际协议是德国地方立法合作的结果，通过合作对网络治理的重点领域进行专项整治。在这些跨区域的立法协议中，充分运用了多种形式，采取非正式合作、法人组织、协会、公司等一系列合作方式来满足各州不同的合作需求，以民间协会的形式来促成参与主体致力于共同的目的，从而形成了立法与协会规范等民间规范的融合发展。②

2. 执行层面，政府同时推动立法和行业自律规范的执行

德国互联网平台治理地方立法与民间规范融合发展是多方面的，不仅在各州网络治理规则制定中上体现出来，还在立法的具体执行中体现出来。

首先，在立法执行机构的选择上，立法机关通过设立非政府组织的形式来执行立法。在各州签订《青少年媒体保护州际协议》后，设立了各州之间的协调机构，即青少年媒体保护委员会，这一委员会是政府设立的监督机构。但是青少年媒体保护委员会并不直接执行监督职责，而是设立了一个非政府的民间组织——"Jugendschutz. net"——来具体负责网络治理工作。"Jugendschutz. net"是一个由各联邦州的青少年部以有限责任公司形式共同组建的互联网监督机构。这一机构依据《青少年媒体保护州际协议》对网络内容进行审查监督，处理网上的不良信息。这就为具体的立法执行机构运用多元规范形式开展网络治理提供了空间。"Jugendschutz. net"发挥中间联系作用，将一些互联网行业自律机构，如多媒体服务商自愿自我规制协会（FSM）等链接进了互联网监管体系中，从而实现地方立法和行业自律规范的同时执行。这些自律组织性质的自愿自我规制机构呈现出行业细分深入，专业化程度高，社会普遍认可等特点，相关自律规范可以弥补正式立法的不足，完善互联网平台治理。③

其次，在具体的立法执行中，各州政府同时推动立法和行业自律规范的执行。根据德国《基本法》，联邦政府与各州政府不存在上下隶属关系，联邦政府很少在各州直接执行

---

① 顾芳：《德国广播电视监管和法律制度研究》，载《新闻大学》2007年第1期。
② 参见王雁红：《德国地方政府跨域合作的经验及对中国的启示》，载《国外社会科学》2019年第2期。
③ 参见颜晶晶：《传媒法视角下的德国互联网立法》，载《网络法律评论》2012年第2期。

实体法所规定的事项，因此法律执行的任务大多由各州来自行完成。① 在网络治理领域，2017 年通过的《网络执行法》是德国较为全面的网络治理立法，是德国网络治理的重要规范依据，这一立法也主要依靠各州来执行，这一法的执行就体现了各州政府对正式立法和行业自律规范执行的共同推动。《网络执行法》贯彻"自我规制的规制"理念，采用了合规审查的外部监管模式，要求互联网平台自行制定规则加强自我规制，要求相关部门督促平台完善自我规制规范，更好地履行不良信息监测、删除和屏蔽的义务，② 例如明确要求互联网平台公开报告自律监管工作情况，要求互联网平台保证纠纷处理规则和处理过程的公开透明等。相应的，各州分别出台了具体的指令来执行这一法律，从地方立法的角度强化立法实施，强化对互联网平台自我规制的督促。例如，根据《北威州警察法》所采取的对网络赌博的执法中，对网络赌博平台的主要限制方法也是要求互联网平台在自行制定的相关规则中完善内容，禁止相关行为，从而实现立法的实施。甚至，有一些州制定法律直接要求相关主体参与互联网平台自律组织，接受相关自律规范约束，例如有的州规定对于未参与行业自律组织的互联网服务提供商，政府可以处以 50 万欧元以下的行政罚款。③

在网络治理领域，当前我国互联网平台立法采取的基本策略与德国类似，也是立法要求互联网平台自行完善相关规范来实现网络治理完善。但是，当前我国互联网平台立法治理中，地方立法规制与网络自律规范规制发挥作用的情况都存在欠缺。据笔者的实证调研，在我国运用范围最广、认知度最高的 50 个头部互联网 APP 自行制定的个人信息保护规范中，仅有 60% 的 App 具备允许用户自主控制接收平台的个性化广告推送，其余 App 并未设置相关功能，仅有不到 40% 的 App 会根据自身的功能特色制定未成年用户个人信息保护条款，绝大多数 App 条款并未很好地根据未成年用户和平台功能特点完善其细则④，这要求我们进一步完善相关立法，促进网络民间规范进一步完善。德国的充分运用地方立法引导、规制网络民间规范的经验值得我们借鉴，运用于我国网络治理地方立法中。

二、比利时文化保护地方立法与民间规范的融合发展

比利时是一个多族群国家，包含了弗拉芒语区，法语区，德语区三大文化区域。因

---

① 参见王浦劬、张志超：《德国央地事权划分及其启示（上）》，载《国家行政学院学报》2015 年第 5 期。
② 参见查云飞：《德国对网络平台的行政法规制——迈向合规审查之路径》，载《德国研究》2018 年第 3 期。
③ 参见黄志雄、刘碧琦：《德国互联网监管：立法、机构设置及启示》，载《德国研究》2015 年第 3 期。
④ 参见黄琦翔、谢钺等：《互联网平台个人信息保护政策实证研究——基于 50 个移动应用 APP 的分析》，载《第十五届全国法律方法论坛论文集》，第 167 – 178 页。

此,比利时的法律制度是在多族群文化差异的基础上构建起来的。① 在比利时多族群社会的国家治理中文化权自主是立法中的首要问题,比利时的文化法律政策框架在20世纪60年代初步形成,"文化民主"为其政策框架的显著目标。② 由于弗拉芒语区,法语区,德语区三大文化区域文化差异较大,为保护和彰显各族群文化权利,比利时全国性的文化立法不多,三个文化区域都拥有文化自主立法的权利,③ 三个文化区域的地方立法是文化保护立法中的主要角色。比利时以地方自治为基本精神的立法体制决定了民间规范与地方立法融合发展的实践经验十分丰富。

(一)比利时城市文化保护地方立法与民间规范融合发展的基础

1. 立法体制基础

1993年2月6日,比利时众议院通过宪法修正案,决定将1830年独立建国以来确定的中央集权制变为联邦制。1995年5月21日,比利时举行了转变为联邦制之后的第一次选举,选举出了联邦议会,以及3个地区议会。自此,比利时四个语言区、三个地区政府的地方治理模式形成。由于采取联邦制体制,地方自主性得到扩大,地方立法扮演的角色也发生了变化。"地方政府和语言区政府将拥有经贸、社会、领土整治、环保、能源、住房、交通和文化、教育等多方面的自治权。从中央到地方的各级政府都有权签署主管权限内的国际条约,发放许可证,对外派遣商务专员,并轮流代表中央和地方政府参加欧盟理事会的各种会议。"④ 在此立法体制推动下,比利时文化保护立法保障形成了以地方立法为主的模式。而实践中,"由于文化事宜归地方政府管辖,因此多数情况下文化政策的实施落到了非政府组织和非营利性协会身上"⑤。这就形成了在文化保护方面民间规范与地方立法融合发展的体制基础。

2. 立法规范基础

2001年7月13日颁布的《本地文化政策法》(Cultural Policy Decree)是关于促进各地区文化政策整合的法令,旨在促进各地区文化政策的科学化,其中规定了一些非政府组织参与文化保护的权利和义务。⑥ 2008年1月1日生效的《参与法令》(Participa - tion Decree)构建了一个便于比利时公民获取地方政府文化服务的立法框架。这一法令对公众

---

① 参见[美]佐尔伯格:《折中妥协:没有联邦而结成联邦的比利时》,艾石译,载《世界民族》1981年增刊第2期。
② 参见郭玉军、李伟:《欧洲公共文化立法探讨及对中国的启示——以英国、比利时及法国公共文化立法为研究对象》,载《中国石油大学学报(社会科学版)》2008年第3期。
③ 参见侯喆:《多族群社会的国家治理,对比利时国家改革的研究》,载《领导科学论坛》2017年第2期。
④ 毕鸥:《比利时改行联邦制:四个语言区和三个地区政府》,载《世界知识》1995年第13期。
⑤ 张丽:《比利时:地方文化共同体提供文化服务保障的联邦制国家》,载《山东图书馆学刊》2014年第2期。
⑥ See k Schuermans, Marten P J Loopmans, Joke Vandenabeele. *Public Space, Pubic Art and Public Pedagody: Social & Cuitural Geography*, 2012, 13: 675 - 682.

参与文化建设与服务提供了法律上的依据,而且用法律形式明确了公民、公民组织参与文化建设与服务的方式,以及相关经费支持。① 这些中央层面的立法为地方立法的自主性提供了规范文本上的支持,在这样的规范背景下,地方立法更加注重与地方文化民间组织的合作,在相关事项的规范构建上也更加尊重民间文化规范,注重地方立法与民间规范的融合发展。

(二)比利时城市文化保护地方立法与民间规范融合发展的具体内容

城市公民文化参与方面地方立法与民间规范的融合发展。2000年12月22日弗拉芒地区政府制定了《业余艺术法令》(Amateur Arts Decree)对业余艺术团体组织进行了认可,并且明确资助规范。这些艺术团体具有自己的活动方式,形成了配套的团体内部规范。因此,地方立法在鼓励民间艺术团体活动的同时,也促进了相关行业组织自治规范等民间规范的发展。《业余艺术法令》的规定有效推动了民间力量参与文化建设,为更多人提供了学习的机会。"据统计,佛拉芒和布鲁塞尔37%的民众在业余时间学习艺术,27%的人非常频繁的练习。在佛拉芒,有多于150万的业余艺术家来自不同的社会和文化背景。14-17岁的青少年中75%在业余时间学习艺术。"② 2006年3月31日,佛拉芒区政府通过了一项政策Cultuur Invest,并制定相关的规范。③ 其中加强了对民间文化团体的支持,包括为各类项目提供经费支持、为相关行业发展良好的公司提供成长基金、鼓励这些民间团体参与文化建设等内容,赋予民间组织参与文化事业的自主性,这也在一定程度上间接促进了民间组织制定的规范在文化建设、保护活动中发挥作用。

城市历史文化建筑保护领域地方立法与民间规范的融合发展。弗兰德斯地区是弗拉芒语区和弗兰芒大区重合的地区,因此弗拉芒语区和弗兰芒大区的地方立法由一个统一的弗拉芒议会和弗拉芒政府来履行职责。④ 弗兰德斯地区保存有大量的历史文化建筑,为保护这些建筑,弗拉芒政府专门进行了立法,其中包含鼓励民间团体、民间力量参与保护、维修历史文化建筑的内容。"政府的对策是开放文化研究资源,即把每个列入保护目录的历史建筑的资料对外开放,鼓励各方面的人才参与到对历史建筑中的研究中来……这样就充分调动了公共参与的热情,使越来越多的历史建筑得到了关注和保护。"⑤ 例如,鲁汶市比更霍(Beguinhof)社区是联合国教科文卫组织认证的世界文化遗产。在对比更霍夫

---

① 参见郭玉军、李伟:《欧洲公共文化立法探讨及对中国的启示——以英国、比利时及法国公共文化立法为研究对象》,载《中国石油大学学报(社会科学版)》2008年第3期。
② 张丽:《比利时:地方文化共同体提供文化服务保障的联邦制国家》,载《山东图书馆学刊》2014年第2期。
③ 参见张丽:《比利时:地方文化共同体提供文化服务保障的联邦制国家》,载《山东图书馆学刊》2014年第2期。
④ 参见侯喆:《多族群社会的国家治理,对比利时国家改革的研究》,载《领导科学论坛》2017年第2期。
⑤ 杨豪中、张蔚萍、吴庆瑜:《比利时弗兰德斯地区历史建筑与历史区域的保护法规及对策研究》,载《西安建筑科技大学学报》2006年第6期。

(Beguinhof)社区的保护过程中，鲁汶大学作为非政府组织参与了这个社区古建筑保护与修复，鲁汶大针对这一社区的建筑保护与修复，制定的非政府性质管理规范也因政府立法的认可而产生法律效力。例如，"垃圾必须分类、不同种类的垃圾必须按照时间表在指定地点投放、各种车辆在住区的停放时间不能超过15分钟、只有指定的几条路可以行驶机动车，同时还明确很多禁止可能对住区建筑与环境造成破坏的行为，并规定了相应的赔偿方式。正是由于这些制度，才使得居民们在享受中世纪艺术氛围的同时，也在不知不觉中为建筑遗产的保护尽了一份力"①。民间力量的参与不仅鼓励、激发了更多的民众对历史文化建筑的保护热情，而且形成了更好的宣传效果，让佛拉芒地区历史文化建筑受到了更多的关注。

总之，比利时基于自身联邦制的政治体制与文化传统，使各地区地方立法积极发挥了自己的主动性，在立法中广泛尊重、吸收民间规范，形成了独特体制下的民间规范与地方立法融合发展格局，值得我们学习借鉴。

三、日本城乡社区营造中地方立法与民间规范的融合发展

在日本，"まちづくり"是日本社区治理发展中的重要模式，中文将此翻译为"社区营造"②。随着制度建设的深入，日本社区营造运动由地方公共团体（即地方立法机关）以制定条例的方式建立起正式的"社区营造"法律制度，③在此过程中地方立法与民间规范充分结合，实现了融合发展。

（一）日本城乡社区治理中地方立法与民间规范融合发展的基础

1. 规范基础

日本民间规范与地方立法的融合发展建立在日本宪法确立的地方自治制度之上。1947年《日本国宪法》第94条规定："地方公共团体有管理财产、处理事务以及执行行政的权能，可以在法律范围内制定条例。" 1954年颁布、1999年修改的《地方自治法》第14条第1款规定："普通地方公共团体可以在不违反法令的情况下，制定关于第2条第2款事务的条例。"④ 据此可见，地方立法机关可以在中央立法保留范围之外制定法规。1995年5月19日，日本国会通过《地方分权推进法》，并于同年7月3日开始实施。1998年5月，日本内阁制定了"第一次地方分权基本计划"。1999年3月，在内阁中设置了作为调

---

① 刘丛红、潘磊：《比利时鲁汶格鲁特别根霍夫的保护与更新策略及其启示》，载《设计建筑》2005年第2期。
② 参见西村幸夫：《再造魅力故乡——日本传统街区重生故事》，王惠君译，清华大学出版社2007年版，第12-13页。
③ 参见朱芒：《从社会运动口号到法律制度概念——日本的"社区营造"概念》，载《城市治理研究》2017年第2期。
④ 这里的"第2条第2款事务"为中央立法保留事项。

查审议机构的地方分权推进委员会,该委员会进而制定了《地方分权推进计划》。根据《地方分权计划》,1999年7月8日,日本国会通过了《有关推动地方分权相关法律建设的法律》,即《地方分权一览法》,并自2000年4月1日开始实施。同时根据这一法律,日本对中央与地方之间的相关事务也做了相应的调整,并设立了"国家地方争讼处理委员会",当中央与地方政府之间发生争讼时,"国家地方争讼处理委员会"将根据公平、中立原则对争讼进行调解。总之,"日本通过《地方分权一览法》开始将中央与地方的关系从过去的上下、主从关系向对等、协助关系转换。"① 之后,自2011年以来,日本国会先后6次对与地方自治相关的法律进行了修改,扩大了地方公共管理的条例制定权,实现"国家向地方公共团体转移的事务,都道府县向市町村转移的事务"②。这一系列对地方立法权的规定,成为地方立法自主性的法律依据,也成为地方立法与民间规范融合发展的制度框架。

2. 组织基础

广泛存在于日本社会的"町内会",是日本基层民间组织的重要形式之一。二战前日本就普遍建立了"町内会",二战期间由于军国主义战时体制的需要,町内会成为国家动员体制中的强制性基层组织,二战后一度被作为军国主义团体而予以解散。20世纪50年代"町内会"又逐渐复活,并且成为了以现代民主精神为基本理念的居民自治和意愿表达的民间组织。"町内会的发展大致经历行政末端、半官半民、准市民团体三个阶段……20世纪80年代中期,随着日本经济社会的快速发展,日本民间组织特别是町内会,自治色彩越来越浓厚"③。因此在一些地方,"町内会"又被称之为自治会。市民可以通过加入町内会等民间组织参与社会治理,以这些民间组织为载体"人们可以通过民主协商创制出具有广泛认同的规则"④。随着町内会在社会治理发挥的作用越来越大,1991年日本国会在修改《地方自治法》时,将町内会作为"地缘群体"写进了该法的附则中,通过这次对町内会民事主体地位的法律认定,正式确立了"町内会"的法律地位。2000年,日本开始实施《地方分权一览法》,"町内会"作为自下而上代表居民愿望的社区自治组织的作用得到进一步加强。由此,町内会成为了民间规范与地方立法融合发展的组织载体。

除了"町内会"这种官方认可的民间组织之外,大量其他民间组织也在日本社区营造中发挥着中坚力量的作用。据学者统计,截至2012年9月30日,全日本登记注册的NPO法人中,从事社区营造的非营利组织有19784个,占非营利组织总数的42.7%。⑤ 这些民

---

① 严海玉:《论日本地方分权的新趋势——兼评日本的〈地方分权一览法〉与地方自治的发展》,载《延边党校学报》2006年第4期。
② 陈鹏:《日本地方立法的范围与界限及其对我国的启示》,载《法学评论》2017年第6期。
③ 田晓红:《从日本町内会的走向看国家与社会关系演变的东亚路径》,载《社会科学》2004年第2期。
④ 宋雪峰:《日本社区治理及其启示》,载《中共南京市委党校学报》2009年第3期。
⑤ 参加胡澎:《日本"社区营造"论——从"市民参与"到"市民主体"》,载《日本学刊》2013年第3期。

间组织积极参与基层社会治理,其自身制定的民间规范也随之而进入到地方治理的规范内容中,与当地的地方立法融合发展。例如,"三重县 NPO 研究会"针对三重县条例方案的制定问题,通过多种方式与居民反复沟通研讨,形成了《三重伙伴宣言》,这种通过民间组织而达成的居民规则共识最终进入当地政府的社区营造规范中,并得以实施。

总之,"町内会"等民间组织与市民团体互动、交融,其志愿性、民间性、自治性功能不断得到发掘,在社区治理过程中形成了两者并行不悖、优势互补的格局。[1] 在社区营造活动中,市民、市民团体、非营利组织与政府的关系从诉求和对抗发展到合作与协商,构成了日本社区营造中民间规范与地方立法融合发展的组织基础。

(二) 日本城乡社区治理地方立法与民间规范融合发展的实践

首先,日本社区营造的发端体现了民间规范与地方立法的融合。20 世纪 60 年代左右,日本以国家现代城市规划为基本路径的快速城市化带来了诸多问题。在城市环境方面,"以增量扩张为主的同质化空间生产虽然有利于市场整合和资本循环,但也造就了城市特色风貌的上市以及城市空间肌理的破坏"[2];在生活方式方面,"资本的运行使社区物质空间、社会结构发生变化,城乡空间发展上的不平衡致使许多历史街区和乡村出现衰败现象"[3]。面对这一系列的问题,一些民间力量开始抵抗城市规划式发展。据学者考察,最早将"社区营造"作为城市规划对抗概念提出的是名古屋荣东地区的一位被服商店店主三轮田春男,其于 1962 年组建了"荣东再开发促进协议会准备会",主张强化地方政府对民间规范的尊重与关注,强调"无论如何都应在居民自主性活动的基础之上寻求与市政府、商会、住宅公团的合作"[4]。之后日本各地类似的社区营造社会运动也相继出现,如神户丸山地区、神户真野地区等。这些社区营造运动都是以一定的民间组织为载体,提出相应的城市社区设计和管理规则,以争取被当地政府的城市规划所吸纳为最终目标。可见,在社区营造运动开端便呈现出了民间规范与地方立法融合发展的特点。

其次,在社区营造运动成熟阶段体现了民间规范与地方立法融合发展的特点。最初社区营造运动的起因是居民不满已经公布的城市规划而进行的抗争活动。随着社区营造的深入发展,居民的事前参与问题逐渐进入地方立法中。从 20 世纪 70 年代开始,日本各地逐渐出现被称之为"社区营造条例"的地方性法规。1980 年《日本城市规划法》中将城市规划编制中收集居民意见的法定程序制度交由地方公共团体条例来规定,地方公共团体条例作为地方立法获得了社区参与规则自主设置权限。在这样的制度环境下,相关民间组织

---

[1] 参见宋雪峰:《日本社区治理及其启示》,载《中共南京市委党校学报》2009 年第 3 期。
[2] 范建红等:《资本、权利与空间:日本社区营造的经验与启示》,载《城市发展研究》2020 年第 1 期。
[3] 范建红等:《资本、权利与空间:日本社区营造的经验与启示》,载《城市发展研究》2020 年第 1 期。
[4] 朱芒:《从社会运动口号到法律制度概念——日本的"社区营造"概念》,载《城市治理研究》2017 年第 2 期。

制定的有关城市规划和管理方面的民间规范得到了地方立法进一步尊重,并得以以社区营造提案的方式进入到最终的城市建设方案中。"'社区营造条例'的这些特征都反映出,这些条例的主要目的在于解决当地所直接面对的问题,在地方的范围之内,明确行政机关与市民或居民共同行动的目标、路径和制度安排"[①]。通过这种方式,地方立法尊重和吸收居民对城市规划和管理的主张,使得城市治理体现了居民的意见,促进了民间规范与地方立法的融合发展。例如,20世纪60-70年代的"宿妻笼"保护运动就是民间力量保护历史街区、传统生活方式的成功案例。1971年,宿妻笼地区的居民们制定了旨在保护当地文化财产和自然环境的《宿妻笼居民宪章》,明确规定了对当地传统房屋"不卖、不出租、不拆毁"的共识规则。1973年,当地地方立法《宿妻笼保护条例》的出台,有力地支持了民间的保护运动。[②] 最终当地历史文化城市风貌得以留存、城市传统生活习惯得以保护,实现了社区繁荣与社区文化传承的双重收获。

四、几点启示

通过对大陆法系国家地方立法与民间规范融合发展的实践考察研究,可以发现我国法治建设中存在的不足。这就要求我们总结其他国家的优秀经验,去粗取精、去伪存真地学习借鉴,从而完善我们的法治建设。

(一)政府积极引导规制

无论是德国互联网治理中各州地方立法与网络行业自律规范的融合,比利时城市文化保护中团体民间规范与地方立法的融合,还是日本城乡社区营造中社区自治规范与地方立法的融合,我们都可以看到地方政府在其中的积极引导、积极规制的作用。大陆法系国家以成文法为主要法律形式,立法机关制定的法律法规大部分都需要行政机关来执行。相应的,地方立法中有关民间规范的培育、引导、运用等规定也往往是地方政府来具体完成的。因此,大陆法系国家民间规范与地方立法的融合发展中需要政府,尤其是地方政府的支持、引导和规制。一方面,政府要充分理解立法机关制定法规的目的,采取多种措施鼓励民间规范的发展,引导民间规范在社会治理中发挥积极作用。另一方面,政府要减少干预民间规范的运作,给民间规范的自我治理留下足够空间,扩展民间规范的功能,给予其更多参与社会治理的机会,使其成为参与公共服务提供、支持公共事务决策的积极力量,从多方面促进民间规范与地方立法的深度融合。

---

① 朱芒:《从社会运动口号到法律制度概念——日本的"社区营造"概念》,载《城市治理研究》2017年第2期。
② 参见胡澎:《日本"社区营造"论——从"市民参与"到"市民主体"》,载《日本学刊》2013年第3期。

(二) 中央立法适当扩大地方立法权范围

通过考察我们可以发现,当代大陆法系国家立法体制中中央立法对地方立法的适当放权是一个共同现象,这说明了当代大陆法系立法理论中的立法多元化趋势,"当代西方中央与地方立法关系理论中,一个明显不同于古典中央与地方立法关系理论的特点在于,越来越多的西方学者抛弃了绝对的中央集权主义或完全的地方分权主义,即一种'非集即分'或'非分即集'的'非此即彼'的对立思维的模式,而开始以一种更具包容性的集权与分权的相对主义或综合主义、多元主义的新思维来看待中央与地方立法关系问题"①。这种对中央与地方关系的认识体现在地方立法中,就是对地方立法的重视,以及对地方立法权力的扩大。相应的,地方立法权得到适度拓展,地方立法主体关注、吸收具有地方特色的民间规范的自由度得到提高,民间规范与地方立法融合发展才可以得到更好地促进。

(三) 重视民族精神、传统文化的保护

大陆法系国家大部分具有悠久的历史,对民族精神、传统文化的传承成为大陆法系国家地方立法与民间规范融合发展的一个重点内容。萨维尼曾指出,在立法中体现"民族精神"是立法者应当承担的使命。在萨维尼的坚持下,《德国民法典》经过了对德国固有习惯法的搜集、整理、吸收,最终形成了一部具有德国特色的、反映德国民族文化传统的民法典。日本在制定民法典时,也非常重视对传统文化的吸收,如《日本民法典》将日本传统家庭习惯法纳入了法典中,在家事法方面体现对家族伦理的充分尊重。在法典编纂中,"断行派"和"延期派"之间争论的焦点问题就是匆匆形成的民法典忽视民事习惯,导致了其与社会生活的脱节,由此引发了法典编纂是否延期推行的"法典之争"。穗积八束指出"民法出、忠孝亡",以此来强调传统习惯法不可忽视,最终使民法典吸收了日本家事习惯法的内容及其传统价值理念。习惯法等民间规范是传统文化的产物,立法者可以从民间规范中寻找民族的固有精神,并且将这些民间规范与成文法融合起来,进而在成文法中体现民族精神,这也是当代立法者的使命。

(四) 培养公民主体性的自觉

无论是德国会展业中行业规范、比利时文化保护中团体民间规范,还是日本社区营造中社区自治规范,都是由公民作为积极的行动者参与到地方公共事务的治理中,推动民间规范的产生发展,并与地方立法相互融合。民间规范的繁荣能够在一定程度上体现公民的主体地位,发展公民的自我治理能力。公民治理能力应当是国家治理能力的重要因素,若公民缺乏自我治理能力,过于依赖政府等公权力的指导和安排,共建共治共享的社会治理

---

① 封丽霞:《中央与地方立法关系法治化研究》,北京大学出版社2008年版,第13页。

格局就很难实现。民间规范能够有效运行,需要公民具有自主自治的观念,能够作为公共事务参与者表达意见、参与协商,以达成共识,形成自治规则,最终塑造实施民间规范,参与秩序建构的能力。以此为基础,民间规范才得以存在和延续,并与地方立法融合发展,共同推进法治建设进程。

Research on the Relation between Local Legislation and Folk Norms in the Countries of Continental Legal System

Taking Germany, Belgium and Japan as Examples

Huang Qixiang; Li Jie

Abstract: The combination of local legislation and folk norms has been revealed in various aspects of social life in continental legal system, which is valuable for the construction of the rule of law in China. The authors have respectively examined the practice of integrative developments on Internet local legislation and folk norms in Germany, the practice of integrative developments on urban cultural protective local legislation and folk norms in Belgium, and the practice of integrative developments on Urban and rural community governmental local legislation and folk norms in Japan. According to the analyses and summaries of these countries' practices, this article further provided suggestions on how China facilitates the benign interaction and integrative developments between local legislation and folk norms.

Key Words: continental legal system, local legislation, internet governance, city governance, customary law

(编辑:郑志泽)

学术评论

法律学说司法运用研究的新境界

——评《论法律学说的司法运用》一文[*]

赵天宝[**]

摘　要　公正是法律的永恒追求，而司法是实现法律公正的主要载体。然而如何通过司法运用实现法律公正却是法学理论与司法实践的一个难题。彭中礼教授在《中国社会科学》发表的《论法律学说的司法运用》一文，深刻探讨了如何运用法律学说以实现司法公正的问题，其中不少洞见的确值得警醒与反思。经多次仔细研读，深感其有许多嘉惠学人之处，将彭文拓新面向及商榷之处一并展示，以利法律学说司法运用研究的进一步推进。

关键词　法律学说　司法运用　彭文　公正

毋庸置疑，公正是法律的永恒追求，而司法是实现法律公正的主要载体。诚如培根所言："一次不公正的裁判比多次的违法行为为祸尤烈。因为这些违法行为不过是弄脏了水流，而不公正的裁判则败坏了水源。"① 斯言甚诚！因为司法作为维护社会公平正义的最后一道防线，饱含着民众对法律的信任和公正的期冀，易言之，"人们认可法律，是因为他们期待的事物状态应当建立在某种公正和其他良好价值的基础之上"②。然则值得追问的是，如何通过司法运用实现法律公正呢？客观而言，这是一个法律人不懈追求解决却又至今依然难以解决的"斯芬克斯之谜"。由于法律规定的原则性、法律条文涵摄的模糊性、

---

[*]　基金项目：重庆市教委人文社会科学研究基地重点项目《德昂族习惯法与国家法的冲突与交融》的成果（批准号20JD012）。

[**]　赵天宝，法学博士、博士后，西南政法大学应用法学院教授、博士生导师；西南民族法文化研究中心研究员。

①　[英] 培根：《论司法》，载《培根论说文集》，水天同译，商务印书馆1983年版，第193页。

②　[英] 尼尔·麦考密克：《法律推理与法律推论》，姜峰译，法律出版社2005年版，第226页。

法律解释的多元性以及法律人认知的差异性等原因均可能导致司法运用的灵活性，从而一定程度上影响司法公正的实现。令人欣慰的是，中南大学彭中礼教授却"明知山有虎，偏向虎山行"，在中国社科类顶级期刊《中国社会科学》发表了《论法律学说的司法运用》一文①（以下简称"彭文"），深刻探讨了如何运用法律学说以实现司法公正的问题，其中不少洞见的确值得警醒与反思。笔者经多次仔细研读，深感其有许多嘉惠学人之处，故不揣浅陋，将吾之读后感想书写于斯，祈请方家同仁不吝指正。

一、拓新面向

有学者坦言："学术研究的创新无外乎新材料、新论证方法和新观点，三者必居其一，否则谈不到任何创新。"② 申言之，如果一篇论文在观点、材料及研究方法上毫无新意，那就是重复研究，学术价值必将大打折扣甚至自不必提。彭文虽然不一定完全达到前述的三类创新，但其却力图向这个方向坚定追寻。彭文从当今法院裁判中"法律学说司法运用的合法性研究严重缺位"③谈起，首先探讨了法律学说的概念及其司法地位的流变，接着阐明法律学说司法运用的理论价值，然后进一步解析了法律学说司法运用的实践考察，并在总结当下法律学说司法运用在我国运行的实践困境，最后缜密提出了适用于我国国情之法律学说司法运用的制度构造。总体而言，彭文选题切中时弊，所述观点独到，材料丰富翔实，多学科交叉的论证方法尤其娴熟，在此基础上得出的研究结论自然较为可靠。因此客观而言，彭文将多年来停滞不前的法律学说的司法运用研究推进到了一个新的境界。

首先，彭文选题"敢于啃硬骨头"。马克思曾言："理论在一个国家的实现程度，决定于理论满足这个国家需要的程度"④。正是秉持这一理念，彭文作者敏锐地发现"在当前我国规范主义盛行的法学研究中，关于法律学说司法运用的合法性研究严重缺位，导致法律学说司法运用制度缺乏科学构建，影响司法权威的树立"⑤ 这一非常严峻的现实问题。当然，发现问题并非一定要去解决问题，即使想要解决也不一定能够解决问题，这可能是人类社会经常遇到的常态。但学者的任务恰恰是，如果发现了问题，则就设法解决之，这亦是学术得以推进的必然之路。对于法律学说的研究而言，承认法律学说为法律渊

---

① 彭中礼：《论法律学说的司法运用》，载《中国社会科学》2020年第4期。
② 李启成：《治吏：中国历代法律的宗旨》，载《政法论坛》2017年第6期，第169页。
③ 彭中礼：《论法律学说的司法运用》，载《中国社会科学》2020年第4期，第90页。
④ 《马克思恩格斯选集》（第一卷），人民出版社1972年版，第10页。
⑤ 彭中礼：《论法律学说的司法运用》，载《中国社会科学》2020年第4期，第90–91页。

源或法源的成果甚多①，但真正研究法律学说作为法源如何进入司法程序中不多②，何也？笔者以为，可能为两类原因所致：一是有些人认为，法律学说只是在解决部分疑难案件时才能派上用场，要么作为说理依据要么作为适用理由，大多案件只要依法裁判即可，这类疑难案件的占比几乎为"沧海之一粟"。简言之，此种观点即认为法律学说的司法运用无深究之必要。二是有些学人不愿"惹火上身"。因为法律学说和司法运用牵涉两种话语权的问题，前者属于学术话语，后者属于权力话语，二者在司法裁判中相一致时则适用就顺理成章；二者相抵牾时则适用就甚为复杂。因为在权力话语的视阈中，学术话语仅仅处于参谋地位而非决定地位；而在学术话语的视野里，又往往欲充当指导权力话语的角色，如此则二者就具有内在的不可调和之处。是故一些学人惟恐避之而不及，不愿牵涉到体制问题与意识形态的敏感话题之中。彭文作者对此也绝非一无所知，但却有效克服了这两种认识之不足，从法学理论的视角和司法实践的困境两重维度去探讨法律学说的司法运用问题，发扬了"敢于啃硬骨头"的学术研究风气，我们着实应当为其点赞。

其二，彭文所用材料翔实而丰富。平心而论，彭文所用材料算不上新颖，但彭文所涉猎的材料却颇为广泛翔实，可以说是博集古今、贯通中西。彭文在考察域外法律学说的司法运用时，不仅考察了大陆法系国家，还分析了英美法系国家；不但展示了法律学说在古希腊、古罗马时代之广泛运用，梳理了中世纪至近代西欧各国尤其是意大利、德国、法国重视法律学说作为裁判理由的历程，而且阐述了英国和美国在数百年的司法裁判演进中是如何重视法律学说之运用的。不仅如此，一般认为"中国古代是没有法学的，只有律学"③，但彭文作者却打破这一禁锢，认为从西周的孔子开始，经董仲舒的春秋决狱及张斐、杜预的晋律注释，到长孙无忌的唐律注疏，再到沈之奇的清律辑注，无不浸透着中国历朝历代律学家的司法运用智慧。在通盘梳理这些中外古今翔实资料的基础上，彭文作者"在老史料中发现了新问题"④，那就是无论在西方还是中国，抑或古代还是近代，法律学说的司法运用都是一以贯之的，只不过重视或运用的程度略有差别而已。

如果彭文所用材料仅及于此的话，只能算作翔实，还不能称为丰富。彭文作者不仅大

---

① 如孙国华、朱景文：《法理学》，中国人民大学出版社1999年版，第53页；周永坤：《法理学——全球视野》，法律出版社2010年版，第56页；付子堂：《法理学进阶》，法律出版社2010年版，第46页；等等。又如在中国知网上以"法律学说"为关键词可以搜到中文论文105篇，但在此结果里加上"法源"为关键词用高级搜索可以搜到论文10篇。代表性论文有，彭中礼：《法律渊源论》，山东大学博士学位论文，2012年5月；孙蓓蕾：《法律学说的法源地位探究》，苏州大学硕士学位论文，2017年4月；袁蕙：《法律学说作为法律渊源之研究》，山东大学硕士学位论文，2017年5月；陆文静：《学说的法律渊源地位研究》，山东大学硕士学位论文，2014年5月，等等。最后访问日期：2021 - 03 - 16。

② 以"法律学说"为关键词在《中国知网》进行搜索，可搜到中文论文105篇，但涉及"法律学说司法运用"的论文仅有3篇。除了彭文外，还有王君宜、王克：《法律学说在司法实践中的应用》，载《人民检察》2008年第9期；马龙飞：《论我国法律学说的司法适用》，山东大学硕士学位论文，2020年6月。其中后者还发表于彭文之后，所以严格来讲，研究此主题的仅有1篇学术论文。最后访问日期：2021 - 03 - 16。

③ 何勤华：《中国法学史》，法律出版社1999年版，序第2页。

④ 俞荣根：《道统与法统》，法律出版社1990年版，第42页。

量引用了许多外文资料,在全文的 102 个注释中,外文资料计 32 个(译著除外),占比约为三分之一,由此可见作者的外文阅读能力及文献搜集能力。更为值得一提的是,除了这些静态的文献资料外,作者还别出心裁地使用了动态的司法裁判文书资料总计 268 份。由此可见,彭文作者为了探讨"法律学说司法运用的具体实践"①所下的实证功夫。反过来讲,也只有奠定在翔实丰富的文献资料和案例资料的基础上,作者才能真正发现法律学说司法运用的具体现状及其现实困境,从而为后文"法律学说司法运用的制度构造"②奠定一个坚实的基础。窃以为彭文作者真正做到了胡适所言的"有一分证据,说一分话;有七分证据,只能说七分话,不能说八分话,更不能说十分话"③的学术研究严谨性之境界。

其三,彭文论证方法多元贴切,逻辑理路清晰深邃。古人云:"工欲善其事,必先利其器"④,对于学术研究而言,在选题完成并尽量搜足材料之后,研究方法及论证理路就尤显重要,因为不当的研究方法可能事倍功半,而适当的研究方法则可以事半功倍。彭文作者对此心知肚明,并且采用了历史分析法、规范分析法、比较研究法和实证研究法等历史学、法学、社会学等多学科的交叉方法,从而极大地增强了所提观点的说服力。其中彭文所用的比较分析方法尤其值得推崇。不可否认,比较见异同,比较出优劣,比较得真知。这种方法主要体现在彭文"法律学说司法运用地位的流变"与"法律学说司法运用的实践考察"两部分内容中。彭文不仅比较了大陆法系和英美法系几个代表性国家的法律学说司法运用情形,还比较了中国古今几千年来所蕴含的法律学说的司法运用实践,从中我们不仅可以廓清法律学说司法运用的中西比较,也可以明了法律学说司法运用的西西比较,还可以确知法律学说司法运用的中国古今比较和域外古今比较。通过这些交错融合、错落有致的纵横比较,彭文发出了当下我国应当重视法律学说司法运用的内心呼唤,因为在一定意义上,法律学说是运行中的法律。申言之,司法实践是法律学说的具体运用,法律学说是司法实践的升华结晶,离开对司法实践的指导,法律学说必将丧失其终极的生命力。

鉴此,彭文跳出纯粹理论分析的怪圈,转而将目光投向实证分析。因为没有实证的理论是空洞的理论,而缺乏理论的实证可能限于材料的堆砌。这在彭文之"直接运用法律学说的司法实践"部分表现得尤为突出。作者的论证理路是,欲论证法律学说的司法运用必须通过具体的司法实践,尤其是通过对具体案例的实证分析。而实证分析的难点是分析样本的选取,不管是样本选取的范围大小,还是样本选取的代表性问题,都是摆在学人面前的两大难题。令人惊叹的是,彭文作者妥善解决了这两个非常棘手的难题,采用选取相关裁判文书分析法律学说的司法运用问题解决了样本选取的代表性问题;又通过选取多重关

---

① 彭中礼:《论法律学说的司法运用》,载《中国社会科学》2020 年第 4 期,第 102-105 页。
② 彭中礼:《论法律学说的司法运用》,载《中国社会科学》2020 年第 4 期,第 108 页。
③ 胡适:《胡适书话》,云南人民出版社 2015 年版,第 68 页。
④ 杨伯峻译注:《论语》之《论语·卫灵公》,中华书局 2017 年版,第 116 页。

键词进行辐射精选 268 份裁判文书解决了样本的容量问题。彭文作者抽取样本的具体检索过程如下："（检索时间均截止于 2019 年 10 月 1 日）第一，以"法律学说"等关键词以及中外著名法学学者的姓名在中国裁判文书网、北大法宝以及把手案例网的"本院认为"部分进行检索，再根据本文的需要进行对比审读，最终得到符合本文意图的样本裁判文书。第二，中外著名法学学者姓名来源途径有：一是根据长安大学中国哲学社会科学评价研究中心于 2017 年 9 月 24 日发布的法学学科最有影响力学者排行榜，检索了 874 人；二是根据笔者自己的阅读、网络搜索以及向师友请教，检索了台湾、香港和澳门等地区的法学学者 90 人；三是检索了柏拉图、德沃金、贝卡利亚等国外著名法学家 105 人；四是在检索此学者时发现裁判文书也运用了彼学者的观点或者牵连发现了彼学者，共有 5 人。第三，为了研究便利，本文只统计有具体出处的法律学说；司法裁判运用法谚、格言、罗马法上的名言以及学者提供的专家意见书或论证书等情形，不在统计范围内。第四，要说明的是，本文对法学学者的检索并不完全，存在挂一漏万的情形，但并不影响本文的结论。第五，还需要指出，法律学说可以体现为学者观点，学者观点却未必是法律学说，此处所使用的法律学说是实践中法律学说、学者观点以及其他主张、见解的统称。"[①] 笔者之所以要将彭文搜集实证的裁判文书的整个过程全文摘录，并非仅仅为了说明作者搜集资料的艰辛与良苦，而是想让学人参考借鉴这一搜索资料的研究方法。通常来讲，搜集裁判文书多在中国裁判文书网、北大法宝上进行，意即彭文所采用的"第一种方法"；但作者并未满足于此，而是继续深挖国内著名学者、港澳台学人和西方著名法学家累计 1080 人，以防代表性的法律学说之司法运用实例漏网，同时也解决了实证案例的代表性问题，堪称一举两得之事！这是作者采用的"第二种方法"，可以说是"发常人所未发"——至少在搜寻的数量上如此；然后是补充说明一些材料为何没被引入样本，这是作者所采用的"第三、四、五种方法"，尽管可能多数学人认为这个交代可能不太必要，毕竟材料是永远搜集不尽的。但笔者认为，这恰恰反映了彭文作者治学态度之严谨性。因为"获知之道与研究方法，系由研究目标、由我们欲求知晓之真理的形式化性质所指引"[②]。正是在这种研究目标指引下，彭文作者不惟搜集资料之用心良苦，还将所取样本资料分为直接运用法律学说的司法实践和隐性运用法律学说的司法实践，前者又再划分为"民事案件""刑事案件""行政案件"三种法律学说的司法运用进行详细分析，可以说已将规范分析和实证分析两类研究方法运用到了炉火纯青的地步，的确值得同仁参考借鉴。

最后，彭文所提观点独到而周密。有学者曾言："学者的使命是研究现象、提出理论问题并提炼出概念和理论，这是学术研究的使命，也是法学研究的归宿"[③]。其中的"提出理论问题并提炼出概念和理论"就涵盖了学术观点的创新问题。在这一点上，彭文作者

---

① 彭中礼：《论法律学说的司法运用》，载《中国社会科学》2020 年第 4 期，第 103 页注释。
② ［奥］卡尔·门格尔：《社会科学方法论探究》，姚中秋译，商务印书馆 2018 年版，第 2 页。
③ 陈瑞华：《论法学研究方法——法学研究的第三条道路》，北京大学出版社 2009 年版，第 164 页。

作了较为艰辛的尝试。比如彭文"法律学说"概念的提出就遵循了这一理路。彭文作者首先描述了以往法学家对"法律学说"的概念界定,无论是梅丽曼从主体维度对法律学说的概念界定,抑或沃克从内容维度对法律学说的概念界定,以及庞德从形式维度对法律学说的概念界定,还是史密斯和佩岑尼克从效力维度对法律学说的概念界定,彭文作者认为这些界定均具有片面的倾向,并且敏锐地捕捉到他们忽视了影响法律学说概念的两个重要维度:在历史巨流中不断被传承的历史维度和受社会物质条件所影响及制约的社会维度。在此基础上,彭文提出了对法律学说概念的新界定:"法律学说是指法学家在特定社会物质生活条件下创造的具有历史规定性和现实规范性的关于法律运行及其相关理论问题的科学思想体系"[1]。客观而言,"知识是累积的,继承已有的信息和知识体系,正是发展更多知识的起点。"[2] 而法律学说概念的重新界定正是彭文作者在对前人研究的总结中提高、批判中创新的结果,是对前人关于法律学说概念研究的进一步拓展,也是作者对法律学说这一概念的认知性升华,更是学术观点创新的一种典型路径。不仅如此,彭文还对法律学说这一概念进行更为周密精当的深度阐释,即"法律学说基于社会物质生活条件的实践逻辑,关切法律文明的历史逻辑,反思法律认知的理论逻辑,作出符合法律实践的阐释,形成具有科学性的思想体系。法律学说作为整个法学体系不断创新的基石,是彰显法治文明核心竞争力的重要衡量标准,具有问题的批判力、思想的洞察力、现实的解释力和理论的整合力。"[3] 申言之,彭文作者高屋建瓴地将法律学说的理论价值、实践功用熔于其概念的内涵与外延之中,充分说明法律学说对于法学研究和法治实践的重要功能,必须引起法学界和司法界的高度重视。可贵的是,彭文作者并未停留在对法律学说的理论分析上,而是致力于"法律学说司法运用的制度构造"上,因为法学是一门实践性品格很强的学科,探讨法律学说的价值并非深居山野地坐而论道,而是饱含对刻下司法实践的现实关怀。窃以为,在彭文对"法律学说司法运用的制度构造"三个路径中,"明确法律学说司法运用制度的核心内容"创新意义更强,也更具可操作性。因为作者从"确定法律学说的界定标准""规范法律学说的运用条件""确定法律学说的运用程序"和"指明法律学说的应用方法"四个方面进行了保障法律学说正确运用的制度设计,并且在论证这各个方面如何界定和运用时,又列出三到五个细化标准、条件或办法,目的就是确保通过法律学说司法运用以实现民众所期盼的社会公平正义。这是法律追求的终极目标,也是彭文作者写作本文的意旨所在:"法律学说唯有与司法实践结合起来,并接受司法实践的考量,才能获得生命力"[4]。

---

[1] 彭中礼:《论法律学说的司法运用》,载《中国社会科学》2020年第4期,第92页。
[2] [美]艾尔·巴比:《社会研究方法》,邱泽奇译,华夏出版社2009年版,第7页。
[3] 彭中礼:《论法律学说的司法运用》,载《中国社会科学》2020年第4期,第92页。
[4] 彭中礼:《论法律学说的司法运用》,载《中国社会科学》2020年第4期,第113页。

二、商榷微言

历史学者有云:"为了未来,我们必须研究过去"。[①] 同理,对于学术研究而言,为了完美,我们必须指出其不足之处。彭文并非尽善尽美,也有些许值得商榷之处,当然笔者看法也只系一家之言,权作学术交流而已。

一是部分地方用语不够准确。如"法律学说的来源有三:一是法律文明的历史扬弃"[②]中,在"一是"后加一"对"字似乎更为通顺;又如"到1758年布莱克斯通在牛津大学的演讲,……17世纪柯克及18世纪布莱克斯顿的权威著作"(95页)中,结合上下文及相关资料查询,后面的"布莱克斯顿"应为"布莱克斯通";再如"中华人民共和国成立初期,……展开学科建设"(97页)中,"展开"改为"开展"可能更为恰当。当然,这几处极可能是作者的笔误,只需在校对文本时稍加注意即可。另彭文结语中的一句:"这是法律学说不断创新的现实需要,也是法律理论演化的基本规律"(113页)之表述是否过于生硬?在"也是"两字中间加一"可能"是否更为全面准确?还有彭文在论证"我国历史上法律学说的司法地位"(96页)一节中,所用史料均来自《中国法学史》《中国法制史》这样的通史性著作或教材,应当追踪至25史等元典性史料,则效果更佳。后面两点系笔者浅见,未必准确仅供参考而已。

二是部分地方论证逻辑尚需斟酌。如彭文"(二)为司法论证提供权威资源"(99-100页)一节中,作者从"司法论证的起点、司法论证的目的、司法论证的结果"三个方面先后予以证明法律学说提供了什么权威资源。依笔者来看,其中第二个方面"司法论证的目的"应放在第一个方面的位置较为科学。理由有二:一则"起点"和"过程"紧密相连显得这部分论证逻辑性更强;二则在本部分"(三)为规范适用提供理论渊源"一节中,作者的论证顺序就是"规范适用的目的、规范适用的过程、规范适用的结果",这样也能保持前后一致性。即使退一步来讲,将"司法论证的目的"置于第三个方面亦可,放在中间位置显得逻辑衔接不够紧密。还有彭文中共三次出现"里格斯诉帕尔默案件"——帕尔默杀死祖父欲提前获得财产继承权而最后被法院裁决其丧失继承权的典型案例,第一次使用该案(99-100页)是为了论证"法律学说可以聚焦司法论证的核心论点"这一观点;第二次使用该案(101页)是为了论证"法律学说是阐述多元规范适用的理论渊源"之论点;第三次使用该案(102页)是为了论证"法律学说是推动多元规范适用创新的理论渊源"之观点。不可否认的是,作者使用"里格斯诉帕尔默案件"论证这三个观点均很有力,但给人一个好像不用此案例就不能论证相关论点的印象,实际上这一案例只不过

[①] 金观涛、刘青峰:《兴盛与危机——论中国社会超稳定结构》,法律出版社2011年版,第2页。

[②] 彭中礼:《论法律学说的司法运用》,载《中国社会科学》2020年第4期,第92页。以下本部分所参考此文的注释皆在正文中直接列出页码于后。

是因之而确立了"任何人都不能从自己的过错行为中获利"①这一法律原则而驰名世界,司法实践中类似案例不胜枚举。作者如果能多元选择类似案例或者给出一个详细注释,一则不会影响论文的结论,二则论证亦可因材料的丰富性而效果弥佳。

此外,我们必须注意:"理论设计的完美并不代表现实的切实可行"②。如彭文在分析"法律学说司法运用的实践困境"(107页)时,第三个困境是"运用程序方面的困境",包括"法官没有回应程序、法官对所运用的法律学说缺乏程序性考察、法官对法律学说的运用缺乏必要的程序性论证"(108页)三个方面。平心而论,彭文作者分析得颇有道理。但如果换个视角,如果要求法官如此面面俱到,是否有些近乎苛刻?因为当下中国大部分法院的法官均是在超负荷运转,有的甚至每年要处理百余件案件甚至更多,为此加班加点而疲于奔命,对有些可有可无的程序自然是简约处理了。当然这不是说理论上追求完美的法律学说的运用程序就不重要,而是应当多考虑司法实践中的可操作性甚或易操作性可能更为实用。

三、简短结语

有学者曾说:"人类并不是为规范而规范,规范本身并非人类追求的目标,而是利用规范追求公平正义,因此必须予以价值补充,始克实现此项伦理的要求"。③尽管彭文仍有些微值得商榷之处,但瑕不掩瑜,因为彭文对法律学说司法运用的深入研究正是为了通过价值补充去追求社会公平正义的实现。就彭文而言,无论是从材料的丰富翔实到观点的独到周密,还是从选题的针砭时弊到方法的多元运用,都是关于法律学说司法运用研究领域一座难以逾越的学术高峰。但彭文作者却依然保持谦谦君子之风,认为这篇论文只是一个关于法律学说司法运用的阶段性成果,其他如"法律学说如何在司法实践中创新、该种创新有何具体演变规律可循,乃至于法律学说如何深刻回应社会实践等问题,尚需进一步的探索和思考。"④因此,我们有理由期待彭文作者在法律学说司法运用的研究领域尽快出台更富洞见、更为深入的研究成果,以利学人共勉。

---

① 陈宏业、夏芸芸主编:《法学概论》,中国人民大学出版社2012年版,第22页。
② 赵天宝:《德昂族"三·三制"纠纷解决法的场域论解析》,载《中央民族大学学报》2009年第4期,第76页。
③ 杨仁寿:《法学方法论》,中国政法大学出版社1999年版,第180页。
④ 彭中礼:《论法律学说的司法运用》,载《中国社会科学》2020年第4期,第113页。

The New Realm of Research on Judicial Application of Legal Doctrine
——Comment the article "Discussing the Judicial Application of Legal Doctrine

Zhao Tianbao

Abstract: Justice is the eternal pursuit of law, and justice is the main carrier to achieve legal justice. However, how to realize legal justice through judicial application is a difficult problem in legal theory and judicial practice. Professor Peng Zhongli's article "On the Judicial Application of Legal Doctrines" published in "Chinese Social Science" deeply explored the issue of how to use legal doctrines to achieve judicial justice. Many of these insights are indeed worthy of vigilance and reflection. After many times of careful study, I feel that there are many places to be appreciated and appreciated by scholars. I will show pengwen's new orientation and discussion together, so as to further promote the study of judicial application of legal theories.

Key words: Legal theory; Judicial application,; Pengwen; Justice

(编辑：张雪寒)

第十七届全国民间法·民族习惯法学术研讨会会议综述

施海智　翁茹月[*]

全国民间法、民族习惯法学术研讨会是由我国法理学专家广州大学、中南大学谢晖教授和华东政法大学陈金钊教授联合发起，为促进我国法理学和民间法、民族习惯法的新理论、新观点和新方法的交流与合作的全国性会议。自 2005 年起到目前为止，该会议已举办过十六届。2021 年 7 月 31 日至 8 月 1 日，第十七届全国民间法·民族习惯法学术研讨会在宁夏银川召开。会议由北方民族大学主办，北方民族大学法学院、中南大学未来法治研究中心承办。

本次会议共有来自全国各地 80 余所高校、期刊杂志社、司法机关和律师事务所的 150 余位专家学者和实务工作者与会。会议收到论文 101 篇，围绕本次研讨会"民法典时代的习惯"的主题展开了多领域、多层次、多角度的讨论，反映出我国学者在民法典颁布后对民法典第十条关于法律与习惯之间关系的学术探索和深入思考。会议设一个主会场和两个分会场，主会场有 8 人发表了主题报告，分会场有 43 人围绕民间法与法教义学、民间法与法社会学、司法中的民间法、民族习惯法等议题做了主题发言，会议还设有民间法青年论坛，有 9 名青年学者在青年论坛上发表了学术观点。本次会议上 13 人主持了各阶段的会议，共有 22 位评议人对发言人的发言做出点评。会议学术讨论气氛热烈，各会场中学者们竞相发表学术观点，不乏相互间的学术交锋与碰撞，掀起了多次学术讨论的高潮，从法教义学、法社会学、司法适用等多角度运用多种学科方法深入解剖和分析了"民法典时代中的习惯"这一主题。本次会议取得了丰硕的成果。

一、主题发言

主题发言阶段分两个单元。第一单元有 3 位学者发言。严存生教授首先发言，他报告

---

[*] 施海智，宁夏灵武人，法学博士，北方民族大学法学院副教授，研究方向：环境资源法学。翁茹月，河南信阳人，北方民族大学法律硕士研究生，研究方向：环境资源法学。

的题目是"习惯与法典",严教授概括了习惯的概念、特点、类型及其产生和发展,认为习惯来自自然,习惯成自然,因其深深地融入社会生活之中,因而最有实效和充满活力。法典是在习惯法的基础上编纂而成的,具有科学化、系统化的特点,但也存在不周延、滞后性、过于抽象等缺陷,需要习惯来补充,《民法典》第十条就是这一意思,而习惯中的坏习惯则需要"公序良俗"加以限制。

刘作翔教授做了题为"法律对村规民约的规制和法治处境"的主题报告,阐述了中国法治环境下村规民约的地位与实施状况,指出现实中发生了不少与村规民约有关的侵权案件,但往往被法院以村民自治为由不予受理。他提出,一方面要由政府指导、监督村规民约的制定,对其中有歧视性的内容及时废除,另一方面也要尊重村民意志,尊重乡风乡俗。

于语和教授做了"蒙古传统习俗中的'无讼'观"为题的主题报告,论述蒙古族具有"无讼"的观念和传统,"无讼"观念在实践中表现为注重发挥基层治理、家法族规、集会制度的作用。他分析了"无讼"观念产生的原因,认为"无讼"观念对社会治理有其借鉴作用,应当建立健全多元化纠纷解决机制,保障传统民族习惯和家法族规的适用空间,推动国家法律与民族习惯的有效衔接,构建少数民族地区基层"自治—法治—德治"三位一体的综合治理格局。

第二单元有4位学者发言。牛绿花教授做了以"多元主体在基层纠纷解决中的作用"为题的主题发言,通过对甘南藏族自治州若干基层法院和司法所的走访调研发现,基层长期普法的效果显著,基层民间人士解决纠纷具有不可替代性,基层职能部门发挥了粘合剂作用,双语在牧区纠纷调解中非常重要。

王立明教授的发言题目是"劳动法上的劳动习惯",他阐述了劳动习惯的含义、适用的类型,分析了劳动习惯的构成、效力,提出应在劳动习惯名称统一、事实调查、司法准用、制定劳动习惯适用规则方面进行法律规制。

易军副教授以"正义的幻象——论中国古典文学中的鬼神报应"为题,认为中国古典文学体系中,隐含着士人追求的鬼神报应观念,并构建了一套正义的乌托邦,包括报应的主体、报应类型、报应结果等要素。鬼神报应是建构在文学系统中的一种非正式制度,来源于民间信仰,反映弱者寻求救济的正义伦理,属于正义的想象,但是人们实现正义的目标仍然是法律正义。文学形式的鬼神报应有助于传播一种正义观念,并影响到封建体制的政治秩序。

孙平教授报告的题目是"从无序到规范:法学院名称的故事",以广东省高等学校为例,总结了高等学校内不同"法学院"名称的类型,分析了名称不一的原因,指出应当对法学院名称进行规范,以独立设置的"法学院"或者学院内的"法律系"命名,有利于促进法律科学的健康发展和依法治国共识的形成。

本阶段各报告人的主题各不相同,发言内容各异,研究方法多元,研究视角独特而敏锐,尽管有这么多不同,但是主题报告都高度认同民间法对于法治建设的重要价值,认识到习惯等非正式制度在纠纷解决中的重要作用,其中于语和、牛绿花两位教授对民族地区多元纠纷解决机制的观察和解读是民间法作用的另一个层面的体现,易军副教授从鬼神报应的视角挖掘出了文学中的正义观念,同样是一种非正式制度,而孙平教授以法学院名称为研究对象,则是法学学者对自身所在单位的非正式制度的有趣而深刻的挖掘。这些学者的研究充分揭示了民间法存在的普遍性。

二、民间法与法教义学

会议根据参会论文类型,设立了民间法与法教义学分会场,共有7位学者在这一分会场发言。曹薇薇教授的报告题目为"民法典背景下隔代辅育文化习俗法律支持体系构建",报告认为,隔代辅育在缓解托幼困境的同时,也给祖辈带来了精神压力、物质压力,存在隔代辅育行为法律性质不清晰、祖辈主张人身权益缺乏法律依据、财产权益纠纷背后情与法的价值冲突等问题,这与隔代辅育配套法律制度不完善有着密切关系,应当通过制度化去义务化、志愿化,承认隔代辅育的社会价值,构建隔代辅育法律支持体系。

董子云副研究员的报告题目为"让·富尔与中世纪法国习惯法理论",他介绍了被誉为"法兰西习惯法之巅"的让·富尔的习惯法理论,在阐述14世纪以前中世纪习惯法理论基础上,以让·富尔有关习惯的论述为中心,梳理总结其理论观点,包括习惯的定义,习惯的引入习惯方式,习惯的诉讼方式,习惯的证明方式以及习惯的效力,最后在法国法学和法律制度的发展史中,对让·富尔习惯法理论的特点与影响进行了评估。让·富尔对法兰西习惯的维护反映出法的民族性观念正在共同法的文化中找到自己的位置。

张洪新老师的报告题目为"法之名与和为贵:农户养殖污染治理的实践逻辑",强调农户养殖尤其是非规模化养殖的"污染"问题本质是治理问题,而非纯粹的法律问题,纯粹以法之名主张自身权益,既非可能,也非经济,其污染治理是国家法规范下、利益关联主体在乡村社会结构及其"规则"下的互动博弈,反映出乡村治理需要以村"两委"为核心的治理主体发挥规范引领作用,适度结合利益关联主体在共享社会资本基础上发挥自治功能,以节约、便利原则维护公共利益、建构和谐生产生活秩序。

丁国峰教授的报告题目为"论《民法典》第10条中'习惯'的理解与适用",对《民法典》第10条中"习惯"的含义和范围做了辨析,论述了习惯的效力基础,以及习惯与法律的效力优先性,讨论习惯的司法适用,提出适用的具体规则。

韩伟副教授做了以"陕甘宁边区对乡规民约的改造与乡村治理经验"为题的报告,认为乡规民约是传统中国乡村社会自治的重要制度基础,抗战以来,陕甘宁边区在推动大生产运动及模范乡村建设中,对固有的乡规民约进行了改造,创造了一系列新"公约",使之更适应战争与革命的需要,推动了乡村社会治理的变革。改造后的村民公约等,以"群众史观"为指导,渗透了革命的新道德,更倚重劳模等底层农民的作用,通过边区党政社会运动推进，提高人民群众自治能力，成为战时社会治理的新模式。

胡桥副教授的报告题目为"习惯法是如何编入民法典的——以《法国民法典》的编纂为例"，他阐述了《法国民法典》编纂过程中如何吸收习惯法，使其成为主要法律渊源之一，并强调指出，法国习惯法的法典化的过程，对当代中国习惯法与民间法的发展，具有"不可忽视"的借鉴作用。

李佳飞老师的报告题目是"民事纠纷立法留白的规范逻辑：习惯到习惯法跨越的法社会"，报告认为，《民法典》第十条作为立法留白的兜底条款，将会在未来产生重要的规范性作用，其在具体司法适用中涉及对公序良俗的具体判定标准该如何选定的问题。为此，建议构筑两大原则三重纬度的公序良俗判定标准，构建更为完善的习惯类型，形成国家层面之习惯（中华民族之共同习俗）、社会层面之习惯（地方区域之共同习俗）、市场层面之习惯（经济活动之习俗）来明确习惯法具体适用的国家和地方内容、路径和方式，最终实现从习惯到习惯法、从公序良俗思维到公序良俗行动的司法路径两大跨越。

本单元7位学者的报告虽然主题各异，但仍然在不同领域、不同学科强调了习惯、习惯法的重要作用。曹薇薇对隔代抚育这一民间习惯的剖析，张洪新对农户养殖污染治理中乡村社会结构及其规则的考察，丁国峰、李佳飞对《民法典》第10条'习惯'及其适用的解析，韩伟对陕甘宁边区乡规民约的剖析，董子云对法国让·富尔习惯法理论以及胡桥对习惯法如何编入《法国民法典》的介绍，既从不同角度阐述了习惯的作用，又是对包含习惯法在内的现行实在法秩序的新解读，并以此为出发点进行了体系化的解释，间或就其中的疑难问题提出相关建议，而这正是本单元"民间法与法教义学"中法教义学的应有之义。

三、民间法与法社会学

会议设有"民间法与法社会学"分会场，有6位学者发言。姚怀生教授的报告题目为"《民法典》实施视角下城市社区纠纷解决规范调查分析"，他通过调查分析社区纠纷解决的规范发现，在调整社区的社会关系和各种纠纷方面，民间社会规范比国家法律制度规范具有更强的秩序形成能力。因此，应把国家法律制度规范与其他社会规范、国家规划与社会诉求相融贯、相协调，从政治、文化、组织方面寻求内生性、自主性的法律实施道路，增强《民法典》的实施效果和解决社区纠纷的能力。

任国征研究员的报告题目为"民间规范冲突中的'信任'制度解析"。报告认为，民间规范冲突既是我国民法典中民间法的重要组成部分，也是我国民族习惯法的主要规范方向；在诚信理论构建中，信任理论对推进民间规范冲突起着基础支撑的作用。从不完全性这一视角对民间规范冲突中信任、制度、寻租三者关系的建构对于分析转型期中国社会的一些社会现象具有一定的阐释力。正是由于经济运行过程中的民间规范冲突中的"信任不完全性"催生了民间规范冲突中"制度"建构的必要性,而民间规范冲突中"制度"作为防备不确定的"后设"条件自身同时也呈现出"不完全性"特征。

张朝霞教授的报告题目为"论法学博硕学位论文评审中公序良俗秩序的构建",她以法学博硕士学位论文评审为研究对象,发现个别评议专家违反合理预期原则、比例原则、明确性原则,存在有失客观、公正、科学的评审失序行为。鉴于学位论文评审权与学生学位、指导教师和学位授予单位存在重要利害关系,应当对学位论文评议失序行为加以约束,通过健全学位论文评审规则、科学使用评议结论、慎用"差评"意见"一票否决制"、保障和维护学生的申诉权等健全学位论文评议制度。

瞿见副教授的报告题目为"'摹仿'与'套用':清代黔东南文斗寨的契式与契约书写",报告以清水江契约材料为样本,发现在契约的形式层面,其使用方法不仅有"套用",即在事先准备或流行刊布的一般性格式文稿中填入当时当地所需要的具体信息,"摹仿"可能是相对于"套用"更为普遍的契约书写方式。清水江契约材料一方面可以勾勒出契式知识自内地向苗疆的传播经历,另一方面也可以解释契约文书在清水江流域的在地化演进。

刘振宇副教授的报告题目为"少数民族自发社会控制与国家正式社会控制关系研究的现状、问题与出路",他认为少数民族自发社会控制与国家正式社会控制关系研究乃是少数民族自发社会控制研究的中心与关键,应当将"协同论"和"整合论"引入少数民族自发社会控制与国家正式社会控制关系研究,通过更新研究理念、转换研究重心、拓宽研究领域和改进研究方法"四管齐下",以突破少数民族自发社会控制与国家正式社会控制关系研究"瓶颈"。

彭娟博士研究生的报告题目为"农村丧葬仪式的法社会学研究——基于益阳市Z乡的实证研究",通过考察湖南省益阳市Z乡所展演的农村丧葬仪式,总结了丧葬仪式的基本特征、功能及其包含的基本逻辑,认为农村丧葬仪式中出现了"仪式的低俗化""仪式中的人情异化"以及"仪式中的家族利益固化"等新现象,殡葬改革中存在规定原则性过强、规定不明以及规定滞后等问题,应当重视农村丧葬仪式这一社会事实,消除农村社会乡土性与现代性之间的隔阂,实现丧葬仪式规制的法治化、培养村民的公民精神、完善丧葬立法体系、提高立法技术,最终助力基层社会治理现代化、法治化的实现。

本单元6位学者既有在理论上对民间法规范的研究阐释,如任国征从信任理论论证了民间规范冲突制度建构的必要性,刘振宇将"协同论"和"整合论"引入少数民族自发社会控制与国家正式社会控制关系研究,对民间法和非正式制度从不同层面进行了深入的解读分析;亦有对某种社会现象中的民间法规则所做的敏锐观察,如姚怀生对城市社区纠纷的研究,张朝霞对法学博硕学位论文评审中公序良俗秩序的思考,瞿见对清水江契约材料的分析,彭娟对农村丧葬仪式的考察,学者们在社会背景中对民间法规则进行解读,分析这类现象内部的机理,考察其社会基础,体现了鲜明的法社会学的研究范式和研究方法。通过各位学者对民间法现象与其他社会现象的相互关系的研究，有助于从社会整体观念出发，认识民间法的社会基础和社会作用，从而更好地借助民间法解决社会问题。

四、司法中的民间法

会议专设了"司法中的民间法"分会场，有5位学者发言。崔兰琴教授的报告题目为"离婚纠纷家族介入模式研究"，报告认为离婚纠纷家族介入被视为干涉婚姻自由的"标签化"认识亟待澄清，她通过梳理中国古代诸多离婚纠纷案例、文书等文献，分析了夫族、妻族介入离婚纠纷解决的不同路径，认为双方家族凭借其对离婚纠纷知情和了解的充足理由和有利条件，能够发挥亲属团体自治作用和民主参与功能，保证相关决定的公正性、权威性和执行力，并具有维护婚姻伦理道德、彰显人文精神、保障妇女利益等作用。

韩雪梅副教授的报告题目为"实践社会科学语境下'彩礼'习惯的司法适用——以甘肃省陇南市婚约裁判文书为例"，报告考察了陇南市的婚约财产案件，分析了"彩礼"习惯和法律文化在司法实践中的具体样态和特征，发现"彩礼"习惯在解决婚姻家庭纠纷中，对提高司法判决的公信力、促进司法审判的效率和促进社会和谐稳定具有重要影响；应当进行民事习惯调查和整理，构建民事习惯司法适用识别制度，通过案例指导促进习惯在司法审判中的适用。

马连龙副检察长的报告题目为"域外证据法中的习惯（法）：免证事实与传闻证据的例外——来自印度等六国证据立法的观察"。报告认为，在普通法系或者受普通法系影响的多民族国家，其证据法中特别规定习惯（法）的处理规则，将习惯（法）作为证据去查明和适用，并且在相关证据规则规定了其例外。印度、尼日利亚、博茨瓦纳、巴布亚新几内亚、南非、澳大利亚这些国家，习惯法往往被当作免证事实处理，被当作一种辅助查明的事实存在，在处理婚姻家庭类案件作用重大，在证据法上属于一种传闻证据的例外，实质是司法认知的对象之一。

张娜瑞法官的报告题目为"为彩礼离婚诉讼引入民间规则正名——以女方父母作为第三人的案件为限"。报告认为，离婚诉讼中男方要求女方父母以第三人身份参加诉讼，承担返还彩礼的责任，一案处理婚姻和彩礼问题，这一特定民间规则具有简化程序、方便当事人诉讼、降低诉讼成本、彻底解决彼此有联系的纠纷的功能，在纠纷的终结、满意的程度、社会效果、代价四个方面均更有优势，能够更好地发挥诉讼解决纠纷的功能。

陈仁鹏博士生的报告题目为"晚清河南滩地纠纷及解决方式探析——以《怀庆府正堂断案判语碑》为中心"，报告以《怀庆府正堂断案判语碑》为主体史料，并辅以国家法、习惯法、地方志等史料，以晚清怀庆府河内县窑头、覆背两村的滩地纠纷为研究对象，从法律史、政治史、社会史视角对其进行分析，剖析地方官员、士绅与村民在处理滩地纠纷时的价值选择与利益衡量，发掘区域社会为追求静态、稳定的秩序所形成的独特的滩地纠纷解决方式。

本单元的5位学者从不同视角对相关的或者不相关领域司法纠纷中习惯法的作用进行了考察。5位学者的研究对象有的比较一致或相近，如韩雪梅、张娜瑞都以彩礼返还问题作为研究对象，而崔兰琴也观察了同属于婚姻法问题的离婚纠纷的处理规则，有的则分属于不同学科，如马连龙从比较法和证据学的视角对习惯法进行了介绍和分析。这些报告既有对古代社会中离婚纠纷家族介入模式及其作用、滩地纠纷的观察和分析，又有对现代社会彩礼返还纠纷习惯法作用的分析，还有对域外证据法中习惯的性质以及处理规则的介绍。有趣的是，尽管大多数学者都对习惯法在纠纷解决中的作用予以肯定，但在一般观念中，应当对习惯法更加宽容的古代社会，在陈仁鹏为我们揭示的清代滩地纠纷解决中却让位于国家规则，其中蕴含的价值选择固然令人深思，而他对史料中的个案条分缕析的研究方法则尤值得肯定。

五、民族习惯法

会议设立的"民族习惯法"分会场有5位学者发言。范景萍副教授的报告题目为"习近平生态法治思想下的蒙古族生态习惯法当代价值研究"，报告阐述了习近平生态法治思想的科学内涵，分析了蒙古族生态习惯法的文化特质，提炼了习近平生态法治思想下的蒙古族生态习惯法当代价值，认为蒙古族生态习惯法将为民族地区乃至国家的生态立法、执法、司法提供宝贵的本土资源与本土经验。

马俊讲师的报告题目为"权威、情法与场域之间：藏族民间调解的转化适用——从青海果洛州'斯巴'调解谈起"，报告认为，藏族民间调解萌生于藏族传统法制文化，跃动于藏族本土法制资源，集聚藏族藏传佛教佛法、藏族伦理道德、藏族民俗习惯、藏族习惯法以及国家法律法规等多元规范，已然成为探索民族地区基层诉源治理和多元纠纷解决的切入口。报告以兼具原生情法资源与现代法治元素的青海果洛州"斯巴"调解为切入点，基于解纷场域中权威生成、情法聚合视角，分析了果洛州"斯巴"调解的解纷权威、解纷依据以及解纷机制，认为在"调解——诉讼——诉调"不同解纷场域互嵌中，解纷者权威"一元——多元"耦合，解纷依据的情法资源由"事理——物理——情理——法理"叠加，实质是解纷者权威与解纷情法资源在不同解纷场域中的耦合与叠加。

徐晓宇博士生的报告题目为"《民法典》第10条对警察调解之影响研究"，报告认为，《民法典》第10条关于习惯作为法源的法律适用的规定，对于行政执法亦具有意义，也适用于警察调解。报告分析了警察调解适用习惯的前提条件，并将警察调解分为权力型警察调解和义务型警察调解，认为二者均可将习惯作为调解纠纷的判断依据，提出警察调解适用习惯的方法，首先要甄别出可作为判断依据之习惯，避免对习惯扩容；其次要明确警察调解可适用习惯的纠纷受案范围，避免对纠纷限缩或者扩展；第三，正确理解"可以"和"应当"，警察调解在当代社会纠纷处理中往往已被设定为潜在的前置性程序要求；最后，适用习惯不得违背公序良俗原则。

孙子瑜硕士生的报告题目为"新乡贤参与乡村治理中的时代价值与路径选择"。报告认为，新乡贤作为乡村与城市、传统与现代、传承与创新的重要纽带，以其独特的社会资源优势、情感黏合力和话语影响力，成为乡村治理的重要力量。报告对新乡贤的内涵和特征进行了界定，阐述了新乡贤推动乡村治理的体系保障，阐明了新乡贤参与乡村治理的时代价值、角色定位、发挥作用的内在机理和治理路径，分析了新乡贤参与乡村治理中的困境，提出通过政策引导、厘清与村"两委"的关系、健全乡贤组织的运行机制、重构乡村道德价值秩序以完善乡村治理的有效路径、培育乡村法治精神、唤醒乡村德治传统，激发乡村内生动力，推动乡村振兴战略的实施。

傅星睿硕士生的报告题目为"族谱文化的民间规范及现代启示——以长沙朱氏族谱为例"。报告以长沙朱氏族谱为例，阐述了朱氏族谱中蕴含的教育思想，通过梳理长沙朱氏族谱中的追本溯源、修身立德、励志勉学等内容，认为族谱文化对当代家庭教育和社会主义核心价值观培育仍可提供有益的借鉴和启示，有利于继承家训优良传统，促进个体成人成才、增强家族认同感，维持家族长久存续、推动男女平等及跨地域家族人际关系的交往、促进家族传承的稳定发展。

本单元的发言既有蒙古族、藏族等民族习惯法的主题，也有更广义的警察调解中的习惯、新乡贤参与乡村治理的路径、族谱文化中的民间规范等主题，虽然不属于少数民族习惯法，但仍然是对习惯法在不同领域发挥作用的观察与研究。作者们为我们清晰地揭示了游离于国家制定法之外，依据有形或无形的权威而自然形成，并对某一类社会关系或者纠纷解决发挥了实质作用的规范体系，这类规范就是所谓的民间法。民间法虽然往往并不以成文法的形式表现，却更普遍、更深刻地嵌入到了社会成员的日常生活中。而少数民族习惯法还具有鲜明的民族性，饱含了民族习惯、民族文化、民族地区特有的生产生活方式等要素。无论是少数民族习惯法，还是其他层面的民间法，作者们都为我们阐述了民间法作为社会控制工具的有效性和时代价值，并需要在现代社会与国家制定法以更融合的形式存在，展示了民间法固有的价值及其继续发展的可能。

六、民间法青年论坛

本届研讨会还专设了"民间法青年论坛"，有9位来自不同高校的青年学者分为两个单元分别做了发言。第一单元中，南京师范大学博士生乔茹首先发言，报告题目为"对'人与自然是兄弟'的纳西族古训的生态价值考察"，介绍了纳西族"人与自然是兄弟"的古训在丽江古城和白水台两地的不同境遇，丽江古城由于旅游的过度开发利用，环境质量不容乐观，而白水台仍保持着古老的纳西文化，人与自然关系和谐而紧密。报告凸显了"人与自然是兄弟"这一纳西族古训对环境保护的积极影响，凸显了本土文化在现代环境治理中的重要作用。

赵小静讲师报告的题目为"'民族国家'作为国际法权秩序的理论、历史与现实反思"。报告认为，现代国家作为民族国家，既有政治意义上的国家建构，也需要民族建构。中国的现代国家建构道路在很大程度上是现代民族国家建构之路，但也并非对国际上民族国家建构的简单复制，而是主动转向与被动转向绞合、历史的断裂与传承并序，在国家内部消化和吸收了现代民族国家所具有的意涵，并且在国家内部实现了传统的变革，进而与世界接轨。

谢郁讲师的报告题目为"如何判断'良俗'：习俗的实践论——以生育习俗为研究对象"。报告以生育习俗为研究对象，认为生育习俗是一种从（集体）习惯到仪式的转变，进而成为维系共同体、确立组织结构、树立特定权威的一种方式，代表着一定的共同体。事实理由与信念理由应进行区分，信念理由的理解需要共享同一套意义系统，而事实理由只需要符合人们的经验常识或一般的自然因果律即可。习俗正是为了使事实理由转化为信念理由，并确保后者共享同一套意义系统；意义系统的共享与维系，又依赖于共同体关系结构的持存，由此，对"良俗"的判断需要考虑其栖身的共同体性质、结构关系，以及习俗所内涵的价值理由。

陈娟讲师的报告题目为"环境公益与经济私益的冲突与协调——基于青海湖自然保护区的调查"，通过对沿青海湖保护区的共和县、刚察县和海晏县三个县的问卷调查、牧户家庭走访调研发现，青海湖保护区存在湿地生态环境保护措施对农牧民权益的限制、湿地资源利用尤其是旅游发展造成的当地生态环境损害，本质上反映了青海湖保护区环境公益与当地农牧民个人经济私益的失衡。应当重塑我国自然保护区环境公益与本土居民经济私益的理论关系，引入"绿水青山就是金山银山"的生态理念，坚持环境公益与经济私益相协调原则的基本原则；构建环境公益与本土居民个人经济私益相平衡的协调机制，重塑"实质意义"的湿地生态旅游制度、建立湿地生态补偿基金制度、完善本土居民旅游利益分享机制、构建"村委会主导"型的公众参与环境保护机制等协调环境公益与经济私益的法治路径。

方舟硕士生的报告题目为"农村地区民间法与国家法冲突：表现形式、原因与协调路径"，他认为农村地区长期生活生产中形成的民间法有其自身特点，其与国家法的冲突表现为国家法与传统风俗习惯的冲突、国家法与家族尊长权威的冲突、意思自治规则与现代法律秩序建构的冲突，其直接原因是城市化的推进，根本原因是工业文明与农业文明的冲突。应当通过协调的方式来解决冲突，并从调解和村民自治两个方面进行推动。

第二单元有四位硕博士生进行报告。田炀秋博士生报告的题目为"布迪厄'实践理论'与民间法哲学之勾连"，报告认为布迪厄的"实践理论"打破了主客观二元对立的思维模式，发展出了一种辩证的思维方式，创设了"场域"和"惯习"的概念，将场域和惯习概念引入到民间法研究中，有利于突出民间法研究的意义，拓宽其研究维度。

邢文璐硕士生的报告题目为"民事习惯司法适用及完善——基于297份裁判文书的实证分析"，报告以297份裁判文书为样本阐述了民事习惯在司法适用中的现状，分析了民事习惯在司法适用中存在的问题,包括相关立法缺乏具体规定,法官对民事习惯缺乏了解及指引,司法适用路径不明确,提出应当建立民事习惯调查与收集制度、完善最高人民法院相关案例指导制度、规范明确适用程序,规范民事习惯适用标准。

魏婧硕士生的报告题目为"民族习惯的司法适用研究——以2017年以来相关案件为研究对象",报告以2017年至2021年6月15日,包含"民族习惯"关键词的196份判决书为研究对象,审视我国关于民族习惯的司法适用问题,描述了司法实践中关于民族习惯的争议类型,分析了法官对涉及民族习惯的案件是否适用民族习惯的具体情形和司法适用中存在的问题,建议应将民族习惯进行整理并汇编成册,通过立法对民族习惯的司法适用做出规定,明确民族习惯司法适用的程序保障,协调好民族习惯与国家法二者的关系。

李慧娴硕士生的报告题目为"乡村振兴背景下村规民约的功能定位与实现"。报告认为,村规民约作为基层自治的重要载体,理应是乡村振兴的重要支撑,村规民约因其纵向上的传承性收获了村民的文化认同、制度认同和价值认同,具有民意支持和民智保障,可在与国家法律博弈中实现协调发展。村规民约具有宣传教化、村民自治、裨补法律的功能。村规民约功能的实现还需要克服实际操作中的阻碍,包括制定层面的主体缺位、程序失范、监督不力;内容层面的内容违法、内容抽象、内容雷同;实施层面的实施力量弱化、实施主体不明、实施职责不清等阻碍。为此,应当提高村民的参与意识、创新村民会议形式、加强对村规民约的监督;强化对村规民约的合法性审查,细化村规民约的结构内容、加强对村规民约的调查研究;引入奖罚机制、明确实施主体、厘清职责权限。

本阶段9位青年学者的发言既有对纳西族古训、生育习俗、村规民约以及民事习惯、民族习惯司法适用的深入解析,又有对民族国家、环境公益与经济私益的冲突、农村民间法与国家法冲突的思考,还有将场域和惯习概念引入到民间法研究的研究维度,展现出多面向的研究视角、多元化的研究对象、多样化的研究方法,体现了青年学者们敏锐的观察视角和独到的研究能力。

会议闭幕式上,南昌大学蓝寿荣教授和河南师范大学郭少飞副教授分别做了总结致辞。蓝寿荣教授对本次会议取得的丰硕成果表示高度肯定,并赞扬了会议的发起人谢晖教授为全国民间法研讨会连续举办十七届所做的辛勤努力。他认为本次会议体现出以下特点:(1)会议参与性强,体现了民间法存在的必然性。本次会议有80余家单位代表参与,尤其是大量年轻学者参会,令人看到民间法研究的未来。(2)参会论文主题丰富,涉及领域广泛,研究方法多样,体现了我国民间法学者很强的研究能力和宽广的研究视角。(3)以人为中心,学者们具有家国情怀,为国为民,勇于担当,发言充满了人文关怀和人性思考。(4)民间法根植于百姓的生活,发言内容贴近生活,充满乐趣。郭少飞副教授认为,本次会议发言内容遍及古今中外,从传统到当下,从一般到具体地域,从农业文明、工业文明到信息文明,涉及多元的社会形态,体现了学者们广阔的视域,而跨区域的研究使习惯法研究获得了宏大的视野,为我国习惯法研究提供了新思路。此外,民间法、习惯法在各个部门法研究中得到体现,既具有了理论的深入,也深化了实际应用价值。

会议确定 2022 年研讨会的举办院校为四川大学法学院。

(编辑:彭娟)